Eva Renate Schmidt • Hans Georg Berg

Beraten mit Kontakt

Gemeinde- und Organisationsberatung
in der Kirche

Ein Handbuch

Burckhardthaus-Laetare Verlag

Beraten mit Kontakt

© 1995 by Burckhardthaus-Laetare Verlag GmbH, Offenbach/M.
Postanschrift: Schumannstr. 161, 63069 Offenbach/M.

Alle Rechte, auch die des auszugsweisen Nachdrucks, der fotomechanischen Wiedergabe sowie der Übernahme auf Ton- und Bildträger, vorbehalten. Ausgenommen sind fotomechanische Auszüge für den eigenen wissenschaftlichen Bedarf.

Fachliche Beratung: Ingrid Adam, Mainz
Lektorat: Peter Musall, Gelnhausen
Umschlaggestaltung: OPAK, Frankfurt/M.
Illustrationen: Bettina Schütz, Dieburg, und Joachim Emrich, Gelnhausen
Herstellung: Joachim Emrich, Gelnhausen
Satz: Salzland Druck, Staßfurt
Druck und Verarbeitung: rrg-Druck, Braunschweig

Die Deutsche Bibliothek – CIP-Einheitsaufnahme
Schmidt, Eva Renate: Beraten mit Kontakt: Gemeinde- und Organisationsberatung in der Kirche; ein Handbuch / Eva Renate Schmidt; Hans Georg Berg. – Offenbach/M.: Burckhardthaus-Laetare Verl., 1995
ISBN 3–7664–9307–8
NE: Berg, Hans Georg

INHALTSVERZEICHNIS

1. *Kirche und Gemeindeberatung* 11

1.1 Wie die Gemeindeberatung Kirche sieht 12
1.2 Was Gemeindeberatung leistet 21
1.3 Wie Gemeindeberatung arbeitet 26
1.4 Was Gemeindeberatung von ihren BeraterInnen erwartet 29
1.5 Wie Gemeindeberatung entstanden ist 34
1.6 Wie die Gemeindeberatung organisiert ist 39
1.7 Gemeindeberatung auf dem Land 42

2. *Beratung als Prozeß* 49

2.1 Beratung als Prozeß – Konzepte und Modelle 51
2.1.1 Einführung 51
2.1.2 Der Aktionsforschungs-Ansatz 52
2.1.3 Das DEFG-Modell – Wie Organisationen und die Menschen in ihnen lernen 53
2.1.4 Der Organisationsentwicklungs-Zyklus 54
2.1.5 Das 7-Stufen-Modell – Der Veränderungsprozeß in 7 Stufen 59
2.1.6 Die Gestalt-Beratung 63

2.2 Erstkontakt und Beratungsvertrag 66
2.2.1 Der erste Kontakt mit der Gemeindeberatung – zwei Beispiele 66
2.2.2 Die erste Zusammenkunft zwischen Klient und BeraterIn 68
2.2.3 Analyse des Auftrags und der Anfrage 70
2.2.4 Der Vertrag im Prozeß der Organisationsentwicklung (Weisbord) 72
2.2.5 Hinweise für das Aushandeln eines tragfähigen Kontraktes 79
2.2.6 Die Bedeutung der Bezahlung von Beratungsleistungen 81
2.2.7 Hinweise zur Dokumentation 83
2.2.8 Beratungsprozesse dokumentieren 84
2.2.9 Das Gestaltthema: Kontakt und Grenzen 88

2.3 Datensammlung 94

2.3.1 Einführung 94
I. Hinweise zur Datensammlung – II. Zur Einschätzung von Daten – III. Das Datenfeedback

2.3.2 Methoden und Instrumente der Datensammlung 98
Interviews – Fragen für ein Interview mit MitarbeiterInnen – Fragebogen: Ist unsere Gemeindeorganisation gesund? – Fragen an ein Gemeindemitglied – Gruppenspiegel – Klimakarte – Die Wetterlage einer Organisation

2.3.3 Feedback und Auswertungsgespräche 106
Feedback-Regeln – Fischglas – Selbst- und Fremdeinschätzung – Feedbackbogen – Fragebogen zum Klima in einer Organisation

2.3.4 Das Gestaltthema: Wahrnehmung 116

2.4 Diagnose 118

2.4.1 Einführung 118
2.4.2 Organisationsdiagnose (Sechs-Felder-Modell nach M. Weisbord) 119
2.4.3 Arbeitsfragen zum Sechs-Felder-Modell 126
„Hermeneutik des Verdachts" – Wie Sie Organisationen auch noch untersuchen sollten 127
2.4.4 Hinweise zur Anwendung des Sechs-Felder-Modells 130
2.4.5 Kirche als „professionelle Bürokratie" 131
2.4.6 Die „schwierige Person" in einer Organisation 136
2.4.7 Interview mit einer „schwierigen Person" 138
2.4.8 Eine Übung zum Thema „Sündenbock" 139
2.4.9 Grundformen von Organisationen (W. Zbinden) 140
2.4.10 Lebenszyklus von Organisationen 145
2.4.11 Kräftefeld-Analyse KFA 147
2.4.12 Die Bürgergruppe 150
Ein Verfahren zur Datensammlung, Diagnose und Intervention
2.4.13 Das Gestaltthema: Figur und Hintergrund 153

2.5 Interventionen: Veränderungen planen und einleiten 155

2.5.1 Einführung 155
2.5.2 Schichtenmodell zur Bearbeitung von Konflikten 158
2.5.3 Eine Variante des Schichtenmodells 161
2.5.4 Das Gestaltthema: Das Experiment als Intervention 163

2.6 Abschluß der Beratung   165

2.6.1 Einführung   165
2.6.2 Auswertungsprozesse organisieren   166
2.6.3 Hinweise zur Auswertung   167
Was wird wozu und von wem ausgewertet?
2.6.4 Fragebogen zur Auswertung einer Gemeindeberatung   170
2.6.5 Der Follow-up-Prozeß – Erfahrungen und Hypothesen   172
2.6.6 Der Abschied braucht eine Gestalt – Verschiedene Vorschläge   173
2.6.7 Das Gestaltthema: Widerstand   175

3. Einzelthemen   181

3.1 Perspektiven entwickeln   182

3.1.1 Theorie und Informationen   182
Visionen entwickeln, Ziele setzen und verwirklichen – Identitätskrisen und Anlässe zu ihrer Bearbeitung – Projekte planen und durchführen

3.1.2 Übungen zum Thema und Anleitungen für die Praxis   198
Meine Stärken – Charismen in der Gemeinde – Probleme gewichten – Träume und Alpträume – Was aus unserer Gemeinde werden könnte – Mit Mose auf dem Berg Nebo – Szenario für meine Zukunft entwerfen – Das Wollfadengeflecht – Musikmeditation

3.1.3 Ehrenamtliche Arbeit   210
Leitlinien – Ehrenamtliche Arbeit von Frauen – Konflikte in der Zusammenarbeit von Hauptamtlichen und Ehrenamtlichen in der Gemeinde – Checkliste zum Ehrenamt

3.2 Sich in der Zeit organisieren   222

3.2.1 Theorie und Informationen   222
Einführung – Verschwenden Sie Zeit? – Sechs Regeln auf dem Weg zur Verbesserung des Zeitmanagements – Zeitpioniere – Was tun, wenn Arbeit auf mich zukommt? – Prioritäten erkennen, setzen, einhalten – Im Einklang mit dem Tagesrhythmus arbeiten

3.2.2 Übungen zum Thema und Anleitungen für die Praxis   233
Zeit-Tagebuch führen – Zeitaufwand und Zeiteinteilung – Die Rollenuhr – Zeitfresser – Zeit verlieren – Zeit gewinnen – Individuelles Zeiterleben – Verausgabte und gewonnene Lebensenergie – Meine Streßlandschaft – Balance gewinnen – Selbsterfahrung in der letzten Stunde – Metapher-Meditation zu Psalm 31

3.3 In Gruppen arbeiten und Teams entwickeln 255

3.3.1 Theorie und Informationen 255
Gruppen beobachten – Entscheidungen treffen – Instruktionen zum Konsens-Versuch – Heimliche Tagesordnungen – Teamentwicklung

3.3.2 Übungen zum Thema und Anleitungen für die Praxis 275
Kriterien zur Gruppenbeobachtung – Verhaltensstile in Gruppen – Verhaltensstile in Gruppen – Eine Feedback-Übung zur Selbst- und Fremdeinschätzung – 4 Auswertungsskalen für Arbeitsgruppen – Auswertung zum Gruppenverhalten – Auswertungsfragen am Ende einer Sitzung oder eines Kurses – Kurzauswertung einer Arbeitseinheit – Einstiegsübungen – Bewertungsskala zur Zusammenarbeit in einem Team – Wie schätze ich unser Team ein? – Entscheidung in mehreren Stufen – Abgestufter Konsens – Meinungsbild einer Gruppe bei Entscheidungsschwierigkeiten

3.3.3 Dynamik von Großgruppen 309
Prozesse und Merkmale in Großgruppen – Was bei der Planung und Steuerung einer Großgruppe zu beachten ist, z.B. Folgerungen für die Großgruppe „Landessynode" – Die Eule, die Gott war – Phantasiereise zur Moderation einer Großgruppe

3.4 Konflikte verstehen und regeln 315

3.4.1 Theorie und Information 315
Konfliktmanagement – Gewaltfreier Aufstand – Virginia Satir's Konfliktverhaltensmodell – Rivalität unter Frauen

3.4.2 Übungen zum Thema und Anleitungen für die Praxis 335
Konfliktdaten sortieren – Direkte Konfrontationssitzung – Fairer Streit – Konfliktgespräch in 8 Schritten – Ja-Nein-Übungen – Für Frauen: – Rivalitätsvorbilder – Ich suche mir meine/n KonkurrenzpartnerIn – „Ich bin schöner ..." (Körperübung)

3.5 Macht und Geld einsetzen 342

3.5.1 Theorie und Informationen 342
Einführung – Macht als Asymmetrie von Einfluß – Was bedeutet Macht in der Organisation Kirche? – Gedanken zum Machtprofil von Frauen – Verzerrungen von Macht – Verhaltensweise für Frauen, die mehr Einfluß haben wollen – Killerphrasen – Geld – Honorare aushandeln

3.5.2 Übungen zum Thema und Anleitungen für die Praxis 358
Ich-Sätze mit Gebärde – Das Machtprofil einer Frau – Mein Weg mit Geld – Vorbilder im Umgang mit Geld – Feedback mit Geldmünzen

3.6. Wechselfälle verarbeiten 363

3.6.1 Theorie und Informationen 363
Vom Aufhören und Anfangen – Die Stelle wechseln

3.6.2 Übungen zum Thema und Anleitungen für die Praxis 369
Lebenslinie, Glaubenslinie, Berufslinie – Übung zum Vergewissern des eigenen Standpunktes – Entscheidungsbaum – Das Vorstellungsgespräch – Abschiedsinterview – Abschiedsgottesdienst – Ritual zur Wegzehrung – Abschiedsfest – Nachgeholter Abschied – Gemeinde-Geschichte(n) – Gemeindeerkundung – Vorvertrag – Meine grauen Eminenzen

3.7 Organisationskulturen verstehen 385

3.7.1 Theorie und Informationen 385
Organisationskultur – Eine Begriffsklärung – Die „Kultur" einer Gemeinde – Symbole und Rituale – Das Irrationale in Organisationen

3.7.2 Übungen zum Thema und Anleitungen für die Praxis 397
Checkliste zum Irrationalen in einer Organisation – Die Phantasiereise – Phantasiereise durch die eigene Organisation bzw. den eigenen Arbeitsplatz – Körper- und Bewegungsmeditation

3.8 Frauen und Männer in der Organisation Kirche 409

3.8.1 Theorie und Informationen 409
Gleichheit ohne Angleichung – Männeridentitäten in der Kirche – Organisationspsychologische Beobachtungen und Thesen – Abwehrverhalten von Männern bei Machtverlust – Frauen als Analysatoren des Systems – Kriterien einer feministisch-befreiungstheologischen Hermeneutik – Vier Phasen der Identität von Frauen

3.8.2 Übungen zum Thema und Anleitungen für die Praxis 426
Das Vier-Phasen-Modell in Bezug auf die Entwicklung der Frauen-Identität – ... die Entwicklung der Männer-Identität – Frauen und Leitung – Frauen und Macht – Frauen und Zeit – Frauen und Konfrontation – Beraterische Interventionen

3.9 Leiten lernen 436

3.9.1 Theorie und Informationen 436
Wie Leitung zu verstehen ist – Leitungsstile – 2 Modelle – „Führung ist männlich" – Besprechungen und Sitzungen leiten – Den Ablauf einer Verhandlung planen – Sachgerecht verhandeln

3.9.2 Übungen zum Thema und Anleitungen für die Paxis 467
Das eigene Leitungsverhalten – Helfendes und hinderndes Leitungsverhalten – Die ideale Leitungsperson

Anhang

Literaturliste 476
Sachregister 486

Abkürzungen

KO	– Kirchenordnung
ZOE	– Organisationsentwicklung (Zeitschrift), Basel
GB	– Gemeindeberatung
OE	– Organisationsentwicklung
NPO	– NON-PROFIT-Organisation
EKHN	– Ev. Kirche in Hessen-Nassau
EKD	– Ev. Kirche Deutschland
LGA	– Leitendes Geistliches Amt
HNP	– Harvard Negotiation Project
NT	– Neues Testament
AT	– Altes Testament
KFA	– Kräftefeld-Analyse
DEFG-Modell	– Dilemma-Experiment-Feedback-Generalisierungs-Modell

Vorwort

Das vorliegende Buch verdankt sich der mehr als zwanzigjährigen Beratungspraxis der Autorin und des Autors. Texte aus unterschiedlichen Zeiten und Blickwinkeln sind in ihm vereint. Entsprechend vielfältig die sprachliche Gestalt, die theoretischen Hintergründe, die Methoden. Auf Vereinheitlichung wurde bewußt verzichtet. Zur noch immer jungen Profession Gemeindeberatung – als Organisationsberatung und -entwicklung im kirchlichen und diakonischen Kontext – paßt die methodische und theoretische Offenheit; gerade PraktikerInnen werden sie zu schätzen wissen und die Beiträge des Buches ihren Erfahrungen und Einsichten entsprechend nutzen und gegebenenfalls erweitern. „Beraten mit Kontakt" lautet der Titel; er signalisiert, daß Gemeindeberatung bzw. Organisationsberatung und -entwicklung bei aller Unterschiedlichkeit der Ansätze und der Verfahren getragen sein muß von einem respektvollen Verständnis des jeweilig zu beratenden Systems, einer wachen Sensibilität für das Andere in diesem System und einer Behutsamkeit in den Veränderungsstrategien. Wer Kontakt aufnimmt, erfährt die eigene und die Grenze der anderen; und nur wo Kontakt geschlossen wird, entsteht etwas Neues.

Das Buch hat den Charakter eines Hand- oder Werkbuches; es stiftet die LeserInnen an, sich nach Bedarf und Wunsch zu bedienen; eine Menüfolge muß dabei nicht eingehalten werden. Die Texte sind weitgehend aus sich selbst heraus verständlich. Auf ihre Kosten kommen, so hoffen wir, BeraterInnen wie Führungskräfte (auch SupervisorInnen, Mitarbeitende in Erwachsenenbildung u.a.) – in kirchlichen und sozialen Organisationen wie in Wirtschaft und Öffentlicher Verwaltung.

Unsere Textarbeit ist im Sommer 1992 beendet worden. Vielleicht ein Handikap. Denn so fanden zum Beispiel die angesichts der Finanzkrisen in den öffentlichen und kirchlichen Haushalten seither neu entwickelten Beratungsformen und -konzepte keinen Eingang mehr in die Publikation.

Die meisten Beiträge kommen aus der Feder entweder der Autorin oder des Autors, sie sind jedoch wechselseitig bearbeitet und werden gemeinsam verantwortet; deswegen haben wir auf eine namentliche Kennzeichnung verzichtet. Wichtige redaktionelle Hilfe leistete Pfarrerin Ingrid Adam, Mitautorin der zwei Vorläufer dieses Buchs „Gemeindeberatung" (1977) und „Umgang mit Zeit" (1978). Die Textarbeit am PC übernahm Ingo Geuthner, Mitarbeiter der Geschäftsstelle der Gemeindeberatung in Frankfurt. Die fürsorgliche Gestaltung des Layout war seitens des Verlags in den Händen von Joachim Emrich.

Ihnen allen danken wir von Herzen; ohne sie wäre das Buchprojekt steckengeblieben. Nicht zuletzt danken wir unseren KollegInnen in der Geschäftsstelle und der Arbeitsgemeinschaft der Gemeindeberatung; sie ertrugen über Jahre geduldig und wohlwollend den zusätzlichen Aufwand und die erheblichen Störungen, die durch die Manuskriptarbeit immer wieder in einem hochverdichteten Betrieb entstanden.

Wir wünschen uns, daß das Buch eine Beratungs- und Managementpraxis stimuliert, die menschliche Arbeit nützlicher und Organisationen menschenfreundlicher werden läßt.

Januar 1995   *Eva Renate Schmidt*   *Hans Georg Berg*
                 Wittnau   Frankfurt am Main

1. Kirche und Gemeindeberatung

1.1   Wie die Gemeindeberatung „Kirche" sieht   12
1.2   Was Gemeindeberatung leistet   21
1.3   Wie Gemeindeberatung arbeitet   26
1.4   Was Gemeindeberatung von ihren BeraterInnen erwartet   29
1.5   Wie Gemeindeberatung entstanden ist   34
1.6   Wie die Gemeindeberatung organisiert ist   39
1.7   Gemeindeberatung auf dem Land   42

1.1 Wie die Gemeindeberatung „Kirche" sieht

I. Der Name „Gemeindeberatung"

Die Gemeindeberatung ist in einigen Landeskirchen und Diözesen als interne Beratungseinrichtung etabliert. Ihr Name hat eine nun 20jährige Tradition und leitet sich von der amerikanischen „Parish Consultation" her, die in den späten 60ern und früher 70ern entscheidende Impulse gab. Gemeindeberatung versteht sich – gemäß ihrer Praxis – als Organisationsberatung für Gemeinden und kirchliche Einrichtungen; Kirchenvorstände, Kindergartenteams, kirchliche Vereine, psychosoziale Zentren, kirchliche Krankenhäuser, Gefängnisseelsorge usw. zählen mittlerweile zu ihren Klienten.

Der Name freilich suggeriert, es handele sich vor allem um Beratung von Gemeinden – oder genauer: Beratung von Parochien (= Lokalkirchen). Mit einem solchen Verständnis allerdings wäre das Geschäft der Gemeindeberatung sowohl verkürzt wie überzogen dargestellt. Dazu einige Erläuterungen.

Zunächst klingen im Begriff „Gemeindeberatung" wichtige Entstehungsmotive nach:
☐ das – oft unbekannte und unabgefragte – Potential von Gemeinden freizulegen und zu entwickeln;
☐ via Entwicklung, Veränderung und Stärkung von Parochien zu einer grundlegenden „Kirchenreform" beizutragen;
☐ in der Ortsgemeinde die „eigentliche" Kirche zu sehen und Kirchenleitung und -verwaltung als der Gemeinde nachgeordnete Funktionen zu verstehen;
☐ Gemeinden zu „ermächtigen" und ihre individuelle Gestalt herauszuarbeiten.

Diese *Emphase für die Ortsgemeinde* ist nach wie vor berechtigt; zweifellos ist „die nachbarschaftliche Gestaltung von Kirche am Ort die Basisgestalt unter den verschiedenen Sozialgestalten der Kirche"; sie manifestiert, daß Kirche „der anstrengenden Nähe des Nächsten am Ort" nicht ausweichen kann und darf (vgl. Möller, S. 8). Und dies gilt, so meinen wir, auch wenn manche Ortsgemeinde ein eher bescheidenes und manchmal entstelltes Bild der Kirche abgibt.

Zugleich aber ist in den letzten Jahren immer deutlicher geworden, daß Kirche sich auch in anderen Sozialgestalten als der Ortsgemeinde manifestiert. Kirchliche Spezialfunktionen, ursprünglich als ausgegliederte Hilfsdienste der Ortsgemeinde und als Zuliefererorganisationen für die Ortsgemeinde verstanden, haben eigene „Umwelten" und in gewisser Weise auch „Gemeinden" gebildet. So kann z.b. mit Berechtigung von „Akademiegemeinden" oder „Fortbildungsgemeinden" gesprochen werden; Initiativgruppen, anfänglich allein ausgerichtet auf *ein* bestimmtes Problem in der Gesellschaft bzw. in der Kirche, werden zu Verständigungsgruppen, in denen sich Menschen im umfassenden Sinn beheimatet fühlen.

Die darin sichtbare Dynamik ist sowohl von „innen" wie von „außen" erzeugt; zum einen geben – systemtheoretisch gesprochen – Teilsysteme, die zur Entlastung des Gesamtsystems, zur Reduktion seiner Komplexität, entwickelt worden sind, im Laufe ihrer Existenz auch Komplexität an die Umwelt ab; d.h., sie werden größer, differenzierter, etablieren eigene Umwelten; zum anderen – und dies ist hier wichtiger – rührt die Dynamik daher, daß die Gesellschaft und mit ihr die Kirche einen sich noch beschleunigenden Differenzierungsprozeß durchlaufen, der in einer (Ortsgemeinden)-Ekklesiologie und in einer von der Parochie her organisierten Kirchenstruktur nicht adäquat aufgenommen ist. Mitgliedschaftsformen und -verhalten sind sehr unterschiedlich geworden und können im Laufe des Lebens eines Menschen vielfach wechseln.

Der *Differenzierungsprozeß* hat nicht nur das Gesamtsystem Kirche erfaßt und es genötigt, bis an die Grenze der Machbarkeit unterschiedliche Angebote, Ämter, Institutionen auszubauen – sozusagen neben dem gemeindlichen Angebot und über es hinaus – sondern die Ortsgemeinde selber erfährt eine ebensolche Differenzierung in vielfältige Gruppen, Initiativen, Interessenvertretungen, so daß die Versuche ihrer Leitungsgremien und ihrer Hauptamtlichen, diese Fülle zu ordnen und auf ein Zentrum hin zu orientieren (etwa nach dem Leitmotiv: Gottesdienst als Vollversammlung der Gläubigen, Ernst Lange), allesamt überanstrengt wirken und, wenn überhaupt, nur um den Preis des Ausschlusses wichtiger volkskirchlicher Aspekte erfolgreich sind.

Wenn wir den Wortsinn zugrunde legen, war „Gemeindeberatung" nie möglich und wird so auch auf absehbare Zeit nicht möglich sein. Vielmehr ist sie *Organisationsberatung für gemeindliche und kirchliche Teilsysteme*; oder wie die „Leitlinien für die Gemeindeberatung in der Evangelischen Kirche von Hessen und Nassau vom 17. April 1978" formulieren, soll die Gemeindeberatung „die Gemeinden und kirchlichen Einrichtungen" dabei unterstützen, „ihre Zeugnis- und Dienstfähigkeit zu entfalten".

II. Gemeindeberatung ist Organisationsberatung in einer vielgestaltigen Kirche

Der in den Leitlinien ausgesprochene Auftrag gibt der Gemeindeberatung keine Richtung vor. Auf welche Kirche hin Gemeindeberatung tätig werden soll, ist nicht definiert. Gemeindeberatung wird also nicht einem kirchenleitenden Interesse untergeordnet. Vielmehr impliziert der Auftrag, daß in der Begegnung

1. Kirche und Gemeindeberatung

zwischen kirchlichem Klientensystem und Beratungssystem sich die „Vernunft des Evangeliums", also was für Kirche wichtig und nützlich ist, durchsetze; „das universale Wort spricht nur Dialekt", so Casaldaglia; d.h., es bilden sich notwendigerweise immer wieder neue und vielfältige Kirchenverständnisse heraus; was Kirche bedeutet und bedeuten kann, muß „vor Ort" jeweils neu durchbuchstabiert und angeeignet werden.

So wenig die Gemeindeberatung Vorgaben zu erfüllen hat, so wenig kann sie ihrerseits den beratenen Systemen inhaltliche Vorgaben machen. Dies entspricht sowohl *protestantischem* (kein Lehramt kann darüber befinden, was in der Kirche zu gelten habe) wie *beraterischem* Selbstverständnis (die Beratung kann sich keine Besserwisserei darüber anmaßen, wie eine Organisation aussehen und funktionieren müsse). Dies ist jedoch auch ein Reflex der Tatsache, daß es derzeit, wie alle Kirchendebatten belegen, *kein einheitlich formulierbares Selbstverständnis der Kirche* gibt.

Kennzeichnend für die gegenwärtige Situation ist vielmehr, wie schon angedeutet, der in seiner Tragweite noch kaum erfaßte „*Differenzierungsschub*" der Gesellschaft. Der immer stärkeren globalen Vernetzung aller Systeme (die Erde ist ein „global village") korrespondiert eine Vervielfältigung der Güterproduktion und Dienstleistungsangebote (De-Standardisierung) und Lebensformen / Lebensstile (*Individualisierung*).

Die räumlichen Strukturen des Zusammenlebens wandeln sich; die Prägekraft territorialer Nachbarschaften läßt nach, an ihre Stelle treten oft „psychosoziale Nachbarschaften" (quer über einen größeren geographischen Raum unterhaltene Netze von Bekanntschaften). In unterschiedlichen Räumen und Zusammenhängen zu lernen, zu arbeiten, sich zu vergnügen, auch religiöses Leben zu praktizieren – ist selbstverständlich geworden. „Nähe auf Distanz" ist das Kennzeichen vieler dieser Lebensformen. Menschen lösen sich – oft unbewußt – aus überkommenen Bindungen und Wertsetzungen der Familie, Klasse, Nachbarschaft usw.; immer stärker sind sie auf sich selbst verwiesen, wenn es um die Koordination oder gar Integration der verschiedenen Lebenswelten geht. Orientierung für sein Leben erfährt der einzelne Mensch immer nur partiell – in den verschiedenen Gruppierungen, denen er angehört.

Zu den Leitbegriffen *Differenzierungsschub* und *Individualisierung* kommt ein dritter: *Krisenbewußtsein*. Weite Teile der Bevölkerung sind trotz offenkundigen Wohlstands von dem starken Gefühl bestimmt, daß die Lebensgrundlagen global massiv bedroht sind. Dieses Phänomen läßt sich nur bedingt mit Endzeitvisionen früherer Menschheitsepochen vergleichen; denn die gegenwärtigen Schreckensszenarien gründen auf höchst realistischen Berechnungen. Der Prozeß der Moderne hat sich, so der Eindruck vieler, selber überholt.

Für die Kirche hat dieser tiefgreifende und alle gesellschaftlichen Bereiche erfassende Wandel erhebliche Auswirkungen:

1.1 Wie die Gemeindeberatung „Kirche" sieht

■ Angesichts des weltanschaulichen Pluralismus findet sich die Kirche in einer verschärften *Konkurrenzsituation*. Menschen probieren unterschiedliche Deutungsmuster für ihr Leben aus; die Neigung zu kurzfristigen Konversionen nimmt zu. Privatreligion, „Instant"-Religion usw. ist en vogue. Die eigene Subjektivität bestimmt Glaube und Religion. Während die Bedeutung von Religion in den unterschiedlichsten Spielarten wächst, schwindet die Plausibilität der durch die Volkskirche vermittelten Glaubensaussagen.

■ *Kirche* hat ihrer Rolle als die die Gesellschaft maßgeblich prägende und stützende Organisation verloren und ist zu einer *sekundären Institution* geworden. Vielfach sind ihre „Leistungen" in einem turbulenten Markt substituiert – sei es durch den Sozialstaat, sei es durch andere Einrichtungen, Verbände und Professionen. Christliche Grundwerte, noch bestimmend bei der Erarbeitung des Grundgesetzes beispielsweise, sind keineswegs mehr selbstverständliche ideologische Basis der Gesellschaft. Der Staat wird sich zunehmend weltanschaulich neutral verhalten müssen, um dem wachsenden Anteil der Bevölkerung, der keiner der christlichen Großkirchen angehört, Rechnung zu tragen.

■ Die Bevölkerung demonstriert immer stärker ein *institutionskritisches* Verhalten. Während sie einerseits mehr und bessere Leistungen von den Institutionen fordert, ist sie immer weniger bereit, durch Mitgliedschaftsbeiträge (z.B. Geld, Arbeit, ideelle Unterstützung) Institutionen zu tragen.

■ Beobachtbar ist ein massiver Traditionsverlust, wenn nicht gar von einem *Traditionsabbruch* gesprochen werden muß.

■ „In prämodernen Situationen leben die Menschen in einer Welt religiöser Sicherheit, die gelegentlich durch häretische Abweichungen in Mitleidenschaft gezogen wird. Im Gegensatz dazu bildet die moderne Situation eine Welt der Unsicherheit, die gelegentlich durch mehr oder weniger brüchige Konstruktionen religiöser Affirmation abgewehrt wird." (Berger)

Damit ist die evangelische Kirche vor eine historisch unvergleichliche Situation gestellt, an deren Entwicklung sie zum Teil selber mitgewirkt hat. *Protestantismus* (= persönlich gewählte Glaubenshaltung, antiklerikale Einstellung, dialogisches Verständnis von Wahrheit, historisch-kritische Forschung usw.) und *Moderne* stehen *in einem Entsprechungsverhältnis*. Die (Post-) Moderne ist zwar nicht, wie in einer Verkürzung der Säkularisierungsthese behauptet werden könnte, aus dem protestantischen Glaubens- und Lebensverständnis herausgewachsen; wohl aber hat der Protestantismus die Subjektivität der Einstellungen und Lebenshaltungen mitbewirkt und kann sie – das ist für die weitere Entwicklung der Kirche wichtig – positiv aufnehmen.

Die mit den Begriffen „Differenzierungsschub", „Individualisierung" und „Risikobewußtsein" skizzierte neuzeitliche Entwicklung wird in der Gesellschaft (und in der Kirche) höchst ambivalent aufgenommen und erfahren. Zum einen „bringt" sie dem einzelnen Menschen (in der Regel) eine Ausweitung seiner Lebensmöglichkeiten; Vielfalt macht das Leben lebendiger; unterschiedliche Bedürfnisse können sich entfalten. Zum anderen erfährt das Individuum einen

1. Kirche und Gemeindeberatung

Verlust an Gemeinsamkeit (und Gemeinschaft); es ist schwerer geworden, sich zu orientieren; die Sehnsucht nach Einfachheit und Überschaubarkeit wächst und wird nicht selten durch die Übernahme von Ideologien oder durch die Verehrung „großer Männer" zu stillen versucht.

Gleichwohl kann weder im Sinne einer *dogmatischen Festlegung*, wie vielerorts gewünscht, noch im Sinne der *Beliebigkeit*, wie die oft beobachtbare Streitvermeidung zeigt, Kirche gestaltet werden. In der Vielfalt der Frömmigkeitsformen und Gemeindegestalten gilt es, dem einigenden Geist Christi zu entsprechen; dies freilich bringt Christen miteinander in den *Streit um die Wahrheit*. Der Diskurs setzt das Wissen des Glaubens voraus, daß jede vorfindliche Gestalt der Kirche vorläufig, also unter dem eschatologischen Vorbehalt steht. Der „Streit um die Wahrheit" verlangt eine bestimmte Haltung und die Einhaltung einiger Regeln:

a) Unterschiedlichkeit ist gegeben und darf sein; *Konsens* muß darüber bestehen, *daß Dissens erlaubt* ist. Von den Streitpartnern wird – oft nur mühsam erreichbar – Ambiguitätstoleranz verlangt, jene Fähigkeit, Andersartiges verstehen und annehmen zu wollen, ohne deshalb der Relativierung ein Generalpardon zu erteilen. „Die Einsicht, daß die Geltung der eigenen Überzeugung nur relativ ist, und dennoch unerschrocken für sie einzustehen, unterscheidet den zivilisierten Menschen vom Barbaren." (Schumpeter, zit. bei Rorty)

b) Christen müssen *konfliktfähiger* werden. Zwar bedürfen Mitglieder von Organisationen – auch kirchlichen – immer wieder der Erfahrung von Zugehörigkeit und Gleichheit; diese jedoch verbal und durch ritualisiertes Verhalten zu beschwören, bedeutet einen Wahrheitsverlust. Gerade in der Kirche muß es nach dem Motto der Gestaltpsychologie zugehen: „Erst differenzieren, dann integrieren."

c) Christen müssen lernen, den Streit offener und fairer zu führen und verdeckten Machtkämpfen und -entscheidungen, die gerade durch die Tabuisierung der Machtfragen aufkommen, zu wehren.

III. Gemeindeberatung betrachtet Kirche als Organisation

Die Gemeindeberatung bedient sich systemtheoretischer Modelle, um Kirche als Organisation bzw. als *Ensemble von Organisationen* zu beschreiben. Im Zusammenhang dieses Werkbuches kann die sozialwissenschaftliche Systemtheorie weder genauer beschrieben, noch kritisch gewürdigt werden; hier sollen die folgenden Hinweise genügen.

Die Gesellschaft ist funktional differenziert (in große Funktionsbereiche wie Politik, Wirtschaft, Wissenschaft, Religion u.ä.). Die Funktionssysteme haben im Lauf der jüngeren Geschichte zunehmend an Autonomie gewonnen. So stellen sie einen je eigenen Kommunikationszusammenhang her, der von einem spezifischen Kommunikationscode (z.B. „Macht", „Geld", „Wahrheit", „Gott") gesteuert wird. Die Funktionsbereiche bedingen und beeinflussen einander, aber keiner von ihnen kann beanspruchen, „mehr als andere für die Gesellschaft zuständig zu sein" (Luhmann, S. 60). Immer weniger läßt sich in komplexen Gesellschaften einem Funktionsbereich allein – etwa Wirtschaft – die zentrale Steuerungsfunktion zuschreiben; so sehr ein Funktionsbereich vom anderen abhängig ist, so sehr limitieren sie auch einander.

Die gesellschaftlichen Funktionssysteme bilden Organisationen aus, die ihrerseits den Prozeß der Ausdifferenzierung tragen und beschleunigen. Organisationen rangieren als soziale Systeme zwischen Gruppe / Individuum einerseits und Funktionsbereich / Gesellschaft andererseits. Was vielleicht banal klingt, hat jedoch wichtige Implikationen: „Ein angemessenes Verständnis von Organisationen (verträgt) weder die Reduktion der Organisation auf gesellschaftlich vorgegebene Strukturen ... noch die Reduktion auf Gruppendynamik oder Persönlichkeitstheorien" (Willke, S. 18). Organisationen stellen also eine eigene Welt her, die von den Ebenen Individuum, Gruppe, Gesellschaft sowohl unterschieden wie mit ihnen verkoppelt werden muß. An drei Problemkreisen, die auch einen Perspektivenwechsel in der Sicht von komplexen Organisationen anzeigen, soll dies (nach Willke) verdeutlicht werden.

a) Organisationen sind geprägt von ihrer operativen Geschlossenheit.

Zunächst scheinen Organisationen ausgesprochen offene Systeme zu sein. Sie sind ja nachgerade entstanden, um bestimmte Umweltbedürfnisse zu „organisieren". So gesehen, stehen sie in intensivem Austausch mit ihrer Umwelt, unterhalten dichte Beziehungen zu Kunden, Klienten, Märkten – und im Fall der Kirche: zu Bedürfnissen religiös fragender oder sozial bzw. psychisch angeschlagener Menschen, zu anderen weltanschaulichen und religiösen Strömungen in der Gesellschaft, zu politischen Systemen usw. Und es läßt sich ja im Einzelnen aufweisen, wie sich die Kirche den veränderten Lebensgewohnheiten und Weltauffassungen theoretisch, praktisch und strukturell angepaßt hat.

Zugleich jedoch hat sich das Bewußtsein dafür schärfen müssen, wie sehr doch soziale Systeme, vor allem Organisationen, von „Selbstreferentialität" und damit einhergehend von operativer Geschlossenheit geprägt sind. Der Traum von der Gestaltbarkeit der Welt, der Beherrschbarkeit sozialer Verhältnisse, der Machbarkeit von Organisationen ist zerstoben.

Auch die Gemeindeberatung kann an ihrer eigenen Geschichte den Perspektivenwechsel demonstrieren: Angetreten, um mit sozialwissenschaftlichem Rüstzeug geplante und gezielte Veränderungen im Sinne der allseits Ende der 60 beschworenen Kirchenreform einzuleiten, verfing sie sich im Laufe ihrer Praxis, wie es in ihren Reihen oft selbstbezichtigend heißt, im Gestrüpp organisatorischer Reparaturen. Dies ist oft als Nachlassen in der „Moral" der Gemeindeberatung thematisiert worden. Im Lichte neuerer theoretischer Versuche muß jedoch gesagt werden, daß die Kirchenreformvision der Gründungsphase von einem noch naiven Verständnis von Organisationen geleitet war. Organisationen

1. Kirche und Gemeindeberatung

haben keine „Punkt-für-Punkt-Übereinstimmung" (Kasper, S. 79) mit der Umwelt; sie konstituieren ihre je „eigene" Wirklichkeit „auf der Basis jener Möglichkeiten, die eben für dieses System bezeichnend sind" (Kasper, S. 78).

Maturana nennt diesen Vorgang „basale Zirkularität". Organisationen gestalten sich ähnlich wie der Organismus einer Zelle. „Eine Zelle behält trotz permanenter Erneuerung ihrer Elemente (Makromoleküle) ihre Unterscheidbarkeit gegenüber ihrer Umwelt, ihre Kohäsion und ihre relative Autonomie bei. Die Zelle produziert also letztlich immer wieder von neuem sich selbst. Diesen Prozeß der Aufrechterhaltung der eigenen Einheit und Ganzheit, während die Elemente selbst immer wieder erzeugt und vernichtet werden, nennt man Autopoiesis." (Zeleny, zitiert bei Kasper, S. 78).

Komplexe Organisationen sind nichtlinear verknüpft, es gibt in ihnen keine einfachen Ursache-Wirkungs-Zusammenhänge. Auf Veränderungen vieler Systembedingungen reagieren sie kaum bzw. relativ träge, während die Veränderung einiger weniger Systembedingungen außerordentlich kräftige Wirkungen zeitigen können. „Jedes System hat Stellen oder Druckpunkte, auf die es sehr sensibel reagiert." (Willke). Allerdings lassen sich diese „Weichstellen" nur bei sehr genauer Kenntnis der inneren Dynamik eines Systems finden.

Wie sehr Organisationen „mit sich selbst beschäftigt" sind, zeigt sich auch in ihrer Abhängigkeit von der jeweiligen Vergangenheit. Entsprechend können sie auch Zukunftserwartungen ausbilden, die auf ihre internen Operationen einwirken und Umwelt beeinflussen. Alle diese Prozesse sind freilich nur begrenzt kalkulierbar.

Die „selbstreferentielle Schließung" (Willke) ermöglicht einer Organisation, sich von der Umwelt und deren Komplexität abzugrenzen und somit der eigenen inneren Komplexität, die mit der Differenziertheit der Organisation wächst, zu steuern und Identität zu bewahren.

b) In der Organisationsberatung und -analyse liegt das Augenmerk auf den Kommunikationsstrukturen, nicht auf den Personen; Personen stellen – systemtheoretisch gesprochen – Umwelt des Systems dar.
Am Praxisschock junger MitarbeiterInnen, die nach dem Studium ihre Berufslaufbahn beginnen, läßt sich sehr deutlich das Phänomen erkennen, daß in Organisationen von Personen abgehobene Kommunikationsstrukturen, eigene Zeichen, ja eigene Sprachen existieren, in die ein neues Organisationsmitglied erst „eingetaucht" sein muß, ehe es seinen Platz in der Organisation findet. Mit Hilfe ihrer speziellen Kommunikationsform handeln Organisationen als Einheiten mit der Umwelt, und entsprechend werden ihre Protagonisten nicht als Privatpersonen, sondern als Rollenträger angesprochen. Das Individuum ist also keineswegs so frei in der Gestaltung seiner Äußerungen und Handlungen, wie die offene Verfassung speziell der Kirche als „professionelle Bürokratie" nahelegt. „Es ist tatsächlich korrekter zu sagen, daß Sprache uns spricht, als daß wir sie sprechen." So in einem anderen Zusammenhang Gadamer. Was für die Muttersprache, gilt abgeschwächt auch für Organisationssprachen.

Vorgänge in einer Organisation können nur bedingt als das Handeln einzelner Personen mit ihren individuellen Eigenarten beschrieben werden. Beratungs- oder Leitungssysteme, die auf das Geschehen in Organisationen einwirken wollen, müssen sich also davor hüten, Organisationszusammenhänge zu personalisieren, vielmehr sollten sie darauf achten, „auf die hinter der Person wirkenden Kommunikationsstrukturen (zu schauen), um erkennen zu können, was vor sich geht" (Willke, S. 14). Hier zeigt sich noch einmal, was unter Punkt a) schon angedeutet wurde, daß Interventionen von außen – also auch von einem Beratungssystem – in oft sehr komplizierten Prozessen auf Seiten der Organisation übersetzt und angeeignet werden müssen, ehe sie systemrelevant werden können. Dabei ist eine entsprechende Verlustmenge an Informationen einzurechnen.

c) Komplexe Organisationen sind nicht einfach plan- und machbar; Beeinflussung ist nur möglich als „kontextuelle Intervention" (Willke, S. 14).
Organisationen haben zum Teil sehr differenzierte Leitungssysteme. Im Fall der Kirche gibt es – schon auf der Ebene des formellen Systems – ein verschlungenes Ineinander von administrativen, episkopalen und synodalen Leitungsstrukturen, das in einem Organigramm nicht mehr darstellbar und für viele Kirchenmitglieder, auch für hauptamtlich Angestellte, nicht mehr durchschaubar ist. Natürlich kann man fragen, ob es sich hierbei nicht um „Wucherungen" des Systems handelt, die dringend überprüft und „zurückgeschnitten" werden müßten. Auf jeden Fall jedoch reflektiert der Ausdifferenzierungsprozeß der Leitungssysteme die Erfahrung, daß Organisationen nur sehr begrenzt hierarchisch geplant und kontrolliert werden können. So wenig man eine Organisation sich selbst überlassen und allein auf „Evolution" setzen kann, so sehr muß davor gewarnt werden, daß man etwa nach dem Motto verfahren könnte: Wenn die Kirchenleitung nur einmal die Perspektiven der Kirche bündig formulierte und strategisch umsetzte, ließe sich das ins Schlingern geratene Schiff der Kirche wieder auf Kurs bringen.

Leitungssysteme dürfen einem solchen Machbarkeitswahn nicht erliegen. Sie müssen ihren Weg zwischen „Machen" und „Lassen" finden. Ihre Interventionen sind zunehmend auf „Versuch und Irrtum" angelegt; es geht ja gewissermaßen um vorsichtige Eingriffe in einen Organismus, eine Kunst also, „in einem grundsätzlich nicht beherrschbaren Feld kalkulierbare Wirkungen zu erzielen". (Willke, S. 39) Das heißt, so weit wie möglich müssen Leitungsinterventionen die Kontexte berücksichtigen; was dabei an diagnostischer Aufmerksamkeit verlangt wird, überfordert oft die Problemlösungskapazitäten von Leitungssystemen.

1. Kirche und Gemeindeberatung

IV. Konsequenzen für die Gemeindeberatung

Wenn im Folgenden Aufgaben und Leistung der Gemeindeberatung und die Anforderung an BeraterInnen beschrieben werden, so ist alles unter dem Vorbehalt der oben skizzierten systemtheoretischen Einsichten zu lesen.

■ *Zum einen* schärfen diese den Blick für die eingegrenzten Möglichkeiten der Beratung: als Intervention „von außen" unterliegt sie der Dynamik der selbstreferentiellen Schließung des jeweiligen Systems. Was von ihren Analysen und Empfehlungen angeeignet wird, ist nur begrenzt kalkulierbar; die alte und wichtige Maxime der Organisationsentwicklung, daß nur mit dem Klienten zusammen erhobene und ausgewertete Daten und gemeinsam entwickelte Interventionen erfolgversprechend seien, wird erneut bestätigt. Veränderungsinitiativen der Beratung, die nicht zum Impuls des Klienten führen, selber Energie zu mobilisieren, sind zur Wirkungslosigkeit verurteilt. Oder: „Wenn Du veränderst, verändert sich gar nichts. Denn jede Veränderung muß Selbständerung sein." (Willke, S. 38)

■ *Zum andern* wird durch die systemtheoretischen Deutungsversuche offenkundig, daß ein wirkungsvoller Kontakt zwischen Beratungs- und Klientensystem nur zustandekommt, wenn das Beratungssystem sich seinerseits der Selbstreflexion unterzieht. Was im Beratungssystem während einer Beratung „vorgeht" (z.B. welche Gefühle das Beratungsteam dem Klienten gegenüber hegt), öffnet im Analogieschluß das Verständnis für die im Klientensystem herrschende Dynamik.

In diesem Abschnitt ist hauptsächlich versucht worden, aus der Perspektive der Gemeindeberatung Aspekte einer Kirchentheorie und des Verhältnisses der Gemeindeberatung zur Kirche zu beschreiben. Interessant wäre, ein Kapitel aus der umgekehrten Perspektive anzufügen – also unter dem Titel „Wie Kirche Gemeindeberatung versteht". Hier sei nur soviel aus dem hypothetischen Kapitel angedeutet: Kirche „leistet" sich ein Teilsystem wie Gemeindeberatung und institutionalisiert damit eine gewisse Spielart ihrer Selbstreflexion – entsprechend ihrem Selbstbild: der zukunftsoffenen, entwicklungsfähigen Kirche.

1.2 Was Gemeindeberatung leistet

„Die Psychoanalyse ist die Krankheit, für deren Therapie sie sich hält." So einmal scharfzüngig Karl Kraus. Von der *Beratung* in ihren verschiedenen Spielarten sprechen nicht wenige als von einem „Gewerbe", das die Probleme *erzeuge*, die es zu lösen vorgebe. Nun stabilisiert jeder Berufszweig, wenn er sich einmal durchgesetzt hat, sich selber – und d.h. er schafft sich passende Umwelten und „Märkte". Die Gefahr solcher Verselbständigung ist auch im Falle der Gemeindeberatung gegeben. Sie war eingerichtet worden zur zeitweiligen Unterstützung kirchlicher Einrichtungen und Gemeinden; sie hatte also Projektcharakter; im Zuge der notwendig fortschreitenden Institutionalisierung – eigenes Büro, hauptamtlich besetzte Stellen, nebenamtlich beauftragte BeraterInnen, Jahresbudget usw. – kann ihre Struktur starr und ihre Organisation von Sekundärmotiven wie Erhaltung und Überleben beherrscht werden. Deshalb ist es unumgänglich, daß die Gemeindeberatung – auch mit Hilfe von „Dritten" – immer wieder kritisch reflektiert, ob und welchen Beitrag sie zur kirchlichen Entwicklung leistet.

Zunächst ist davon auszugehen, daß jede Organisation als lebendiges soziales System Kräfte der Selbstregulierung besitzt, um sich verändernden Bedingungen anzupassen. Dabei handelt es sich im kirchlichen und sozialen Bereich vorwiegend um *reaktive* Anpassungen; d.h. um die Bemühung, externe wie interne „Störungen" im Sinne einer (Re-) Stabilisierung des Systems zu verarbeiten. Seltener lassen sich hier *proaktive* Anpassungsvorgänge beobachten, denen zufolge die Organisation zu erwartende Veränderungen prognostiziert und sich im Vorgriff darauf einstellt. Diese strategische Schwäche ist zum Teil dadurch begründet, daß sogenannte Non-Profit-Organisationen, zu denen kirchliche Organisationen ja zählen, traditionell so gut wie keine „Marktorientierung" besitzen.

Gemeindeberatung setzt dort ein, wo der Organisation solche Selbstregulierungskräfte fehlen bzw. nicht ausreichend zur Verfügung stehen, um den Anforderungen des beschleunigten Wandels zu begegnen. Gemeindeberatung hilft also, wenn die Organisation der Hilfe bedarf. Die Unterstützung gilt nur für begrenzte Zeit – so lange, wie die Organisation braucht, um die nötigen Kräfte zu ihrer Steuerung und Entwicklung (wieder) zu mobilisieren. Eine Stärkung der Selbstregulierungskräfte ist das Ziel der Gemeindeberatung.

Dabei besteht eine wesentliche Leistung der Gemeindeberatung zunächst darin, mit der zu beratenden Organisation die kritische Situation zu erfassen und zu deuten. Die Gemeindeberatung ist von einer systemischen Vorgehensweise

1. Kirche und Gemeindeberatung

geprägt; d.h. sie bietet dem Klientensystem unterschiedliche Perspektiven und Deutungsmuster an. Es findet also in der Beratung zunächst eine *Ausweitung der Komplexität* statt. Diese ruft auf Seiten des Klienten (wie auch auf Seiten des Beratungssystems) zwiespältige Reaktionen hervor: Einesteils wird die Ausweitung und Intensivierung der Selbstreflexion fast euphorisch begrüßt, die Klienten „spielen" mit den Möglichkeiten ihrer Organisation, fast so, als gäbe die Beratung einem kollektiven Kindheits-Ich die Erlaubnis, sich zu entfalten. Anderenteils kommt Angst auf, ob und wie die dabei entstehende Vielfalt überhaupt in einen sinnvollen und effektiven Handlungsentwurf überführt werden kann. Die Beratung muß also eine Gratwanderung leisten – zwischen gewünschter (und offensichtlich lustbesetzter) Komplexitätsausweitung auf der einen und für Handlungsvollzüge ja notwendigen *Komplexitätsreduktion* auf der anderen Seite. Die Gemeindeberatung ist offen für das jeweilige Klientensystem. Sie (be-)achtet sein „Lebensmuster" und seine „Lebensart". Sowenig wie für andere ernstzunehmende Organisationsberatung gibt es auch für die Gemeindeberatung kein Modell, das der zu beratenden Organisation anzudienen oder gar überzustülpen wäre. D.h. natürlich nicht, daß die Gemeindeberatung ohne eigene Zielsetzungen wäre. Sie arbeitet durchaus interessegeleitet. Dazu einige Hinweise:

■ Kirchliche Organisationen verfolgen – wie andere Organisationen auch – ein Doppelziel: ein *Effektivitäts-* und ein *Humanitätsziel.* D.h. sie müssen nach Auffassung der Gemeindeberatung daran arbeiten, sowohl ihre Aufgaben besser, wirkungsvoller, nutzbringender zu bewältigen, wie den in ihnen arbeitenden Menschen zu ihrem Recht und zu ihrer Selbstentfaltung zu verhelfen. Diese doppelte Zielsetzung läßt sich auch in kirchlichen Organisationen nicht ohne Abstriche und Widersprüche verfolgen. Kirchliche Einrichtungen sind sicher besonders herausgefordert, solche Ambivalenz offen zu formulieren und zu leben.
■ Kirchliche Einrichtungen sollten *„schlanker"* werden; einfachere Strukturen und kürzere Entwicklungs- und Entscheidungsprozesse sind geboten. *Entbürokratisierung* tut Not.
■ Kirchliche Organisationen müssen so *flexibel* und *variabel* wie nur möglich gestaltet werden, damit sie auf die komplexen Anforderungen angemessen reagieren können. Es geht also um „Ermöglichung, Aufrechterhaltung, Bereicherung und Verstärkung potentieller Varietät" (Probst, S. 113).
■ Kirchliche Organisationen sollen in ihrer *Lernfähigkeit* gestärkt werden, damit sie sich auf neue Bedingungen wirkungsvoll einstellen können. Lernbereitschaft und -fähigkeit müssen institutionalisiert werden.

Diese Gesichtspunkte gelten sowohl für die Subsysteme wie für das Gesamtsystem Kirche. Das *Leistungsangebot* der Gemeindeberatung soll nun anhand von sechs Leistungsfeldern veranschaulicht werden (vgl. Abbildung).

1.2 Was Gemeindeberatung leistet

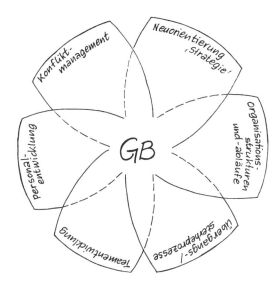

Leistungsfelder der Gemeindeberatung

Die Beschreibung bezieht sich teilweise auf gängige, teilweise auf zu verstärkende Praxis.

1. Konfliktmanagement lernen

Die Gemeindeberatung leistet im Sinne von „Dritt-Partei"-Interventionen einen Beitrag zur Regelung und Bewältigung von (Personal-) Konflikten. Auseinandersetzungen zwischen Personen und Personengruppen sind am häufigsten Anlaß, Gemeindeberatung herbeizuziehen. Die Diagnose der Streitfälle zeigt, daß Konflikte sich zwar oft an persönlichen Unverträglichkeiten manifestieren, die Konfliktgegenstände jedoch auf andere Konfliktursachen hinweisen (z.B. zu knappes Budget, zu wenig Mitarbeitende, Aufgabenüberfülle, unzureichende Ausbildung, mangelhafte Informationsabläufe usw.). Die Gemeindeberatung erarbeitet mit den Konfliktparteien eine möglichst differenzierte Sicht der Wirklichkeit(en) und entsprechende Formen der Konfliktbewältigung (von: den Konflikt aushalten – bis: den Konflikt lösen). Da Konflikte zu den Wesenszügen von Organisationen gehören, kommt es gerade im kirchlichen Bereich darauf an, die zerstörerischen Kräfte des weithin geltenden Harmonieideals zu verdeutlichen und eine „Streitkultur" zu fördern. Das Angebot der Gemeindeberatung erweist sich als wirkungsvoll – vor allem in den Frühphasen eines Konflikts; von einer gewissen Eskalationsstufe an versagen die „weichen", auf Einsicht und Verständigung zielenden Gemeindeberatungsinterventionen, und die Leitung ist gefordert.

2. Personalentwicklung anregen

Unter diesem Stichwort seien alle Maßnahmen der Gemeindeberatung für ehrenamtliche und hauptamtliche MitarbeiterInnen gefaßt, die der Förderung individueller Kompetenz, der Ausgestaltung von Personalförderplänen in Organi-

1. Kirche und Gemeindeberatung

sationen und dem Training von Leitungskompetenz dienen. Spezifische Personalberatungsaktivitäten kommen hinzu: Kirchliche Angestellte erhalten in der Form von Beratung, Supervision bzw. Coaching Unterstützung beim Stellenwechsel (Wie trenne ich mich von meiner bisherigen Arbeit? Wie bewege ich mich auf dem Stellenmarkt? Wie bewerbe ich mich? Wie beginne ich in meiner neuen Stelle? usw.). Mit solcher Personalberatung kann eine gewisse Konkurrenz zu den Personalstabsstellen der Kirchenleitung und -verwaltung entstehen; wünschenswert freilich wären Ergänzung und Kooperation.

3. Teamentwicklung fördern

Schwierigkeit und Fülle kirchlicher Aufgaben machen interdisziplinäres Vorgehen und Teamarbeit unumgänglich. Die Berufssozialisation und Ausbildung der kirchlichen Professionellen liefert für solche Anforderungen in der Regel keine ausreichenden Voraussetzungen. Das Zusammenspiel von engagierten Laien, ehrenamtlich Beauftragten und kirchlichen Angestellten muß reibungsärmer werden, um die gewünschten und notwendigen Wirkungen zu entfalten. Die Gemeindeberatung bietet Teamtrainings an, erarbeitet mit Klienten Grundzüge effektiver Gremien- und Projektteamarbeit, unterstützt bei der Entwicklung sinnvoller Teamstrukturen usw.

4. Ziele und Prioritäten formulieren

Viele Gemeinden und kirchliche Einrichtungen sind auf Grund beschränkter Ressourcen, abnehmender Teilnehmerzahlen, Substitution mancher Angebote durch andere Organisationen usw. genötigt, sich auf ihre Zielsetzungen zu besinnen. Was ist – mit Blick auf den kirchlichen Auftrag und in Wahrnehmung des gesellschaftlichen Bedarfs – unsere Kernaufgabe? Worauf wollen, worauf müssen wir uns konzentrieren? Wo müssen wir „besser" werden? Was können wir getrost anderen überlassen? Wie können wir die geschichtlich gewordene Vielfalt ordnen? Wie können wir uns auf einem dichter gewordenen „Religions- und Psychomarkt" deutlicher bemerkbar machen? Usw.

Nicht länger Aufgabenbereiche addieren und die Leistungsangebote ausweiten, sondern fokussieren und profilieren, in Auseinandersetzung mit Konkurrenzorganisationen (den anderen Kirchen, Religionen, sozialen Einrichtungen, freien Anbietern usw.) und den Wünschen bzw. Bedürfnissen der Menschen die „strategische Linie" bestimmen – das ist das Thema. Noch sind kirchliche Einrichtungen und Gemeinden wenig mit solchen Denkweisen vertraut. Ihr Leistungsangebot ist vielfach von den unterschiedlichen Interessenlagen einzelner Gruppen und Personen (z.B. von den „Hobbys" der Hauptamtlichen) her definiert und sehr spontan festgelegt; Kurzatmigkeit, Druck, Qualitätsmängel, Überfülle sind die Folge.

Die Gemeindeberatung versucht, Orientierungsprozesse, die zu einer Präzisierung der Ziele und einer Prioritätensetzung führen, zu begleiten und mit der

Organisation auf eine klare Ausrichtung ihrer Tätigkeiten hinzuarbeiten. Dazu gehört, daß kirchliche Einrichtungen die Schwächen, die sie mit den meisten Non-Profit-Organisationen teilen, nämlich fehlende „Markt-" und „Zukunftsorientierung", überwinden. Nur so wird der kirchliche Auftrag ernstgenommen und verkommt nicht zu wohlfeilen Worthülsen für wenige. Hier ist der Platz, da die Gemeindeberatung sich am stärksten mit Fragen der kirchlichen Perspektive und der gesellschaftlichen Entwicklung auseinandersetzt. Aus der Sicht der Beratung sind „Strategieprozesse" schwierig und langwierig; entsprechend zögerlich ist die Reaktion auf diese Offerte der Gemeindeberatung.

5. Organisationsgestalt(en) erneuern

Organisationen sind, obwohl künstliche Gebilde, in vielen Zügen ihrer Entwicklung mit Organismen zu vergleichen: Sie wachsen, wuchern, haben Ableger, auch krebsartige Geschwulste. Entsprechend kompliziert werden im Verlauf ihrer Existenz ihre Struktur, ihre Planungs-, Entscheidungs- und Informationswege. Komplizierte Formen verbrauchen eine Fülle der vorhandenen (und begrenzten) Energie zu ihrer Selbsterhaltung; die Leistung für Menschen, also die Wirkung nach außen, läßt nach. Organisationsreformen sind vielerorts nötig. Dabei geht es sowohl um besseres Management wie um schlankere Aufbau- und Ablauforganisation; Veränderungen der Rechtsgestalt dürfen kein Tabu sein.

6. Übergangs- und Sterbeprozesse begleiten

Die vergleichsweise hohe Beständigkeit kirchlicher Einrichtungen – Veränderungsvorgänge erstrecken sich über Generationenfolgen – verführt wider besseres Wissen dazu, die gesellschaftlichen Anzeichen des sich beschleunigenden Wandels nicht ernst zu nehmen. So werden bestehende Einrichtungen mit wachsendem Energieaufwand erhalten, obwohl sie nach menschlichem Ermessen keine oder wenig Zukunft haben. Der Stabilisierungsaufwand verschlingt die für Transformation und Innovationen nötigen Kräfte. Dabei ist Überlebenswille zwar ein verständliches Motiv (für Individuen so gut wie für Organisationen), aber keine theologische Kategorie. Wir kommen nicht um das Verkleinern kirchlicher Teilbereiche („Downsizing" lautet das euphemistische Wort) und wahrscheinlich auch nicht um die Reduzierung des Personals (oder schönfärberisch: „Outplacement") herum. Nur so sind Neuerungen möglich.

Die Skizze der sechs Leistungsbereiche der Gemeindeberatung ist notgedrungen schematisch; sie muß vernachlässigen, daß die Bereiche einander durchdringen und wechselseitig bedingen. Der konkrete Beratungsfall verlangt, auch wenn ein deutlicher Akzent gesetzt wird, die Mischung.

1.3 Wie Gemeindeberatung arbeitet

Gemeindeberatung ist eine Folge von Aktivitäten, die – in einer Phase unzureichender Selbstregulierungskräfte – das Klientensystem, d.h. eine Gemeinde oder eine kirchliche Einrichtung, (wieder) in die Lage versetzen sollen, seine Umwelt und seine interne Verfassung genauer wahrzunehmen, seine Aufgaben und Leistungen klarer zu fassen und entsprechend wirkungsvoller zu handeln.

Die Aktivitäten sind sehr unterschiedlich und vielfarbig; das Gemisch aus sozialwissenschaftlich, betriebswirtschaftlich, therapeutisch und theologisch geprägten Interventionen wird im einzelnen durch die Situation des Klientensystems (seine Problemstellung, seine Kommunikationskultur, seine theologische Position, seinen spezifischen Auftrag) und durch die Kompetenz und den Verständigungshorizont des Beratungsteams geprägt.

Welche Vorgehensweise(n) auch immer gewählt werden, alle unterliegen bestimmten *Normen*, die, obwohl großenteils selbstverständlich, immer neu benannt und bedacht werden müssen.

1. Die Gemeindeberatung ist eine kirchliche Einrichtung, d.h. sie ist in die Organisation der Gesamtkirche wirtschaftlich, personell und rechtlich eingefügt. Als *interne* Beratungsorganisation muß sie, damit ihr Vorteil, intime Kenntnis des kirchlichen Terrains nämlich, nicht in einen Nachteil umschlägt, in der Gestaltung der Klienten-Beziehung auf ein Maximum von „*Externalität*" achten. D.h. konkret: Das jeweilige Beratungsteam darf nicht durch persönliche Beziehungen, territoriale Nachbarschaften, dienstrechtliche Über- bzw. Unterstellungen mit Personen des Klientensystems verbunden sein. Wenn und wo dies nicht möglich ist, gehört es zu den klaren Regeln der BeraterInnen, über die Art ihrer Verbindung mit dem Klientensystem in den Vertragsverhandlungen (und immer dann, wenn Störungen im Beratungsprozeß darauf zurückzuführen sind) Transparenz herzustellen.

2. Gemeindeberatung geschieht *offen*, d.h. mit Kenntnis der formellen Leitung eines Klientensystems. „Subversive" Prozesse – etwa Beratung eines Teams „an der Leitung vorbei" – vertragen sich schlecht mit der Ethik und dem Konzept der Gemeindeberatung. Damit verpflichtet sich die Gemeindeberatung auch zu rationalen Veränderungs- und Beratungsstrategien – durchaus im Wissen, daß es in der „Welt" vielfach unordentlich, irrational, unfair, böse zugeht. Als interne Organisation muß die Gemeindeberatung diese Art der Loyalität der Gesamtorganisation Kirche gegenüber erweisen.

1.3 Wie Gemeindeberatung arbeitet

3. Gemeindeberatung bedarf der *vertraglichen Regelung*. Ein Vertrag gibt dem Beratungsprozeß eine zeitliche, inhaltliche und eine Beziehungsstruktur; man macht sich wechselseitig überprüfbar, Leistungen werden einklagbar. Häufig sind im Laufe des Beratungsgeschehens Revisionen der vertraglichen Abmachungen fällig; sie sollten zwischen Beratungs- und Klientensystem ausdrücklich thematisiert werden. Ein Vertrag verdeutlicht nicht nur das Verhältnis zwischen Beratungsteam und Klientensystem, sondern konstituiert es überhaupt erst; oder überpointiert: durch den Vertrag wird ein Beratungssystem erst zum Beratungssystem und ein Klientensystem zum Klientensystem.

4. Der Vertrag sollte *freiwillig* zustande kommen. D.h. Klienten- und Beratungssystem erklären aus freien Stücken ihr Einverständnis zu einer Gemeindeberatung. Dies ist der Idealfall. In der Realität muß natürlich einkalkuliert werden, daß Beratungsnachfragen meist in Drucksituationen entstehen und in der jeweiligen Organisation oft kontroverse Debatten und Abstimmungen zur Voraussetzung und zur Folge haben. In Grenzfällen kann es auch vorkommen, daß kirchenleitende Gremien einer Gemeinde / einer kirchlichen Einrichtung Beratung „empfehlen". Soweit wie möglich sind solche Zwänge aufzudecken, zu verhandeln und ein auf Einsicht gründendes Einverständnis des Klienten herzustellen. Sonst ist Beratung eher wirkungslos.

5. Konstitutiv für den Beratungsprozeß ist die *Vertraulichkeit*. Das Beratungssystem verpflichtet sich zu Verschwiegenheit in Bezug auf alle Daten, die während eines Beratungsprozesses zutage gefördert werden. Was im Beratungsgeschehen erörtert und entwickelt wird, bleibt „Eigentum" des Klienten. Die Gemeindeberatung kann zwar empfehlen oder darauf hinwirken, daß bei kritischen Vorfällen der Klient kirchenleitende Stellen informiert oder mit am Beratungsprozeß beteiligt; aber die Verbindung zu diesen Stellen nimmt der Klient kraft eigener Entscheidung auf. Es gibt keine Berichtspflicht der Gemeindeberatung.

Bei bestimmten Beratungsvorgängen, z.B. bei eskalierten Personalkonflikten, kann sich die Vertraulichkeitsklausel als Hemmschuh einer im Sinne der Gesamtorganisation Kirche vernünftigen Entwicklung erweisen. Die Bindung an das „Beichtgeheimnis" verhindert so u. U. die rechtzeitige Versetzung oder Entlassung eines unfähigen Mitarbeiters. Aber dies ist der Preis für Verläßlichkeit und Diskretion, ohne den die Beratung – schon gar wenn sie als betriebsinterne Einrichtung geführt wird – nicht bestehen kann.

6. Gemeindeberatung erfolgt *unentgeltlich*. Die Finanzierung durch die Gesamtorganisation Kirche ermöglicht es allen Gemeinden und kirchlichen Einrichtungen, unabhängig von ihrer wirtschaftlichen Situation Gemeindeberatung anzufordern. Was angesichts gesellschaftlicher Verhältnisse, als deren allgemeinster Kommunikationskode das Geld firmiert, löblich, wünschenswert ist, beweist in der Praxis durchaus seine Tücken: Das Klienten-Berater-Verhältnis kann sich nicht als ein Leistungsaustausch von faktisch Gleichberechtigten kon-

1. Kirche und Gemeindeberatung

stituieren, sondern es entwickelt sich leicht in Richtung einer Spender-Empfänger-Beziehung; Gemeindeberatung als Wohltätigkeitsveranstaltung – das kann auf beiden Seiten zu einem Verlust an Ernst, Verpflichtung, Konsequenz führen (ausführlicher ist das Für und Wider unentgeltlicher Beratung im Abschnitt 2 erörtert).

7. Die Gemeindeberatung bindet sich an *professionelle Standards*, die in Ausbildungscurricula, Zulassungs- und Akkreditierungsprozessen immer wieder definiert und als Qualifikationskriterien angelegt werden. Die professionellen Standards entstehen also im Diskurs, wie er in den Gemeindeberatungsinstitutionen und berufsständischen Zusammenkünften von OrganisationsberaterInnen der verschiedenen gesellschaftlichen Bereiche geführt wird. Noch liegt – glücklicherweise – kein Katalog von abprüfbaren Qualifikationen vor, der akademisch / staatlich approbiert wäre. Der Ausbildungsabschluß berechtigt die GemeindeberaterInnen der hessen-nassauischen Kirche nicht, ein-für-allemal in Gemeindeberatung tätig zu sein; vielmehr müssen sie in regelmäßigen Abständen – derzeit 5 Jahre – ihre Beratungsqualifikation in kollegialen „Überprüfungen" nachweisen. Die GemeindeberaterInnen verpflichten sich zudem zur Weiterentwicklung in ihrer Profession, die durch Austausch mit KollegInnen durch Fortbildungsveranstaltungen und regelmäßige Supervision ermöglicht wird.

Professionalität setzt *Wissen, Können* und eine bestimmte *Haltung* der BeraterInnen voraus. Die Haltung ist sozusagen die individuelle Ausprägung einer Beratungsethik. Probst (S. 114 ff) formuliert sie in Form von Empfehlungen / Geboten, die hier auszugsweise zitiert werden sollen:

- ☐ „Behandle das System mit Respekt.
- ☐ Lerne mit Mehrdeutigkeit, Unbestimmtheit und Unsicherheit umzugehen.
- ☐ Erhalte und schaffe Möglichkeiten.
- ☐ Erhöhe Autonomie und Integration.
- ☐ Nutze und fördere das Potential des Systems.
- ☐ Definiere und löse Probleme auf.
- ☐ Beachte die Ebenen und Dimensionen der Gestaltung und Lenkung.
- ☐ Erhalte und fördere Flexibilität und Eigenschaften der Anpassung und Evolution.
- ☐ Strebe vom Überleben zu Lebensfähigkeit und letztlich nach Entwicklung.
- ☐ Synchronisiere Entscheidungen und Handlungen mit zeitgerechtem Systemgeschehen.
- ☐ Halte die Prozesse in Gang – es gibt keine endgültigen Lösungen.
- ☐ Balanciere die Extreme."

1.4 Was Gemeindeberatung von ihren BeraterInnen erwartet

Die Anforderungen an beraterische Professionalität sind hoch. Und sie steigen weiter. Deswegen wird vielerorts – auch in der Gemeindeberatung – Differenzierung und Spezialisierung verlangt. Noch sehen wir uns allerdings stärker dem Konzept der Generalisten verpflichtet.

Die Gemeindeberatung der EKHN bietet seit Jahren eine Ausbildung in Gemeinde- bzw. Organisationsberatung an, die nebenberuflich absolviert werden kann. Stillschweigend wird dabei vorausgesetzt, Beratung sei erlernbar. Dies ist nun keineswegs eine selbstverständliche Voraussetzung. Zwar kann man sich das notwendige kognitive Wissen und die erforderlichen Techniken, die *handwerkliche* Seite der Beratung sozusagen, bei gutem Willen und gewisser Intelligenz ohne große Schwierigkeiten aneignen. Da aber die Beratung ein komplexes, multivalentes Interaktionsnetz darstellt, in der die Person des Beraters bzw. der Beraterin oft entscheidender wirkt als der „gekonnte" Sachbeitrag, kommen Bedingungen ins Spiel, die Beratung durchaus als *Kunstform* erscheinen lassen. Und Kunst setzt Wissen und handwerkliches Können voraus, erschöpft sich darin jedoch nicht; sie ist ein nicht zu definierendes „Mehr".

Wirkungsvoll in der Beratung ist nicht das angelernte, sondern das *in die Person integrierte*, durch Erfahrung und Reflexion gefilterte Wissen und Können. Die Beratungsrolle verlangt, daß der jeweilige Rollenträger „an seiner Person arbeitet", sich verändern und wachsen und d.h. ja oft: zu einer vertieften Selbsterkenntnis in Blick auf seine Stärken und Schwächen vorstoßen will. Immer wieder zeigt sich im Beratungsprozeß, daß der / die BeraterIn das gewissermaßen „unverhinderbare Modell" für den Klienten ist. Damit übernimmt jede Beraterin / jeder Berater oft mehr Verantwortung (vor allem zu Beginn eines Beratungsprozesses), als ihr / ihm lieb sein kann.

Das Gemeindeberatungs-Curriculum definiert zwar einen Anfang und ein Ende der Ausbildung; im Grunde jedoch erwartet es vom Ausbildungskandidaten bzw. von der Ausbildungskandidatin, sich in einen Lebens-Lernprozeß verwickeln zu lassen. Im Curriculum sind folgende Elemente kombiniert: die *Beratungspraxis* (anfangs „an der Hand" erfahrener KollegInnen, ganz im Sinne eines „Meister-Lehrlings-Verhältnisses"), die *Supervision* (kontinuierliche, durch einen „Dritten" kontrollierte Reflexion der Beratungsarbeit und der Bera-

1. Kirche und Gemeindeberatung

terexistenz), der *fachliche Diskurs* mit KollegInnen, Arbeit in *Seminaren, Trainings* und *Laboratorien* sowie *Selbststudium* der Literatur, Kenntnisnahme der Fachdiskussion.

Ein grob orientierender Lehr- und Lernplan liegt zwar vor, aber er kann wegen der Komplexität des „Gegenstandes" sicher die meisten Ordnungswünsche nicht befriedigen; er setzt auf „Chaostoleranz" der AusbildungskandidatInnen. Er ist von Leitbildern geprägt, die im folgenden im Sinne eines *Anforderungsprofils* beschrieben werden sollen. Dabei sei einschränkend bemerkt, daß Anforderungsprofile oft genug Tugendkataloge, also Idealisierungen sind – und damit Ausdruck des den Organisationen eigenen Narzißmus. Anders als in vielen Katalogen beruflicher Qualifikationskriterien sollen hier vor allem die *persönlichen Eigenschaften und Einstellungen* genannt werden, an denen sich BeraterInnen messen lassen müssen. Alle Kriterien sind vielfältig interpretierbar. Sie lassen sich nicht verobjektivieren. Dies schränkt jedoch keineswegs ihre Bedeutung und Wirkung ein.

Erfahrung mit Organisationen: Wer Beratung macht, muß u. E. Organisationen bewußt erlebt haben. Und zwar in der Rolle der Berufstätigen oder der durch ein Ehrenamt Verpflichteten. Die Berufstätigkeit muß über mehrere Jahre gehen. Kenntnis von Organisationen, die aus solcher Perspektive gewonnen ist, läßt sich nicht durch ein akademisches Studium ersetzen. Vorausgesetzt freilich: Die Erlebnisse sind verarbeitet, wirklich Erfahrung geworden, und eine realistische Einschätzung dessen, was Organisationen leisten können und was nicht, hat sich entwickelt.

Liebe zu Organisationen: Kritischer Realismus bringt die für Beratung nötige Distanz. Diese bleibt fruchtlos, wenn sie nicht komplementär durch – emphatisch gesprochen – Liebe zur Organisation ergänzt wird. Wer im Laufe eines Berufslebens Organisationen zu hassen gelernt hat und in die Beratungstätigkeit will, um der bisherigen Aufgabe zu entkommen, wird wahrscheinlich mit den negativen Projektionen bei aller professionellen Sorgfalt den Beratungsprozeß gefährden. In Ausbildung, Supervision und Praxis muß immer wieder intensiv an Beschädigungen, die ein Mensch als Organisationsmitglied erlitten hat, gearbeitet werden.

Gerade in „Tendenzbetrieben" wie der Kirche braucht es den Berater, die Beraterin, der / die – bei aller kritischen Distanz – die Kirche auch in ihrer Organisationsgestalt schätzt, respektiert, sie fördern will und realistische Hoffnung („docta spes", Bloch) im Blick auf ihre Veränderbarkeit hegt. Natürlich kann ein konkreter Klient Widerwillen einflößen; aber ein Beratungsteam ist wohl beraten, einen Beratungsauftrag nur anzunehmen, sofern es eine gewisse Zuneigung zu den Personen und ihren Problemen verspürt. Ohne Sympathie mißlingt die Klientenbeziehung, und das Beratungsteam gerät in die Falle schwer zu bearbeitender Übertragungen.

1.4 Was Gemeindeberatung ... erwartet

Kraft: Energie, Initiative, Schaffensfreude müssen von BeraterInnen erwartet werden. Sie brauchen ein gewisses Maß an psychischer und physischer „Gesundheit" – hier verstanden als die Fähigkeit, die eigenen seelischen und körperlichen Probleme und Schwachstellen zu kennen und mit ihnen für sich selbst und für andere förderlich umzugehen. Persönliches Engagement ist gefragt; d.h. „sich reinknien", etwas gestalten wollen, sich riskieren. Beratung darf nicht mißverstanden werden als distanzierte Haltung des Beobachtens, Beschreibens, Empfehlens, ohne „sich die Hände schmutzig zu machen". Beraterischer Voyeurismus wäre schädlich.

Authentizität: Die Berater-Klienten-Beziehung kann von destruktiven Übertragungs-Gegenübertragungs-Konstellationen überlagert werden: „Schutzloser Berater – schutzspendende Gruppe" (Man tut einander nicht weh, fordert sich nichts ab, pflegt die Harmonie usw.) – oder: „Geliebter Berater – verliebte Gruppe" (Das Beratungsteam konzentriert alles auf sich, verführt den Klienten mit Blendwerk und versucht so, ihn von sich abhängig zu machen) – oder: „Gescheiter Berater – dumme Gruppe" (Beratungsteam bevormundet mit Besserwisserei und degradiert so die Gruppe) u.ä.
Weil solche Konstellationen sich immer wieder entwickeln können, brauchen BeraterInnen eine klare realistische Selbsteinschätzung; sie müssen zu sich stehen – zu ihren Stärken und Schwächen; ihr eigenständiges Urteil ist gefragt; sie müssen lernen, sich auf sich zu verlassen; so gewinnen sie die nötige Unabhängigkeit – vom Wohlwollen und von der Kritik des Klienten.

Beziehungsfähigkeit: BeraterInnen müssen Kontakt zu Menschen, einen „Rapport" herstellen können. Dies gelingt ihnen in dem Maße, wie sie selber zu sich Kontakt haben – zu ihrer Geschichte, zu ihren Wünschen, zu ihrer Sexualität usw. Konfrontation in der Beratung ist nur auf der Basis des Kontaktes zum Klienten möglich.
Die Beziehungsfähigkeit wird immer auch durch die notwendige Teamarbeit in der Beratung auf die Probe gestellt („*Ein* Berater ist kein Berater."). In der Teamarbeit müssen BeraterInnen Partnerschaftlichkeit, jenes sensible Wechselspiel von Initiative und Rücksicht, beweisen.

Verläßlichkeit: Der Klient vertraut sich dem Beraterteam an. Dies ist nur möglich, wenn auf die BeraterInnen Verlaß ist. Verläßlichkeit drückt sich in Vielem aus: Klarheit im Auftreten, in der Sprache und in den Abmachungen, Pünktlichkeit, Verbindlichkeit, Sorgfalt u.ä., auch im eigenständigen politischen und theologischen Urteil.

Demut: Ohne Bescheidenheit den eigenen Hervorbringungen gegenüber verlieren BeraterInnen rasch ihre Kompetenz. Bescheidenheit meint nicht die Abwertung des beraterischen Könnens, es geht nicht um Gesten der Selbstentwertung, sondern um den alten Begriff „Demut". In ihm steckt noch eine weitere

1. Kirche und Gemeindeberatung

Nuance: die Anerkenntnis, daß nicht alle Verhältnisse verbesserbar, nicht alle Zustände heilbar sind und daß Organisationen „krank" bleiben und „sterben" können.

Virtuosität: Beratung folgt nachvollziehbaren methodischen Regeln und kann dem Klienten ihr Vorgehen erläutern; sie ist keine Geheimwissenschaft. Gleichwohl geht es nicht ohne Fingerspitzengefühl, ohne Intuition und ohne die Fähigkeit ab, Methoden, Instrumente, Verfahren virtuos zu benutzen und sich innerhalb der unterschiedlichen Anforderungen und Rollenerwartungen geschickt zu bewegen. Kreativität, Künsterlisches, Paradoxes, Absurdes denken können und bei Interventionen nutzen.

Das breite Spektrum der *Beratungsrollen*, die BeraterInnen darstellen sollen, macht Lippitt in folgendem Modell anschaulich:

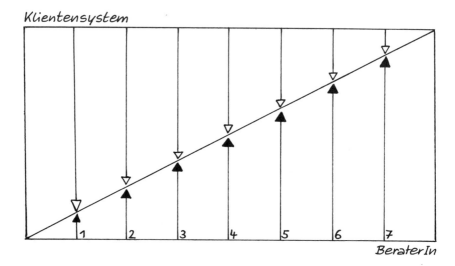

Rollen

1. BeobachterIn – Nimmt an (wenigen) Sitzungen und Gesprächen des Klientensystems teil, stellt die eigenen Beobachtungen dem Klienten „zur Verfügung", formuliert u.U. Fragen, die das Klientensystem erwägen sollte.

2. ProzeßbegleiterIn – Beobachtet und begleitet Arbeitsprozesse des Klientensystems, kommentiert sie, bespricht die eigenen Deutungen mit dem Klientensystem und gibt Empfehlungen für den weiteren Arbeitsprozeß.

3. RechercheurIn – Sammelt und analysiert im Auftrag des Klientensystems relevante Daten der Klientenorganisation, präsentiert sie dem Klienten, organisiert Auswertungsprozesse und die Arbeit an den Schlußfolgerungen.

4. ProblemlöserIn – Untersucht verschiedene Lösungswege, evaluiert sie mit dem Klientensystem, schlägt Handlungsmöglichkeiten vor und beteiligt sich am Entscheidungsprozeß des Klienten.

5. Coach – Unterstützt mit „Rat und Tat" gezielt das Klientensystem, trainiert es für bestimmte Aufgaben und macht es „fit" für kritische Situationen.

6. ExpertIn – Evaluiert das Klientensystem, erarbeitet Gutachten und formuliert Entscheidungsvorlagen (inkl. konkreter Handlungsanweisungen).

7. AdvokatIn – Umwirbt das Klientensystem mit einer bestimmten Idee und versucht, das Klientensystem gezielt zu beeinflussen.

Ohne ein sicheres Verständnis der Rollenmöglichkeiten wird Beratung unprofessionell. Im konkreten Fall wird vom Berater, von der Beraterin sowohl Flexibilität und Virtuosität in der Rollenübernahme wie Genauigkeit in der Rollendefinition und im Rollenverhalten verlangt.

1.5 Wie Gemeindeberatung entstanden ist

I. Zu den Wurzeln

Die ersten Berater – mehrheitlich Männer und Pfarrer – kamen 1973 vorwiegend aus der Generation der 68er Bewegung. Viele von ihnen hatten Protestaktionen gegen die Kirche hinter sich und waren bereit, nun ihre Energie in kirchenreformerische Arbeit umzusetzen. Einige von ihnen hatten an den Struktur- und Reformplänen unserer Kirche mitgearbeitet. Dahinter stand nicht nur das Leiden an der Kirche, das aus der Liebe zu ihr kommt, sondern auch die Erfahrung, daß die Strukturen der Kirche oft lauter predigen als ihre Worte. Hinzu kam bei vielen das Unbehagen über Engführungen in der Einzelseelsorge; diese brauche Ergänzung durch eine „Seelsorge" an Gruppen und an Strukturen.

Viele hatten die Isolation als PfarrerIn im Gemeindepfarramt erlebt und die damit verbundene Spaltung zwischen Laien und Hauptamtlichen. Gerade diese Erfahrung trug dazu bei, daß wir keine *Pfarrerberatung*, sondern *Gemeindeberatung* machen. D.h., daß wir in der Regel nicht einzelne PfarrerInnen beraten, sondern den Kirchenvorstand oder andere Gruppen in die Beratung mit einbeziehen (Wir setzen einen Beschluß des Kirchenvorstandes voraus, daß eine Beratung – mit wem auch immer – in der Gemeinde beginnen kann.). Es geht um einen gemeinsamen Lernprozeß, vor allem zwischen Kirchenvorstand und den PfarrerInnen. Eine ausschließliche Pfarrerberatung würde ihrerseits zur Isolation der PfarrerInnen beitragen und den gemeinsamen Lernprozeß behindern.

Die Wurzeln haben nicht so schnell ausgeschlagen. Es gab Vorbehalte und Widerstände bei Pröpsten und Dekanen: Würde ihre Funktion der Beratung und Seelsorge an PfarrerInnen durch Gemeindeberatung berührt oder beschnitten? Würde die Gemeindeberatung ein eigenes Gemeindeverständnis entwickeln, das von der Leitung der Kirche nicht mitgetragen werden könnte? „Sind wir so schlecht, daß wir Beratung brauchen?" (Originalton eines Dekans aus den Anfangszeiten der Gemeindeberatung). Die Anfragen aus den Gemeinden kamen langsam und zögernd; die Schwelle, Beratung in Anspruch zu nehmen, war hoch. Wie bei jeder Beratung gab (und gibt) es auch gegenüber der Gemeindeberatung eine Schamgrenze, die eine solche Anfrage erschwert.

Aber vor allem: in der Anfangszeit konnte ja noch nicht auf eine fundierte Praxis der Gemeindeberatung verwiesen werden. Das Ganze hatte etwas von einem Münchhausen'schen Abenteuer: Wir wollten *für* eine Praxis und *auf der Basis* einer Praxis ausbilden, die es noch nicht gab. Von Anfang an war das

1.5 Wie Gemeindeberatung entstanden ist

Ausbildungskonzept der Gemeindeberatung praxisbezogen; schon während der drei- bis vierjährigen Ausbildungszeit erproben sich die AusbildungskandidatInnen in der Beratung von Gemeinden.

Allerdings entstand so auch von Anfang an ein gemeinsamer Lernprozeß zwischen Gemeinden und BeraterInnen. Denn wir ließen die Gemeinden nie im Zweifel darüber, daß wir selbst Lernende waren und es im Beratungsprozeß auf beiden Seiten um Nehmen und Geben gehe. Deshalb wurden auch die Beratungen durch Fortbildungsangebote für KirchenvorsteherInnen, PfarrerInnen und andere kirchliche MitarbeiterInnen ergänzt, in denen es um Fragen der Leitung, der Teamarbeit und Kooperation, des Konflikt- und Zeitmanagements, des Umgangs mit Macht und Spiritualität ging.

Auch aus diesen Gründen bestanden wir von Anfang an darauf, daß Gemeindeberatung nicht sofort in der EKHN institutionalisiert, sondern erst nach einer Testphase von 4 Jahren (von 1974 bis 1978) etabliert werde. Denn die BeraterInnen mußten zunächst ausgebildet werden, sie mußten sich selbst erproben und bewähren und die Qualität ihrer Beratung verdichten. Und: es mußte sich erweisen, ob die Gemeinden das Beratungsangebot in Anspruch nehmen würden.

So wurde erst 1978 mit den „*Leitlinien für die Gemeindeberatung in der EKHN*" die Gemeindeberatung offiziell eingerichtet.

II. Zum Stamm

Die Leitlinien beschreiben die äußere Gestalt des Stammes. Wie wir diese in der Alltagspraxis operationalisieren, steht auf Seite 39 ff: Wie Gemeindeberatung in der EKHN organisiert ist. Das Wichtigste sind neben der äußeren Gestalt, die die Gemeindeberatung durch die Leitlinien bekam, die *Erfahrungen* dieser Jahre, die wesentlich dazu beitrugen, daß sich Gemeindeberatung konsolidierte:

■ Es ist die *Hoffnung* von Gemeinden und BeraterInnen, die davon ausgeht, daß die Beratung das Wirken des Geistes nicht ersetzen kann. Wirkliche Erneuerung in unseren Kirchen wird durch den Heiligen Geist bewirkt; eine schlechte Struktur aber kann das Wirken des Geistes behindern.

■ Es ist die Bereitschaft der Gemeinden, mit den BeraterInnen zusammen diese kreative Arbeit zu machen, ein Stück *Schöpfung gemeinsam* zu gestalten; Leiden und Grenzen anzuschauen und sich gegenseitig dabei zu unterstützen; eine Vision von Kirche wachzuhalten oder zu erwecken, die zu Innovationen im Alltag führen kann. Es ist auch die Bereitschaft, in der Zusammenarbeit von Laien und Theologen zu lernen.

■ Es ist das *Engagement* der Berater und Beraterinnen, die viel Zeit, Energie, Phantasie in die Beratung investieren. Oft opfern sie ihre Freizeit, weil im Rahmen ihrer täglichen Arbeit dieser zusätzliche Auftrag nicht zu erfüllen ist. Oft braucht es Geduld und viel Durchhaltevermögen; denn es kostet einiges, Verkrustungen in unseren Gemeinden auszuhalten und dabei zu helfen, daß sie aufgebrochen oder aufgelöst werden.

1. Kirche und Gemeindeberatung

Leitlinien für die Gemeindeberatung in der Evangelischen Kirche in Hessen und Nassau

Gemäß Artikel 48 Abs. 2 Buchstaben der Kirchenordnung wird folgendes verordnet:

§ 1 Die Evangelische Kirche in Hessen und Nassau bietet den Kirchengemeinden und kirchlichen Einrichtungen in ihrem Bereich einen Beratungsdienst (Gemeindeberatung) an, der dem Referat Verkündigung und Seelsorge der Kirchenverwaltung angegliedert ist.

§ 2 Ziele und Funktionen der Gemeindeberatung

1. Die Gemeindeberatung unterstützt Gemeinden und kirchliche Einrichtungen dabei, ihre Zeugnis- und Dienstfähigkeit zu entfalten. Sie hilft ihnen, ihre Ziele und Aufgaben zu erkennen, ihre Gaben und Möglichkeiten zu entdecken und zu entwickeln, ihre Konflikte und Probleme zu bearbeiten sowie ihren Dienst angemessen zu gestalten.
2. Neben Kirchengemeinden und kirchlichen Einrichtungen können auch andere kirchliche Organisationen, Gremien oder Zusammenschlüsse die Gemeindeberatung in Anspruch nehmen.
3. Die Gemeindeberatung hilft den Beratenen dabei, Ziele selbst zu setzen, Lösungen für ihre Probleme zu erarbeiten und anzunehmen (Hilfe zur Selbsthilfe).
4. Die Gemeindeberatung nimmt in ihrem Dienst eine gesamtkirchliche Verantwortung wahr. Die Berater haben keine Aufsichtsbefugnisse oder -pflichten.
5. Die Gemeindeberatung ergänzt die beratenden Dienste des Leitenden Geistlichen Amtes, der Dekanatssynodalvorstände und anderer beratender Organe. Sie verweist gegebenenfalls auf diese.

§ 3 Methoden der Beratung

1. Entsprechend ihren Zielen wendet sich die Gemeindeberatung an die Kirchengemeinden und kirchliche Einrichtungen in ihrer Gesamtheit.
2. Die Gemeindeberatung geschieht als Beratung von Gruppen, insbesondere als
a) Beratung des Kirchenvorstandes, der Gruppe der Mitarbeiter oder Pfarrer einer Kirchengemeinde, einer gemeindlichen Gruppe,
b) Beratung des Leitungskreises einer kirchlichen Einrichtung
3. Die Gemeindeberatung versucht in ihrer Arbeit, auch Erkenntnisse und Methoden der Pastoralpsychologie und -soziologie, der Kommunikationswissenschaften und der Organisationsentwicklung für die kirchliche und gemeindliche Arbeit nutzbar zu machen.

§ 4 Inhalt von Beratungen

1. Die Gemeindeberatung begleitet Entwicklungen einer Gemeinde oder einer kirchlichen Einrichtung. Sie achtet dabei besonders auf die interne Kommunikation und Kooperation, das gemeindliche oder kirchlich-institutionelle Selbstverständnis sowie die persönliche Teilhabe an der gemeinsamen Arbeit.
2. Gegenstände von Beratung sind vor allem:
a) Überprüfen und Vergewissern bisheriger gemeindlicher Arbeit, einschließlich der Frage angemessener Prioritätensetzung.
b) Verbessern gemeinde-interner und übergemeindlicher Zusammenarbeit.
c) Öffnen der Gemeinde zu nicht-gemeindlichen Gruppen oder Problemstellungen hin.

1.5 Wie Gemeindeberatung entstanden ist

d) Bewältigen von Problemen im Zusammenhang mit Vakanzen,
e) Klären konkurrierender Zielvorstellungen,
f) Fördern und Entwickeln der in einer Gemeinde vorhandenen Gaben und Fähigkeiten sowie die Aufnahme neuer Initiativen.

§ 5 Freiwilligkeit und Vertraulichkeit der Beratungen

1. Die Gemeinden und Einrichtungen fordern die Gemeindeberatung von sich aus an. Sie bestimmen, mit welchem Ziel und in welcher Weise die Beratung geschehen soll.
2. Die beratenen Gemeinden und Einrichtungen sollen ihre vorgeordneten Dienststellen und den jeweiligen Vertreter des Leitenden Geistlichen Amtes über die Beratung informieren.
3. Die Gemeindeberater behandeln die erhaltenen Informationen vertraulich.

§ 6 Kostendeckung der Beratung

1. Die Evangelische Kirche in Hessen und Nassau übernimmt die Grundfinanzierung dieses Dienstes.
2. Die beratenen Gemeinden und Einrichtungen übernehmen entstehende Fahrt-, Unterbringungs- und Verpflegungskosten der Berater.

§ 7 Beauftragung der Gemeindeberater

1. Die Kirchenleitung beauftragt nach Beratung im Leitenden Geistlichen Amt geeignete und entsprechend ausgebildete Pfarrer und andere Mitarbeiter der Evangelischen Kirche in Hessen und Nassau als Gemeindeberater im Haupt- und Nebenamt.
2. Die Beauftragung erfolgt auf Vorschlag des Studienleiters, der für die Aus- und Fortbildung der Gemeindeberater zuständig ist. Die bereits beauftragten Gemeindeberater sind vorher anzuhören.
3. Zur Beratung kann vorgeschlagen werden, wer die Ausbildung zum Gemeindeberater abgeschlossen hat und eine wenigstens fünfjährige hauptamtliche Tätigkeit in der Gemeindearbeit – in Ausnahmefällen in anderer kirchlicher Arbeit – nachweisen kann.
4. Die Beauftragung wird für jeweils vier Jahre ausgesprochen; wiederholte Beauftragungen sind zulässig.
5. Die Beauftragten werden von ihren sonstigen dienstlichen Belangen bis zu drei Tage monatlich freigestellt. Näheres regelt die Kirchenverwaltung im Benehmen mit den Betroffenen und deren Kirchenvorständen oder kirchlichen Dienststellen.

§ 8 Zusammenarbeit der Gemeindeberater

1. Der Studienleiter (vgl. § 7, Abs. 2) koordiniert und begleitet die Arbeit der beauftragten Gemeindeberater und der für die Ausbildung zur Gemeindeberatung Zugelassenen.

§ 9 Inkrafttreten

Diese Leitlinien treten am 1. Mai 1978 in Kraft. Sie sollen nach Ablauf von vier Jahren überprüft werden.

Darmstadt, den 17. April 1978
Evangelische Kirche in Hessen und Nassau
- Kirchenleitung -   D. Hild

Anmerkung: Anfragen wegen Gemeindeberatung sind an die Geschäftsstelle der Gemeindeberatung in der EKHN zu richten, die auch weitere Auskünfte erteilt (6000 Frankfurt am Main 70, Johanna-Melber-Weg 23, Tel. 0 69 / 61 10 37). Veröffentlicht im Amtsblatt der Evangelischen Kirche in Hessen und Nassau Nr. 4 vom 5. Mai 1978 und Nr. 11 vom 29. November 1978.

1. Kirche und Gemeindeberatung

III. Zu den Früchten

■ Es gibt Früchte an diesem Baum. Die Hemmschwelle, Beratung in Anspruch zu nehmen, ist niedriger geworden. Gemeinden und kirchliche Einrichtungen haben die Erfahrung gemacht, daß es keine Schande ist, Beratung zu nutzen. Konflikte zulassen, sich mit Polarisierungen auseinandersetzen oder Störungen in Arbeitsbeziehungen erleben, ist nichts „Unchristliches". Es gehört zum Alltag. Man kann und soll darüber sprechen. Die vertiefte Sensibilität und Aufmerksamkeit für Konflikte hat die Beratungsbereitschaft sowohl bei BeraterInnen wie bei KlientInnen wesentlich erhöht.

■ Frauen und sog. Laien (Menschen aus anderen als theologischen Berufen) wie Psychologen, Soziologen, SozialarbeiterInnen, kirchliche Angestellte und KirchenvorsteherInnen haben sich verstärkt an dem Beratungsprozeß beteiligt und sich in Gemeindeberatung ausbilden lassen.

■ Die Gemeindeberatung in der EKHN hat mehrere „Töchter" bekommen. In katholischen Diözesen und anderen Landeskirchen Deutschlands, der Schweiz und Österreichs sind auch durch unsere Mitwirkung eigene Ausbildungszweige entstanden. Nach wie vor nehmen auch einzelne Personen aus diesen Kirchen an der EKHN-Ausbildung teil, was unsere ökumenische Zusammenarbeit sehr bereichert.

■ Gemeindeberatung ist eine Adresse für Non-Profit-Organisationen im außerkirchlichen Bereich geworden. Wir werden angefragt für Beratungen in Schulen, Gewerkschaften, therapeutischen Teams, im Gesundheitswesen usw.

■ Als neuer Arbeitszweig hat sich das Projekt „Kirche und Gemeindeberatung auf dem Land" entwickelt. Hier geht es um die Bedeutung und Aufgabe von Kirche im ländlichen Raum und den Beitrag der Gemeindeberatung zur Wiederherstellung dörflicher Identität.

■ Viele der bereits ausgebildeten GemeindeberaterInnen sind „abgewandert" in andere Berufe, Regionen oder Leitungsfunktionen der Kirche. Wir empfinden dies einerseits als „Aderlaß", weil wir dadurch immer wieder gute BeraterInnen verlieren, andererseits freuen wir uns über die Umsetzung von Gemeindeberatungserfahrungen in andere Bereiche.

■ Die Frage nach menschengerechten und menschenfreundlichen Strukturen und nach der Wachheit für Diskriminierungen hat sich für uns vor allem zugespitzt in der Aufmerksamkeit für die Rolle der Frauen in unserer Kirche, der Arbeit für eine erneuerte Gemeinschaft von Frauen und Männern und in einer kontinuierlichen Auseinandersetzung mit den Ergebnissen und Fragestellungen feministischer Theologie.

■ Die Expertise von Gemeindeberatung wird in unserer Kirche intern stärker in Anspruch genommen bei Fragen der Entwicklung neuer Perspektiven für die Volkskirche, wenn es um Strukturen, bessere Strategie für das Konfliktmanagement und um Prozeßbegleitung und Moderationen verschiedenster Art geht.

1.6 Wie die Gemeindeberatung organisiert ist

Die Gemeindeberatung in der EKHN ist entsprechend den Leitlinien organisiert. Die EKHN hat eine Geschäftsstelle mit einer Studienleiterin und einem Studienleiter eingerichtet.
Der Geschäftsstelle zugeordnet ist die *Arbeitsgemeinschaft für Gemeindeberatung*. Sie bildet die Vollversammlung aller ausgebildeten und zur Ausbildung zugelassenen GemeindeberaterInnen (z.Z. ca. 50 Personen). Sie hat einen regelmäßigen jour fixe an jedem 2. Montag im Monat, der der Fortbildung und dem Erfahrungsaustausch der GemeindeberaterInnen und vor allem der „Projektbörse" dient, d.h. der monatlichen Absprache über die Vergabe von Beratungsprojekten und der Bildung von Beratungsteams.

Die Arbeitsgemeinschaft hat sich eine Ordnung gegeben, die vor allem folgende Aufgaben nennt:

- Die Arbeitsgemeinschaft wählt ein Leitungsteam, das den jour fixe vorbereitet und durchführt;
- sie verwaltet die Mitgliedsbeiträge der Mitglieder;
- sie wählt die Kommission zur Wiederbeauftragung von GemeindeberaterInnen, die alle 5 Jahre fällig ist;
- sie nimmt die Arbeitsberichte der Geschäftsstelle entgegen;
- sie wird vor allen Personalentscheidungen der Geschäftsstelle und vor jeder Beauftragung eines Gemeindeberaters oder einer Gemeindeberaterin angehört, die dann die Kirchenleitung auf Grund einer Empfehlung der Geschäftsstelle ausspricht;
- sie wählt ein Mitglied der AG in die Akkreditierungskommission, die über die Anerkennung nach Abschluß der Ausbildung entscheidet.

Die Arbeit der Gemeindeberatung vollzieht sich schwerpunktmäßig in drei Bereichen:

1. Kirche und Gemeindeberatung

1. Beratungsarbeit

Gemeinden und andere kirchliche Einrichtungen fragen bei der Geschäftsstelle wegen Beratung schriftlich oder telefonisch an. In diesem Vorkontakt werden einige Grundfragen vorgeklärt wie:
- ☐ Wer ist der Klient und wer ist Kontaktperson für das Klientensystem?
- ☐ Wie heißt das Problem?
- ☐ Welcher zeitliche Umfang ist für die Beratung vorgesehen? Wann soll sie beginnen?
- ☐ Wird eine spezielle Expertise von den BeraterInnen erwartet?

In der Regel erbitten wir nach dem Telefonat die Anfrage schriftlich und reagieren selber auch schriftlich, damit die Ausgangspositionen für einen eventuellen Vertrag deutlich sind. Alle Anfragen werden jeweils am jour fixe der Arbeitsgemeinschaft für Gemeindeberatung vorgestellt. Im Idealfall findet sich für jede Anfrage ein Team von zwei Personen, die dann den weiteren Kontakt mit dem anfragenden Klientensystem übernehmen.

2. Aus- und Weiterbildung der GemeindeberaterInnen

Für die inhaltliche Verantwortung dieses Arbeitszweiges ist die Ausbildungsgruppe verantwortlich, die aus den beiden Studienleitern, den SupervisorInnen und einigen GemeindeberaterInnen mit besonderen Qualifikationen in Ausbildungsarbeit besteht. Der Gang der Ausbildung kann hier nur kurz skizziert werden:

Die Geschäftsstelle organisiert jährlich im Frühjahr ein *Einführungsseminar* in Gemeindeberatung, das der Erstinformation über Gemeindeberatung und als Zulassungsvoraussetzung dient.

Nach dem Einführungsseminar haben diejenigen TeilnehmerInnen, die sich für die Ausbildung interessieren, Gelegenheit, an einer Basissupervision von ca. 10 Doppelstunden teilzunehmen. Danach wird in einer Konsultation der Ausbildungsgruppe, die einen Feedback-Proz der Basissupervisionsgruppe und der SupervisorInnen einschließt, über die Zulassung zur Ausbildung entschieden.

Die Zugelassenen beantragen dann förmlich ihre Mitgliedschaft in der Arbeitsgemeinschaft für Gemeindeberatung; dies ist Grundvoraussetzung für die Partizipation an Beratungsprozessen. Ein Ausbildungsvertrag wird geschlossen.

Die Ausbildung besteht aus „drei Säulen":

1. Dokumentierte Mitarbeit bei Beratungsprozessen, in der Regel im Team mit einem / einer erfahrenen BeraterIn. Es werden für den Abschluß der Ausbildung mindestens vier kurz- und zwei langfristige Beratungen vorausgesetzt.

2. Regelmäßige Supervision dieser Praxis, die für die Dauer der Ausbildung auf mindestens 40 Doppelstunden angesetzt ist. Die SupervisorInnen sind speziell in Organisationsentwicklungs-Prozessen erfahrene Fachkräfte, die die Geschäftsstelle unter Vertrag genommen hat. Gegenstand und Themen der Supervisionsgruppen sind die Beratungserfahrungen der AusbildungskandidatInnen ebenso wie die Entwicklung des eigenen Beratungsprofils.

Es gehört zum professionellen Anspruch der Gemeindeberatung, daß alle BeraterInnen – auch nach Abschluß der Ausbildung – weiterhin fachliche Supervision erhalten.

3. Die drei Ausbildungslaboratorien (von je 7 Arbeitstagen). Diese werden regelmäßig durch Fortbildungsangebote ergänzt, die von der Geschäftsstelle oder der AG selbst organisiert werden. Oft erweist sich erst in der Beratungspraxis, was einzelne TeilnehmerInnen noch an Fortbildung brauchen.

1.6 Wie die Gemeindeberatung organisiert ist

Vertiefung und Fortbildung geschehen auch bei den monatlichen Treffen der Arbeitsgemeinschaft, die regelmäßig ein Fortbildungsthema aufgreift. Grundsätzlich gehen wir davon aus, daß Beratungsarbeit einen ständigen Lern- und Fortbildungsprozeß bei den BeraterInnen notwendig macht. Deshalb werden alle BeraterInnen von uns immer nur für 5 Jahre der Kirchenleitung zur Beauftragung (und Wiederbeauftragung) vorgeschlagen. Vor Ablauf dieser Fünf-Jahresfrist stellen sich alle BeraterInnen der Wiederbeauftragung mit einem Theorie-Referat und einem Bericht über ihre Beratungspraxis.

3. Fortbildung und Studienarbeit

Von Anfang an machte die Gemeindeberatung allgemeine Fortbildungsangebote, die sich als flankierende Maßnahmen für die Beratungsarbeit erwiesen. Durch die Teilnahme an diesen Wochen- oder Wochenend-Veranstaltungen konnten KirchenvorsteherInnen, PfarrerInnen, kirchliche MitarbeiterInnen oder andere Leitungspersonen an für sie relevanten Themen arbeiten und sich mit der Arbeitsweise der Gemeindeberatung vertraut machen. Auf diese Weise erfolgte zugleich auch eine Annäherung an die Beratungsarbeit überhaupt.

In der Fortbildung griffen wir Themen auf, die uns in der Beratungsarbeit begegneten oder im großen Fortbildungsangebot der EKHN zu fehlen schienen: Umgang mit Macht, Leitung, Konflikten, Rivalität und Konkurrenz, Geld, Zeit; Teamarbeit und Kooperation, Zusammenarbeit von Frauen und Männern, besondere Bedingungen ehrenamtlicher Mitarbeit, Moderation von Großgruppen, Mitarbeit in der Kirchensynode, „schwierige Personen" in Organisationen, besondere Erfahrungen von Frauen, die Leitungsaufgaben übernommen haben, Einsichten und Erfahrungen feministischer Theologie in der Auslegung biblischer Texte, im Verständnis von Kirche und Leitung, in der Entwicklung einer inklusiven Sprache und einer frauengerechten Spiritualität.

Soweit möglich haben wir diese Seminare ganzheitlich gestaltet unter Einbeziehung des Arbeitens mit dem Körper, des Phantasmatischen, des Meditativen und des Musischen. Je nach der beruflichen Qualifikation der TeamkollegInnen wurde mehr mit Gestalt-, TZI-, TA- oder psychoanalytisch orientierten Methoden gearbeitet.

In der *Studienarbeit* wurden die Themen verdichtet, die sowohl in der Fortbildung wie in der Beratungsarbeit eine Vertiefung brauchten. Sie vollzog sich in Form von Projektgruppenarbeit. Über die Jahre hinweg gab es folgende Themenschwerpunkte:

- ☐ Die Rolle des Kirchenvorstandes und der PfarrerInnen
- ☐ Theologische Theorie von Gemeindeberatung
- ☐ Konzepte von Kirche und Gemeinde
- ☐ Der Beitrag feministischer Theologie zur Erneuerung kirchlicher Strukturen
- ☐ Frauen und Männer in der Organisation Kirche
- ☐ Teilzeitarbeit im Pfarramt

1.7 Gemeindeberatung auf dem Land

Zur Entstehung, Arbeitsweise und Perspektive der Beratungsinitiative „Gemeindeberatung auf dem Land". (Dr. Ulf Häbel, Pfr., verantwortlich für das Projekt „Kirche und Gemeindeberatung auf dem Land")

I. Zur Entstehung und Beschreibung der Idee

Seit Anfang 1990 gibt es in der EKHN die Einrichtung „Gemeindeberatung auf dem Land". Es handelt sich dabei um einen Bereich innerhalb der Gemeindeberatung, in dem es um die Frage geht: Wie lassen sich die ländliche Lebenswelt und ihre Kultur beschreiben? Welche Funktion haben in diesem Zusammenhang die Kirche und darin auch die kirchliche Organisationsberatung?

Und so hat alles begonnen: In einem Fortbildungskurs „Authentische Kirche" haben Frauen und Männer darüber diskutiert, wie fern oder wie nah die Kirche mit ihrer lebensdeutenden Botschaft den Menschen ist. Wie zeitgemäß ist kirchliches Handeln und wie angemessen das professionelle Tun von Pfarrerinnen und Pfarrern in dem jeweilig gegebenen sozialen Kontext?

Beim Nachdenken fielen uns schnell die unterschiedlichen Lebensvollzüge der Menschen z.B. in Städten und Dörfern ein. Wir differenzierten freilich zuerst klischeehaft: Dörfer sind überschaubar, Städte ufern aus. Dörfer sind (meist noch) eingebettet in die Jahrhunderte alte Kulturlandschaft, Städte wachsen auch gegen natürliche Lebensräume oft sehr schnell und gegen ökologische Prinzipien. Städte geben offensichtlich alles, was man zum Leben braucht, schnell her: man kann Geld verdienen und es ausgeben, Kultur ausstellen und pflegen, jede Art sozialer Hilfe und Dienstleistungen in Anspruch nehmen und sie auch einklagen, Ausbildungsangebote nutzen und Freizeitgestaltung nach persönlichen Wünschen pflegen. In den Dörfern ist das alles weitgehend verloren gegangen (Arbeitsplätze, Schule, Geschäfte, Verwaltung, öffentlicher Nahverkehr). Was aber ist in so unterschiedlichen Erlebniswelten dann authentisches, echtes, lebensnahes Handeln der Kirche?

Auf diese pauschale Frage müßte man eine differenzierte, aus der Analyse der jeweiligen Lebenswelten erhobene Antwort geben. So lautete damals unsere Forderung. Es müßte jemanden geben, der in dörflichen Lebenszusammenhängen lebt, sie analysiert, angemessen beschreibt und einer beraterischen, perspektivischen Konsequenz zuführt. In der ersten Ideenskizze von 1987 wird deshalb als Zielsetzung formuliert: Was bedeuten der Abbau der ländlichen Kultur, die Fremdbestimmung durch urbane Lebensweise und

1.7 Gemeindeberatung auf dem Land

das Verschwinden der überkommenen bäuerlichen Lebensart für die Dörfer? Und was hat darin die Kirche für eine spezifische Aufgabe, wenn sie als „letzter Kulturträger" in dieser Lebenswelt erscheint? Die organisatorische Umsetzung dieser Idee könnte durch eine kombinierte Pfarrstelle – Dorfpfarrstelle und Gemeindeberatung im ländlichen Raum – geschehen.

Seit 1990 gibt es diese Stelle in dem Vogelsbergdorf Freiensen. In den beiden ersten Jahren haben zwei Projektgruppen aus Gemeindeberaterinnen und Gemeindeberatern die Arbeit mit dem Stelleninhaber zusammen analysiert und diskutiert. Einige Erkenntnisse sollen hier thesenartig dargestellt werden.

II. Tendenzen kirchlichen Handelns auf dem Land

1. Die ländliche Region als eigenständige Lebenswelt oder Umland der Zentren?

Früher war jedes Dorf ein eigenständiger und unverwechselbarer Lebensraum. Gemeinsames Arbeiten (bäuerliche Landwirtschaft und Handwerk) und Feiern (Kirmes, Hochzeit und Beerdigung im Dorf) konstituierten die Lebensgemeinschaft. Jedes Dorf hatte eine eigene Geschichte, seine Besonderheit, Tradition und auch seine Mundart. Vieles davon ist nur noch historisch und nicht mehr fürs Alltagsleben relevant. Die meisten berufstätigen Dorfbewohner finden ihren Arbeitsplatz in den Städten. Dörfer sind tagsüber leer; nur alte Menschen und Mütter mit Kleinkindern sind – von wenigen Ausnahmen abgesehen – anwesend. Arbeit und Geld, Geschäfte und Kinos, Schule und Verwaltung, Ärzte und Schwimmbäder sind in den Städten. Die Menschen aus den Dörfern sind in fast allen Lebensbezügen auf die städtische Region verwiesen, von ihr abhängig und auf sie bezogen. Die ländliche Region wird als „Umland" der Stadt definiert, obwohl viele zentrale und lebensnotwendige Funktionen für die Stadt hier erfüllt werden. Das Umland muß beispielsweise Arbeitskräfte und Trinkwasser liefern, den städtischen Müll entsorgen und für die Möglichkeiten der Wochenend- und Naherholung sorgen.

Durch die starke Abhängigkeit von den Ballungsräumen und Städten und in der Beziehung auf die dort gegebene Lebensweise geht die Eigenständigkeit der Dörfer mehr und mehr verloren. Auch die Lebensweise der Menschen gleicht sich städtischen Lebensformen immer mehr an. Die gegebenen Konsummöglichkeiten locken zumindest viele junge Menschen aus der ländlichen Region an.

2. Kirche und Vereine als Kulturträger des ländlichen Raumes

Durch die sog. Gebietsreform sind kulturtragende Einrichtungen wie Schule und Kindergärten, Bürgermeisterei, Treffpunkte für Menschen und Geschäfte aus den Dörfern verschwunden. Hinzu kamen die Individualisierung und Anonymisierung der Lebensformen, die man als persönlichen Freiheitszuwachs beschreiben kann, die aber gleichzeitig als Verlust des Gemeinschaftserlebens angesehen werden müssen. Was einmal in der dörflichen Lebensgemeinschaft galt, wonach Menschen sich richten konnten, das alles wird nicht mehr geordnet tradiert, sondern eher zufällig, durch einzelne Interessierte oder ein paar Vereine. Die Kirche ist weitgehend die einzige gesellschaftlich relevante Institution, die in Dörfern anwesend ist und ihre Lebensdeutung in den gegebenen Verhältnissen vermittelt. Kirchengemeinden sind meist mit den Kommunen deckungsgleich. Sie haben ihren Sitz im Ort, partizipieren an den Lebensvollzügen und Problemen. Sie können als sozial anerkannte Institutionen zu einem Gesprächsforum werden, auf dem man traditionelle Werte bewahren und diskutieren kann und nach neuen Lebensorientierungen sanktionsfrei sucht. Dafür gibt es freilich keine Programme, die man nur noch in den einzelnen Kirchengemeinden verkünden oder organisieren müßte. Die Solidarität der Suchenden und die Teilhabe an ihren Lebensformen sind Voraussetzung für die Entwicklung eigenständiger dörflicher Lebensweisen. Die Suche nach sinngebenden und gemeinschaftsfördernden Lebensweisen kann freilich der Kirche nur in Gemeinschaft mit Vereinen und in regionaler Nachbarschaft gelingen. Die Kirche kann durch ihre sprachlich gebildeten Professionellen (Pfarrerinnen und Pfarrer) dem sprachlos gewordenen ländlichen Raum wieder eine Stimme geben. Etwas weniger pathetisch formuliert heißt das: Pfarrerinnen und Pfarrer werden die Lebenszusammenhänge vor Ort wahrnehmen, analysieren, artikulieren und auch deuten helfen. Und dabei kann Gemeindeberatung den Beitrag leisten: die Wahrnehmungs- und Artikulationsfähigkeit zu entwickeln und einer perspektivischen Fragestellung zuzuführen.

3. Lebensorientierende Werte ländlicher Kultur

Aus den ersten Beobachtungen und Analysen der ländlichen Lebensvollzüge lassen sich einige Werte formulieren, die einerseits die lebensdeutende Botschaft der Bibel verifizieren, andererseits für gesamtkirchliches und gesamtgesellschaftliches Handeln bedeutsam sein könnten. Es scheint, daß einige dieser Werte für unsere konsumorientierte Industriegesellschaft, die sich stark an Augenblicksvorteilen orientiert und damit ökologische Krisen provoziert, sich durchaus zu heilsamen Initiativen weiterentwickeln lassen.

Überschaubarkeit statt Undurchschaubarkeit
Die dörfliche Lebensgemeinschaft ist in der Regel noch überschaubar. Die meisten Menschen kennen sich – in ihren Tätigkeiten und Besonderheiten, mit Namen und Herkunft, in ihren beruflichen Tun und ihrem Lebensstil. Wenn sich in Neubaugebieten am Rand einiger Dörfer andere Menschen mit anderen Lebensgewohnheiten ansiedeln, so ist der Versuch der Integration weitgehend wirksam. Die psychologische Erkenntnis, daß jeder Mensch innere und äußere Heimat braucht, findet in dem Bemühen, etwas gemeinsam zu gestalten (Straßenfeste, Plätze, Ansichten), Ausdruck. Das Dorferneuerungsprogramm der hessischen Landesregierung z.B. hat als einen der Kerngedanken, daß der

1.7 Gemeindeberatung auf dem Land

ländliche Raum, die einzelnen Dörfer wieder eigenständige Lebensräume werden und die Selbstgestaltung durch die dort lebenden Menschen möglich wird. In diesem Zusammenhang wird auch verständlich, warum u.a. Menschen, die in den Städten arbeiten, ihren Wohnort nach Möglichkeit ins sogenannte Umland, in die Dörfer, verlegen.

Tätige Nachbarschaft statt Selbstverwirklichung
Als wir im Februar 1990 in „unser" Dorf einzogen, kamen am ersten Abend, als der Möbelwagen noch auf der Straße stand, drei Männer. Sie fragten: Was sollen wir tun? Es waren Leute, denen wir die neuen Nachbarn werden sollten. Und Nachbarn hilft man, auch wenn die zur Not alles selber erledigen könnten. Aus der leider schwächer werdenden bäuerlichen Lebensart, in der einer dem andern seine Arbeitskraft bei der Ernte und auch die Maschinengemeinschaft zur Verfügung stellte, ist zumindest das nachbarschaftliche Helfen als hoher Wert tradiert. Man hilft sich gegenseitig und wartet nicht auf die einklagbare Zuständigkeit irgendeiner Institution. In der dörflichen Kultur fragt man: „Was können wir tun?" eher als: „Wer ist hier zuständig oder schuld?".

Konstruktive Langsamkeit statt Hektik
„Wenn du's eilig hast, mußt du langsam tun." In dieser Redensart spiegelt sich die Realität, daß es ein durchaus unterschiedliches Tempo in Lebensvollzügen der Städter und Dörfler gibt. Sogar bis in das Tempo der Gangart sind Unterschiede festgestellt worden. In den Städten geht und fährt man schneller, ist entsprechend hektisch, oft auch gehetzt. Man muß sich ja auch die Leute auf der Zeil in Frankfurt nicht ansehen, keinen Kontakt zu ihnen aufnehmen; man kennt sie ohnehin nicht. Auf Dorfstraßen ist das anders. Man schaut sich um, nimmt wahr, welche Menschen dort sind, grüßt oder tut etwas mit ihnen gemeinsam. Deshalb geht's eben langsamer. Es braucht seine Zeit. Auch die überkommene Lebensweise weist das aus. Man kann die natürlichen Zyklen nicht beliebig verändern. Aussaat und Ernte, Tätigkeit und Ruhe haben ihre Zeit. Eine den natürlichen Zyklen angepaßte Lebensweise ist ökologisch verträglicher als die Hektik, die selbstgemachte menschliche Entwicklung und eigensinnige Machbarkeit über alles stellt. Nun sind Schnelligkeit oder Langsamkeit keine Werte an sich. Man muß sie an ihren Konsequenzen für die Lebensweise der Menschen und anderer Kreaturen messen. Beim kritischen Überdenken von Schnelligkeit oder Langsamkeit wirkt das Urteil vordergründig, daß die langsamere Entwicklung in den Dörfern ein Merkmal des Zurückgebliebenseins sei. Man kann auch so interpretieren, daß die Langsamkeit dazu führt, in längeren Zeiträumen, d.h. generationsübergreifend zu denken und zu handeln.

Naturnähe statt Naturbeherrschung
In einem Dorf starb eine 93jährige Frau. Sie galt als Original, weil sie im Sommer monatlich ungefähr 10 kW/Std. mit der Stromversorgungszentrale abrechnete. Mehr elektrische Energie brauchte sie in der Regel nicht. Die natürliche Umwelt gab ihrem Leben den Rhythmus. Wenn es hell wurde, stand sie auf, bei Dunkelheit ging sie zu Bett. Elektrische Beleuchtung brauchte sie eigentlich nur im Winter. Spül- und Waschmaschinen, elektrische Geräte gab es für sie nicht; für den Ein-Frau-Haushalt reichten die Kräfte ihrer Hände. Die natürlichen Ressourcen – z.B. Regenwasser als Brauchwasser, Sonnenwärme als Energiespender, Wind zum Trocknen – nutzte sie aus. In ihrer Art, sich zu ernähren, lebte sie von dem, was Garten und Acker und ihre kleine Viehzucht jeweils hergaben. Für diese Arbeit brauchte sie in der Regel nur ihre Hände und kaum Maschinen. Sie galt als merkwürdig und rückständig; doch vom Standpunkt des Energieverbrauches und von der Nutzung der gegebenen natürlichen Ressourcen her, war sie ein Vorbild. Die Naturnähe, die noch wahrgenommene Lebensgemeinschaft mit Tieren und Pflanzen, Landschaft und Klima bringen ein Eigenrecht anderer Geschöpfe wieder zum Bewußtsein. Bewahrung der Schöpfung ist dann auch nicht nur ein Programm, sondern täglicher Lebensvollzug.

1. Kirche und Gemeindeberatung

Dauerhaftigkeit statt schnellebige Wegwerfmentalität
Jugendliche im Konfirmandenalter sind durch unser Dorf gezogen und haben Sprüche notiert, die an den Fachwerkhäusern stehen. Die in der Regel zwei- bis dreihundert Jahre alten Häuser haben auf ihren tragenden Balken oft biblische Sprüche, die auf den Bau der Häuser und die Lebensweise der Menschen bezogen sind. Die Jugendlichen haben dazu Menschen, die jetzt in diesen Häusern leben, befragt, was sie von der Geschichte der Bauwerke und ihrer früheren Bewohner wissen. Viele Erinnerungen an Menschen, Ereignisse und Lebensweisen im Dorf wurden so zutage gebracht und in einem Kalender für unser Dorf festgehalten. Durch die Aktion der Spurensicherung der dörflichen Lebensweise wurde das Bewußtsein dafür entwickelt, daß das Dorf einst als dauerhafter Wohnort erbaut worden ist und daß die Menschen durch die Gestaltung dieses Ortes und die Entwicklung bestimmter Lebensformen diesen Bereich zu ihrer Heimat gemacht haben. Nicht die Schnellebigkeit oder das eilfertige Wegreißen von etwas, was im Augenblick nutzlos erscheint, bestimmen das Dorf, sondern das Bewahren von Eigenheiten, das Aufheben von Dingen, die im Augenblick als wenig nutzbringend erscheinen. Schnellebige Wegwerfmentalität, die mittlerweile überall zur Überproduktion und den damit verbundenen Entsorgungsproblemen führten, ist traditioneller ländlicher Lebensweise fremd. Die überkommene Fragestellung, welches Bauen, welche Arbeit und welches Tun auch der nächsten Generation noch dienlich ist, trägt diesen Wert der Dauerhaftigkeit und der Generationenverträglichkeit in sich.

Die hier nur skizzierten Werte, die aus der dörflichen Lebensweise und der ländlichen Kultur erhebbar sind, zeigen Herausforderungen für die Kirche auf. Wahrnehmen der gegebenen Lebensverhältnisse und ihre angemessene Deutung sind Aufgabestellungen, welche die Institution vor Ort (örtliche Kirchengemeinde) offensiv betreiben muß. Dazu kann die beraterische und perspektivische Arbeit eine Hilfestellung geben.

III. Konsequenzen für die beraterische Arbeit auf dem Land

1. Anwesend sein

„Der Pfarrer soll einfach da sein und nicht Programme rauf und runter lassen." Mit diesem Satz, der bei einer dörflichen Konsultation gesprochen worden ist, läßt sich die Rolle von Pfarrerinnen und Pfarrern auf dem Lande darstellen. In dem überschaubaren Dorf wird Anwesenheit der Pfarrer gewünscht. Damit ist gemeint, daß die Menschen, die sich berufsmäßig über das Leben, seine Sinnerfüllung und Mängel äußern, die gegebenen Lebensbeziehungen verstehen, adäquat beschreiben und im biblischen Horizont deuten können müssen. Einfach da sein, heißt nicht, 24 Stunden pro Tag arbeiten, aber erreichbar sein. Es heißt nicht, alles besser wissen, sondern sich den gegebenen Fragestellungen aussetzen. Es heißt nicht, volkshochschulmäßig zu belehren, sondern an den Lebensvollzügen beteiligt sein.

Für „Gemeindeberatung auf dem Land" ergibt sich daraus die supervisorische, berufsbegleitende Arbeit besonders mit Berufsanfängern und Berufsanfängerinnen. Aus der Angst, von der Gemeinde total vereinnahmt zu werden, wird bei AnfängerInnen leicht eine Abgrenzungsmethodik, die situationsinadäquat ist, wie z.B. an der Einrichtung von „Sprechstunden" ersichtlich. Es zeichnet

1.7 Gemeindeberatung auf dem Land

sich in diesem Zusammenhang auch die Frage ab, ob die religiösen Professionellen (Pfarrerinnen, Pfarrer) lebenslang ihrem ausschließlich akademisch erworbenem Berufsbild nachfolgen können. Wären beispielsweise Berufskombinationen (Pfarrer und Landwirt; Pfarrerin und Ärztin; pfarramtliche und öffentliche Verwaltung) eher geeignet, in Lebensbezüge einzusteigen, als das akademische Berufsbild des theologischen Lehrers?

Hier muß auch nach den sog. Zusatzaufträgen in den Pfarrstellen gefragt werden. Viele dörfliche Gemeinden reichen von ihrer Zahl her nicht aus, um einen ganzen (vollen) Dienstauftrag für eine Pfarrstelle zu erteilen. Zusatzaufträge auf die jeweilige gemeindliche und soziale Situation hin zu vergeben (etwa Projekte mit Kindern in ländlichen Regionen; Frauen in der Landregion; Altwerden im Dorf), erscheint aus organisationsberaterischer Sicht sinnvoller als die konventionelle Methode, an eine Pfarrstelle lediglich ein paar Funktionen des üblichen Pfarramtes (z.B. ein paar Religionsstunden) anzuhängen.

2. Wahrnehmen und beschreiben statt urteilen

Sich im Leben zu orientieren ist offensichtlich schwieriger geworden. Traditionen, die normierende Kraft hatten, brechen ab; individuelle Freiheit wird zur Verhaltensbeliebigkeit; religiöse Werte und Lebensformen werden zur Privatangelegenheit erklärt – alles erscheint relativ, die Maßstäbe immer vielfältiger, gesellschaftliches Leben komplexer. Die damit verbundene Orientierungsschwierigkeit wird gelegentlich durch vorschnelles und absolutes Urteilen übergangen. Religiöse und politische Urteilsfindungen entheben der Mühe, Alternativen zu denken, zu tolerieren und zu erproben.

Gemeindeberatung geht davon aus, daß vorschnell gefaßte Urteile bei der Orientierungssuche nicht hilfreich sind. Sie sind oft genug nur ein Zeichen der Angst vor der Komplexität, ein Symbol der Unfähigkeit zur Toleranz. Um der Situation und dem Menschen angemessene Lebensformen zu entwickeln, bedarf es statt dieser Urteile adäquater Wahrnehmung und Beschreibung der Lebensvollzüge.

Wahrnehmen und beschreiben, auf sich wirken lassen und dann daraus handeln gilt für das beraterische Verhalten gerade in ländlichen Situationen, in denen nicht irgendwelche technischen Fertigkeiten, sondern die Partizipation nötig geworden ist. Wer an meiner Lebensweise Anteil nimmt, mich versteht, von dem fühle ich mich ernst genommen; dem kann ich auch vertrauen und durch den kann ich mich auch leiten lassen. Für Beraterinnen und Berater in ländlichen Regionen heißt das insbesondere, genau hinzusehen, statt darüber zu schweben, zu fragen, statt zu urteilen, zu partizipieren, statt zu belehren. Wir überlegen deshalb in der Gemeindeberaterausbildung, ob nicht mindestens ein Projekt während der Ausbildung in der Landregion für verbindlich erklärt werden sollte. Es wäre auch ein Beitrag zur Weiterentwicklung der Gemeindeberatung in unserer Kirche. Denn immerhin kommen 85% aller BeraterInnen aus großen Mittelstädten; 90% aller Beratungsanfragen kommen aus dem Ballungsraum.

1. Kirche und Gemeindeberatung

3. Gemeinde im Nachbarschaftsverbund

Durch die Beratung in ländlichen Regionen wird immer deutlicher, daß von den professionellen und materiellen Ressourcen her die Organisation (Dorfgemeinde) sehr begrenzt ist. Vieles, was notwendig erscheint (etwa Kindergarten, Krankenpflegestation, kontinuierliche Jugendarbeit, Seniorenarbeit), läßt sich nicht durchführen aus Mangel an Interesse, MitarbeiterInnen, Geld, Räumen. Damit ergibt sich schnell die Frage nach der Kooperation im nachbarschaftlichen Bereich. Wenn man eine Christengemeinde als ein tendenziell offenes System versteht, d.h. daß die Gemeinde über sich selber hinausragt, ihre Botschaft über ihre eigenen Grenzen hinausdrängt und die Lebensfragen der Umwelt in ihr eigenes Deutungsmuster einbezogen werden – , dann liegt in dieser Selbsttranszendierung auch eine organisatorische Konsequenz. Fixierung auf die einzelne Gemeinde wird aufgehoben in die Frage nach dem nachbarschaftlichen und funktionstüchtigen Raum (Parochieverbund) und den gemeinsamen personellen Ressourcen (Vernetzung von kirchlichen MitarbeiterInnen und Arbeitsstellen).

Im ländlichen Raum bedeutet dies für die Beratung eine stärkere Fortentwicklung der Beziehung von kirchlichen Aufgabenstellungen und Funktionsbereichen – organisatorisch eine Stärkung der dekanatlichen Ebene und seiner Ämter. Das Kennzeichen für alle begleitende, beratende und lebensdeutende Funktion der Kirche in der ländlichen Region ist freilich die Kirche im Dorf und ihre Symbolfigur Pfarrerinnen und Pfarrer. Erste Konsequenz aus der Gemeindeberatung auf dem Land lautet deshalb: Laßt die Kirche im Dorf.

Literaturliste für Teil 1 (Seite 12–48)

Bäumler, Ch., 1984
Beck, U., 1986
Beer, M., 1990
Bennis, W. G. / Benne, D. / Chin, R., 1975
Berger, P. L., 1980
Boff, L., 1983
Bormann, G. / Bormann-Heischkeil, S., 1971
EKD-Studie, 1993
Evangelische Kirche in Hessen und Nassau, 1993
French, W. L., / Bell, C. H., 1977
Foitzir, K. / Gossmann, E., 1989

Hirschhorn, L., 1988
Huber, W., 1979
Josuttis, M., 1982
Kaefer, H., 1977
Lienemann, N., 1989
Lippit, G. / Lippit, R., 1984
Luhmann, N., 1975^2
Moltmann, J., 1975
Probst, G. J. B., 1987
Schmidtbauer, W., 1977
Richter, H. E., 1976
Westerlund, G. / Sjöstrand, S. E., 1981
Wimmer, R., 1992

2. Beratung als Prozeß

2.1. Konzepte und Modelle 51
2.1.1 Einführung 51
2.1.2 Der Aktionsforschungs-Ansatz 52
2.1.3 Das DEFG-Modell 53
2.1.4 Der Organisationsentwicklungs-Zyklus 54
2.1.5 Das 7-Stufen-Modell 59
2.1.6 Die Gestalt-Beratung 63

2.2 Erstkontakt und Beratungsvertrag 66
2.2.1 Der erste Kontakt mit der Gemeindeberatung – zwei Beispiele 66
2.2.2 Die erste Zusammenkunft zwischen Klient und BeraterIn 68
2.2.3 Analyse des Auftrags und der Anfrage 70
2.2.4 Der Vertrag im Prozeß der Organisationsentwicklung (Weisbord) 72
2.2.5 Hinweise für das Aushandeln eines tragfähigen Kontraktes 79
2.2.6 Die Bedeutung der Bezahlung von Beratungsleistungen 81
2.2.7 Hinweise zur Dokumentation 83
2.2.8 Beratungsprozesse dokumentieren 84
2.2.9 Das Gestaltthema: Kontakt und Grenzen 88

2.3 Datensammlung 94
2.3.1 Einführung 94
I. Hinweise zur Datensammlung – II. Zur Einschätzung von Daten – III. Das Datenfeedback
2.3.2 Methoden und Instrumente der Datensammlung 98
2.3.3 Feedback und Auswertungsgespräche 106
2.3.4 Das Gestaltthema: Wahrnehmung 116

2.4 Diagnose 118
2.4.1 Einführung 118
2.4.2 Organisationsdiagnose (Sechs-Felder-Modell nach M. Weisbord) 119
2.4.3 Arbeitsfragen zum Sechs-Felder-Modell 126
„Hermeneutik des Verdachts" – Wie Sie Organisationen auch noch untersuchen sollten 127
2.4.4 Hinweise zur Anwendung des Sechs-Felder-Modells 130
2.4.5 Kirche als „professionelle Bürokratie" 131

2. Beratung als Prozeß

2.4.6 Die „schwierige Person" in einer Organisation   136
2.4.7 Interview mit einer „schwierigen Person"   138
2.4.8 Eine Übung zum Thema „Sündenbock"   139
2.4.9 Grundformen von Organisationen (W. Zbinden)   140
2.4.10 Lebenszyklus von Organisationen   145
2.4.11 Kräftefeld-Analyse   147
2.4.12 Die Bürgergruppe   150
2.4.13 Das Gestaltthema: Figur und Hintergrund   153

**2.5. Interventionen:
Veränderungen planen und einleiten   155**
2.5.1 Einführung   155
2.5.2 Schichtenmodell zur Bearbeitung von Konflikten   158
2.5.3 Eine Variante des Schichtenmodells   161
2.5.4 Das Gestaltthema: Das Experiment als Intervention   163

2.6 Abschluß der Beratung   165
2.6.1 Einführung   165
2.6.2 Auswertungsprozesse organisieren   166
2.6.3 Hinweise zur Auswertung   167
2.6.4 Fragebogen zur Auswertung einer Gemeindeberatung   170
2.6.5 Der Follow-up-Prozeß   172
2.6.6 Der Abschied braucht eine Gestalt – Verschiedene Vorschläge   173
2.6.7 Das Gestaltthema: Widerstand   175

# 2.1 Beratung als Prozeß – Konzepte und Modelle

2.1.1 Einführung 51
2.1.2 Der Aktionsforschungs-Ansatz 52
2.1.3 Das DEFG-Modell – 53
       Wie Organisationen und die Menschen in ihnen lernen
2.1.4 Der Organisationsentwicklungs-Zyklus 54
2.1.5 Das 7-Stufen-Modell – Der Veränderungsprozeß in 7 Stufen 59
2.1.6 Die Gestalt-Beratung 63

2.1.1 Einführung

In der Praxis der Gemeindeberatung hat sich gezeigt, daß die verschiedensten Beratungskonzepte konstruktiv anwendbar und kombinierbar sind, solange sie mindestens zwei Voraussetzungen erfüllen:

1. Die BeraterInnen müssen mit dem jeweiligen Konzept nicht nur kompetent vertraut sein, sondern auch authentisch damit arbeiten können;
2. das angewandte Konzept muß Systemrelevanz haben. Dieses Kriterium ist besonders wichtig für diejenigen BeraterInnen, die solche Konzepte gelernt haben, die Probleme eher personalisieren, als ihren Systembezug zu bearbeiten.

So mischen sich in den Ansätzen unserer BeraterInnen die verschiedensten beruflichen Erfahrungen mit dem OE-Konzept wie: Einzel- und Familienberatung, Arbeit in der klinischen Seelsorge, Balintgruppenarbeit, gruppendynamische Erfahrungen, TZI (Themenzentrierte Interaktion), TA (Transaktionsanalyse), Gestalt- und Körperarbeit, um nur einige zu nennen.

Für den ganzheitlichen Ansatz in der Beratung, der nicht aufgeht in einer methodisch noch so gekonnten, aber doch vorwiegend technokratisch entwickelten Problemlösung, haben sich die Zugänge der *Gestaltarbeit* als besonders hilfreich erwiesen. Wir machen deshalb im folgenden den Versuch, die Beratung mit Gedanken und Erfahrungen aus der Gestaltarbeit zu erweitern.

2.1.2 Der Aktionsforschungs-Ansatz

Zum „Hintergrund" der Organisationsberatung / Gemeindeberatung gehört die sogenannte „Aktionsforschung". Sie wurde vor allem durch Kurt Lewin in die Diskussion gebracht; die sozialwissenschaftliche Debatte, die kurz nach dem 2. Weltkrieg intensiv geführt wurde und danach abebbte, kann hier nicht nachgezeichnet werden (vgl. dazu: H. Moser). Der Aktionsforschungs-Ansatz geht von der inzwischen geläufigen Einsicht aus, daß sozialwissenschaftliche Forschung das Objekt ihrer Untersuchungen – irgendeine soziale Situation – nicht unverändert läßt; im sozialen Feld stellen Forscher und „Erforschte" eine eigene Realität her; neutrales Beobachten und Diagnostizieren ist nicht möglich. Nähere Definitionen der Aktionsforschung sind im Zusammenhang des Paradigmas Beratung wohl ohne Belang, zumal „die Aktionsforschung eigentlich keinen methodologischen Kern besitzt" (Moser, S.43 f).

Bei Klüver / Krüger (zit. bei Moser, S. 58) liegt eine anschauliche Charakteristik der Aktionsforschung vor; wenn man ihre Aussagen auf die Organisationsberatung überträgt, ergeben sich für das Grundverständnis des Paradigmas Beratung wichtige Gesichtspunkte.

☐ Problemauswahl und -definition in der Beratung geschehen nicht vorrangig aus dem Kontext beraterischen Wissens, sondern entsprechend konkreten Bedürfnissen und Anforderungen des Klientensystems. Allerdings entscheidet die „Ethik" des Beratungssystems mit, ob herausgearbeitete Klientenbedürfnisse seitens des Beratungssystems bearbeitet werden sollen.

☐ Das Beratungsziel besteht in erster Linie darin, dem Klientensystem Veränderung zu ermöglichen. (Das Stichwort „Veränderung" ist allerdings weit zu fassen; es beinhaltet auch Interventionen, die einem Klientensystem in der Zeit beschleunigten Wandels zur Stabilisierung helfen.)

☐ Die im Beratungsprozeß gewonnenen Daten werden nicht als isolierte Daten „an sich" angesehen, sondern als Momente eines prozeßhaften Ablaufs interpretiert.

☐ Die als Problem definierte Situation in der Organisation wird in ihrem Bezug zum Ganzen gesehen (systemischer Ansatz).

☐ Zwischen Beratungs- und Klientensystem entsteht eine Beziehung, in der man sich über Distanz und Nähe immer wieder verständigen muß. Das Beratungssystem nimmt bewußt eine einflußnehmende Haltung ein; diese kann unterschiedlich gestaltet sein: von der teilnehmenden Beobachtung bis zur zeitweisen Übernahme von Verantwortung im Klientenfeld.

☐ Das Klientensystem soll zum Subjekt des Beratungsprozesses werden; nur sporadisch sind Klienten in der Rolle von Befragten und Beobachteten.

2.1 Konzepte und Modelle

2.1.3 Das DEFG-Modell*
Wie Organisationen und die Menschen in ihnen lernen

Wir verdanken Kurt Lewin's Feldtheorie ein Modell, das Prozesse der Veränderung erläutern kann. Bei Veränderungsprozessen bewegt sich eine Organisation vom „frozen-Stadium" über das „unfreeze-Stadium" zur Phase, in der Veränderung stattfindet, zum „refreeze-Stadium" (s. Schaubild).

Wenn eine Organisation wie eine Gemeinde eine Veränderung will, hat sie es meist mit einem *Dilemma* oder Problem zu tun, das sie lösen will. Einer Anfrage nach Beratung gingen meist schon verschiedene Lösungsversuche voraus, die aber – aus welchen Gründen auch immer – nicht befriedigten. Solange auf das Dilemma nur mit den bisherigen Verhaltensmustern reagiert wird, bleibt eine Organisation im „frozen-Stadium"; d.h. die Situation ist festgezurrt, festgeschrieben, es bewegt sich nichts. Es sind vor allem vier typische Reaktionsmuster, die hier in Erscheinung treten:

a) Spiel: Die Situation wird verharmlost, karikiert, nicht ernst genommen;
b) Flucht: sie äußert sich in Rücktritten, Kündigungen, Absenzen;
c) Kampf: offene oder heimliche Machtkämpfe werden ausgetragen, die aber zu keinen Lösungen führen, sondern in der Dualität von Gewinnen versus Verlieren enden;
d) Symptome: die Organisation wird krank, es breiten sich depressive, hysteroide, manipulative und andere Arbeitsformen aus, die die Effizienz der Organisation lähmen.

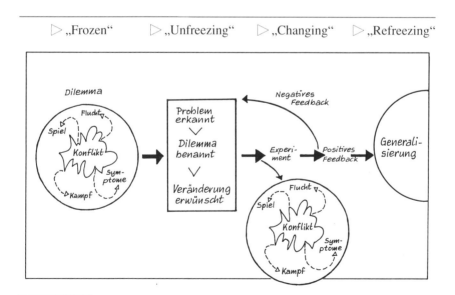

* Dilemma-Experiment-Feedback-Generalisierung

2. Beratung als Prozeß

Erst zu dem Zeitpunkt, zu dem das Problem wahrgenommen, das *Dilemma* benannt und neues Verhalten probiert wird, beginnt sich in der Organisation etwas zu bewegen. Sie fängt an, das Bisherige zu „verlernen", in Frage zu stellen. Es ist das unfreezing-Stadium, das notwendig ist, um eine Veränderung überhaupt zu ermöglichen. Dies ist eine Zeit der Verunsicherung, die deshalb wieder zu den vier bisher genannten Grundmustern Kampf, Flucht, Spiel, Symptome führen kann. Die einzig mögliche Alternative zu diesen uneffektiven Verhaltensmustern ist Arbeit, die ein *Experiment* ermöglicht. Die alten Reaktionsmuster helfen nicht weiter, es braucht neue, die zu Veränderung und zu einem neuen Lernen der Organisation führen.

Aber die Effektivität dieses Experiments oder neuen Verhaltens wird gesteuert durch die Rückmeldungen, die ein geplanter *Feedbackprozeß* ermöglicht. Denn nur Auswertungs- und Feedbackprozesse können Auskunft darüber geben, ob das Experiment, das neues Verhalten induziert hat, effektiv ist. Negatives Feedback führt zu neuen Experimenten. Positives Feedback erlaubt der Organisation, zu einer *Generalisierung* und Institutionalisierung der durch das Experiment gewonnenen Einsichten zu kommen. (Refreeze-Stadium)

Die Auswertungs- und Feedbackprozesse sind es vor allem, die die Lernfähigkeit einer Organisation anzeigen. Man wird allgemein sagen können, daß eine Organisation mit geringer Neigung zu Auswertungsprozessen und einer wenig entwickelten Feedbackkultur nur geringe Lern- und Entwicklungschancen hat.

2.1.4 Der Organisationsentwicklungs-Zyklus

Die Abbildung 1 bildet den idealtypischen Verlauf einer Organisationsberatung / Gemeindeberatung ab. Danach lassen sich 7 Phasen des Prozesses unterscheiden:

1. Kontakt zwischen Beratungssystem und Klientensystem
2. Kontrakt
3. Datensammlung
4. Diagnose
5. Interventionen
6. Institutionalisierung
7. Abschluß der Beratung

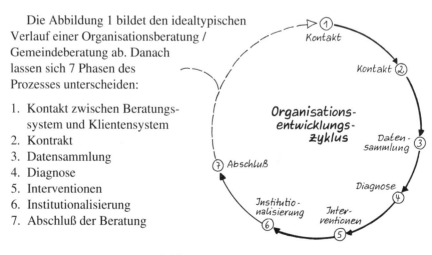

Abbildung 1

2.1 Konzepte und Modelle

Jede Phase hat ihren eigenen Stellenwert im Beratungsprozeß und unterscheidet sich von anderen durch spezifische Aktivitäten und Rollen des Beratungssystems gegenüber dem Klientensystem.

1. Kontakt zwischen Beratungs- und Klientensystem
Das Klientensystem nimmt einen Beratungsbedarf wahr und wendet sich an ein Beratungssystem. Der Bedarf kann auf ganz verschiedene Weise entstanden sein – z.B:

☐ Die Organisation hat ein Problem / einen Konflikt, das / den sie mit eigenen Kräften nicht bewältigen kann.
☐ Die Organisation plant ein Änderungsvorhaben, für das sie Unterstützung „von außen" sucht.
☐ Die Organisation entdeckt – etwa aufgrund entsprechender Angebote seitens des Beratungssystems – eine Entwicklungsmöglichkeit und will die Expertise des Beratungssystems nutzen.
☐ Die Organisation findet Beratung „chic" und heuert aus Imagegründen ein Beratungssystem an.
☐ Die Organisation steht vor einem notwendigen, allerdings schmerzhaften Entwicklungsschritt und hofft mit Hilfe der Beratung auf einen Aufschub der fälligen Entscheidungen.

Im Erstkontakt zwischen Klienten- und Beratungssystem – am Telefon, brieflich, im persönlichen Gespräch – werden oft entscheidende Weichen gestellt. In späteren Phasen der Beratung zeigt sich dann, daß in der ersten Begegnung schon alle relevanten Daten – wenn auch verdeckt und verschlüsselt – auf den Tisch kamen. Gerade eingangs übernimmt der / die BeraterIn mehr Verantwortung, als ihm / ihr lieb sein kann. Der Erstkontakt hat viel von einem „rituellen Balztanz". Die Vertretung der Organisation zeigt die Organisation in einem günstigen Licht; versucht, ihr Problem interessant zu machen; drängt auf „Sonderbehandlung" usw. Der / die BeraterIn muß das Dilemma zwischen professioneller Distanz und beruflicher Neugier oder der Notwendigkeit, einen Beratungsauftrag zu akquirieren, aushalten und vermitteln; je nach Marktlage wird das Beratungssystem mehr der einen oder der anderen Seite zuneigen; bezüglich dieses Dilemmas unterscheiden sich Beratungsunternehmen von Non-Profit-Beratungssystemen nur graduell. Ziel des Erstkontaktes ist, in eine Vertragsverhandlung zu kommen.

2. Beratung als Prozeß

2. Kontrakt

Der Vertrag definiert das Verhältnis zwischen Beratungs- und Klientensystem. Er präzisiert

a) Auftraggeber und das zu beratende System,
b) Gegenstand der Beratung,
c) die Art und das Maß der beraterischen Leistung,
d) die Leistung der Organisation,
e) die Laufzeit des Beratungsprozesses,
f) die Vergütung / Bezahlung der beraterischen Leistung und
g) das angestrebte Ergebnis.

Vom Umfang des Beratungsauftrags ist abhängig, wie ausführlich und genau ein Vertrag ausgehandelt und – gegebenenfalls schriftlich – formuliert wird. Interne Beratungseinrichtungen wie die Gemeindeberatung begnügen sich häufig mit mündlichen Absprachen, zumal die Finanzierung des Beratungsprojekts in der Regel durch die Kirche gesichert ist. Zweifellos ist damit das Berater-Klienten-Verhältnis freier gestaltbar. Denn das Beratungssystem ist weniger bedürftig, zu einem Vertragsabschluß zu kommen, und professionelle Beratungsmaßstäbe kommen klarer zum Zuge. Andererseits kann die Beziehung zwischen Beratungs- und Klientensystem unter Beliebigkeit leiden; u.U. nehmen beide Systeme die Aufgabe unterschiedlich ernst; zudem besteht die Gefahr, daß das Berater-Klienten-Verhältnis von einem Leistungsaustausch in eine Helferbeziehung „abkippt".

3. Datensammlung

In der Phase der Datensammlung wird der Problembereich des Klientensystems genauer lokalisiert. Mittels unterschiedlicher Methoden – z.B. teilnehmende Beobachtung, Umfragen, Interviews, Lektüre und Auswertung von Dokumenten, Gespräche mit Schlüsselpersonen – stellt das Beratungssystem in Abstimmung und unter Mitwirkung des Klientensystems die notwendigen Informationen zusammen, um das Problem und seine(n) Kontext(e) zu verstehen und zu fokussieren (Was ist das „eigentliche" Problem?).

Dabei müssen Klienten- und Beratungssystem zwischen wünschenswerter Komplexitätserweiterung und notwendiger Komplexitätsreduktion – aus Kostengründen: Zeit, Geld, intellektuelle und physische Kraft – abwägen.

4. Diagnose

Die Daten müssen gedeutet werden. Selbstverständlich stellen Auswahl und Zusammenstellung von Daten schon eine Interpretation dar. Genauer noch, die Daten können nur erhoben werden, wenn eine Arbeitshypothese (also eine diagnostische Vermutung) vorliegt. Es geht jetzt vor allem um die Fragen: Wie kommt es zur beschriebenen Problemlage? Welche Kräfte sind am Werk? Wel-

2.1 Konzepte und Modelle

che Wirkung hat das Problem auf eine gegebene Umwelt? usw. Diagnose heißt also vor allem: Die Prozesse, die zu einer Problemlage führen, und die tatsächlichen bzw. möglichen Folgen der Problemlage genauer zu verstehen. Dabei erweist sich die Frage nach dem „Warum" oft als unfruchtbar; zum einen verkennt sie, daß Problemlagen mehrfach determiniert sind und eben nicht nur *eine* Ursache haben; zum anderen verleitet sie, nach einem Schuldigen zu suchen – eine zwar begreifliche, aber sicherlich unzulässige Reduktion der Komplexität.

Die Diagnose stellt meist die heikelste Phase im Beratungsprozeß dar. Das Klientensystem kann sich „ertappt" oder „geschulmeistert" fühlen und entsprechend Widerstand gegen die Beobachtungen, Einschätzungen, Schlüsse des Beratungssystems mobilisieren. Der sinnvollste und fairste Weg besteht darin, daß Klienten- und Beratungssystem sozusagen Seite an Seite die Daten betrachten, auswerten und Schlußfolgerungen ziehen. Was mit Hilfe eines solchen Hebammendienstes vom Klientensystem selber erarbeitet wird, erweist sich in der Folge meist als am wirkungsvollsten. Denn damit stärkt das Beratungssystem die Selbstreflexions- und Selbststeuerungskräfte des Klientensystems.

5. Interventionen

Schon die genannten Phasen stellen ja Eingriffe (= Intervention) in das Klientensystem dar, die Wirkungen – positive wie negative – zeitigen. Jetzt geht es bewußt um die Einleitung von Änderungsprozessen: Welche Maßnahmen können die beobachteten und analysierten Schwierigkeiten beheben bzw. deren Konsequenzen mildern? Wichtig ist, daß sowohl das Beratungs- wie das Klientensystem genügend Geduld entwickeln, in *„Versuch und Irrtum"* neue Wege auszuprobieren. Denn in seltenen Fällen führt die Diagnose zu eindeutigen Maßnahmen; in der Regel gilt es, aus mehreren Optionen auszuwählen und zu erfahren, welche Maßnahmen die günstigsten Wirkungen haben. Enge Begleitung und Beobachtung hilft, unerwünschte Nebenwirkungen frühzeitig zu erkennen und die „Indikation" entsprechend anzupassen.

Viele Organisationen stehen unter hohem Leistungs- und Erfolgsdruck; deshalb verkürzen sie die Zeit des Erprobens neuer Wege und verlangen, „Nägel mit Köpfen zu machen", d.h. sofort in die Phase der Institutionalisierung einzutreten. An dieser Stelle sind beraterisches Geschick und Seriosität besonders gefragt; das Beratungssystem muß sowohl Distanz zu seinen eigenen (meist geliebten) Veränderungsideen und -vorschlägen halten wie das Klientensystem vor seinem Veränderungsenthusiasmus warnen.

6. Institutionalisierung

Glücken die Experimente, zeigen sich positive Veränderungen, sollten nun die entsprechenden Vereinbarungen, Prozesse, Abläufe, Kommunikationswege und -verfahren auf „Dauer gestellt" werden. Dabei ist davon auszugehen, daß gute Ab- und Einsichten Einzelner oder von Teams die Organisation auf die

2. Beratung als Prozeß

Länge nicht beeinflussen können, wenn sie nicht in die Struktur der Organisation „einwandern" und so unabhängig vom guten Willen und von guter Laune werden. Lernprozesse in Organisationen müssen sich in der „Hardware" der Organisation manifestieren.

Dabei geht es um nicht mehr und nicht weniger als um das Kunststück, sowohl Sicherheit und Stabilität (durch beispielsweise neue Arbeitsverträge, andere Aufbau- und Ablaufstrukturen, neue Leistungen bzw. Produkte in der Organisation) zu erwirken, wie die Flexibilität für weitere Veränderungsprozesse zu stärken. Institutionalisieren heißt nicht: eine rigide, harte (und damit ja zerbrechliche) Organisation zu schaffen, sondern meint ein Paradoxon: Stabilisierung der Veränderungsmöglichkeit.

In dieser Phase beginnt der Trennungsprozeß zwischen Klienten- und Beratungssystem. Vertragliche Regelung erweist sich jetzt oft als besonders hilfreich, um dem Sog, aus der Klienten-Berater-Beziehung eine Dauerbeziehung zu machen, zu widerstehen.

7. Abschluß der Beratung

Zum Abschluß der Beratung gehören Auswertungsprozesse und Trennungsrituale. Auf beiden Seiten trägt der Abschluß die Züge von Trauer mit den sie begleitenden Gefühlen: Verlustschmerz, Zorn, Enttäuschung, auch Erleichterung, Regression, Leere ...

Wenn im Vertrag die Beendigung des Beratungsverhältnisses klar abgesprochen ist, bleiben die ja vielfach chaotischen Gefühle in einem „Gehäuse" und entfalten weniger störende Wirkung. Die Beratung ist abgeschlossen, wenn das Beratungssystem den Klienten zum letzten Mal besucht bzw. Kontakt mit ihm aufnimmt.

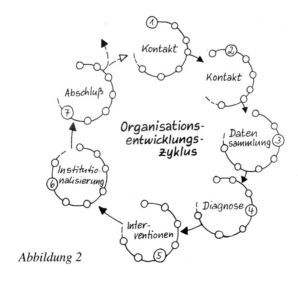

Abbildung 2

2.1 Konzepte und Modelle

Ein heikles Thema sind Anschlußberatungen; sie sollten nur nach sehr genauen neuen Vertragsverhandlungen in Gang kommen – unter Umständen auch mit einem neuen Beratungsteam.

Der geschilderte Ablauf ist – wie gesagt – *idealtypisch*. Die Phasen sind unterschiedlich lang, und statt sequentiell verlaufen sie teilweise parallel. In jeder Phase sind virtuell alle anderen gegenwärtig. So kann zum Beispiel ein Kontrakt nicht abgeschlossen werden, wenn nicht ein Vorverständnis im Blick auf Datenlage, Diagnose und mögliche Interventionen vorhanden ist.

Oder: Datensammlung und Diagnose können zu einer Neufassung des Vertrags führen, weil die ursprünglichen Absprachen unter falschen Voraussetzungen erfolgten.

Oder: Bei den Interventionsversuchen geht die diagnostische Arbeit weiter usw. Die Abbildung 2 versucht, die realen Abläufe anzudeuten.

2.1.5 Das 7-Stufen-Modell (Marita Haibach)

Der Veränderungsprozeß in 7 Stufen*

Gewollte und ungewollte Veränderungen - ob privat oder beruflich - bringen Streß für die betroffenen Personen mit sich. Streß erleben somit auch Individuen in sich verändernden Organisationen. Dies kann dazu führen, daß selbst gut geplante Veränderungsprozesse gestört werden. Um den Streß zu verringern, ist es hilfreich, Strategien für den Umgang mit Veränderungen zu entwickeln. So können Veränderungsprozesse als normal und weniger angstbesetzt erlebt werden. Dem 7-Stufen-Modell liegt die Annahme zugrunde, daß es in allen Veränderungsprozessen sieben Stufen gibt, von denen keine ausgelassen werden kann oder gar bewußt übersprungen werden sollte. Das Modell soll ein Steckenbleiben in einer Stufe entlang der Kurve verhindern helfen und einen bewußteren Umgang mit den Ups und Downs ermöglichen.

---

*nach: Spencer / Adams

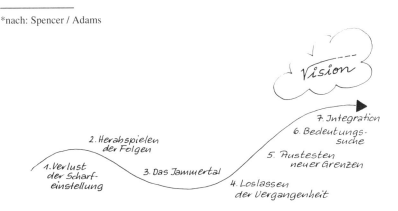

2. Beratung als Prozeß

Anwendungsmöglichkeiten

Individuelle Selbstklärung im Laufe von Veränderungsprozessen, Gruppenarbeit mit Personen, die gerade Veränderungsprozesse durchleben, Diagnose-Instrument für BeraterInnen, insbesondere bei der Begleitung von organisationsumfassenden Veränderungsprozessen, beim Wechsel der Leitung oder anderen zentralen Funktionen sowie bei strategischen Planungsprozessen.

Das Modell:

Stufe 1 • *Verlust der Scharfeinstellung*

Situation: Altes geht zu Ende, Überflutung mit neuen Informationen. Grenzen und Prioritäten werden unklar. Pläne machen fällt schwer.

Gefühle: Dumpf, überwältigt, Panik, starke Aufregung oder bei gewünschter Veränderung Erregung.

Unterstützung von außen: Dem Rede-Durcheinander zuhören, bei der Erstellung einer Liste kurzfristiger, handfester Dinge helfen

Stufe 2 • *Herabspielen der Folgen*

Situation: Zeit der Verdrängung: man tut (insbesondere nach außen) so, als mache man weiter wie immer.

Gefühle: Wachsendes Gefühl des Verlustes / Endes

Unterstützung von außen: Schwierig, da nach außen signalisiert wird: „Alles ist normal". Die BeraterInnen sollten zeigen: „Wir sind da, wenn wir gebraucht werden", und darauf hinwirken, daß die Person (und Organisation) nicht zu lange in dieser Phase bleibt.

Stufe 3 • *Jammertal*

Situation: Sich der Realität bewußt werden. Oft ist dies eine einsame und schwierige Zeit. Es besteht die Gefahr des Zurückfallens auf Stufe 2, um Schmerz zu entgehen. Ein besonderes Problem ist, daß in der Darstellung der öffentlichen Person (z.B. im Berufsleben) Trauern gesellschaftlich nicht erlaubt ist.

Gefühle: Depression, Stress, Trauer, Verletzlichkeit, Machtlosigkeit

Unterstützung von außen: Anbieten eines sicheren Raumes, wo Wut und Verletzungen ausgesprochen werden können. Zuhören und auf keinen Fall die negativen Gefühle ausreden wollen.

2.1 Konzepte und Modelle

Stufe 4 • *Loslassen der Vergangenheit*

Situation: Der Vergangenheit „Adieu" sagen und den Blick nach vorne wenden. Es geht darum, mit dem Verlust fertigzuwerden und gleichzeitig die Vision für die Zukunft zusammenzukriegen. Dies ist auch eine Pendel-Periode, wo leicht ein Rückfall in frühere Stufen möglich ist.

Gefühle: Optimismus, Energie für Neues. Aber auch Angst, oft ist es angenehmer, an der Vergangenheit festzuhalten, da diese bekannt ist, während das Neue fremd erscheint.

Unterstützung von außen: Das bewußte Loslassen der Vergangenheit fördern, damit keine verborgene Energie in den Verlust des Alten geht. Außerdem Schritte in die Zukunft verstärken (z.B. kleine erfolgsorientierte Projekte anregen, Mentor-Beziehung, Aktivitäten, die Selbstachtung stärken).

Stufe 5 • *Austesten neuer Grenzen*

Situation: Es gilt, die Grenzen des neuen Selbst auszutesten, nach außen zu gehen. Der Wunsch wächst, aktiver zu sein, neue Flügel auszuprobieren. Auch mit gelegentlichen Fehlschlägen ist zu rechnen.

Gefühle: Enthusiastisch, voller Energie, wachsendes Selbstbewußtsein, gelegentlich schmerzhafte Erinnerungen an die Vergangenheit.

Unterstützung von außen: Ziele/Ergebnisse des Veränderungsprozesses klären, in der Beratung Alternativen aufzeigen, die KlientInnen dabei fördern, Selbstbeobachtung zu lernen und sich mit Leuten in gleicher Situation auszutauschen.

Stufe 6 • *Bedeutungssuche*

Situation: Zeit der Reflektion über die Bedeutung der Veränderung für die eigene Entwicklung. Zeit der Verlangsamung (gegenüber 5), Focus auf Gegenwart und Zukunft. Das Durcheinander macht erstmals Sinn.

Gefühle: Größerer innerer Friede, weiser, ganzheitlicher. Es hat sich gelohnt.

Unterstützung von außen: Verständnis darüber fördern, wie Veränderungen dazu beitragen können, sich weiterzuentwickeln und sich mit wesentlichen Lebensfragen auseinanderzusetzen.

2. Beratung als Prozeß

> **Stufe 7 • *Integration***
> *Situation:* Letzter Schritt des Loslassens. Es ist an der Zeit, voll zu akzeptieren, was geschah, und diese Erfahrungen in den Alltag einzubringen. Stufe 7 ist oft eine neue Stufe 1.
> *Gefühle:* Harmonie, Balance, Frieden und Bedeutung anstelle von Ungewißheit.
> *Unterstützung von außen:* Den Übergang für beendet erklären, evtl. die Vertiefung bestehender Beziehungen fördern.

Die Intensität und das Zerrüttungspotential der Veränderung werden von folgenden Faktoren besonders beeinflußt:

Neuigkeitsgrad:	Kam die Veränderung überraschend, wie groß ist die Ungewißheit, das Unbekannte?
Klarheit über die Erwartungen an das Ergebnis:	je klarer das Ziel, desto intensiver und schneller der Prozeß
Lebensphase:	Veränderungen sind weniger schmerzhaft in einer stabilen Phase.
Anzahl der Veränderungen:	Oft zieht eine große Veränderung andere nach, die alle viel Energie verlangen und den Streß erhöhen.
Umgang mit eigenen Emotionen und denen anderer:	Werden Gefühle ausgesprochen, so ist es leichter, durch die schwierigen Teile des Veränderungsprozesses zu kommen. Oft gibt es auch einen Spillover-Effekt; wenn parallel mehrere Veränderungen laufen, schwappen Gefühle von einer zur anderen über.
Wahrheit:	Es wirkt sich günstig aus, wenn man sich selbst und anderen gegenüber die Situation eingestehen kann. Problematisch dabei ist, daß es üblich ist, sich öffentlich als in Ordnung und stark darzustellen, weil Gefühle von Unsicherheit, Traurigkeit und Wut als privat gelten.
Selbstwahrnehmung:	Die Fähigkeit zur Selbstwahrnehmung wirkt sich positiv auf Intensität und Länge des Veränderungsprozesses aus.
Setzen von Zeitgrenzen:	Das Setzen eines realistischen Endpunkts und kurzfristige Ziele fördern die Beschleunigung des Veränderungsprozesses entlang der Kurve. Beides muß aber flexibel bleiben.

Im Veränderungsprozeß stellen sich zentrale Lebensfragen:

Identität: Wer bin ich?
Kompetenz: Wie gut bin ich?
Loyalität: Wo gehöre ich hin?
Aktion: Was ist als Nächstes dran?

Während der Transit-Zeit ist es wichtig, im Auge zu behalten, welche Auswirkungen die Veränderungen auf die Antwortsuche haben. Meist ist eine dieser Fragen von besonderer Bedeutung. Wer sich über die Hauptfrage im klaren ist, gewinnt am meisten durch den Veränderungsprozeß.

Im Verlaufe eines Veränderungsprozesses können viele Ängste (z.B. Angst zu scheitern, Angst vor Erfolg, Angst vor dem Unbekannten, Angst vor Ablehnung, Angst vor Verantwortung, Angst vor Festlegung) auftreten. Wer seine Hauptängste kennt, wird davon nicht im Jammertal (Stufe 3) überrascht, sondern kann sich darauf einstellen.

2.1.6 Die Gestalt-Beratung

Gestaltarbeit in der Beratung von Organisationen läßt sich als Ablauf vorstellen, bei dem die einzelnen Phasen ineinandergreifen, sich gegenseitig beeinflussen und sich zum Teil auch wiederholen und fortsetzen. In Anlehnung an den klassischen OE-Zyklus läßt sich die Gestaltberatung folgendermaßen beschreiben:

1. Phase: Kontakt und Kontrakt
Gestaltberatung wird ausgelöst durch einen *Leidensdruck*, durch Unzufriedenheit mit der gegenwärtigen Situation, durch das Bedürfnis, am Ist-Zustand etwas zu ändern. In der Regel ist es ein Zustand des Ungleichgewichts, der die natürliche Intention auslöst, wieder in ein Gleichgewicht zu kommen. Denn auch in Organisationen gibt es selbstregulierendes Handeln, das den Selbstheilungskräften des Menschen entspricht.

Für die Beratung geht es in dieser Anfangssituation vor allem um Präsenz, um Dasein mit Kontakt. Die Phänomene des Leidensdrucks brauchen die größtmögliche Differenzierung, die durch die BeraterInnen benannt und sichtbar gemacht werden kann. Erst die erhöhte Aufmerksamkeit auf beiden Seiten ermöglicht einen zuverlässigen Kontrakt, der den Leidensdruck, das zu beratende Klientensystem (Wer ist der Klient?) und die Zielrichtung des gewünschten Veränderungsprozesses sichtbarer werden läßt.

2. Beratung als Prozeß

2. Phase: Datensammlung

Dieses die Beratung auslösende Ungleichgewicht äußert sich offen oder versteckt in *Empfindungen* und Gefühlen, zu denen Kontakt herzustellen ist, um sie bewußt zu machen, ihnen ihr Recht einzuräumen, ihnen Raum, Gestalt zu geben; sie aus den Bereichen des Verdrängten, Verleugneten, Unerlaubten und Unerledigten in die Bewußtheit zu holen. Die Präsenz von außenstehenden BeraterInnen kann das Zulassen von Verdrängtem begünstigen.

Es ist in dieser Phase vor allem Aufgabe der BeraterInnen, die Wahrnehmungsfähigkeit der Organisation zu verbessern und Ausdrucksformen zu finden, die Kontakt ermöglichen und Grenzen wahrnehmen, gegebenenfalls verändern. Hier ist die Frage-Richtung der BeraterInnen wichtig: Es geht um Fragen, die die Aufmerksamkeit im Klientensystem verfeinern, nicht um Fragen, die die Datensammlung der BeraterInnen vergrößern. Fragen, deren Antworten nur den BeraterInnen nützen, erhöhen die Abhängigkeit des Klientensystems von der Diagnose der Beratung. Wie- statt Warum-Fragen haben vor allem hier ihren Ort.

3. Phase: Datenfeedback

Auf dem Hintergrund des Kontakts mit den Wahrnehmungen der Organisation gilt es, das *Interesse* zu mobilisieren, indem Erregung ermöglicht und Energie freigelegt wird. In der Gestaltberatung sind es vor allem Bewegungsformen verschiedenster Art, die Interesse mobilisieren: Vom einfachen Aufstehen und Umhergehen bei einer Blockierung des Denkens und Handelns bis zur gesteuerten Amplifizierung und Übertreibung unbewußter Gesten und Gebärden (Experimente) setzen solche Bewegungen eben auch Präsenz, Interesse, Erregung, Neugier oder auch die Verbalisierung von Widerständen im Klientensystem frei. Der Datenfeedback-Prozeß findet insofern nicht nur zwischen Beratung und Klientensystem statt, sondern auch als Bio-Feedback im Klientensystem selbst.

4. Phase: Diagnose

In dieser Ausrichtung von Interesse und Energie tritt die *Figur* aus dem Hintergrund hervor. Das zu bearbeitende Thema „drückt sich durch" im Hier und Jetzt. Die Vielfalt der Daten wird fokussiert, auf eine oder mehrere Figuren gerichtet. Die Probleme werden gewichtet, Prioritäten entschieden, und die fokussierten Daten werden gedeutet.

5. Phase: Interventionen

Die BeraterInnen arbeiten mit *Interventionen*. Sie sind als Experimente zu verstehen, die im Sinne des DEFG-Modells Probierhandlungen sind, die sich erst im Feedback-Prozeß als relevant erweisen können. Hier ist auf die Entwicklungs- und Veränderungsprozesse zu achten, die die Stadien frozen-unfreeze-change-feedback-refreeze durchlaufen. Die Planung von Follow-up-Prozessen gehört hierher.

2.1 Konzepte und Modelle

6. Phase: Institutionalisierung

Im Kontakt mit den Grenzen und Widerständen der Organisation werden gemeinsam *Lösungs-* und *Handlungsmodelle* entwickelt, die in die Organisation integriert werden.

Besonders in dieser Phase ist für die BeraterInnen ein wacher Umgang mit Widerständen geboten. Grundsätzlich gilt: Mit dem Widerstand arbeiten. Das setzt voraus, daß die BeraterInnen ihre eigenen Widerstandsformen und ihre Ängste vor dem Widerstand anderer kennen und akzeptieren.

7. Phase: Abschluß der Beratung

Die Gestalt schließt sich. Der Kontrakt ist erfüllt. Auswertungs- und Follow-up-Prozesse sind geschehen. Die BeraterInnen nehmen ihre Aufmerksamkeit und Präsenz zurück. Sie ziehen sich selbst zurück und machen sich überflüssig. Der Kontrakt wird gelöst.

Schema zum Ablauf der Gestaltberatung

Aktivitäten in der Beratung	*Aktivitäten im Klientensystem*
1. *Kontraktphase:* Präsenz und Kontakt bereitstellen, differenzieren, erinnern.	Leidensdruck, Ungleichgewicht, instabiler Zustand wird empfunden.
2. *Datensammlung:* Wahrnehmungs- und Ausdrucksfähigkeit fördern, Grenzen aufzeigen.	Empfindungen (offen oder versteckt) werden geäußert.
3. *Datenfeedback:* Erregung, Energie und Interesse mobilisieren, Bewegungen stimulieren.	Interesse wird sichtbar und klärt Zielvorstellungen und Grenzen.
4. *Diagnose:* Figur(en) bilden und deuten.	Figur tritt aus dem Hintergrund.
5. *Interventionen:* Interventionen vorschlagen und erproben, Probierhandlungen unterstützen.	Experimente werden gemacht und Feedbackprozessen unterzogen.

6. *Institutionalisierung:*
Lösungs- und Handlungsmodelle werden gemeinsam entwickelt und integriert.

7. *Abschluß der Beratung:*
Der Veränderungs- und Beratungsprozeß wird ausgewertet und mit einem Follow-up abgeschlossen.
Die BeraterInnen nehmen ihre Aufmerksamkeit zurück.
Die Gestalt schließt sich.

2. Beratung als Prozeß

2.2 Erstkontakt und Beratungsvertrag

2.2.1 Der erste Kontakt mit der Gemeindeberatung – zwei Beispiele 66
2.2.2 Die erste Zusammenkunft zwischen Klient und BeraterIn 68
2.2.3 Analyse des Auftrags und der Anfrage 70
2.2.4 Der Vertrag im Prozeß der Organisationsentwicklung (Weisbord) 72
2.2.5 Hinweise für das Aushandeln eines tragfähigen Kontraktes 79
2.2.6 Die Bedeutung der Bezahlung von Beratungsleistungen 81
2.2.7 Hinweise zur Dokumentation 83
2.2.8 Beratungsprozesse dokumentieren 84
2.2.9 Das Gestaltthema: Kontakt und Grenzen 88

2.2.1 Der erste Kontakt mit der Gemeindeberatung

Zwei Beispiele

■ *Erstes Beispiel*

Das Telefon klingelt in der Geschäftsstelle der Gemeindeberatung. Eine Kirchenvorstandsvorsitzende ist am Apparat. „Also ich habe da folgende Frage, d.h. ich wollte wissen, ob Sie uns in der Gemeinde X helfen können. Wissen Sie, wir sind eigentlich eine ganz normale Gemeinde, wir machen viel, bei uns ist viel los. Uns fehlt es nicht an Ideen. Vielleicht gibt es zu viele Dinge ..."
Und es folgt eine lange Aufzählung von durchgeführten bzw. geplanten Veranstaltungen (Festen, Gottesdiensten, Seminaren, Vorträgen, diakonischen Einsätzen usw.).
Auf die Frage des Gemeindeberaters, was an diesen Aktivitäten problematisch sei, sagt die KV-Vorsitzende: „Eigentlich nichts. Wir müssen uns ja freuen über so viel Schwung und Begeisterung. Wenn man bedenkt, wie trüb es in anderen Gemeinden aussieht! Aber es macht mir zunehmend Schwierigkeiten, die vielen Aktivitäten richtig zu ordnen, die Verantwortlichkeiten zu verteilen und zeitlich auf eine Reihe zu bringen. Da gibt es immer wieder Fehler. Wichtiges wird einfach vergessen. Nebensächliches beschäftigt uns sehr lange. Manche Sachen planen wir sozusagen doppelt; so vergessen wir z.B., daß Zuständigkeiten schon verteilt sind, und setzen neue fest. Dann sind die Leute ärgerlich. Wie kann man das nur besser machen? Vielleicht müßte man einfach genauere Planungskalender führen – oder so etwas ...."
Die Vorsitzende spricht schnell und aufgeregt; der Gemeindeberater nimmt Spannung wahr. Fragt, ob sie sich über das genannte Problem schon mit dem Kirchenvorstand und den beiden Ortspfarrern ausgetauscht und mit ihnen das Telefonat mit der Gemeindeberatung besprochen habe.
Darauf antwortet die Vorsitzende undeutlich: „Naja, die Mitglieder des Kirchenvorstands äußern schon ihren Unmut, wenn etwas nicht klappt. Und die Pfarrer meinen, daß die Leitung doch in meiner Hand bleiben müsse. Also bin ich da gefordert. Und die Gemeindeberatung ist doch für so etwas da, oder?"
Der Gemeindeberater versucht nun deutlich zu machen, daß ein solches Problem viele Seiten habe, die man am besten

66

2.2 Erstkontakt und Beratungsvertrag

einmal im Kreis des Kirchenvorstands erörtern sollte; und er schlägt der Vorsitzenden vor, wenn möglich in der nächsten Sitzung eine Stunde freizuhalten, in der er mit ihr und dem Kirchenvorstand das Ob, Wie und Was einer Gemeindeberatung besprechen könne. Dieser Kontakt sei für alle noch „ganz unverbindlich". Hörbar erleichtert stimmt die Vorsitzende zu. Termin und Ort werden abgestimmt.

☐ *Fragen danach:*
Welches Problem hatte die Vorsitzende wirklich? Das genannte? Oder war damit nur, wie der Gemeindeberater zu vermuten scheint, ein erster Anhalt gegeben? War es geschickt, das Gespräch relativ knapp zu führen und auf eine Verabredung zuzusteuern? Wurde die Vorsitzende damit angemessen entlastet - oder vielleicht entmächtigt? Machte sich der Gemeindeberater unversehens zum Experten, dem es gelänge, innerhalb einer Stunde die Lage zu sondieren? Gab er damit unwillkürlich ein Hilfeversprechen ab?

■ *Zweites Beispiel*

Während einer Dekanatskonferenz (= Versammlung von PfarrerInnen eines Kirchenbezirks) spricht Pfarrer X eine befreundete Kollegin an, die auch als Gemeindeberaterin arbeitet: „Du, mir geht es schlecht. Ich könnte manchmal den ganzen Kram hinschmeißen. Dabei belasten mich nicht die beruflichen Dinge, sondern mein Kollege Y geht mir auf die Nerven. Du kennst ihn ja auch …" (Der Kollege Y ist Mitglied derselben Konferenz.)
„Was stört dich denn an ihm?"
Der Pfarrer schüttet sein Herz aus. Y suche förmlich den Streit. Absprachen fruchteten nichts. Er lege sie falsch aus, mache, was er wolle. Er verbreite eine schlechte Stimmung gegen ihn, stelle ihn in aller Öffentlichkeit bloß. Gemeindeweit sei der Streit inzwischen bekannt und drohe, den Kirchenvorstand zu spalten. Man habe schon überlegt, den Propst zu Rate zu ziehen …
Die Gemeindeberaterin fragt, wie lange Y schon in der Gemeinde tätig sei („Über 15 Jahre; meine 5 Jahre sind dagegen nichts; der hat eine Hausmacht.") und was er, X, schon unternommen habe, die Wogen zu glätten.
„Wie oft habe ich das Problem schon angesprochen! Ohne Erfolg. Mir scheint, der ist ein Schizo-Typ …"
„Denkst du an einen Gemeindewechsel?" darauf die Gemeindeberaterin. Nun wird die Zwangslage von X vollends deutlich; denn seine Familie fühle sich im Ort wohl; Schulmöglichkeiten seien gut; der Verkehrs-Anschluß an die nächste Stadt sei großartig; das Haus bequem und groß … Seine Frau bedränge ihn immer wieder, den Kollegen Y nicht zu ernst zu nehmen. Schwierigkeiten gebe es überall, und die hier kenne man wenigstens schon.
Die Gemeindeberaterin: „Du bist wirklich in einer Zwickmühle."
X: „Kannst du aus der Sicht der Gemeindeberaterin, als Kollegin und auch als Frau mal mit Y sprechen?"

Diese Bitte weist die Gemeindeberaterin ab; da sie in einer solchen Rollenmischung zu Y stehe, könne sie nur zur Konfliktintensivierung beitragen. Sie habe dagegen den Vorschlag, fremde GemeindeberaterInnen anzusprechen; diese könnten ja mal in eine Kirchenvorstandssitzung kommen und eventuell Fragen der Gemeindeleitung, der Absprachen zwischen den Gemeindepfarrern, hauptamtlichen MitarbeiterInnen und dem Kirchenvorstand zu klären versuchen. Damit würde der Konflikt zwischen den beiden Pfarrern auf der Ebene verhandelt, auf der sich auch ihr Streit auswirke - der Gemeindeebene. Er solle sich dieses Angebot überlegen und, wenn möglich, den Kollegen Y um seine Zustimmung bitten.

Nach einer Woche telefoniert X mit der Gemeindeberaterin. Er sagt, Kollege Y habe erstaunlicherweise seine Zustimmung für den Erstbesuch zweier MitarbeiterInnen aus der Gemeindeberatung gegeben. „Was der wohl dabei im Schilde führt?" Es sei ganz wichtig, daß das Beratungsteam sich nicht von den unmittelbaren Eindrücken täuschen lasse.

67

2. Beratung als Prozeß

☐ *Fragen danach:*
Hätte die Gemeindeberaterin sich überhaupt so weit in das Gespräch einlassen dürfen? Oder umgekehrt: Hätte sie gerade aufgrund ihrer freundschaftlichen Verbundenheit mit X intensiver mit ihm (d.h. auch über ihn) reden müssen? Was geschieht bei der Übermittlung des Projekts an andere BeraterInnen? War ihr diagnostischer Schluß vielleicht zu voreilig? Trägt sie womöglich zur Ausweitung des Konfliktes bei? Läßt sich der Konflikt auf der Ebene der sogenannten Arbeitsorganisation beheben, wenn er, wie behauptet, schon so lange schwelt? Macht sie sich u.U. Illusionen über die Wirkungen von Absprachen und Verträgen?

■ *Fazit*

1. Erstkontakte stellen außerordentlich komplexe Anforderungen an ein Beratungssystem. Sie verlangen besondere Geistesgegenwart.

2. Der Erstkontakt enthält verschlüsselt die gesamte Problemlage eines Klientensystems; er ist also keineswegs nur ein „Hors d'oeuvre". Leider läßt sich dies jedoch oft nur nachträglich entschlüsseln.

3. Da im Erstkontakt die Problemlage ganzheitlich erscheint, bleibt dem Beratungssystem gar nichts anderes übrig, als Entscheidungen zu treffen; es übernimmt damit mehr Verantwortung, als ihm lieb sein kann.

4. Der Erstkontakt hat etwas von einem Balztanz. Der Klient sucht eine Problemlösung, die ihn möglichst wenig kostet (an Geld und Energie) und gut dastehen läßt. Die BeraterInnen brauchen einen Klienten bzw. wollen ihre Beratungsfähigkeiten demonstrieren. Dieses Spiel braucht viel Erfahrung; kein Wunder, daß große Beratungsunternehmen in solchen Fällen den Seniorberater vorschicken.

(Vgl. dazu auch: Analyse des Auftrags S. 70)

2.2.2 Die erste Zusammenkunft zwischen Klient und BeraterIn

Ziel dieser ersten Zusammenkunft ist die Klärung folgender Fragen:

1. Was ist das Problem, an dem gearbeitet werden soll?
2. Wer ist der Klient?
3. Welche Hilfe wird gebraucht, das heißt: Was soll die Beratung leisten?

Dabei hilft:	Dabei hilft nicht:
Die Vorkontakte anzusprechen; gerade dann, wenn sie über Vorerfahrungen oder andere Personen gelaufen sind.	Joviale Floskeln über Beziehungen, Bekannte etc., die sich auf Vorerfahrungen beziehen.
So viel Transparenz wie möglich!	
Zuerst eine genaue Definition des Problems zu erarbeiten.	Sich vorschnell in Überlegungen zur Lösung verwickeln zu lassen.

2.2 Erstkontakt und Beratungsvertrag

Das hilft:	Das hilft nicht:
Darauf zu achten, daß das genannte Problem möglicherweise nur die Spitze eines Eisberges ist.	Zahllos viele Probleme aufzunehmen.
Mit eigenen Worten zu formulieren, was ich als Problem gehört habe.	Ohne Verifizierung davon auszugehen, mit dem Klienten im Verständnis des Problems einig zu sein.
Fragen zu stellen, die dem Klienten helfen, das Umfeld seines Problems zu sehen.	Fragen zu stellen, die einen inquisitorischen, moralisierenden, verurteilenden oder besserwisserischen Unterton haben.
Konkrete Daten darüber zu erheben, wer in der Organisation welchen Anteil an den Problemen hat, und wie die Beziehungen des Klienten zu diesen Personen sind.	Sich ausschließlich auf die Daten, Vermutungen und Deutungen des Klienten zu verlassen.
Fragen zu stellen, die sowohl Einstellung und Verhalten als auch Information ansprechen (z.B. Wie hat sich das auf Sie ausgewirkt?) Beobachtungen im Hier und Jetzt mitzuteilen.	Rein theoretische Fragen zu stellen (z.B. Was ist die Bedeutung von ...?) Die eigenen Beobachtungen zurückzuhalten oder zu mystifizieren (Mein Gegenüber hat ein Recht darauf, zu erfahren, was ich denke).
Fragen auf einen Punkt zu richten und nicht auf mehrere gleichzeitig (wer, was, wann, wie, wo?)	Suggestive Fragen zu stellen (Denken Sie nicht, daß ...?)
Im Verlauf des Gesprächs durch Fragen und Beobachtungen das Problemfeld abzustecken.	Eine Überfülle von Daten zu sammeln, die keinen Fokus bekommen.
Dem anderen zu verstehen geben, daß ich nicht *die* Antwort habe.	Den anderen zu meiner eigenen Antwort oder Meinung zu bringen.
Dem Klienten Hilfen zu geben, Zielvorstellungen zu entwickeln, auf die die erhofften Veränderungen zulaufen könnten.	Zu fragen, „Was hätte getan werden sollen?"
Genug Zeit vor Abschluß der Zusammenkunft einzuplanen, um die Modalitäten der Beratung (Zeit, Geld, Methoden, Dokumentation, etc.) im Hinblick auf einen Vertrag zu klären.	Die äußere Gestaltung des Beratungsprozesses weniger wichtig zu nehmen als die inhaltliche. Diesem Teil der Absprache nur flüchtige Beachtung zu schenken.

2.2.3 Analyse des Auftrags und der Anfrage
W. Zbinden

Jede Organisation hat hohe okkulte Anteile. Wir können deshalb davon ausgehen, daß jede Anfrage und jeder Beratungsauftrag wichtiges Analysematerial enthält, das Auskunft über das Verborgene der anfragenden Organisation geben kann. Die *Institutionsanalyse* empfiehlt, jede Anfrage auf folgende Punkte hin zu analysieren:

1. Der / die SchattenarbeiterIn ist ein wichtiger Faktor in der institutionellen Übertragung.
Die in der Anfrage genannten Probleme haben ja meist schon eine Geschichte. Andere in der Organisation oder im Team haben sich schon mit dem Problem befaßt. Daraus hat sich in der Regel schon die Rolle des Schattenarbeiters, der Schattenarbeiterin entwickelt. Dieser Rollenträger bzw. diese Rollenträgerin ist überzeugt, das Problem mindestens ebenso gut lösen zu können wie der oder die BeraterIn. Diese Person wird in der Beratung eine wichtige Rolle einnehmen. In seltenen Fällen ist die anfragende Person mit der Schattenberatung identisch.
Stichfragen: Wer hat sich schon Gedanken gemacht zur Problemlösung? Wer hat schon Änderungen versucht? Wer ist gegen die Beratung?

2. Wer Machtverlust erlitten hat oder Machtverlust befürchtet, ist in der Regel die am meisten an Beratung interessierte Person.
Zur Analyse des Auftrags gehört, abzuklären oder mit der Vermutung zu arbeiten, wer zentral die Anfrage inszeniert hat. Interesse an der Beratung kann heißen, für oder gegen die Beratung zu sein.

3. In den seltensten Fällen betritt der / die BeraterIn „jungmännlichen" oder „jungfräulichen" Organisationsboden. Fragen Sie nach, wer vor Ihnen schon als BeraterIn, AusbildnerIn, KursleiterIn, SeelsorgerIn oder ähnliches in der Gemeindeorganisation interveniert hat. Dazu gehört auch die Analyse des Images der Gemeindeberatung in diesem Klientensystem.

4. Die streß-schwachen und die stark gestreßten Organisationseinheiten eignen sich nicht für den Beratungseinstieg. Wählen Sie Einheiten mit mittlerem Streßgrad. Versuche, Ihnen die konfliktbesetzteste Einheit „zum Fraß vorzuwerfen", könnte eine Falle für Sie sein.

5. In der Phase der Anfrage und der Auftragsformulierung wird jedes Klientensystem versuchen, die BeraterInnen beeinflussen wollen. Die einzelnen Personen, die den Kontakt aufnehmen, werden versuchen, Ihnen eine Botschaft zu übermitteln, und zwar eine Botschaft zugunsten des Senders. Versuchen Sie in der Analyse die Frage zu stellen: „Was macht wer mit mir?" Diese Manipulationsversuche geschehen nicht nur bewußt.

6. In der kirchlichen Kultur werden die BeraterInnen häufig über eine „vorbekannte" Person in die Organisation geholt. Die Frage, mit wem und über wen

bin ich mit dem Klientensystem vernetzt, ist sehr wichtig und kann die Annahme bzw. Ablehnung der Anfrage entscheiden.

7. Fragt eine zentrale Konfliktperson der Organisation an, hat sie in den meisten Fällen die Absicht, sich in ihrer Einstellung und ihren Vermutungen durch die Beratung bestätigen zu lassen, bzw. sich von „Schuld reinzuwaschen".

Generell kann man sagen: Die Analyse des Auftrags und der Anfrage vermittelt Daten über die *impliziten* Absichten der anfragenden Personen.

Aus der Analyse des Auftrags ergeben sich noch weitere Aufschlüsse über die Organisation, z.B.:
- Wie geht die Organisation mit externen oder teilzeitlichen MitarbeiterInnen um?
- Wie spiegelt sich der Umgang mit Klienten wider?
- Im Telefonkontakt werden oft Daten deutlich über die Beziehung zwischen Sekretariat und MitarbeiterInnen.
- Oder: schreiben Sie einen Brief oder deponieren Sie eine telefonische Nachricht und analysieren Sie nun, was damit geschieht. Sie erhalten gute und treffende Einblicke in das Informationswesen der Organisation
- Oder: lassen Sie sich vom Bahnhof abholen; wer holt Sie ab, was versucht diese Person Ihnen beizubringen, wie spricht sie über andere? Üben Sie dabei aktives Zuhören.

Erstkontakte und Kontraktphase als Störung

Die Kontakt- und Kontraktphase bedeutet für die Organisation Eingriffe in ihr System. Diese Eingriffe sind Störungen, dadurch legt diese Phase auch Analysematerial frei, das Auskunft geben kann zu der Frage: Wie geht das System mit externen Störungen um?

Dabei können sich verschiedene Analyseaussagen ergeben:
- Externe Störungen werden integriert und wirkungslos gemacht
- die Störung wird isoliert, ohne sie auszustoßen
- die Störung wird bekämpft und ausgestoßen
- die Träger der Störung werden lächerlich gemacht und damit wirkungslos
- die Legitimation der Störung wird in Frage gestellt, z.B. durch Zweifel an der Ausbildung, der Fachkompetenz, den Rahmenbedingungen und anderes
- die Störung wird der Machtrepräsentanz oder den Sündenböcken zugeordnet
- die Störung wird informalisiert
- Störungen werden als Spannungspotential erhalten, und die Innovationskapazität wird genutzt.

In diesem Abschnitt kann das Wort „Störung" jederzeit durch „Beratung" oder „Innovation" ersetzt werden.

2.2.4 Der Vertrag im Prozeß der Organisationsentwicklung*

Marvin Weisbord

I. Grundregeln für Organisationsentwicklung

Die Grundregeln betreffen die Beziehungen zwischen meinem Klienten und mir. Manchmal gebe ich sie ihm schriftlich, manchmal auch nicht, aber in jedem Fall versuche ich, ihm folgendes verständlich zu machen:

1. Ich verwende Methoden, Techniken, Theorien etc., um Ihnen zu helfen, Ihre Probleme besser zu verstehen und zu bearbeiten. Sie bringen Energie, Engagement und Verantwortung auf, um zum Erfolg zu kommen. Ich untersuche Ihre Probleme nicht und empfehle keine Expertenlösungen.

2. Teil meiner Aufgabe ist es, heikle Probleme aufzugreifen und Sie darauf zu stoßen. Sie können alles ablehnen, womit Sie sich nicht befassen wollen. So wie Sie frei sind, nein zu sagen, fühle ich mich frei, Sie zu bedrängen.

3. Zeigen Sie mir, wenn ich etwas für Sie Irritierendes tue, und lassen Sie mir die Freiheit, Ihnen gegenüber das gleiche zu tun.

4. Ich lege Sie nicht auf bestimmte Formen fest, mit anderen umzugehen. Teil meiner Aufgabe ist es, Sie aufmerksam zu machen auf das, was Sie tun, und mögliche Konsequenzen Ihrer Handlungen für mich und andere Personen Ihrer Umgebung aufzuzeigen. Meine Aufgabe besteht auch darin, Ihre Entscheidungsfreiheit zu bewahren und zu vergrößern.

5. Mein Klient ist die ganze Organisation. Ich möchte also nicht als Anwalt der verrückten Ideen irgendeiner bestimmten Person gesehen werden, besonders nicht derjenigen, die Sonderexpertisen von mir verlangen. Allerdings vertrete ich in gewisser Weise ein Problemlöseverfahren und rechne damit, daß einige Personen mein Vorgehen behindern. Ich akzeptiere dieses Risiko.

6. Jede von mir aufgenommene und weitergegebene Information ist anonym. Was man mir erzählt, werde ich nicht auf einzelne Personen beziehen. In bestimmten Situationen, wie z.B. Teamentwicklung, nehme ich allerdings vertrauliche Informationen nicht an; das betrifft alle Informationen, die andere Personen nicht hören sollen.

7. Alle Daten gehören denjenigen, die sie zur Verfügung stellten. Ich werde sie ohne ihr Einverständnis niemandem sonst zeigen oder weitergeben.

8. Jeder von uns kann auf Abbruch innerhalb 24 Stunden bestehen, unbeschadet der vereinbarten Vertragsdauer, solange ein persönliches Gespräch vorausgegangen ist.

9. Wir beurteilen alle Ereignisse gemeinsam im Gespräch und treffen eindeutige Entscheidungen, was als nächstes zu tun sei.

---

* Auszug aus dem amerikanischen Sammelwerk für Organisationsentwicklung OD Practitioner Band 5, 1973. Übersetzung: Burckhardthaus-Verlag, Gelnhausen 1976.

II. Die Kontaktaufnahme

Ein Vertrag für Organisationsentwicklung beginnt gewöhnlich mit einem Telefonanruf oder Brief. Irgend jemand hat davon gehört, welche Arbeit ich andernorts geleistet habe. So fragt er mich, ob dies für (oder mit) ihm auch möglich sei. Erhalte ich einen Brief, antworte ich mit einem Anruf. Erhalte ich zunächst einen Anruf, vereinbare ich einen Rückruf, bei dem ich mir zehn oder mehr Minuten Zeit nehme, um das Anliegen zu besprechen sowie die Frage, ob ein Zusammentreffen sinnvoll sein könnte oder nicht. Dieser Anfangskontakt ist entscheidend für jeden Vertrag. Wir versuchen beide, über das Hilfsmittel Telefon herauszubekommen, ob man den anderen soweit akzeptieren kann, um sich mit ihm weiter einzulassen. Ich versuche, das Gespräch vorurteilsfrei zu führen. Ich wünsche ein persönliches Gespräch, falls die Chance eines soliden Vertrags besteht. *Folgende Fragen bewegen mich* z.B. beim Telefongespräch:

- Wie offen sprechen wir miteinander?
- Ist der Anrufer ein Türklinkenputzer, der verschiedene Berater anruft, um den „besten Schnitt" zu machen (was immer das heißen mag)? Vielleicht – wie das ja oft passiert – weiß er nicht genau, was er will. Falls dem so ist, besteht eine gute Chance, mich mit ihm am Telefon zu beraten und mit ihm zu klären, worum es geht.
- Für welches seiner Probleme bin ich die Lösung? Wie beschreibt er das anstehende Problem?
- Was betrachtet er als Lösung? Einen Workshop? Ein Treffen? Eine Serie von Sitzungen? Magie?
- Hat er sich entschieden? Hat er seine Probleme diagnostiziert und bereits das beschrieben, dessen ich mich annehmen soll?
- Steht ihm ein Budget zur Verfügung? Entsprechen seine (meine) Erwartungen und das Budget einander? Hat es überhaupt einen Sinn, meine Zeit in ein persönliches Gespräch zu investieren? Ich rede am Telefon nicht über Geld, aber versuche herauszubekommen, ob Geld da ist, bzw. beschafft werden kann. Falls das Ergebnis negativ ist, werde ich die Angelegenheit nicht weiter verfolgen.
- Angenommen, ein Budget steht zur Verfügung und beide Seiten sind bereit, sich aufeinander einzulassen, dann wird ein persönliches Gespräch notwendig. Wer sollte noch daran teilnehmen? Kann der Anrufer selbst einen Vertrag eingehen? Wenn nein, wer sonst? Sein Vorgesetzter? Kann er zur Sitzung kommen? Möchte ich noch einen Berater hinzuziehen? Wenn ja, frage ich, ob ich einen Kollegen mitbringen darf.

Ich beende den Anruf, indem ich klarstelle, daß jeder von uns an dieser Zusammenarbeit interessiert ist und daß offenbar das, was mein möglicher Klient will, und das, was ich an Fertigkeiten und Erfahrungen anzubieten habe, gut zueinander passen. Ich vereinbare maximal einen Tag ohne Honorar (falls Reisekosten anfallen, teste ich, ob er sie bezahlen wird). Nach diesem Treffen werden beide Seiten wissen, ob wir miteinander arbeiten werden.

2. Beratung als Prozeß

III. Die erste Sitzung

Bei der Ankunft begrüße ich meinen zukünftigen Klienten, stelle mich und meinen Begleiter ihm und seinen Begleitern vor. Jeder von uns versucht, sich in solchen Augenblicken – heimlich, privat, möglicherweise unbewußt – klar zu werden, ob er den anderen mag. Wir halten Ausschau nach Anzeichen dafür, wir geben solche Signale. Ziemlich bald machen wir uns ans Geschäft – oder jedenfalls tun wir so. *Inhaltlich* wird es um folgende *Punkte* gehen:

1. Meine Person: der mögliche Klient sollte so viel über mich erfahren, daß er den Eindruck gewinnt, ich kann helfen. Vorher wird er kaum Grundprobleme aussprechen.

2. Schwierigkeiten des Klientensystems; sie mögen symptomatisch werden auch für Angelegenheiten, die nicht besprochen worden sind. Ich benutze jedesmal Begriffe, die aus dem Bereich beobachtbaren Verhaltens stammen. „Kommunikation" und „Entscheidungsfindung" sind keine Probleme, die man sehen, fühlen oder protokollieren kann. Zur Realität führen dagegen Fragen wie: Wer sollte wen ansprechen? Was tun sie jetzt? Was geschieht mit Menschen, wenn sie gegensätzlicher Meinung sind? Welche Verhaltensmuster sehen die Anwesenden in der Organisation?

3. Welche Veränderungen erwarten die, mit denen ich rede? Was müßte geschehen, um sie zu überzeugen, daß das erwünschte Ergebnis erreicht werden kann? Erwünschte Ergebnisse zu benennen ist notwendig, um die Phantasievorstellungen, die sich mit Organisationsentwicklung und ihren Möglichkeiten verbinden, soweit es geht zu reduzieren.

4. Was müßte als erstes geschehen, um das System in die gewünschte Richtung zu bewegen? Fast immer sollte dies ein diagnostischer Anstoß sein: ein Anstoß also, der die Wahrnehmung derjenigen, mit denen ich zusammenarbeite, dafür stärkt, wie die von ihnen angesprochenen Probleme von anderen beurteilt werden – Kollegen, Untergebenen, Fremden, Studenten, Anfängern usw. Sobald das System vorbereitet ist, das Budget existiert und ich feststelle, daß die Bereitschaft einzusteigen vorhanden ist, werde ich z.B. einen Workshop vorschlagen, dessen Grundlage Interviews bilden. Manchmal schlage ich als ersten Schritt vor, daß im Workshop alle Anwesenden interviewt werden (das geht nur, wenn es sich um nicht mehr als 10 bis 12 Personen handelt). Manchmal ist es sinnvoller, sich mit einer einzigen Abteilung innerhalb ihres wöchentlichen oder monatlichen Arbeitsablaufs zu befassen. Manchmal bereitet ein Fragebogen die Datenbasis für eine erste diagnostische Sitzung vor.

Wie immer wir auch beginnen mögen: wir benötigen einen Terminkalender, einen Treffpunkt und eine Stelle, die das benötigte Material organisiert und die jeweilige Tagesordnung versendet usw. Manchmal können diese Punkte in der ersten Sitzung bereits abgehakt werden, manchmal bitte ich, einen formellen Vorschlag zu machen und dann weiter zu sehen. Immer aber halte ich den näch-

2.2 Erstkontakt und Beratungsvertrag

sten Schritt im Auge – was ich als nächstes tun will, was der Klient tun wird und zu welchem Zeitpunkt.

Diese Überlegungen konzentrieren sich auf die inhaltlichen Aspekte. Daneben aber enthält dieses erste Treffen verschiedene Probleme für den *Beratungsprozeß*, an denen ich ebenfalls kontinuierlich arbeite:

1. Als erstes wäre zu nennen: „Mag ich diese Person?" Wenn ich auch nicht einen Funken der Zuneigung oder der Wärme oder der Empathie bei mir entdecke, dann muß ich mich fragen, was ich eigentlich fühle. Beunruhigung? Frustration? Vorsicht? Finde ich *irgend etwas* Liebenswertes, Respektables oder Bewunderungswürdiges am anderen? Gewöhnlich ist mir das möglich. Bis dies bei mir geschieht bzw. bis der andere bei mir ähnliche Qualitäten entdeckt, scheint mir allerdings unser Abwägen der Probleme, möglicher nächster Schritte und so weiter zunächst reine Fiktion zu sein. Sie sind, mit anderen Worten, eine Möglichkeit, uns eine bessere Einsicht über unsere Beziehungen zueinander zu verschaffen. Jedesmal, wenn ich mir ungewiß über meine Beziehungen bin, glaube ich, daß mein Vertrag in Gefahr ist, egal was auch immer wir mündlich oder schriftlich vereinbart haben. Jedesmal, wenn die Fragen der gegenseitigen Beziehungen geklärt sind, glüht ein kleiner Funke auf. Darauf warte ich.

2. Ein wichtiger Punkt ist für mich die Stärke des Engagements des Klienten. Möchte er wirklich, daß etwas geändert wird? Akzeptiert er Verantwortung – ein wenig zumindest – für die gegenwärtigen Zustände? Wenn er bittet: „Ich möchte, daß diese Zustände geändert werden", und ich antworte „Okay, aber inwieweit sind Sie bereit mitzuarbeiten?", zuckt er dann zurück oder nicht? Lächelt er vielleicht und nimmt dieses Angebot an? Inwieweit entwickelt er Verständnis dafür, daß durch seine Person andere mitbetroffen sind? Ich habe eine klare Vorstellung von den Entwicklungsmöglichkeiten einer Organisation, d.h. also davon, daß die Mitglieder einer Organisation selbst lernen können, ihre Angelegenheiten besser zu bewältigen, und ich versuche herauszubekommen, was meine Klienten von dieser Vorstellung halten.

3. Ein Teil des Klientenengagements besteht in den Hilfsmitteln. Klienten haben Geld oder machen es flüssig, wenn es ihnen um eine bestimmte Sache geht. Wenn aber das Geld zu einem unüberwindbaren Problem wird, befasse ich mich zunächst mit anderen Problemkomplexen – z.B. der Furcht vor einem Fehlschlag, einem Chef, der sich negativ über Organisationsentwicklung geäußert hat, der Furcht davor, daß „destruktive Aspekte" auf den Tisch kommen könnten usw. Ein solches Vorgehen, bei dem ich dem Klienten einen Überblick über auftauchende Möglichkeiten verschaffe, ist für uns beide wichtig, unabhängig davon, ob wir wieder miteinander arbeiten werden oder nicht. Wie gehe ich vor? Indem ich etwa folgende Fragen stelle: Welches Risiko gehen Sie ein? Was wäre das Schlimmste, was Ihnen passieren könnte? Wieweit können Sie sich exponieren? Ich frage allerdings auch, was Positives passieren könnte und wie weit aus seiner Sicht das mögliche Ergebnis den gezahlten Preis wert ist.

IV. Gefahren unklarer und unhaltbarer Verträge

Organisationsentwicklung ist gewissermaßen ein Spiel mit dem Markt. Jede Intervention ist ein kalkuliertes Risiko, Garantien gibt es nicht. Der Klient wird Probleme haben, egal wie er sich verhält. Das gleiche gilt für mich. Ständig wird es um die Fragen gehen: Welche Probleme ziehst du vor? Die, die du jetzt hast? Oder die, die du haben wirst, wenn du die gegenwärtigen gelöst hast? Immer wieder entscheiden sich potentielle Klienten dafür, lieber mit ihren gegenwärtigen Problemen weiterzuleben. Ich unterstütze diese Einsicht. Es ist für beide Seiten gut, sie so früh wie möglich zu haben.

Häufig führt dieser Prozeß zu größerer Klarheit und zu größerem Engagement auf beiden Seiten und gibt uns eine bessere Ausgangsbasis für eine erfolgreiche Intervention. Meine Wertvorstellungen heißen etwa: ich möchte herausbekommen, was echt ist, was die Umgebung unterstützen wird, welche Möglichkeiten in dieser Beziehung liegen, und daraus lernen, wie man damit leben kann. Natürlich möchte ich mein Angebot verkaufen. Ich möchte neue Interventionen versuchen. Ja, ich möchte erfolgreich sein. Ich lerne Bedingungen erkennen, die das verhindern – ein unklarer Kontrakt steht an oberster Stelle dieser Liste.

Ich widerstehe unhaltbaren Verträgen, denn im Grunde weiß ich, daß sie wie Flugzeuge ohne Treibstoff sind. Mögen sie auch noch so wunderschön anzusehen sein, sie können nicht fliegen. Der Treibstoff für einen Beratungsvertrag ist:

1. Das Engagement des Klienten,
2. ein gutes Verhältnis zwischen uns, und
3. eine klare Struktur dieses Verhältnisses, die symbolisiert wird durch unsere Fähigkeit, uns darüber zu einigen, welche Dienstleistungen ich zu welchen Kosten und mit welchem Zeitaufwand einbringe.

V. Erste Intervention

Die ersten Interventionen zeichnen sich durch folgende Kriterien aus:

1. Sie beziehen sich *auf die von dem Klienten empfundenen Probleme*. Der Klient muß erkennen, daß die Intervention ihm geholfen hat, größere Klarheit, Einsicht und Kontrolle über das zu gewinnen, was ihn beunruhigt. Es besteht keine Notwendigkeit, mit Tricks aus der Kiste zu arbeiten.

2. In den ersten Interventionen werden die Personen benannt, die sich wann, für wie lange und warum treffen sollen. Das „Warum" wird normalerweise der Klient beantworten, mit seinen eigenen Worten, aber ich werde ihm helfen, falls er dabei Schwierigkeiten hat. Ich mache klar, daß *der Chef* seinen Mitarbeitern mit seinen eigenen Worten erklären wird, warum sie da sind, und ich werde ihnen sagen, wie ich *meinen* Vertrag mit ihnen verstehe. Es ist nicht meine Aufgabe, den Leuten zu sagen, warum sie da sind.

2.2 Erstkontakt und Beratungsvertrag

3. Als Drittes wird man in gewisser Weise eine *Diagnose* erwarten dürfen. Das heißt, man hat einige systematische Informationen gesammelt, die die Wahrnehmung des Klienten stärken und seine Freiheit, sich zu entscheiden, vergrößern. Manchmal lassen sich diese Informationen innerhalb eines Schemas darstellen, das ich erläutere. Manchmal helfe ich dem Klienten, sich selbst ein solches Schema aus den gegebenen Informationen zusammenzustellen. Die Funktion solcher Datensammlungen besteht für mich darin, daß die, die die Informationen zur Verfügung stellen, sie bei der Rückkoppelung als kritisches Potential gegenüber ihrer eigenen Person und ihrer Zusammenarbeit empfinden müssen. Je mehr ich diese Daten interpretiere oder kategorisiere, desto weniger wird dies geschehen.

Ich sichere *Vertraulichkeit* und Anonymität zu. Interpretiert wird dann, wenn Personen, die mir Informationen gegeben haben, in einem Gruppengespräch diese Information erläutern wollen. Immer wieder versuche ich, bis in alle Einzelheiten darauf hinzuweisen, wieviel Zeit investiert werden muß, welche Art von Fragen gestellt werden und was mit den Antworten geschieht. Diese Form der Strukturierung reduziert Befürchtungen und setzt vernünftige Erwartungen frei.

4. Ich mache deutlich, daß ein Teil des Vertrages im *gegenseitigen Feedback* besteht. Ich erwarte von den Klienten, daß sie *offen* auf mein Verhalten reagieren, wenn es für sie keinen Sinn ergibt, alles hinterfragen, was ich tue, und auf Äußerungen und Verhalten hinweisen, das die Grenzen dessen überschreitet, was ihrer Meinung nach erlaubt ist. Ebenso offen werde ich zu ihnen sein.

Dieser Punkt, scheint mir, wird früher oder später zu einem Test für alle Verträge. Innerhalb eines Workshops mag sich der Test abspielen in Form offenen Protestes darüber, daß das bisher Geschehene im Blick auf die vorgesehene Tagesordnung irrelevant und Zeitverschwendung sei. In einem Zweiergespräch wird mich der Klient vielleicht auf ein Wort oder auf eine Handlung hinweisen, die ihn irritiert hat. Das erfordert Mut. Er überprüft im Grunde, ob meine Reaktion genauso gut und sinnvoll ist wie meine Worte.

Diese Überprüfung des Vertrages definiere ich als einen Emotionen provozierenden Austausch zwischen dem Klienten und mir, in einer riskanten Situation. Das Resultat sollte sein, daß unsere Beziehungen zueinander „echter" werden, experimenteller, dem Modell der Aktionsforschung angenähert, das mir als mögliche Lebensbasis erscheint. Die Last einer solchen Überprüfung überlasse ich nicht völlig dem Klienten. Auch ich teste, wann immer mir die Zeit dafür reif erscheint – gewöhnlich dann, wenn der Klient etwas tut, was unsere Beziehungen zu belasten scheint.

Einmal fiel mir auf, daß ein Klient sich ständig über andere beschwerte; ich teilte ihm das mit, mit der Bemerkung, daß ich dies leid sei. Darauf erwiderte er, daß er dies mir gegenüber genauso empfunden habe. Er nahm also die Chance wahr. Die Konfrontation vertiefte unsere Beziehungen und befestigte den Vertrag. Sie hätte beides aber auch beenden können.

VI. Beendigung des Vertrags

Ich bin froh, wenn mein Vertrag explizit beendet wird, nachdem die Überprüfung negativ ausgefallen ist. Besser ein eindeutiger Tod als eine schleichende Agonie. Man sollte einen Vertrag überprüfen (möglicherweise beenden), wenn:

- der Klient irgend etwas zurückhält;
- getroffene Vereinbarungen vergessen werden (von welcher Seite auch immer);
- der Berater einen höheren emotionalen Gewinn aus den Ergebnissen zu ziehen scheint als der Klient;
- der Berater nach Ereignissen oder Handlungen fragt, die das Gefühl der Krise und des Drucks intensivieren, ohne daß dabei die Aussicht auf mögliche Erleichterung besteht;
- der Klient von dem Berater Dinge erwartet, die er als Manager seiner Organisation besser selber tun sollte: Veranstaltungen arrangieren, Tagesordnungen aussenden, Nachrichten weitergeben und andere Personen veranlassen, Dinge zu tun, von denen er immer schon wollte, daß sie getan werden, aber Angst hatte, dies zu sagen;
- der Klient besser arbeiten kann und er eigentlich keine Hilfe mehr von außen braucht.

Mir erscheint eine saubere, klare Beendigung wünschenswert, aber nicht in jedem Fall erreichbar. Wenn ich mir meine vierzehn wichtigeren Verträge aus den letzten vier Jahren ansehe, komme ich zu dem Ergebnis, daß neun eindeutig enden mit „Geschäfte erledigt", drei deswegen nicht fortgeführt wurden, weil die jeweiligen Chefs zu wenig Engagement für eine Fortführung erkennen ließen und zwei schließlich deswegen zu einem Ende kamen, weil Veränderungen innerhalb der Organisation ein Vakuum in der Führungsspitze entstehen ließen und mir nicht mehr klar war, wer nun eigentlich der Klient sei. Wo dem Chef das notwendige Engagement fehlte, fanden die angesetzten übrigen Sitzungen nicht mehr statt, und ich ließ meinerseits die Sache dann schleifen, weil ich keine Lust mehr hatte, weiterzumachen. In den Fällen, in denen innerhalb der Organisation Veränderungen stattfanden, wurde deutlich, daß dem Übergangsmanagement entweder der Anreiz oder die Autorität fehlte, um den Vertrag aufrechtzuerhalten, und ich hatte andere Dinge zu tun.

Mir scheint, daß Verträgen so etwas wie ein natürliches Leben eigen ist. Organisationen wachsen aus Verträgen mit bestimmten Beratern heraus oder ermüden in der Sache oder haben andere Gründe, diese Verträge zu beenden (und umgekehrt). Es ist besser für mich und meine Klienten, deutlich zu erkennen, wo es Zeit ist, sich zu trennen.

2.2.5 Hinweise für das Aushandeln eines tragfähigen Kontraktes

Die Vertragsverhandlung ist selbst Teil des gesamten Beratungsprozesses und unterliegt deshalb denselben Entwicklungsbedingungen wie andere Phasen auch. Deshalb sind Verträge im Prozeß der Organisationsentwicklung nicht nur kündbar, sondern vor allem veränderbar. Sie sollten deshalb immer wieder überprüft und gegebenenfalls erneuert werden.

Folgende Fragen können für die Vertragsverhandlung nützlich sein:

1. Wer ist der *Klient*?
   - ☐ Sind es Einzelpersonen, Gruppen, Abteilungen, die ganze Organisation?
   - ☐ Welche Entscheidungsebenen sind durch die Personen repräsentiert, die ich berate?
   - ☐ Wer nimmt mit anderen Mitgliedern der Organisation Kontakt auf, die nicht unmittelbar in den Beratungsprozeß einbezogen, aber davon betroffen sind?

2. Wie klar läßt sich der *Auftrag* und das zu bearbeitende Problem zu Beginn der Beratung formulieren?
   - ☐ Gibt es eine weiche, offene Arbeitsformulierung, die sich im Verlauf der Beratung immer genauer präzisiert, gegebenenfalls verändert?
   - ☐ Ist die Zielvorstellung klar, was erreicht werden soll?

3. Was sind die gegenseitigen *Erwartungen*?
   - ☐ Welche Art von Hilfe wird gebraucht?
   - ☐ Welche Art von Hilfe steht zur Verfügung (bin ich die richtige Frau, der richtige Mann für diese Beratung)?
   - ☐ Welche Art von Hilfe wird von beiden Seiten akzeptiert?
   - ☐ Haben beide Seiten genügend Informationen voneinander, um einen tragfähigen Kontrakt schließen zu können?
   - ☐ Mit welchen Methoden soll gearbeitet werden? Wie ist die Vorgehensweise?
   - ☐ Gibt es eine gegenseitige Grund-Akzeptanz, die Offenheit und Risikobereitschaft ermöglicht?

4. Sind die *Rahmenbedingungen* klar?
   - ☐ Welcher Zeitraum ist für die Beratung vorgesehen?
   - ☐ Welche Zeit wird für die einzelnen Phasen und Aktivitäten gebraucht; gibt es Endtermine?
   - ☐ Wie wird die Beratung finanziert? Welche Kosten entstehen? Wer trägt sie, und wie wird bezahlt?
   - ☐ Was geschieht mit den Daten? Wem muß berichtet werden, wer tut das? Welche Daten sind vertraulich, und welche werden anonym behandelt?
   - ☐ Unter welchen Bedingungen kann dieser Kontrakt gekündigt, geändert, gelöst werden (z.B. nur nach vorherigem Gespräch)?

2. Beratung als Prozeß

5. Wie werden *Rollen* und Arbeit verteilt?
- ☐ Welche Aufgaben übernehmen die KlientInnen, welche die BeraterInnen?
- ☐ Wer arbeitet im Beratungsteam mit?
- ☐ Wie sind die einzelnen Rollen (bei den KlientInnen und den BeraterInnen) definiert?
- ☐ Wer ist AnsprechpartnerIn in der Klientenorganisation für die BeraterInnen und umgekehrt?

6. Wie wird die Beratung *ausgewertet?*
- ☐ Soll zwischendurch ausgewertet werden, wann und wie?
- ☐ Wer ist für die Auswertung am Schluß verantwortlich?
- ☐ Wer darf über das Auswertungsmaterial verfügen? Berichte an wen?
- ☐ Soll ein Follow-up stattfinden?

Es gibt im Vertragsgespräch einige *Fallen*:
- ☐ Die BeraterInnen versprechen zuviel oder erwecken unrealistische Erwartungen.
- ☐ Die BeraterInnen übernehmen von Anfang an zuviel Verantwortung (die man oft schwer wieder loswird!).
- ☐ Die BeraterInnen erwecken den Anschein, als hätten sie „Lösungen" in der Tasche.
- ☐ Die BeraterInnen lassen sich von dem – sicherlich verständlichen – Wunsch der KlientInnen, so schnell wie möglich operational eine Lösung zu finden, innerlich und äußerlich, vor allem zeitlich bedrängen.
- ☐ Eine für die Beratung hochmotivierte Minderheit in der Klientenorganisation genügt nicht, die Beratung durchzuführen; dafür ist eine satte Mehrheit nötig.
- ☐ Nicht immer sind die VerhandlungspartnerInnen die eigentlichen Entscheidungspersonen in der Organisation, deshalb sollte man die Entscheidungskompetenz klären und auch den KlientInnen Zeit zur Klärung lassen.

2.2.6 Die Bedeutung der Bezahlung von Beratungsleistungen

Die Gemeindeberatung der EKHN erbringt gemäß ihren Leitlinien von 1978 Beratungsleistungen unentgeltlich (d.h., die kirchlichen Klienten müssen dafür nicht zahlen, und die BeraterInnen bekommen kein Honorar.). Für ihre Beratungstätigkeit erhalten die ausgebildeten GemeindeberaterInnen eine Freistellung von 3 Tagen im Monat, sofern sie beamtete oder angestellte MitarbeiterInnen der Kirche sind, bzw. eine – außerordentlich bescheidene – Dienstaufwandsentschädigung, wenn sie als Ehrenamtliche in der Gemeindeberatung mitarbeiten. Obwohl diese Regelung schon etwa 15 Jahre lang besteht, ist die Diskussion, ob Gemeindeberatung bezahlt oder unentgeltlich erfolgen solle, immer noch im Gange. Hier die wesentlichen Argumente:

a) Gemeindeberatung ist unentgeltlich

Dafür spricht:
- Gemeindeberatung muß sich nicht vermarkten bzw. verkaufen.
- Dauer und Intensität einer Gemeindeberatung werden nicht durch eventuell entstehende Kosten bestimmt.
- Ein Beratungsteam ist freier, eine Beratungsanfrage anzunehmen oder abzulehnen. Es kann auf seine professionelle Kompetenz und auf seine Neigungen größere Rücksicht nehmen.
- Gemeindeberatung wird kein Geschäft, das nach der Logik eines Profitunternehmens funktionieren muß. Gemeindeberatung behält stärker den Charakter einer Dienstleistung.
- Gemeindeberatung entspricht deutlicher ihrem Selbstverständnis als interimistische Dienstleistung; sie kann ihrer Maxime treu bleiben, daß Beratung sich immer wieder überflüssig machen müsse.
- Gemeindeberatung bildet das Modell kirchlicher Ehrenamtlichkeit nach und hat somit geringere legitimatorische Probleme.

Einzuwenden ist:
- Die Gemeindeberatung kann, da grundfinanziert durch die Gesamtkirche, nicht genug Eigenständigkeit entwickeln und bleibt als Gegenüber („Dritt-Partei-Intervention") eher schwach.
- Es kann sich im Beratungsprozeß eine unheilvolle Asymmetrie zwischen Beratungs- und Klientenleistung aufbauen; wohltätiger Bemühung (seitens der Beratung) ist schwer zu widersprechen. („Einem geschenkten Gaul guckt man nicht ins Maul.") Pflichtschuldige Dankbarkeit ist ein peinliches Gefühl und schafft Aggressionen, die sich nicht entladen dürfen.
- Dem Klientensystem wird die Möglichkeit genommen, mit Geld „den Ernst der Lage" auszudrücken.

2. Beratung als Prozeß

☐ Ohne Geld sind Zeit- und Energieaufwendungen schwer definierbar; entsprechend schludrig werden Zeit und Energie verbraucht.
☐ Beratungsteams vermissen klare Gratifikationen und Anreize; sie werden der Freundlichkeiten von Klienten bedürftig.

b) Gemeindeberatung wird bezahlt

Dafür spräche:
☐ Das Klientensystem tritt in ein klares Vertragsverhältnis mit dem Beratungssystem ein; die Beratungsleistung wird durch das allgemeinste Kommunikationsmedium Geld „anschaulich".
☐ Grenzen der Beratung – zeitliche, sachliche, räumliche ... – werden deutlicher bestimmt.
☐ Wer um Beratung anfragt, muß vorweg kalkulieren, ob eine Beratung das aufzuwendende Geld wert ist. Die Gefahr von Pseudo-Beratung wird gemindert.
☐ Die BeraterInnen sind herausgefordert, eine „des Geldes werte" und d.h. auch immer eine sichtbare, spürbare Leistung zu erbringen.
☐ Das Klientensystem kann sich klarer von der „Zudringlichkeit" der Beratung distanzieren.
☐ Die Gemeindeberatung als Institution kann laufend ihren Marktwert berechnen.
☐ Die Gemeindeberatung hätte auf Grund zusätzlich erwirtschafteter Einnahmen größere Innovationsspielräume.
☐ Ob eine bestimmte Beratungsleistung „ankommt", läßt sich an ihrer Verkäuflichkeit messen.

Dagegen spräche:
☐ Die Beratungsleistung bekommt Warencharakter; der Klient wird zum Kunden.
☐ Die Akquisition von Beratungsaufträgen bestimmt die Institution Gemeindeberatung übermächtig. Als „Gemeindeberatungs-Profit-Center" müssen bestimmte Beträge erwirtschaftet werden, andernfalls bricht die Organisation zusammen.
☐ Die Geldfragen stellen professionelle Erwägungen und moralische Maximen hintan.
☐ Die Konkurrenz unter den BeraterInnen nimmt zu (Wer leistet welchen Beitrag zu den Gemeinkosten des Profit-Centers? Und wer macht welchen Gewinn?); die Bereitschaft zur Kooperation mit weniger attraktiven (= marktfähigen) oder noch in Ausbildung befindlichen KollegInnen nimmt ab.
☐ Es entsteht in der Institution Gemeindeberatung zusätzlich administrativer Aufwand (Rechnungs- und Steuerwesen etc.) – mit entsprechenden Kosten.
☐ Lukrative „Kunden" werden bevorzugt behandelt.

(Für den Teil b. gelten natürlich auch noch eine Reihe der Argumente aus dem Teil a.; sie sind nicht noch einmal aufgeführt.)

2.2 Erstkontakt und Beratungsvertrag

Fazit
Ein eindeutiges Fazit gibt es nicht. Ob Gemeindeberatung bezahlt werden oder unentgeltlich erfolgen soll, ist eine Ermessensfrage, die in unserem Fall nicht „binnenpolitisch" allein entschieden werden kann. Entscheidender am Ende sind Gesichtspunkte wie: Organisationskulturelle Eigenarten der Kirche, Image der Kirche in der Gesellschaft, ihre Rechtsgestalt als „Körperschaft des öffentlichen Rechts", ihre Zukunft bei einem eventuellem Rückgang der Einnahmen usw.. Das Finanzgebaren der Gemeindeberatung steht in einem Wechselverhältnis zum kirchlichen; nur mit diesem läßt sich jenes verändern.

2.2.7 Hinweise zur Dokumentation

Was wird wozu und von wem dokumentiert?

Nur eine gründliche Dokumentation erlaubt gründliche Auswertungen auf allen Ebenen (beim Klienten, zwischen Klient und Beratungsteam und zwischen Beratungsteam und Supervision), und die Ergebnisse von Auswertungen wiederum steuern den Fortgang des Beratungsprozesses.
Eine regelmäßige Dokumentation des Geschehens zwischen Klient und Beratung erscheint zunächst als zusätzliche zeitliche Belastung. Es wäre wünschenswert, wenn auch der Klient eine Dokumentation anlegte, bis jetzt aber dokumentieren nach unserer Erfahrung nur die Beraterteams und auch sie meist nur, weil es von ihnen verlangt wird.

Ein Minimum an Dokumentation ist die *Chronik*, die stichwortartig Termine und Fakten enthält. Sie dient der Übersicht und ist eine gute Gedächtnishilfe auch für den Klienten, wenn es um eine Zwischen- oder Schlußauswertung des Beratungsprozesses geht: besonders für Kirchenvorstände und nebenamtliche MitarbeiterInnen machen die einzelnen Kontakte mit dem Beratungsteam einen verschwindend kleinen Teil ihres Lebens und ihrer Arbeit aus, der leicht wieder in Vergessenheit gerät. Sie sind beim Anblick der Chronik oft überrascht, wie viel Zeit und Aktivität sie selbst und andere Beteiligte in die Gemeindeberatung gesteckt haben, und die Auswertung, die ja auch die Frage mit einschließt, ob Zeit und Engagement sich ausgezahlt haben, bekommt ein größeres Gewicht.

Wir haben uns angewöhnt, *jeden Kontakt mit dem Klienten*, sei er noch so unscheinbar, zu dokumentieren, d.h. nicht nur das *Faktum* „Telefonanruf" oder „Vorgespräch mit Herrn X" als „hartes Datum" zu vermerken, sondern auch unsere *Beobachtungen und Eindrücke* („weiche Daten") zu notieren.
Die kontinuierliche Dokumentation als Nebeneinander von harten und weichen Daten bringt dem Beratungsteam manchen Nutzen: sie hilft ihm, im Rückblick Veränderungen im Verhalten des Klienten festzustellen, die Effizenz der Bera-

2. Beratung als Prozeß

tung zu kontrollieren, das eigene selektive Erinnerungsvermögen zu korrigieren, und sie dient als Material für die Supervision, in der das eigene Beraterverhalten, die Einstellung zum Klienten, die Auswirkungen der Sozialinterventionen und die eigenen Lernpunkte reflektiert werden.

Daß sämtliche *Absprachen und Verträge* dokumentiert werden, sollte selbstverständlich sein. Hier ist es wichtig, daß sowohl Beratungsteam als auch Klient eine schriftliche Fassung in Händen haben, um von Zeit zu Zeit überprüfen zu können, ob die Beratung noch im Rahmen der ursprünglichen Vereinbarungen verläuft. Hält sich der Klient nicht an die Absprachen (sagt z.B. Kontakte mit der Beratung ab, ist plötzlich nicht mehr bereit, ein ganzes Wochenende, sondern nur einen Tag für eine Tagung zu „opfern" usw.), so ist es an der Zeit, mit ihm zusammen die Motivation für eine Fortsetzung der Beratung zu überprüfen. Dies freilich ist nur möglich, wenn die Vereinbarungen schriftlich vorliegen.

Ein Bereich von Dokumentation soll noch erwähnt werden, der zwar mit dem Beratungsprozeß zu tun hat, aber nicht dem Klienten unmittelbar zugänglich gemacht wird: die Dokumentation von *Einsichten*, die die BeraterInnen bei der Supervision ihrer Arbeit gewonnen haben. Es handelt sich dabei um Einsichten über das eigene Verhalten, um eigene Lernpunkte und, wenn es sich um ein Beraterteam handelt, um das Erkennen von parallelen Prozessen innerhalb der beratenen Gruppe und dem Team.

2.2.8 Beratungsprozesse dokumentieren

Dokumentationsformular

Beratungsvorgänge sollten protokolliert werden. Drei Gründe vor allem sprechen dafür:

a) Das Gedächtnis kann trügen. Verschriftlichung sichert ab, überbrückt längere Zeitabstände zwischen Beratungskontakten und kann helfen, mehrere parallel organisierte Beratungsprozesse mit unterschiedlichen Klienten auseinanderzuhalten.
b) Beratungsarbeit ist ein ständiger Lernprozeß. Die Selbstreflexion – u.U. unterstützt durch Supervision – bedarf verläßlicher Daten, wie sie eigentlich nur eine fortlaufende Dokumentation geben kann.
c) Beratung muß organisiert werden. Neben einer Klientenkartei braucht es so etwas wie Projektordner, in dem die Arbeit mit Klienten – was geschah durch welches Beratungsteam wann, wo und mit wem und mit welchen Ergebnissen – rekonstruierbar wird. Ohne eine gewisse „Bürokratisierung" kommt ein Beratungsbüro nicht aus.

2.2 Erstkontakt und Beratungsvertrag

Das hier empfohlene Dokumentationsformular soll besonders die „Verwaltung" von Beratungsprojekten erleichtern helfen. Es gibt der notwendigen Abschlußdokumentation eine passende, vergleichbare und erprobte Form. Damit wird auch deutlich, daß es im Sinne der Dokumentationsaspekte a. und b. nur von begrenzten Nutzen ist; es ersetzt nicht die vom Berater oder der Beraterin während oder nach einem Beratungskontakt gemachten Notizen.

Einige *Erläuterungen zum Gebrauch des Dokumentationsformulars*

■ Das Formblatt soll die Eintragung sowohl von harten wie von weichen Daten ermöglichen. Das erste Blatt, die Punkte 1–4, beziehen sich auf die harten Daten. Mit einem Blick kann künftig übersehen werden, wie lang ein Projekt dauerte, ob es abgebrochen wurde, für welche Zeit Nachfolgetreffen vereinbart wurden etc. Die Punkte 5–11 eruieren großteils weiche Daten.

■ *zu 5:* Gelegentlich differiert das Beratungsthema (5b), wie es sich nach den ersten Kontakten herausstellt, mit dem Thema der Anfrage (5a). Dies kann hier vermerkt werden. Das Beratungsteam muß abwägen, welche (harten) Daten des Klientensystems auf dem knappen Raum wiedergegeben werden sollen. U.U. braucht 5d ein weiteres Blatt.

■ *zu 6:* Der Punkt „Ziele der Beratung" soll das Team herausfordern, nachträglich seine implizite / explizite Gesamtzielsetzung zu formulieren.

■ *zu 7:* In diesem Zusammenhang kann es nur um eine grobe Skizze der Interventionsstrategie des Beratungsteams gehen. Welche Instrumente, Methoden, Übungen sind eingesetzt worden? Und warum?

■ *zu 8.:* Die Ergebnisse der Beratung werden von Klienten oft anders als vom Team beschrieben. Die mögliche Differenz sollte hier vermerkt werden.

■ *zu 9.:* Hier können besondere Ereignisse genannt werden, verblüffende Entwicklungen, unvorhergesehene Interventionen von außen, kritische Vorfälle im Team, Aha-Erlebnisse usw..

■ *zu 10.:* Die Abwicklung eines Projektes wirft auch immer ein Licht auf die Institution Gemeindeberatung (bzw. auf das jeweilige Beratungsbüro), auf die Vermittlung von Beratungsanfragen, auf die Art und Weise der Vorgespräche, auf die Notwendigkeit von Absprachen zwischen Leitungssystemen und der Beratungsinstitution beispielsweise, Anmerkungen des Teams dazu sollten hier ihren Platz haben.

■ *zu 11.:* Das Beratungsteam sollte eine Würdigung seiner Arbeit versuchen. Welche Elemente seiner Arbeit schätzt es positiv ein – welche negativ? Die Meinung des Supervisors / der Supervisorin bzw. der Supervisionsgruppe hätte hier ebenfalls ihren Platz.

2. Beratung als Prozeß

1. **Nr.:**

2. **Klient / Klientensystem** (Beratene Organisation; AnsprechpartnerIn):

3. **Beratungsteam / BeraterIn:**

4. **Chronik der Beratung:**

Anfrage am:

vermittelt am:

Erstkontakt des Teams:

Abschluß des Kontraktes:

Beratungskontakte: mit welchem Klientensystem:

am	mit
am	mit
am	mit
am	mit
am	mit

Abschlußsitzung:

Follow-up:

Abbruch:

2.2 Erstkontakt und Beratungsvertrag

5. Situation des Klienten:

a) Anfrage:

b) Beratungsthema (nach ersten Kontakten) u. Begründung:

c) Vom Klienten/Klientensystem gelieferte (Rahmen-) Daten
   (= Harte Daten):

d) Weiteres Datenmaterial (= Weiche Daten):

6. Ziele der Beratung:

7. Vorgehen (Interventionen, Instrumente, Methoden):

8. Ergebnisse der Beratung:

9. Besondere Vorfälle:

10. Konsequenzen für die GB:

11. Einschätzung der geleisteten Arbeit (durch das Team; Evaluation):

2. Beratung als Prozeß

2.2.9 Das Gestaltthema: Kontakt und Grenzen

Es gehört zu den wichtigsten Fähigkeiten der BeraterInnen, in Kontakt zu sein und Kontakt herzustellen. Es klingt simpel: Alles kann in der Beratung – wie im übrigen Leben auch – mit oder ohne Kontakt geschehen. Und genau dies beschreibt den fundamentalen Unterschied in der Wirkung von Beratung.

Zu den Kontaktfunktionen zählen: Sehen, Hören, Sprechen, Berühren, Schmecken und Riechen. Sie sind aktiv und passiv zu verstehen, also: Wie höre ich und wie lasse ich mich hören? Wie sehe ich und wie lasse ich mich sehen? Wie berühre ich und wie lasse ich mich berühren etc. Wie präsent bin ich in meinen Kontaktfunktionen?

Welche Wirkung Kontakt hat, sei an einigen Beispielen aufgezeigt:
■ Alle Menschen, die Predigten hören, können sofort beschreiben, ob mit oder ohne Kontakt gepredigt wird. Sie spüren es, wenn die RednerInnen nicht an das glauben, was sie sagen; wenn ihre Stimmen, Gebärden, die ganze Ausstrahlung nicht übereinstimmen mit dem, was gesagt wird. Wir sagen auch: Es, er oder sie hat mich angesprochen.
■ Beim Zuhören in der Beratung kann es geschehen, daß der Zuhörende mehr Kontakt hat zu dem Mitgeteilten als der Klient selbst. Dadurch kann eine neue Qualität des Sprechens beim Klienten hergestellt werden.
■ Die intimste Berührung kann mit oder ohne Kontakt geschehen, was einen himmelweiten Unterschied ausmacht. Oder: Jeder gute Masseur kann sofort sagen, ob der Patient im Kontakt ist mit der Massage oder nicht, ob er sich darauf einläßt, dabei ist oder mit seinen Gedanken ganz woanders weilt; dies hat erheblichen Einfluß auf die Wirkung.

Wir können deshalb dem Kontakt folgende Merkmale zusprechen:
1. Präsenz
Die BeraterInnen sind ganz anwesend und erlauben ihren Gedanken nicht, abzuschweifen; z.B. welche Diagnose gleich formuliert, welche Intervention gleich vorgeschlagen werden sollte etc. D.h. sie erlauben solchen Erwägungen nicht, ihre Wahrnehmung zur Unzeit zu besetzen, den Kontakt zu verdrängen. Sie lassen sie vielmehr im Hintergrund und (noch) nicht zur Figur werden.

2. Aggressivität
Diese Art des Kontakts hat immer auch etwas Aggressives. Wahrnehmung mit Kontakt bleibt nicht bei sich, sondern geht ein, geht zu, geht an die Grenzen.

2.2 Erstkontakt und Beratungsvertrag

3. Partizipation
Kontakt und die damit erzeugte Energie entstehen immer an einer Grenze. Es entsteht so etwas wie eine *gemeinsame Schöpfung*. An dieser Grenze kann (muß nicht) Kontakt zur Begegnung, zur Aktivierung, zum Kampf, zur Konfrontation, zur Entlastung etc. führen.

Wodurch Kontakt in der Beratung *erschwert* oder *verhindert* wird:
- Den BeraterInnen fehlt das Vertrauen ins Hier und Jetzt, das Vertrauen, daß die „Lösung" oder Antwort beim Klienten selbst liegt bzw. schon vorhanden ist. Es fehlt das Vertrauen in sich selbst, in die eigene Präsenz als der wichtigsten Intervention.
- Die BeraterInnen sind zu sehr mit sich, mit anderen, mit nächsten Schritten und Interventionen, mit „Lösungen", eigenen Erfahrungen beschäftigt. Dies muß u.U. dann benannt, thematisiert, zur Figur gemacht werden.
- Das Wahrnehmungssystem der BeraterInnen ist nicht trainiert.
- Die BeraterInnen bringen zu lange mehr Energie auf als das Klientensystem selbst.
- Widerstände im Klientensystem werden ignoriert oder die BeraterInnen versuchen, sie zu „brechen".
- Es findet kein Wechselspiel mehr zwischen Figur und Hintergrund statt.
- Das Bewußtsein für Grenzen zwischen BeraterInnen und KlientInnen oder im Klientensystem selbst ist verlorengegangen oder nicht hergestellt worden.

Kontakt an sich ist weder gut noch schlecht. Immer entsteht Kontakt an der Grenze. Deshalb kann die Kontaktnahme verschiedene Formen annehmen: sich annähern, auf Distanz gehen, sich abgrenzen, kommunizieren, kämpfen, Grenzen überschreiten etc. Die Erfahrung von Kontakt befähigt ein System zu wachsen, sich zu verändern, seine Fähigkeiten zu vergrößern, innerhalb seiner Umwelt effektiver zu funktionieren.

Für die BeraterInnen ist es wichtig, diese Kontaktnahme möglichst deutlich und bewußt zu machen; das setzt voraus, daß die BeraterInnen
- selbst in Kontakt sind mit sich und der gegenwärtigen Situation;
- das Hier und Jetzt in der Beratung ansprechen;
- die Wahrnehmung von Gefühlen bei sich und in der Klientenorganisation bewußt werden lassen;
- die Komplexität aushalten, als BeraterInnen ganz im Hier und Jetzt zu sein und doch gleichzeitig auf der Metaebene mitzureflektieren, was hier und jetzt geschieht.

Ohne *Grenzen* gibt es keinen Kontakt. An den Grenzen entsteht Energie, jedoch nur dann, wenn zu den Grenzen der Klientenorganisation Kontakt hergestellt wird. Jede Grenzerfahrung enthält nur dann Chancen für Neues, wenn sie als solche gesehen und angenommen wird. Man kann die These auch umkehren: Ein System, das seine Grenzen nicht kennt, kann keinen Kontakt machen.

2. Beratung als Prozeß

Solange der Kontakt mit der Grenze vermieden wird, bleibt sie steril, wird wie etwas Unerledigtes mitgeschleppt und bindet Kräfte. Oft ist es gerade eine Grenzerfahrung, die Gemeinden und Organisationen dazu bewegt, Beratung in Anspruch zu nehmen.

Man kann also von einer *Kontaktgrenze* sprechen. Dabei kann es sich um die Grenze zwischen Personen, zwischen Beratung und Klientenorganisation, zwischen den Subsystemen einer Organisation oder um die Grenze der Organisation zur Umwelt handeln.

Die Kontaktgrenze ist – ähnlich wie die Haut – nicht Teil des Organismus, sondern eher das Organ einer besonderen Beziehung zwischen Organismus und Umwelt. Im Beratungsprozeß fällt den BeraterInnen die Aufgabe zu, entweder selbst diese Kontaktgrenze zu sein oder sie bewußt zu machen.
In Analogie zur Haut soll diese Kontaktgrenze schützend, durchlässig und pulsierend sein.

Schützend: Die Klientenorganisation oder ihre Subsysteme werden durch die Beratung davor bewahrt, sich preiszugeben, sich ohne Bewußtheit aufzulösen oder in einem anderen System aufzugehen, oder sich besinnungslos von der Beratung abhängig zu machen.

Durchlässig: Zwischen Beratung und Klientensystem wird voneinander gelernt, gegeben und genommen. Es ist ein wechselseitiger, kreativer Prozeß, der durch diese Kontaktgrenze entsteht.

Pulsierend: Die Klientenorganisation hat ein eigenes Leben, das für sich steht und aus sich selbst Kraft hat. Die Beratung verstärkt die Überzeugung, daß die „Lösungen", Veränderungsmöglichkeiten etc. in der Organisation selbst liegen und nicht außerhalb.

Es gibt *unterschiedliche Grenzen* in Organisationen: (hier bezogen auf eine Gemeinde)
1. Jede Gemeinde / Organisation hat so etwas wie eine *Identitätsgrenze*. Sie wird durch die Kontaktmöglichkeiten bestimmt, die eine Gemeinde innerhalb und außerhalb mit der Außen- und Umwelt zuläßt. Man kann dies meist ablesen an der Risikobereitschaft einer Gemeinde, nicht nur bei sich und unter sich zu bleiben, sondern mit Andersdenkenden, mit Außenstehenden, Andersgläubigen und Außenseitern Kontakt zu machen. D.h., es entsteht in einer Gemeinde wenig neue Energie, wenn diese Grenze nicht immer wieder angegangen oder überschritten wird.

2. *Körpergrenzen* haben es in einer Gemeinde, wie auch bei einer Einzelperson, mit der Erfahrung von Leiblichkeit und Ganzheitlichkeit zu tun. Wie wird dies ausgedrückt? Wird vorwiegend der Kopf angesprochen? Wird mit Herz und Sinnen, Mund und Händen geredet, gebetet, gehört, geschaut, gefeiert? Oder gibt es einen kopflosen Bauch?

2.2 Erstkontakt und Beratungsvertrag

3. *Gewohnheitsgrenzen:* Wie ist der Umgang mit Traditionen? Ist er rigide, stereotyp, d.h. werden Traditionen wiederholt, rezitiert oder hinterfragt? Gibt es Gewohnheiten in einer Gemeinde, die ihre Bedeutung verloren haben, von ihrem Ursprung abgespalten sind und trotzdem beibehalten werden?

4. *Ausdrucksgrenzen:* Welche Ausdrucksformen für Freude, Trauer, Ärger, Heiterkeit und Frustration sind erlaubt und werden praktiziert? Wie sprechen sich die Menschen an? Wer duzt sich? Wer siezt sich? Werden Titel gebraucht?

5. *Darstellungsgrenzen:* Welches Bild von Kirche vermittelt eine Gemeinde? Wie stellt sich eine Organisation in der Öffentlichkeit dar? Wie zeigt sie sich, wie verfügbar macht sie sich? Wie und bis zu welcher Grenze exponiert sie sich?

6. *Wertegrenzen:* Welche Wertvorstellungen sind in der Organisation vertreten, z.B. wenn es um Prioritäten, Politik, Gottesdienst, Jugendarbeit, Friedenswoche etc. geht? Sind die Grenzen zwischen den einzelnen Wertvorstellungen klar differenziert, sind sie rigide oder durchlässig? Welche Grenzen werden im Umgang mit Geld deutlich?

7. *Räumliche Abgrenzungen:* Welche Etagen beschreiben welchen Status in einer Organisation? Wer hat Zugang zu welchen Räumen? Wer verfügt über Schlüssel?

8. *Zeitgrenzen:* Wie wird mit Zeit in der Organisation umgegangen? Eigener und fremder Zeit? Überstundenkultur?

9. *Wachstumsgrenzen:* Wie wird mit den Möglichkeiten und Grenzen der Entwicklung von Einzelnen und Gruppen in der Gemeinde umgegangen? Gibt es einen Wachstumsoptimismus im Hinblick auf Veränderbarkeit und Entwicklungsfähigkeit, oder Festschreibungen und Resignation oder Annahme der eigenen Grenzen?

Um Leben in einer Organisation zu fördern, braucht es *GrenzgängerInnen*. In der Anfangs- und Kontraktphase übernehmen die BeraterInnen gelegentlich solche Grenzgänger-Funktion, indem Fragen gestellt oder auch entschieden werden wie: Für wen oder was sprechen wir? Wofür wollen wir uns hier einsetzen? Wo setzen wir uns hin? Übernehmen wir die Rolle des advocatus diaboli? Im Verlauf der Beratung ist es Aufgabe der BeraterInnen, das Grenzgängertum unter den Klienten selbst zu ermöglichen und zu fördern.

Es gehört deshalb zu den Aufgaben der Beratung,
a) zu Grenzen hinzugehen, sie anzuschauen und zu benennen,
b) den Grenzanblick aushalten zu helfen, die Grenze anzunehmen,
c) grenzüberschreitende Erfahrungen zu machen,
d) Modell für gelungenes oder mißlungenes Verhalten zu sein.

2. Beratung als Prozeß

zu a) Eine der wichtigsten Funktionen der Beratung besteht in ihrer Rolle, außenstehend zu sein. Die BeraterInnen kommen nicht im Interesse einer Parteinahme oder als InteressenvertreterInnen, und sie gehen wieder. Das bedeutet, daß sie manchmal Grenzen sehen, die der Gemeinde nicht bewußt sind. Manchmal werden diese durch Fragen, Interventionen, Verhalten der BeraterInnen erst angesprochen. Es ist wichtig, daß sie benannt werden.

Beispiel: Die BeraterInnen stellen Fragen, deren Beantwortung auf Differenzierung und Grenzen hinweisen, die vielleicht vorher nur vermutet, nicht bekannt waren oder keine Rolle im Bewußtsein der Gemeinde spielten. Zum Beispiel: Wie ist die Gemeindestruktur (sozial, politisch etc.) im Kirchenvorstand vertreten; verdeutlichen sich Polarisierungen?

zu b) Eine andere Funktion der Gemeindeberatung ist es, dazu beizutragen, daß Grenzen angenommen und ausgetragen werden. Hier hat ein wichtiger Grundsatz der Gemeindeberatung seinen Platz: erst differenzieren, dann integrieren. D.h. keine vorschnellen Lösungen, Versöhnungen und Harmonisierungen anstreben, sondern Gegensätze und Grenzen auszuhalten.

Beispiel: Einige der oben genannten Grenzen erfährt jede Gemeinde, wenn der Pfarrer oder die Pfarrerin die Stelle wechselt. An der Art, wie das Aufhören, der Abschied gestaltet werden, zeigt sich, wo in einer Gemeinde Grenzen verlaufen. Wie wird aufgehört, neu begonnen, wie werden die negativen und positiven Gefühle, die immer mit einem Abschied verbunden sind, geäußert, welche Gewohnheiten und Werte, welche Identität von Gemeinde wird in den Verhandlungen mit einem Nachfolger oder einer Nachfolgerin sichtbar? Es ist Aufgabe der Beratung, gerade diese Grenzerfahrung ins Bewußtsein zu bringen, zu benennen. Grenzen anzunehmen heißt in einer Stellenwechselsituation, den Abschied und die damit verbundenen Gefühle zu äußern und zu gestalten, Trauer, Zorn, Erleichterung auf diejenige Person bezogen sein zu lassen, der sie gelten, sie nicht zu übertragen auf den Nachfolger bzw. die Nachfolgerin. Die Vermeidung dieser Grenze findet da statt, wo die Anwesenheit des abwesenden Pfarrers oder der abwesenden Pfarrerin heimlich verlängert wird, indem der Nachfolger oder die Nachfolgerin ständig - ausgesprochen oder unausgesprochen - mit dem Vorgänger oder der Vorgängerin verglichen wird.

zu c) Es kann dann zu grenzüberschreitenden Erfahrungen kommen, wenn zum Beispiel eine Gemeinde erlebt, daß über bisher Vermiedenes gesprochen werden kann, ohne daß es zu Zusammenbrüchen kommt.

zu d) Der Beratung fällt manchmal die Aufgabe zu, durch gelungenes und mißlungenes Verhalten ein Modell anzubieten für grenzüberschreitende Erfahrungen.

Beispiel: In einem Kirchenvorstand sprechen die Frauen so gut wie nie und wenn, meist nur auf Aufforderung und als letzte. Da die Beratung von einem Mann und einer Frau wahrgenommen wird, die eine partnerschaftliche Rollenaufteilung praktizieren, wird den Frauen diese Grenze gezeigt und damit zugleich das Reden erleichtert.

2.2 Erstkontakt und Beratungsvertrag

In diesem Zusammenhang ist es wichtig zu sehen, daß auch alle BeraterInnen selber von Kontaktgrenzen bestimmt sind, die ihrerseits Einfluß auf die Wahrnehmung der BeraterInnen haben, welche Grenzen sie beim Klienten sehen, zulassen und zu bearbeiten bereit sind.

Es gibt so etwas wie einen *Mythos vom Wachstum*. Es gibt ihn vor allem bei den BeraterInnen, weniger bei den Gemeinden. Klienten in der Beratung stehen den Wachstums- und Veränderungsmöglichkeiten oft skeptischer gegenüber als die BeraterInnen. Vielleicht produziert gerade diese Skepsis den Überschuß an Wachstumseuphorie bei den BeraterInnen?

Möglicherweise haben wir uns durch die jahrzehntelangen Erfahrungen mit den Wachstumsideologien der freien Marktwirtschaft auch in unseren Beratungskonzepten zu grenzenlosen Wachstumsutopien hinreißen lassen.

Der Mythos vom Wachstum wird durch einige Grundannahmen genährt:
☐ Wachstum ist machbar.
☐ Wachstum ist als solches von hohem Wert.
☐ Wachstum ist grenzenlos.
☐ Wachstum wird eher als linearer und nicht als zyklischer Prozeß gesehen.

Für die BeraterInnen ist es wichtig, kritisch und aufmerksam gegenüber solchen Grundannahmen zu sein und sich nicht durch sie verführen zu lassen, denn auch für die Beratung gilt das „quando et ubi visum est deo", und das heißt eben für die BeraterInnen, den Klienten nicht irgendwohin bringen und nicht überreden zu wollen; sondern einen halben Schritt hinter ihm zu bleiben und ihm dabei zu helfen, Kontakt zu seiner Grenze herzustellen.

2. Beratung als Prozeß

2.3 Datensammlung

2.3.1　Einführung　94
　　　I. Hinweise zur Datensammlung – II. Zur Einschätzung von Daten –
　　　III. Das Datenfeedback
2.3.2　Methoden und Instrumente der Datensammlung　98
2.3.2.1　Interviews　98
2.3.2.2　Fragen für ein Interview mit MitarbeiterInnen　99
2.3.2.3　Fragebogen: Ist unsere Gemeindeorganisation gesund?　100
2.3.2.4　Fragen an ein Gemeindemitglied　101
2.3.2.5　Gruppenspiegel　102
2.3.2.6　Klimakarte　103
2.3.2.7　Die Wetterlage einer Organisation　104

2.3.3　Feedback und Auswertungsgespräche　106
2.3.3.1　Feedback-Regeln　106
2.3.3.2　Fischglas　107
2.3.3.3　Selbst- und Fremdeinschätzung als GruppenleiterIn　107
2.3.3.4　Feedbackbogen　108
2.3.3.5　Fragebogen zum Klima in einer Organisation　114

2.3.4　Das Gestaltthema: Wahrnehmung　116

2.3.1 Einführung

I. Hinweise zur Datensammlung

☐ Alle Daten sind Eigentum des Klientensystems.
☐ Eine ethische Grundüberzeugung der BeraterInnen besagt, daß die Lösung im Klientensystem selbst und nicht bei den BeraterInnen liegt. Deshalb keine Besserwisserei oder Überführungsmentalität im Umgang der BeraterInnen mit den Daten! Keine Geheimnistuerei mit Daten, sondern dem Klientensystem mitteilen, wie die Daten gesammelt werden und welche sie sind.
☐ Vorsicht vor Überfülle von Daten:

a) Manchmal sammeln die BeraterInnen zuviel, um Entscheidungen, Interventionen, die Notwendigkeit für Diagnose etc. hinauszuzögern, oder aus Furcht vor Handlungsbedarf.

b) Manchmal bietet das Klientensystem zu viele Daten an, was leicht die Handlungsfähigkeit von BeraterInnen und KlientInnen paralysieren kann bzw. Veränderung vermeidet.

- Vorsicht mit Daten, die den BeraterInnen vertraulich – in Abwesenheit oder hinter dem Rücken anderer Personen oder Gruppen – gegeben werden! Um der Transparenz der Beratung willen kann nur mit denjenigen Daten gearbeitet werden, die innerhalb des Klientensystems öffentlich gemacht werden.
- Die BeraterInnen haben zu klären, was ihre Verantwortung und ihr Interesse bei der Datensammlung sind.
- Daten müssen verständlich sein, belegbar, beschreibend.
- Die BeraterInnen sollten mit dem Klientensystem gemeinsam entscheiden, welche Daten wie gesammelt werden, auch wer in die Datensammlung einbezogen werden muß.

II. Zur Einschätzung von Daten

Um die Vielschichtigkeit von harten und weichen Daten zu verdeutlichen, hat ein Kollege, Hans-Helmut Köke, Bilder und Metaphern gebraucht, die bei der Einschätzung ihrer Relevanz helfen können. Es gibt:

- *Landkartendaten:* Sie werden z.B. durch Zeichnungen von der Organisation vermittelt. Sie spielen oft nur am Anfang einer Beratung eine Rolle.
- *Passpartout-Daten:* Sie verschaffen Zugang zu den Rahmenbedingungen einer Organisation. Sie sind eher Randdaten, beiläufig geäußert, aber zugleich Aufschließdaten, die den Blick aufs Umfeld der Organisation lenken.
- *Werbe-Daten:* Sie beschreiben nur die Sonnenverhältnisse einer Organisation. Sie sollen beeindrucken und verhindern den Blick hinter die Kulissen, haben oft die Funktion, zunächst eine Sicherheitsbeziehung zwischen Klient und Beratung herzustellen.
- *Nörgel-Daten:* Mit ihnen wird Lustgewinn aus dem Klagen und Jammern über die Organisation gezogen. Sie sind oft Ausdruck eines Ohnmacht-Empfindens.
- *Segel-Daten:* Haben die Funktion, das Beratungsschiff in Gang zu halten. Es sind oft konventionelle oder kalte Daten.
- *Tabu-Daten:* Die Phänomene sind alle bekannt, aber es darf nicht darüber gesprochen werden. Sie zu früh anzusprechen, kann Zugänge versperren.
- *Schemen-Daten:* Sind verkopfte, blasse Daten, z.B. bei der Benutzung von Theorien oder Verallgemeinerungen, denen jeglicher Bezug zur Praxis oder zum Hier und Jetzt fehlt. Erst wenn diese Daten verleiblicht werden, Praxisbezug bekommen, treten sie aus dem Schemenbereich heraus.

III. Das Datenfeedback

Die Aufbereitung von Daten

Welche Daten sollen in welcher Form wem im Klientensystem zurückgegeben werden? Die „Ursuppe" von Daten muß genießbar gemacht werden.

2. Beratung als Prozeß

■ Es gibt so etwas wie den Mythos von der richtigen Beschreibung. Es entlastet, sich klarzumachen, daß wir alle nur selektiv wahrnehmen und eben auch nur im Rahmen unseres Diagnoserahmens, unserer Interpretationsmuster und unserer Wahrnehmungsfähigkeit Daten sehen und auslegen können (Figur und Hintergrund). Bei Westerlund, G. / Sjöstrand, S. E. wird die selektive Wahrnehmung mit dem schönen Bild von den sechs blinden Männern beschrieben, die im Urwald auf einen Elefanten treffen. Auf Grund ihrer selektiven Wahrnehmung interpretieren sie die blinde Berührung mit dem Elefanten jeweils anders.

■ Es gibt fast immer mehr Daten, als zurückgegeben werden können. Deshalb hier einige Kriterien, die die Auswahl erleichtern:
☐ Welche Daten haben einen Bezug zu Ziel und Thema der Beratung?
   Wie hieß das Problem am Anfang, wie heißt es jetzt?
☐ Welche Daten sind relevant für das Klientensystem?
☐ Ist das Klientensystem fähig und willens, mit den Daten etwas anzufangen? Das heißt, besteht eine Möglichkeit zur Veränderung und eine Bereitschaft, mit den Daten zu arbeiten?

■ Beim Datenfeedback die Feedback-Sprache und Feedback-Regeln verwenden. Datenfeedback ist keine Veranstaltung des Jüngsten Gerichtes.

■ Zur Rolle der BeraterInnen
☐ BeraterInnen sind Augenzeugen, nicht Richter, Retter oder Opfer.
☐ „Joining und kicking" nicht gegeneinander ausspielen,
   sondern unterstützen *und* konfrontieren.
☐ Die Stärken im Klientensystem nicht nur sehen, sondern auch benennen.

■ Wer im Klientensystem soll die Daten erhalten? Wer soll bei der Datenfeedbacksitzung dabei sein? An welchen Personenkreis sollen die Ergebnisse der Datenfeedbacksitzung weitergegeben werden?

■ Sich selbst fragen: Was sind unsere eigenen Interessen und Erwartungen? Wollen wir z.B. Verständnis, Zustimmung, Konfrontation, Veränderungen, einen weiteren Beratungsauftrag etc.?

■ *Die Datenfeedback-Sitzung*

Hier muß in der Vorbereitung geklärt sein, wie die Daten präsentiert werden sollen. Dies hängt im wesentlichen von vier Faktoren ab:
a) Wie offen oder geschlossen ist das Klientensystem, dem Daten zurückgegeben werden sollen?
b) Wer vertritt das Klientensystem: ein Einzelner, eine kleine Gruppe oder eine Großgruppe?
c) Wieviele und welche der Daten sollen zurückgegeben werden?
d) Im Hinblick auf die Methoden des Datenfeedbacks bieten sich wiederum unterschiedliche Möglichkeiten an:

2.3 Datensammlung

☐ In Naturform: als Verbatim per Videoaufnahme, durch Kernsätze, oder durch möglichst präzise Wiederholungen etc.
☐ Oder abstrakt: Zahlen, Skalen, Denkmodelle, Schaubilder etc.
☐ Kreativ: Durch Rollenspiele, assoziative Methoden verschiedenster Art, absurdes Theater, etc.

Im Rahmen dieser 4 Faktoren müssen die BeraterInnen sich entscheiden, welche Methoden sie für das Datenfeedback wählen wollen.

■ *Möglicher Ablauf einer Datenfeedback-Sitzung*

a) Kontrakt und Problem wiederholen, bzw. konstatieren, bzw. Änderungen verdeutlichen.
b) Struktur: Zeitplan, Tagesordnungspunkte, Methoden für die Sitzung nennen, auch die Rollenaufteilung im Beratungsteam.
c) Daten präsentieren
d) Feedback des Klienten erbitten: Der Klient verifiziert oder falsifiziert die Daten.
e) Wie soll es weitergehen? Was geschieht mit dem allem? Ergebnisse und Veränderungsvorschläge erarbeiten und diskutieren.
Verabredungen über notwendige Konsequenzen treffen:
Wer macht was mit wem bis wann?
Wer begleitet, moderiert, kontrolliert diese Verabredungen?
Wann werden diese Verabredungen ausgewertet,
wer klagt diese Auswertung ein?
f) Auswertung: Haben beide Seiten bekommen und getan, was sie wollten?
(Auswertungsinstrumente)
g) Follow up-Sitzung planen.

■ *Methodische Hinweise zur Datenfeedbacksitzung*

a) Den größten Teil der Zeit nicht für die Präsentation der Daten, sondern für deren Diskussion einplanen.
b) Alle Daten vom Klienten verifizieren oder falsifizieren lassen.
c) Auf Widerstände im Klientensystem bei der Präsentation und Diskussion der Daten achten und sie ansprechen.
d) Feedback-Sprache verwenden! Moralisierende, abwertende Ausdrücke oder depressive Bilder lähmen die Motivation, mit den Daten zu arbeiten.
e) Nicht vergessen, die Stärken des Klientensystems zu benennen. Aus der Spannung zwischen Leidensdruck und Wahrnehmung der Stärken im Klientensystem entsteht die Kraft zur Veränderung.
f) Keine Datenfeedback-Sitzung abschließen, ohne Konsequenzen verabredet zu haben. Dafür Zeit einplanen.

2.3.2 Methoden und Instrumente der Datensammlung

2.3.2.1 Interviews

Interviews gehören in den Bereich der Datensammlung und der Eingangsphase. Sie können auch schon plaziert werden, wenn die BeraterInnen sich noch nicht sicher sind, ob sie den Beratungsauftrag übernehmen wollen und können. Darüberhinaus können Interviews verschiedene Funktionen haben:
☐ als Einstellungsinterviews
☐ zur Vorbereitung einer Konfrontationssitzung im Rahmen der Eingangsphase: Daten sammeln, um den Auftrag abzuklären oder einen bestimmten Problembereich zu eruieren.
☐ als Konfliktinterview: Ein Mitglied oder LeiterIn eines Teams wird vor dem gesamten Team durch die BeraterInnen interviewt. Das Interview wird im Anschluß von den ZuhörernInnen kommentiert und bearbeitet. Es eignet sich auch für sogenannte „schwierige Personen".

Einige Grundregeln
1. Interviews müssen geplant, angekündigt und verabredet werden. Dadurch bekommen die Interviewpartner die Möglichkeit, sich vorzubereiten, eventuell Material bereitzustellen.
2. Das Ziel des Interviews und die Rolle des Interviewers deutlich machen.
3. Was geschieht mit den Daten? Wer wird sie erhalten? Werden sie vertraulich oder mit Namensnennung weitergegeben? Kann der Interviewte den Bericht des Interviewers, der Interviewerin zensieren? Kann daraus zitiert werden, oder dienen sie als Hintergrundmaterial?
4. Angemessenes Setting schaffen, d.h. ungestört sein können, Zeitdauer verabreden bzw. begrenzen.
5. Gut zuhören. Daten nicht interpretieren, aber wiederholen, wenn nicht klar ist, ob sie verstanden wurden.
6. Auf Widerstände achten, sie aufnehmen, nicht darüber argumentieren.
7. Einfache Fragen stellen. Fachjargon, komplexe Fragen, Suggestiv- oder Alternativfragen vermeiden.
8. Selektiv sein. Nicht alle möglichen Daten aufnehmen, sondern den Fokus setzen auf das, was den Interviewpartnern wichtig ist. Lieber auf eigene Fragen verzichten, wenn die Zeit dadurch beschränkt würde. Übrigens: Die Daten, die ich mir durch Lektüre aneignen kann, brauche ich nicht zu erfragen.
9. Notizen während des Gespräches machen, möglichst wörtlich, nicht zusammenfassen oder die eigenen Eindrücke schildern. Ein Verbatim hinterher bald erstellen.
10. Kurze Auswertung am Schluß des Interviews: Wie geht es beiden nach dem Gespräch?

2.3 Datensammlung

2.3.2.2 Fragen für ein Interview mit MitarbeiterInnen

Die folgende Frageliste stammt aus der Organisationsberatung in Unternehmen. Die Fragen sind nicht alle direkt für die Verhältnisse in Gemeinden anwendbar. Sie werden hier zunächst als Anregung zur Entwicklung eigener Interview-Fragen wiedergegeben. Es kann freilich auch ein relevanter Erkenntnisprozeß sein, diese aus der Wirtschaft kommenden Fragen einmal innerhalb der Kirche anzuwenden. Die Besonderheiten der Arbeitsbedingungen in der Kirche können dadurch deutlicher werden. In dieser Absicht kann man den Fragebogen hauptamtlichen MitarbeiterInnen vorlegen. Für ehrenamtliche MitarbeiterInnen kann noch eine andere Version vorgeschlagen werden: Sie können die Fragen in einem ersten Durchgang für ihre Berufssituation beantworten, in einem zweiten Durchgang für ihre Mitarbeit in der Kirchengemeinde. Aus dem Vergleich der Antworten können sich Hinweise für die spezifischen Möglichkeiten und Barrieren kirchlicher Organisationen ergeben.

■ *Fragen für ein Interview mit MitarbeiterInnen*

1. Wie würden Sie Ihre Arbeit beschreiben?
   Was halten Sie für die wichtigsten Aspekte Ihrer Arbeit?
2. Was befriedigt Sie bei Ihrer Arbeit?
3. Welche Faktoren fördern Ihre Effektivität bei der Arbeit?
4. Welche Faktoren behindern Ihre Effektivität bei der Arbeit?
5. Was sehen Sie als Ihre spezielle Aufgabe in den nächsten 3 bis 5 Jahren an?
   Was sehen Sie als nächste Stufe Ihrer Laufbahn?
6. Wenn Sie jemanden für eine Aufgabe wie Ihre einstellen wollten, worauf würden Sie achten?
7. Wie würden Sie Ihr Verhältnis zu Ihren Untergebenen beschreiben?
8. Wie würden Sie Ihr Verhältnis zu Ihrem Chef / Ihrer Chefin beschreiben?
9. Wie würden Sie Ihr Verhältnis zu Ihren KollegInnen beschreiben?
10. Haben Sie im letzten Jahr in Ihrem Beruf etwas getan, das Sie als neuartig ansehen?
11. Was macht Sie bei Ihrer Arbeit unzufrieden?
12. Wenn Sie sich die Leute ansehen, die im letzten Jahr befördert wurden: Welche Qualitäten haben den Erfolg herbeigeführt?
13. Haben Sie eine Vorstellung davon, was Ihre Vorgesetzten von der Effektivität Ihrer Arbeit halten?
14. Was denken Sie, wie Ihre Untergebenen Ihre Arbeit beurteilen?
15. Gibt es bei Ihrer Arbeit etwas, das Sie geändert haben möchten?
16. Wie schätzen Sie Ihre/n Vorgesetzte/n ein hinsichtlich
    (a) Offenheit für neue Ideen und Informationen?
    (b) Risikobereitschaft?
    (c) Vertrauen?
    (d) Umgang mit Druck von oben?
17. Wie schätzen Sie sich selber im Blick auf diese Charakteristika ein?
18. Gibt es einen Konflikt innerhalb der Leitung? Wie geht sie damit um?
19. Wenn Sie etwas am Verhalten Ihres Chefs / Ihrer Chefin ändern könnten, was wäre das?
20. Wie hoch schätzen Sie die Effektivität der Leitung ein?
21. Was halten Sie für das wichtigste ungelöste Problem Ihrer Organisation?
22. Wie würden Sie Ihren Führungsstil beschreiben?
23. Worauf muß ich achten, um diese Organisation zu durchschauen?
24. Welchen weiteren Hinweis könnten Sie mir geben?

2. Beratung als Prozeß

2.3.2.3 Ist unsere Gemeinde-Organisation gesund?

Die folgende Liste nennt 10 Merkmale einer „gesunden" Organisation. Bitte kreuzen Sie jeweils in einer der Spalten an, inwieweit Ihre Gemeinde nach Ihrer Meinung jeweils als „gesund" oder „krank" einzustufen ist. Es mag sein, daß Sie die genannten Faktoren als gar nicht wünschenswert für die Gemeinde halten, eine entsprechende „Krankheit" für Sie also sachgemäß erscheint. Lassen Sie diesen Einwand dann zunächst außer Betracht. Kommen Sie darauf in der folgenden Auswertungs-Diskussion zurück.

Merkmale	Dieses Merkmal ist bei uns zutreffend:	völlig	einge-schränkt	kaum	gar nicht
(1) Die *Ziele* sind klar, von allen akzeptiert und realisierbar.					
(2) Die *Macht* ist so verteilt, daß alle Betroffenen an Entscheidungen und Problemlösungen angemessen beteiligt sind.					
(3) Das *Potential* der MitarbeiterInnen wird so genutzt, daß die Erwartungen an die einzelnen, die persönlichen Bedürfnisse der einzelnen und die Interessen der Organisation dabei berücksichtigt werden.					
(4) Die *Kommunikation* ist intern (auch von oben nach unten) und mit der Umwelt ungestört und effektiv.					
(5) Die Organisation hat eine einigermaßen klare *Identität*. Die Mitglieder können sich mit ihr identifizieren.					
(6) Die *Atmosphäre* ist gut, man findet Befriedigung und Anerkennung.					
(7) Es gibt eine *Bereitschaft zu Veränderungen*, zu Neuerungen, Entwicklungen, Differenzierungen.					
(8) Die Organisation ist *autonom*, sie muß also nicht einfach Zwängen gehorchen, sondern kann nach eigenen Zielen und Motivationen handeln.					
(9) Die Organisation hat die Fähigkeit zur *Anpassung*, d.h., sie reagiert auf Veränderungen im Umfeld sachgemäß.					
(10) Sie ist fähig, *Probleme* zu lösen, *Konflikte* auszutragen und aus ihnen zu lernen.					

2.3 Datensammlung

2.3.2.4 Fragen an ein Gemeindemitglied

1. Was wäre das Beste, das Ihrer Gemeinde jetzt passieren könnte?

2. Was war das Beste, das Ihrer Gemeinde in den letzten fünf Jahren passiert ist?

3. Welchen Beitrag leistet Ihre Gemeinde für die Kommune?

4. Wessen Ideen werden akzeptiert und aufgegriffen?

   Wer erreicht es, daß die Dinge vorankommen?

   Wer beeinflußt Entscheidungen?

5. Was könnte geändert werden, damit Sie und Ihre Familie sich in dieser Gemeinde wohler fühlen?

6. Mit welchen drei oder vier Worten können Sie Ihre Gefühle über Ihre Gemeinde beschreiben?

7. Welche Beiträge können Sie für das Gemeindeleben leisten?

8. Welche brennende Frage möchten Sie gern an Ihre Gemeinde stellen?

2. Beratung als Prozeß

2.3.2.5 Gruppenspiegel
Hans-Helmut Köke

■ *Thema*
Was geschieht in der Gemeinde? (Aktivitäten, Gruppen, Veranstaltungen)

■ *Ziel*
Die MitarbeiterInnen (z.b. haupt- und ehrenamtliche MitarbeiterInnen, Kirchenvorstand) sammeln ihre Kenntnisse über das, was in der Gemeinde geschieht, ordnen ihre Informationen und besprechen sie.

■ *Ablauf*
Die Gruppe kommt zusammen und bespricht die Zielvorstellungen. Filzstifte und Karteikarten (DIN A 4) werden in verschiedenen Farben bereitgelegt. Gemeinsam wird aufgelistet, welche Gruppen es in der Gemeinde gibt:
☐ ständige geschlossene Gruppen (z.B Frauenhilfe, Gruppen im Kindergarten)
☐ befristet geschlossene Gruppen (z.B eine Seminargruppe)
☐ offene Gruppen (z.b. Gottesdienstbesucher)
☐ halboffene Gruppen (z.b. ein Jugendclub)

Der Name jeder Gruppe wird als Überschrift auf einer Karteikarte festgehalten. Je nach Art der Gruppe (ständig, befristet, etc.) werden verschiedene Farben gewählt. Wenn alle Gemeindegruppen erfaßt sind, werden die Karteikarten zur weiteren Bearbeitung an Untergruppen vergeben. Deren Aufgabe ist es, aufgrund eigener Kenntnisse oder durch Interviews mit anwesenden Sachkundigen auf jeder der zugeteilten Karten anzugeben:
☐ Wann und wo trifft sich die Gruppe?
☐ Wer nimmt teil?
☐ Wer leitet sie?
☐ Was sind ihre Ziele?
☐ Was ist über Probleme, Veränderungsabsichten oder -notwendigkeiten bekannt?

Die Einzelkarten werden mit diesen Informationen an die Wand geheftet und nach Bereichen sortiert, z.B.
☐ allgemeine Arbeit
☐ Erwachsenenarbeit
☐ Seniorenarbeit
☐ Jugendarbeit
☐ Arbeit mit Kindern.

Das Plenum macht sich mit dem Inhalt der Karten vertraut und diskutiert die ersten allgemeinen Eindrücke.
Im Plenum wird entschieden, welche Veränderungen angestrebt werden sollen. Dazu wird ein konkreter Aktionsplan erstellt.

2.3.2.6 Klimakarte

■ *Thema*
Wie erlebe ich unsere Gemeinde? Beteiligte Gruppen: Kirchenvorstand, Mitarbeiterkreis, haupt- und ehrenamtliche MitarbeiterInnen.

■ *Ziel*
Persönliche Eindrücke und Erfahrungen in der Gemeinde bewußt machen und sich darüber austauschen, ohne die unterschiedlichen Erfahrungen „glattzubügeln".

Schwierigkeiten – (1) Es ist gründliche und zeitintensive Einzelarbeit nötig, bevor das Gespräch beginnen kann. Durch die Einzelarbeit sollen MitarbeiterInnen möglichst eigenständige Urteilsbildung erreichen. Verdeckte Normen und Wertvorstellungen können dann gemeinsam angesprochen werden.
(2) Die „Karte" der Gemeinde muß entworfen werden.

■ *Ablauf*
Die bearbeitende Gruppe kommt zusammen. Es wird das Ziel der Übung beschrieben: jede/r soll möglichst unbeeinflußt ihren / seinen persönlichen Eindruck von der Gemeinde beschreiben. Vorbereitete Blätter, auf denen die Veranstaltungsgruppen der Gemeinde grafisch dargestellt sind, liegen bereit. Je nach der Bedeutung der Veranstaltung bzw. der Gruppe in der Gemeinde kann die Fläche und die Position auf der Klimakarte gestaltet sein.

Jede/r malt sodann in Einzelarbeit drei Karten zu folgenden Fragen aus:

1. Karte: Wie „warm" oder „kalt" erleben Sie die Veranstaltungen / Gruppen der Gemeinde? Dafür werden drei Farbstufen verwendet: warm = rot, neutral = gelb, kühl = blau.
2. Karte: Welche der Veranstaltungen / Gruppen empfinden Sie – vom Verhalten der beteiligten Personen, vom Ritual, von den Normen her – als stabil, wenig veränderbar; welche als instabil, stark veränderlich? Auch hier werden drei Farbstufen verwendet: stabil = schwarz, teils-teils = grau, instabil = orange.
3. Karte: Welche der Veranstaltungen / Gruppen empfinden Sie als entwicklungsfördernd für sich persönlich (= grün)? Welche als entwicklungshemmend (= braun)? (Es sollte je nach Gemeindesituation genauer beschrieben werden, ob sich „entwicklungsfördernd" auf spirituelles Wachstum oder auf Stärkung der Eigeninitiativen oder auf anderes beziehen soll.)

Nach Abschluß der Einzelarbeit besprechen je drei Teilnehmende ihre Farbkarten. Dabei soll festgestellt werden, welche Veranstaltungen / Gruppen in der Gemeinde für mehrere Personen positiv, welche negativ erscheinen, welche kontrovers erlebt werden.
Im Plenum werden nun an drei vergrößerten Grafiken gemeinsam die Farbstufen kenntlich gemacht. Jede/r TeilnehmerIn wird auf den vergrößerten Klimakarten seine / ihre Farbwahl wiederholen, indem er / sie das entsprechende

2. Beratung als Prozeß

Kartenfeld mit einem kräftigen Schrägstrich seiner / ihrer gewählten Farbe kennzeichnet. (Es entstehen in den einzelnen Kartenfeldern also bis zu drei farbige Schraffuren.)
Anschließend ein erstes Gespräch über das Klima, seine Ursachen und Veränderungsmöglichkeiten.

2.3.2.7 Die Wetterlage einer Organisation

■ *Ziel*

Das Instrument „Wetterkarte" unterstützt den Versuch, die Situation einer Gemeinde oder Organisation, ihre Konflikte, ihre Probleme, ihr Potential zu beschreiben und zu diagnostizieren.

■ *Zielgruppe*

Vorstände, Gruppen und Teams, MitarbeiterInnen

■ *Anwendungsbereich*

Der spielerische Akzent der Übung läßt sie für sehr unterschiedliche Situationen und Gruppen geeignet sein. Vor allem bewährt sie sich in Anfangssituationen, wenn das Vertrauen und die Fähigkeit, die jeweilige Gemeindelage offener und genauer zu benennen, noch wachsen soll. Auch als Datensammlung bei Konflikten oder Machtkämpfen geeignet. Es gibt zwei Möglichkeiten des Vorgehens:

1. Im Plenum werden die Piktogramme anhand eines vorbereiteten Plakats vorgestellt. Dann schreiben alle Anwesenden ihren Namen zu demjenigen Piktogramm, das ihrer eigenen Ortsbestimmung / Gefühlslage innerhalb der Organisation entspricht (z.B. „ich bin im Nebel", „ich stehe unter Spannung / kurz vor der Entladung"). Die konkrete Situation, die hinter der jeweiligen Metapher steht, wird entweder sofort beim Schreiben oder im anschließenden Gruppengespräch erläutert. Diese Version ist zur Datensammlung innerhalb eines Subsystems (z.B. Kirchenvorstand oder Kindergarten-Team) geeignet.

2. *In Untergruppen* (Duos oder Trios) wird auf eine Wandzeitung eine „Wetterkarte" der Organisation gezeichnet, indem die Subsysteme mit Hilfe der Piktogramme als Wetter- / Energiezone dargestellt werden, z.B. „der Kindergarten liegt im Nebel mit dem Zeichen für Nebel und der Bezeichnung „Kindergarten" in der einen Ecke, „im Kirchenvorstand ist die Stimmung geladen" mit dem Zeichen für Gewitter an eine andere Stelle, usw.

3. *Plenum:* Vergleich der „Wetterkarten" und Gespräch.
Diese Version eignet sich als Datensammlung von *mehreren verschiedenen Subsystemen* einer Organisation und leitet eine Diagnose ein.

2.3 Datensammlung

Mögliches Zeicheninventar:

H, h	„Hoch"	– für: hohe Energie, Motivation, viel Macht, Bedeutung
T, t	„Tief"	– für: niedrige Energie, Motivation, Interessenlosigkeit
$15°$	„Temperatur"	– für: Wärme, Zusammenhalt bzw. Kühle, Beziehungsmangel
≈≈≈	„Nebel"	– für: unklare Beziehungen, undeutliche Grenzen usw.
⚡	„Gewitter"	– für: Konflikte, Aggression, Streit usw.
⌒⌒⌒	„Wetterfront"	– für: Konfliktrichtung bzw. Konfliktausdehnung
⟶▷	„Windrichtung" „Windstärke"	– für: Richtung von Einflußbereichen, „Abdriften"
′′′′	„Regen"	– für: Kummer, Trauer, Abschied u.ä.
☁	„Wolken"	– für: sich ankündigende Veränderungen, Befürchtungen, Phantasien u.ä.

Die Zeichen können je nach Bedarf variiert werden; selbstverständlich sind auch andere und neue möglich.

2. Beratung als Prozeß

2.3.3 Feedback- und Auswertungsgespräche

Vorbemerkung – Regelmäßiges Feedback ist Bedingung für gute Zusammenarbeit. Bei Feedback-Gesprächen nehmen sich die beteiligten Personen oder Gruppen Zeit, einander mitzuteilen, wie sie Arbeit und Verhalten des / der anderen erleben. Manchmal kommt es zu Spannungen oder Resignation, weil man / frau zu wenig voneinander weiß oder sich nicht direkt genug eigene Eindrücke mitteilt. Wir stellen hier Feedbackregeln, Fragen, Beispiele und Fragebogen für solche Feedback- und Auswertungsgespräche vor.

2.3.3.1 Feedback-Regeln

1. Beschreibend, nicht bewertend

Beschreiben Sie das Verhalten der anderen, das Sie wahrnehmen, nicht Ihre Interpretation oder Ihre Wertung dieses Verhaltens. Sie können auch Ihr eigenes Verhalten oder Ihre Gefühle als Reaktion auf das Verhalten der anderen beschreiben.

2. Konkret, nicht allgemein

Beziehen Sie Ihr Feedback möglichst auf konkrete Situationen. Vermeiden Sie generalisierende Worte wie: immer, nie etc. Jede Verallgemeinerung Ihres Feedbacks kann die EmpfängerInnen so festschreiben oder lähmen, daß Lernen an oder Arbeit mit Ihrem Feedback verhindert wird.

3. Angemessen, nicht zerstörend

Können die EmpfängerInnen Ihres Feedbacks damit etwas anfangen? Ihr Feedback sollte für die anderen brauchbar sein. Wenn es bezogen ist auf Verhalten, Körpermerkmale und Situationen, an denen die anderen nichts ändern können, wirkt es eher zerstörend, zumindest frustrierend.

4. Rechtzeitig, nicht unzeitig

Feedback möglichst in nahem zeitlichen Zusammenhang zur Situation, für die es gilt, geben, damit alle Daten noch gut erinnert werden können. Ausnahme: Die empfangende Person ist emotional nicht in der Lage (z.B. erregt, zornig, depressiv), Ihr Feedback zu hören.

5. Zweiseitig, nicht einseitig

Feedback-Prozesse sind wirksamer, wenn alle an diesem Prozeß Beteiligten Feedback geben und nehmen. Zweiseitiges Feedback verstärkt partizipative und kooperative Arbeitsformen.

6. Erwünscht, nicht aufgenötigt

Erbetenes, bei bestimmten Situationen (wie Arbeitsbesprechungen, Predigt-Nachgesprächen) verabredetes oder durch klare Norm selbstverständlich gewordenes Feedback ist hilfreicher und wirksamer als aufgezwungenes. Dabei kann sinnvoll sein, daß diejenigen, welche Feedback wünschen, selbst das Verhalten ansprechen oder eine Frage stellen, auf die sich das Feedback beziehen soll.

7. Korrigierbar, nicht absolut
Wer Feedback gibt, kann sich täuschen (z.b. wenn auf den anderen eigene Probleme projiziert werden). Deshalb empfiehlt es sich, auch andere Personen oder eine Gruppe in diesen Feedback-Prozeß einzubeziehen. Feedback wird zwar nicht deshalb richtiger, weil eine größere Zahl von Personen dasselbe sagen (auch Gruppen können projizieren), aber individuelle Wahrnehmungen können korrigiert werden.

8. Feedback verlangt Achtung
Zu diesem Verständnis von Feedback gehört es, daß Sie den anderen die *Freiheit der Wahl* lassen, statt einen *Zwang zur Veränderung* auszuüben. Achtung der Selbstbestimmung, Unverwechselbarkeit und Würde jedes Menschen schaffen bessere Bedingungen für Lernen und Entwicklung. Zwang zur Veränderung kann zur Schädigung und Manipulation führen. Der Mensch kann vor allem sich selbst, nur weniges an anderen ändern.

2.3.3.2 Fischglas

Fischglas und *Interview* schaffen ebenfalls einen Rahmen für Feedback. Im Fischglas-Verfahren setzen sich einzelne Gruppen nacheinander in einen Innenkreis, um sich über ihre Erfahrungen in der Zusammenarbeit bzw. über die Gemeindearbeit auszutauschen: Kirchenvorstand, haupt- und / oder ehrenamtliche MitarbeiterInnen, Männer / Frauen, Jüngere / Ältere. Wenn es nur eine Pfarrerin oder einen Pfarrer in der Gemeinde gibt, kann sie / er von jemandem in der Mitte des Kreises interviewt werden.

Alle anderen hören zu. Erst wenn alle Gruppen oder Personen zu Wort gekommen sind, gibt es ein Plenumsgespräch, das der Verarbeitung und evtl. neuen Verabredungen gilt.

2.3.3.3 Selbst- und Fremdeinschätzung
(Feedbackbogen zu Verhalten und Fähigkeiten als GruppenleiterIn)

■ *Ziel*
Diese Feedbackbogen können sowohl zur Selbsteinschätzung als auch für die Einschätzung durch andere (KollegInnen, Gemeindemitglieder, Kirchenvorstand, Freunde, usw.) benutzt werden. Sie sind auch als Vorbereitung für ein Feedbackgespräch sinnvoll. Die Beantwortung der Fragen kann klären helfen, welche Ziele für die persönliche und berufliche Entwicklung gesetzt werden sollen.

2. Beratung als Prozeß

■ *Zielgruppe*

Haupt- und ehrenamtliche MitarbeiterInnen

■ *Anleitung*

Lesen Sie in jeder Sparte die Liste der genannten Aktivitäten und entscheiden Sie, ob Sie sie in der Regel tun („tue ich"), ob Sie mehr davon tun sollten („mehr nötig") oder weniger davon tun sollten („weniger nötig").

Wenn Sie andere Menschen um eine Einschätzung dieser Fähigkeiten bei Ihnen selbst bitten, geben Sie ihnen ein leeres Formular und füllen Sie die Bogen unabhängig voneinander aus, damit Sie frische, eigenständige Daten bekommen, die Sie dann miteinander vergleichen können.

In jeder Kategorie ist eine Zeile freigelassen, damit Sie die Fähigkeiten einsetzen können, die nicht erwähnt, aber für Sie selber wichtig sind.

Wenn Sie die ganze Liste ausgefüllt haben, wählen Sie die drei bis vier Fähigkeiten oder Aktivitäten aus, die Sie am meisten entwickeln wollen, und überlegen Sie allein oder mit Ihren GesprächspartnerInnen, was Sie dafür tun können, um sich in diesen Bereichen weiterzuentwickeln.

Ein Muster dieser Feedbackbögen finden Sie auf den folgenden Seiten.

2.3.3.4 Feedbackbogen

Kommunikations-fähigkeiten	Selbsteinschätzung			Einschätzung durch andere		
	tue ich	mehr nötig	weniger nötig	tue ich	mehr nötig	weniger nötig
1. Anderen sagen, was ich denke						
2. Verstanden werden						
3. Andere verstehen						
4. Andere einladen, sich zu äußern						
5. Gut zuhören						
6. ...						

2.3 Datensammlung

	Selbsteinschätzung			Einschätzung durch andere		
Wahrnehmungs-vermögen: Ich nehme wahr:	tue ich	mehr nötig	weniger nötig	tue ich	mehr nötig	weniger nötig
1. Spannung in der Gruppe						
2. Wer zu wem spricht						
3. Das Maß von Interesse in der Gruppe						
4. Gefühle der Einzelnen						
5. Außenseiter						
6. Reaktionen auf mich						
7. Wenn die Gruppe einen Tagesordnungspunkt vermeidet						
8. Körpersignale						
9. …						

2. Beratung als Prozeß

	Selbsteinschätzung			Einschätzung durch andere		
Emotionales Ausdrucksvermögen	tue ich	mehr nötig	weniger nötig	tue ich	mehr nötig	weniger nötig
1. Anderen sagen, was ich denke						
2. Meine Gefühle verbergen						
3. Offen widersprechen						
4. Herzliche Gefühle ausdrücken						
5. Dankbarkeit ausdrücken						
6. Ärger ausdrücken						
7. …						
Gefühlsbesetzte Situationen akzeptieren						
1. Mich mit Konflikt und Zorn auseinandersetzen						
2. Mich mit Nähe und Zuneigung auseinandersetzen						
3. … mit Enttäuschung auseinandersetzen						
4. Schweigen können und aushalten						
5. Spannungen aushalten können						
6. …						

2.3 Datensammlung

	Selbsteinschätzung			Einschätzung durch andere		
Soziale Kontakte	tue ich	mehr nötig	weniger nötig	tue ich	mehr nötig	weniger nötig
1. Konkurrieren						
2. Dominieren						
3. Anderen vertrauen						
4. Hilfreich sein						
5. Andere beschützen						
6. Aufmerksamkeit auf mich lenken						
7. Für mich selber einstehen						
8. …						

Allgemeines						
1. Verstehen, warum ich das tue, was ich tue						
2. Feedback für eigenes Verhalten ermutigen						
3. Hilfe akzeptieren können						
4. Mich deutlich entscheiden können						
5. Selbstkritik						
6. Mich absetzen, um zu lesen oder zu denken						
7. …						

2. Beratung als Prozeß

	Selbsteinschätzung			Einschätzung durch andere		
Probleme lösen	tue ich	mehr nötig	weniger nötig	tue ich	mehr nötig	weniger nötig
1. Probleme oder Ziele formulieren						
2. Nach Ideen, Meinungen fragen						
3. Eigene Ideen mitteilen						
4. Ideen kritisch auswerten						
5. Diskussion zusammenfassen						
6. Themen klären / ausgrenzen						
7. …						

Zusammenhalt in einer Gruppe						
1. Interesse zeigen						
2. Dazu beitragen, daß Mitglieder nicht ignoriert werden						
3. Zu Absprachen verhelfen						
4. Spannungen reduzieren						
5. Die Rechte Einzelner angesichts von Gruppendruck vertreten						
6. Anerkennung ausdrücken						
7. …						

2.3 Datensammlung

	Selbsteinschätzung			Einschätzung durch andere		
Kreativität	tue ich	mehr nötig	weniger nötig	tue ich	mehr nötig	weniger nötig
1. Spontan, lebendig auf Situationen reagieren						
2. Freude an Musik und Tanz						
3. Freude an Theater und Literatur						
4. Andere sehen lassen, wie ich tanze, mich bewege, spiele						
5. Freude an Phantasien haben						
6. …						

2. Beratung als Prozeß

2.3.3.5 Fragebogen zum Klima in einer Organisation

■ **Anleitung**

Für jede der 7 Dimensionen, die das Klima in einer Organisation beschreiben, setzen Sie A über die Zahl, die Ihrer Beurteilung der gegenwärtigen Situation in Ihrer Organisation entspricht und I über die Zahl, die Ihrem Ideal entspricht, d.h. was Ihrer Meinung nach die Organisation sein sollte.

■ **1. Konformität**

Das Gefühl, daß es viele von außen auferlegte Zwänge gibt, das Maß von Regeln, Prozeduren, Prinzipien und Praktiken, denen sich die Mitglieder anzupassen haben, anstatt in der Lage zu sein, ihre Arbeit nach eigener Beurteilung zu tun.

Konformität ist nicht typisch für diese Organisation									Konformität ist sehr typisch für diese Organisation
1	2	3	4	5	6	7	8	9	10

■ **2. Verantwortlichkeit**

Mitglieder erhalten persönliche Verantwortung, um ihren Anteil an der Erreichung der Ziele der Organisation zu verwirklichen. Das Ausmaß, in dem sich Mitglieder frei fühlen, Entscheidungen zu treffen und Probleme zu lösen, ohne mit ihren Vorgesetzten jeden Schritt absprechen zu müssen.

Keine Übertragung von Verantwortung in der Organisation.									Starkes Schwergewicht auf persönlicher Verantwortung.
1	2	3	4	5	6	7	8	9	10

■ **3. Standards**

Das Gewicht, das auf gute Arbeit und Ergebnisse gelegt wird, steht in Beziehung zu den Zielen der Organisation, die den Mitgliedern bekannt sind.

Standards sind sehr niedrig oder nicht vorhanden									Hohe, anspruchsvolle Standards
1	2	3	4	5	6	7	8	9	10

2.3 Datensammlung

■ 4. Anerkennung

Mitglieder werden anerkannt und bestätigt für gute Arbeit, nicht ignoriert, kritisiert oder bestraft, wenn Fehler passieren.

Mitglieder werden ignoriert, bestraft oder kritisiert.	Mitglieder werden annerkannt und positiv bestätigt.

1   2   3   4   5   6   7   8   9   10

■ 5. Durchschaubarkeit der Organisation

Das Gefühl unter den Mitgliedern, daß Angelegenheiten gut organisiert und Ziele klar definiert sind, anstatt ungeordnet, undurchschaubar, chaotisch.

Die Organisation ist undurchschaubar und chaotisch.	Organisation ist gut organisiert mit klar definierten Zielen

1   2   3   4   5   6   7   8   9   10

■ 6. Wärme und Unterstützung

Das Gefühl, daß Freundlichkeit eine Norm ist in der Organisation, daß Mitglieder einander vertrauen und einander Unterstützung anbieten. Das Gefühl, daß gute Beziehungen am Arbeitsplatz vorherrschen.

Es gibt keine Wärme und Unterstützung in der Organisation.	Wärme und Unterstützung sind typisch in der Organisation.

1   2   3   4   5   6   7   8   9   10

■ 7. Rolle der Leitung

Die Bereitschaft der Mitglieder, Leitung und Führung durch qualifizierte andere Personen zu akzeptieren. Wenn Führung nötig ist, übernehmen Mitglieder diese Rolle und werden anerkannt für gute Leistung. Leitung basiert auf Sachkenntnis. Die Organisation wird nicht dominiert oder ist nicht abhängig von ein oder zwei Einzelpersonen.

Leitung wird nicht anerkannt, Mitglieder werden dominiert.	Mitglieder akzeptieren und Leitung anerkennen, die auf Fachkenntnis beruht.

1   2   3   4   5   6   7   8   9   10

2.3.4 Das Gestaltthema: Wahrnehmung

Ausgangspunkt und Ziel aller Beratung ist es, die Wahrnehmungsfähigkeit der Klientenorganisation zu verbessern. Es geht für die Beratung nicht in erster Linie darum, der Organisation Daten über sich zur Verfügung zu stellen, sondern daran zu arbeiten, wie das Wahrnehmungssystem verbessert werden kann. Organisationen lernen und verändern sich in dem Maße, wie sie sich selbst von innen und außen sehen, verstehen und in Frage stellen können.

Dafür sind verschiedene Voraussetzungen wichtig:
- Die Fähigkeit der BeraterInnen, die Klientenorganisation mit deren eigenem Wahrnehmungssystem zu sehen, also mit teilnehmender Beobachtung zu arbeiten;
- als BeraterIn offen, unfokussiert, mit „freischwebender Aufmerksamkeit" sehen, hören, riechen, schmecken zu können. Auch dies ist ein Teil des „Management by wandering around".
- Eher Wie-Fragen zu stellen (Wie wird dies und jenes erlebt?) als Warum-Fragen (Warum ist das so?).
- Auf die Körpersprache und die Körperreaktionen bei sich und im Klientensystem zu achten und sie bewußt zu machen (Körperarbeit).
- Mit dem phantasmatischen Bereich zu arbeiten, also auch Irrationales, Unausgesprochenes anzusprechen; dabei können Phantasiereisen durch die eigene Organisation helfen.
- Die sensorischen Fähigkeiten der zu Beratenden bewußt zu trainieren.

Diese Grundsätze sind vor allem für die Fragerichtung der BeraterInnen wichtig. Oft stellen BeraterInnen Fragen, die eher der eigenen Datensammlung über die Organisation dienen, statt Fragen zu stellen, die die Wahrnehmungsfähigkeit und damit das Lösungspotential des Klientensystems verbessern. Aber alle Fragen, die nicht dazu führen, den Kontakt der Klienten mit der eigenen Situation zu intensivieren, führen eher zu einer Abhängigkeit der Klienten von den BeraterInnen, von deren Sichtweise, Diagnose, Einschätzung und Empfehlungen. Deshalb sollte die Fragerichtung der BeraterInnen immer darauf ausgerichtet sein, das Wahrnehmungspotential im Klientensystem selbst zu verbessern. Folgende Fragen sind kontakt- und wahrnehmungsfördernd:

- Was tut ihr?
- Was fühlt ihr?
- Was möchtet ihr?
- Was vermeidet ihr?
- Was erwartet ihr?

2.3 Datensammlung

Da Wahrnehmung von den kognitiven, emotionalen, sensorischen und sinnlichen Fähigkeiten eines Menschen abhängt, macht es viel Sinn, Körperarbeit, Phantasiereisen, Meditationen etc. im Beratungsprozeß einzusetzen. Arbeitssitzungen sollten immer wieder durch Bewegungen, Sinnliches, Meditatives unterbrochen werden. Dabei nutzt es, vor allem die Kontaktfunktionen zu trainieren.

Einige Hinweise für Übungen

Hören: Alle nehmen die gerade gegenwärtigen Geräusche von draußen oder von innen im Raum auf (Auto-, Motorenlärm, Heizungsgeräusche, Vogelstimmen etc.) und spiegeln sie nach einer Weile durch das Summen entsprechender Töne wider.

Sehen: Einen Gegenstand - wie einen Apfel oder eine Orange - betrachten und im Paar einander beschreiben; oder: im Stehen wenden alle den Kopf langsam nach allen Seiten, nach rechts-links, nach oben-unten; was sehe ich, wie sind meine Perspektiven heute?

Sprechen: Gerade gesprochene Sätze im eigenen Dialekt wiederholen. Oder: Eine Schimpfkanonade über ein/e Vorgesetzte/n, MitarbeiterIn oder die Organisation singen (je nach Inhalt eine entsprechende Melodie vorschlagen). Oder: Die eigene Stimme nach einem besonders eindrücklichen (depressiven, kreischenden, weinerlichen etc.) Tonfall selbst beschreiben lassen.

2. Beratung als Prozeß

2.4 Diagnose

2.4.1 Einführung 118
2.4.2 Organisationsdiagnose (Sechs-Felder-Modell nach M. Weisbord) 119
2.4.3 Arbeitsfragen zum Sechs-Felder-Modell 126
2.4.3.1 „Hermeneutik des Verdachts" – 127
Wie Sie Organisationen auch noch untersuchen sollten
2.4.4 Hinweise zur Anwendung des Sechs-Felder-Modells 130
2.4.5 Kirche als „professionelle Bürokratie" 131
2.4.6 Die „schwierige Person" in einer Organisation – 136
Überlegungen aus der Chaos-Theorie
2.4.7 Interview mit einer „schwierigen Person" 138
2.4.8 Eine Übung zum Thema „Sündenbock" 139
2.4.9 Grundformen von Organisationen (W. Zbinden) 140
2.4.10 Lebenszyklus von Organisationen 145
2.4.11 Kräftefeld-Analyse KFA 147
2.4.12 Die Bürgergruppe – 150
Ein Verfahren zur Datensammlung, Diagnose und Intervention
2.4.13 Das Gestaltthema: Figur und Hintergrund 153

2.4.1 Einführung

Das Deuten der Daten gewichtet, bewertet sie und zielt unmittelbar auf konkrete Maßnahmen zur Veränderung. In dieser Phase muß besonders mit Widerständen auf beiden Seiten, auf Seiten des Klienten – wie des Beratungssystems, gerechnet werden. Sie können sich folgendermaßen äußern:

■ Es gibt den *Mythos von der „richtigen Beschreibung"*, als gäbe es nur *eine* richtige Bedeutung der Daten. Aber Deutungen sind immer abhängig vom jeweiligen Standort der BetrachterInnen. Die folgende Abbildung verdichtet die Botschaft eines persischen Märchens. Es erzählt die beziehungsreiche Geschichte von sechs blinden Männern, die im Urwald auf einen Elefanten getroffen sind und nun versuchen, sich gegenseitig ihre Erfahrungen und Wahrnehmungen zu beschreiben.

Quelle:
Westerlund, G. / Sjöstrand, S.-E.:
Organisationsmythen, Stuttgart 1981

2.4 Die Diagnose

Wie das Bild zeigt, hat jeder seine eigene Vorstellung vom Elefanten, denn jeder sieht und fühlt nur sein eigenes Stück.

- Es gibt die *Lust zur Larmoyanz*. Dabei handelt es sich um das etwas perverse Vergnügen (sowohl bei BeraterInnen wie bei KlientInnen), an der Klagemauer zu bleiben; dies kann aus Angst vor dem nächsten Schritt, einer notwendigen Aktion, vor Verantwortung, vor Veränderung geschehen oder auch dem Vermeidungsbedürfnis Ausdruck geben, mit einer möglichen Erfolglosigkeit konfrontiert zu werden.

- Manche Organisationen bieten in dieser Phase „*schwierige Personen*" an, um die Deutung einzugrenzen und die eigentliche Veränderungsarbeit von der ganzen Organisation fernzuhalten.

Dazu einige *Hinweise* für BeraterInnen:
- Diagnostische Deutungen brauchen eine klare, einfache Sprache, die nach Möglichkeit solche Bilder und Begriffe aufnimmt, die dem Klientensystem vertraut sind.
- In dieser Phase gilt es, besonders sorgfältig auf die Beziehung zum Klientensystem zu achten. Es braucht gegenseitiges Vertrauen, diagnostische Deutungen auszusprechen, anzuhören und anzunehmen.
- BeraterInnen müssen die Paradoxie aushalten, daß zwar vom Beratungskonzept her eine gemeinsame Deutung gewünscht wird, sie aber u. U. auch unerwünschte Deutungen anbieten, d.h. im Gegenüber bleiben müssen. Trotzdem gilt für alle Diagnosen: Sie müssen vom Klienten verifiziert oder falsifiziert werden.
- Jede Diagnose muß rückgekoppelt werden an das ursprünglich genannte Problem und Ziel und beides aufnehmen oder aufgrund der gewonnenen Einsichten neu definieren.

2.4.2 Organisationsdiagnose
(Sechs-Felder-Modell nach Marvin Weisbord)

Das Wort „Organisation" hat viele Bedeutungen und Konnotationen. Im Folgenden wird eine allgemeine soziologische Definition verwendet. Diese versteht Organisation als sozio-technisches System, in dem unterschiedliche Elemente – soziale und technische – zusammenwirken, um im Sinne der Zwecksetzungen Güter herzustellen bzw. Leistungen zu erbringen. Formal sind Organisationen zweckrationale Gebilde, informell erscheinen sie als „Organismen" mit spezifischem Eigenleben.

2. Beratung als Prozeß

Marvin Weisbord liefert mit dem „Sechs-Felder-Modell" ein Instrument, mit dessen Hilfe die Funktionsweise einer Organisation diagnostiziert werden kann. Die folgende Beschreibung bedient sich der Begriffe Weisbords, variiert sie jedoch und geht über sie hinaus.

Organisationen verwandeln in einem *Transformationsprozeß* z.B. Rohstoffe in eine Maschine, „Rohes" in „Gekochtes", Ideen in eine Leistung usw. Es wird in die Organisation etwas „hineingegeben" (= Input), und es entsteht daraus etwas „Verändertes" (= Output), das - so jedenfalls ist es wünschenswert - einen „Mehrwert" darstellt. Organisationen leisten dies für eine gegebene bzw. eigens dafür geschaffene *Umwelt* („Markt"), mit der sie ein wechselseitiges Bedingungsverhältnis verbindet. Die Input-Output-Beziehung muß immer wieder reflektiert werden. Steht das erarbeitete „Output" in einem vertretbaren Verhältnis zu den Aufwendungen an Zeit, Personal, Material (Input)? In Funktionssystemen wie der Wirtschaft wird dieses Verhältnis mit Hilfe des allgemeinsten Kommunikationsmediums, nämlich Geld, bestimmt („Welcher Gewinn ist erzielt worden?"). In anderen Systemen wie Politik, Religion, Wissenschaft z.B. gestaltet sich ein *Feedback* schwieriger; Organisationen in diesen Funktionsbereichen können Effizienz und Effektivität vielfach nicht exakt überprüfen; dort geschieht Feedback mehr über Imagefragen und öffentlich konstatierte Relevanz des von der Organisation erwirtschafteten Nutzens.

Organisationen *grenzen* sich von der Umwelt ab. In vielerlei Hinsicht bilden sie operativ geschlossene Systeme, die Umwelteinflüsse (Anforderungen, Erwartungen, verändertes Teilnehmer- bzw. Kundenverhalten etc.) nur selektiv wahrnehmen und verarbeiten. Diese relative Geschlossenheit „brauchen" Organisationen, damit sie in einer turbulenten Umwelt eine innere Ordnung behalten, mit der Eigenkomplexität umgehen und Identität ausbilden können. Insofern muß das Input-Output-Modell vorsichtig angewendet werden; es gibt in keiner Organisation eine Punkt-für-Punkt-Relation mit der Umwelt. Organisationen entwickeln ein „Eigenleben" mit spezifischen Selbstreflexions- und Selbststeuerungsprozessen. Organisationsberatung oder Gemeindeberatung, die ja eine Umwelt des Klientensystems bilden, erfahren deshalb Einschränkungen; ihre diagnostischen Schlüsse und ihre Vorschläge müssen von der jeweils beratenen Organisation erst „angeeignet", d.h. in die je eigene Kommunikationswelt übersetzt werden, bevor sie überhaupt Wirkungen zeigen. Bei diesen Übertragungsvorgängen verändern sich die Interventionen, u. U. verwandeln sie sich so sehr, daß die ursprünglichen Intentionen des Beratungssystems nicht wiedererkennbar sind. Vergleichbares ereignet sich natürlich auch bei organisationsinternen Managementprozessen; Direktiven der Leitung kommen in den Teilsystemen in der Regel anders als geplant an.

Damit der Transformationsprozeß gelingt, bedürfen *6 zusammenhängende Funktionsaspekte* der Organisation besonderer Aufmerksamkeit.

2.4 Die Diagnose

1. Ziele

Leitfragen: Was ist unser Geschäft? Unsere Aufgabe? Unser Auftrag? Welche Leistungen wollen / müssen wir erbringen? Und in welchen Programmen sind unsere Ziele operationalisiert?

Organisations*ziele* werden oft mit der *Zweck*bestimmung der Organisation verwechselt. Natürlich ist eine Schule dazu da, Kinder zu erziehen; eine Autofabrik, PKWs zu produzieren; eine Kirchengemeinde, „das Evangelium rein zu verkündigen"; usw. Diese allgemeinen Bestimmungen müssen jedoch – mit Rücksicht auf Umweltansprüche, Ressourcen, Personal u.ä. – aktualisiert und in konkrete Zielsetzungen überführt werden. Konkret sind Ziele dann, wenn sie innerhalb einer gegebenen Zeit umgesetzt werden können und ihre Erreichung überprüft werden kann.

Soziale Organisationen haben in der Regel Schwierigkeiten, Ziele zu definieren. Aus unterschiedlichen Gründen: Sie arbeiten überwiegend reaktiv, momentane Notstände sollen beseitigt werden; ihre Leistungen sind in der Regel außerordentlich komplex und gelten gesellschaftlichen Funktionsbereichen, die wenig organisationsfähig sind (wie Familien z.B.); die in ihnen Tätigen – Ehrenamtliche wie Hauptamtliche – bringen das „Chaos" der vielen gesellschaftlichen Positionen, Denkmuster und Zielvorstellungen in die Organisation hinein und erlauben vielfach nur Kompromisse auf generalisiertem Niveau; soziale Organisationen verstanden sich bislang als exterritorial zu einem „Markt", Konkurrenz, die sic zu einer Profilierung hätte zwingen können, kannten sie nicht. In einer ausdifferenzierten Gesellschaft, in der keinem Teilsystem mehr eine zentrale Steuerungsrolle und Ordnungsmacht zukommt, wird der Druck auch auf Organisationen wie die Kirche wachsen, sich eine klarere Position auf dem „Markt" zu geben und sie zu behaupten.

2. Arbeitsstruktur

Leitfragen: Wie koordinieren wir die zur Zielerreichung nötigen Arbeiten? Wie sieht die Aufbau- und Ablauforganisation aus?

Ziele werden in Organisationen überwiegend arbeitsteilig verwirklicht. Die Aufteilung der Arbeit braucht eine verläßliche, stabile und gleichzeitig flexible Gestalt, die die vielfältige Organisationsdynamik berücksichtigt und „bändigt". Für ein Beratungssystem ist maßgeblich, daß heute mehr denn je „maßgeschneiderte" Lösungen gefunden werden müssen, die
☐ *effektiv* bzw. *effizient*, d.h. nützlich sind und den technischen Stand der Dinge berücksichtigen und
☐ unterschiedliche *Bedürfnisse* der Mitarbeitenden – im Zuge des gesellschaftlichen Differenzierungsschubs immer stärker individualisiert – achten.

2. Beratung als Prozeß

3. Beziehungen

> *Leitfragen:* Wie verstehen sich die Menschen, die in koordinierter Weise Ziele verwirklichen sollen? Wie beziehen sie sich aufeinander? Wie kooperieren sie? Wie gehen sie Konflikte an?

Der „menschliche Faktor" spielt in sozialen Organisationen eine zentrale Rolle. (Selbst in industriellen Unternehmen, die technische Produkte herstellen, heißt es heute, daß die „Human Ressource" letztlich den entscheidenden Wettbewerbsvorteil verschaffe; eine Effizienzsteigerung durch noch bessere Maschinen, Produktionsstätten, kalkuliertere Abläufe ist kaum mehr möglich.) Systemtheoretisch gesprochen stellt der Mensch eine Umwelt der Organisation dar. Er ist – zum Glück – nicht gänzlich funktionalisierbar. Die „systemische Realität" mit ihren spezifischen Kommunikationsweisen trifft ihn freilich oft in ganzer Härte, wie vor allem die Erfahrungen von BerufsanfängerInnen belegen. Besonders wichtig sind die menschlichen Beziehungen, wenn die Organisation Züge der „professionellen Bürokratie" (vgl. S. 131) tragen und die Mitarbeitenden im hohen Maße sich als „freischaffende Künstler und Unternehmer" verstehen. Viele Leistungen sozialer Organisationen sind nur arbeitsteilig – oder genauer: kooperativ, durch interdisziplinäre Zusammenarbeit darstellbar. Kooperationsfähigkeit ist jedoch auf Grund eines erworbenen Berufsverständnisses, das auf Individualität setzt, ihre eigentliche Schwachstelle. Daraus entstehende Störungen bedürfen eines qualifizierten Konfliktmanagements. Durchaus in dieser Linie ist auch eine andere, vielfach zu beobachtende Dysfunktion in sozialen Organisationen zu sehen: soziale Organisationen pflegen häufig eine Ideologie der Zusammenarbeit, auch dann noch, wenn die Aufgabe Kooperation eigentlich nicht verlangte; die Folge ist erheblicher Energieverlust z. B. in Sitzungen, Besprechungen, Gesprächen usw. Die organisationskulturelle Verpflichtung zur Kommunikation und Kooperation wird dann ebenfalls zum Auslöser von Störungen und Konflikten.

4. Anerkennung

> *Leitfragen:* Wie wird die Leistung von Mitarbeitenden wahrgenommen, anerkannt und vergütet? Welche Anreize gibt es in der Organisation? Was geschieht im Falle minderer Leistung oder von Leistungsverweigerung?

Zwischen Personal und Organisation findet ja ein Leistungsaustausch statt. Für erbrachte Arbeitsleistungen erhalten die Mitarbeitenden eine Gegenleistung – meist in Form von Geld (als Lohn, Gehalt, Honorar). Dazu kommen in der Regel je nach Eigenart der Organisation eine Reihe weiterer Gratifikationen, z. T. arbeitspolitisch durchgesetzt (wie Urlaubsregelungen, Überstundengeld, zusätz-

2.4 Die Diagnose

liches 13. Monatsgehalt etc.), z. T. als „freiwilliger" Beitrag der Organisation (Fortbildungsangebote, Feste, Umzugsunterstützungen, Prämien etc.). Vielfach existiert ein weit ausgefächertes formales Anerkennungssystem, das allerdings keineswegs automatisch Arbeitszufriedenheit und Motivation verbürgt. Es scheint in den durch Lohnabhängigkeit geprägten Organisationsbeziehungen zuzutreffen, daß – wie Maslow seinerzeit behauptete – ein einmal gestilltes Bedürfnis keine neue Motivation freisetzt. Menschen brauchen zur (ja nur teilweise möglichen) Kompensation entfremdeter Arbeit zusätzliche Gratifikationen, wie sie beispielsweise in einer ausgeprägten Feedback-Kultur zu erfahren sind; in ihr kann der persönliche Beitrag zur Gesamtleistung der Organisation dargestellt und entsprechend gewürdigt werden.

Soziale Organisationen, z.B. Kirche, Schule u.a. lehnen sich bezüglich des *formalen Anerkennungssystems* vielfach an beamtenrechtliche Regelungen an. Die damit erreichbare soziale Sicherheit kann sich um Mitarbeitende (und die Organisation) natürlich wie ein enges Korsett legen, das Bewegungsspielräume beträchtlich einschnürt. Offensichtlich läßt sich der Beamtenstatus nicht ohne weiteres mit einer flexiblen, leistungsbezogenen Bezahlung verbinden. Dann müssen andere Formen der Gratifikation gefunden werden (s.o.).

Überdies sind in sozialen Organisationen die Gehaltsunterschiede zwischen den Hierarchiestufen im Vergleich mit industriellen Unternehmungen relativ gering; was sich im Sinne einer „Dienstgemeinschaft" als förderlich erweist, zeigt seine Nachteile im Blick auf Attraktivität von Stellen (Personalsuche kann sich schwierig gestalten), Anreize, mehr zu leisten, karrierebewußter zu handeln, usw.. Oft läßt sich allerdings das Paradox beobachten, daß gerade diese „Mikrobewegungen" – etwa von Gehaltsstufe A 13 auf Gehaltsstufe A 14 – unverhältnismäßig wichtig genommen werden.

In diesem Zusammenhang muß die „Motivationsdebatte" erwähnt werden. Viele LeiterInnen fragen danach, wie sie ihre Mitarbeitenden „motivieren" könnten – und erwarten offenkundig, daß es ihnen, wenn sie nur über die richtigen Tricks verfügten, auch gelänge, Personen gegen ihre Neigung optimal für das Organisationsinteresse einzuspannen. Natürlich ist für alle, die auf Lohnarbeit angewiesen sind, die Angst, ihre Stelle zu verlieren, ein starker „Motivator", selbst menschenschädigende Organisationspraktiken zu dulden. Die Wirksamkeit von „Daumenschrauben" läßt sich leider überall nachweisen; allerdings genügt diese erzwungene Mitwirkung an der Leistungserbringung in komplexen Organisationen nicht mehr, sie hat sogar dysfunktionale Folgen. Gefragt ist ja gerade die schöpferische, ideenreiche, selbstverantwortliche und sich selbst steuernde Mitarbeit des Personals. Wer sich in dieser Weise am Organisationsgeschehen beteiligen soll, muß vom Sinn der Organisationsleistung überzeugt sein (werden); jede Motivierung – im Sinne geschickter Manipulationen und Verlockungen – erweist sich dann allenfalls kurzfristig als „Sinnersatz" (vgl. Sievers).

5. Technische Systeme

Leitfragen: Verfügen wir über angemessene Räume, Maschinen, Techniken, Abläufe, um die gewünschte / erwartete / geforderte Leistung optimal zu erbringen?

Wie zwischen „Beziehungen" und „Anerkennung" besteht auch zwischen „Arbeitsstruktur" und dem Aspekt „Technische Systeme" ein Korrespondenzverhältnis. Hier ist eine Fülle von Fragestellungen zu berücksichtigen, die gerade in sozialen Organisationen oft nicht die nötige Aufmerksamkeit findet. Wie sind die Arbeitsräume gestaltet? Welche Büroorganisation entspricht den Aufgaben und Bedürfnissen? Welche Prozeduren – z.b. Sitzungsmanagement – haben sich herausgebildet und wie gut funktionieren sie? usw. Da soziale Organisationen chronisch unter Geldmangel leiden, können sie sich oft sinnvolle technische Systeme nicht leisten. Und wenn, dann werden u.U. vorschnell Standards der Industrieunternehmen übernommen. Mangelhafte Technik kann die Leistung schmälern, technische Überrüstung allerdings ebenfalls. Sozialen Systemen fehlt es vielfach an der Standardisierung von Abläufen: Dokumentationen, Protokolle, Sitzungsprozeduren usw. Ein Feinschliff, abgestimmt auf Ziele, Struktur und Person, ist vonnöten, der die Energien mit möglichst geringen Reibungsverlusten der Aufgabe zuführt. In der Beratung zeigt sich, daß kleine Veränderungen da schon Wunder wirken können.

6. Leitung

Leitfragen: Wie wird Leitung ausgeübt? Wie kompetent ist das Leitungssystem? Wie kann es angesichts der komplexen Organisationsdynamik den „Transformationsprozeß" begleiten und steuern?

Von einem bestimmten Differenzierungsniveau an bedürfen Organisationen eines Leitungssystems; dieses sollte möglichst weitgehend von den operativen Geschäften der Organisation entlastet werden, um die nötigen Steuerungsfunktionen übernehmen zu können. Gerade in sozialen Organisationen bleibt die Leitung vielfältig in das Operative der Organisationen gebunden; z. B. unterrichten SchulleiterInnen weiter; DekanInnen setzen ihre Gemeindetätigkeit fort; PflegedienstleiterInnen sind in die Pflege eingespannt usw. Dies ist sicher sinnvoll, a. sofern das Leitungssystem die Praxis am eigenen Leib erfahren muß, um sie wirklich steuern zu können; und b. die kollegiale Kultur solcher Organisationen eine zu starke Differenzierung zwischen Mitarbeitenden und Leitung nicht erlaubt. Allerdings hat diese „Üblichkeit" ihren Preis:

☐ Leitung wird vielerorts ungekonnt ausgeübt.
☐ Sie hat eine relativ geringe Reputation („kann doch jeder!") – und dementsprechend wird keine zusätzliche Qualifizierung erwartet bzw. ermöglicht.

2.4 Die Diagnose

☐ Soziale Organisationen sind schwach profiliert, hecheln gesellschaftlichen Anforderungen hinterher und kommen nicht dazu, ihr Handeln strategisch auszurichten. (Ausführlicher zum Gesamtkomplex „Leitung": vgl. 3.9 Seite 436 ff)

Das „*Sechs-Felder-Modell*" gibt der Diagnose eine Orientierung. So können die verschiedenen Beobachtungen geordnet, aufeinander bezogen und gedeutet werden. Problemstellen können leichter aufgedeckt werden. Die Interdependenz der genannten Aspekte bewahrt davor, Probleme und Konflikte sozusagen einem „Feld" zuzuweisen. Organisationelle Probleme und Konflikte sind immer mehrfach determiniert. Es kann also allenfalls darum gehen, Schlüsselbedingungen für problematische Situationen zu identifizieren. Die Diagnose stellt Probleme in ihrem Zusammenhang dar; sie bewahrt davor, im beraterischen Überschwang zu handeln bzw. der Ungeduld der Organisation (rasch das Problem zu lösen) nachzugeben.

Die Daten für die Diagnose werden vom Beratungssystem über Kontakte und Gespräche mit Einzelpersonen bzw. Gruppen erhoben; das „Sechs-Felder-Modell" hilft, die Daten auf die „dahinterliegenden" Organisationsstrukturen hin zu verfolgen und zu deuten.

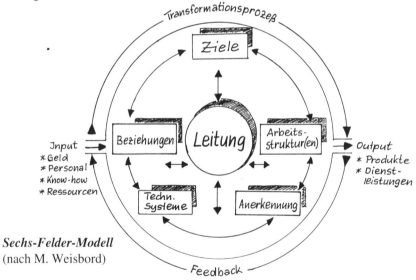

Sechs-Felder-Modell
(nach M. Weisbord)

Die Diagnose hat sich sowohl dem *formellen* (Was wird gesagt? Was ist aufgeschrieben?) wie dem *informellen* System (Was denkt man? Was sagt man hinter vorgehaltener Hand? usw.) zu widmen. Jeder der genannten 6 Aspekte hat sozusagen ein Spiel auf der für alle sichtbaren Bühne der Organisation; diesem Spiel korrespondieren immer Aktivitäten auf der Hinterbühne. Ohne die Arbeit auf der Hinterbühne geschieht wenig auf der Vorderbühne. Also: informelles wie formelles System bedingen einander. In anderer Terminologie: „bewußtes" und „unbewußtes Leben" einer Organisation bilden einen Zusammenhang.

2. Beratung als Prozeß

Eine Diagnose muß die wechselseitige Bedingtheit beider „Sphären" sehen und dem Klientensystem plausibel machen. Sie zieht aus der Differenz beider Sphären die entsprechenden Schlüsse. Eine Organisation ist „krank", wenn auf der Hinterbühne ein ganz anderes Spiel inszeniert wird, als auf der Vorderbühne angesagt ist.

2.4.3 Arbeitsfragen zum Sechs-Felder-Modell

Ziele
- Sind sie klar und deutlich formuliert und den Mitgliedern der Organisation bekannt?
- Gibt es in der Organisation eine Übereinstimmung im Hinblick auf die Ziele?
- Wie werden die Ziele aufbereitet und umgesetzt für die praktische Arbeit?
- Sind die Ziele formuliert in der Auseinandersetzung mit dem Input der Umwelt?
- Auf die Widersprüche zwischen formulierten und realisierten Zielen achten!

Struktur
- Wie wird Arbeit geteilt?
- Wer teilt auf und wie ist die Arbeitsteilung geregelt (schriftlich, durch Protokolle, Arbeitsverträge oder mündlich)?
- Ist Arbeit um das Produkt, den Klienten/Kunden oder um die Binnenstruktur der Organisation gestaltet?
- Gibt es wichtige und unwichtige Arbeiten?
- Paßt sich die Arbeitsteilung den sich verändernden Bedingungen an (z.B. der Kundenkreis ändert sich; eine Aufgabe ist erfüllt; ein bestimmtes Produkt oder eine bestimmte Dienstleistung wird nicht mehr gebraucht)?
- Gibt es bestimmte Normen, die eine effektive Arbeitsteilung verhindern (z.B. alle machen alles; eine überdifferenzierte Spezialisierung löst Arbeitszusammenhänge auf)?
- Wie entspricht die Arbeitszeit (Vollzeit-, Gleitzeit- und Teilzeitarbeit) der Arbeitsteilung?

Beziehungen
- Wie sind die Beziehungen zwischen Abteilungen, Gruppen, Einzelpersonen gestaltet?
- Werden Absprachen getroffen und eingehalten?
- Gibt es in der Organisation ein Gefühl von Verläßlichkeit, das Kooperation ermöglicht bzw. trägt?

2.4 Die Diagnose

☐ Wird der Grundsatz praktiziert: Kooperation so viel wie nötig, nicht: so viel wie möglich?
☐ Ist die Balance zwischen Beziehungs- und Sachebene in Ordnung, oder kollabiert die eine Ebene zugunsten der anderen?
☐ Wie wird mit Konflikten umgegangen? Werden sie bearbeitet? Offen oder versteckt verhandelt (unter den Teppich gekehrt), konfrontiert oder beschönigt? Gibt es Gewinner, Verlierer, Rituale?

Anerkennung / Anreize
☐ Welche Mittel der Anerkennung gibt es in der Organisation: Fortbildung, Feedback, Gehaltserhöhung, Beförderung, Orden, Ausstattung des Arbeitsplatzes etc.?
☐ Wer zeigt wem, ob und wie Personen zufrieden / unzufrieden sind?
☐ Gibt es regelmäßige Leistungsbeurteilungen (Visitationen)? Sind sie von oben nach unten oder auch von unten nach oben im Zwei-Wege-Verfahren angelegt?
☐ Wer hat welche Privilegien?

Technische Systeme / Hilfsmittel
☐ Welche Hilfsmittel stehen zur Verfügung? Wie werden sie genutzt?
☐ Wie werden die Neuen in sie eingeführt?
☐ Wer hat Zugang zu ihnen?

Leitung
☐ Wer nimmt wie Leitung wahr?
☐ Welches Leitungsmodell wird praktiziert?
☐ Inwiefern sorgt die Leitung der Organisation dafür, daß der Zusammenhang zwischen allen sechs Feldern gewahrt bleibt?

2.4.3.1 „Hermeneutik des Verdachts" –
Wie Sie Organisationen auch noch untersuchen sollten
Bezogen auf das Sechs-Felder-Modell von M. Weisbord

Für feministische TheologInnen ist es selbstverständlich, alle biblischen und kirchlichen Texte – auch deren Übersetzungen und Auslegungen – mit dem Verdachtsprinzip zu lesen: Was ist in diesen in einer patriarchalischen Kultur entstandenen und vorwiegend von Männern rezipierten Überlieferungen über Frauen verdrängt, verfälscht, vergessen, marginalisiert oder auf irgend eine Weise verändert oder zum Nachteil von Frauen ausgelegt worden?
Bei der Beratung von kirchlichen und anderen Organisationen kann dasselbe Prinzip angewandt werden. Hermeneutik des Verdachts richtet sich auf alle Arten von Unterdrückung, die durch Geschlecht, Rasse, Alter, Klassenherrschaft, Militarismus oder Naturausbeutung bestimmt sind.

2. Beratung als Prozeß

Das professionelle Profil eines Beraters, einer Beraterin wird wesentlich geprägt durch die Wahrnehmungsfähigkeit für Diskriminierungen aller Art. Die nachfolgenden patriarchatskritischen Fragen, die sich auf das Sechs-Felder-Modell von M. Weisbord beziehen, wollen diese Wahrnehmungsfähigkeit verstärken.

Ziele
- Ist Gerechtigkeitsarbeit Bestandteil der Ziele? Berücksichtigen die Ziele (in ihrer Auseinandersetzung mit Input und Output) Frauen-Erfahrungen und Frauen-Geschichte?
- Welches Gesellschaftsbild repräsentiert die Organisation?
- Gibt es eine Übereinstimmung von Philosophie, Kultur, Bildern, Symbolen und Sprache in der Organisation mit der tatsächlichen Praxis?
- Welche Rolle spielen sozialer Kontext und gesellschaftliches Umfeld bei der Formulierung der Ziele?
- Werden Frauen, Neue und Minderheiten als Analysatoren des Systems genutzt?
- Gibt es in der gegenwärtigen Rezession eine Beteiligung von Frauen und Männern und einen Einbezug von deren Lebensläufen bei der Entwicklung von Zukunfsszenarien?
- Zielen die Ziele auf eine Befreiungspraxis?

Struktur
- Erlaubt die Arbeitsstruktur allen fähigen Frauen den Zugang, bzw. die Teilnahme an allen Funktionen?
- Wer übernimmt Schattenarbeit in der Organisation?
- Wie wird Arbeit gewertet? Gibt es wichtige, unwichtige Arbeiten, und wie sind sie zwischen Frauen und Männern aufgeteilt?
- Wird Arbeit geschlechtsspezifisch bezahlt?
- Wie verhalten sich bezahlte, unbezahlte und ehrenamtliche Arbeit zueinander?
- Gibt es Verhinderung von Mitdenken und Mitbestimmung durch eine Überfülle von Funktionen (Ämterhäufung, Überstunden, Überbeschäftigung)?
- Wie sind Innovationsgruppen zugelassen und eingebunden?
- Wie verhalten sich Binnenstruktur und Kunden- / Klientenorientierung zueinander?
- Berücksichtigen sie geschlechtsspezifische Unterschiede?

Beziehungen
- Wer sind die TrägerInnen „unterworfenen Wissens", die Stillen, Marginalisierten, Mundtotgemachten, Ausgetretenen, Resignierten, die nicht für sich selbst sprechen können?

2.4 Die Diagnose

- Wie wird mit unterworfenem Wissen und unterdrückten Erfahrungen umgegangen?
- Gibt es eine Kultur des stillschweigenden Einverständnisses, die Transparenz verhindert?
- Werden Probleme personalisiert statt systemisch bearbeitet?
- Welche Vernetzungen oder Seilschaften gibt es?
- Sind Abgrenzungen erlaubt, erwünscht, artikuliert?
- Wie steht es mit der Solidarität unter Frauen, unter Männern? Welche Prozesse führen zur Subjektbildung oder folgen sie einem Oben-Unten-Modell, z.B. bei der Leistungsbeurteilung?

Anerkennung, Anreizsysteme
- Wie werden Arbeit und Leistungen sichtbar gemacht? Wessen Arbeit wird benannt?
- Gibt es geschlechtsspezifische Privilegien und wie sind sie verteilt?
- Gibt es offene oder verdeckte Omnipotenz-Ansprüche?
- Wer ist Subjekt, wer Objekt?
- Gibt es Rituale, die Opfer-Täter-MittäterInnen-Rollen erzeugen, verschleiern oder umkehren?
- Welche Fortbildung gibt es für wen?
- Welche Feedback- und Anhörungsprozesse gibt es in der Organisation?
- Gibt es Prozesse in der Organisation, die zur Revolte unterworfenen Wissens (Foucault) führen können?

Hilfsmittel, technische Systeme
- Sind die Voraussetzungen für die Vereinbarkeit von Familie und Beruf für Frauen und Männer gegeben?
- Wie verständlich, inklusiv und nichtmilitaristisch ist die Sprache?
- Wie zugänglich, verständlich und lesbar sind Informationen, Protokolle, Haushaltsentwürfe etc?
- Werden Vertraulichkeit und Geheimhaltung als Machtmittel eingesetzt?
- Wer ist an den Info-Fluß angeschlossen? Wer hat Zugang zu den Hilfsmitteln?
- Wie wird über Prioritäten bei der Anschaffung, Bereitstellung von Hilfsmitteln entschieden?
- Gibt es ein Machtgefälle zwischen Haupt- und Ehrenamtlichen im Zugang zu den Hilfsmitteln?

Leitung
- Wie wird Leitung wahrgenommen?
- Wie wird dafür ausgebildet?
- Ermächtigt oder entmächtigt Leitung?
- Werden Macht, Informationen etc. zwischen Frauen und Männern geteilt?

2. Beratung als Prozeß

☐ Welche Hürden haben Frauen im Vergleich zu Männern zu nehmen, um in Leitungspositionen gewählt oder berufen zu werden?
☐ Wer hat die Definitions- und Deutungsmacht in der Organisation?
☐ Was und wer legitimiert sie?
☐ Gibt es unterschiedliche Meßlatten für Frauen- und Männer-Leitung?
☐ Wieviel Energie geht in reaktive versus proaktive Verhaltensmuster?
☐ Wem wird der Verzicht auf Macht oder die Aufgabe von Privilegien gepredigt?
☐ Werden frauenspezifische Erfahrungen in die Anforderungsprofile aufgenommen?
☐ Wieviel Konflikt- und Streitkultur wird durch die Leitung ermöglicht?
☐ Wieviel Transparenz und Flexibilität zeichnet das Leitungssystem aus?

2.4.4 Hinweise zur Anwendung des Sechs-Felder-Modells

1. Das Modell vorstellen. Die sechs Felder mit Hilfe der Fragen 2.4.3 und 2.4.3.1 erläutern (Seite 126).

2. Im anschließenden Plenumsgespräch fallen nach unseren Erfahrungen den Mitgliedern einer Organisation (PfarrerInnen, Kirchenvorständen, MitarbeiterInnen) sofort jede Menge Daten in diesen sechs Feldern auf. Das Modell funktioniert wie ein Radarschirm, auf dem je nach Blickwinkel unterschiedliche Daten auftauchen.

3. Sollen alle sechs Felder bearbeitet werden, empfiehlt es sich, Paare (oder Trios) zu bilden; je ein Feld auf einem großen Plakat zu notieren und jedes Paar zu bitten, ca. 10 Minuten lang Stichworte, Sätze, Fragen zum jeweiligen Feld auf das betreffende Plakat zu notieren. Nach 10 Minuten wechseln die Paare zum nächsten Plakat, so daß alle sich mit allen Feldern befaßt haben. Will man das Ganze etwas lustvoller gestalten, kann man zu den Plakaten Scheren, Farbstifte, Leim und bebilderte Zeitschriften legen und die Paare bitten, nicht nur Sätze zu schreiben, sondern Bilder zu benutzen oder zu malen.

4. *Vernissage:* Alle Plakate werden ausgestellt und in einer Art Wandelplenum zur Kenntnis genommen, kommentiert und ergänzt. Dann wird entschieden, an welchem Feld oder welchen Feldern vorrangig gearbeitet werden soll.

2.4 Die Diagnose

2.4.5 Kirche als „professionelle Bürokratie"

Organistationsveränderungen müssen die Kultur der jeweiligen Organisation berücksichtigen und in ihr verankert werden, um erfolgreich zu sein. Kenntnis der Kultur ist also Vorbedingung für eine Beratung.

Im Zuge der Professionalisierung hat die Kirche – das Arbeitsfeld der Gemeindeberatung – eine Gestalt gewonnen, deren Wesensmerkmale sich z.T. mit Hilfe der Untersuchungen von Mintzberg plausibel darstellen lassen. In diesen Veröffentlichungen versucht Mintzberg, eine Organisationstypologie zu entwickeln. Ausgehend von folgenden Grundelementen einer Organisation (vgl. Modell) unterscheidet er 5 Konfigurationen:

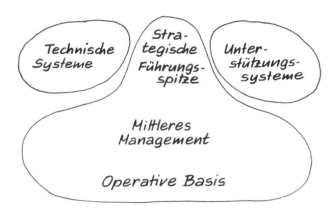

Simple Structure, die einfache Struktur (vor allem Unternehmen, Handwerksbetriebe; in ihnen dominant: die Führungsspitze)
Machine Bureaucracy, die outputorientierte Bürokratie (z.B. Automobilwerke, Banken; dominanter Bereich: das technische System)
Professional Bureaucracy, die professionelle Bürokratie (Dienstleistungsbetriebe, vor allem: Schulen, Anwaltskanzleien, Krankenhäuser, Kirchen, Universitäten u.ä; dominanter Organisationsbereich: die operative Basis)
Divisionalized Form, die divisionalisierte *Form* der Machine Bureaucracy (häufig internationale Unternehmen, die auf unterschiedlichen Märkten mit unterschiedlichen Produkten tätig sind; dominant: das mittlere Management)
Adhocracy, die Adhocratie (kleine und mittlere Betriebe in Forschung, Software-Entwicklung, Unternehmensberatung u.ä.; dominant: das Unterstützungssystem)

Die Kirche, betrachtet in der Perspektive der theologischen Hauptamtlichen, wird am angemessensten durch die Konfiguration „Professionelle Bürokratie" beschrieben. Was bedeuten dabei die Begriffe „professionell" und „Bürokratie"?

2. Beratung als Prozeß

a) Professionell – Landläufig ist ein „Profi", wer seinen „Job" gut versteht und ausübt. Hier in diesem Zusammenhang plädiere ich für einen engeren Begriff, wie er im amerikanischen Sprachraum üblich scheint. Als Professionelle sollen jene gelten, deren Arbeit nicht standardisiert, sondern nur innerhalb relativ weiter Ermessensspielräume gestaltbar ist. Danach sind Professionelle beispielsweise: Lehrer, Ärzte, Juristen – auch Pfarrer. Professionelle brauchen zur selbständigen Bewältigung der komplexen Arbeit mit „Klienten" sowohl ein intensives Training (eine lange Ausbildung) wie das „Bekenntnis" zu den Normen und Werten ihrer Profession. Professionelle haben also ein spezifisches Berufsethos.

b) Bürokratie wird heute überwiegend negativ verstanden. Hier ist der Begriff eher technisch verwendet und bezeichnet eine Organisationsstruktur, die eine Formalisierung der Vorgänge und Verhaltensweisen – im Sinne von „ausrechenbar", „vorhersehbar" – anstrebt. Daß die Formalisierungsbemühungen ab einem bestimmten Differenzierungs- und Komplexitätsniveau, statt das Organisationsleben zu stützen, in ein Zwangsinstrumentarium münden können, ist hinlänglich bekannt, aber kein Beweis gegen ihre Notwendigkeit in (den meisten) Organisationen.

Der *Theologe im Pfarramt* ist faktisch – die Ideologie will es anders – die *Schlüsselprofession* in der Organisation Kirche. Neue Berufsgruppen in der Kirche: Gemeindepädagogen, Psychologen, Erzieher, Berater u.ä. haben zunächst nicht wirklich neue Tätigkeitsfelder eröffnet, sondern Aufgaben übernommen, für die der Pfarrer generelle Zuständigkeit reklamiert, denen er sich jedoch infolge Überlastung nicht mehr intensiv und kompetent widmen kann.

Die Kirche als Organisation baut auf die fachliche Qualität und Gewissenhaftigkeit ihrer Professionellen. Deshalb muß ein Mensch, bevor er in ihren Reihen die Profession ausüben kann, nach langem Anmarschweg, der sowohl dem gründlichen Erwerb von Kenntnissen als auch der Internalisierung von Werten dient, hohe Eintrittsbedingungen (Examina, Supervision durch erfahrene Professionelle, Beurteilung seitens der Klientel, Präsentation in der Anstellungskommission) erfüllen. Hat er sie überstiegen, gehört er zum Kollegium der Professionellen. Weiterqualifizierung steht nun künftig in seinem Ermessen. Zum Lernen veranlassen ihn am ehesten seine Klientel, die Konkurrenz der Kollegen und die Entwicklungen in seiner Fachdisziplin; die Organisation selbst vermag es kaum, ihm eine berufliche Weiterentwicklung vorzuschreiben. Und wenn, dann wüßte sie aus Mangel an strategischen Vorgaben nicht, in welchen Bereichen.

Die Professionellen in der Kirche verstehen sich als *„freischaffende Künstler und Unternehmer"*. Ihre Loyalität gilt in erster Linie ihrer Klientel. Dieser fühlen sie sich verpflichtet. Die berufliche Anforderungen sind komplex; jeder Klient stellt im Grunde eine spezifische Situation dar. Um ihr entsprechen zu können, muß der Professionelle sie kategorisieren und einen „Fall" aus ihr machen, der in seinem Arsenal von „Programmen" vorkommt. Konstitutiv für eine tragfähige Klientenbeziehung ist also der Ermessensspielraum des Professionel-

2.4 Die Diagnose

len; ihm obliegt die Entscheidung, was der „Fall" ist. Daher insistiert er darauf, daß die Organisation ihm möglichst viel Freiheit läßt. Wenn sie in seine Arbeit „hineinredet" (beispielsweise durch Beschreibung von Lerninhalten für den Konfirmandenunterricht oder durch Lebensordnungen), meldet er in der Regel Protest an oder zeigt stiller seinen Widerstand, indem er solche Richtlinien schlicht ignoriert.

Selbständigkeit und – relative – Unabhängigkeit zeigt sich auch in der *horizontalen Dezentralisierung* der Kirche: Pfarrer sind über das ganze Land „verstreut". Weder die professionellen Aufgaben noch die Organisationsverfassung nötigen zur Kooperation. Entsprechend schwach entwickelt sind die Fähigkeiten zur Zusammenarbeit. Die Pfarrkonvente z.B. haben den Charakter von Unterstützungssystemen für die Professionellen; sie sind keine Arbeitseinheiten, die dem einzelnen Professionellen definierte Rollen zuweisen und ihn in einen differenzierten Arbeitszusammenhang einbinden. Anwesenheit scheint beliebig, abhängig vom Unterhaltungswert der Veranstaltung. Daran ändert wenig, daß Konvente als Dienstveranstaltung firmieren; Abwesenheit führt selten zu Sanktionen.

Der horizontalen entspricht, wie schon angedeutet, die *vertikale Dezentralisierung*. Die Kirche hat *schwach ausgebildete Leitungssysteme*. Im Blick auf die hierarchische Ordnung ähnelt sie einer auf die Spitze gestellten Pyramide. Die Professionellen sind bestrebt, in die – nun mal nötigen – Leitungssysteme ihresgleichen zu wählen. (Ekklesiologisch läßt sich m.E. nicht stringent begründen, warum Präsident, Stellvertreter, Propst u.ä. aus den Reihen der theologischen Professionellen rekrutiert werden. Ein „Laie" als Bischof wäre m.E. theologisch legitim; das professionelle Selbstverständnis sperrt sich jedoch dagegen.)

Den gewählten Leitungspersonen konzedieren die Professionellen wenig Macht – allenfalls soviel, wie zur Unterstützung des professionellen Systems nötig. Mittlere Leitungsebene und Leitungsspitze gewinnen freilich im Zuge ihrer administrativen Tätigkeiten an Einfluß – durch zwei Umstände: Zum einen werden sie häufig zur Konfliktregelung benötigt, und zum anderen unterhalten sie die „außenpolitischen" Beziehungen zu kommunalen, staatlichen Einrichtungen. *Konfliktmanagement* und *Sicherung der Systemgrenzen* bilden die eigentlichen *Machtquellen*. Solange die Leitungspersonen darin effektiv sind, finden sie bei den Professionellen Gefolgschaft.

Während die Kirche als *professionelle* Bürokratie relativ *demokratisch* verfaßt ist, entwickeln sich in den administrativen Subsystemen stärker *hierarchische Strukturen*, wie sich an den detaillierten Organigrammen ablesen läßt. Die Parallelität von mehr demokratischen bzw. mehr hierarchischen Organisationsstrukturen birgt Konfliktpotential.

2. Beratung als Prozeß

Zusammenfassung

■ Ihr *Hauptaugenmerk* richtet die Kirche als Organisation auf ihre Professionellen. Das professionelle System ist das Herzstück der Organisation.
■ Für ihre Arbeit brauchen die Professionellen eine gründliche Ausbildung, in deren Verlauf die professionellen Standards und kirchlichen Werte internalisiert werden. Die sensible Beziehung: Professioneller – Klient verlangt, daß der Professionelle Ermessensspielräume für sein Handeln hat. Relative *Autonomie* ist ein Grundmerkmal des professionellen Systems.
■ Die *Koordination* der Professionellen ist schwierig; ihre Tätigkeiten nötigen nur in seltenen Fällen zur Kooperation. Die Koordinationssysteme haben den Charakter loser Arrangements, die den Professionellen helfen, ihre beruflichen Standards einzuhalten.
■ *Leitungssysteme* – mittlere Leitungsebene und Führungsspitze – rekrutieren sich weitgehend aus dem Kreis der Professionellen. An sie wird Macht nur in eingeschränktem Maße delegiert. Einfluß gewinnen sie durch ihre „außenpolitischen" Beziehungen und das Konfliktmanagement.
■ Die Kirche als professionelle Bürokratie bildet *Strategien* nur auf einem sehr generalisierten Niveau aus – unter Berücksichtigung der faktischen Strategien der einzelnen Professionellen.
■ Kirche als professionelle Bürokratie hat und schafft relativ stabile *Umwelten*. Auf neue Zustände kann sie nur verzögert reagieren.

Vor- und Nachteile

Vorteile
☐ Kirche als Organisation gibt dem Professionellen hohe Autonomie.
☐ Sie verwirklicht – auf jeden Fall für die Professionellen – demokratische Strukturen.
☐ Sie ermöglicht die Konzentration auf das komplexe Klientensystem.

Nachteile
■ Die Leistungen der Professionellen sind schwer überprüfbar – sowohl hinsichtlich ihrer Quantität wie ihrer Qualität. Noch weniger ist kontrollierbar, ob ein Pfarrer sein Amt in der richtigen inneren Einstellung versieht. Die Kirche muß sich darauf verlassen, daß die Professionellen den ethischen Grundsatz des lebenslangen Lernens beherzigen und Weiterbildungsangebote und persönliche Supervision annehmen. Externe Kontrollsysteme sind dysfunktional.
■ Es ergeben sich aufgrund der Aufgaben und des ihnen entsprechenden Berufsverständnisses der Professionellen eine Fülle von Koordinationsproblemen, denen mit standardisierten Verfahren kaum beizukommen ist. Konfliktlagen haben immer wieder den Charakter von singulären Fällen, deren Bearbeitung zeit- und energieaufwendig ist.

2.4 Die Diagnose

■ Kirche als professionelle Bürokratie hat Innovationsprobleme – „Innovation" meint hier: ein geplanter, umfassender Reformprozeß, der Umweltveränderungen Rechnung trägt. Innovationen werden in der Kirche nicht „gemacht" (im Sinne eines Strategieprozesses), sondern sie „sickern" über Veränderungen des Berufsverständnisses der Professionellen in die Organisation ein.

P.S.: Der Text ist „männlich" formuliert. Ich bin vorsichtig, die Thesen mit derselben Entschiedenheit zu vertreten, wenn das professionelle System nicht mehr männerdominiert, sondern von Frauen gleichberechtigt mitgestaltet ist.

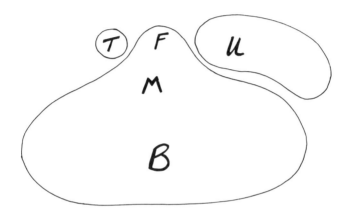

Legende

F = *Führungsspitze*, „klein", d.h. machtarm, strategische Entscheidungen werden ihr von B nicht zugestanden

M = *„mittleres Management"*, „klein", d.h. ihm wird wenig Bedeutung zugemessen

F + M rekrutieren sich aus B („wo die Arbeit getan wird")

B = *professionelle Basis*, „groß", der Hauptbereich der Organisation, Tendenz: weitere Professionalisierung

U = *„Unterstützungssystem"*, hier: Verwaltung, Beratungseinrichtungen, Bibliotheken u.a.; z.T. hierarchisch geordnet; relativ „groß", d.h. ausgedehnt, viele Personen umfassend

T = *„technisches System"*, d.h. Bereiche, die eine Standarisierung der Arbeitsvorgänge vornehmen mit dem Ziel: mehr Effizienz und Effektivität (hier: sehr „klein", fast nicht vorhanden).

2.4.6 Die „schwierige Person" in einer Organisation
Überlegungen aus der Chaos-Theorie

In der Beratung werden oft „schwierige Personen" als das Problem genannt. Jede Organisation hat Käuze, Exoten, Abweichler, Krittler oder Nervtöter, seien es Männer oder Frauen. „Wenn wir die loswerden könnten, ginge es uns gut", stöhnen viele MitarbeiterInnen. Dies ist oft ein Trugschluß.

Denn „schwierige Personen" sind nur selten das eigentliche Problem einer Organisation. Sie sind eher Ausdruck einer Schwierigkeit, die die Organisation hat. So bietet sich die schwierige Person oft als Sündenbock an, wenn z.B. Machtfragen nicht geklärt werden. Wenn sich aber die Organisation den Projektionsmechanismen stellt, gibt sie sich Möglichkeiten der Entwicklung. Auf einmal wird die „Schwierigkeit der schwierigen Person" fruchtbar.

Alle, die Organisationen beraten oder leiten, brauchen einen guten diagnostischen Blick, der Probleme mit „schwierigen" Personen als Systemfragen erkennt. Viele Konflikte werden durch mangelnde Ausdifferenzierung zwischen Person und Organisation komplex und schwer durchschaubar. Deshalb ist eine genaue Konfliktdiagnose Vorbedingung für eine wirksame Konfliktbearbeitung.

Sogenannte „schwierige Personen" in einer Organisation können verschiedene Funktionen haben:
☐ manchmal sind sie Auslöser für nötige Innovationen;
☐ manchmal sind sie Analysatoren für ein System, d.h. sie bringen eine verborgene Wahrheit in der Organisation zum Vorschein;
☐ manchmal „dunkeln" Personen in einer Organisation nach, d.h. sie übernehmen Merkmale und vielleicht auch Pathologien der Organisation und werden so zur „schwierigen Person";
☐ manchmal werden Personen von der Organisation zur „schwierigen Person" gemacht, indem auf sie alles projiziert wird, was die Organisation an sich selbst nicht mag und nicht zur Kenntnis nehmen will.

Im Folgenden bringen wir die Nachschrift (Sigrid Düringer) eines Referats von Werner Zbinden anläßlich eines Seminars für BeraterInnen zum Thema: „Die schwierige Person in einer Organisation".

1. Wenn von *Systemen* die Rede ist, denken wir in erster Linie an die Grenzen des Systems. Wie ist das System abgegrenzt? Mit welchen anderen Systemen hat es Berührung oder Überschneidung? Aus der Thermodynamik stammt die Erkenntnis, daß an der Grenze des Systems die Energie am größten, im Zentrum des Systems dagegen wenig Energie vorhanden ist. Die schwierige Person in der Organisation sagt etwas über die Beschaffenheit der Grenzen des Systems aus.
Sind die Grenzen eines Systems eher geschlossen, undurchlässig, sind schwierige Personen Grenzgänger, d.h. in diesem System werden nicht zuzuordnende, nicht rollenkonstante (hysteroide) Personen zur schwierigen Person.

2.4 Die Diagnose

Sind dagegen die Grenzen eines Systems eher offen, unklar, perforiert, findet sich die schwierige Person im Kreis der zwanghaften Menschen, d.h., das System produziert schwierige Personen, die großen Wert auf Mikrostrukturen legen, auf Ordnung, Regeln, Listen, Verträge. Solche schwierigen Personen sind unfähig zu vernetztem Denken.

2. Bei *Übersteuerung* eines Systems, d.h., wenn mehr Leitungsenergie und -struktur aufgewendet wird als nötig, werden als schwierige Personen „Chaoten" (kreative, künstlerisch veranlagte, spontane) produziert, bei *Untersteuerung* werden Personen, die auf der Einhaltung sinnloser Rituale bestehen, zu schwierigen Personen. Schwierige Personen sind hier eher spröde, zwanghaft, energie- und lustfeindlich.

3. Die *Veränderung* von Systemen geschieht, ähnlich wie in der Thermodynamik, in dem Wechsel von Chaos und Ordnung. Wandlung benötigt geradezu chaotische Zwischenphasen. Chaos bedeutet in diesem Zusammenhang das Vorhandensein von ungesteuerter Energie bei minimaler Ordnung. In diesen Phasen erst geschieht Synergie. Synergie ist nicht steuerbar, sie entsteht dann, wenn das System am möglichen Tiefpunkt hinsichtlich Ordnung und Steuerung angelangt ist. In sozialen Systemen übernehmen schwierige Personen in solchen Phasen Steuerung im Sinn von Synergie. Menschen, die im Ordnungszustand eher passiv und unauffällig sind, werden zu Synergieträgern, zu Elementen von Ordnung und Steuerung des Systems.

Für *Beratung* ist zu bedenken, daß nicht nur Ordnungsphasen, sondern gerade Chaosphasen eines Systems beratungsrelevant sind, denn hier geschieht Veränderung.

Auch *Veränderungen* von sozialen Systemen laufen immer über *Konflikte und Krisen*. Sie gehen nicht vom Zentrum des Systems aus, sondern werden von den Rändern her inszeniert. Erst ein instabiles System ist veränderungsfähig. Diese instabilen Phasen werden im System als Angstphasen erlebt, und das Auftreten schwieriger Personen ist ein Zeichen dafür, *daß* Veränderungen anstehen.

Die schwierige Person zeigt also die Instabilität eines Systems an. Eine genaue „Sündenbockanalyse" kann so zum wichtigen Instrument der Beratung werden, denn Sündenböcke zeigen an, *in welche Richtung* sich das System instabilisiert.

Veränderung von sozialen Systemen geschieht nicht linear, sondern in meist unvorausberechenbaren Schlaufen. So hat der Zeitfaktor in Systemen, die sich wandeln, einen hohen Wert, denn der Wandel verläuft prozeßhaft und nicht kalkulierbar. Wandel geschieht also in Sprüngen bezogen auf Linearität und Zeit. In der Beratung kann es passieren, daß sich wochenlang oder länger nicht viel tut und dann plötzlich Veränderungsprozesse ablaufen.

2. Beratung als Prozeß

Die *schwierige Person* in der Organisation gibt Anhaltspunkte über die *Phasen* des Wandels. So werden in Phasen der Ruhe solche Menschen schwierig, die zeitlich nicht kalkulierbar, z.b. unpünktlich sind, in Phasen des Wandels eher präzise, ordnungsfreundliche Menschen. 'Zeitschwierige' Personen sagen etwas aus über den Umgang des Systems mit dem Zeitfaktor. Wird er z.b. als Disziplinierungsmaßnahme genutzt oder eher auf Effektivität bezogen?

Schwierige Personen geben manchmal einen Hinweis darauf, wann *Sprünge* geschehen, denn sie neigen zur Psychosomatisierung, d.h. kurz vor Veränderungen treten gehäuft Kopfschmerzen, Grippen u.ä. bei den Beteiligten auf.

Schwierige Personen sagen auch etwas aus über die *Kultur* einer Organisation. Während administrative Kulturen sich wesentlich auf das Aufspüren von Schuldigen konzentrieren, wird in energetischen Kulturen eher danach gefragt, auf welche Schwierigkeiten, Stauungen, Blocks die schwierigen Mitarbeiter hinweisen.

2.4.7 Interview mit einer „schwierigen Person"

Situation

In Teams, Vorständen etc. werden Spannungen thematisiert, die sich an einer sogenannten „schwierigen Person" festmachen.

Oder: Die Leitungsperson erlebt Vorbehalte, unspezifizierte Widerstände einer Mitarbeitergruppe. Durch eine Beratung soll herausgefunden werden, um was es eigentlich geht und wie klare Arbeitsbeziehungen und -strukturen hergestellt werden können.

Vorgehen

Der / die BeraterIn interviewt in Gegenwart der betreffenden Gruppe die sogenannte „schwierige" oder Leitungsperson. Die beiden sitzen und sprechen einander zugewandt, die Gruppe sitzt in einem gewissen Abstand im Halbkreis und hört zu. 1 – 2 leere Stühle stehen bereit. Nach Beendigung des Interviews wird die Gruppe aufgefordert, abwechselnd auf dem oder den leeren Stühlen sich zu den Inhalten des Interviews zu äußern, Stellung zu nehmen und sich an der Fortführung einer Gesprächsrunde zu dritt oder viert – noch nicht in der ganzen Runde – zu beteiligen. Erst dann werden im Plenum die angefallenen Daten besprochen und mit der Erarbeitung von Interventionen und Veränderungsmöglichkeiten begonnen.

2.4 Die Diagnose

2.4.8 Eine Übung zum Thema „Sündenbock"

Schwierige Personen erweisen sich oft als Analysatoren eines Systems; sie bringen eine verborgene oder auch unbewußte Wahrheit zum Vorschein. Dieser Übertragungsprozeß kann auch aktiv gestaltet werden, in dem das alte Ritual mit dem Sündenbock in einer Gruppe oder einem Team aufgenommen wird.

In 3. Mose 16 wird das Sühne-Ritual beschrieben: Aaron soll seine Hände auf den Kopf des Bockes legen und über ihm alle Missetaten der Israeliten bekennen und sie dem Bock auf den Kopf legen. Ein Mann, der bereitsteht, soll den Bock in die Wüste bringen und dort lassen. Alles Volk soll fasten, es ist ein hochheiliger Sabbat. Dies soll einmal im Jahr geschehen, damit alle entsühnt werden: das Allerheiligste, die Stiftshütte, der Altar, die Priester und alles Volk der Gemeinde.

Ablauf der Übung

1. Zusammenhang aus 3. Mose 16 erzählen und die Bedeutung des Rituals kurz erläutern.
2. Wer aus der Gruppe ist bereit, die Rolle des Sündenbocks zu übernehmen und dabei bewußt die Erfahrungen zu bearbeiten, die bei diesem Übertragungsprozeß erlebt werden? Wer ist bereit, den Sündenbock in die Wüste (nach draußen) zu begleiten? Falls sich niemand zur Verfügung stellt, einen Kleiderständer mit einem Mantel behängt in die Mitte stellen.
3. Die anderen Gruppenmitglieder überdenken ihre eigenen Erfahrungen, die sie im Umgang mit schwierigen Personen oder als schwierige Person selber gemacht haben. Was davon möchte ich benennen, loswerden, wo einen neuen Anfang machen?
Entsprechende Sätze werden auf Kärtchen geschrieben und dem Sündenbock oder Kleiderständer, der mit Mantel oder Jacke bekleidet in der Mitte steht, angeheftet.
4. Der Sündenbock verläßt mit einer Begleitperson den Raum, und bleibt für ca. 15 Min. unterwegs. Währenddessen bespricht die Gruppe ihre Erfahrungen, die beim Benennen, Aufschreiben und Anheften gemacht wurden.
5. Der Sündenbock kehrt zurück. Entweder hat die Begleitperson schon unterwegs den Sündenbock von den aufgelegten Sünden befreit und die Zettel zerrissen, oder der Gruppenleiter / die Leiterin vollzieht diesen Akt nach der Rückkehr.
6. Gesichtspunkte zum Auswertungsgespräch:

Unser heutiges Verständnis von Sühne assoziert Urteil, Wiedergutmachung, Ersatz leisten. Aber im Alten Testament ist Sühne ein Kult- und kein Rechtsbegriff. Der Kult ist an Bilder und Rituale gebunden, die abbilden, wie es ist, mit Gott ins Reine zu kommen. Das biblische Verständnis von Sühne beschreibt einen Tun-Folge-Zusammenhang, der aufzeigt, wie durch die böse Tat ein Prozeß in Gang kommt, der sich früher oder später gegen den Täter und die Gemeinschaft wendet. Böses Tun hat also nie nur eine individuelle Komponente, sondern immer auch eine soziale. Es gibt-Tun-Folge-Zusammenhänge, die von seiten des Menschen irreparabel sind, wo nicht wiedergutgemacht werden kann, wo die Existenz verwirkt, nur der Tod verdient ist. Israel hat die Vorstellung entwickelt, daß durch die stellvertretende Hingabe eines Lebens die tödliche Macht eines bösen Tuns durchbrochen werden kann. Durch stellvertretende Existenzhingabe kann gesühnt werden.

Die Sühnevorstellung ist für uns heute durch die Rezeption der Kreuzestheologie besonders schwierig. Die jüdischen Menschen haben den Tod Jesu durch den Prozeß der Auferstehungserfahrung als Sühne, also als Neuanfang gedeutet. Deshalb hat der Tod Jesu lebensstiftende Funktion, d.h. Schuldgefühle als nach innen oder außen gerichtete Aggressionen sind nicht mehr nötig. Gewaltverzicht wird möglich. Schuldgefühle werden entmachtet. Schuld wird ernst genommen, d.h. Konsequenzen daraus zu ziehen ist Sache des Menschen und der Organisation. Aber der Schuldzusammenhang ist durchbrochen.

Im Hinblick auf die schwierige Person in einer Organisation heißt dies: Die Daten, die durch diese Person angezogen wurden – sie hat sich buchstäblich mit organisationsrelevanten Daten verkleidet oder eingekleidet – sind Appell, Hinweis oder Ermöglichung für eine Innovation in einer Organisation. Der Sündenbock versammelt alle Schattenseiten der Organisation auf sich. Insofern ist er ein wichtiger Indikator für das, was in der Gruppe okkult und verdrängt ist. Er ist zugleich Analysator für die tabuisierten Bereiche, das unterdrückte Wissen und die ungeklärten Regeln. Er gibt Hinweise auf das Nichtthematisierbare eines Systems und kann dadurch dazu beitragen, daß es zur Sprache kommt.

2.4.9 Grundformen von Organisationen

W. Zbinden (überarbeitet und erweitert von Eva Renate Schmidt)

Vorbemerkung

Soziale Systeme, damit auch Organisationen oder Teile davon, entwickeln Bilder, Vorstellungen über das eigene System. Sie *definieren sich selbst*.

Gleichzeitig haben auch die einzelnen Menschen Vorstellungen über *Organisation:* über das Organisationsleben, über das „Funktionieren", über die Kultur, über den Sinn des Systems.

Die Grundformen des Systems zeigen sich im Arbeitsalltag in der Sprache, in den Bildern, auch in den Reaktionen der BeraterInnen.
In Organisationen haben die Teilsysteme häufig verschiedene Grundformen – daraus entstehen Störungen – hier kann eine Organisationsdiagnose ansetzen.

2.4 Die Diagnose

I. Mechanistische Grundformen

Merkmale: zum Verstehen von Abläufen werden Vorstellungen aus der Welt von Apparaten, Maschinen, technischen Konstruktionen, verwendet. Wir treffen hier immer wieder auf den Begriff der *Funktion*.

Solche Systeme definieren den einzelnen Menschen oder Teilsysteme als Element, als Teil eines beschränkten Ganzen – immer bezogen auf die Ziele und die Produkte oder Dienstleistungen. Wichtig ist die Aufgabe. Ein solches Paradigma pflegt Systeme wie Geräte – es wird von Systempflege, nicht von Systementwicklung gesprochen.

Das System definiert sich als „pflegeleicht" und vertritt die Idee: „Jeder Mensch am richtigen Platz".

Konflikte werden meist personalisiert und über Wechsel oder neue Arbeitsabläufe gelöst.

Leitung geschieht meist über Zweierbeziehung, reduziert auf Anweisung und Information. Kontakte zwischen MitarbeiterInnen gelten als unnötig und als Zeitverschwendung. Schwerpunkt: Personalselektion. Es ist Vorgesetztenfunktion, dieses System zu pflegen, zu „warten", mit dem Oelkännchen Reibungen zu vermeiden.

Vorzüge: meist stark institutionalisierte Organisation mit hoher Routine-Stabilität, „Human-proof", Kurzzeitplanung, obwohl auf lange Zeit angelegt.

Gefahren: Probleme werden nicht in ihrer Komplexität erklärt, sondern auf monokausale Art. Gefühlsverleugnung ist häufig mit Männlichkeitskult verbunden. Visionen sind suspekt.

Ängste: vor Chaos, Ziellosigkeit und Konflikten.

Beratung: Fachexperten, Klimapfleger, Prestige-BeraterInnen.

Diese Systeme kennen keine schwierigen Situationen, sondern nur „schwierige Personen", die schuld sind. Die Suche nach dem Schuldigen ist deshalb wichtig. Störungen werden personalisiert.

Sitzungen sind von Einweg-Kommunikation bestimmt, von Information und Berichterstattung. Es gibt wenig Sitzungen. Die Pflege zwischenmenschlicher Beziehungen wird eher als Zeitverlust, Geschwätz entwertet.

Dieses Paradigma versteckt sich nicht selten hinter „systemischem Denken".

Veränderung: Über Weisungen, Anordnungen, Zwang und Macht, Wechsel von Schlüsselpositionen, über Veränderungen von Organisationsabläufen durch Organisatoren und Liniendurchsetzung.

Zu *schwierigen Personen* werden in diesem System vor allem gefühlsbetonte, nicht berechenbare Personen. Weinen, Schwäche, besonders Führungsschwäche werden als hysteroid, als schwach und unmännlich bezeichnet.

2. Beratung als Prozeß

II. Organismus – Grundformen

Merkmale: Die Organisation wird in Analogie zu Lebewesen (manchmal auch zu Abläufen in der Natur) verstanden. Sie versteht sich als Prozeß und Entwicklung, die in Phasen abläuft. Solche Systeme betrachten sich als nicht machbar, aber als entwickelbar, die Menschen darin sind einmalig und nicht ersetzbar. Dieses System muß zwar gepflegt, entwickelt werden, aber alles ist schon im Kern enthalten. Der Fokus liegt auf Beziehung. Menschen sollen sich wohlfühlen. Die Identifikation mit der Organisation wird sehr gefördert.

Konflikte werden als Störungen definiert, Konfliktquellen meist extern angesiedelt. Dieses Paradigma führt zu zahlreichen Umfeld- und Kontext-Konflikten.

Leitung gilt als Entwicklungshilfe. Sie soll Bedingungen dafür schaffen, daß Ziele erreicht werden können. Starke Mitarbeiter-Orientierung. Qualifikation: Umgang mit Gruppen und Menschen. Führungsinterventionen in Bezug auf Gruppen, weniger auf Einzelne.

Vorzüge: führt zu starker Identifikation mit dem eigenen System: „Firmentreue". Förderung von Menschen und Systemen. Langzeit-Orientierung.

Gefahren: starke Binnenorientierung, es wird leicht übersehen, was „draußen" ist. Ausstoßen von „Fremden", Schrebergarten-Kultur, Beziehungsstress. Austritte regeln sich meist durch Tod oder Pensionierung; Kündigungen und Abwahlen werden als Verrat erlebt.

Ängste: vor Beziehungsverlust, vor schlechter Gruppenposition, vor dem „Organisationssterben".

Beratung: Prozeßberatung, Team- und Organisationsentwicklung, Persönlichkeitsentwicklung, „Sterbehilfe".

Veränderung: Sterben und Wiedergeburt; über Konsensprozesse, teils über starke Außeneingriffe.

Hier werden solche Menschen zu *schwierigen Personen*, die linear, nicht prozeßhaft arbeiten, die Ungeduldigen, die funktional Denkenden; diejenigen, die mit Über- oder Austritt liebäugeln, die den Anspruch auf Planbarkeit stellen, dem Prozeß nicht vertrauen, die „machen" wollen.

III. Konflikt – Grundformen

Merkmale: Konflikte als notwendige Voraussetzung von Bewegung und Veränderung. Konfliktfreiheit bedeutet Stillstand. Systeme bestehen aus Teilen mit unterschiedlichen Interessen – deshalb sind Interessenkonflikte sinnvoll und gegeben. Überraschungen sind einkalkuliert. Diese Grundform eignet sich für komplexe, interkulturelle Systeme. Heterogenität ist die Basis.

Konflikte entstehen durch Konfliktverdrängung oder Wunsch nach konfliktfreien Schonräumen.

2.4 Die Diagnose

Leitung hat die Aufgabe, das Gesamtsystem zu fokussieren. Mittel: Projekt-Management. Verlangt wird von der Leitung fachliche *und* soziale Kompetenz
Vorzüge: geeignet für komplexe Systeme und Aufgaben – besonders für Beratungs- oder Forschungs- und Entwicklungsabteilungen. Ist fähig, heterogene Systeme zu integrieren.
Gefahren: Konflikt-Lösungs-Rituale oder auch nur Konfliktrituale. Überforderung durch Konfliktbelastung. Der Konflikt wird analysiert, eine Lösung für diesen Konflikt gefunden, aber er wiederholt sich; d.h. Konflikte müssen gelebt werden, sie sind nicht zum Lösen da. Häufiger Personalwechsel.
Ängste: abnehmende Belastbarkeit; vor Vereinfachungen, vor einfachen Lösungen.
Beratung: soll konfliktorientiert und auseinandersetzend sein. Gerät dadurch in paradoxe Situationen zu Bedürfnissen nach Schonräumen im Tabu-Bereich.
Veränderung: über Spannung, Auseinandersetzung, über Projekte und neue Herausforderungen.
Zu *schwierigen Personen* werden in diesem System Menschen, die davon ausgehen, daß Konflikte gelöst werden müssen, also harmoniebedürftige Menschen. Oder die Dienstalten werden zu schwierigen Personen, denn Müdigkeit gilt als Unfähigkeit. Der Ruhebedürftige gilt als schwierige Person; Menschen, die keine Außenregeneration haben, werden hier überfordert.

IV. Balance – Grundformen

Merkmale: System orientiert sich an der Harmonie, an der Homöostase. Mitglieder meist „entspannungsorientiert". Stabilität als verdeckter Wert: viel Bewegung ohne Wandel. Karussell- oder Pendeleffekt. Konflikte sind zu lösen. Arbeit ist nur möglich in ausgependeltem Zustand, in der Balance. Es bewegt sich viel, aber es verändert sich wenig.
Konflikte werden verdrängt oder geheimgehalten – Sündenbockbildung.
Leitung: Vorgesetzte als Konfliktlösende und Entspannende. Haben als einzige Überblick über das Gesamtsystem. Mittel: Einzelgespräche
Vorzüge: System ist enorm belastbar. Für schwierige Aufgaben bei niedriger Komplexität geeignet. Beispiel: Arbeit mit Schwer- und Mehrfach-Behinderten. Abteilungen für Chronisch-Kranke u.a..
Gefahren: Soziosomatisierungen, Flucht (in Krankheit, Sucht, Absentismus), Syndrom des Ausbrennens. Keine Zeit zum Regenerieren....
Kosten werden mit der Gesundheit bezahlt. Viele psycho- und soziosomatische Erkrankungen, Krankheit ist die beste, eigentlich einzige Entschuldigung. Viele Organisationen, die mit Krankheit oder Kranken beruflich zu tun haben, zeigen diese Symptome.
Ängste drehen sich vorwiegend um die Klienten
Beratung: unrealistische Erwartungen in Richtung Zaubern, BeraterIn soll Konflikte lösen, nicht wir. Einzelsupervision.

2. Beratung als Prozeß

Veränderung: über Leitgestalten, die wertgebunden sind.
Zu *schwierigen Personen* werden in diesem System diejenigen, die Fragen stellen und Dissonanz herstellen. Es gibt hohe Tabu-Zonen. Da viele Konflikte unter den Teppich gekehrt werden, ist die schwierige Person diejenige, die Konflikte aufdeckt.

V. Energetische Grundformen

Merkmale: Soziale Systeme, die sich in Richtung Selbstorganisation bewegen und sich als solche verstehen. Definieren sich als Energiepotentiale in bezug auf Systemaufgaben, als Träger einer systemeigenen Kultur, mit einer bewußten Binnen- und Außenvernetzung. Die Organisation ist sinnbewußt. Funktioniert mit wenigen Vorgesetzten, aber nur dann, wenn alle MitarbeiterInnen Zugang zu den Informationen haben. Die alten Statussymbole im Büro, Informationsbesitz und -vorsprung der Vorgesetzten, greifen dann nicht mehr. Starkes Verständnis von Zugehörigkeit.
Konflikte weisen auf unterdrückte Energien hin, auf okkulte Systemebenen.
Leitung: Selbstorganisation und -steuerung, flache und temporäre Leitungshierarchien. Leitung eher als Beratung und Realitätsvermittlung; als Intervention, nicht als Prozeß.
Vorzüge: niedrige Institutionalisierung, weiche Strukturen, Vorläufigkeit, Nutzen des Systempotentials.
Gefahren: unerklärte sozial- und unternehmenspolitische Konsequenzen. Nur teilweiser Ersatz der wegfallenden traditionellen Anreizsysteme.
Ängste: infolge mangelnder Sicherheit, evtl. abnehmender fachlicher Qualifikation, Angst vor Risiko.
Beratung: Expertenintervention, meist aber Kurzinterventionen, um blockierte Energien zu lösen. Keine Langzeitberatungen oder Prozeßbegleitungen.
Veränderung: geschieht über chaotische Zustände - im Gegensatz zum Organismus-Paradigma nicht phasenartig, sondern eher in Form von sprunghaften Veränderungen.
Schwierige Personen in dieser Organisation sind Langzeitarbeiter, die auf Aufstieg warten. Die Gratifikationen sind nur durch Prämien, nicht durch Aufstieg sichergestellt. Zur schwierigen Person wird auch der Kontrollbedürftige und der, der Wertschätzung und Anerkennung durch Vorgesetzte erwartet. Nicht der Vorgesetzte beurteilt die Leistung, sondern die Gruppe, alle.

Fragen zur Arbeit mit diesen Grundformen

☐ Welche Grundform von Organisation bevorzuge ich?
☐ In welchen Organisations-Grundformen arbeite oder berate ich?
☐ Welche Grundformen sind die „schwierigen Personen", die mir in der Beratung begegnen, zuzuordnen?
☐ Welcher Grundform-Wechsel ist möglich?

2.4.10 Lebenszyklus von Organisationen

Es ist nur eine Analogie, aber sie trägt weit: Auch Organisationen / Unternehmen haben ein „Leben". Mit Stadien des Anfangs, der Entwicklung, der Reife und des Verfalls. Auch der Tod gehört dazu.

Der Lebenszyklus von Organisationen läßt sich mit Hilfe von vier Faktoren genauer beschreiben. Es sind dies:

☐ Der Faktor *Energie* {E,e}. Er steht für Kraft, Vision, Erwartung, Möglichkeit, Potenz.
☐ Der Faktor *Programm* {P,p}. Damit ist die Form gemeint, in der Energie wirksam wird. Gezielte Handlungen. Wirksamkeit nach „außen".
☐ Der Faktor *Administration* {A,a}. Hier geht es um die Regelung der Handlungsabläufe, die Definition der Verantwortlichkeiten, die optimale Organisation des Arbeitsprozesses.
☐ Und der Faktor *Inklusivität* {I,i}. Er meint das „Wir-Gefühl" in einer Organisation. Die Erfahrung der Zugehörigkeit. Belange der Organisationsmitglieder, auch persönliche, werden wichtig.

Mit Bezug auf Forschungen von Erikson, Piaget, Levinson u.a. entwickelt M.F. Saarinen folgendes Grundmodell:

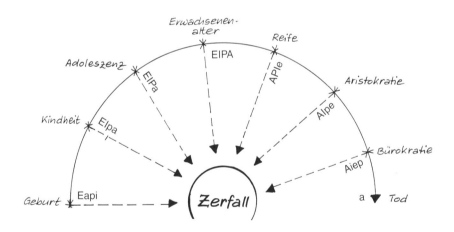

Die vier Faktoren sind in jeder Lebensphase vorhanden – jedoch in unterschiedlicher Intensität. So wenig wie im Leben eines Menschen folgt in Organisationen ein Lebensabschnitt automatisch auf den anderen. Jeder Entwicklungsschritt birgt Gefahren; so besteht immer die Möglichkeit des „Absturzes", des Zerfalls. Im Unterschied zum individuellen Leben jedoch können Organisationen auf frühere Stufen ihrer Entwicklung zurückkommen. (Darin symbolisieren sie für das Individuum eine Form der 'Unsterblichkeit'.)

2. Beratung als Prozeß

Die Geburt (Eapi)
Die Organisation folgt einer charismatischen Gründerfigur. Auf sie ist alles bezogen: Vision, Programm, Administration. Sie vereint die Organisationsmitglieder. Die Stärke einer Organisation in dieser Phase: hohe Energie, viel Enthusiasmus. Die Schwäche: Die Organisation ist noch klein, hat zu wenig Mitglieder, um die Energie umsetzen zu können. Enthusiasmus kann zur Selbstverliebtheit werden.

Die Kindheit (EIpa)
Alles ist auf Entwicklung gepolt. Der Prozeß prägt die Organisationskultur. Die Beziehungen der Organisationsmitglieder untereinander sind oft euphorisch. Es gibt ein nachgerade ansteckendes Wir-Gefühl. Neue Organisationsmitglieder geraten in den Sog dieses Gemeinschaftsgeistes. Gefahr für die Organisation entsteht durch unfertige, unpräzise Programme, die sich schnell wandeln können. Dadurch können Potential und Motivation der Organisationsmitglieder erodieren.

Die Adoleszenz (EIPa)
Die Organisation ist geschäftig wie ein Bienenkorb. Die Energie ist gerichtet, Programme werden entwickelt. Die Organisation ist fähig zu schneller Anpassung. Der Idealismus in der Organisation kann allerdings unrealistische Züge annehmen, Führungskräfte stehen hier in der Gefahr auszubrennen. Desillusionierung breitet sich aus. Organisationsmitglieder halten den hochverdichteten Betrieb nicht aus und verlassen die Organisation.

Das Erwachsenalter (EIPA)
Die Organisation ist „weiser" geworden. Zu den bisherigen Stärken {E,I,P} kommt der administrative Faktor. Höhere Sicherheit für die Mitglieder stellt sich ein. Konflikte treffen nicht mehr das „Mark", sondern geben Gelegenheit zu kreativen Auseinandersetzungen. Mit der zunehmenden Bürokratisierung verlieren die Organisationsmitglieder jedoch das Gefühl der Nähe und Verbundenheit. Beziehungen werden „neutraler". Die Erfahrung der Komplexität kann bedrücken, verwundbar machen. Man sieht mehr Konflikte als Lösungen.

Die Reifezeit (APIe)
Die Organisation „steht". Sie ist etabliert – mit Strukturen, Ordnungen, Ritualen etc. Das Gefühl der Stabilität, des Eigenwertes, der Kontinuität ist ihre Stärke. Die schon schwächer gewordene Energie hat ihre enthusiastischen Züge verloren. Die Kraft wird eher zur Sicherung der Organisation aufgewendet als zur Wahrnehmung der Umwelt und der Anpassung an sie.

Die Aristokratie (AIpe)
Die Chefetage dominiert die Organisation. Die Organisationsmitglieder sprechen wie ein „Old Boys Club" von alten Zeiten. Insiderkultur. Nach wie vor ist

die Organisation effizient. Aber es breitet sich ein Klima der Vorsicht aus; Ränge werden peinlich beachtet. Ein exklusiver „Verein" ist entstanden. Die „Mission" verschwimmt.

Die Bürokratie (Aiep)
Die Organisation wird sklerotisch. Träume und Visionen sind passé. Die Organisationsmitglieder sehen darauf, daß sie ihre Sache ordentlich erledigen – aber eben nur ihre Sache. Der Umgang untereinander ist rigid, von Vorschriften bestimmt – und belastet. Viele Verdächtigungen und Feindseligkeiten. Entsprechend defensives Verhalten. Systemprobleme werden personalisiert.

Der Tod (a)
Übrig bleibt nun allenfalls eine administrative Hülse. Die Organisation als produktive Einheit ist zerfallen.

2.4.11 Kräftefeld-Analyse KFA

Vorbemerkung
Die Kräftefeld-Analyse eignet sich sowohl zur Datensammlung als auch zur Diagnose und leitet adäquate Interventionen ein. Vor allem unter Beteiligung der Gruppe oder Organisation, die mit der Beratung zusammen ein Problem differenzieren und bearbeiten will, erweist sie sich als hilfreich.

Theoretische Informationen
Gruppen und Organisationen entwickeln Lebensstile, Verhalten, Verfahrensweisen und Organisationsformen, die in sich die Tendenz haben zu stagnieren. Dabei entsteht die Frage: Wie antworten wir auf Veränderungen? Wie verhalten wir uns gegenüber der Tatsache, daß sich unsere Umwelt mit ihren Ansprüchen, Bedürfnissen, Bedingungen verändert?

Ein Instrument, um herauszufinden, welche Einflüsse von außen und Motivationen von innen Verhaltensveränderungen bestimmen, ist die Kräftefeld-Analyse, die Kurt Lewin anhand seiner Feldtheorie entwickelte.

Im Zweiten Weltkrieg wurden Untersuchungen zu Eßgewohnheiten der Bevölkerung durchgeführt, um herauszufinden, wie man diese Gewohnheiten im Hinblick auf die Lebensmittelverknappung beeinflussen kann. Ein für unser Thema relevantes Ergebnis war die Einsicht, daß Menschen dann leichter neue Verhaltensweisen und Organisationsformen annehmen und entwickeln, wenn sie ihren eigenen Anteil erkennen, der zur Veränderung beitragen kann, und an der Entscheidung für die Veränderung beteiligt worden sind.

2. Beratung als Prozeß

Jede Situation kann man als ein Feld sehen, das ein künstlich aufrechterhaltenes Gleichgewicht (quasi stationäres Äquilibrium) zwischen hindernden und helfenden Kräften darstellt. Nichts geschieht von alleine oder ohne Auswirkung auf anderes. Alles ereignet sich in einem Kräftefeld.

Eine *Kraft* stellt in diesem Zusammenhang das dar, was Bewegung in diesem künstlich aufrechterhaltenen Gleichgewicht auslöst, produziert oder verhindert. Das *Feld* ist der Bereich, in dem eine Kraft wirkt. Es kann die Umwelt des Einzelnen, eine Organisation oder eine Gruppe und deren größerer Zusammenhang sein. In der Regel sind mehrere Kräfte im selben Feld wirksam.

Menschliches Verhalten wäre bis zu einem bestimmten Grad vorhersehbar und veränderbar, wenn man die Richtung und Stärke aller verschiedenen Kräfte analysieren könnte. Sicher ist ein solches Unterfangen zu komplex. Aber wir können versuchen, die Kräfte für jeweils ein bestimmtes Verhalten zu analysieren und entsprechende Schlüsse für Aktionen aus dieser Analyse zu ziehen. Dazu dient das nun beschriebene Vorgehen.

Ziel – Kräftepotential zur Veränderung in einer Gruppe bewußt machen und aktivieren.

Zeitbedarf – Nicht unter zwei Stunden

Verlauf
1. *Theorie* kurz vorstellen und erläutern, warum dieses Modell benutzt wird.
2. Die Gruppe benennt das *Problem*, das sie gemeinsam bearbeiten will.
3. Die Gruppe formuliert das *Ziel*, auf das hin eine Veränderung erfolgen soll.
4. Zu dieser Zielvorstellung werden die helfenden und hindernden *Kräfte* auf einer Wandzeitung aufgelistet.

Problem:
Ziel:

Helfende Kräfte	Hindernde Kräfte

Sie werden – zunächst ohne jegliche Bewertung – nach Zuruf aus der Gruppe in die beiden Spalten eingetragen. Als Kraft zählt alles, was Einzelne oder Mehrere als hindernd oder helfend erlebt haben. Es muß also nicht darüber abgestimmt oder eine Mehrheit hergestellt werden. Allerdings können als Kraft im Sinne dieser Kräftefeld-Analyse nur Daten gelten, die aus der Ist-Situation kommen, also nicht der Soll-Situation oder den Wünschen der Gruppe entstammen.

2.4 Die Diagnose

Dabei kann es vorkommen, daß dieselbe Kraft sowohl helfend wie hindernd erlebt wird. Dann muß sie auch in beiden Sparten eingetragen werden. Die Kräfte können sich auf verschiedene Bezugspersonen, -gruppen und -systeme richten:

- *auf mich selbst:* Konflikte, die ich mit meinen Wertvorstellungen habe; unterschiedliche Konzeptionen, vorhandene oder mangelnde Fähigkeiten;
- *auf andere:* z.b. vorhandene / fehlende Kommunikation; Mangel an Verstehen und Übereinstimmung; alles, was mit Beziehungen in der Gruppe zu tun hat;
- *auf die Organisation:* z.b. Kommunikationssysteme, Zeitorganisation, Informationsfluß, Ressourcen, Normen, Rollen, Ziele, Konflikte bei Entscheidungen;
- *auf Gesellschaft und Umwelt:* z.b. unterschiedliche Erwartungen, unterschiedliche Wertsysteme.

5. Kräfte gewichten

Nach Abschluß der Listen werden die hindernden Kräfte gewichtet: Welches ist – nach Meinung der Gruppe – die stärkste, welche die schwächste Kraft. Man kann diese Gewichtung durch Diskussion und Abstimmung vornehmen oder durch eine Skalierung von 0–5, die sich auch physisch in der Gruppe ausdrücken kann: dazu werden in einem Raum die Ziffern 0–5 (auf dem Boden oder an der Wand) verteilt. Die Gruppenmitglieder stellen sich bei jeder Kraft zu der Zahl, die am besten ihre Erfahrungen mit dieser Kraft darstellt. Null bedeutet dabei: keine Erfahrung mit dieser Kraft; fünf eine sehr starke Erfahrung mit dieser (positiven oder negativen) Kraft. Dieses Vorgehen hat den Vorteil, daß sich im Prozeß der Gewichtung schon Interaktionsprozesse in der Gruppe abzeichnen, die bei der Erstellung des Aktionsplans von Bedeutung sein können.

Man kann auch allen Gruppenmitgliedern 5–10 Klebepunkte geben, die sie nach eigener Wahl auf die jeweiligen Kräfte verteilen.

6. Hindernde Kräfte reduzieren

Welche hindernden Kräfte können reduziert werden? Mit welchen müssen wir uns abfinden, ohne etwas ändern zu können? In dieser Arbeitsphase wird bewußt an den hindernden und nicht an den helfenden Kräften gearbeitet. Denn: Verstärkung der helfenden Kräfte erzeugt in der Regel Gegendruck, verstärkt somit die hindernden Kräfte. Außerdem entsteht mehr Veränderungspotential in der Gruppe, wenn Kontakt zu den negativen Erfahrungen hergestellt wird.

7. Es wird ein Aktionsplan erstellt.

Was muß geschehen, wenn sich das Kräftefeld – durch Reduzierung der hindernden Kräfte – verändern soll?

Es wird konkret vereinbart, wer, was, mit wem, wie, bis wann tun wird.

Wer tut	Was	Wie	Bis wann

2. Beratung als Prozeß

8. Follow-up
Es wird ein Zeitpunkt verabredet, zu dem eine Überprüfung dieses Aktionsplanes, eine Entscheidung über das weitere Vorgehen und eine Auswertung des gesamten Planungsprozesses erfolgen soll.

Hinweise für die Moderation
1. Beim Auflisten der Kräfte strikt darauf achten, daß die jetzige Realität (Ist-Situation) der Organisation beschrieben wird, nicht das, „was schön wäre, wenn ...".
2. Beim Auflisten und Gewichten wird gelegentlich deutlich, daß sich das Problem verschiebt, sich also Problem- und Zielangabe verändern. Dazu muß dann eine neue Kräftefeld-Analyse erstellt werden.
3. Bei der Gewichtung der einzelnen Kräfte stellt sich manchmal heraus, daß eine Kraft ein ganzes Bündel von darunterliegenden Kräften darstellt. In diesem Fall empfiehlt es sich, dazu eine gesonderte Kräftefeld-Analyse zu erarbeiten.
4. Die Kräftefeld-Analyse kann als Instrument in vielfältiger Weise in der Beratung eingesetzt werden:
a) Mit ihrer Hilfe kann man erläutern, wie sich ein Veränderungsprozeß vollzieht: Vom „Frozen"-Stadium eines Dilemmas über den „unfreezing"-Prozeß der Veränderung im Kräftefeld (vom Auflisten, Gewichten, dem Reduzieren der hindernden Kräfte bis zum Aktionsplan), um schließlich zum „refreeze" im Follow-up zu kommen.
b) Die Kräftefeld-Analyse kann eingesetzt werden zur Datensammlung und Diagnose bei anstehenden Problemen.
c) Da sie gemeinsam mit einer Gruppe erarbeitet wird, stellt sie eine Intervention dar, die das Wahrnehmungs- und Problemlösungs-Potential in einer Gruppe und Organisation mobilisieren kann.

Die Kräftefeld-Analyse gehört zu den Instrumenten der Beratung, die eine Gruppe auch ohne BeraterIn weiterhin selbst zur Problemlösung anwenden kann.

2.4.12 Die Bürgergruppe

Ein Verfahren zur Datensammlung, Diagnose und Intervention

Der folgende Verfahrensvorschlag verdankt sich in seinen Grundzügen der Arbeit *Peter Dienels*. Was Dienel im Blick auf allgemeine gesellschaftliche Planungsprozesse entwickelt hat, wird hier in stark veränderter Form auf kirchliche Verhältnisse übersetzt. Bilanzierungs- und Planungsvorhaben werden in Kirchengemeinden normalerweise von einer kleinen Gruppe engagierter (oft über-

2.4 Die Diagnose

strapazierter) Gemeindemitglieder bewältigt. Was dabei verhandelt wird (werden muß), ist oft von erheblicher Bedeutung und betrifft nicht selten sogar die ganze Kommune. Bei dieser verantwortungsvollen Tätigkeit vermissen Gemeindegremien wie der Kirchenvorstand z.b. die Resonanz und Unterstützung derer, für die sie planen und entscheiden.

Die „schweigende Mehrheit" der kirchlichen Öffentlichkeit schaltet sich in Entwicklungsvorgänge und Lebensäußerungen der Gemeinden selten ein. Nicht aus Mangel an Sachverstand, auch weniger aus Desinteresse, wie immer wieder vermutet wird, sondern – so unsere Erfahrung – weil die herkömmlichen Planungs- und Entscheidungsprozesse ihre Mitbeteiligung geradezu verhindern. Das im Folgenden beschriebene Verfahren löst nicht das Problem zwischen Kern- und volkskirchlicher Gemeinde, aber es kann dabei helfen,

1. daß Gemeinden die Erfahrungen und Kenntnisse ihrer „Karteimitglieder" erheben, ernst nehmen und nutzen;
2. daß sie dabei ihre Unternehmungen ins öffentliche Bewußtsein rücken und somit
3. den volkskirchlichen Anspruch („Kirche für alle") wenigstens ansatzweise einlösen.

Unser Vorschlag sieht vor, daß eine Gruppe von Bürgern, die mehr oder minder zufällig ausgewählt worden sind, gemeinsam ein gemeindliches Problem bearbeitet und Lösungsvorschläge entwickelt. Wir nennen eine solche Planungs- bzw. Bilanzierungsgruppe „Bürgergruppe", damit ihr kommunaler Akzent deutlich bleibt.

Wann kann eine Bürgergruppe zusammengerufen werden?

Zur Arbeit einer solchen Bürgergruppe kann zusammengerufen werden,
- ☐ wenn eine Gemeinde ihre Arbeit öffentlich bilanzieren und Perspektiven für die Zukunft entwickeln will,
- ☐ wenn sie mit dem Wechsel von Mitarbeitern auch Konzepte neu überdenken will,
- ☐ wenn Vakanzen entstanden sind,
- ☐ wenn die Gemeinde aufgrund eines geringeren Budgets sich zur Einsparung von Arbeitszweigen / Maßnahmen / Personal genötigt sieht,
- ☐ wenn Bauvorhaben anstehen,
- ☐ wenn sich die Gemeinde städteplanerischen Aufgaben stellen muß u.ä.

Wie wird die Bürgergruppe zusammengestellt?

Vorweg klären Gemeindevertreter Thema und Ziel der einzuberufenden Bürgergruppe, ihre Zusammenkünfte, Moderation der Gespräche, gegebenenfalls Vergütung der Arbeit u. ä. Dabei lassen sie sich von folgenden Gesichtspunkten

2. Beratung als Prozeß

leiten: Die Bürgergruppe soll einen möglichst repräsentativen Querschnitt der Bevölkerung darstellen. Die Chance der Bürgergruppe besteht gerade darin, daß nicht wieder eine „sozial-aktive Elite" am Verhandlungstisch sitzt.

Für die *Auswahl der TeilnehmerInnen* empfiehlt sich von daher das *Zufallsprinzip* (je nach Lage der Dinge: mit Hilfe der Einwohnermeldekartei oder dem Gemeindeverzeichnis). Ein solches Zufallsverfahren wird oft für nicht realisierbar gehalten. Die Erfahrungen belegen jedoch, daß eine präzise Aufforderung zur Mitarbeit selten ihre Wirkung verfehlt. Sie löst bei den meisten Adressaten ein hohes Verantwortungs- und Verpflichtungsgefühl aus. Voraussetzung ist allerdings, daß die einladenden GemeindevertreterInnen wirklich Thema, Ziel und Dauer der Arbeit der Bürgergruppe klar formulieren und den Status der Bürgergruppe als Gutachtergruppe deutlich machen. Die Arbeit der Bürgergruppe gewänne zusätzliche Bedeutung, wenn ihre Mitglieder eine Gratifikation (eine Entschädigung) für ihre Arbeit erhalten könnten.

Die Bürgergruppe sollte nicht zu klein sein; unsere Empfehlung: 15–25 Personen. (Einzuladen wären erfahrungsgemäß dann 60–100 Personen)

Zur Unterstützung ihrer Arbeit braucht die Gruppe, gerade weil die TeilnehmerInnen unterschiedliche Erfahrungen im Blick auf Gesprächsführung, Verhandlungsstil und Planungsvorgänge haben, 1–2 ProzeßbegleiterInnen.

Funktionsträger einer Gemeinde sollten nicht Mitglieder der Bürgergruppe werden. Sie übernehmen vielmehr die Rolle der ExpertInnen, die die Bürgergruppe je nach Bedarf mit Informationen versorgen.

Wie arbeitet die Bürgergruppe?
(Ein Modell)

1. Phase: *Kennenlernen*
Die Gruppe konstituiert sich und macht sich miteinander bekannt (strukturierte Übungen unterstützen den Gruppenbildungsprozeß). Die Gruppe einigt sich auf Spielregeln. Die Themenstellung wird präzisiert. Die Gruppe bespricht den wahrscheinlichen Arbeitsablauf und verabredet Termine.

2. Phase: *Datensammlung*
Die Gruppe sammelt die zur Problemstellung vorhandenen Informationen und sichtet sie. Gegebenenfalls holt sie von „ExpertInnen" aus der Gemeinde bzw. aus der Kommune weitere Informationen ein. Sie ist frei in der Art ihrer Datensammlung (z.B. durch Hearings, durch Vorträge, durch Interviews).

3. Phase: *Datenverarbeitung*
Die Gruppe wertet die Informationen aus und sammelt – etwa in der Form eines Brainstormings – erste Vorschläge bzw. Lösungsideen.

4. Phase: *„Gutachten" formulieren*
Lösungsvorschläge werden auf ihre Konsequenzen hin bedacht und entsprechend sortiert. Die Gruppe formuliert ihre Lösungsideen genauer. Konkurrieren-

2.4 Die Diagnose

de Vorschläge sind zugelassen. Wenn die Lösungen dann zusammenfassend formuliert werden, kann es zur späteren Verständigung mit den Gemeindegremien nützlich sein, wenn auch die Entstehungsgeschichte der Vorschläge mitberichtet wird.

5. Phase: *Vermittlung*
Die Arbeitsergebnisse werden den zuständigen Gemeindegremien nahegebracht. Die Form dieser Vermittlung bestimmt sich nach dem Inhalt der Planungs- bzw. Bilanzierungsaufgaben. Wichtig ist auf jeden Fall, daß die Gemeindegremien nicht nur die Lösung erfahren, sondern auch deren Entstehungsprozeß erkennen können. Diese Phase braucht sehr viel Aufmerksamkeit, sonst gelingt nach unseren Erfahrungen der Ideentransfer schlecht.

6. Phase: *Abschluß*
Die Gruppe löst sich auf. Die Gemeinde überlegt, wie sie öffentlich der Bürgergruppe ihren Dank abstatten kann.

2.4.13 Das Gestaltthema: Figur und Hintergrund

Nach dem Prozeß der Datensammlung gilt es zu entscheiden, welches Thema in der Beratung Priorität erhält, was als Figur aus dem Hintergrund hervortritt. Oft werden wir ja in der Beratung mit einer Überfülle von Daten konfrontiert, die „alle gleich wichtig" seien. Eine Überfülle von Daten hat nicht nur etwas Lähmendes, sie nivelliert vor allem das Interesse, ohne das keine Figur- und Gestaltbildung möglich ist. Es geht also darum, herauszufinden, mit welchem Wahrnehmungs- Instrumentarium die Klienten ihre Probleme sehen. Hier sind vor allem Interventionen gefragt, die solche Energie mobilisieren, welche die Interessenlage der Klientenorganisation steuert und hervortreten läßt. Wie entscheidend das Interesse den Prozeß der Wahrnehmung steuert, der die Figur gleichsam aus dem Hintergrund hervortreten läßt, zeigen einige Beispiele:

■ Ein Alkoholiker, der eine Party besucht, wird in dem Raum als erstes die Bar sehen und ansteuern, weil dort sein primäres Interesse liegt.
■ Ein Liebender wird in demselben Raum vor allem die Frau sehen, die er liebt, alle anderen Menschen und Gegenstände werden ihm zum Hintergrund.

Aus denselben Linien formt unsere Wahrnehmung unterschiedliche Bilder. Wir sehen z.B. gestrichelte Linien als einen Kreis, obwohl er noch nicht als vollendeter Kreis gezeichnet ist. Gefördert wird der Wunsch nach Figurbildung und Gestaltfindung durch unser Drängen auf Vollendung. Hier wird zugleich unsere Fähigkeit ausgedrückt, einzelne Teile und gleichzeitig einen vielfältigen oder komplexen Hintergrund zu sehen. Deshalb ist es wichtig, das Klientensystem mit dessen eigenem Wahrnehmungsraster sehen zu lernen.

2. Beratung als Prozeß

Für die Beratung empfiehlt sich, auf die *Merkmale* zu achten, die die Beziehung zwischen Figur und Hintergrund stören, und entsprechend zu intervenieren, damit die Figur aus dem Hintergrund hervortreten kann. Solche Merkmale sind:

- Die Verwirrung, alles zugleich machen zu wollen, bzw. alle Probleme für gleich wichtig zu halten;
- der Mangel an sinnlichem Kontakt zwischen den Mitgliedern der Klientenorganisation und zu deren Umfeld;
- das Blockieren und Zurückhalten von Selbstausdruck, vor allem der negativen, schmerzlichen Erfahrungen;
- viel Nachdenken, Grübeln, sich Sorgen machen über das, was in anderen vorgeht, was andere meinen, oder was passieren könnte, was draußen ist, morgen, gestern, über die, die nicht da sind;
- Vorurteile, nicht überprüfte Annahmen und Vermutungen werden für die Realität gehalten;
- es werden keine Alternativen gesehen oder andere Optionen für die gegenwärtige Situation zugelassen.

Es ist eine allgemein menschliche Erfahrung, daß Menschen, die ihre Interessen verlieren, auf dem Weg zu einer Depression sind. In der Anwendung auf eine Organisation heißt dies: Leben und Gesundheit einer Organisation hängen davon ab, daß die Interessen der Mitglieder „Figur" bleiben und nicht mit dem Hintergrund verschmelzen, und das bedeutet für die Beratung, daß die Spannungen zwischen dem Interesse der Mitglieder und dem der Organisation bearbeitet werden.

Im Hinblick auf *Methoden* zur Figurbildung haben diejenigen Vorrang, die die Interessen der Mitglieder differenzieren und Energie freisetzen, die auch unterschiedliche Interessen hervortreten lassen, z.B.

- Die Übung „Probleme gewichten"
- Bei einer Überfülle von Daten: alle Probleme nennen lassen und mit Punkten, die die Prioritäten angeben, arbeiten lassen
- Eine Kräftefeld-Analyse erstellen
- Provozierende Thesen zu den gesammelten Daten formulieren und dazu Einzel-, Gruppen- und Plenumsarbeit gestalten
- Phantasiereisen und Körpermeditationen.

Auch Arbeiten mit Ton oder Geführtes Zeichnen können hier eingesetzt werden: Mit geschlossenen Augen bearbeiten die TeilnehmerInnen den Ton oder führen – mit beiden Händen – die Kohlestifte über das Papier. Dabei lassen sie sich von der Frage leiten: Was wird zur Figur?

Im Anschluß werden die Artefakte aus Ton bzw. die Zeichnungen mit einem Satz oder einem Titel beschriftet. So werden die hervorgetretenen Figuren benannt, und ein gemeinsames oder einige gemeinsame Themen werden gefunden.

2.5 Interventionen: Veränderungen planen und einleiten

2.5.1 Einführung 155
2.5.2 Schichtenmodell zur Bearbeitung von Konflikten 158
2.5.3 Eine Variante des Schichtenmodells 161
2.5.4 Das Gestaltthema: Das Experiment als Intervention 163

2.5.1 Einführung

Im Beratungsprozeß kommen BeraterInnen und KlientInnen nach Datensammlung und Diagnose an eine besonders kritische Schwelle. Es geht darum, die gewonnenen Einsichten in konkrete Maßnahmen, die zu erhoffften (manchmal auch gefürchteten) Veränderungen führen, umzusetzen. Ängste vor dem Handlungsschritt und vor der Verbindlichkeit können auf beiden Seiten entsprechende Interventionen verzögern, aufweichen oder gebotene Konsequenzen vermeiden. Vor allem BeraterInnen, die im Beratungsgeschehen in erster Linie einen Lernprozeß sehen, der um seiner selbst willen schon ein Ziel der Beratung sei, haben oft Schwierigkeiten, gezielte Interventionen einzusetzen. Aber man kann das Intervenieren als zentrale Aufgabe aller Beratung beschreiben.

Was sind Interventionen?
Als Interventionen im Beratungsprozeß kann man alle Aktivitäten der BeraterInnen bezeichnen. Schon jede Kontaktaufnahme durch Telefonate, Briefe oder Besuche der BeraterInnen im Klientensystem wirkt als Intervention. Die wichtigste Intervention ist die Präsenz der BeraterInnen, ihr Dasein mit Kontakt. Die bloße Anwesenheit einer außenstehenden Person kann schon die Struktur, die Kultur, das Selbstverständnis einer Organisation verändern. Deshalb brauchen alle BeraterInnen ein klares Bewußtsein ihrer Macht, mit der verantwortungsvoll umzugehen ist.
Insofern sind Interventionen ein bewußtes Eingreifen, „Dazwischentreten" der BeraterInnen in ein Geschehen oder in einen Prozeß; sie sind ausgerichtet auf ein formuliertes Ziel; sie nehmen Rücksicht auf die beteiligten Personen und deren Erfahrungshintergrund; sie sind auf ein überprüfbares Ergebnis angelegt.

2. Beratung als Prozeß

Immer wenn die BeraterInnen präsent sind, intervenieren sie durch ihr Verhalten, das bewußte Annehmen und Gestalten ihrer Rolle, durch das Äußern ihrer Ideen, durch Vorschläge, Fragen, Beobachtungen und Feedback. Interventionen finden während des gesamten Beratungsprozesses statt. Sie sollten immer darauf ausgerichtet sein, das Lösungspotential im Klientensystem zu mobilisieren und zu stärken, statt Entscheidungen über Ziele, Inhalte und Methoden des gewünschten Veränderungsprozesses selbst zu treffen.

Jede System-Intervention, die von KlientInnen akzeptiert oder entwickelt wurde, sollte deshalb folgende *Elemente* berücksichtigen:

1. Eine verständliche und präzise *Formulierung* des Problems, Themas oder Anliegens, dessentwegen interveniert wird; d.h. die Erfahrung oder die Situation, aus der die Idee für eine Intervention bei den BeraterInnen erwächst, sollte nicht nur erlebt, sondern auch benannt werden.

2. Ein klares erreichbares *Ziel*, das dem vom Klienten formulierten Wunsch nach Veränderung oder Entwicklung entspricht; d.h. eine Rückkoppelung an den mit der Klientenorganisation geschlossenen Vertrag.

3. Ein *Design*, das Möglichkeiten für experimentelles Lernen anbietet und Wege aufzeigt, die dieses Lernen in den Arbeitsalltag der Organisation integriert; dabei ist besondere Rücksicht zu nehmen auf alle beteiligten Personen: auf den Erfahrungshintergrund der Menschen in der Klientenorganisation (welche Sprache, welche Experimente und welche Methoden sind für diese Gruppe angemessen?) und auf die Kompetenz oder auch „Reife" der BeraterInnen.

4. Eine *Methode*, die die Intervention auswertet, bzw. ihre Wirkung meßbar macht.

Wie wird interveniert?

Dieses Handbuch enthält eine Fülle von Interventionen, die sich auf verschiedene Dimensionen der Beratung ausrichten. Sie beziehen sich auf
☐ verschiedene Phasen im Beratungsprozeß → 2.1 bis 2.6 (S. 51 ff)
☐ Einzel-Themen, die in der Beratung häufig vorkommen → 3.1 bis 3.9 (S. 182 ff)
☐ die unterschiedlichen Ebenen, wie sie im Schichtenmodell beschrieben sind.

In jedem Fall müssen die BeraterInnen eine Entscheidung treffen, ob sie im Hinblick auf
☐ die Struktur
☐ den Prozeß
☐ die Konzeption oder
☐ das Verhalten intervenieren wollen. Nicht zuletzt hängt die Intervention der BeraterInnen von ihrem Theoriekonzept (z.B. Gestalt, TZI, Psychoanalyse, TA etc.) und ihrer eigenen Kompetenz ab.

2.5 Interventionen

Veränderungen planen

Das Ziel jeder Beratung ist eine mit dem Klientensystem verabredete Veränderung. Sie geht aus von der Problematik, dem Leidensdruck, dem Veränderungswunsch, der das Klientensystem veranlaßt hat, Beratung in Anspruch zu nehmen. Sie richtet sich aus an der gemeinsamen entwickelten und formulierten Zielvorstellung. Natürlich geschieht Veränderung auch ohne Beratung, aber hier soll die im Beratungsprozeß systembezogene geplante Veränderung verhandelt werden.

Für die BeraterInnen empfiehlt sich, die verschiedenen Konzepte zu kennen, die der Planung von Veränderung zugrunde liegen, und sich dabei auch dessen bewußt zu sein, daß jede und jeder von uns inhärent sehr persönliche Vorstellungen und Einstellungen davon hat, wie verändert werden soll. Nicht zuletzt davon hängt das „Repertoire" von Veränderungsinterventionen ab, die den Beratungsprozeß mitsteuern.

Die verschiedenen Konzepte für die Planung von Veränderung

1. *Die empirisch-rationale Handlungsplanung*
Sie geht von der anthropologischen Grundannahme aus, daß Menschen rationale Wesen sind und sich durch – ihnen einsichtigen – Interessen zu Veränderung bewegen lassen. Für die BeraterInnen ist in diesem Modell die Information und Wissensvermittlung das wichtigste Vehikel für Veränderungen. Das heißt, sie setzen vorwiegend Informationen, Handbücher, Fortbildung, Seminare und Trainings im Beratungsprozeß ein.

2. *Das normativ-reedukative Planungsmodell*
Es geht einerseits von der anthropologischen Annahme aus, daß Menschen nur dann Veränderungen zulassen und unterstützen, wenn sie ihren Normen, Werten und Einstellungen entsprechen. Andererseits liegt diesem Modell die Überzeugung zugrunde, daß die Entwicklung der Persönlichkeit im Mittelpunkt der Veränderung steht; denn die Entwicklung von Systemen hängt an den Einzelpersonen, die sich entwickeln. Für die BeraterInnen sind hier gründliche Kenntnisse von gruppendynamischen Methoden und Lernprozessen wichtig. Das heißt, Veränderungen können nur da stattfinden, wo Betroffene und die Schlüsselpersonen (Alphafiguren) eines Systems so einbezogen werden, daß ihre Einsicht über die Annahme einer Veränderung entscheiden kann.

3. Ein weiteres Modell wird bestimmt durch *Utopien und Visionen.*
Es basiert auf der Grundannahme, daß soziale Systeme sich am ehesten durch Realutopien zu einer Veränderung bewegen lassen. Die Vision wirkt dann wie eine Art Magnet, auf die sich die zu verändernden Realitäten beziehen. Für die BeraterInnen ist es hier notwendig, Arbeitsweisen einer Zukunftswerkstatt zu kennen und solche Szenarien vorzustellen und entwickeln zu können. Dies hängt nicht zuletzt davon ab, ob die BeraterInnen selbst Utopien haben. Hierher

2. Beratung als Prozeß

kann auch die Aufarbeitung der Geschichte einer Organisation gehören, die unter dem Gesichtspunkt des Vorwärtsweisenden der Antezipation von Zukunft geschehen.

4. Veränderungen können auch durch *Sanktionen* erreicht werden.

Diesem Modell liegt die Annahme zugrunde, daß Systeme sich vor allem ändern durch den Einsatz von politischer, ökonomischer und moralischer Macht. Das kann institutionelle Macht sein, die durch Gesetze, Verordnungen, Notstandsgesetze etc. legitimiert wird. Man kann hier auch an Veränderungen denken, die durch den Einsatz oder Entzug von Prestige, durch Boykott oder Widerstandsformen der Gewaltlosigkeit, die Gefühle von Schuld und Scham erzeugen, durch den Entzug von Ressourcen herbeigeführt werden.

Bei der Entscheidung, von welchem Konzept bei dem Entwickeln von Interventionen ausgegangen werden soll, sind folgende Gesichtspunkte wichtig:
1. Wie kann dem Klientensystem am ehesten zu dem bei jeder Veränderung wichtigen Prozeß des unfreezing, des Auftauens, des Verlernens und Umlernens geholfen werden? (DEFG-Modell)
2. Jedes der gewählten Konzepte muß auf das Gesamtsystem, nicht nur auf Einzelpersonen oder einzelne Gruppen bezogen sein.
3. Welche Fähigkeiten und Kenntnisse haben die BeraterInnen selbst? Sind sie so vertraut mit den unterschiedlichen Modellen, daß sie souverän involviert und zugleich in der Funktion der Außenstehenden bleiben können?

In der Praxis sind diese Konzepte meist nicht puristisch anzuwenden, sondern mischen sich.

2.5.2 Schichtenmodell zur Bearbeitung von Konflikten

Die meisten Konflikte und Probleme haben verschiedene Schichten. Dies verrät schon die Sprache. Wenn in einem Beratungsprozeß gesagt wird: „Das Problem sitzt tiefer", verbindet sich damit die Vorstellung, daß Probleme immer schwieriger zu lösen sind, je „tiefer" sie sitzen. Davon geht das hier beschriebene diagnostische Instrument aus, das wir Schichtenmodell nennen.

Mit seiner Hilfe sollen die BeraterInnen zusammen mit den KlientInnen die unterschiedlichen Schichten des Problems verstehen und analysieren. Dabei gelten als die zwei wichtigsten Grundsätze:
A) Die Bearbeitung von Problemen beginnt immer auf der Ebene 1 und geschieht von oben nach unten.
B) Nur so weit nach unten wie nötig, nicht wie möglich! – Denn in der Beratungspraxis erfahren wir immer wieder, daß Probleme oft deshalb nicht (mehr) lösbar sind, weil alle Beteiligten sich auf der untersten Schicht „festgebissen" haben.

2.5 Interventionen

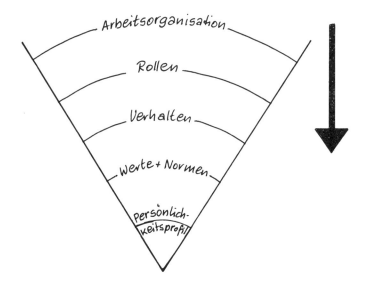

Im Folgenden werden die einzelnen Schichten beschrieben:

1. Schicht: *Arbeitsorganisation*
Hier geht es um alle Daten und Bedingungen der Arbeitsorganisation:
a) Wie ist der Arbeitsplatz gestaltet: z.b. Licht, Luft, Zimmertemperatur, Atmosphäre, Sitz-und Tischanordnung?
b) Arbeitsbedingungen: Wie wird bezahlt oder gibt es andere Formen der Anerkennungen, z.B. für Ehrenamtliche; Arbeitszeit, Dauer von Sitzungen, Berufsweg, Ferien etc?
c) Hilfsmittel: Ist alles da, was zur Arbeit nötig ist, wie technische Ausstattung, Büromaterial, Geräte, Noten etc. Protokolle, Getränke; wer hat Schlüssel, Zugang zu Räumen, zum Siegel etc.?

2. Schicht: *Rollen*
Wie wird Arbeit geteilt? Wer übernimmt welche Rollen bei Sitzungen (Moderation, Information, Auswertung etc.)?
Wie klar sind die Arbeitsaufträge und -verträge? Bei Hauptamtlichen, zwischen Haupt- und Ehrenamtlichen? Wie sind die Kompetenzen verteilt: Wer kann entscheiden, und wie ist die Entscheidungs- und Verantwortungskompetenz organisatorisch eingebunden? Ist die Rollenaufteilung abgedeckt durch erforderliche Fähigkeiten, Fertigkeiten und Kenntnisse? Wer verfügt über Schlüssel, hat Zugang zu Räumen, Hilfsmitteln, Telefon etc.? Wie sind Privilegien verteilt?

2. Beratung als Prozeß

3. Schicht: *Verhalten*

Welcher Leitungsstil wird praktiziert? Gibt es mehrere gleichzeitig, die sich vielleicht gegenseitig lähmen oder miteinander konkurrieren? Gibt es wiederkehrende Verhaltensmuster, z.b bei der Übernahme bestimmter Rollen wie: Führen, Opponieren, sich als AußenseiterIn, Exoten, KlimaspezialistIn etc. zu verhalten? Oder: Manche in der Organisation sind impulsiv, zögerlich, initiativ, reaktiv, abwartend, vielredend, schweigsam etc.

Gibt es typische Verhaltensmuster wie Flucht: Rückzug, Krankheit, Schweigen, Abwesenheit, Kündigung, Rücktritt? Oder Kampf, der verbal oder nonverbal ausgetragen wird durch Gewinner – Verlierer – Verhalten, durch topdog-underdog-Verhaltensmuster? Oder durch Spiel: so tun als ob, nicht ernst nehmen, uneigentliches Verhalten, blöde Sprüche?

4. Schicht: *Werte und Normen*

Sie sind relativ tief verwurzelt in den Einstellungen der Menschen, sind manchmal unbewußt und werden oft nicht verbalisiert. Denn sie gehören zum sehr persönlichen und intimen Bereich jedes Menschen. Werte und Normen drücken sich am deutlichsten aus in Fragen des Glaubens und der Religion; in der Einstellung zu Sexualität und Geld; in politischen Überzeugungen.

Welche persönlichen Ziele, Überzeugungen, Einstellungen, Vorurteile, Maximen, Lebensregeln und Menschenbilder werden durch welche Werte und Normen in dieser Organisation bestimmt? Was ist die Kultur und „Philosophie" dieser Organisation?

5. Schicht: *Persönlichkeitsprofil*

Jeder Mensch hat ein eigenes unverwechselbares Persönlichkeitsprofil. Hier sind die prägenden Merkmale gemeint, die die Besonderheit einer Person kennzeichnen. Etwas schematisierend lassen sie sich den vier Grundformen (nach F. Riemann) zuordnen: der depressive, schizoide, zwanghafte oder hysterische Typ.

Es steht zu erwarten, daß in jeder Organisation, in jedem Kirchenvorstand unterschiedliche Persönlichkeitsprofile vertreten sind. Deshalb können folgende Fragen bei der Diagnose helfen: Welche Anteile dieser Grundformen sind bei den an einem Konflikt beteiligten Personen vertreten? Gibt es gerade deshalb Unverträglichkeiten, Spannungen, vielleicht auch gegenseitige Zuschreibungen, die die Zusammenarbeit erschweren? Gibt es sogenannte „Schwierige Personen", die Symptome der Organisation übernommen haben oder zum Sündenbock gemacht werden?

Immer spielen bei diesen Prägungen die persönliche Lebensgeschichte, die eigene Sozialisation eine Rolle. Dieser sehr persönliche Bereich kann im Rahmen der Diagnose generell skizziert werden, sollte aber nicht Gegenstand einer persönlichen Bearbeitung in der Gruppe oder Organisation sein.

2.5 Interventionen

2.5.3 Eine Variante des Schichtenmodells *

Vorbemerkung – Organisationen, obwohl künstlich geschaffen, lassen sich mit lebenden Organismen vergleichen. Dies gilt sowohl für ihre *Widerstandsfähigkeit* – sie grenzen sich gegen die Umwelt ab, sie „igeln sich ein", „machen die Schotten dicht"; nehmen aus der Umwelt oft nur das auf, was zu ihrer Erhaltung dienlich ist usw. – wie auch für ihre *Sensibilität*: kleine Eingriffe an der Peripherie des Organisationsgeschehens können erstaunliche Wirkungen haben; Wirkungen von Interventionen sind generell nur begrenzt prognostizierbar. Vieles läuft also auf „Versuch und Irrtum" hinaus, braucht daher beraterische Behutsamkeit, die das Eigenleben der Organisationen achtet.

Organisationelle Problemlagen lassen sich dementsprechend nur mit Einschränkung systematisieren und bestimmten Bereichen oder Ebenen der Organisation zuordnen. Modellhaft soll dennoch im Folgenden ein ordnender Versuch unternommen werden – zur Orientierung darüber, welche „Ebenen" der Organisation welcher beraterischen Anstrengung bedürfen.

Variante des Schichtenmodells

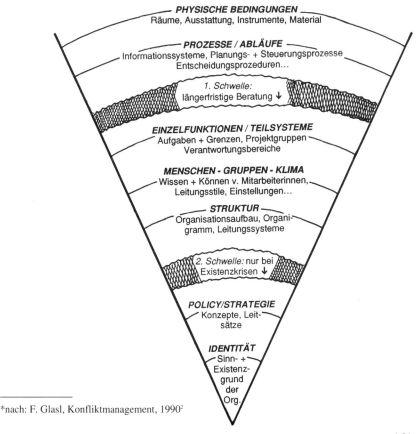

*nach: F. Glasl, Konfliktmanagement, 1990²

2. Beratung als Prozeß

■ *Zu Ebene 1 und 2*

Organisationen sind im Blick auf die „physischen Bedingungen" ohnehin im ständigen Umbau. Wenn in der Beratung nun Probleme diagnostiziert werden, die mit Veränderungen auf dieser Ebene unter Umständen behoben werden können, sind Umsetzungsschwierigkeiten kaum zu erwarten. (Es sei denn: bestimmte äußere Faktoren symbolisieren etwa die Identität einer Organisation!) Gleiches wie für Ebene 1 gilt auch für Ebene 2.

Beratung auf diesen beiden Ebenen hat oft den Charakter von Fachberatung, bestimmt von einer rationalen Strategie. Unter Umständen zieht eine Organisation daher auch eher Experten z.b. für Büroorganisation oder Informationstechnik heran; diese können die Lage sondieren und ihrem Fachwissen entsprechende Verfahrensvorschläge vorlegen. Organisationsentwicklungs-orientierte Beratung ist dabei manchmal fehl am Platze.

■ *Zu Ebene 3, 4 und 5*

Auf den nächsten Ebenen sind stärkere, „tiefere" Eingriffe vonnöten. Sie sind nur möglich, wenn das Klientensystem unter entsprechend starkem Problemdruck steht und längerfristige Beratung „in Kauf" nimmt. Bei Ebene 3 geht es um Aufgaben, Kompetenzen, Verantwortlichkeiten von organisationellen Teilbereichen wie Gremien, Projektgruppen, Kommissionen, Abteilungen. Da hier u. U. an der „Lokalidentität" gerüttelt werden muß, ist mit Abwehr zu rechnen. Noch deutlicher wird das auf Ebene 4 und 5. Mit Ebene 4 ist die kommunikative und fachliche Kompetenz der Mitarbeitenden angesprochen; hier muß u.U. in die Personalförderung investiert werden, um die notwendigen fachlichen und – was meist schwieriger ist – kommunikativen Qualifikationen herauszubilden. Schon zeitlich handelt es sich dabei um ein umfängliches Unterfangen. Vom Beratungssystem wird verlangt, daß es Lernprozesse nicht nur in Gang setzen, sondern auch längerfristig strukturieren kann – etwa durch den Aufbau eines Personalförderungs-Systems. Ebene 5 betrifft das Organisationsdesign: Wie muß die Organisation im Blick auf ihre Leitungssysteme und arbeitsteiligen Prozesse gestaltet werden, damit unter Wahrung eines menschlichen Optimums ein Maximum an Effizienz und Effektivität erreicht wird? Eine derart weitreichende Intervention nötigt das Beratungssystem zu umfassender Recherche mit vielen Kontakten zu möglichst allen Organisationsbereichen und zu einem behutsamen Vorgehen – auf der Basis breiter Erfahrung, wie Organisationen des jeweiligen Typus günstig aufgebaut werden können. Also: maßgeschneiderte Lösungen mit Wissen um die „Konfektion".

■ *Zu Ebene 6 und 7*

Die Ebenen 6 und 7 betreffen das „Herz" der Organisation. Ebene 6: Was ist die besondere Aufgabe / Leistung der Organisation auf einem gegebenen oder zu entwickelnden Markt? Ebene 7: Was macht das Wesen der Organisation aus? Welchen Sinn verkörpert sie in einer gegebenen Umwelt? Die Ebenen 6 und 7 sind kaum zu differenzieren; denn eine strategische Veränderung wird nicht ohne einen Wandel der Identität vonstatten gehen – und umgekehrt. An solche Fragen wird eine Organisation sich nur wagen können, wenn ihre Existenz bedroht ist. Sie muß daher vom Beratungssystem verlangen, daß dieses zu einer genaueren Marktkenntnis, zu einem gründlicheren Verständnis der gesellschaftlichen Situation beitragen kann und zur Erarbeitung einer gemeinsamen geteilten Vision fähig ist. Im Bild gesprochen: Das Beratungssystem muß dabei in der Art des „Propheten" auftreten, der über Deutungsmacht und seherische Kraft verfügt bzw. beides mit dem Klientensystem zusammen mobilisieren kann.

2.5.4 Das Gestaltthema: Das Experiment als Intervention

Interventionen im Sinne der Gestaltarbeit zielen eher auf Experimente im Hier und Jetzt als auf Diskussionen über mögliche Aktionen oder Interpretationen der Vorgänge. Sie haben also in der Regel nicht die „großen Lösungen" eines Problems im Auge, sondern sie verblüffen oft durch ihre Einfachheit. Als „Experiment" geben sie dem Klienten die Möglichkeit, *neue* Verhaltens- und Denkweisen auszuprobieren, Optionen zu entdecken, wo es nur *festgefahrene* Verhaltens- und Denkmuster oder ausweglose Situationen zu geben schien. Die Entdeckung von Optionen setzt Veränderungsenergie frei, auch wenn die Option nicht systemrelevant umgesetzt werden kann. Insofern ermöglicht ein Experiment mindestens eine neue Sichtweise des alten Problems.

Experimente, die durch Gestaltinterventionen angeregt werden, zielen vor allem auf:

- ☐ Kontakt ermöglichen und intensivieren
- ☐ die Wahrnehmungsfähigkeit verbessern
- ☐ bestehende Grenzen bewußt machen und ggf. verändern

Beispiel – Eine Leiterin beklagt sich, in den Mitarbeiterbesprechungen höre ihr niemand richtig zu. Sie berichtet dies in einer langweiligen, farblosen Stimme. Sie wird daraufhin aufgefordert, nur noch weiterzusprechen, indem sie mit einer anderen Person Augenkontakt macht und hält. Stimme und Präsenz verändern sich sofort. Die „Hausaufgabe", Augenkontakt bei jeder sich bietenden Gelegenheit zu praktizieren, erweist sich als Entdeckung für verändertes Führungsverhalten.

Jedes Experiment erfordert die nachträgliche Reflexion und die Einbindung der gemachten Erfahrungen ins System; d.h. es muß eine Verbindung zwischen dem Experiment und dem nachfolgenden Darüberreden – z.B. über mögliche organisatorische Konsequenzen – hergestellt werden. Dadurch wird der Mensch oder die Gruppe vom „verdummenden Einfluß einer passiven Spekulation" befreit (Polster, 219).

2. Beratung als Prozeß

Die wichtigste Intervention der GestaltberaterInnen ist ihre Präsenz: Dasein mit Kontakt. Gestalt-Interventionen unterstützen das Ziel, dem Klienten zu helfen, „sich selbst Ausdruck zu verleihen" (F. Perls), Kontakt herzustellen und Verantwortung zu übernehmen.

Der Mut zu diesen Interventionen speist sich aus der Dialektik von Verunsicherung und Ermutigung. Manipulative Methoden gehören nicht in den Gestalt-OE-Prozeß. Deshalb sollte die Zielvorstellung der Intervention deutlich sein, auch wenn die Methoden nicht immer erklärt oder vorher begründet werden können. Eine andere Dialektik liegt in der Zielgerichtetheit der Beratung und dem Wunsch nach Partizipation der Klienten, dem Selbstvertrauen der BeraterInnen und dem Ziel, die Verantwortung für ein Experiment mit den Klienten zu teilen.

Es gibt verschiedene *Formen des Experiments:*
- Darstellen und Dramatisieren unerledigter Situationen, nicht gelebter Seiten, Ansichten, Charakteristika;
- Gelenktes Verhalten, um etwas Neues oder bisher Unbewußtes auszuprobieren, eine Erfahrungssituation herzustellen, durch Übertreiben von Bewegungen, Lautstärke in der Stimme, Flüstern, Durch-die-Zähne-Sprechen, Hand vor den Mund halten etc.;
- Phantasie mobilisieren durch Phantasiereisen, Meditationen, fiktive Dialoge etc.;
- Traumarbeit: Träume erzählen, spielen, ergänzen. Dabei Es-Sprache in Ich-Sprache, Vergangenheit oder Zukunft in Gegenwart verwandeln;
- Hausarbeit verabreden: Die durch Experimente in der Beratung gemachten Erfahrungen im Alltag wiederholen, verstärken; z.B. durch:
- Veränderte Sitzungsgestaltung;
- ein bestimmtes Reizthema 4 Wochen lang mit niemanden innerhalb und außerhalb des Teams verhandeln;
- mit Augenkontakt, oder lauter, oder aufgerichtet sprechen;
- bestimmte Bewegungen in bestimmten Situationen machen, Durchatmen lernen;
- jeden Tag einem Menschen mitteilen, was ich gut an mir finde;
- Gegensätze, Ambivalenzen, Polarisierungen verdeutlichen, eventuell übertreiben, auf zwei Stühlen ausagieren;
- Differenzieren;
- Alternativen erproben;
- Statt „wir" „ich" sagen; statt „ich sollte", „ich müßte" – „ich werde", „ich will" etc.

Man kann mit der Klientengruppe oder einzelnen Personen daraus „Hausaufgaben" verabreden, bei welchen die durch Experimente in der Beratung gemachten Erfahrungen im Alltag wiederholt und verstärkt werden.

2.6 Abschluß der Beratung

2.6.1 Einführung   165
2.6.2 Auswertungsprozesse organisieren   166
2.6.3 Hinweise zur Auswertung – Was wird wozu und von wem ausgewertet?   167
2.6.4 Fragebogen zur Auswertung einer Gemeindeberatung   170
2.6.5 Der Follow-up-Prozeß – Erfahrungen und Hypothesen   172
2.6.6 Der Abschied braucht eine Gestalt – Verschiedene Vorschläge   173
2.6.7 Das Gestaltthema: Widerstand   175

2.6.1 Einführung

Im Abschlußprozeß der Beratung sollten folgende Faktoren berücksichtigt und sichtbar werden:

☐ Die BeraterInnen nehmen deutlich erkennbar ihre Energie und ihr Engagement zurück, indem sie bisher wahrgenommene Rollen und Aufmerksamkeit an die Klienten abgeben. D.h., es muß ein Setting geschaffen werden, das sichtbar macht: *Die BeraterInnen werden überflüssig.* Die BeraterInnen nehmen keine neuen Themen zur Bearbeitung auf; diese werden höchstens als Unerledigtes benannt. Die Energieverteilung schichtet sich um; der Energiepegel nimmt bei den Klienten zu, bei den Beratern ab.

☐ *Ergebnisse*, Folgerungen, verabredete Maßnahmen werden dokumentiert.

☐ Es wird entschieden, was mit den *Dokumentationen* geschehen soll: Wer muß wie informiert werden?

☐ Die eigentliche *Auswertung* (Form und Inhalt) wird verabredet.

☐ Es wird geklärt, ob es in angemessenem zeitlichen Abstand ein *Follow-up* geben soll.

☐ Der *Abschied* braucht eine Gestalt.

2.6.2 Auswertungsprozesse organisieren

Ein gut organisierter Auswertungsprozeß trägt viel dazu bei, daß sich
- [ ] die Gestalt schließt
- [ ] die BeraterInnen überflüssig werden
- [ ] Unerledigtes zu Ende gebracht oder benannt wird
- [ ] etwaige Abhängigkeiten aufgelöst werden können
- [ ] die Verantwortung für eventuelle Follow-up Prozesse deutlich wird.

Beim Planen von Auswertungsprozessen sollten folgende *Dimensionen* berücksichtigt werden:

1. Wozu soll die Auswertung dienen?
- [ ] Soll sie den zeitlichen und finanziellen Aufwand der Beratung rechtfertigen?
- [ ] Wollen die BeraterInnen daraus lernen für ihre künftige Arbeit?
- [ ] Will die Klientenorganisation Vergewisserungen erhalten?
- [ ] Soll der Abschied gelingen?
- [ ] Muß eine vorgesetzte Stelle informiert werden?

Die Beantwortung solcher Fragen entscheidet darüber, welche Daten erhoben werden sollen.

2. Wer wird die Auswertung vorbereiten und moderieren?
- [ ] Übernehmen die BeraterInnen oder die KlientInnen diese Aufgabe?
- [ ] Soll die Auswertung durch eine externe Person oder Instanz gemacht werden?
- [ ] Oder gibt es eine gemischte Moderation dieses Prozesses?

3. Was soll ausgewertet werden?
- [ ] Die Erreichung der ursprünglich verabredeten Ziele?
- [ ] Die Effizienz der Beratung?
- [ ] Die Zufriedenheit, „Gesundheit", die jetzige Gestalt der Klientenorganisation?
- [ ] Welche Veränderungen sollen angeschaut werden: Veränderungen im Verhalten der Beteiligten, in ihren Einstellungen, ihrer Arbeitsweise, institutionelle Veränderungen?

Bei der Entscheidung über die Auswahl der Daten muß darauf geachtet werden, daß nicht alles meßbar gemacht werden kann; deshalb Vorsicht vor Quantifizierungsmethoden und -instrumenten!

4. Wo, wie, und von wem sollen Auswertungsdaten erhoben werden?
- ☐ Werden einzelne, Gruppen oder ein Plenum befragt?
- ☐ Alle Fragen, die der Auswertung dienen, sollen klar, offen und durchsichtig sein.
- ☐ Vorsicht vor Zudringlichkeiten in der Fragestellung ist geboten.
- ☐ Manchmal empfiehlt es sich, ein Diagnoseinstrument, z.B. das Sechs-Felder-Modell von Weisbord, sofern es im Verlauf der Beratung benutzt wurde, auch zur Auswertung anzuwenden.
- ☐ Wenn dieselben Auswertungsinstrumente schon im Verlauf eines Beratungsprozesses benutzt werden, empfiehlt sich ein Vergleich und eine Zusammenstellung am Ende.

5. Wie sollen die Auswertungsdaten verwendet werden?
- ☐ Wem gehören sie?
- ☐ Wer soll sie erhalten?
- ☐ Sind Abschlußberichte verabredet worden?
- ☐ Wer übernimmt die Verantwortung für eventuelle Protokollierungen, Veröffentlichungen oder eine Follow-up-Überprüfung?
- ☐ Wie werden ggf. verabredete Kriterien für Vertraulichkeit und Berichtspflicht eingehalten?

2.6.3 Hinweise zur Auswertung

Was wird wozu und von wem ausgewertet?

Auswertungen sind generell wichtig für die Effizienzkontrolle und für das In-Gang-Setzen von Gesprächen über Befriedigung, Frustration, Erwartungen, Enttäuschungen, Zielen usw. der an einem Prozeß Beteiligten.
Im Laufe eines Beratungsprozesses finden Auswertungen zu verschiedenen Zeitpunkten und mit verschiedenen Personenkreisen statt.

I. Auswertungen von Aktivitäten des Klienten

Diese Auswertungen setzt das Beratungsteam in Gang, es hilft dem Klienten, die Daten zu verarbeiten. Hierher gehören Sitzungen des Kirchenvorstands, der hauptamtlichen MitarbeiterInnen und anderer Gruppen, ferner Arbeitswochenenden, Seminare usw.

2. Beratung als Prozeß

Ziel dieser Auswertungen ist das Klären von Prozessen innerhalb der Klientengruppe. Im Lauf eines Beratungsprozesses sollten die betroffenen Gruppen diese Auswertungen so schätzen lernen und im Umgang mit unterschiedlichen Auswertungsmethoden so sicher werden, daß sie die Auswertung von Sitzungen usw. auch in Abwesenheit des Beraterteams selber regelmäßig durchführen.

Instrumente dafür sind z.b. die in Teil 3 abgedruckten Formulare:
☐ Auswertungsfragen am Ende einer Sitzung / eines Kurses (S.
☐ Auswertungsformular zum Gruppenverhalten (S.
☐ Bewertungsskala für Team-Entwicklung (S.
☐ Fragebogen zum Klima in einer Organisation (S.
☐ Vier Auswertungsskalen für Mitarbeitergruppen (S.
☐ Auswertungsformular zur Arbeitsatmosphäre (S.

Solche Auswertungen haben immer auch eine diagnostische und auf die Zukunft gerichtete Funktion.

II. Auswertung von Kontakten zwischen Klient und Beratungsteam

a) Beim Klienten dienen solche Auswertungen, die eher in Form von Gesprächen als mit Hilfe von Auswertungsinstrumenten geschehen, der Klärung der Arbeitsbeziehungen zwischen Klient und Beratungsteam. Sie beziehen sich auf die Effektivität der Interventionen des Beratungsteams, und Fragen wie „Was war hilfreich?", „Was war hinderlich?" spielen dabei eine Rolle.
  Eine genaue Unterscheidung zu den unter I. genannten Auswertungen ist dabei wichtig, weil es sich aus der Sicht einer Gruppe mitunter um dieselbe Arbeitseinheit handelt, und die BeraterInnen zwei Auswertungen in Gang setzen: die Auswertung einer Sitzung z.B. bringt eine Gruppe dazu, sich mit ihren eigenen Daten (Gefühlen, Effektivität, Leitungsstil usw.) zu beschäftigen und auseinanderzusetzen. Die hier gemeinte Auswertung jedoch fragt danach, wie hilfreich diese Beschäftigung mit den eigenen Daten von der Gruppe empfunden wurde, und leitet ein Feedback der Gruppe auf die Intervention des Beratungsteams ein.

b) Eine Auswertung dieser Interventionen bzw. der Klientenkontakte findet ferner bei der Supervision statt. Hier geht es dann z.B. darum, was die BeraterInnen mit ihrer Intervention erreichen wollten und was sie tatsächlich erreicht haben.

III. Auswertung des Beratungsprozesses

a) *Zwischenauswertung:* Sie findet etwa in der Mitte des Beratungsprozesses statt bzw., da die Dauer ja nicht genau vorhersehbar ist, nach einem markanten Punkt des Prozesses, nach dem das Interesse an der Beratung häufig sowieso etwas nachläßt. In einer solchen Phase verlangsamter Gangart ist es für beide Teile nützlich, mit Hilfe eines Fragebogens eine Zwischenbilanz zu machen, den gegenwärtigen Stand des Problems mit dem zu Beginn der Beratung zu vergleichen, den Vertrag zu überprüfen usw.

Es empfiehlt sich, den Fragebogen zusammen mit einer Chronik der Ereignisse in genügender Anzahl so bald wie möglich an die Klienten-Gruppe zu schicken und um Rücksendung innerhalb einer festgesetzten Frist zu bitten. Der/die Beantwortende kann dabei anonym bleiben, er/sie sollte jedoch seine/ihre Funktion innerhalb der Gemeinde sinngemäß angeben. Das Beraterteam stellt die Daten zusammen und schickt sie an den Klienten zurück, gemeinsam mit einigen Perspektiven für die Gemeindearbeit und den denkbaren Fortgang des Beratungsprozesses.

b) *Schlußauswertung:* Sie dient der Rückschau, der Bilanzierung des Beratungsprozesses, ist eine Effizienzkontrolle für die BeraterInnen und signalisiert die endgültige Trennung der Beratung von den Klienten (vgl. den Entwurf eines Fragebogens für die Schlußauswertung, er erhebt im ersten Teil Daten über die Gemeinde, im zweiten Teil Daten über den Beratungsprozeß und ein Feedback für die BeraterInnen). Die Technika der Versendung sind dieselben wie unter IIIa: Chronik beifügen, Rücksendung innerhalb einer bestimmten Frist erbitten usw.. Es ist nicht nur der Sinn der Auswertung, die Ergebnisse aufzulisten, sondern auch, Entscheidungen darüber möglich zu machen, wie die in Gang gekommenen Veränderungen institutionalisiert werden können, d.h. wie sie vom Klienten selber festgehalten und fortgesetzt werden.

2. Beratung als Prozeß

2.6.4 Fragebogen zur Auswertung einer Gemeindeberatung

Schlußauswertung der Gemeindeberatung in

Ich bin MitarbeiterIn ☐

Ich bin KirchenvorsteherIn ☐

Ich bin Sonstige / Rolle ☐

1. Welche Ihrer Erwartungen an die Gemeindeberatung sind in Erfüllung gegangen?

2. Welche Ihrer Befürchtungen sind eingetroffen?

3. Was hat die Gemeindeberatung bewirkt?

(a) für Sie persönlich:

(b) für Ihre Zusammenarbeit:

(c) für Ihr Zugehörigkeitsgefühl zu dieser Gemeinde:

(d) für Ihre Mitverantwortung für die Gemeinde:

(e) für Ihr Verständnis von Kirche und Gemeinde:

(f) im organisatorischen Bereich (z.B. für Ihren Arbeitsbereich, für die Zeiteinteilung, die Arbeitsaufteilung, den Informationsfluß, Vorbereitung und Verlauf Ihrer Treffen, Sitzungen usw.):

2.6 Abschluß der Beratung

4. An welchen Sachfragen und Problemen hat die Gemeindeberatung gearbeitet?

5. Wie haben sich diese Sachfragen und Probleme seit dem Beginn der Gemeindeberatung entwickelt?

6. Ich möchte mich in Zukunft dafür einsetzen, daß ...

7. Erinnerung an das Berater-Team (Einzelheiten erwünscht)
   Das Teammitglied war

   (Namen einsetzen   förderlich, als er / sie ...   hemmend, als er / sie ...

   1.
   2.
   3.
   4.

8. Erinnern Sie sich an einen besonders nützlichen Beitrag der BeraterInnen?

9. Erinnern Sie sich an einen besonders störenden Beitrag der BeraterInnen?

10. Würden Sie anderen Gemeinden, die ähnliche Probleme haben wie Ihre Gemeinde, empfehlen, die Gemeindeberatung in Anspruch zu nehmen?

11. Ich möchte noch Folgendes hinzufügen:

Datum:

2.6.5 Der Follow-up-Prozeß
Erfahrungen und Hypothesen

Unter Follow-up verstehen wir einen Evaluationsprozeß, der in einem deutlichen zeitlichen Abstand (6–12 Monate) auf eine abgeschlossene Beratung erfolgt. Dieser Prozeß dient zur Überprüfung der Ergebnisse und Folgen der Beratung; er berücksichtigt damit die Erfahrung, daß in der Beratung eingeleitete Veränderungen unerwünschte Nebenwirkungen entfalten können und ggf. einer „Nachjustierung" bedürfen. Das heißt, daß ein Follow-up mehr als eine freundliche wechselseitige Aufmerksamkeit bedeutet; es ist selber eine Beratungsintervention, die mit Umsicht zu handhaben ist.

Follow-up's bergen eine Fülle von Ambivalenzen, die hier nur angedeutet werden können.

Aus der *Sicht des Klientensystems* könnte ein Follow-up nämlich z.B. heißen:
☐ Wir / Unsere Probleme werden ernst genommen.
☐ Das Beratungsteam will für die Folgen seiner Interventionen einstehen.

Aber auch:
☐ Uns wird nicht zugetraut, mit den Folgefragen der Beratung fertig zu werden.
☐ Das Beratungsteam will uns kontrollieren.
☐ Es kann nicht loslassen und will seine Sicht der Organisation zum Zuge bringen.
☐ Es will einen Anschlußvertrag.

Entsprechend problematisch kann aus der *Perspektive des Beratungssystems* ein Follow-up aussehen:
☐ Wir wollen im Spiel bleiben und können den Klienten nicht sich selbst überlassen.
☐ Wir halten unsere Auffassung von der beratenen Organisation und der zu vollziehenden Entwicklung für die allein richtige.
☐ Wir kommen im Follow-up-Gespräch in die zwiespältigen Rollen der fordernden, vorwurfsvollen oder lobenden LehrerInnen.
☐ Ohne deutlichen Auftrag setzen wir die Beratung fort und wollen unsere „Schäfchen ins Trockene" bringen.
☐ Wir schreiben die Organisation auf den Zustand zur Zeit der Beratung fest und beachten nicht, daß die Organisation sich seit Ende der Beratung verändert hat. „Man steigt nicht zweimal in denselben Fluß."

2.6 Abschluß der Beratung

Konsequenzen
1. Follow-up's sollten kein Automatismus sein, sondern im Einzelfall nach gehöriger Prüfung durchgeführt werden.
2. Ein Follow-up sollte zwischen Klienten- und Beratungssystem schon während der Beratung verabredet werden. Kein Follow-up aus heiterem Himmel!
3. In der Verabredung sollten folgende Fragen berücksichtigt werden:
   ☐ Was ist Gegenstand des Follow-up-Gesprächs? (Eine summarische Evaluation erweist sich in der Regel als unnütz.)
   ☐ Wer nimmt an dem Follow-up-Gespräch teil?
   ☐ Welche Vorbereitungen sind zu treffen?
   ☐ Wann und wo sollte das Follow-up stattfinden?
4. Das Follow-up durch ein neues Beratungsteam – auch dies erwägen manche Beratungsinstitutionen – scheint nicht empfehlenswert; in der Follow-up-Begegnung mit einem neuen Team finden Interaktionen statt, die im Blick auf den Zweck des Unternehmens hinderlich sein können, z.B.
   ☐ Der Klient ist enttäuscht, nicht mit „seinen" BeraterInnen zu sprechen, bzw. er arbeitet seine Enttäuschung mit dem alten Team am neuen ab.
   ☐ Das neue Team sieht sich in Konkurrenz zum alten gebracht.
   ☐ Zwischen neuem Team und Klientensystem entwickelt sich ein verändertes Übertragungsgeflecht mit neuen Problemen. Folge: Neue, „wilde" Beratungsinterventionen.

Dagegen wirken die Beweggründe für ein neues Follow-up-Team eher schwach:
☐ Ein anderes Beratungsteam habe eine neue Blickrichtung; die beratene Organisation werde nicht von der Wahrnehmung eines Teams abhängig.
☐ Bestimmte Interventionen würden verobjektiviert, blieben nicht personengebunden, könnten so leichter in der Organisation heimisch werden.

2.6.6 Der Abschied braucht eine Gestalt
Verschiedene Vorschläge

Während des Beratungsprozesses haben KlientInnen und BeraterInnen viele Stunden miteinander verbracht, kritische und erfreuliche, frustrierende und erfolgsverheißende. Sie sind – bei aller nötigen Distanz der BeraterInnen – zusammengewachsen. Wie kommen sie nun wieder auseinander? Wie verabschieden sie sich voneinander? *Der Abschied braucht eine Gestalt*, die über das verlegene Händeschütteln und in Grüppchen Herumstehen am Ende der letzten Zusammenkunft hinausgeht.

2. Beratung als Prozeß

1. Der Vier-Phasen-Abschied

Jeder Abschied enthält – ähnlich wie ein Trauerprozeß – mehrere Stufen mit unterschiedlichen emotionalen Anteilen. Diese Anteile lassen sich in dieser ritualisierten Übung ansprechen und ausagieren.

Zum Verfahren: Die einzelnen Phasen werden jeweils kurz erläutert, die TeilnehmerInnen gehen dann im Raum umher und sprechen einander mit den zur jeweiligen Phase passenden Sätzen an. Jede Phase wird durch einen Gongschlag beendet.

1. Phase: Der Abschied wird *verleugnet und verdrängt*, indem wir neue Termine ausmachen, Verabredungen treffen: „Ich rufe dich an; ich schreibe dir, wir sehen uns ja dann und dann wieder etc.". Die TeilnehmerInnen gehen dabei im Raum umher und sprechen sich in dieser Weise an.

2. Phase: Die gemeinsame Zeit wird *glorifiziert*. „Wir waren die beste Gruppe, die es je gab; wir hatten die kompetenteste Beratung etc.". Man kann das Ganze auch noch etwas übertreiben, indem wir so tun, als hätten wir alles Mögliche, was wir uns ursprünglich vorgenommen, aber unterlassen haben, doch getan. „War das nicht ein sehr kritisches Feedback, eine offene Konfrontation, ein intensives Gespräch etc., das wir einander gegeben haben?"

3. Phase: Die *aggressiven* Anteile des Abschieds werden verbal oder nonverbal geäußert. „Ich habe mich über deine Bemerkung geärgert, du hast so oft geschwiegen, wo ich Unterstützung von dir erwartet hätte, dein Auftreten fand ich blasiert etc."

4. Phase: Der Abschied wird *vollzogen*. Alle nehmen auf ihre Weise Abschied voneinander. Das kann sich in den Gruppen sehr unterschiedlich abspielen; z.B. alle stehen im Kreis und schauen sich an oder berühren sich oder summen. Oder alle gehen umher wie in den anderen Runden und nehmen individuell von einander Abschied.

Die 4. Phase wird um so mehr realitätsbezogen, je mehr die anderen drei Phasen ihr Recht bekamen.

2. Responsorium der Wünsche

Klienten und BeraterInnen stehen sich in zwei Reihen gegenüber und wünschen sich wie in einem Responsorium abwechselnd etwas für die vor ihnen liegende Zeit. Wenn sich die Zusprüche erschöpft haben, kann das Responsorium mit einem Segenswort oder einem Gedicht abgeschlossen werden.

3. Ein Blumensegen

Wer das Sinnliche zum Abschied liebt, fülle eine große Schale mit Wasser, tröpfle Rosenöl hinein und lasse Blüten auf dem Wasser schwimmen. Die Schüssel wird im Kreis herumgereicht, und jede/r nimmt sich mit zwei Händen aus der Schüssel das duftende Wasser und berührt damit das eigene Gesicht. Wer will, kann etwas dazu sagen, aber es geht auch ohne Worte.

4. **Das Wollfadengeflecht** – 3.3.2.1 (S. 275) als Bild der Vernetzung (ohne BeraterInnen) verbunden mit Wünschen.

5. **Ritual zur Wegzehrung** – 3.6.2.4 (S. 369)

6. **Brief an mich selbst**

Falls ein konkreter Follow-up Prozeß – aus welchen Gründen auch immer – nicht geplant werden kann, hat sich als ein möglicher Ersatz bewährt, einen Brief an sich selbst zu schreiben. Bei der letzten gemeinsamen Sitzung nach der Auswertung schreiben alle TeilnehmerInnen einen Brief an sich selbst unter der Fragestellung: Woran will ich (in 2 oder 3 Monaten) erinnert werden? Dieser Brief wird von niemandem sonst gelesen, von den TeilnehmerInnen selber in einem Couvert verschlossen und adressiert. Die BeraterInnen oder eine andere Vertrauensperson verwahrt diese Briefe und schickt sie nach einem verabredeten Zeitpunkt (in der Regel nach 2–3 Monaten) den TeilnehmerInnen zu.

Variante – Die anderen TeilnehmerInnen können dabei auch den einzelnen BriefschreiberInnen jeweils einen Zettel (ungelesen) in das jeweilige Couvert stecken, bevor es zugeklebt wird. Dadurch entsteht im Follow-up-Prozeß noch einmal eine Vernetzung unter den Mitgliedern der beratenen Organisation.

2.6.7 Das Gestaltthema: Widerstand

Widerstände haben in der Beratung eine wichtige Funktion. Sie zeigen an, wo Energie vorhanden, aber momentan gebunden ist. Wir sprechen von Widerstand, wenn keine Wechselwirkung zwischen zwei Systemen (z.B. zwischen Beratung und Klienten, zwischen Innen und Außen, zwischen zwei Subsystemen) mehr möglich ist.

Widerstände können verschiedene Funktionen haben:
- Sie wollen das Überleben der Organisation sichern;
- Sie können ein kreativer Versuch sein, sich auszudrücken;
- Widerstand kann auch eine Krücke sein, die etwas über Gesundheit und Krankheit einer Organisation aussagt und deshalb nicht ignoriert und schon gar nicht weggenommen werden darf;
- Widerstände zeigen immer (gebundene) Veränderungsenergie an.

In der Beratung gilt für den Umgang mit allen Widerständen: *mit dem Widerstand arbeiten*. D.h. für die Beratung:

- ☐ Widerstände erkennen
- ☐ Widerstände akzeptieren durch Kontakt. „Mit dem Klienten ein Bad im Widerstand nehmen." (Nevis)
- ☐ Dem Klientensystem helfen, Widerstände auszudrücken, gegebenenfalls verstärken durch Verbleiben am Widerstand.
- ☐ Widerstände – wenigstens zuerst – nicht persönlich nehmen oder sie als Angriff auf die eigene Kompetenz verstehen.

Die Art und Weise, wie die Beratung mit dem Widerstand arbeitet, kann Modell für das Klientensystem sein, wie es selbst mit Schwierigkeiten und Widerständen umgeht. – Zwei Grundängste stehen hinter dem Widerstand: Die Angst, die Kontrolle zu verlieren, und die Angst, verletzt zu werden. Jedoch nicht immer ist ein Widerstand ein Widerstand; eine Anekdote über Sigmund Freud erzählt Folgendes: als er gefragt wurde, ob die Zigarre, die er gerade rauche, ein phallisches Symbol sei, habe er geantwortet: „Manchmal ist eine Zigarre nichts weiter als eine Zigarre."

Besonders häufige Symptome von Widerstand in der Beratung

- ☐ Ein Klient fragt nach immer mehr Informationen oder überflutet seinerseits die BeraterInnen mit Informationen und Problemen;
- ☐ viele Warum-Fragen werden gestellt;
- ☐ Sätze wie „Was die Beratung will, ist gut, aber ... (jetzt ist nicht die Zeit dafür; wir haben keine Zeit; erst ist etwas anderes wichtig)";
- ☐ Es wird verallgemeinert, intellektualisiert, moralisiert, geurteilt;
- ☐ Verschiebung des Problems auf andere: „Die da sollten ...". „Man müßte ...", andere sind schuld;
- ☐ das Drängen auf Lösungen; Klient ist am Ergebnis interessiert und nicht am Weg bzw. am Prozeß;
- ☐ „Flucht in die Gesundheit": es gibt gar keine Probleme, oder: sie sind inzwischen gelöst;
- ☐ die eigene Macht wird nicht akzeptiert, sondern geleugnet;
- ☐ der Klient ist mit allem einverstanden und tut alles, was die Beratung vorschlägt.

Widerstand gegen die *Methoden* der Beratung wird oft dadurch ausgedrückt, daß „alle erst zustimmen müssen".

2.6 Abschluß der Beratung

Einzelne Widerstandsformen

Der Klient schluckt alles, was die Beratung sagt. Oder: die Beratung nimmt zuviel vom Klientensystem auf die eigene Schulter. D.h., es wird alles aufgenommen, geschluckt, aber nicht hinterfragt und nicht assimiliert, was zur Integration in den Organismus oder in die Person führen könnte. Es ist gleichsam eine geliehene, abgeleitete, keine selbstdurchblutete Identifikation. Die Organisation jedoch wächst und lernt, indem sie Neues assimiliert. Etwas, was sie sich zu eigen gemacht hat, kann sie flexibel und wirksam gebrauchen; die Beratung bleibt da nicht unverdaulich, starr wie ein Introjekt. In der Introjektion wird nicht konfrontiert, nicht unterschieden, wenig differenziert.

1. Die Introjektion

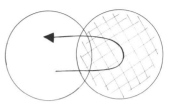

Auf das *Feedbacksystem* in einer Organisation bezogen: Feedbackformen sind nicht entwickelt, eine öffentliche bearbeitbare Kritik wird nicht geäußert.

In der Retroflexion tun wir uns das selbst an, was wir eigentlich einem anderen antun wollen. Hier findet so etwas wie eine scharfe Rückwendung statt; die Energien werden nicht mehr nach außen gelenkt, um Veränderungen in der Umwelt zu bewirken, die den Bedürfnissen entsprechen würden. Stattdessen werden die Aktivitäten nach innen gekehrt, die Organisation wird selbst zum Ziel des Verhaltens anstelle der Umwelt.

2. Retroflexion

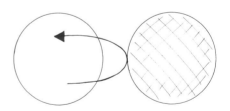

Die Retroflexion äußert sich in Selbstbezichtigungen, Selbstvorwürfen, Minderwertigkeitsgefühlen und Totstell-Reflexen. Die Fragehaltung äußert sich in Sätzen wie: Wir fragen uns ...; wir sagen uns ...

Es handelt sich hier um ein System, das sich von positiver oder negativer Selbstdarstellung nährt. In diesem System ist die Binnenstruktur wichtiger als die Außen- oder Kundenorientierung.

Im *Feedbacksystem* spielen die Kritik an der eigenen Organisation und alle Formen der Selbstbezichtigung eine wichtige Rolle.

2. Beratung als Prozeß

3. Die Deflexion

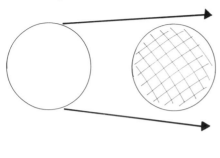

Hier geht es um das Aneinander-Vorbeireden, der direkte aktuelle Kontakt wird vermieden, es wird redundant, allgemein, abstrakt geredet. Man spricht *über* statt *zur* Sache. Das kann sich darin äußern, daß viel über die Vergangenheit gesprochen wird; es werden zuviele Daten oder Probleme angeboten; es werden keine klaren Absprachen getroffen; Termine werden immer wieder verschoben; Konfusionen werden nicht geklärt. Fensterreden sind typisch für diese Art des Widerstandes.

Im *Feedbacksystem* geht es um vage, ungerichtete Kritik.

4. Die Konfluenz

Das System ist entgrenzt; es gibt keine Differenzierung mehr zur Umwelt oder zur Beratung. Der Klient nimmt z.B. eine Beratung nach der anderen, er bleibt im „Mutterschoß". Man kann sich nicht trennen, aufhören. Der Klient wehrt sich gegen den Abschluß der Beratung oder gegen das Realisieren von verabredeten Lösungen. Die Organisation entzieht sich der Verantwortung durch Übernahme des Beratungssystems; d.h. es wird nicht mehr geführt, sondern nur noch beraten.

Bezogen auf das *Feedbacksystem*: In diesen Organisationen wird Feedback als Kränkung und Verletzung erlebt, deshalb in der Regel nicht praktiziert.

5. Die Projektion

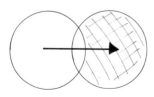

Verhalten, Kulturmerkmale, Werturteile und Einstellungen, die für die Organisation charakteristisch sind, werden als nicht ihr zugehörig erlebt. Sie werden anderen Organisationen, der Umwelt, der Mutterfirma, der Zentralverwaltung, der Gesellschaft etc. zugeschrieben und bei diesen dann auf sich selbst gerichtet erlebt. D.h., die Organisation macht andere verantwortlich für Vorgänge, für die sie selbst Verantwortung übernehmen müßte. Das kann sich äußern in Hilflosigkeit, Ohnmachtsgefühlen, während andere immer größer und mächtiger gesehen werden. Innerhalb der Organisation werden Schuldige gesucht, wenn etwas schief läuft, die Ursache für eigenes Versagen wird bei einzelnen oder außerhalb gesucht. Der Mangel an Kontakt mit dem eigenem System führt zu plakativen Schuldzuschreibungen an andere Institutionen oder Personen.

Widerstand äußert sich gegen die Aktivierung von Energie und gegen die Übersetzung von geplanter Veränderung in Handlung. In der Beratung wirkt sich dieser Widerstand gelegentlich so aus, daß die BeraterInnen und die Klienten sich gegenseitig für ein Mißlingen der Beratung verantwortlich machen.

Im *Feedbacksystem* wirkt sich der Widerstand so aus, daß ausschließlich Kritik an anderen geübt wird.

Beraterische Interventionen für das Arbeiten mit Widerstand

Auch in der Arbeit mit Widerstand ist es Aufgabe der Beratung, die Selbstunterstützung des Klientensystems zu mobilisieren. Dazu braucht es bei den jeweiligen Widerstandsformen unterschiedliche Interventionen. Wenn eine Organisation erkennen lernt, wie sie sich selbst blockiert, kann die im Widerstand gebundene Veränderungsenergie freigesetzt werden.

Im Einzelnen gilt
zu 1. Introjektion als Widerstand:
Soviel wie möglich differenzieren und Distanz herstellen. Das Aufgenommene immer wieder neu strukturieren und in Frage stellen. Widersprüche herauslocken; harte Brocken geben; Umgang mit Autorität thematisieren; zurückhaltend sein mit Inputs; durch Anerkennung herausfordern; Moderation und Beraterrolle immer trennen, nach Möglichkeit zu zweit arbeiten. Den Widerstand nach außen lenken, Einsprüche und Aggressionen gegen andere verbalisieren helfen; lernen „sie", „die anderen" zu sagen statt „ich".

zu 2. Retroflexion als Widerstand:
Unterstützung von außen entwickeln und Energien nach außen lenken; Output thematisieren; alles nutzen, was die Organisation lehrt, sich von außen zu betrachten, wie eine Ortsbegehung, Photos, Fischglas, Interviews, Arbeit mit dem leeren Stuhl; Feedbackprozesse mit anderen Gruppen in Gang bringen; Visionen entwickeln.

zu 3. Deflexion als Widerstand:
Klare Absprachen treffen, nach Möglichkeit schriftlich; allgemeines, redundantes, rationalisierendes Reden auf den Punkt bringen; zielgerichtet arbeiten; Themen eingrenzen; immer wieder Fragen stellen, die die Figur aus dem Hintergrund hervorholen; KISS-Konzept anwenden (Keep it simple and stupid); Rollenspiel, kontrollierten Dialog, Schichtenmodell anwenden.

2. Beratung als Prozeß

zu 4. Konfluenz:
Distanzen herstellen durch entsprechenden Zeitraum, Orts-, Berufs- und Stellenwechsel; Übertragung – Gegenübertragung kontrollieren; neuen Vertrag schließen; gegebenenfalls Beratungsprojekt abgeben. Statt eines unspezifischen „wir" differenzieren in „ich – die anderen", nachfragen, wer mit „wir" gemeint ist.

zu 5. Projektion als Widerstand:
Frustration und Ärger in der Organisation herauslocken und zum Ausdruck bringen lassen; Gespräche mit dem leeren Stuhl; Rollentausch praktizieren; Initiative und die eigene Verantwortung ansprechen; Licht- und Schattenseiten thematisieren; die vorhandenen Reizlinien bewußt machen und darstellen. Lernen „ich" und „wir" zu sagen statt „sie", „die anderen".

■ *Nachgedanken* – Wenn mehrere Widerstandsformen in einem Klientensystem gleichzeitig vorhanden sind, wird es erst dann zum Widerstand nach außen kommen, wenn sich eine Form durchsetzt. Der Widerstand muß sich mobilisieren. Erst wenn deutlich wird, gegen was sich der Widerstand richtet, kann mit dem Widerstand gearbeitet werden. Für das Verstehen und Freisetzen von Widerständen ist es wichtig, die Ängste und die Energie, die hinter den Widerständen stehen, zu untersuchen.
Unterschiedliche BeraterInnen erzeugen unterschiedliche Widerstände.

Literaturliste für Teil 2 (Seite 50–180)

Beer, M., 1990
Bennis, W. G. / Benne, D. / Chin, R., 1975
Glasl, F., 1990[2]
Dienel, P. C., 1978
Glasl, F. / Lievegoed, B., 1993
Kirckhoff, M., 1988
Klüver, J. / Krüger, 1972
Königswieser, R. / u.a., 1992
Lapassade, G., 1976
Lippitt, G. / Lippitt, R., 1984
Mintzberg, H., 1988
Moser, H., 1978[2]
Nevis, E. C., 1988

Pechtl, W., 1989
Perls, F. S. / Hefferline, R. F. / Goodman, P., 1991
Perls, F. S., 1979[3] und 1979[2]
Polster, E. und M., 1975[2]
Probst, G. J. B. / Gomez, L. P., 1989
Probst, G. J. B. / Ulrich, H., 1990[2]
Reibnitz, U. von, 1991
Riemann, F., 1987
Saarinen, M. F., 1986
Sievers, B., 1977
Weisbord, M., 1983
Westerlund, G. / Sjöstrand, S. E., 1981
Wieland-Burston, J., 1989

3. Einzelthemen

3.1 Perspektiven entwickeln   182
3.1.1   Theorie und Informationen   182
3.1.2   Übungen zum Thema und Anleitungen für die Praxis   198
3.1.3   Ehrenamtliche Arbeit   210

3.2 Sich in der Zeit organisieren   222
3.2.1   Theorie und Informationen   222
3.2.2   Übungen zum Thema und Anleitungen für die Praxis   233

3.3 In Gruppen arbeiten und Teams entwickeln   255
3.3.1   Theorie und Informationen   255
3.3.2   Übungen zum Thema und Anleitungen für die Praxis   275
3.3.3   Dynamik in Großgruppen   309

3.4 Konflikte verstehen und regeln   315
3.4.1   Theorie und Informationen   315
3.4.2   Übungen zum Thema und Anleitungen für die Praxis   335

3.5 Macht und Geld einsetzen   342
3.5.1   Theorie und Informationen   342
3.5.2   Übungen zum Thema und Anleitungen für die Praxis   358

3.6 Wechselfälle verarbeiten   363
3.6.1   Theorie und Informationen   363
3.6.2   Übungen zum Thema und Anleitungen für die Praxis   369

3.7 Organisationskulturen verstehen   385
3.7.1   Theorie und Informationen   385
3.7.2   Übungen zum Thema und Anleitungen für die Praxis   397

3.8 Frauen und Männer in der Organisation Kirche   409
3.8.1   Theorie und Informationen   409
3.8.2   Übungen zum Thema und Anleitungen für die Praxis   426

3.9 Leiten lernen   436
3.9.1   Theorie und Informationen   436
3.9.2   Übungen zum Thema und Anleitungen für die Praxis   467

3. Einzelthemen

3.1 Perspektiven entwickeln

3.1.1 Theorie und Informationen 182
3.1.1.1 Visionen entwickeln, Ziele setzen und verwirklichen 182
3.1.1.2 Identitätskrisen und Anlässe zu ihrer Bearbeitung 189
3.1.1.3 Projekte planen und durchführen 192

3.1.2 Übungen zum Thema und Anleitungen für die Praxis 198
3.1.2.1 Meine Stärken 198
3.1.2.2 Charismen in der Gemeinde 199
3.1.2.3 Probleme gewichten 201
3.1.2.4 Träume und Alpträume 204
3.1.2.5 Was aus unserer Gemeinde werden könnte 205
3.1.2.6 Mit Mose auf dem Berg Nebo 206
3.1.2.7 Szenario für meine Zukunft entwerfen 207
3.1.2.8 Das Wollfadengeflecht 208
3.1.2.9 Musikmeditation 209

3.1.3 Ehrenamtliche Arbeit 210
3.1.3.1 Leitlinien 210
3.1.3.2 Ehrenamtliche Arbeit von Frauen 212
3.1.3.3 Konflikte in der Zusammenarbeit
von Hauptamtlichen und Ehrenamtlichen in der Gemeinde 220
3.1.3.4 Checkliste zum Ehrenamt 221

3.1.1 Theorie und Informationen

3.1.1.1 Visionen entwickeln, Ziele setzen und verwirklichen

Kennen Sie diese Situation?

Ein Kirchenvorstand plant zusammen mit den hauptamtlichen MitarbeiterInnen die Aktivitäten in der Gemeinde für den Zeitraum des kommenden Jahres.

Herr Bender: In unserer Gemeinde wächst die Zahl der Neuzugezogenen. Wir müssen unsere Besuche bei diesen Leuten verstärken. Dazu sollte eine *Besuchsdienstgruppe* eingerichtet werden.
Frau Herwig: Die Familiengottesdienste im letzten Jahr kamen gut an. Leider hatten wir nur drei. Wir sollten jeden Monat einen *Familiengottesdienste* halten.
Pfarrer Müller: Sie kennen meinen Schwerpunkt: die pädagogische Arbeit. Ich halte es für sinnvoll, mit den Eltern des neuen Konfirmandenjahrgangs eine Serie von *Gesprächsabenden* zu Erziehungsproblemen ins Leben zu rufen.
Kantorin Exner: Die Menschen heute empfinden das Religiöse in erster Linie über ästhetische Medien. Wir sollten monatlich *Musikmeditationen* durchführen.
Gemeindepädagogin Schnell: Im letzten Jahr habe ich offene *Jugendarbeit* begonnen. Die will ich verstärkt fortsetzen. (Zwischenruf: Was bringt das für die Gemeinde?). Dazu müßte der Kirchenvorstand Geld bewilligen – für den Ausbau des Jugendraums und einer kleinen Cafétaria.

3.1 Perspektiven entwickeln

Frau Kunz: Aber dabei sollten wir das Wichtigste nicht vergessen, die Seelsorge. Herr Pfarrer, Sie müßten unbedingt mehr *Krankenbesuche* machen.
Herr Bender: Ich beobachte, daß die Zahl der *Obdachlosen* steigt. Wir müssen da etwas tun. Eine Idee wäre – sozusagen das Mindeste, das wir tun könnten: jede Woche einen offenen Nachmittag für die Obdachlosen, natürlich anständige Verpflegung und Gesprächsangebote. Gerade die Gemeindepädagogin könnte ...
usw., usw.

Das Beispiel unterscheidet sich von vielen realen Situationen allenfalls durch seinen konstruktiven Gesprächsverlauf. Die Beteiligten haben Ideen und präsentieren konkrete Vorschläge. Ihre Konzepte setzen bei erlebtem bzw. begründbarem Bedarf an. Sie reproduzieren das weite Spektrum volkskirchlicher Aktivitäten und Leistungsangebote auf der Ebene einer Parochialgemeinde. In ihren Vorschlägen spiegelt sich die Vorstellung, daß die Ortsgemeinde der volkskirchliche „Kleinverteilungsapparat" sei.

Zugleich formulieren die GesprächsteilnehmerInnen implizit ihre religiösen Grundeinstellungen, ihr Bild von Kirche, ihre persönlichen Neigungen („Hobbys") und Kompetenzen. Wie wird entschieden? Drei Verfahren sind üblich:

1. Alle Vorschläge, für die eine Person Verantwortung übernimmt, werden aufgegriffen.
Nebenwirkungen: strukturelle Überforderung („zu viele Eisen im Feuer"), Umsetzung der Vorschläge auf möglicherweise niedrigem Qualitätsniveau, Unübersichtlichkeit in der Gemeinde.
2. Das Budget entscheidet über die Prioritäten.
Nebenwirkungen: Was nichts oder wenig kostet, wird ausgeführt; kostenträchtige, aber notwendige (u. U. auch Erfolg versprechende) Maßnahmen fallen unter den Tisch. Oder: Gute Lobbyisten obsiegen.
3. Die personellen Kapazitäten legen die Prioritätenliste fest.
Nebenwirkung: Die Gemeinde arbeitet nur mit dem, was sie hat. Hobbys kommen eher zum Zug als Gemeindebedürfnisse.

Was bei diesen gängigen Verfahren fehlt, ist eine klare Orientierung am Auftrag der Kirche, am gesellschaftlichen Bedarf (wie er sich lokal äußert) und an den vorhandenen Kräften und Kompetenzen in der Ortsgemeinde. Die offensichtliche Beliebigkeit der Zielsetzungen zerstreut die Energie, mindert die Qualität und erschwert die Auswertung des Erreichten. – Wie macht man es besser?

These

Gemeinden – und analog andere Organisationen der Kirche – müssen ihre Angebote, Aktivitäten und Aufgabenfelder um eine Leitidee herum konzentrieren. Sie brauchen in einer sich ausdifferenzierenden Umwelt eine stärkere Kenntlichkeit bzw. ein identifizierbares Profil. Jede Gemeinde (bzw. jede Teilorganisation der Kirche) wird dabei ihre eigene, ihre unverwechselbare Gestalt entfalten. Bislang entstand Profil in erster Linie durch die „Spezialitäten" der

3. Einzelthemen

Hauptamtlichen; zunehmend jedoch zeigt sich, daß dies ein zu schwacher (und übrigens einer Kirche, die sich dem „Priestertum aller Gläubigen" verpflichtet weiß, wenig angemessener) Koordinationsmechanismus ist.

Ziele und Zwecke von Organisationen

Organisationen bilden sich um bestimmte Zwecke und Ziele. Diese beeinflussen Struktur und Verhalten von Organisationen (einmal gegebene Strukturen und etablierte Verhaltensweisen von Organisationen tragen – wie in kybernetischen Modellen üblich – zur Zieldefinition bei). Zweck und Ziel sollten jedoch unterschieden werden.

☐ Der *Organisationszweck* bezeichnet den Nutzen einer Organisation für die Umwelt; indem sie Nutzen stiftet, erwirbt die Organisation ihre Existenzberechtigung. (Als Zweck der Organisation Kirche ließe sich zum Beispiel definieren: Menschen religiöse Vergewisserung zu ermöglichen.) Oft haben Zweckbestimmungen den Charakter „vager Deklarationen" (Lotmar / Tondeur, 55), oder sie bestehen in der Aufzählung von Aufgabenfeldern.

☐ *Organisationsziele* sind spezifischer. Sie bezeichnen angestrebte Ergebnisse der Organisationsaktivitäten; als Formulierung der SOLL-Zustände geben sie die Richtung des Handelns in Organisationen an. Ziele müssen konkret (d.h. auch werthaft), erreichbar und überprüfbar beschrieben sein. Nur so läßt sich die Effizienz (Mittel-Ziel-Relation) der Tätigkeit einer Organisation kontrollieren.

Die Definition von Organisationszielen erfüllt mehrere Funktionen:

☐ Die Fülle der gesellschaftlichen Anforderungen wird selektiv geordnet, und Schwerpunkte des organisatorischen Handelns bilden sich heraus.

☐ Die unterschiedlichen Interessen und Motive der Organisationsmitglieder werden fokussiert; klare Zielsetzungen ermöglichen den Mitgliedern begründete (Teil-)Identifikation mit der Organisation und geben Handlungsanleitungen.

☐ Die Organisation kann ihre Existenz Dritten gegenüber klarer beschreiben und legitimieren.

☐ Es entstehen Maßstäbe für Erfolgs- und Leistungsbeurteilung.

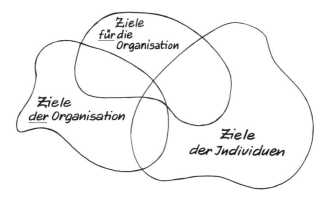

3.1 Perspektiven entwickeln

Organisationsziele sind von Individualzielen (= was das einzelne Organisationsmitglied für sich erreichen will) und von Zielen der Organisationsmitglieder für die Organisation (= was die Organisation zu ihrer Erhaltung und Entfaltung braucht) zu unterscheiden. Also noch einmal: Organisationsziele geben die gewünschte Leistung bzw. das gewünschte Produkt als Folge der organisatorischen Anstrengungen an. Ihre Präzision ist in hohem Maße abhängig von der

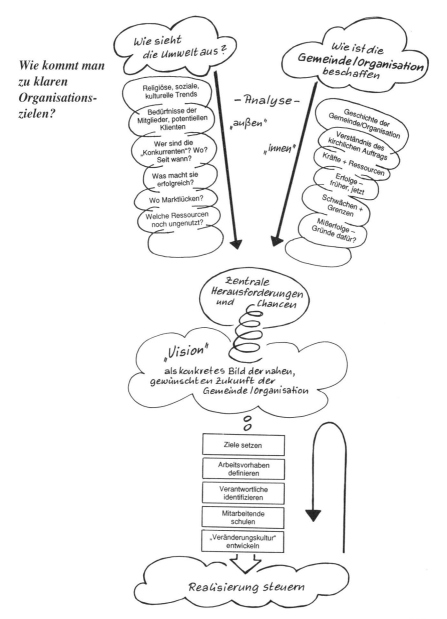

3. Einzelthemen

Größe einer Organisation; je mehr Mitglieder und je mehr Teilbereiche eine Organisation umfaßt, um so vager werden Zielsetzungen; anders als um den Preis der Vagheit ist oft ein Konsens – gerade in sozialen Organisationen unumgänglich – nicht möglich.

1. Jeder Zielfindungsprozeß stellt eine *Vermittlung von Außen* und Innen dar. Eine Gemeinde entwickelt ihre Ziele nicht autonom, sondern immer in Kontakt mit der Umwelt. (Was brauchen, was wollen die Menschen, für die wir da sind? Was kommt an?) Und die Umwelt diktiert einer Gemeinde nicht, was sie zu sein, zu machen und zu lassen habe. Der Austausch zwischen *Innen* und *Außen* findet permanent statt – allerdings auf einer der Organisation unbewußten Ebene; die einzelnen in der Gemeinde ehrenamtlich oder hauptamtlich Tätigen leisten individuell den Abgleich zwischen Innen- und Umwelt. Im Folgenden geht es um eine gemeinsame, d.h. auch alle verpflichtende Bemühung, Innen und Außen zu vermitteln.

Dabei müssen bezüglich der *Umwelt* vor allem drei Fragenkreise bearbeitet werden:

☐ Welche religiösen, sozialen, kulturellen Entwicklungen vollziehen sich derzeit in der Gesellschaft? Was ist davon für die Zukunft relevant? Wie sehen die Menschen die Kirche und ihre Rolle in der Gesellschaft? Dazu gibt es eine unübersehbare Fülle von Literatur. Auswahl ist vonnöten (und schwierig). Wichtig ist, den lokalen Bezug herzustellen. Welche der vielerorts beschriebenen Trends gelten für unseren Bereich? U.U. sollte man für diesen allgemeinen Teil der Analyse ExpertInnen zu Rate ziehen (Geschäftsleute, SozialarbeiterInnen, LehrerInnen, KünstlerInnen …).

☐ Welche Institutionen unseres Bereiches machen eine uns ähnliche Arbeit, haben vergleichbare Angebote? Welche neuen „Mitbewerber" können wir ausmachen? An welche Adressatengruppen wenden sich die anderen? Vor allem in städtischen Regionen tummeln sich viele Mitbewerber auf dem „Markt: Religion". Längst wird die Szene nicht mehr allein von der historischen „Konkurrenz" (und Solidarität) der etablierten Großkirchen bestimmt; neue religiöse Gemeinschaften und wechselnde Gruppen aus der „Psycho-Kultur", die anderen Religionen (vor allem der Islam) verstärken ihre Wirksamkeit. Noch wenig beachtet in ihrer Bedeutung für Ortsgemeinden sind z.B. Musikzirkel, Galerien, Museen, nicht zu vergessen: die quasi-religiösen Umwelten großer Firmen usw. Dazu kommen die außerkirchlichen Träger sozialer Einrichtungen (die ebenfalls durchweg religiöse Umwelten schaffen).

☐ Welche Einrichtungen sind erfolgreich? (D.h.: Menschen sind auf sie aufmerksam geworden, beteiligen sich an ihren Angeboten usw.) Was sind die Gründe ihres Erfolges? Gibt es verallgemeinerbare Erfolgskriterien? Auch die Gegenfrage ist notwendig: Welche Angebote finden wenig / keine Resonanz? Aus welchen Gründen?

3.1 Perspektiven entwickeln

Leider gibt es zu diesen Fragen wenig verläßliche Daten; man bleibt großenteils auf Vermutungen angewiesen. „Marktforschung", bei Konsumgütern gang und gäbe, fehlt hier weitgehend. Die Mitglieder der Planungsgruppe verfügen allerdings über ausreichend Informationen, die zum Vorschein kommen, wenn sie einander befragen, was sie selber anziehend, interessant, wichtig finden, welche Angebote aus welchen Gründen von ihnen angenommen werden usw.

Bezüglich der *Innenwelt* sind folgende Fragenkomplexe zu bedenken:
☐ Wie verstehen wir den kirchlichen Auftrag? Welche theologischen Leitgedanken, Traditionen, Symbole bewegen uns? Welche Geschichte hat unsere Gemeinde? Was ist in Vergangenheit und Gegenwart für sie charakteristisch gewesen? Welche wichtigen Personen haben die Gemeinde geprägt – positiv wie negativ?

2. *Die theologische Vergewisserung* sollte in Kontakt mit der Ortsgeschichte der Gemeinde versucht werden. („Denn das universale Wort spricht nur Dialekt." Pedro Casaldaglia) Dazu werden theologische Debatten ebenso nötig sein wie Meditationen, Methoden der Spurensicherung, der kollektiven Geschichtsschreibung, das Studium der Chroniken usw.

☐ Wer kann was? Welche Personen arbeiten bei uns mit – was sind ihre spezifischen Fähigkeiten und Erfahrungen? Wer kam mit seinen Gaben bisher nicht zum Zuge? Wie steht es um die Finanzen? Welche räumlichen, sächlichen oder anderen organisatorischen Voraussetzungen haben wir?

Hier geht es darum, das *Potential* der ehrenamtlichen und hauptamtlichen Mitarbeitenden genauer zu bestimmen; Ressourcen (Budget, Häuser, Kirche, Spendenaufkommen u.ä) zu erfassen. Ziel: ein möglichst ungeschminktes IST-Bild.

☐ Wo sind unsere Schwächen? Sächlich, personell, strukturell? Wo stoßen wir an Grenzen unserer Veränderungsmöglichkeiten? (Welche Projekte sind uns mißglückt? Welche Ursachen / Bedingungen dafür sind auszumachen?)
Neue Entwicklungen sollten bei den Stärken, „Gaben" einer Gemeinde ansetzen, nicht beim Mißlungenen, bei den Fehlern, den Schwächen. Das klingt selbstverständlich; ist es jedoch nicht; denn häufig läßt sich beobachten, daß gerade das wieder versucht wird, was bislang nicht glückte. Grund des Scheiterns ist – so zeigt sich oft bei genauem Hinsehen – nicht die mangelnde Bereitschaft der „Welt", die Wahrheit anzunehmen; sondern verbohrte Ansichten darüber, was für die Menschen gut wäre und was sie wie wollen sollten.

Mit Hilfe der Stärken-Schwächen-Analyse läßt sich der jeweilige Gemeindetyp genauer skizzieren.

3. Die Diagnose des Innen und des Außen ist nun zusammenzuführen, indem spezifische *Herausforderungen* (= Chancen und Möglichkeiten) für die Gemeindearbeit formuliert werden. Welche besonderen Aufgaben stellen sich uns in der gegebenen Situation? Welche wollen wir auf Grund unserer Möglichkeiten auf-

3. Einzelthemen

greifen? Was ist uns wichtig geworden? Auch: Was hätte in unserer Umgebung den Reiz des Neuen?

Hier kann leicht der Eindruck entstehen, als seien grundlegende Lebensäußerungsformen der Kirche bzw. der Gemeinde disponibel. Natürlich kann eine Gemeinde nicht auf den Gottesdienst verzichten, nur weil er wenig besucht wird; oder auf die Spendung der Sakramente, nur weil es immer größere Anstrengungen braucht, diese verständlich zu machen usw. Daher ist die Besinnung auf kirchliche Tradition im Rahmen des Planungsprozesses unverzichtbar.

Welche Gestalt(en) kann bzw. können die hier vorgeschlagenen Zuspitzungen annehmen? Z.B „Wir haben so viele Kinder in unserem Bereich, daß wir alle unsere Anstrengungen auf die religiöse Erziehung der Kinder konzentrieren wollen." Oder: „Die Menschen suchen Stille; Schwerpunkt unserer Bemühungen muß die Meditation sein." Oder: „Die vielen psychosozialen Krisen rufen nach Verstärkung und Ausdehnung der Seelsorge ..."

Zweifellos lassen sich in den meisten Fällen mehrere, u.U. konfligierende Herausforderungen angeben; die Planungsgruppe sollte sich nicht scheuen, über eine Rangfolge der Herausforderungen zu entscheiden. Ziel ist, aus den vielen die z.Zt. wichtigste herauszuarbeiten – bei Anerkennung der anderen.

Um die Kräfte zur Verwirklichung einer solchen Herausforderung zu bündeln und anzuregen, bedarf es eines *Bildes* vom künftigen Zustand, wenn die Gemeinde im Sinne der Herausforderung lebt, arbeitet und handelt. In Unternehmen spricht man jüngst von „Vision" und meint damit eine solche Gesamtschau des gewünschten Zustands. In seinem Buch „Die Stadt in der Wüste schreibt A.d.St. Exupéry den illustrativen Satz:

Wenn du ein Schiff bauen willst, so trommle nicht Männer zusammen, um Holz zu beschaffen, Werkzeuge vorzubereiten, Aufgaben zu vergeben und die Arbeit zu erleichtern, sondern lehre die Männer die Sehnsucht nach dem endlosen weiten Meer.

Mit dem Begriff „Vision" ist hier nicht eine prophetische Sicht des Jenseitigen gemeint. Die Vision ergibt sich auch nicht zwingend aus den realen Herausforderungen. Sie entsteht in einem eigenen, schwer bestimmbaren kreativen Prozeß, im Entwerfen eines Erwartungsbildes, das den anvisierten Zustand ausmalt. Dabei ergeben sich Symbole (Namen, Gegenstände, Geschichten ...), die die Erwartungsbilder verdichten.

4. Wenn klar ist, wohin man will, wird die *Definition von Zielen* leicht. Was soll bis wann und von wem erreicht werden, damit die Vision Wirklichkeit wird? Die Ziele geben die Leistungen, Produkte an; die Folgen für die einzelnen Arbeitsvorhaben, für die Arbeitsabläufe, für die Förderung, Entwicklung der Mitarbeitenden, für die „Kultur" der Gemeinde sind ebenfalls zu formulieren. Nur wenn die Planung so weit ins Detail geht, bestehen Aussichten auf Realisierung. Sonst bleibt es bei guten, nichtsdestoweniger folgenlosen Absichtserklärungen. Diese Detailarbeit macht auch sichtbar, was eine Gemeinde künftig „lassen" muß, damit der Sog der Vision sie erfassen kann.

3.1.1.2 Identitätskrisen und Anlässe zu ihrer Bearbeitung

Jede Gemeinde hat ein unverwechselbares Gesicht. Obwohl es viele vergleichbare Probleme, Themen und Fragestellungen in Gemeinden gibt, ist keine Gemeinde wie die andere. Jede Gemeinde hat ihre eigene Geschichte. Sie ist geprägt durch Menschen, Ereignisse und Erfahrungen der Vergangenheit und durch Menschen, Erwartungen und Aufgaben, die in der Gegenwart das Gesicht dieser Gemeinde bestimmen.

Wie ein einzelner Mensch erlebt auch eine Gemeinde als Organisation die Frage nach der eigenen Identität dann am intensivsten, wenn sie auf eine Identitätskrise zusteuert. Anzeichen einer *Identitätskrise* sind am deutlichsten in Gemeinden erkennbar, die sich ganz besonders mit Erfahrungen von Veränderungen auseinanderzusetzen haben: z.B. ein Pfarrer geht weg, die Gemeinde richtet sich auf den Pfarrerwechsel und die Vakanz ein; im Kirchenvorstand oder in der Gemeinde polarisieren sich politische und theologische Überzeugungen; die Bevölkerungsstruktur in einer Gemeinde wechselt rasch; Gemeinden mit einer berühmten Vergangenheit erleben ein Absinken der Zahl der aktiven Mitglieder und des Interesses; die Prioritäten wechseln usw. ...

Wie bei Individuen kann man auch bei einer Gemeinde von *einer eigenen und einer fremden, einer wahren und einer falschen Identität* sprechen.

Eine fremde, falsche oder auch entliehene Identität wird bestimmt durch Erwartungen, die einer Gemeinde von außen aufgezwungen sind und nicht von ihr mit Leben erfüllt werden. Es kann sich dabei um Vorurteile, Vorverständnisse, hohlgewordene Traditionen handeln, die eine Gemeinde festschreiben auf ein Bild, in dem sie sich selber nicht mehr vorfindet. Gemeinden, die in einer solchen erzwungenen Identität leben, zeigen leicht Zerfalls- und Müdigkeitserscheinungen. Hier machen sich die Anzeichen all der Symptome bemerkbar, die auch eine Identitätskrise am Ende der Adoleszenz im Leben des Menschen beschreiben.

Manche Prozesse in Gemeinden erinnern an E. H. Eriksons Beschreibung der Phasen von Wachstum und Krisen in einer Persönlichkeit. Sie sollen deshalb hier kurz skizziert werden, um auf vergleichbare psychodynamische Prozesse in Organisationen aufmerksam zu machen. Ein Aspekt dieser Phasen der Identitätskrise ist die „*Identitätsdiffusion*". Erikson beschreibt sie als „eine krampfhafte innere Zurückhaltung, ein vorsichtiges Vermeiden von Verpflichtungen", was schließlich zu Unfähigkeit zur Gemeinschaft führt (S. 157f).

In einer Gemeinde kann sich dieser Aspekt von Identitätsdiffusion darin zeigen, daß vielleicht nur noch stereotype und formale Beziehungen unter den Gemeindegliedern aufrecht erhalten werden. Das kann sich niederschlagen in der „Temperatur" der Gottesdienste und Sitzungen, in der Kommunikationsstruktur, die sich im Umgang miteinander zeigt, oder der völligen Anonymität der Gemeindeglieder untereinander.

3. Einzelthemen

Ein weiterer Aspekt ist die „*Diffusion der Zeitperspektive*". Sie besteht nach Erikson „in dem Gefühl in großer Zeitbedrängnis zu sein, zugleich aber auch den Zeitbegriff als eine Dimension des Lebens verloren zu haben" (S. 159). In einer Gemeinde kann sich diese Diffusion darin zeigen, daß von großer Zeitnot gesprochen wird (die Zeit drängt, dieses und jenes Wichtige zu tun) und gleichzeitig das Gefühl für Zeit verlorengegangen zu sein scheint. Tagesordnungspunkte, die relativ harmlos aussehen, beanspruchen ungewöhnlich viel Zeit; es macht sich eine allgemeine Verlangsamung breit. Begleitet wird dieser Prozeß von Klagen über viele unterlassene Taten, verpaßte Chancen und dem resignativen Ausspruch, „dazu ist es zu spät". Zugleich ist die Furcht spürbar, es könne sich etwas ändern.

Die „*Diffusion des Werksinns*" beschreibt Erikson mit einer „akuten Störung der Leistungsfähigkeit", die sich in Konzentrationsschwäche oder in selbstzerstörerischer Beschäftigung mit einseitigen Dingen äußert (S. 161). Gemeint ist die Phase, die vor dem Finden einer Arbeitsidentität liegt.

Diese Phase kann in Gemeinden gekennzeichnet sein von starkem Widerstand gegen alle Formen von Kooperation oder von exzessiven Tätigkeiten wie Bauwut, Fixierung auf größere, neuere, ansehnlichere Besitzungen.

Ein letzter Aspekt dieser Krise ist die Flucht in die „*negative Identität*". Am eindruckvollsten hat Erikson dies in seinem Buch „Der junge Mann Luther" dargestellt: Luther, der im Widerspruch zu seinem Vater die Klosterlaufbahn wählt, um sich dann später den Widerstand des Vaters zu eigen zu machen, indem er dem Mönchtum absagt. In einer Gemeinde könnte man die negative Identität überall da aufspüren, wo es nach dem Motto geht: Wir wollen nicht so sein wie die anderen. Man könnte zugespitzt sagen: Wir kümmern uns nicht um das, was wir sein wollen, sondern um das, was wir nicht sein sollen. Man wird dabei an die Protestanten erinnert, die am Fronleichnamstag Fenster putzen, und die Katholiken, die am Karfreitag Teppiche klopfen.

☐ Zusammenfassend könnte man die negative Identität einer Gemeinde so beschreiben: die Gemeinde weiß zwar nicht, was sie will; aber sie weiß, was sie nicht will.

Ein Zeichen von wahrer, eigener Identität in einer Gemeinde könnte darin bestehen, daß Menschen mit sehr unterschiedlichen persönlichen Identitäten (als Frauen – Männer, Linke – Rechte, Alte – Junge, Deutsche – Ausländer etc.) sich der Gemeinde zugehörig und in ihr geborgen fühlen, sich mit ihren unterschiedlichen Möglichkeiten und Überzeugungen in ihr einbringen und verwirklichen können.

Sicher gilt auch für eine Gemeinde, daß sie ihre Identität nicht einfach „hat", sondern daß Identitätsbildung ein lebenslanger Prozeß ist. Identitätskrisen und diffusionen sind im Leben einer Gemeinde wie im Leben eines Menschen un-

3.1 Perspektiven entwickeln

vermeidbar. Unerläßlich und verheißungsvoll ist es, sich diese Krisen bewußt zu machen, auf Anfragen und neue Prozesse, die sich darin anzeigen, zu achten.

Es lohnt sich, von Zeit zu Zeit in einer Gemeinde darüber nachzudenken, wie Gemeindemitglieder, KirchenvorsteherInnen und Außenstehende die Gemeinde sehen, welche Bilder, Namen, Einfälle sie mit der Gemeinde assoziieren und wie sie ihr eigenes Zugehörigkeitsgefühl zu dieser Gemeinde beschreiben können, was sie von der Gemeinde erwarten und wie sie die Ziele dieser Gemeinde verstehen.

Identitätsprobleme werden in der Regel nicht als Thema an den Berater herangetragen. Es wird kaum eine Gemeinde geben, die den Wunsch nach einer Identitätsfindung für einen Beratungsprozeß formuliert. Aber die Fragestellung taucht bei verschiedenen *Anlässen* auf:

☐ Ein Kirchenvorstand möchte über sein Selbstverständnis arbeiten bzw. eine Zwischenbilanz seiner Arbeit machen. Wenn z.B. KirchenvorsteherInnen im Rahmen einer Metaphermeditation mit Assoziation und Bildern beschreiben, wie jede/r den Kirchenvorstand als Gruppe und sich selbst darin sieht, können die sehr verschiedenen Aussagen zu einer Besinnung und zu einem Gespräch darüber führen, was in diesem Kirchenvorstand geschehen kann, um jedem Mitglied zu einer stärkeren Identität zu verhelfen. Ein Bild wie das von einem „Fahrzeug, das von verschiedenen Motoren angetrieben wird und laufen muß", verrät manches über das Leiden an einer verlorengegangenen Identität: Es wird viel Kraft investiert, aber die Kräfte werden nicht koordiniert und die Ziele sind nicht klar, für die investiert wird.

☐ Anderes Beispiel: Eine Gemeinde richtet sich auf einen Pfarrerwechsel oder eine Vakanz ein. Es kann dem Kirchenvorstand einer vakanten Gemeinde helfen, wenn Ängste, Gefühle von Depressionen und Bedrohung ausgesprochen werden, die die Einzelnen im Hinblick auf die Gemeindesituation erfüllen. Bilder von einem „fast ausgetrockneten Brunnen", einem „verlassenen Haus" oder einer „Schafherde" können zu einem Gespräch darüber führen, wie sich die Erfahrung von Leere, Zerfall, Überforderung umsetzen kann in Hilferufe und gegenseitige Unterstützung.

☐ Prozesse des Nachdenkens und Neufestsetzens von Prioritäten sowie Bilanzierungen der Gemeindearbeit veranlassen Gemeinden, über die Fragen nachzudenken: Wer sind wir und was wollen wir als Gemeinde? Hier kann die Beratung bei einer Gemeindeversammlung oder einem Wochenende helfen, zunächst die eigene Beziehung zu dieser Gemeinde zu klären mit Lebens- und Glaubenslinie, Fieberkurve des Gemeindelebens, mit Fragen wie z.B.: Was gibt mir diese Gemeinde? Wovon hätte ich in dieser Gemeinde gerne mehr / gerne weniger? (vgl. 3.6.2.2 bis 3.6.2.10, Seite 371 bis 384)

In all diesen Fällen ist es Aufgabe der Beratung, latent vorhandene Identitätsprobleme zur Sprache zu bringen und mit den Betroffenen zu einer klareren Zielvorstellung für die Gemeindearbeit zu kommen.

3. Einzelthemen

3.1.1.3 Projekte planen und durchführen

Was sind Projekte ?

„Projekte" werden im folgenden nur solche Vorhaben (von Organisationen wie Kirchengemeinden, kirchlichen oder sozialen Einrichtungen) genannt, die erhebliche Kräfte (Personal, Geld, Zeit) fordern und im Fall ihrer Durchführung die Gesamtorganisation verändern.

Beispiele

- Eine Gemeinde will einen Kindergarten einrichten.
- Ein Gemeindeverband sieht die Notwendigkeit für ein Seniorenzentrum.
- Ein Krankenhaus will sich spezialisieren.
- Die Kirchenleitung wünscht eine Reform der Kirchenordnung.
- Die Kirchensynode setzt eine Projektgruppe ein.

Üblicherweise ist das *Linienmanagement* mit solchen Projekten überfordert. Aus mehreren Gründen:

- Seine Kapazitäten sind in der Regel durch Routineaufgaben ausgelastet. Zeit und Energie für zusätzliche Projekte fehlen.
- Die einzelnen Bereiche des Linienmangagements bearbeiten das Projekt aus der Sicht und in der Logik ihres Fachs. Entsprechend ihrem Auftrag begutachten sie das Projekt unter finanztechnischen, juristischen, pädagogischen, bautechnischen u.ä. Gesichtspunkten. Die *Entscheidungsgremien* müssen dann die unterschiedlichen Argumentationsreihen zusammenfügen, was eigentlich Kompetenz in allen Fachbereichen voraussetzte: da diese bloß in Ausnahmefällen gegeben ist, bleiben die Entscheidungsgremien auf eine „laienhafte" Auswahl aus den Expertengutachten angewiesen.
- Wissen hat sich vervielfacht. Entsprechend ist die Zahl der in einem Projekt zu berücksichtigenden Fakten, Regeln und Verordnungen gewachsen. Gestiegen sind im gleichen Maße auch die Qualitätsansprüche derer, für die das Projekt gedacht ist. Mehr denn je braucht ein Projekt der oben skizzierten Tragweite schon in der (Vor-)Planung ein *interdisziplinäres* Vorgehen.
- Projekte, die wirksam sein wollen, müssen zügig geplant und energisch durchgeführt werden, damit ein jetzt wahrgenommener Bedarf ohne langen Verzug erfüllt werden kann. Familien brauchen eben jetzt Kindergartenplätze; Pflegebedürftige jetzt einen Heimplatz usw. (Übrigens sind solche Bedarfslagen nur begrenzt prognostizierbar!) Der „Instanzenweg" verzögert die Entwicklung und steigert den Unmut über „bürokratische Hürdenläufe".

In ehrenamtlichen Gremien erhöhen sich die angesprochenen Schwierigkeiten noch durch unterschiedliche Interessen und Motivationen, unterschiedlich verteilte Fähigkeiten – mit der Folge: erhöhte Abhängigkeit von Experten und der entsprechenden Reserve ihnen gegenüber, notorische Knappheit an Zeit und Energie und unklare Verantwortlichkeiten.

3.1 Perspektiven entwickeln

Dies bedeutet, daß Projekte von interdisziplinär zusammengesetzten Teams auf der Basis eines klaren Auftrags mit definierter Rückbindung an die Entscheidungsgremien bearbeitet werden sollten. Wie geht das? Was ist dabei zu berücksichtigen? Auf welche Klippen ist zu achten?

Die nachstehenden Überlegungen und Vorschläge verdanken sich der inzwischen umfangreichen Disziplin des *Projektmanagements* in Industrieunternehmen. Anregend waren vor allem die Publikationen der Sozietät für Managementgestaltung: Hirzel, Leder und Partner; auf ihren „Projektmanagement-Regelkreis" beziehe ich mich. Er enthält folgende Schritte:
1. Der Projektauftrag wird erteilt, das Projektteam wird zusammengestellt und ermächtigt.
2. Das Projekt wird geplant.
3. Das Projekt kommt in die Entscheidungsphase.
4. Das Projekt wird durchgeführt.

1. Der Projektauftrag wird erteilt, das Projektteam wird zusammengestellt und ermächtigt.

Aufträge kommen in der Kirche rasch zustande.
Kommissionen, Arbeitsgruppen (gelegentlich heißt das auch: Projektteams) werden an die Arbeit gesetzt; Menschen, die sich, weil die Aufgabe ihnen wichtig erscheint, verpflichten lassen, gibt es offensichtlich immer; und da die ideelle und kommunikative Arbeit betriebswirtschaftlich in professionellen Bürokratien nicht kalkuliert wird, „kosten" sie auch nichts.

■ Ein Beispiel: Auf Antrag eines Synodalen beschließt eine Landessynode, der Kirchenleitung den Auftrag für eine Untersuchung darüber zu erteilen, was in ihrem Bereich mit Blick auf Gemeindeaufbau getan werde. Der Auftrag wird an das zuständige Referat delegiert, das wiederum mit dem Thema befaßte kirchliche Einrichtungen zu Stellungnahmen auffordert. Stellungnahmen – durchweg längere schriftliche Beiträge – werden pflichtgemäß verfaßt, vom Referat redigiert und zu den synodalen Tagungsunterlagen gegeben. Auch zwei Jahre später haben sie noch keinen Eingang in die Tagesordnung gefunden. Tagelange Arbeit von gutbezahlten MitarbeiterInnen war so gut wie vergebens.

Aufträge sollten gut abgewogen werden. Gibt es wirklich einen Bedarf für das Projekt? Können und wollen wir die Projektplanung aufnehmen, diskutieren und dann über das mögliche Projekt entscheiden? Was geschieht, wenn das Projekt zwar geplant, aber dann nicht umgesetzt wird? Was müssen wir aufschieben oder fallen lassen, um das im Auftrag anvisierte Projekt durchzuführen?

Diese und ähnliche Fragen hat sich das den Auftrag erteilende Leitungssystem zu stellen. Manchmal erübrigt sich schon allein deshalb ein Auftrag, weil es keinen Auftraggeber (mit der entsprechenden Verantwortlichkeit) gibt, sondern nur, ein vages „Man müßte …".

Eine wichtige Kontrollüberlegung vor Auftragserteilung: Was kostet die Planungsarbeit, und wie teuer kommt uns die Entscheidungsphase?

■ Beispiel: Eine Gruppe von ca. 15 ExpertInnen arbeiten ca. 2 Jahre lang an einem Projekt. Jeden Monat eine eintägige Sitzung, zuzüglich zwei Tage Vor- und Nachbereitungszeit; also etwa 60 Arbeitstage für jedes Mitglied. Legt man nur 300 DM pro Arbeitstag und Mitglied zugrunde, sind 270.000 DM zu veranschlagen. Zuzüglich Kosten für Reisen, Verpflegung, Bürokräfte usw. Nicht gerechnet die „Verluste", die in den Einrichtungen entstehen, wo die ExpertInnen sonst tätig sind. Eine halbe Million DM wäre also knapp kalkuliert. Vor allzu rascher Auftragserteilung würde eine solche „Hochrechnung" sicherlich bewahren.

Oft werden Projektteams unter Proporzgesichtspunkten zusammengestellt, dann fehlt u.U. wichtige Sachkompetenz. Also: Projektteams sollten von den notwendigen Fachleuten gebildet werden. Dabei ist auf eine arbeitsfähige Zahl zu achten. (In der Industrie sind Projektteams temporäre Arbeitseinheiten, die für die Zeit der Auftragsbewältigung hauptamtlich im Team arbeiten und dann wieder in die „Linie" zurückkehren. In unserem Arbeitsbereich sind solche Verfahrensweisen nur ausnahmsweise möglich.) Das Team braucht Zeit, um eine ihm gemäße Arbeitsform und -struktur zu finden. Dies muß bei der Terminplanung mit berücksichtigt werden.

Es müssen rechtzeitig folgende Fragen bedacht werden:
☐ Wer gibt den Auftrag?
☐ Was ist Aufgabe des Projektteams?
☐ Wer bildet das Team?
☐ Wie groß ist der Ermessensspielraum des Projektteams?
☐ Wann soll die Arbeit des Projektteams beendet sein?
☐ Wann und wie hat das Team den Auftraggeber auf dem „Laufenden" zu halten?
☐ Wie regeln die Teammitglieder ihre sonstigen Arbeitsverpflichtungen?
☐ Welche Hilfsmittel (inklusive Büros u.ä.) stehen für die Projektarbeit zur Verfügung?
☐ Welche „Gratifikation" erhalten die Teammitglieder? u.ä.

3.1 Perspektiven entwickeln

2. Das Projekt wird geplant

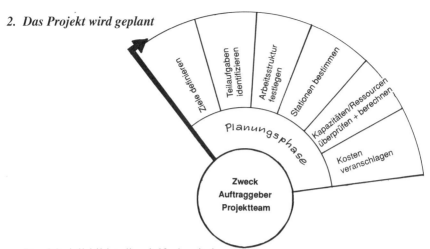

Das Modell bildet die vielfach miteinander verschränkten Planungsaspekte als Sequenz ab, stellt also den Planungsprozeß vereinfacht dar, um ein logisches (nicht unbedingt zeitliches) Nacheinander zu verdeutlichen.

„*Jedes Projekt ist so gut wie seine Planung*" (Hirzel, 206).

a) Im Auftrag sind in der Regel Aufgaben, Zweckbestimmungen formuliert. Eine genauere *Zielsetzung* (erreichbar, überprüfbar) fehlt oft. Das Projektteam macht sich die Aufgabe zu eigen, indem es sie durch Zieldefinitionen präzisiert. Im Laufe des Planungsvorgangs werden die anfänglich formulierten Ziele auf Grund neuer Daten revidiert werden; dennoch sollte der erste Planungsschritt gründlich bedacht sein.

b) Nur dann lassen sich die *Teilaufgaben* benennen, die zur Erstellung eines Gesamtplans nötig sind. Es empfiehlt sich, erst alle Arbeitspakete zu identifizieren,

c) ehe das Projektteam sie in eine *Arbeitsstruktur*, d.h. in eine logische / zeitliche Form, einbettet (Was wird wann gemacht?).

d) Im Laufe der Planung sind wahrscheinlich *wichtige Stationen* zu beachten und entsprechend zu markieren; so gibt es z.B. Termine für bestimmte Planungsabschnitte oder Wendepunkte, an denen entschieden werden muß: Weiter im Projektplan – oder abbrechen, weil das Projekt in eine Dimension rückt, die den Absichten des Auftraggebers nicht mehr entspricht.

e) Die Teilaspekte *Kapazitäten / Ressourcen / Kosten* sind mit Absicht an den

f) Schluß gerückt. Denn zu schnell werden grundsätzliche Fragen, wichtige Konzeptideen mit sogenannten „harten Fakten" erschlagen. Dabei zeigt sich oft: Wenn ein Projektziel wichtig und plausibel ist, findet sich auch Geld, können Ressourcen aufgetan und Kapazitäten umgeschichtet werden.

Noch anzumerken ist, daß der Planungsprozeß im Grunde doppelgleisig verläuft; das Projektteam plant seinen Arbeitsprozeß und das in Auftrag genommene Projekt – beides nach denselben Teilaspekten der Planung.

3. Einzelthemen

3. Das Projekt kommt in die Entscheidungsphase

Das Projektteam hat die Planung abgeschlossen und präsentiert vor dem Entscheidungsgremium sein Ergebnis. Bei der Übergabe des Planungsergebnisses zeigt sich, wie gut Projektorganisation und Auftragserteilung geregelt waren. Aber auch im günstigen Fall kann das Entscheidungsgremium nicht einfach beim Resultat des Projektteams ansetzen und auf einer nächst höheren Ebene die Diskussion mit dem Ziel der Entscheidung fortführen. Vielmehr wird das Gremium den Planungsprozeß in nuce wiederholen. Dabei spielen folgende Gesichtspunkte eine Rolle:

■ Welche Zielsetzung hatten wir bei Auftragserteilung im Sinn? Wie hat sie sich bewährt? Wo hat sie sich verändert? Paßt sie noch in unseren Gesamtplan, zu unserer „Mission" als Einrichtung? Stimmt die Richtung? Wollen wir wirklich im Sinne des Projektes unsere Organisation umbauen? Hier ist also eine *inhaltliche und konzeptionelle Debatte* fällig.

■ Welche Mittel haben wir zur Verfügung? Reichen sie für das Projekt? Lassen sich weitere Mittel erschließen? Dies ist die *Debatte um die Ressourcen.*

Der zweite Fragenkomplex wird wohl überall die Enge des Mittelspielraums aufdecken. Selten werden sächliche, finanzielle, personelle Ressourcen ausreichend zur Verfügung stehen. So gesehen führt die Ressourcendebatte unweiger-

3.1 Perspektiven entwickeln

lich zu einer Auseinandersetzung über die Prioritäten. Welche Projekte sind vorrangig? Läßt sich das vorgelegte Projekt ohne Schaden aufschieben? Können andere Projekte beendet oder abgebrochen werden?

4. Das Projekt wird durchgeführt

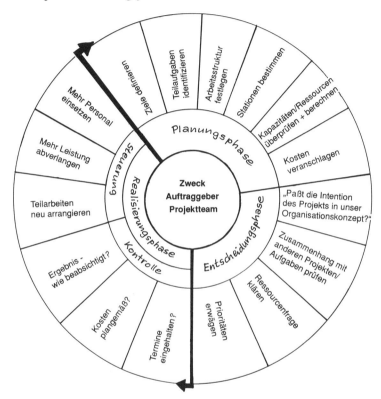

Bei der Durchführung eines Projektes geht es
a) um *Kontrolle* und b) um *Steuerung*.

a) Zur *Kontrolle* der Projektabwicklung bedarf es einiger Anzeigeinstrumente, die den aktuellen Stand der Durchführung verläßlich angeben.

Termine – Werden die geplanten und vereinbarten Termine eingehalten? Wenn nicht, wie kommt es zur Terminabweichung?
So gewinnt man u.U. Informationen, die eine Steuerungskorrektur erlauben.

Kosten – Wann entstehen welche Kosten? Wo weichen die Kosten vom Plan ab? Wichtig ist, daß die Kostenentwicklung im Blick auf ihre künftigen Effekte untersucht wird. Was bedeutet es für die weitere Entwicklung, wenn Kosten zu einem gegebenen Zeitpunkt höher als geplant ausfallen? Ein drittes, mit den beiden vorgenannten wiederum zusammenhängendes Instrument:

Ergebniskontrolle – Allerdings läßt es mehr Deutungsspielraum. Oft lassen sich im kirchlichen Bereich, wenn es nicht gerade um Baumaßnahmen geht, Ergebnisse nur unklar benennen. Dennoch sollte gerade in der Kirche die Ergebnisorientierung stärker in den Blick kommen. Denn „nicht Arbeit, nicht Leistung (ergänze: nicht guter Wille), *sondern das Ergebnis zählt*" (Hirzel, 215).

b) Die *Steuerung* kann unterschiedlich erfolgen. Vielleicht läßt sich im Fall der Planabweichung über ein neues Arrangement der Teilarbeiten verlorene Zeit wieder einholen. Oder MitarbeiterInnen werden zur höheren Leistung angespornt. Natürlich läßt sich ein Nachhinken in der Durchführung auch durch zusätzlichen Einsatz von Personal korrigieren. Aber dies sollte nicht das vorrangige Steuerungsmittel sein. Erst muß alles zur Abwehr von Kosten versucht werden.

(Die Grundzüge des Projektmanagements, inkl. des Regelkreises, verdanke ich der Sozietät für Managementgestaltung Hirzel Leder und Partner, Frankfurt a. M.)

3.1.2 Übungen zum Thema und Anleitungen für die Praxis

3.1.2.1 Meine Stärken

Ziel: Sich des eigenen Potentials bewußt werden und es konkret benennen.

Zeitbedarf: 45–60 Minuten

Anwendungsbereich: Zur Vorbereitung der Arbeit an verschiedenen Themen, z.B. Ziele setzen, Zeitplanung, Umgang mit der eigenen Macht, Selbstbehauptung, Charismen in der Gemeinde.

Ablauf
1. Alle notieren zuerst für sich alles, was sie an sich als Stärke entdecken können. Damit sind berufliche, persönliche, manuelle, kognitive und emotionale Fähigkeiten, Interessen, Eigenschaften, Begabungen, Hobbys usw. gemeint. Es empfiehlt sich, das Schreiben nicht durch abwägendes Zensieren oder Gewichten zu unterbrechen, sondern alle spontanen Einfälle zu notieren. (10 Min.)
2. Trios bilden. Die Listen werden reihum ohne Kommentar vorgelesen. Die beiden anderen ergänzen dabei ihre eigene Liste. Dann Feedback für jede Person, deren Liste dadurch noch ergänzt werden kann. Am Ende des Prozesses sollten sich die Listen verdoppelt haben. (30 Min.)

3. Gespräch in Trios oder im Plenum zu den Fragen:
a) Welche Stärken hatte ich bei mir gar nicht wahrgenommen, die andere sehen?
b) Welche dieser Stärken habe ich vernachlässigt, bzw. welche Stärke möchte ich mehr nützen?
c) Welche meiner Stärken kann mir helfen, zu mehr eigenbestimmter Zeit oder zu einem besseren Umgang mit Macht, zur Entfaltung meines Potentials etc. zu kommen? (30 Min.)

3.1.2.2 Charismen in der Gemeinde

Ziel: Gemeindemitgliedern, Mitgliedern des Kirchenvorstandes, MitarbeiterInnen, PfarrerInnen den vorhandenen Reichtum von Gaben und Charismen bewußt machen als Grundlage für Bilanzierung und Planung von Gemeindearbeit.

Anwendungsbereich: Wochenenden mit Kirchenvorständen und Pfarrkonventen sowie Mitarbeiterkonferenzen.

Zeitbedarf: 60–120 Minuten

Material: Vorbereitete Plakate, Filzstifte

In jeder Gemeinde gibt es mehr Gaben, Fähigkeiten, Energien und unausgeschöpftes Potential, als die Betroffenen oft selbst wissen oder ausschöpfen. Untersuchungen weisen daraufhin, daß die meisten Menschen nur 5–20% ihres Potentials nutzen.
Aus den Texten 1. Kor 12 und Röm 12 läßt sich eine Liste von Gaben zusammenstellen, die der Gemeinde Christi verheißen sind. Die unten aufgeführten Paare sind der Versuch, die im NT genannten Charismen zu typisieren. Ihre Vielfalt soll nicht systematisiert, sondern durch diese Beschreibungen in vereinfachter Form zusammengestellt werden. Die paarweise Anordnung zeigt ihre Polarisierung und Vielfalt. Es ist ein Geist, aber viele Gaben. Dabei soll eine Rangordnung und auch die Einschränkung auf die klassische reformierte und lutherische Ämterlehre vermieden werden.
Dieser Zugang zu den Charismen geht von einem Gemeindeverständnis aus, in dem sich Gemeinde aus den vorhandenen Menschen mit deren Gaben entwickelt. Dem entgegen steht eine Gemeindevorstellung, in der vorgegeben ist, wie eine Gemeinde auszusehen habe, welche Aufgaben ihr aufgetragen seien, und in der dann die Menschen für entsprechende Aufgaben gesucht werden.

3. Einzelthemen

Charismen in der Gemeinde

RichterInnen   *FürsprecherInnen*
Beide sind Menschen, die im besonderen darum besorgt sind, daß es mit rechten Dingen in der Gemeinde zugeht und daß Ausgleich stattfindet. Während sich die RichterInnen auch zu SchlichterInnen und VermittlerInnen machen lassen, sind Fürsprech Menschen, die sich als Anwälte derer verstehen, die sprachlos, abwesend, mundtot, benachteiligt, unverstanden, zu kurz gekommen sind.

ProphetInnen   *GeschichtenerzählerInnen*
sind Menschen, die dafür sorgen, daß Erinnerungen und Visionen in der Gemeinde nicht verloren gehen. Die GeschichtenerzählerInnen berichten von Ereignissen, die gewesen sind, erinnern an Traditionen, aus denen die Gemeinde lebt, an Personen, die die Gemeinde geprägt haben. Die ProphetInnen halten die Blicke in die Zukunft gerichtet, halten Hoffnungen, Wünsche wach und entwickeln Visionen von dem, was die Gemeinde sein kann.

LiebhaberInnen   *VerwalterInnen*
Fast in jeder Gemeinde gibt es Menschen, die mehr die Funktion von LiebhaberInnen haben, die sich Zeit nehmen für die Menschen, wenn sie reden, ihr Herz ausschütten wollen oder eine Tasse Tee oder Suppe brauchen.
Daneben braucht die Gemeinde VerwalterInnen oder GeschäftsführerInnen, die dafür sorgen, daß das Bestehende und Vorhandene gut verwaltet und wenn möglich, erhalten und vermehrt wird. Beiden ist gemeinsam, daß ihr Handeln von der jeweils anderen Seite her ergänzungsbedürftig ist. Schenken und Erhalten gehören zusammen.

LehrerInnen   *SchülerInnen*
Hier sind Menschen gemeint, die gerne lernen, zuhören und neugierig sind. Sie sind angewiesen auf Menschen, die gerne etwas von dem weitergeben, was sie selber erfahren und gelernt haben.

Könige / Königinnen   *Diakone / Diakoninnen*
Beide haben Autorität, entweder durch die Art, wie sie Entscheidungen treffen und Leitungsfunktionen wahrnehmen, oder durch die Art, wie sie sich verfügbar machen dort, wo sie gebraucht werden.

KünstlerInnen   *SpielerInnen, Clowns*
sind Menschen, die spinnen, das Komische und Skurrile in Situationen sehen und das Fremde im Vertrauten deutlich machen können.

HirtInnen   *Wirte / Wirtinnen*
Die einen gehen voran und führen, die anderen bleiben und öffnen ihre Häuser und laden ein. Beiden ist gemeinsam, daß sie bei denen sind, die ihnen anvertraut sind oder zu ihnen kommen.

PriesterInnen   *RebellInnen*
Beide haben einen untrüglichen Sinn für die Zuverlässigkeit von Symbolen. Die PriesterInnen halten alte Symbole der Tradition hoch und interpretieren sie. RebellInnen halten sie hoch, indem sie sie hinterfragen oder neue Symbole schaffen und zeigen.

Beten   *Handeln*
Beidem ist an der Veränderung der Verhältnisse gelegen. Sie sind verbunden durch die Leitworte der Ökumenischen Frauenbewegung vom „betendem Handeln und handelndem Beten".

3.1 Perspektiven entwickeln

Ablauf
1. Schritt: Einzel- und Trioarbeit zu → Meine Stärken (3.1.2 Seite 198)
2. Im Plenum werden große Plakate ausgehängt, auf denen oben jeweils eines der obengenannten Begriffspaare verzeichnet ist. Eine Information über die Charismenlehre im Neuen Testament folgt, sowie eine Kurzbeschreibung der auf den Plakaten verzeichneten Charismatikerprofile.
3. Alle TeilnehmerInnen schreiben nun ihre Stärken, die sie als Ergebnis der Trio-Arbeit notiert haben, auf die Plakate unter diejenigen Charismen, zu denen die jeweiligen Stichworte am besten passen. Daraus entsteht ein vielfältiges Bild von Gaben, die in dieser Gruppe vorhanden sind.
4. Alle TeilnehmerInnen stellen sich zu demjenigen Plakat, auf dem sie sich am stärksten und häufigsten mit ihren Gaben vorfinden. Ein Gespräch zwischen den einzelnen Charismatikern, in dem ausgetauscht wird, wo in der Gemeindearbeit diese Gaben gebraucht werden oder gebraucht werden können, verlebendigt das Bild. Alle beschreiben ihr Profil als Charismatiker, sagen, wo sie ihre zweite Wahl sehen, ihren Schatten, ihren Wunsch nach mehr Profil und erhalten gegebenenfalls Feedback von den anderen.
5. Die Arbeit an den Charismen wird damit abgeschlossen, daß alle ihren Namen zu „ihrem" Charismatiker oder „ihrer" Charismatikerin schreiben. Dies kann in einem liturgischen Abschluß vorgestellt und durch einen Dankeshymnus ausgedrückt werden.
Ein Gespräch über Bilanzierung und Planung von Gemeindearbeit kann folgen.

3.1.2.3 Probleme gewichten

Material: Wandzeitung

Zeitbedarf: 90 Minuten

In Arbeitsgruppen, besonders solchen, die sich nur 1 bis 2mal im Jahr treffen, häufen sich oft die Probleme. Es fällt der Gruppe dann schwer, sich zu entscheiden, welches Problem zuerst angegangen werden soll. Wenn der „Problemberg" undifferenziert bleibt, kann dies eine Gruppe lähmen, überhaupt etwas zu tun. Der hier beschriebene Arbeitsvorgang bietet die Möglichkeit, durch eine Gewichtung verschiedener Aspekte eine Gruppenentscheidung darüber herbeizuführen, welches Problem sinnvollerweise zuerst angegangen wird.

Die anstehenden Probleme werden von der Gruppe zusammengetragen und stichwortartig auf der *Wandzeitung* untereinandergeschrieben. Danach wird folgendes Schema gezeichnet:

3. Einzelthemen

Problem:	1 Ausmaß des Problems	2 Ernst des Problems	3 Möglichkeit einer Veränderung	4 Ergebnis
1.				
2.				
3.				
4.				
5.				

In der nun folgenden Runde werden die Probleme hinsichtlich der drei Aspekte gewichtet, dabei werden die Punkte 0–4 verteilt, wobei 4 den höchsten, 0 den niedrigsten Wert bedeutet.

- ☐ Ausmaß des Problems, d.h.: Wer ist von diesem Problem betroffen? Wieviel Menschen sind betroffen, wieviel Teile der Organisation usw.
- ☐ Ernst des Problems, d.h: Wie ernst, wichtig, bedrohlich, folgenreich ist das Problem?
- ☐ Möglichkeit einer Veränderung, d.h: Wie groß ist die Möglichkeit, etwas zu verändern oder zu bewirken?

Im einzelnen geht die Gewichtung so vor sich: Das erste Problem wird genannt, und die Anwesenden haben die Gelegenheit, kurze Kommentare zu dem Aspekt „Ausmaß" abzugeben. Es gibt keine Diskussion über diese Kommentare mehr – die Probleme sind meistens schon vorher hinreichend erörtert worden. Dann werden die Anwesenden gebeten, sich für einen Wert zwischen 0 und 4 zu entscheiden (es ist günstig, wenn alle sich ihre Zahl notieren, damit die Letzten nicht von den Ersten beeinflußt werden).

Die Anwesenden nennen reihum ihre Zahlen, und der Mittelwert wird in die erste Spalte eingetragen. Ebenso verfährt man mit den beiden anderen Spalten: kurze Kommentare, Zahl einzeln notieren, nennen, Mittelwert eintragen. Dann werden die drei Zahlen, die in den Spalten stehen, miteinander multipliziert. Das Ergebnis wird in die vierte Spalte eingetragen.

Wenn das Verfahren für alle Probleme durchgeführt ist, enthält die vierte Spalte unterschiedliche Ergebnisse. Das höchste Ergebnis hat die Priorität. Dabei hat der Wert der jeweiligen dritten Spalte eine Funktion, über die man sich klar sein muß: er bringt die Veränderungsmöglichkeit ins Spiel, und das kann

3.1 Perspektiven entwickeln

bedeuten, daß ein sehr bedrängendes Problem in der Reihenfolge der Prioritäten plötzlich am Ende auftaucht, weil die Gruppe die Lösungsmöglichkeit gering einschätzt. Das mag wie eine Verfälschung aussehen. Wenn man diese Ergebnisse jedoch akzeptiert und zuerst die Probleme angeht, die eine größere Aussicht auf eine Lösungsmöglichkeit haben, erspart man sich Frustrationen.

Die Gruppe ist oft sehr verblüfft über das Ergebnis. Sie sollte deshalb die Möglichkeit bekommen, das Ergebnis noch einmal zu überprüfen und gegebenenfalls auch zu verändern. Wenn eine Gruppe jedoch zu viel verändern möchte, dann erhebt sich die Frage, ob sie wirklich bereit ist, Probleme auch anzugehen.

Manche Gruppen stehen angesichts der vielen anstehenden Probleme unter einem solchen Druck, daß die Mitglieder bei der Gewichtung nicht mehr differenzieren können, sondern überall hohe und höchste Werte geben. Dann besteht die Möglichkeit, die Gesamtsumme, die für ein Problem von jedem Mitglied an Werten gegeben werden darf, zu begrenzen, z.B. auf acht Punkte.

Variante: Wenn die Lösung des anstehenden Problems wesentlich davon abhängt, daß sich diese Gruppe persönlich für diese Lösung engagiert, kann eine vierte Spalte (vor der Ergebnisspalte) eingezogen werden: Persönliches Engagement; d.h., wie sehr bin ich bereit, mich an der Lösung dieses Problems zu beteiligen? – Im Schema sähe dies dann so aus:

Problem	1 Ausmaß des Problems	2 Ernst des Problems	3 Möglichkeit einer Veränderung	4 Persönliches Engagement	5 Ergebnis
1.					
2.					
3.					
4.					
5.					

Wenn bei 4. relativ häufig eine 0 erscheint, wird das Produkt = 0. Damit wird deutlich, daß der Anspruch der Gruppe, ein bestimmtes Problem zu lösen, nicht erfüllbar ist, da es an persönlichem Engagement mangelt. Eine Erfahrung, die nicht selten in Kirchenvorständen gemacht wird: „Man müßte, sollte dies und jenes machen ..." aber es ist niemand da, der sich persönlich dafür einsetzt.

Bei der Anwendung dieses Verfahrens sollten die Ergebnisse individuell ermittelt und diskutiert werden. Dabei könnten sich Untergruppen mit unterschiedlichem persönlichen Engagement bilden.

3. Einzelthemen

3.1.2.4 Träume und Alpträume

Ziel: In Gruppen die Phantasie im Blick auf die Zukunft anregen, aus den Erwartungsbildern konkrete Zielsetzungen und Projekte ableiten; diese in erste Arbeitsschritte überführen.

Zielgruppe: Alle, die mit Leitungs- und damit auch Planungsaufgaben befaßt sind.

Zeitbedarf: Mindestens ein Tag, besser noch ein Wochenende.

Ablauf

1. Es wird ein realistischer Zeitraum für die „Träume und Alpträume" abgesteckt, 5 oder 10 Jahre.

2. Das Thema wird formuliert, z.B.: „Unsere Gemeinde in 5 oder 10 Jahren".

3. *Brainstorming:* Es werden durch Zuruf in bunter Folge Geschehnisse, Probleme, Möglichkeiten genannt, wie sie in 5 bis 10 Jahren vermutet werden. Die Angaben der Gruppenmitglieder werden auf einer Wandzeitung festgehalten, auf eine Systematisierung oder Wertung wird verzichtet.

4. Jedes Gruppenmitglied zieht sich für ca. 30 Minuten zur *Einzelarbeit* zurück und skizziert zwei Zukunftsentwürfe: „Träume" und „Alpträume", beginnend bei persönlichen Entwicklungen, übergehend zu Freundes- und Nachbarschaftsbereich, Gemeinde, Stadt, Region usw. Es ist wichtig, daß man möglichst nahe an den konkreten Bildern der inneren Wahrnehmung bleibt, den ängstigenden und den hoffnungsvollen. Dabei könnten einige Fragen helfen:

- ☐ Wo bzw. wie werden meine Familie, meine Freunde und Freundinnen, Menschen, die mir nahestehen, das Jahr 2000 erleben?
- ☐ Welchen Menschen in meiner Stadt, Region wird es im Jahr 2000 gut gehen? Welchen nicht?
- ☐ Wie wird im Jahr 2000 Verantwortung wahrgenommen?
- ☐ Wie leben und arbeiten im Jahr 2000 die MitarbeiterInnen in Gemeinde und Kirche?

5. Diese Notizen werden in *Duos* oder *Trios* ausgetauscht und besprochen. Die Teilgruppe versucht, einen gemeinsamen „Traum"/„Alptraum" zu formulieren, am besten auf einer Wandzeitung (ca. 45 Min.).

6. Treffen im *Plenum.* Die Gruppenwandzeitungen werden „ausgestellt"; zwischen den beschriebenen Blättern sollte jeweils ein leeres hängen. Rundgang aller durch die Ausstellung. Dann erste Gesprächsrunde: Nachfragen, Bitten um zusätzliche Erläuterungen; darauf achten, daß die Runde sich nicht diskutierend und argumentierend an einem Punkt festbeißt (ca. 20 Min.).

7. Die Gruppenmitglieder wenden sich nun einer neuen Frage im Plenum zu: „Was macht die *dunkle* Seite der Träume und die *helle* Seite der Alpträume aus?" Überlegungen zu diesen Fragen werden auf die leeren Blätter als Kommentar zu den bisherigen Skizzen geschrieben. Die Plenumsrunde danach befaßt sich vor allem damit, welche Gefühle durch den Arbeitsauftrag ausgelöst worden sind (ca. 45 Min.).

8. Es bilden sich *zwei Untergruppen*. Sie sollen die Konsequenzen aus den Traum- / Alptraumszenarien ziehen. Dabei wären Fragen zu bedenken wie:

☐ Welche Probleme und Möglichkeiten der Zukunftskizzen treffen auf unsere Gemeinde oder Einrichtung zu?
☐ Welche Energien und Ressourcen haben wir, um der Zukunft zu begegnen?
☐ Welche Gaben fehlen uns derzeit, die in der Zukunft wichtig werden?
☐ Wie können wir uns auf die wahrscheinlichen Veränderungen einstellen?
☐ Welche Aufgaben stellen sich uns jetzt?

Es ist zu erwarten, daß die Arbeitsgruppe sich auf ein, zwei Brennpunkte konzentriert (ca. 90–120 Min.).

9. Austausch *im Plenum*. Die Gruppe klärt miteinander, wie die Arbeit fortgesetzt werden soll. Wichtig ist, daß nicht aus dem Auge verloren wird, was in den nächsten Wochen miteinander begonnen werden kann – auf die Zukunft hin.

10. Die gemeinsame Arbeit verlangt geradezu nach einem Abschluß, der das Überschießende an Gefühlen und Phantasien, das in den Gesprächen keinen Ort gefunden hat (z.B. Trauer, Angst, Vision), bewältigen hilft. Dazu eignen sich Meditationen, Andacht oder Gottesdienst am ehesten.

11. Bevor die Gruppe ihre Arbeit beendet, sollte sie gründlich überlegen, wie andere Organisationsmitglieder über das gemeinsame Unternehmen informiert werden können.

3.1.2.5 Was aus unserer Gemeinde werden könnte

Phantasiereise: Grundsätzliches zu Phantasiereisen s. S. 398
Ziel: Daten über die gegenwärtige Situation und vielleicht auch Visionen für die Zukunft der eigenen Gemeinde gewinnen. Das Medium der Phantasiereise ermöglicht, die Gemeinde gleichsam aus einer Vogelperspektive, zumindest einer gewissen Distanz zu sehen.

Ablauf – ModeratorIn spricht (langsam und mit Pausen):
„Ich mache mich auf den Weg, um in Gedanken durch unsere Gemeinde zu gehen. Ich gehe langsam durch die Straßen unserer Stadt (unseres Dorfes). Ich nehme die Straßen wahr – die Gebäude – die Häuser – die Gärten – die Plätze. Ich schaue den Menschen zu, wie sie gehen und sich bewegen, was sie machen.

3. Einzelthemen

Allmählich gehe ich näher auf die Menschen zu und sehe in ihre Gesichter. Ich nehme mir Zeit, stehenzubleiben, um mit einzelnen Menschen zu sprechen. Ich lasse sie näherkommen, betrachte sie und spreche mit einzelnen.

Nach einer Weile setze ich meinen Weg fort und gehe in Richtung unserer Kirche (oder Gemeindezentrums). Ich bleibe in einigem Abstand stehen und betrachte mir die Kirche von außen, wie sie da so in unserer Stadt (unseres Dorfes) steht. Ich gehe näher und öffne die Türe. Die Kirche ist leer, ich setze mich in die letzte Reihe und stelle mir in Gedanken die Menschen vor, die ich sonntags hier sehe. Ich betrachte sie von hinten und erlebe mich als eine(n) von ihnen.

Ich stehe auf und gehe nach vorne, betrete den Altarraum und gehe auf die Kanzel oder ans Rednerpult. Ich drehe mich um und schaue in die Kirche. In Gedanken sehe ich die Gesichter der Menschen vor mir, die am Sonntag hierher kommen. Ich betrachte sie und denke an unsere Stadt vor der Kirche. Ich überlege mir, was ich den Menschen sagen möchte. Ich warte, bis in mir ein Wort, ein Satz, ein Bild aufsteigt, das ich an diese Menschen weitergeben möchte. Ich sage es und sinne dem noch ein bißchen nach, ehe ich mich umwende und die Kirche verlasse.

Ich kehre zurück in diesen Raum und zu dieser Gruppe, mit der ich jetzt über unsere Gemeinde sprechen möchte."

3.1.2.6 Mit Mose auf dem Berg Nebo

Phantasiereise: Grundsätzliches zu Phantasiereisen s. S. 398

Ziel: Gedanken und Phantasien frei setzen, die helfen können bei der Entwicklung von Zukunftsideen und Hoffnungen auf Innovationen in der Kirche.

Ablauf – ModeratorIn spricht (langsam und mit Pausen):
„Ich gehe mit Mose. Ich werde vom Engel auf den Berg Nebo geführt. Der Anstieg ist lang. Ich denke an die lange Geschichte, die ich mit diesem Volk Gottes habe: Begeisterung und Ängste, Aufbruch und Zögern, Vereinzelung und Solidarität, Vertrauensbrüche, eigenes Versagen. Neue Hoffnungen und alte Enttäuschungen. Diese Gedanken und Erinnerungen begleiten mich.

Oben auf dem Berg stehe und schaue ich. Hier ist der Ort, an dem mich Gott die Verheißung sehen lassen will.

Ich sehe im Dunst, ehe die Sonne aufgeht: die weißen Mauern und Türme der Stadt Jerusalem auf den gegenüberliegenden Bergen; die Häuser von Bethlehem;
unten sehe ich ein Stück vom Toten Meer – Wasser, das niemand trinken kann;
ich sehe die Wüste mit einigen Zelten;
ich sehe die grüne dunkle Fruchtbarkeit des Jordantales;

ich sehe Menschen und schaue in ihre Gesichter: Frauen, Männer, Kinder und Alte mit unterschiedlicher Hautfarbe.

Ich schaue und lasse die Bilder kommen, mit denen mir Gott die Zukunft seiner Kirche zeigen will."

☐ Danach etwa 5 Minuten Schweigen, begleitet von einer Meditationsmusik.

Schlußsätze: „Ich kehre wieder zurück zu mir selbst und weiß, daß ich Vieles davon nicht mehr erleben werde, und doch haben diese Bilder ihre Kraft."

Danach Einzelarbeit, Zeit zum Zeichnen, Schreiben, Meditieren.

Kleingruppengespräche zum Austausch, eventuell mit Plakaten, die durch Worte, Assoziationen, Bilder, Symbole etwas von den geschauten Visionen ins Plenum zurückvermitteln.

3.1.2.7 Szenario für meine Zukunft entwerfen

Ziel: Zukunft ist das, was auf mich zukommt, was mir zukommt, mir eigen ist. Von daher ist es berechtigt, heute einen Entwurf davon zu machen, wie meine Zukunft in 5, 10, 20 Jahren aussehen soll. Denn das, was ich für ein nächstes Jahrzehnt plane, hat Auswirkungen auf meinen Alltag heute.

Ablauf

1. Einzelarbeit (30–45 Minuten)

Je nach Alter wählen die TeilnehmerInnen einen Tag in 5, 10, 20 Jahren. Die folgenden Fragen – auf Flipchart geschrieben – sollen das Entwerfen eines individuellen Szenarios erleichtern:

☐ Wo werde ich im Jahre ... leben? (Ort, Landschaft, Land)
☐ Mit wem werde ich leben? (Wie alt sind dann Kinder, Eltern, Angehörige, andere mir nahestehende Personen?
☐ Was werde ich tun? (Beruflich, privat, ehrenamtlich, politisch etc)
☐ Wie werde ich leben? (Welchen Lebensstil werde ich praktizieren?)
☐ Welche Hoffnungen, Wünsche, Träume (welches ungenutzte, liegengebliebene Potential) würde ich gerne verwirklichen?
☐ Womit werde ich aufhören?
☐ Womit werde ich anfangen?

Diese Fragen so detailliert und klar wie möglich beantworten. Die Einfälle nicht gleich zensieren oder für unmöglich halten.

2. Austausch mit einem Partner / einer Partnerin, am besten bei einem Spaziergang. (30–45 Minuten)

3. Plenum (30 Minuten) – Austausch wichtiger Erkenntnisse.

3. Einzelthemen

3.1.2.8 Das Wollfadengeflecht

Anwendungsbereich: Ein Kirchenvorstand möchte sich an einem Wochenende Rechenschaft geben, was alles in der Gemeinde geschieht, und Prioritäten dafür entwickeln, wie Gemeinde in diesem Stadtteil aussehen soll. Es geschieht sehr viel in dieser Gemeinde, aber man / frau weiß wenig voneinander.

Verfahren
1. Alle haupt- und ehrenamtlichen MitarbeiterInnen und KirchenvorsteherInnen sitzen in einem Kreis mit einem dicken Wollknäuel. Jemand beginnt, indem er / sie eine Aktivität oder Gruppe des Gemeindelebens nennt, dabei den Faden um einen Finger wickelt und den Wollknäuel einer anderen Person im Kreis zuwirft. So geht es weiter, bis niemandem mehr etwas einfällt. Währenddessen hat eine Person alle genannten Aktivitäten auf einer großen Wandzeitung mitgeschrieben. Zum Schluß dieses Prozesses sitzen alle im Kreis, eingewoben in ein Geflecht von Gemeindeaktivitäten. Es lohnt sich, dieses Geflecht zu betrachten und auf sich einwirken zu lassen.
2. Das Gewebe wird dadurch aufgelöst, daß nacheinander jede/r den Wollknäuel zurückwirft, indem ein Wunsch, eine Bitte oder eine Frage an diejenige Person mitgegeben wird, zu der der Faden zurückläuft. Auch diese Wünsche, Bitten, Fragen werden auf eine (andere) Wandzeitung aufgelistet.
3. Die ganze Gruppe sieht sich die Liste mit Wünschen, Bitten und Fragen an und entscheidet, an welchen Anliegen sie vorrangig arbeiten möchte. Dazu erhält jede Person drei Klebepunkte, die hinter ein bis drei Anliegen geklebt werden, um deutlich zu machen, was am wichtigsten ist.
4. Die Anliegen mit der höchsten Punktzahl werden zunächst im Plenum diskutiert, um ein allgemeines Problembewußtsein dafür herzustellen, und danach wird an diesen Fragen gemeinsam oder arbeitsteilig in Gruppen gearbeitet mit dem Ziel, neue Vorschläge für die Gemeindearbeit in diesem Stadtteil zu machen.

■ *Variante:* Ein Kirchenvorstand hat Schwierigkeiten, Konflikte anzusprechen; die Mitglieder sind nicht gewohnt, direkt zueinander zu reden.

Ablauf
1. Wie oben, nur wird beim Zuwerfen der Wollknäuels jeder Satz mit den folgenden (oder ähnlichen) Worten begonnen:
☐ Ich bin Ihnen dankbar für ...
☐ Ich brauche von Ihnen ...
☐ Mich stört an Ihnen ...

2. Mit einem Wunsch jeweils wird das Wollfaden-Geflecht aufgelöst. Alternativ: Du gibst mir – Ich gebe dir ...
3. Die auf einer Wandzeitung mitgeschriebenen Themen und Stichworte werden gemeinsam bearbeitet.

3.1.2.9 Musikmeditation
(nach einer Anregung von Judith Giovannelli-Blocher)

Verständigungsprozesse in Gremien und Gruppen verlaufen oft mühsam. Kein Wunder, denn wir argumentieren in je eigenen Sinnhorizonten, die in der Kommunikation so aufeinander bezogen werden müssen, daß ein gemeinsam geteiltes (Welt)-Verständnis entstehen kann. Zu leicht entzieht man sich der Anstrengung, indem man Zuflucht bei gängigen Begriffen, üblichen Gedanken und Konzeptionen sucht.
Wenn es um neue Zielvorstellungen einer Organisation geht, um die Entwicklung einer „Vision" der gewünschten Zukunft, wirkt solche vorschnelle „Verwörterung" besonders lähmend. Schöpferische Ideen werden von ihr zugedeckt. Deshalb kommt es in der Beratung zu Ziel- und Strategiefragen besonders darauf an, tieferen Ebenen des Gefühls und des Wünschens zu ihrem Ausdruck zu verhelfen. Dazu empfehlen sich Verfahren, die die üblichen Kommunikations- und Planungswege verlassen und andere Erlebnisbereiche aufschließen. Dazu ist die im folgenden beschriebene Form der Musikmeditation gut geeignet.

Voraussetzungen: Sie haben ein Tonband (oder eine Kassette) mit acht bis zehn Musikstücken vorbereitet; folgende Gesichtspunkte haben Sie dabei berücksichtigt:
☐ Länge der einzelnen Teile: 2 bis 5 Min.
☐ Wechsel von Instrumentalmusik (hauptsächlich) und Liedern
☐ Musik verschiedener Zeiten und verschiedener Stilrichtungen (Choräle, Sakropop, Jazz, E-Musik);
☐ Zum Teil auch Musik aus anderen Milieus als religiösen Subkulturen (entsprechend der Zusammensetzung der Gruppe)

1. Sie verfügen über eine passable Wiedergabemöglichkeit; schlechte Bandqualität und miserable Recorder beeinträchtigen die Konzentration.
2. Sie arbeiten in einem ruhigen Raum, in dem die TeilnehmerInnen sich bequem setzen, besser noch: auf Decken legen können.

Zeitbedarf: 2 bis 3 Stunden

Ablauf:
1. Sie erläutern Ihre Zielsetzungen und den Ablauf der Übung.
2. Sie bitten die Teilnehmenden, still zu werden und sich so zu setzen oder zu legen, daß sie die folgende halbe Stunde konzentriert hören und „bei sich" sein können. (Wenn Sie über entsprechende Kenntnisse und Erfahrungen verfügen, helfen Sie zu einem besseren meditativen Hören über körpertherapeutische Anweisungen: Atem, Haltung, Entspannungsübungen)
3. Die Musikstücke sollten unkommentiert gehört werden.

4. Danach legen Sie den Teilnehmenden einige Auswertungsfragen vor, zu denen sie Notizen machen können.
- ☐ Welche Erinnerungen kamen mir während des Hörens?
- ☐ Wo empfand ich Widerwillen, wo Sehnsucht?
- ☐ Wo hatte ich ambivalente Gefühle?
- ☐ Welche Wunschbilder im Hinblick auf unsere Organisation (= Gemeinde, Einrichtung, Team) stiegen in mir auf? Welche Zerrbilder?

5. Sie sprechen mit den Teilnehmenden über ihre Erfahrungen und Gedanken. Sorgen Sie dafür, daß die GesprächsteilnehmerInnen einander nicht zensieren.
6. Arbeiten Sie mit den Teilnehmenden die wichtigsten (am häufigsten genannten / markantesten) Leitmotive heraus und lassen Sie sie in Untergruppen in einem weiteren Gespräch entfalten.
7. Die verschiedenen „Visionen" werden dem Plenum vorgestellt und zunächst „stehen" gelassen.

Das Verfahren eignet sich besonders zum Auftakt einer Beratung, in der es um Zielbestimmungen geht. Weitere Indikationen: Die Debatten sind in einer Sackgasse gelandet, und man braucht einen Medienwechsel, um wieder zur Sache zu kommen.

3.1.3 Ehrenamtliche Arbeit

3.1.3.1 Leitlinien
Ein Beispiel aus der Evangelischen Kirche in Hessen und Nassau.

1. Grundsätzliches

1.1. Ehrenamtliche Mitarbeit ist begründet in der Berufung aller evangelischen Christinnen und Christen, „sich in Treue zu Wort und Sakrament zu halten und sich in der Nachfolge ihres Herrn und seinem Sendungsauftrag in die Welt zu bewähren" (KO Art.1,2). Ehrenamtliche Mitarbeit in der Kirche ist die praktische Verwirklichung der Mündigkeit der Gemeinde und aller ihrer Mitglieder.

1.2. Ehrenamtliche Mitarbeit in der Kirche ist entsprechend der unterschiedlichen Kräfte und Gaben (KO 1,29) verschiedenartig und vielgestaltig. Sie umfaßt beispielsweise die alltägliche Sorge um gute Nachbarschaft ebenso wie langjährige eigenverantwortliche Arbeit in kirchlichen Gremien, Leitungsfunktionen in Ausschüssen und Arbeitskreisen, wie Mitarbeit bei diakonischen Aufgaben oder im Kindergottesdienst, das Engagement in unterschiedlichen Initiativgruppen, wie die aktive Auseinandersetzung um die Auslegung der Bibel oder mit dem Bekenntnis des Glaubens heute. Die Organisation von Gemeindeveranstaltungen und Freizeiten gehört in den weiten Zusammenhang ehrenamtlicher Mitarbeit ebenso, wie die Wahrnehmung ökumenischer Offenheit gemeindenah und weltweit.

1.3. Der Kirchenvorstand soll Gemeindeglieder zu ehrenamtlicher Mitarbeit ermutigen (KO 6,1), die von ihnen gemachten Erfahrungen wahrnehmen, im Rahmen seiner Verantwortung für die Gemeindeleitung den Erfahrungen ehrenamtlicher Mitarbeit Geltung verschaffen und auf diese Weise die Mündigkeit aller Gemeindeglieder fördern.

1.4. Über die Aufgaben und unterschiedlichen Formen ehrenamtlicher Mitarbeit ist die Gemeinde regelmäßig zu informieren.

1.5. Ehrenamtliche Mitarbeit ist unentgeltlich.

2. Förderung ehrenamtlicher Mitarbeit

Die Verwirklichung partizipatorischer Strukturen erfordert begleitende Maßnahmen, die die ehrenamtliche Arbeit in der Kirche fördern.
Ehrenamtlich tätige Frauen und Männer haben den Anspruch auf Begleitung, Unterstützung und Förderung.

2.1. *Beratung:* Der Kirchenvorstand benennt Ansprechpartnerinnen und / oder Ansprechpartner für ehrenamtliche Mitarbeiterinnen und Mitarbeiter und vermittelt Beratungsmöglichkeiten.

2.2. *Fortbildung:* Der Kirchenvorstand stellt für die Fortbildung Ehrenamtlicher finanzielle Mittel bereit (Tagungen, Kurse, Literatur).

2.3. *Versicherungsschutz:* Die Kirche ist verpflichtet, für einen umfassenden Versicherungsschutz ehrenamtlicher Mitarbeiterinnen und Mitarbeiter Sorge zu tragen.

2.4. *Erstattungen:* Bei ehrenamtlicher Mitarbeit entstandene Telefon- und Portokosten, Fahrtkosten und Materialausgaben sind zu erstatten. Dasselbe gilt für Vertretungs- und Betreuungskosten.

2.5. *Zugang zu Informationen:* Ehrenamtliche Mitarbeiterinnen und Mitarbeiter sind in den kirchlichen Informationsfluß einzubinden.

2.6. *Finanzen:* Zur Durchführung ehrenamtlicher Arbeit sind in den Haushaltsplänen finanzielle Mittel vorzusehen.

2.7. *Gottesdienstliche Einführung:* Eine Einführung ehrenamtlicher Mitarbeiterinnen und Mitarbeiter im Gottesdienst ist möglich.

3. Einzelthemen

3. Ehrenamtliche und Hauptamtliche

Ehrenamtliche Mitarbeit geschieht – ebenso wie andere Arbeit in den unterschiedlichen kirchlichen Arbeitsfeldern – in der geschwisterlichen „Ausübung des der ganzen Gemeinde anvertrauten und befohlenen Dienstes" – (Barmen These 4).

Das bedeutet für die Zusammenarbeit von Ehrenamtlichen und Hauptamtlichen über die bestehenden Möglichkeiten – Öffentlichkeit von Kirchenvorstandssitzungen, Kreis der Mitarbeitenden, Gemeindeversammlungen – hinaus:

3.1. *Der Konzentration von Arbeit entgegenwirken:* Verteilung der Arbeit auf möglichst viele Schultern.

3.2. *Der Überforderung entgegenwirken:* Zeitbegrenzung für ehrenamtliche Arbeit in der Kirche verabreden.

3.3. *Abhängigkeiten abbauen:* Beteiligung von Ehrenamtlichen bei der Planung der Jahresarbeit, einschließlich Vergabe der Mittel, bei der Aufstellung von Tagesordnungen (z.B. für Sitzungen des Jugendausschusses, des Kreises der Mitarbeitenden), bei Sitzungsleitung, Moderation etc.

3.4. *Eigenverantwortung stärken:* Ehrenamtliche Mitarbeit erfordert finanzielle Mittel, über die eigenverantwortlich verfügt werden kann.

3.5. *Alltag wahrnehmen:* Um ein besseres Verständnis füreinander zu ermöglichen, sollten sich Ehrenamtliche und Hauptamtliche gegenseitig bei der Arbeit begleiten (kooperative Projekte, gegenseitige Besuche, zeitweilige Begleitung, Hospitation, Betriebsbesichtigung u.a.m.).

Die Leitlinien wurden erarbeitet vom Ausschuß zur Begleitung der Frauendekade und vom Ausschuß Zukunft der Arbeit der Kirchensynode der EKHN.
Von der Synode beschlossen im Dezember 1991.

3.1.3.2 Ehrenamtliche Arbeit von Frauen
Den Männern die Ehre, den Frauen die Schattenarbeit?*

I. Vorbemerkung

Ehrenamtliche Arbeit gehört zum Auftrag der Kirche. Unsere Kirchen leben weithin davon, daß sich Frauen und Männer mit ihren Gaben, Fähigkeiten, Erfahrungen in das kirchliche Geschehen einbringen.

---

*in: Ehrenamtliche Tätigkeit im Wandel, Wege zum Menschen, 1/1992, Göttingen

3.1 Perspektiven entwickeln

Menschen, die nicht von der Institution Kirche bezahlt werden, haben auch heute noch besondere Möglichkeiten, innovativ, prophetisch und mit kritischem Abstand in dieser Kirche zu wirken. Deshalb bedarf die Rollen- und Arbeitsverteilung zwischen Haupt- und Ehrenamtlichen, zwischen Frauen und Männern und deren Zusammenarbeit besonderer Aufmerksamkeit. Immer schon war ehrenamtliche Arbeit gefährdet durch Ambivalenzen und Widersprüche: von hoher Wertschätzung, gutbegründeter Notwendigkeit und offizieller Beauftragung droht sie immer wieder abzugleiten in Hilfsdienste für Hauptamtliche, in Ausbeutung von Hilfsbereitschaft und in einflußlose Mitwirkung. Sie verführt die Träger ehrenamtlicher Dienste zur Personalisierung von Hilfen für Probleme, die eigentlich strukturell gelöst werden müßten. Gerade wegen dieser Gefährdungen ist es notwendig, kritisch und verantwortungsbewußt mit der Gestaltung ehrenamtlicher Mitarbeit in der Kirche umzugehen.

II. Zur gegenwärtigen Situation von ehrenamtlicher Arbeit

1. Die Zahl der ehrenamtlich arbeitenden Personen nimmt ab. Gleichzeitig wächst der Bedarf an Arbeit, vor allem im Pflege-, Gesundheits- und Sozialbereich, der durch die finanziellen Leistungen des Staates und der Wohlfahrtsverbände nicht aufgefangen wird oder werden kann.

Ehrenamtliche Arbeit ist nicht zuletzt wegen dieses hohen Bedarfs an gesellschaftlich notwendigen, aber nicht bezahlbaren Aufgaben wieder stärker in den Mittelpunkt des allgemeinen Interesses gerückt. Ehrenamtliche, vor allem Frauen und junge Menschen, werden deshalb seit einiger Zeit verstärkt umworben.
2. Die sozialwissenschaftliche Literatur spricht von der „neuen Ehrenamtlichkeit". Die klassischen Merkmale von Unentgeltlichkeit und der Rekrutierung unter Laien fürs Ehrenamt zerfließen. Es zeichnet sich eine Tendenz zu einem zweiten Arbeitsmarkt mit Billiglohn ab.
3. Viele ehrenamtlich Arbeitende sind keine Laien mehr, sondern professionell Ausgebildete ohne bezahlten Arbeitsplatz. Die Grenzen zwischen Laien und Professionellen verwischen sich.
4. Die von ehrenamtlich Tätigen geleistete Arbeit erbringt bzw. erspart den Kirchen jährlich Millionenbeträge.
5. Es sind vor allem Frauen aller Altersgruppen und junge Menschen, die ehrenamtliche Arbeit übernehmen.

III. Besonderheiten ehrenamtlicher Arbeit von Frauen

1. Die Wertschätzung ehrenamtlicher Arbeit ist – auch in der Kirche – von der jeweiligen wirtschaftlichen Konjunktur abhängig.

In den wirtschaftlichen Talzonen werden vor allem Frauen aus dem Arbeitsmarkt als bezahlte Kräfte verdrängt, die unbezahlte Arbeitskraft wird umworben, hochgelobt und mit allen Mitteln motiviert. Zum Teil übernehmen Ehrenamtliche dann die Arbeit von bezahlten Kräften. In der wirtschaftlichen Hoch-

3. Einzelthemen

konjunktur hingegen werden ehrenamtliche Tätigkeiten „professionalisiert" und bezahlt, die ehrenamtliche Kraft wird verdrängt und als „nicht-professionell" abqualifiziert.

Gerade diese Interdependenz führt in patriarchal geordneten Organisationen zu einer Entsolidarisierung zwischen haupt- und ehrenamtlichen Frauen. Obwohl viele Theoretiker nur das als Arbeit bezeichnen, was entlohnt wird, kommt es zu einem Verdrängungskampf um Arbeit zwischen Frauen. Viele Ehrenamtliche beklagen das Fehlen einer echten Anerkennung ihrer Arbeit. Dieses Problem wird sicherlich nicht durch überschwenglichen Dank in kirchlichen Festreden gelöst, sondern durch Strukturen, die eine herrschaftsfreie Zusammenarbeit zwischen Hauptamtlichen und Ehrenamtlichen herstellen, in der Macht geteilt wird.

2. Auch im Ehrenamt müssen sich viele Frauen den männlichen Arbeitsbedingungen anpassen.

Das bedeutet, daß sie oft unter familien- und frauen-unfreundlichen Arbeitsstrukturen ihr ehrenamtliches Engagement ausüben.

Beispiel: Die Zeitplanung von Kirchensynoden nimmt wenig Rücksicht auf die Familienstruktur. Zudem ist es in vielen Synoden nicht üblich, Hausfrauen – im Unterschied zu freiberuflichen Synodalen – ein Ausfallhonorar bzw. eine Entschädigung zu bezahlen für ihre Hausfrauentätigkeit, die in der Zwischenzeit von anderen wahrgenommen und bezahlt werden muß.

Hinzu kommt die geschlechtsspezifische Arbeitsteilung, die sowohl den bezahlten wie den unbezahlten Arbeitsmarkt bestimmt. Denn in beiden Fällen wird von Frauen neben der Arbeit im außerhäuslichen Bereich die Ausübung der häuslichen Pflichten erwartet.

Dies führt für viele Frauen zur Doppel- oder Dreifachbelastung, solange nicht alle Arbeiten zwischen Männern und Frauen geteilt werden. Die doppelte Orientierung der Frau für Beruf oder Ehrenamt *und* Familie macht Frauen besonders ausbeutbar.

Hausfrauenverwandte Berufe und Tätigkeiten müssen gesamtgesellschaftsfähig werden. Das würde zur Folge haben, daß Hausfrauenqualitäten auch für Männer zum beruflichen und ehrenamtlichen Anforderungsprofil gehören.

3. Auch im Ehrenamt wird die Arbeit von Frauen geringer bewertet als die von Männern.

In der Organisation ehrenamtlicher Arbeit besetzen Männer die machtnahen und prestigeträchtigen Positionen. Den Frauen wird im Ehrenamt eher die Schattenarbeit zugewiesen. So bleibt es sowohl in den bezahlten wie unbezahlten Arbeitsbereichen bei einem Frauenanteil von 80–85% für die eher abhängigen und einflußarmen Positionen.

■ Ein besonders eklatantes Beispiel: Ausgerechnet in den Diakonischen Werken der Landeskirchen und der EKD, die über 85% hauptamtliche und ehrenamtliche Frauen beschäftigen, sind so gut wie alle Geschäftsführer- und andere leitende Positionen mit Männern besetzt.

3.1 Perspektiven entwickeln

4. Ehrenamtliche Arbeit muß durch ein eigenes oder fremdes Einkommen ermöglicht bzw. alimentiert werden.
Entweder ist es das eigene Einkommen (auch als Rente) der Frau selbst oder – was bei Frauen in vielen Fällen zutrifft – es ist das Einkommen des Mannes, das die ehrenamtliche Tätigkeit der Frau finanziert; z.b. die Benutzung des Familienautos, Telefon, erhöhte Kosten in der Familie, die durch die Abwesenheit der Hausfrau entstehen etc. Immer sind Frauen mit Familienpflichten abhängig vom Geld und der Zustimmung des Mannes und der Kinder, sich Zeit und andere Mittel für die ehrenamtliche Arbeit zu nehmen. Das macht sie ideologisch eher abhängig.

Aus diesen finanziellen Gründen hat sich in den Kirchen die Praxis entwickelt, ehrenamtlich tätige Frauen in denjenigen Bevölkerungsgruppen zu suchen, die ökonomisch in der Lage sind, ehrenamtliche Tätigkeit selbst zu finanzieren; z.B. Beamtinnen im öffentlichen Dienst, die für gesamtgesellschaftliche, caritative und kirchliche Aufgaben freigestellt werden unter Fortzahlung ihrer Bezüge. Oder es werden Ehefrauen gutverdienender Männer zur ehrenamtlichen Mitarbeit gesucht. Andere Frauen können solche Aufgaben nicht übernehmen, solange die Kirchen nicht die finanzielle Basis dafür schaffen.

5. Zwischen ehrenamtlich und hauptamtlich tätigen Frauen in der Kirche entsteht gelegentlich ein „Schwesternstreit".
Seit mehr Frauen in die klassischen Männerpositionen in der Erwerbsarbeit vordringen, stehen sich häufiger Frauen in bezahlten – unbezahlten, in leitenden – abhängigen Positionen gegenüber. Frauen müssen andere Frauen als (hauptamtlich oder ehrenamtlich tätige) Vorgesetzte akzeptieren, sich mit Frauenerfahrungen, die nicht zur klassischen „Professionalität" gehören, auseinandersetzen. Solange Männer die leitende und bezahlte Arbeit ausführten, Frauen vorwiegend die unbezahlte und abhängige Arbeit übernahmen, war die Arbeitsverteilung zwischen Frauen und Männern komplementär, d.h. im Gesellschaftsbild vieler Frauen und Männer eindeutiger und geordneter. Hier finden Rivalitätskämpfe, „Schwesternstreit" und Entsolidarisierungsprozesse unter Frauen statt, die ehrenamtlichen Frauen die Mitarbeit besonders erschweren.

■ *Beispiel:* Ehrenamtliche Frauen, die in einer Gemeinde einen feministisch-theologischen Arbeitskreis für Laien aufgebaut haben, freuen sich, eine Gemeindepfarrerin zu bekommen. Die Pfarrerin übernimmt sofort die Leitung dieses Arbeitskreises, statt die Frauen in ihrer eigenständigen feministisch-theologischen Arbeit zu fördern und zu unterstützen. Oder: Kirchenvorsteherinnen haben Schwierigkeiten damit, daß ihre Pfarrerin nicht ins traditionelle Pfarrerbild paßt, weil sie Mutter von kleinen Kindern ist und in ihrer Zeiteinteilung und Verfügbarkeit für die Gemeinde darauf Rücksicht nehmen muß.

Die Tätigkeiten, Projekte und Aktionen von Ehrenamtlichen müssen durch Hauptamtliche gestützt und gefördert werden, die ihre Kompetenz und Position entsprechend einsetzen.

3. Einzelthemen

6. Die ehrenamtliche Arbeit stellt eine besondere Provokation für das Berufsbeamtentum des Pfarrers und der Pfarrerin dar.
Viele Ehrenamtliche sind stolz darauf und heben es auch immer wieder hervor, daß sie ihre Arbeit in der Kirche unentgeltlich und damit auch in großer Unabhängigkeit tun. Viele weisen den Gedanken weit von sich, für ihre ehrenamtliche Tätigkeit ein Entgelt zu fordern.

Dem gegenüber stehen die beamteten Pfarrer und Pfarrerinnen, die zusammen mit den Ehrenamtlichen – z.b. in Kirchenvorständen – sich dieselben Aufgaben und dieselbe Verantwortung teilen, wobei beide dasselbe zeitliche Engagement aufbringen. Aber eben mit dem Unterschied: für die einen ist es bezahlte, für die anderen unbezahlte Zeit. Hier entstehen viele Konflikte, die in der Zusammenarbeit von Hauptamtlichen und Ehrenamtlichen oft nicht an der Wurzel angesprochen, geschweige denn ausgetragen werden.

Zu diesen Konflikten gehört u.a. der Umgang der Pfarrer und Pfarrerinnen mit Geld. Viele Pfarrer und Pfarrerinnen haben niemals um ihr Gehalt, ihre Altersversorgung und ihre tarifliche Anpassung kämpfen müssen. Arbeitskämpfe, Streiks, Solidarisierungsaktionen für die Berufsgruppe sind den meisten fremd. Dies mag einer der Gründe sein, weshalb Geld oft nicht thematisiert wird. Dies aber betrifft auch alle Überlegungen, wie ehrenamtliche Mitarbeit, vor allem von einkommensschwachen Frauen, finanziell abgesichert werden kann.

Eine weitere Facette in diesem Konflikt ist eine unklare – vielleicht auch unbewußte – Rollenaufteilung zwischen Pfarrer und Pfarrerin und Ehrenamtlichen. Stehen die verbeamteten Pfarrer und Pfarrerinnen für die Rolle des Priesters und für den, der die Kontinuität aufrecht erhält und durchhält? Während die Laien als Ehrenamtliche eher die Rolle der Propheten und Prophetinnen übernehmen, also den kritischen Abstand gegenüber der Institution Kirche durchhalten, die sie nicht bezahlt, was deshalb mehr Unabhängigkeit gibt? Wird denen „unten" an der Basis mehr Glaubwürdigkeit zugestanden als den Hauptamtlichen?

M. Josuttis spricht in diesem Zusammenhang von der „unbewußten Gebrochenheit" des Pfarrers, die zu einer „bewußten Gebrochenheit" werden müßte.

7. Die Motivation zur ehrenamtlichen Arbeit ist bei Frauen und Männern verschieden.
Seit der Stellenmarkt für entlohnte Arbeit vor allem für Frauen enger geworden ist, benutzen Frauen ehrenamtliche Arbeit, um sich den Wiedereinstieg in den Beruf zu erleichtern, die Zeit der Arbeitslosigkeit zu überbrücken und den Kontakt mit der Arbeitswelt nicht zu verlieren. Auf diese Weise wird für Frauen das Ehrenamt zu einer Art beruflicher Ersatzkarriere, die sie wegen der aufgezwungenen Arbeitslosigkeit eingehen. Für Hausfrauen in der 3. Lebensphase bedeutet das Ehrenamt oft die Möglichkeit, Neues zu lernen und einen außerhäuslichen Lebensschwerpunkt zu finden. Dieser ehrenamtliche Einsatz von Frauen ist oft mit einem hohen Anspruch an sich selbst verbunden, der zu einer Überidentifikation mit dem Ehrenamt führen kann. Diese Überidentifikation macht

3.1 Perspektiven entwickeln

Frauen nicht nur in hohem Maße verfügbar und gelegentlich auch ausbeutbar, sondern sie erschwert sehr oft die Zusammenarbeit mit Hauptamtlichen und bezahlten Kräften.

Für Männer hingegen ist das Ehrenamt in der Regel eine Ausübung neben dem Beruf und oft mit Zugewinn an Prestige, gesellschaftlicher Anerkennung und Verbesserung beruflicher Chancen verbunden. Soweit bei Männern das Ehrenamt den erwünschten, aber ausbleibenden Aufstieg im Beruf kompensiert, findet auch bei Männern eine Überidentifikation mit der ehrenamtlichen Tätigkeit statt, was sich häufig im Druck auf hauptamtliche MitarbeiterInnen auswirkt. Das bedeutet, daß sowohl Frauen wie Männer, die sich mit dem Ehrenamt überidentifizieren, ein Korrektiv brauchen.

8. Frauen bringen mehr Zeit als Männer ins Ehrenamt ein.

Die Statistiken verschiedener Untersuchungen sprechen von einem Frauenanteil am Ehrenamt zwischen 60 und 85 %. Die 40% der Männer fürs Ehrenamt erklären sich interessanterweise aus der Mitwirkung von Männern in Sportvereinen, Betriebs- und Aufsichtsräten. Rechnet man aber diese beiden Bereiche wegen ihres Hobbycharakters und des besonderen Prestiges nicht zu den Ehrenämtern, erreichen Frauen 85% und mehr.

Junge Frauen mit sozialpädagogischer Ausbildung, die keinen bezahlten Arbeitsplatz erhalten, werden ohne Bezahlung tätig. Das bedeutet, daß sich Professionelle als bezahlte und unbezahlte Arbeitskräfte gegenüberstehen, oftmals im selben Arbeitsbereich tätig werden. Das erfordert neue Strukturen der Zusammenarbeit und stellt vor allem die Frage nach der Gratifikation fürs Ehrenamt.

9. Viele Frauen werden im Ehrenamt quantitativ überfordert und qualitativ unterfordert.

Viele Anforderungsprofile für Frauen entsprechen auch im Ehrenamt der klassischen Arbeitsteilung. Ein Blick auf die historische Entwicklung des Ehrenamts im ausgehenden 19. und beginnenden 20. Jahrhundert zeigt schon die Ausdifferenzierung in „Ehrenbeamte" und „Ehrendienerinnen". D.h. Frauen sind für die Suppenküchen zuständig, die Männer für die Verteilung von Geld und anderen Privilegien. Ähnlich wie bei der Hausfrauenarbeit richten sich die Erwartungen für ehrenamtliche Frauen an die Fähigkeiten, die mit Hausarbeit, Erziehungsarbeit und Pflegearbeit verbunden sind. Die organisatorische und politische Kompetenz, wie sie sich jede Frau im Chaosmanagement von Familien- und Erziehungsarbeit oder im Kampf um ihre Rechte erwerben kann, wird in der Regel von Frauen nicht erwartet.

Wenn es also um die Mobilisierung von ehrenamtlichem Potential gehen soll, dann muß bei Frauen ein viel breiteres Spektrum an Kompetenz gesehen werden. Zugleich geht es für Frauen um den Verzicht auf Lust- und Krankheitsgewinn, der aus Schattenarbeit, Anpassung an die traditionelle Frauenrolle und ein entsprechendes Wohlverhalten gezogen werden kann.

3. Einzelthemen

10. Ehrenamtliche Frauen (auch Männer) werden oft als LückenbüßerInnen benutzt.
Hauptamtliche gehen mit der von Ehrenamtlichen geschenkten Zeit oft fahrlässig um. Das kann die Überlängen von Sitzungen, das Nichteinhalten von Verabredungen oder auch das Überrumpeln beim Planen betreffen.

■ *Beispiel:* Frauen, die als Prädikantinnen tätig sind, werden oft von Pfarrern und Pfarrerinnen kurzfristig angefragt, ob sie im Gottesdienst für den Pfarrer oder die Pfarrerin „einspringen" können. D.h. sie werden nicht behandelt wie die Pfarrerkollegen und -kolleginnen, mit denen langfristig die Gottesdienstpläne abgesprochen werden. Als ob nicht gerade die „Laien" einen besonderen Beitrag zu Theologiebildung und Predigt zu geben hätten.

Eine herrschaftsfreie Zusammenarbeit zwischen Hauptamtlichen und Ehrenamtlichen braucht wechselseitige Strukturen, in denen beide Seiten mitbestimmen können.

IV. Zusammenfassung und Konsequenzen

Hinter den hier vorgestellten Beobachtungen werden theologische und organisatorische Strukturen sichtbar, die es zu hinterfragen gilt.
1. Wir haben es in der Kirche mit einem *Liebespatriarchat* zu tun. D.h. das real existierende Patriarchat wird mit Liebe verkleidet, indem die vorhandenen Ordnungen als naturgegeben, besonders harmonisch und gottgewollt erklärt werden. Dadurch können Strukturen legitimiert werden, in denen es eine Hierarchie von Männern zu Frauen, von Hauptamtlichen zu Ehrenamtlichen gibt. Zugleich aber wird die Verbundenheit, das Einssein, das viel mißbrauchte paulinische Bild vom Leib, an dem wir alle Glieder sind, beschworen.

Das Liebespatriarchat wird erhalten durch die Unterdrückung von Wissen und Erfahrungen. Es gibt in jeder Organisation unterdrückte Erfahrung und unterdrücktes Wissen. D.h. historische Inhalte werden begraben oder verkleidet; Wissen wird abgewertet, marginalisiert, trivialisiert oder ignoriert (M. Foucault).
In der Kirche sind es vor allem die ehrenamtlichen Frauen, die unterdrücktes Wissen und Erfahrungen besitzen. Erweckung dieses disqualifizierten Wissens wäre eine der Grundlagen dafür, der ehrenamtlichen Arbeit von Frauen einen anderen theologischen und organisatorischen Ort in der Kirche zu geben.
2. Unser Verständnis von *Dienen* bedarf dringend einer theologischen Revision. „Dienen" ist in unseren Kirchen ein hochgeachteter Begriff. Aber er wird bis heute für Frauen und Männer unterschiedlich ausgelegt. Dies wird gerade in der theologischen Rezeption neutestamentlicher Texte deutlich. Zwar hat auch das NT zwischen dem Dienst am Wort und dem Dienst am Tisch unterschieden; aber der Tischdienst wurde in Acta 6, 1–4 den Männern und nicht den Frauen zugewiesen. Oder: wie die neutestamentliche Geschichte von der Fußwaschung zeigt, übernimmt Jesus den traditionell den Frauen zugewiesenen Dienst und macht damit Herrschaftsverzicht und die Aufhebung einer hierarchischen Ar-

3.1 Perspektiven entwickeln

beitsteilung deutlich (Johannes 13, 12–17). Vgl. dazu Luise Schottroff. Sie weist auch darauf hin, daß die Auslegungsgeschichte von 2. Kor 5, 17–20 Dienen als Männer*amt* und Frauen*dienst* ausgelegt hat.

Es geht also um nichts weniger als eine Freigabe von Privilegien, die diese Oben-Unten-Gesellschaft konstituieren. Herrschaftsverzicht ist angesagt, wenn wir zu einer Neubewertung ehrenamtlicher Arbeit kommen wollen.

Das bedeutet für Frauen, in der Nachfolgegemeinschaft der Gleichgestellten ihren Platz einzunehmen und die Möglichkeiten, alle ihre Fähigkeiten einzubringen, zu ergreifen und durchzusetzen. Die Frau, die sich selbst übersieht oder sich zum Opfer der Verhältnisse in einer Oben-Unten-Gesellschaft macht, lebt nicht diese Nachfolgegemeinschaft. Für Männer heißt das, Privilegien aufzugeben und auf Machtverzicht hinzuwirken, wenn Macht nicht mehr geteilt wird.

Konsequenzen:
1. Alle Arbeit wird auf alle Frauen und Männer verteilt. Mit einem gerechteren Verständnis von Arbeit werden Strukturen entwickelt, die den Lebensbedingungen und Lebenserfahrungen von Frauen entsprechen.

Alle Kirchenmänner sollten – besonders in Leitungspositionen – den Nachweis von Hausmann-Erfahrungen bringen. Ehrenamtliche Frauen bekommen den proportionalen Anteil an Einflußnahme.
2. Ehrenamtliche werden gefördert und öffentlich anerkannt. Dazu gehören: Fortbildung, klare Regelungen für Anfwandsentschädigungen, Auslagenersatz, bzw. Ausgleichszahlungen für Haufrauenarbeit, Rentenanspruch, Steuervorteile für „verschenkte Zeit". Kirchliche Haushalte sollten die durch Ehrenamtliche erarbeiteten bzw. gesparten Summen ausweisen.
3. Für Ehrenämter sollten klare Anforderungsprofile entwickelt werden. Sie sollten deutlich befristet sein. Alle Ehrenamtliche sollten Tätigkeits-Nachweise erhalten. Auch in den Ehrenämtern sollte die Quotierung von Frauen und Männern geregelt werden.
4. Hauptamtliche Mitarbeiter und Mitarbeiterinnen und Pfarrer und Pfarrerinnen sollten für die Zusammenarbeit mit Ehrenamtlichen aus- und fortgebildet werden.
5. Ehrenamtliche sollten sich wie andere Berufsgruppen in Interessenverbänden zusammenschließen, um sich auszutauschen, ihre Arbeit und ihre Bedingungen zu organisieren, ihre Rechte und Pflichten zu vertreten und sich insgesamt mehr Einfluß und Sichtbarkeit zu sichern (In Veröffentlichungen wird sogar die Gründung einer „Bundesanstalt für das Ehrenamt" vorgeschlagen, F. Ortmann)
6. Für den Beginn ehrenamtlicher Mitarbeit in der Kirche sollte es reguläre öffentliche Einführungsrituale geben.

3. Einzelthemen

3.1.3.3 Konflikte in der Zusammenarbeit von Hauptamtlichen und Ehrenamtlichen in der Gemeinde

In manchen Gemeinden, die wir beraten, gibt es latente Konflikte zwischen Haupt- und Ehrenamtlichen im Kirchenvorstand, aber auch in den verschiedenen Gruppen und in anderen Aktivitäten der Gemeinde. Hier einige Beipiele:

- Pfarrer oder Pfarrerin sind nicht bereit, an ihrem freien Tag an einer Kirchenvorstandsitzung oder an einer anderen Gemeindeaktivität teilzunehmen. Die ehrenamtlichen KirchenvorsteherInnen und ehrenamtlichen MitarbeiterInnen argumentieren, es sei doch auch ihre freie Zeit, die sie einsetzen.
Zur Kirchenvorstandsitzung kommen alle recht unlustig. Die Sitzung wird von einer versteckt-aggressiven Stimmung beherrscht.
- Ehrenamtliche fühlen sich als ZuarbeiterInnen, LückenbüßerInnen für Zeiten, in denen die Hauptamtlichen nicht verfügbar sind.
- Ein Kirchenvorstand plant Aktivitäten für die Gemeinde, die er für dringend notwendig hält, drückt sie dem Pfarrer „aufs Auge", ohne selbst bereit zu sein, sich dafür zu engagieren.
- In manchen Gemeindebriefen oder anderen Veröffentlichungen der Gemeinde werden nur die PfarrerInnen und andere Hauptamtliche namentlich erwähnt, die Mitarbeit der Ehrenamtlichen kommt nicht vor.
- „Auf Ehrenamtliche ist kein Verlaß" sagen viele Pfarrer und Pfarrerinnen, weil sie die notwendige Kontinuität nicht durchhalten.

Vorbeugende Maßnahmen, die solche Konflikte verhindern können, indem Ehrenamtliche ernstgenommen und ihre Aufgaben klar umrissen werden:

- Mit Ehrenamtlichen werden – wie mit Hauptamtlichen – klare Arbeitsverträge über Inhalt und Dauer ihrer Mitarbeit geschlossen. (Arbeitsaufträge immer befristen!)
- Finanzielle Regelungen, z.B. für Fahrtkosten, Kosten für Fortbildung, Bücher, Telefon und andere Auslagen wie Kosten des Babysitters und einer Pflegerin werden übernommen und alle zwei Jahre überprüft.
- Ehrenamtliche werden in ihr Amt öffentlich eingeführt, ihre Tätigkeit wird öffentlich bekannt gemacht und es wird ihnen das Recht auf Fortbildung zugesprochen.
- Regelmäßige Auswertungen und Besprechungen ihrer Arbeit werden von Anfang an eingeplant.
- Für Ehrenamtliche muß der Zugang zu den Hilfsmitteln wie Kopierer, Schlüssel für Gemeinderäume, Telefon, Schreibmaschine etc. gesichert werden.
- Bei gemeinsamen Sitzungen von Haupt- und Ehrenamtlichen sollten die unterschiedlichen Meinungen der beiden Gruppen möglichst differenziert wahrnehmbar sein. Dies geschieht
- z.B. durch Bildung eines Außen- und Innenkreises, in dem sich zuerst die eine, dann die andere Gruppe zum selben Thema äußert. Die jeweils außen sitzende Gruppe hört schweigend zu.

Und wenn der Konflikt schon da ist?
In solchen Situationen haben sich folgende Methoden bewährt:
☐ Im Kirchenvorstand wird gemeinsam die Übung Probleme gewichten gemacht.
☐ Der oder die PfarrerIn werden vor allen anderen interviewt zum Thema: Wo bleibt Ihre freie Zeit?
☐ Ein konkretes Problem kann mit Hilfe des Schichtenmodells (s. S. 158ff) diagnostiziert werden.
☐ Mit der Kräftefeldanalyse (S. 147ff) kann man eine Intervention erarbeiten.
☐ Zur Diagnose der Situation eignet sich das Modell von Weisbord (S. 119ff).
☐ Trennung der Haupt- und Ehrenamtlichen in Innen- und Außenkreis (s.o.).
☐ Ausfüllen der Checkliste (s. unten ...) durch Haupt- und Ehrenamtliche, dann Vergleich der Ergebnisse.

3.1.3.4 Checkliste zum Ehrenamt

1. Gibt es Arbeitsverträge mit Beschreibung des Aufgabenbereichs und der Zuständigkeiten?
2. Sind Arbeitsaufträge befristet?
3. Welche Anerkennungsformen / Gratifikationen gibt es für Ehrenamtliche?
4. Wie wird Begleitung und Fortbildung von Ehrenamtlichen wahrgenommen?
5. Wie ist der Auslagenersatz geregelt für Fahrten, Vertretungszeiten zuhause, Telefon etc.?
6. Welchen Zugang haben die Ehrenamtlichen zu den Hilfsmitteln (Kopierer, Telefon, Schlüssel etc)?
7. Wird langfristig und gemeinsam Arbeit geplant?
8. Wieviel Stunden (Arbeitszettel oder Wochenplan) arbeiten Ehrenamtliche mit?
9. Wie wird die Arbeit Ehrenamtlicher bekannt gemacht?
10. Welche Beauftragungs- oder Einführungsrituale gibt es für Ehrenamtliche?

Literaturliste für Teil 1 (Seite 182–221)

Ballhausen, A. / u.a., 1986
Born, G., 1988
Dienel, P. C., 1978
Heintel, P. / Krainz, E. E., 1990^2
Hirzel, M., 1984 / 85
Josuttis, M., 1982
Krappmann, L., 1972^2
Lotmar, P. / Tondeur, E., 1989
Moltmann, J., 1975

Müller S. / Rauschenbach, T., 1988
Neuberger, O. / Kompa, A., 1987
Notz, G., 1989
Oliva, H. / Oppl, H., 1990
Ortmann, F., 1988
Reibnitz, U. von, 1991
Schmidt, E. R., 1992
Weisbord, M., 1983

3.2 Sich in der Zeit organisieren

3.2.1 Theorie und Informationen

3.2.1.1 Einführung 222
3.2.1.2 Verschwenden Sie Zeit? 223
3.2.1.3 Sechs Regeln auf dem Weg zur Verbesserung des Zeitmanagements 225
3.2.1.4 Zeitpioniere 226
3.2.1.5 Was tun, wenn Arbeit auf mich zukommt? 228
3.2.1.6 Prioritäten erkennen, setzen, einhalten 230
3.2.1.7 Im Einklang mit dem Tagesrhythmus arbeiten 231

3.2.1.1 Einführung

Zeit ist ein kostbares Gut, das sich nicht vermehren läßt. „Umgang mit Zeit", „Zeitmanagement" u.ä. sind daher irreführende Devisen; wir können Zeit nicht produzieren, verändern oder managen. Allenfalls geht es um ein „Management" meiner selbst in der gegebenen Zeit. Oder genauer: Es geht darum, wie ich von fremdbestimmter Zeit, die ich ja oft als verlorene Zeit erfahre, zu mehr selbstbestimmter Zeit komme.

Fremdbestimmte Zeit meint z.B.
☐ durch Vorgesetzte bestimmte Zeit,
☐ durch Abhängige bestimmte Zeit (Untergebene, Kinder, andere Menschen, für die ich verantwortlich bin),
☐ systembestimmte Zeit (durch die Wahl meines Lebensentwurfs, meines Berufs, durch meine Umgebung definierte Zeit);
☐ Zeit, die durch innere, alte Botschaften, Diktate in meinem Kopf gestaltet wird.

Die Verantwortung für den Weg zu mehr selbstbestimmter Zeit trage ich allein; auf meine bewußte Entscheidung und die Treue zu ihr kommt es an. Bessere Arbeitsorganisation, d.h. Effizienz in den Arbeitsabläufen und mehr „Freizeit" sind nicht das Ziel dieses Weges, sondern allenfalls Vehikel auf dem Weg. „Zeitmanagement" gelingt in dem Maße, wie ich mich den Lebensfragen stelle: Was soll in meinem Leben gelten? Wie will ich mein Leben (nicht nur meinen Beruf!) gestalten? Wer oder was ist es wert, vom Gut meiner Zeit abzubekommen?

Ohne solche „tieferen" Einsichten bieten alle Hinweise, Tips, Verfahren für eine „bessere" Zeitverwendung nur leere Mechanik. Die nachfolgenden Übungen und Modelle sollten unter diesem Vorbehalt gelesen und genutzt werden.

3.2.1.2 Verschwenden Sie Zeit?
Zehn Wege, um das zu ändern*

1. Arbeiten Sie in der Nähe von Ablenkungen wie Telefon, Kaffeekanne, Durchgangsflur im Büro?
Ablenkende Gegenstände können meistens weggestellt oder verdeckt werden, schwieriger ist es, eine ablenkende Umgebung zu ändern. Aber auch das kann mit ein bißchen Phantasie bewerkstelligt werden. Wenn Sie z.B. Ihren Schreibtisch nicht an einen anderen Platz stellen können, versuchen Sie, sich mit dem Blick in eine andere Richtung zu setzen, oder besorgen Sie sich eine Abschirmung (Raumteiler, Wandschirm).

2. Dehnen Sie Telefongespräche und Besprechungen unnötig aus?
Planen Sie Besprechungen (Publikumsverkehr, Sprechzeiten) und telefonische Rückrufe für einen festgelegten Teil des Tages. Machen Sie sich vorher eine kurze Notiz über das, was Sie erreichen wollen. Wenn möglich, machen Sie sich vor einer Besprechung eine Liste von Themen oder Fragen, die Sie anschneiden wollen. Sehen Sie während der Besprechung in diese Liste, um sicherzugehen, daß Sie ans Ziel kommen.

3. Ist Ihr Schreibtisch überhäuft mit Bagatellsachen, die Wichtigeres und Dringendes überdecken?
Wenn es so ist, dann verschwenden Sie viel Arbeitszeit auf Aussortieren. Legen Sie stattdessen die wichtigsten Dinge vor sich auf einen Stoß. Wenn Sie die zu beantwortende Post sich haben ansammeln lassen, kann auch eine Aktenablage für jede Woche oder jeden Tag des Monats die Sache erleichtern. Ihre beste Ablage aber ist Ihr Papierkorb. Benutzen Sie ihn, um unwichtiges und ständig wiederkehrendes Material zu beseitigen.

4. Sind Sie unfähig „nein" zu sagen, wenn Sie um etwas gebeten werden, was mit Ihren eigenen Prioritäten kollidiert?
Ihre Unfähigkeit, an Ihren eigenen Prioritäten festzuhalten, kann in der Einstellung begründet sein, die Sie ihnen – oder sich selbst – gegenüber haben. Sie müssen beides zunächst selbst ernstnehmen, wenn Sie dasselbe auch von anderen erwarten.

5. Neigen Sie dazu, wichtige oder schwierige Aufgaben aufzuschieben?
Ihr Zögern kann aus Angst vor Versagen resultieren, aus Scheu vor der Arbeitsbelastung oder aus Ihrer ambivalenten Einstellung zur Arbeit. Versuchen Sie, Ihr Projekt in kleinere, weniger erdrückende Aufgaben zu teilen. Oder denken Sie noch einmal darüber nach: Vielleicht ist Ihr Projekt wirklich nicht so wichtig.

---

* Jaqueline Zanca, Übersetzt aus: Womens Work, Mai/Juni 1977, S. 9 ff.

3. Einzelthemen

6. Verpulvern Sie große Mengen von Energie für Dinge mit relativ wenig Ertrag?
Das ist allenfalls dann gut, wenn es zu Effektivität und Produktivität führt. Aber Mißtrauen gegenüber den Fähigkeiten Ihrer MitarbeiterInnen oder Mißtrauen gegenüber Ihren eigenen Voraussetzungen wird nicht die besten Ergebnisse hervorbringen. Auch hier müssen Sie wieder Ihre Ziele befragen: Was wollen Sie erreichen?

7. Ist es wichtig für Sie, die völlige Kontrolle über Ihre Arbeitssituation zu haben?
Wenn ja, dann können Sie dies als Entschuldigung dafür benutzen, daß Sie zu nichts anderem kommen, oder Sie können besessen sein von Methoden statt von Ergebnissen. Fragen Sie sich, ob das, was Sie tun, Sie Ihren kurz- oder langfristigen Zielen näherbringt.

8. Wissen Sie, welches Ihre Ziele sind?
Viele chronische Zeitverschwender haben sich nie die Zeit genommen, sich über ihre Ziele klarzuwerden. Machen Sie ausführliche Listen über alles, was Sie jetzt oder in Zukunft tun wollen. Wählen Sie die Ziele aus, die für Sie am wichtigsten und am ehesten zu realisieren sind, und überprüfen Sie sie regelmäßig.

9. Lernen Sie aus Krisen?
Manchmal geraten die Dinge – ungeachtet Ihrer besten Absichten – außer Kontrolle. Sie können aus jeder Krise etwas lernen, sowohl über deren Zustandekommen als über Ihr eigenes Verhalten dabei. Halten Sie diese Informationen für künftige ähnliche Situationen griffbereit.

10. Haben Sie Zeit, sich zu entspannen, sich zu bewegen und zu „gammeln"?
Wenn nicht, dann sollten Sie sich Ihre Zeitplanung einmal unter diesem Gesichtspunkt ansehen. Wenn Sie z.B. ein wenig zwanghaft sind und sich nicht entspannen können, zwingen Sie sich dazu, sich hinzusetzen und zehn Minuten lang nichts zu tun. Prüfen Sie Ihren Terminkalender, um herauszufinden, wo Sie eine „Auszeit" unterbringen können, selbst wenn das bedeutet, eine Stunde früher aufzustehen. Es gibt immer etwas, das nicht zu tun Sie sich leisten können. Denken sie daran, daß Ruhe und Bewegung wesentlich sind für Ihre Gesundheit.

3.2.1.3 Sechs Regeln auf dem Weg zur Verbesserung des Zeitmanagements

☐ Erstens: *Schwierigkeiten erkennen*
Voraussetzung für Veränderungen ist eine gründliche Diagnose, die auf einer detaillierten Datensammlung basiert (z.b. Zeitverwendungs-Protokoll, Tagebuchnotizen, Beratung). Denn die Angebote neuer Bürotechnik, raffinierterer Kalender und anderer Technik sind möglicherweise Antworten auf Schwierigkeiten, die Sie gar nicht haben. Solche technischen Hilfsmittel können unversehens zu neuen „Zeitfressern" werden.

☐ Zweitens: *Bessere Möglichkeiten entwickeln*
Die Interventionen müssen zum einen den individuellen Bedürfnissen, Möglichkeiten und Grenzen (!) einer Person entsprechen; zum anderen müssen sie sich gut in die übergreifenden beruflichen Belange und die jeweilige Organisationsgestalt einfügen.

☐ Drittens: *Die Veränderungsvorhaben als Gewohnheiten ausbilden und konsequent verfolgen*
Routinen ermöglichen das Alltagsleben. Die Veränderungsvorhaben sind in konkrete, d.h. machbare Maßnahmen zu überführen, die beharrlich „eingelebt" werden. Bloße Absichtserklärungen erhöhen nur den Problemdruck; was nicht als „neue" Gewohnheit ausgeformt ist, wird von den „alten" Praktiken erdrückt.

☐ Viertens: *Die Veränderungsvorhaben öffentlich bekanntgeben*
Öffentlichkeit – die Familie, die KollegInnen, Vorgesetzte – macht die persönliche Veränderungsabsicht verbindlicher. Wenn die anderen Bescheid wissen, entsteht der u.U. notwendige hilfreiche Druck.

☐ Fünftens: *Neues Verhalten immer wieder üben*
Auch in der außerberuflichen Sphäre, im familiären bzw. im sogenannten Freizeitbereich, damit der neue Weg immer besser gelingt, eine neue Kunstfertigkeit entsteht. Was man gut kann, macht man gern wieder.

☐ Sechstens: *Keine Ausnahmen zulassen*
Die Ausnahme ist das Einfallstor der alten als destruktiv erkannten Gewohnheiten. Für manche Menschen mit gravierenden Zeitproblemen (die durch eigene Fehlhaltungen entstehen, wohlgemerkt) ist sicher sinnvoll, sich am Modell der Suchttherapie zu orientieren: Eine Ausnahme machen bedeutet: einen Rückfall erleiden.

3. Einzelthemen

3.2.1.4 Zeitpioniere * – Kuno Sohm

Zeitpioniere setzen sich in eigenständiger Weise mit den Zeitverhältnissen auseinander, die sich in Zeitknappheit und Zeitnot präsentieren und die sich zur Überschrift verdichten: eine Gesellschaft ohne Zeit. Ihr Lebensstil ist vor allem durch zwei typische Veränderungen gekennzeichnet: durch ein neu strukturiertes Verhältnis von Zeit und Geld sowie durch eine neue Strukturierung alltäglicher Zeitschemata. Zeit tritt in Konkurrenz zu Geld; Zeitwohlstand wird genauso wichtig (oder wichtiger) wie materieller Wohlstand.

Distanzierung von der kulturellen Grundform der Arbeitsgesellschaft

Das Alltagsleben wird durch das Zeitregime des Arbeitssystems als extrem vollgestopft, stereotyp und fremdbestimmt erfahren. Die Erfahrung herrscht vor, nur noch von Wochenende zu Wochenende zu leben. Ein Engagement zur Ausübung und Ausbildung eigener Interessen kann nicht mehr aufgebracht werden. Ein Zeitpionier reflektiert: „Da habe ich mir überlegt, ob das erfüllen kann". Das heißt: daß die Sinnfrage des Lebens stark mit der Form des Arbeitens verknüpft ist. Dabei erleben die Pioniere eine Arbeitsorientierung, die von Tugenden wie Beflissenheit, Fügsamkeit oder Autoritätsgläubigkeit getragen ist. Bedeutend ist ihnen, den gesellschaftlich-allgemeinen Kern der Arbeit zu ergründen.

Das veränderte Verhältnis von Zeit und Geld

Als bestimmende Größe im Lebensarrangement wird die Geld-Zeit-Relation erkannt. Durch das Weniger-Arbeiten müssen sich die Zeitpioniere auch mit der „vertrackten" Rolle des verringerten Einkommens auseinandersetzen. Sparsam kontrolliertes Geldausgeben wird zu einem wichtigen Element ihrer Lebensführung. Dabei wird festgestellt, daß das Streben nach mehr autonomer Zeitverfügung mit der Orientierung auf finanzielle Unabhängigkeit korreliert. Zeitpioniere investieren freiwerdende Zeit in Verwandtschafts- und Freundschaftsbeziehungen. Dazu kommt, daß sie ihre Haushaltsführung umorganisieren: Zeitpunkte der Hausarbeiten werden mehr nach „Lust und Laune" und nicht aus einem Pflichtcharakter heraus gewählt. Zeit und Geld fungieren als Ressource und Medium der Lebensgestaltung. „Mit der Zeit etwas Vernünftiges anfangen können sie (die Zeitkonventionalisten) nicht, weil sie das nie gemacht haben und eben nicht gewöhnt sind. Alles ist bei ihnen entweder nur Konsum oder nur Arbeit. Eine wirklich sinnvolle Freizeitgestaltung, die gibt es nicht". Oder „Wir sind früher viel und weit gereist und fangen jetzt an, öfter in den Ferien zu Hause zu bleiben und dies nicht als Einschränkung oder Mangel zu empfinden … Für mich ist Reisen auch anders geworden. Nicht mehr konsumieren und viele Länder sehen, sondern ich reise dorthin, wo Freunde und Bekannte sind". Ein wichtiges Thema ist die Bewältigung der Ausgabenbegrenzung, die letztlich durch Interpretationen und Umdefinition von Konsumfeldern erreicht wird.

---

* nach K. H. Hörning, u.a., Zeitpioniere

3.2 Sich in der Zeit organisieren

Veränderte Zeiteinteilungspraktiken

Zeitpioniere wollen wegkommen von einer Verdichtung von Zeitstrecken, d.h. eine Handlung folgt der anderen. Diese Verdichtung löst Zeitdruck aus und produziert einen Mangel an verfügbarer Zeit. Merkbar ist das Knappheitsbewußtsein durch die Antwort: „Ich kann nur dann" statt „Ich kann immer wieder". Voraussetzung für den gekonnten Einsatz von Zeitgewinnungstechniken ist die Fähigkeit, warten zu können. Es ist jenes Warten gemeint, scheinbar auferlegte Pflichtzeiten nach eigenen Maßstäben umzuwandeln. Es gilt, den richtigen Zeitpunkt, die rechte Zeit („sie kommt") abzuwarten, um dann richtig bzw. zeitgemäß zu handeln.

☐ Umdefinition von Pflichten:
Scheinbar unumgängliche Verrichtungen werden hinterfragt. Eine Frau meint dazu: „Heute ist Bügeltag, und dann muß man bügeln. Ich habe manchmal Bügelwäsche von Monaten und denke mir, du wartest, bis du Lust hast, und irgendwann kommt die Lust".

☐ Unterlaufen gesellschaftlicher Zeitspitzen:
Durch ein asynchrones Zeitverhalten wird Zeit und Geld gespart; Stoßzeiten auf der Nachfrageseite (z.B. Bus, Kaufhaus, Freizeiteinrichtung usw.) werden umgangen.

☐ Inszenieren von Eigenzeiten:
Es werden Zeitstellen symbolisch besonders markiert, durch die bestimmte Handlungen mit spezifischen Lebensstilen eingegrenzt werden. Beispiele: bewußt bestimmte Dauer für das Frühstück, bewußtes Nichtstun, um Zeit als Verweilen in der Zeit zu erleben.

☐ Einrichten von Zeitpuffern:
Zeitpuffer sind bestimmte Zeitsegmente, die ein besseres Umschalten auf andere Aktivitätsfelder oder Zeitstrukturierungen zulassen. Beispiel: „Ich gehe grundsätzlich zu Fuß zur Arbeit, das brauche ich, um abzuschalten. Wenn ich dann zu Hause bin, dann ist die Arbeit abgeschlossen."

Das Zeitverständnis der Zeitpioniere

Die inhaltlichen Ausformungen und die interne Struktur der zeitlichen Deutungsschemata zeigen sich auf verschiedene Weise.

☐ Es wird Distanz gegenüber herrschenden Zeitkonventionen erzeugt: freiwerdende Zeit wird nicht sofort wieder mit anderen Verrichtungen gefüllt. Der Imperativ der Verwendung, Verwertung und Nutzung wird hinterfragt. Z. B. gibt es nicht den Wasch-Tag, den Feier-Abend, den Mittags-Schlaf, die Essens-Zeiten, sondern das Prinzip der Abwechslung wird bedeutender. Im Wechsel liegt Ausruhen, sagt schon ein lateinisches Sprichwort.

☐ Tempodiäten werden verordnet: Eine Sache, die eilt, begründet nicht automatisch ihre Wichtigkeit. Gelassenheit, eine neue Form der Gemütlichkeit und der Erfahrungsintensität sind neue Konsequenzen.

3. Einzelthemen

☐ Betonung der Gegenwartserfahrung: Zukunftshorizonte werden offener gelassen und nicht so sehr verplant. Die Gegenwartsperspektive steht unter dem Gebot, zukünftige Variationsspielräume möglichst wenig einzuschränken.

☐ Einbezug von Diskontinuität: Zeit ist nicht nur eine Ressource im Sinne von mehr Zeit haben, sondern wird auch zum Mittel, um biographische Veränderungen der persönlichen Identität zu betreiben.

☐ Reflexives Zeitbewußtsein: Die Verfügung über Zeit setzt bei den Zeitpionieren einen selbstreflexiven Prozeß in Gang: Zeitpioniere können sich Zeit nehmen, über Zeit nachzudenken. Damit erst kann die Aufmerksamkeit auf Zeitordnungen und Zeitzwänge gelenkt werden.

Gesellschaftlich erleben wir eine fortschreitende Geschwindigkeit auf verschiedensten Ebenen und eine Verknappung von Zeit. Zeichen unserer Zeit ist „Zeitnot" oder anders gesagt: Zeit ist Geld. Wenn es gelingt, diesen scheinbar zwangsläufigen Knoten von Zeit und Leistung zu zerschneiden, sind wir wahrscheinlich im Kampf um die (Wieder-)Aneignung von Zeit einen bedeutenden Schritt weiter.

(Aus: MC Notiz 2/91, Informationen aus dem Management Center Vorarlberg, Dornbirn)

3.2.1.5 Was tun, wenn Arbeit auf mich zukommt?

Re-Delegieren

Zurückweisen an Absender / Verursacher
Kontrollfragen
a. Schade ich mir damit? Meiner Karriere? Kostet mich die Rückgabe mehr Energie als die Erledigung der Arbeit?
b. Gefährde ich damit das Image / die Leistung / das Produkt der Organisation?

Eliminieren

In den Papierkorb. Vergessen.
Wichtig: Sich psychisch entlasten!
Kontrollfrage
Was könnte mir bei der „Beseitigung" der Arbeit als Schlimmstes widerfahren?

3.2 Sich in der Zeit organisieren

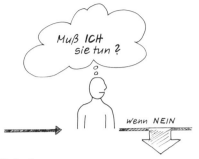

Delegieren

a. per *Auftrag* – wenn eingespielte Delegationswege vorhanden
b. Durch *Gewinnung* eines „Mitarbeiters, Mitarbeiterin"
c. Durch *Einrichtung* eines Projektteams

Vorsicht: Die Wege b+c verschlingen Investitionsenergien!

Disponieren / Terminieren

Auf Aktionsliste setzen. Damit das Dringende nicht ständig das Wichtige beiseite schiebt, einen Termin festlegen – für Arbeitsbeginn und -ende! (Denn: „Jede Arbeit dauert so lange, wie ich ihr Zeit gebe.")

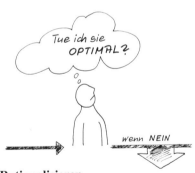

„..., dann KOMPLETT"!

Nicht nur Teile der Arbeit erledigen – und den Rest bis zur nächsten Gelegenheit aufschieben. Merke: Einarbeiten kostet Zeit. 3x20 Minuten sind weniger als 60 Minuten.

Rationalisieren

Arbeiten vereinfachen, standardisieren; technische und methodische Möglichkeiten und Hilfen konsequent nutzen.

Vorsicht: Viele Rationalisierungsmaßnahmen benötigen hohe Anschubenergie. Lohnt sich der Einsatz? Keine Perfektion in Nebensachen!

„..., dann RICHTIG"!

Keine halben Lösungen, keine einstweiligen Maßnahmen, sondern: Präzisionsarbeit.

3. Einzelthemen

3.2.1.6 Prioritäten erkennen, setzen, einhalten

1. Die Verführung ist allgegenwärtig, das Dringliche vor dem Wichtigen zu tun. Wer so arbeitet, wird kurzatmig. Zwar wird vieles Dringliche dann schnell bewältigt, unter Umständen erlebt man auch Arbeitszufriedenheit, aber auf die Dauer untergräbt dieses „Management" die Arbeitskraft und Schaffensfreude – und schadet der Organisation, denn wichtige Aufgaben bleiben ja unerledigt.
2. In kirchlichen Arbeitsbereichen gibt es weitgehend keine Prioritätenkataloge, an denen einzelne MitarbeiterInnen sich orientieren könnten. Nun sind Ermessensspielräume gerade das Kennzeichen professionellen Handelns. D. h. es bleibt Aufgabe für die MitarbeiterInnen, Prioritäten in Einklang mit den örtlichen Anforderungen selber zu bestimmen.
3. Eine Orientierungshilfe bietet folgendes Raster

	„B"-Aufgaben	„A"-Aufgaben
wichtig	Warten eventuell delegieren	Sofort + in der Regel auch persönlich erledigen
	Nichts tun! In den Papierkorb!	„C"-Aufgaben Notfalls selbst sofort erledigen! (Besser: rechtzeitig delegieren)

dringlich →

4. Konsequenzen:
☐ Aufgaben von „echter" Dringlichkeit und geringer Wichtigkeit konsequent anpacken und bearbeiten. Wichtig dabei ist, sich psychisch zu entlasten; d.h. nicht darüber zu klagen, daß man „eigentlich Wichtigeres" zu tun hätte.
☐ Für Aufgaben höchster Priorität die beste Arbeitszeit reservieren (vgl. Tagesrhythmus-Kurve S. 234) und auf Störungsfreiheit achten.
☐ Im Wochen- bzw. Monatsrhythmus darauf achten, daß Aufgaben hoher Wichtigkeit, aber geringer Dringlichkeit ihren Platz im Terminkalender erhalten; sonst trägt man zu struktureller Unzufriedenheit und Minderleistung bei.
☐ „Kleinkram" soweit wie möglich eliminieren bzw. delegieren. Nur soviel selber erledigen, wie zur „Psychohygiene" notwendig; d.h. die Zeit des „Kleinkrams" zur persönlichen Regeneration nutzen (Auftanken, Abschalten, über ein Leistungstief oder Kreativitätsloch hinwegkommen).

3.2 Sich in der Zeit organisieren

3.2.1.7 In Einklang mit dem Tagesrhythmus arbeiten

1. Die aktuelle körperliche Verfassung entscheidet mit darüber, wie lang eine Arbeit dauert und wie gut sie gerät. Die Körperform hängt ab von: Gesundheitszustand, Training, auch Stimulanzien. Weniger beachtet wird eine weitere Bedingungsgröße: der Tagesrhythmus, dem jeder Mensch unterliegt. Die folgende Abbildung zeigt die „Ideallinie":

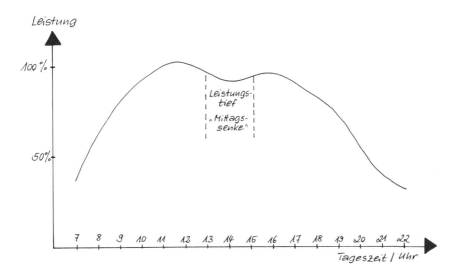

Der Tagesrhythmus ist vom vegetativen Nervensystem bestimmt – d.h. von den beiden „Gegenspielern": Sympathicus und Parasympathicus bzw. Vagus.

Sympathicus und Vagus entsprechen der Tag- bzw. Nachtgleiche. Während die Leistungsfähigkeit des Körpers in der Nacht drastisch abnimmt, steigt sie im Laufe des Morgens und des Vormittags kontinuierlich, hat einen Einbruch während der Mittagsstunden, nimmt am frühen Nachmittag noch einmal einen Aufschwung, ohne die vormittägliche Intensität zu erreichen, und sinkt dann kontinuierlich im Laufe des Abends, um dann auf „Nachtbetrieb" umzuschalten. „Morgen-" oder „Nachtmenschen" unterscheiden sich nur graduell: Bei letzteren ist die Leistungskurve um 1–3 Stunden nach hinten verschoben.

Dieser idealtypische Rhythmus kann empfindlich gestört werden, z.B. durch hohe Anforderungen zur falschen Zeit (etwa durch Nachtarbeit) oder durch Stimulanzien (Aufputsch- oder Beruhigungsmittel). Wenn derartige Eingriffe in das komplexe rhythmische Geschehen des Körpers immer wieder vorgenommen werden, sind chronische Leiden die Folge.

2. Die Tagesrhythmuskurve zeigt deutlich, wann anspruchsvollere Arbeiten absolviert werden sollten: im Laufe des Vormittags (etwa 9.00–12.00 Uhr) und des Nachmittags (etwa 15.00–18.00 Uhr). In die Zwischen- und Randzeiten gehören

3. Einzelthemen

Aufgaben geringerer Schwierigkeit und „Kleinkram". Viele Tagebuch-Analysen zeigen jedoch, daß selbst Menschen, die ihre Arbeitsabläufe weitgehend selbst bestimmen können, ihr eigenes Grundgesetz nicht beachten. So werden unwichtige bzw. Routineangelegenheiten zur besten Leistungszeit erledigt. Man arbeitet dann unter hohem Druck, erledigt scheinbar viel (Telefonate, Diktate usw.) und freut sich kurzzeitig an der Menge des Bewältigten. Diese kurzzeitigen Erfolgserlebnisse können selten den Verdruß aufwiegen, der dann entsteht, wenn kompliziertere Arbeiten in den „schwachen" Zeiten bewältigt werden sollen.

3. Wer die Arbeit also besser und befriedigender organisieren will, sollte
a. seine persönliche Tagesrhythmik (möglichst unbeeinflußt von Eingriffen durch Stimulanzien) herausfinden;
b. Seine Arbeiten bezüglich ihres Anforderungsgrades differenzieren und in Einklang mit der Tagesrhythmuskurve angehen.

Dies bedeutet praktisch:
☐ sich 2–3 Stunden vormittags ununterbrochene Arbeitszeit sichern;
☐ Kleinkram in die „Mittagssenke" zu verlegen (u.U. ist auch ein Mittagsschlaf oder eine kurze Entspannung angezeigt);
☐ Abendtermine (Sitzungen, Gremienarbeit u.ä.) zu minimieren (es sei denn: man hat durch eine gute Mittagspause „aufgetankt");
☐ Telefonate zu bündeln und während der Randzeit abzuwickeln;
☐ Routinebesprechungen auf den frühen Morgen, die Stunde vor Mittag oder die Zeit kurz vor Arbeitsschluß (bei normaler Büroarbeitszeit: ca. 16.00 Uhr) zu legen;
☐ sportliches Training am späten Nachmittag zu absolvieren.

Viele Menschen behaupten, daß die Organisation, in der sie tätig sind, ihnen keinen Spielraum für derartige „Rücksichten" ließen. Auch da erweisen Tagebuch-Analysen immer wieder, daß die Gestaltungsräume oft größer als behauptet sind. Im übrigen lassen sich vielfach organisatorische Abläufe leichter als vermutet ändern: z.B. Dienstbesprechungen, Telefonate, Gespräche mit Besuchern, Anfangszeiten, Pausenregelungen usw.; in solchen Fällen freilich wird das „Selbstmanagement in der Zeit" zu einer Organisationsentwicklungs-Aufgabe.

3.2.2 Übungen zum Thema und Anleitungen für die Praxis

3.2.2.1 Zeit-Tagebuch führen 233
3.2.2.2 Zeitaufwand und Zeiteinteilung 236
3.2.2.3 Die Rollenuhr 238
3.2.2.4 Zeitfresser 241
3.2.2.5 Zeit verlieren – Zeit gewinnen 242
3.2.2.6 Individuelles Zeiterleben 243
3.2.2.7 Verausgabte und gewonnene Lebensenergie 244
3.2.2.8 Meine Streßlandschaft 246
3.2.2.9 Balance gewinnen 248
3.2.2.10 Selbsterfahrung mit der letzten Stunde 251
3.2.2.11 Metapher-Meditation zu Psalm 31 253

3.2.2.1 Zeit-Tagebuch führen

Eine präzise Dokumentation Ihrer Zeitverwendung liefert Ihnen relativ verläßliche Daten für eine Diagnose der Stärken und Schwächen Ihres Zeitmanagements. Es erweist sich immer wieder als sinnvoll, den eigenen Wahrnehmungen, Schlüssen, Begründungen gegenüber zunächst mißtrauisch zu bleiben. Da beklagt sich jemand, daß er ständig von anderen Leuten bei seiner Arbeit gestört werde; das Tagebuch belehrt ihn, daß „echte" Störungen – unaufschiebbare Anrufe, unabwendbare Besuche – kaum auftauchen, stattdessen sehr viele selbstproduzierte Störungen. Eine auf genaue Dokumentation gründende Analyse führt zwar zu möglicherweise unangenehmen Selbsterkenntnissen, in der Folge jedoch zu wirksameren Regelungen.

Das Raster auf den folgenden Seiten soll Sie dabei unterstützen:

1. die Geschehnisse des Tages detailliert *festzuhalten*
(Wenn Ihnen der 1/2-Stunden Takt nicht genügt, fertigen Sie sich ein Formblatt mit 1/4-Stunden-Folgen an.);

2. die Eintragungen immer *sofort* zu machen
(Wenn Sie die Geschehnisse des Tages etwa am Abend aus dem Gedächtnis reproduzieren, unterziehen Sie die Daten unwillkürlich einer Zensur.);

3. die Tagesereignisse möglichst bald zu *qualifizieren*
(vgl. Legende).

Signifikante Aufschlüsse über „typische" Schwächen bzw. Stärken Ihres Zeitmanagement erhalten Sie erst, wenn Sie zwei „normale" Arbeitswochen dokumentieren; das Minimum sind sieben Tage. Empfehlenswert ist, die Diagnose gemeinsam mit einem bzw. einer GesprächspartnerIn oder BeraterIn vorzunehmen.

3. Einzelthemen

Zeit	Datum: Tätigkeit	S i	F	A	W	D	P
			e				
6.00							
6.30							
7.00							
7.30							
8.00							
8.30							
9.00							
9.30							
10.00							
10.30							
11.00							
11.30							
12.00							
12.30							
13.00							
13.30							
14.00							
14.30							
15.00							
15.30							
16.00							
16.30							
17.00							
17.30							
18.00							
18.30							
19.00							
19.30							

3.2 Sich in der Zeit organisieren

Zeit	Datum: Tätigkeit	S i	F e	A	W	D	P
20.00							
20.30							
21.00							
21.30							
22.00							
22.30							
23.00							
23.30							
24.00							
0.30							
1.00							
…							

Legende: S = Störung (i: intern, e: extern)
F = Fremdbestimmung (e: echt, s: selbstproduziert)
A = Anforderung (1: gering, 2: mittel, 3: hoch)
W = Wichtigkeit (A: 3, B: 1, C: 0)
D = Dringlichkeit (3: hoch, 2: mittel, 1: gering)
P = Priorität (9, 6, 3, 2, 1, 0)

S: Mit *Störung* ist gemeint: Unterbrechung Ihrer Arbeit. Dafür kann es „externe" Ursachen (Telefonate, unangemeldete Besuche …) und „interne" Ursachen (Sie unterbrechen sich selber, lassen sich ablenken …) geben.

F: Ihre Arbeit ist natürlich nicht immer eigenbestimmt. Manches kommt von außen auf Sie zu. Ist also *fremdbestimmt*. Was ist wirklich „echte", was „selbstproduzierte" Fremdbestimmung? Selbstproduzierte Fremdbestimmungen treten z.B. dann auf, wenn Sie nicht sauber genug geplant haben und deshalb nacharbeiten oder eine Sache noch einmal in die Hand nehmen müssen.

A: Nicht jede Arbeit stellt die gleiche *Anforderung* an Sie. Markieren Sie mit den Zahlen, wie hoch Sie die Anforderung einschätzen.

W: Arbeiten haben eine unterschiedliche *Wichtigkeit*. Es gibt Tätigkeiten mit hoher Wichtigkeit – A-Tätigkeiten (3); Arbeiten mittlerer Wichtigkeit – B-Tätigkeiten (1)- und jede Menge „Kleinkram" – C-Tätigkeiten (0). Üblicherweise bestimmen B- und C-Tätigkeiten zu mehr als 80% den Arbeitsalltag.

D: *Dringlichkeit* ist ein weiteres Kriterium. Differenzieren Sie zwischen hoher, mittlerer und geringer Dringlichkeit. Dringlich ist von wichtig zu unterscheiden. Selten sind Arbeiten hoher Dringlichkeit auch besonders wichtig. Oft ist es gerade der Kleinkram, der sich mit hoher Dringlichkeit meldet.

P: *Priorität* ist eine Funktion von Wichtigkeit und Dringlichkeit. Wenn Sie die Zahlen von W und D miteinander multiplizieren, ermitteln Sie eine deutliche Prioritätenabfolge, z.B. A.-Tätigkeiten = 3 und Tätigkeiten mit hoher Dringlichkeit = 3 ergeben die Priorität 9.

3. Einzelthemen

3.2.2.2 Zeitaufwand und Zeiteinteilung – Ulf Häbel

Ziel: Klärung des Verhältnisses von sinnvoller und verlorener (entfremdeter) Zeit

Zeitbedarf: 2mal ca. 2–3 Stunden in wöchentlichem Abstand

Erläuterungen: – Viele Menschen haben das Gefühl, daß sie nicht mehr frei über ihre Zeit verfügen können, da sie nur noch von beruflichen Verpflichtungen getrieben werden; oder daß die beruflich aufgewandte Zeit keine gute Balance mehr hat zur familiär oder privat verbrachten Zeit.
Diese Übung soll helfen, Zeitaufwand und Zeiteinteilung detailliert wahrzunehmen und zu überprüfen. Durch diese Überprüfung soll deutlich werden, wieviel entfremdete Zeit ich aufwende, die persönliches Wachstum und die Entfaltung meiner Gaben nicht mehr fördert, sondern mich einengt, festlegt, ja fesselt. Die hier dargelegte Übung soll dabei helfen, aufzuzeigen, wie ich meine Zeit sinnvoller verbringen und anders füllen kann.

Schritte der Übung

■ *Phase A*

1. Nehmen Sie 7 Blätter zur Hand (mindestens DIN A3) und zeichnen Sie für jeden Tag der Woche eine vergrößerte Uhr nach dem auf Seite ... abgebildeten Muster.

2. Schätzen Sie für jeden Tag den Zeitaufwand und ordnen Sie ihn stundenweise den entsprechenden Feldern zu. Tun Sie das nach Ihrem Gedächtnis und nicht nach möglicherweise vorliegenden kalendarischen Aufzeichnungen (Der tatsächliche Zeitaufwand wird in Phase B aufgelistet.). Es ist gut, wenn Sie in die einzelnen Felder die jeweilige Aktivität nur in einen Stundensektor (also nicht Bürgergemeinde und Kirchengemeinde zugleich) eintragen. Auch dann, wenn die Aktivität beide Bezugsfelder tangiert.

3. Vergleichen Sie die einzelnen Tage und sehen Sie nach, ob es Wochentage mit typischen Ausprägungen oder Abweichungen gibt (etwa: stark bürgergemeindlich orientierter Tag, typisch kirchengemeindlich verplant, private Zeit usw.). Schreiben Sie dazu auf, was Ihnen einfällt.

4. Kennzeichnen Sie nun mit unterschiedlichen Farben in den Feldern (durch Umranden oder Schraffieren)
a) die für Sie befriedigend oder sinnvoll aufgewendete Zeit
b) die vertane oder verlorene Zeit.

5. Sehen Sie sich das Verhältnis von positiv und negativ gekennzeichneten Feldern an. Wie ist die Balance? Welche Konsequenzen hat das aufgezeigte Verhältnis? Woran werden Sie beim Betrachten erinnert? Schreiben Sie in Stichworten Ihre Gedanken und Empfindungen auf.

6. Sehen Sie sich die negativ gekennzeichneten Felder genau an und überdenken Sie, was Sie daran ändern können. Notieren Sie dies.

3.2 Sich in der Zeit organisieren

7. Zeigen Sie die farbig gekennzeichneten Uhren einer vertrauten Person und fragen Sie nach deren Eindrücken.
8. Legen Sie das Material für eine Woche verschlossen ab.

■ *Phase B*
1. Tragen Sie eine Woche lang den tatsächlichen Zeitaufwand in die Zeituhr der einzelnen Tage ein und kennzeichnen Sie farblich (wie in Phase A, Schritt 4).
2. Vergleichen Sie die Wochentage aus Phase A und Phase B. Stellen Sie Abweichungen und Verzerrungen Ihrer subjektiven Einschätzung aus Phase A fest und überlegen Sie, warum diese zustande gekommen sind (persönlicher Ärger, unsympathische Bezugspersonen, besonderes Lob usw.).
3. Sehen Sie sich wieder die negativ gekennzeichneten Felder genau an, überprüfen Sie dazu die Notizen aus Phase A, Schritt 6 und ergänzen oder korrigieren Sie diese.

■ *Phase C*
Suchen Sie sich eine Person Ihres Vertrauens. Tragen Sie ihr vor, was Sie entdeckt haben. – Versuchen Sie mit ihr herauszufinden, ob eine für Sie befriedigendere Zeiteinteilung in der jetzigen Stelle möglich erscheint oder ob sich vom Zeitarrangement her ein Stellenwechsel empfiehlt.

3.2.2.3 Die Rollenuhr – Ulf Häbel

Thema: Umgang mit Zeit

Ziel: Zeiteinteilung im Beruf und im Privatbereich erfassen und bewerten

Zeitbedarf: 90–120 Minuten

Material: Vorbereitete Erläuterungsgrafik (S. 238) auf einer Wandzeitung; Arbeitsblätter oder ausreichend große Plakate für alle TeilnehmerInnen

Erläuterungen – Als Mitarbeiter und Pfarrer in einer Kirchengemeinde lebe ich in der Beziehung zu verschiedenen Gruppen und Einzelnen. Jede Bezugsgruppe oder -person richtet Erwartungen bezüglich des Verhaltens, des Engagements und der Zeit an mich. Tue ich Unerwartetes oder verweigere ich mich, wird die Gruppe mir sagen, daß ich „aus der Rolle falle"; d.h. daß ich ihrer Erwartung nicht entsprochen und damit den Ablauf der Interaktion gefährdet habe. Die Vielfalt der Bezugsgruppen und die unterschiedlichen Erwartungen bringen mich in Konflikte.
Ich soll am Wochenende ganz der Familie gehören, die MitarbeiterInnen der Gemeinde planen aber auch eine Wochenendfreizeit, bei der ich wegen unserer Aufgabenverteilung unbedingt dabeisein soll, Freunde erwarten schon lange einen Besuch von uns, und predigen muß ich auch. Von mir ist nun die Entscheidung gefordert: Welcher Bezugsgruppe verweigere ich mich, welcher Erwartung gebe ich nach? Verweigere ich mich einfach der Gruppe, von der die geringsten Sanktionen zu erwarten sind? Habe ich Kriterien für meine Entscheidung?

3. Einzelthemen

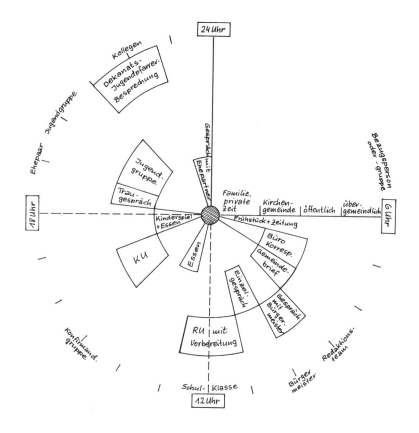

    Mit der Zeit umzugehen, ist die geforderte Leistung, und dies steht in der Verantwortung eines jeden einzelnen Menschen. (vgl. das Zentrum in der Grafik). Ich muß mir Rechenschaft über mein zeitliches Arrangement geben, ich bin verantwortlich für das Einteilen meiner Zeit. Doch ich bin nicht genötigt, diese Leistung in Form eines einsamen und undurchsichtigen Entschlusses zu vollbringen. Ich kann die Entscheidungsschwierigkeit – wie die gefällte Entscheidung selbst – für die Bezugsgruppen durchsichtig machen und damit kommunikativ bearbeiten. Denn wer an meiner Konflikt- und Entscheidungssituation informativ beteiligt wurde, wird sich auch partizipativ beteiligen können.

    Der Begriff „Rollen-Uhr" deutet die beiden Dimensionen an, die unsere Schwierigkeit im Umgang mit der Zeit ausmachen, wenn mehrere Dinge gleichzeitig von uns gefordert werden. Die Uhr mißt die vorhandene Zeit, teilt sie formal ein, quantifiziert sie. Der Begriff der Rolle – hier soziologisch und nicht gruppendynamisch verstanden – weist auf die Dimensionen der Beziehung zu anderen Menschen und ihre Erwartungen an mich hin. Sowohl in der konventionellen wie der interaktionistischen Rollentheorie (Dahrendorf, Krappmann) meint der Rollenbegriff die soziale Dimension, die Spannung zwischen den vielseitigen und unterschiedlichen Erwartungen an mich und mein darauf bezogenes entsprechendes oder widersprechendes Verhalten.

Die rechte Hälfte der Erläuterungsgrafik zeigt den Konflikt auf, der entsteht, wenn ich verschiedene Rollen zugleich spielen muß und zwischen die vielseitigen und unterschiedlichen Erwartungen der Bezugsgruppen gerate. Es handelt sich dabei um den *Interrollenkonflikt*. (Dahrendorf 1972)

Die linke Hälfte der Grafik zeigt, daß aber auch in einer einzigen Rolle – etwa der des Pfarrers und der Parrerin – die verschiedenen Bezugsgruppen mein Verhalten bestimmen und meine Zeit beanspruchen wollen. Der Jugendclub braucht mich abends als Gruppenleiter, Konfirmandeneltern erwarten einen Hausbesuch, der Mitarbeiterkreis tagt, ein Geburtstagsbesuch ist fällig ... In meiner Berufsrolle gerate ich zwischen die unterschiedlichen Bezugsgruppenerwartungen und drohe dazwischen zerrieben zu werden. Das ist der *Intrarollenkonflikt*. In beiden Fällen deutet sich über die Dimension der Zeit oft ein weitreichender Interessenkonflikt an.

Bei einem solchen Interessenkonflikt, der sich in der Form von Terminkollisionen äußert, können mir Eintragungen in das Arbeitsblatt „Rollenuhr" helfen, eine klare Sicht für die Einteilung der Zeit sowie für die *Bezugsgruppen,* ihre Erwartungen an mich, die *geforderte* Zeit und zuletzt die *Gewichtung* festzuhalten. Schon beim formalen Eintragen sind die mit dem Begriff der Rolle angesprochenen sozialen Dimensionen meines Umgangs mit der Zeit nicht nur technisch, formal, quantitativ zu verstehen, sondern als eine Qualität menschlichen Lebens im Sinne von Bereicherung und Erfüllung zu begreifen.

Ablauf der Übung

1. *Schritt:* Der Gruppenleiter / die Gruppenleiterin beschreibt mit Hilfe der Erläuterungsgrafik (S.) die Rollenuhr in ihrer Zielsetzung und als Instrument. Die Gruppe kann informative Rückfragen stellen, soll aber noch keine Interpretation versuchen. (ca. 10 Min.)

2. *Schritt:* Alle Gruppenmitglieder erhalten das Arbeitsblatt (S.) und tragen in Einzelarbeit rund um die Uhr einen Tag (Variation: eine Woche) ein. 1. Kreis = Bezugsgruppen; 2. Kreis = deren Erwartungen; 3. Kreis = zeitliche Forderungen. (ca. 20 Min.)

3. *Schritt:* Die Gruppenmitglieder finden sich in Duos zusammen und nehmen auf Kreis 4 eine Gewichtung der in Kreis 3 eingetragenen Zeiten vor und stellen sie dem / der PartnerIn dar. A nennt B seine Ergebnisse auf dem 4. Kreis. B hört aktiv zu, fragt zurück, sucht die Gefühle von A zu erfassen. Dasselbe geschieht dann von B zu A hin. – Bei der Gewichtung sind drei Kriterien möglich, die vor der Duobildung genannt werden:
a) Welche der aufgetragenen Aktivitäten bereitet viel Freude, bringt innere Befriedung?
b) Welche Tätigkeit muß unbedingt durch mich geschehen?
c) Welche Tätigkeiten haben für mich Priorität? (ca. 30 Minuten)

3. Einzelthemen

4. *Schritt:* Die Auswertung geschieht im Plenum. Jedes Gruppenmitglied kann zunächst seine Ergebnisse präsentieren (Wie habe ich gewichtet?). Daran soll sich eine Diskussion über den Entscheidungsprozeß anschließen. Dabei können drei Fragestellungen leitend sein:
a) Welche Bezugsgruppenerwartungen sind berechtigt? Werden die Erwartungen wirklich so an mich herangetragen, oder höre ich sie nur so?
b) Sind die Kriterien der Gewichtung für mich einsichtig, ausreichend, hilfreich gewesen?
c) Mache ich meine Konflikte, meine Entscheidungen, meine Probleme den Bezugsgruppen überhaupt transparent? Bin ich so offen und so frei, daß ich die Bezugsgruppen und -personen an meinen Entscheidungen und Problemen beteilige, oder wimmle ich sie mit der Pauschaldiagnose „Ich bin überfordert, ich habe keine Zeit" ab? (ca. 30–40 Minuten)

5. *Schritt:* Schlußauswertung im Reihum-Verfahren. Alle Gruppenmitglieder können ihre Erfahrungen mit diesem Instrument der Rollenuhr in einem kurzen Votum mitteilen. (ca. 5–10 Minuten)

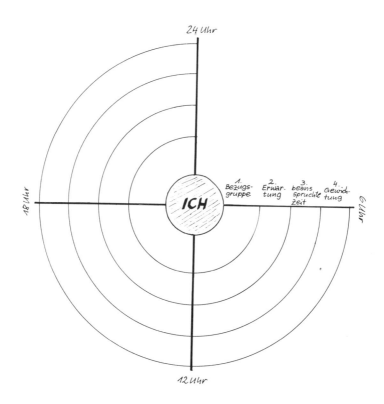

3.2 Sich in der Zeit organisieren

Die Rollenuhr / Erläuterungsgrafik – Unterschiedliche Bezugsgruppen

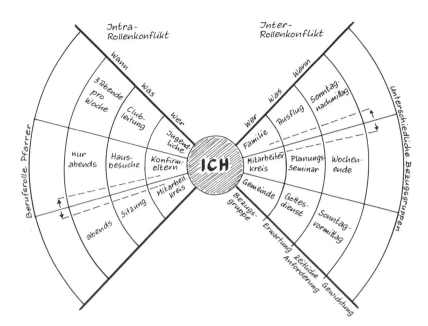

3.2.2.4 Zeitfresser – *Interne und Externe Faktoren*

■ Liste A von Zeitfressern
(Interne Faktoren)

( ) Ich will zu viel auf einmal.
( ) Ich schätze die zur Verfügung stehende Zeit unrealistisch ein.
( ) Ich kann nicht gut zuhören.
( ) Ich kann nicht gut planen und organisieren.
( ) Ich will alle beteiligen.
( ) Ich delegiere Aufgaben, ohne dafür Verantwortung zu übertragen.
( ) Ich will vieles / alles selber tun.
( ) Ich kann nicht nein sagen.
( ) Ich leide an Konzentrationsschwäche.
( ) Ich übergehe Zuständigkeiten.
( ) Ich treffe Spontanentscheidungen.
( ) Ich gebe gerne andern die Schuld.
( ) Ich bin weitschweifig.
( ) Ich fühle mich nicht kompetent.

■ Liste B von Zeitfressern
(Externe Faktoren)

( ) Unvollständige Informationen, die zur Lösung von Aufgaben und Problemen nicht ausreichen
( ) Telefon-Belästigung
( ) Routine-Aufgaben
( ) Mitarbeiter, die für mich „Problemfälle" darstellen
( ) Sitzungen und andere Termine
( ) Mangel an Prioritätensetzung in der gesamten Organisation
( ) Unklare Ziele in der Organisation
( ) Unklare Arbeitsaufträge
( ) Unterbrechungen verschiedenster Art
( ) Schlechte Kommunikation zwischen MitarbeiterInnen
( ) Krisenmanagement als Führungsstil

3. Einzelthemen

3.2.2.5 Zeit verlieren – Zeit gewinnen

Es gibt Botschaften und anerzogene Verhaltensweisen aus unserer Kindheit, die uns heute noch innerlich unter Druck setzen und nicht zur Ruhe kommen lassen. Durch sie verlieren wir Zeit. Sie stehen in dieser Liste in der linken Spalte. Ihnen sind in der rechten Spalte Einstellungen und Verhaltensweisen zugeordnet, die uns diesen Druck ersparen und mit denen wir uns und anderen Freiheit gewähren. Sie lassen uns Zeit gewinnen.

Sehen Sie sich die Spalten an und unterstreichen Sie darin, was Ihnen bekannt vorkommt und Ihr Verhalten beschreibt. Sie können auch Freunde und Kollegen fragen, was aus dieser Liste auf Sie zuzutreffen scheint.

Zeit verlieren	Zeit gewinnen
Botschaften:	
Beeil dich!	Ich kann mir Zeit nehmen.
Sei perfekt!	Ich kann etwas unvollkommen lassen, etwas riskieren.
Streng dich an!	Ich kann etwas gelassen tun und hinnehmen.
	Ich nehme nicht allen Druck auf mich.
Sei stark!	Ich kann Schwäche zeigen und mir helfen lassen.
Mach's allen recht!	Ich bin ich, ich kann ich selber sein.
Fühle nicht!	Ich habe Gefühle und kann sie zeigen.
Sei pünktlich!	Ich lebe meinen mir angemessenen Zeit-Rhythmus.
Sei schneller / besser als andere!	Ich muß nicht konkurrieren.
Hopp, allez!	Pause machen
Gib dich zufrieden!	Ich nehme meine Ansprüche ernst.
Verhaltensweisen:	
Woanders sein („Wo ich nicht bin, da ist das Glück").	Ich bin hier.
In der Zukunft oder Vergangenheit sein.	Ich lebe jetzt.
Indirekte Botschaften senden.	Direkte Botschaften senden.
Schon alles über andere wissen.	Interessiert und neugierig sein.
Wichtiges verschieben.	Am Anfang anfangen.
Fertiges in die Länge ziehen.	Am Ende aufhören.

3.2 Sich in der Zeit organisieren

3.2.2.6 Individuelles Zeiterleben

Methodische Anweisungen und technische Hilfen zum besseren „Umgang mit der Zeit", genauer: zur besseren „Selbstdisposition in der Zeit" greifen zu kurz, wenn sie die individuellen psychischen Strukturen des Zeiterlebens nicht berücksichtigen. Die bei Schultz – Henke, Herzog-Dürck, Riemann u.a. entfaltete Typologie der vier Persönlichkeitsstrukturen: depressiv – schizoid, zwanghaft – hysterisch, soll als Modell für eine genauere Beschäftigung mit den jeweiligen Voraussetzungen des Zeiterlebens dienen.

Jeden Typus kennzeichnet ein bestimmtes Zeiterleben:

a) Die *depressive Persönlichkeit* möchte die Zeit *anhalten*; sich fest im augenblicklichen Zustand einrichten; sie scheut vor dem Neuen, vor der Zumutung der Veränderung, ängstlich zurück. Es handelt sich dabei um Menschen, die dazu neigen, in Beziehungen aufzugehen und dabei ihre Eigenständigkeit zu verlieren. Ihre *Angst vor Isolation* dominiert in ihrem Verhalten.
b) Die *schizoide Persönlichkeit* bleibt in *Distanz*, läßt die Zeit, den Fluß des Werdens – Vergehens – Werdens, nicht an sich heran; sich der Fülle anheimzugeben, macht ihr Angst. Diese Menschen sichern ihre Autonomie ab, stärken ihr Selbst wie eine Festung. Sie weichen aus *Angst vor Hingabe und Abhängigkeit* vor tieferen Beziehungen und stärkerer Teilhabe zurück.
c) Die *zwanghafte Persönlichkeit* ordnet die Zeit, *rechnet* ihr Leben in *kalkulierbare Zeitquanten* um, nutzt extensiv Kalender und Uhr, preßt auf diese Weise „Vergangenheit, Gegenwart und Zukunft in eine überschaubare und deshalb ungefährliche Ordnung" (Josuttis); die Angst vor dem ungeplanten Augenblick verhindert das Erleben von Neuem. Aus *Angst vor Wandlung* halten solche Menschen fest an dem, was sie haben oder was sie ausmacht. Sie entziehen sich dem Verstehen unausweichlicher Veränderung.
d) *Die hysterische Persönlichkeit* entwindet sich dem Zeitfluß, seiner Unausweichlichkeit, indem sie immer ganz gegenwärtig sein will und in jedem Augenblick aufgeht; nicht auf der Höhe der Zeit zu leben, versetzt sie in Angst; daher geht sie *jeder Zeitströmung* nach. Diese Menschen verhalten sich anpassungsfähig, außerordentlich wendig, sie stürzen sich in immer neue Beziehungen und Aufgaben. Dies geschieht jedoch um den Preis von Kontinuität und Beständigkeit. Verpflichtung, Notwendigkeit und *Beharrung* machen ihnen Angst.

Es läßt sich beobachten, daß die jeweiligen Gegentypen, also a – b / c – d aufeinander eine starke Faszination ausüben, worin sich der Wunsch nach Ergänzung unbewußt ausdrückt.

Es muß hier ausdrücklich darauf hingewiesen werden, daß diese Typologie *Persönlichkeitsstrukturen* auf einen griffigen Nenner bringt und *keine neurotischen Verformungen* beschreibt. Dies ist wichtig für die Verwendung in der weiter unten beschriebenen Übung.

Jeder der vier kurz charakterisierten Typen hat Stärken und Schwächen, die aus seiner Persönlichkeitsstruktur resultieren. Dies macht sich auch im Umgang mit Zeit bemerkbar.

3. Einzelthemen

Je nach „Veranlagung" werden Vorschläge eines konsequenteren Zeitmanagements unterschiedliche Wirkungen haben. So wird zum Beispiel die Empfehlung, sich rigoros nach einem Zeitplan zu richten, dem Zwanghaften eine unheilvolle Verstärkung seiner Tendenzen bescheren; er wird auf die Verabsolutierung seiner Charakterstruktur nachgerade festgelegt. Um der persönlichen Zeitproblematik nicht nur oberflächlich zu begegnen, sollte die betroffene Person den dominanten Typ ihres Zeiterlebens herausfinden und ihr entsprechende Interventionen entwickeln.

Verwendung in Gruppen

In Seminaren oder Beratungsabschnitten, die das Zeitproblem zum Thema haben, empfiehlt sich folgende Vorgehensweise:
a) Der / die ModeratorIn erläutert die Typologie (vgl. den vorigen Abschnitt).
b) Er / sie markiert mit Kreide oder Tesakrepp ein großes Kreuz im Gesprächsraum mit den Endpunkten depressiv – schizoid, zwanghaft – hysterisch.
c) Er / sie bittet die Mitglieder der Runde sich den Polen – je nach ihrer Selbsteinschätzung – zuzuordnen.
d) Er / sie regt die Teilnehmenden zum Gespräch an, dazu u.a. die Fragen:
☐ Welche Vorteile / Nachteile hat meine Form des Zeiterlebens für Arbeitsorganisation und Lebenspraxis?
☐ Wie begegne ich meinem Gegenmodell? Wie lasse ich es auf mich wirken?
☐ Was unterstützt mich, die Vereinseitigungen meines „Typs" aufzulösen?

3.2.2.7 Verausgabte und gewonnene Lebensenergie

Themen: Streß, Überlastung, Frustration im Beruf oder bei der ehrenamtlichen Tätigkeit, Unzufriedenheit bei der Zeitaufteilung zwischen beruflichem oder privatem Leben.
Die Übung kann auch am Beginn einer Beratung eingesetzt werden, wenn es darum geht, Probleme zu benennen, die in einer Organisation dem Einzelnen Druck machen.

Ziel: Klärung der Relation von Kosten und Gewinn; Daten gewinnen, die bei Planung von Veränderungen und bei der Setzung von Prioritäten helfen können.

Zeit: 90 Minuten

Material – Wandzeitung, Filzstifte, DIN-A-4-Blätter

Ablauf
1. Zur Einführung wird der Gruppe beschrieben, wie die verschiedenen Bereiche des Lebens – Beruf, Familie und Beziehungen, Ehrenämter und eigene private Zeit – Energie kosten (auch Schönes verschlingt Energie!) und Energie spenden (auch Anstrengendes kann Energie freisetzen!).

3.2 Sich in der Zeit organisieren

2. Was verschlingt meine Energie?
Durch Zuruf aus der ganzen Gruppe werden die Kosten auf die linke Sparte einer Wandzeitung notiert. Falls es sich um eine Mitarbeitergruppe oder einen Kirchenvorstand handelt, werden hierdurch schon Daten für eine gemeinsame Diagnose der Zusammenarbeit gewonnen. Dabei muß darauf geachtet werden, daß die Faktoren möglichst konkret benannt werden, freilich ohne die Intimsphäre der Beteiligten zu verletzen. Während des Auflistens auf der Wandzeitung schreiben alle diejenigen Faktoren auf ihr eigenes Blatt, die für sie zutreffen (und sollten dort auch solche persönlichen Faktoren notieren, die sie nicht öffentlich nennen wollen).

3. Wodurch gewinne ich Energie?
Diese Faktoren werden nach demselben Verfahren erhoben und in die rechte Spalte der Wandzeitung notiert.

4. Alle kennzeichnen jetzt ihre eigenen Notizen nach unterschiedlichen Bereichen mit folgenden Buchstaben:
B = beruflicher Bereich   F = familiärer Bereich   E = Ehrenamt   P = eigene private Zeit.

5. Diese Faktoren werden jetzt nach den einzelnen Sparten sortiert und in folgendes Schema eingetragen:

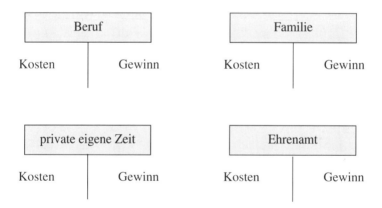

6. Die Gruppenmitglieder betrachten ihre Bilanzen aus den vier Lebensbereichen unter der Fragestellung:

Wenn ich die Bilanzen in diesen vier Lebenskreisen vergleiche, stellt sich die Frage: Welche Funktion hat ein Bereich für den anderen, z.B. ist ein Bereich für den anderen:

☐ Ausgleich   ☐ Fluchtburg
☐ Preis   ☐ Erlösung
☐ Belohnung   ☐ Opfer
☐ Störung   ☐ Bereicherung?

3. Einzelthemen

Wenn ein Bereich ganz oder auf Dauer auf Kosten eines anderen Lebenskreises lebt, stimmen Energiebilanz und damit Zeit- und Lebensplanung nicht. Deshalb sollten zunächst in Einzelarbeit folgende Fragen bearbeitet werden:

☐ Wie sehen meine Prioritäten aus?
☐ Welche Faktoren sollten verändert werden?

7. Die Ergebnisse dieser Bilanz und Einzelarbeit sollten in Duos oder Trios, in Fallgruppen und im Plenum besprochen werden. Dabei brauchen die Einzelnen nur das preiszugeben, was sie preisgeben möchten und was für die Zusammenarbeit nötig ist. Das sollte ausdrücklich betont werden.

3.2.2.8 Meine Streßlandschaft

Ziel: Diagnose eigener Erfahrungen und Reaktionen, die unter Streß und Zeitdruck entstehen. Meist werden solche Situationen diffus erlebt, sie sollen mit Hilfe dieser Übung konkretisiert und auf den Punkt gebracht werden.
Zeit: 90 Minuten

Arbeitsschritte
1. Landschaft aufzeichnen (s. Abbildung), Personen oder Situationen, die Streß und Druck auslösen, durch ein Kürzel benennen.
2. Eine Person oder Situation auswählen, die bei mir Druck auslöst und einen Dialog aufschreiben. Der Dialog beginnt mit einem Satz dieser Person/Situation. Ich antworte darauf. In kurzen Sätzen notiere ich so drei bis viermal Rede und Gegenrede. Dieser Dialog kann fiktiv sein, d.h. er muß niemals so stattgefunden haben. Aber es kann sich dabei um Botschaften handeln, die mir lange vertraut und vielleicht verhaßt und gefürchtet sind. Auch wenn sich ein solcher Dialog nur in der Phantasie abspielt, ist er nicht weniger wirksam.
Meine Antworten sollten möglichst aus dem Augenblick heraus spontan formuliert, nicht zensiert werden.
3. Im Rückblick auf den eben geführten Dialog stelle ich Verbindungslinien her und benenne auf ihnen den Druck, den die Botschaft, die zu mir herüberkommt, auslöst. Welchen Namen hat der Druck (z.B. Schlaflosigkeit, Träume, Magenschmerzen, Gereiztheit, etc.)?
Auf die gegenläufige Linie trage ich meine Reaktion darauf ein: Wie reagiere ich auf den Druck? Mit welchen Gefühlen, körperlichen Reaktionen, mit welchem Verhalten antworte ich?
4. Nach der Einzelarbeit Austausch in Duos: Wie verstehe ich jetzt meine Streßlandschaft? Welches Verhalten von mir befriedigt mich nicht? Was möchte ich gerne ändern?
5. Plenum oder Kleingruppen mit dem Ziel, Daten über den Umgang mit Streß und Zeit zusammenzutragen und Ansätze zu finden, konstruktiver damit umzugehen.

3.2 Sich in der Zeit organisieren

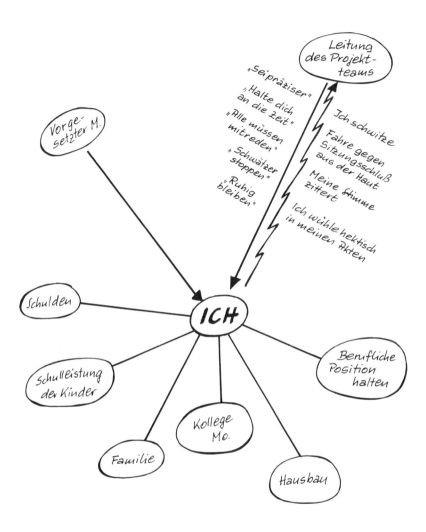

Konsequenzen
Projektteam: strikte, begrenzte Tagesordnung
   Moderation trainieren
   vor Sitzung Ruhepause einlegen
   Teammitglieder in Moderation und Protokollführung einbinden
   TOP's genau vorbereiten ...

3. Einzelthemen

3.2.2.9 Balance gewinnen

Ziel: Daten erarbeiten, mit deren Hilfe überprüft werden kann, ob eine Balance zwischen den verschiedenen Lebensbereichen besteht und woher Einzelne oder Gruppen die notwendigen Energien für eine ausgeglichene Lebensgestaltung gewinnen können.

Zeit: 80–100 Min.

Erläuterungen – Das sogenannte „Balancemodell" geht von der These aus, daß sich Einzelne, Gruppen und Organisationen Zeit nehmen müssen, um in den vier unten genannten Bereichen eine äußere und innere Balance herzustellen:

1. Emotionaler Bereich
Wieviel Zeit nehmen Sie sich, etwas zu tun oder etwas zu erleben, das Sie emotional „nährt"? Was geschieht in Ihrem Tages- oder Wochenablauf, was Sie emotional befriedigt? Wieviel Zuwendung und Anerkennung geben und erhalten Sie? Wieviel Zeit investieren Sie, um in Kontakt mit sich oder anderen zu sein? Alles, was wir tun, können wir mit oder ohne Kontakt vollziehen. Die wichtigsten Kontaktfunktionen sind: Hören, Sehen, Sprechen, Berühren, Schmecken. Ob wir dies mit oder ohne Kontakt tun, macht einen diametralen Unterschied aus. Davon hängt weithin ab, ob wir emotional Energie empfangen.

2. Somatischer Bereich
Wie unterstützen Sie sich mit Ihrem Körper? In diesen Bereich fällt alle Fürsorge, die sich auf körperliche Bewegung, sportliche Tätigkeiten bezieht; auf medizinische Sorgfalt gegenüber dem eigenen Körper; auf vernünftige Ernährung. All jenes Verhalten, das sich aus der Erfahrung speist: Ich bin Körper. Nicht: Ich *habe* einen Körper (den man schlechter als ein Auto pflegt), der eben nur funktioniert, so gut es geht, und für den ich erst sorge, wenn er dysfunktional wird.
Dazu gehört auch, auf die Körpersignale zu achten, die mir mitteilen, wann mein Energiehaushalt aus der Balance gerät. Dafür gibt es viele somatische Symptome, wie Veränderungen in der Stimme, Verspannungen im Körper und die „klassischen" Symptome wie Kopf-, Magen-, Kreislaufbeschwerden, Schlafstörungen etc. Es lohnt sich, den Körpergebärden und- haltungen nachzuspüren, die uns in bestimmten Situationen unterstützen können: gut stehen, sich aufrichten, Platz einnehmen, etc.

3. Intellektueller Bereich
Hier geht es um alle Formen geistiger Nahrung, mit der sich ein Mensch unterstützt, wie Lesen, Diskutieren, Schreiben, Abstrahieren, Bedenken, Analysieren etc. Damit ist auch der Spielraum gemeint, den wir unserer Neugier, unserem Interesse am Leben und Lernen geben, daran, sich fort- und weiterzubilden, sich kognitive und intellektuelle Unterstützung zu verschaffen.

4. Spiritueller Bereich

Hier geht es um Erfahrungen, die dem Menschen helfen, Sinnstiftendes zu suchen und zu finden, Wirkungszusammenhänge im Leben zu sehen oder auch herzustellen. Einen Namen haben, eine eigene Identität: ich weiß, wer ich bin. Ich muß mich nicht mehr über andere definieren oder nur über Leistung Sinn finden. Oft sind es Erfahrungen, die die Grenze unserer alltäglichen Realität übersteigen und uns öffnen für größere Zusammenhänge. Dies kann geschehen durch verschiedene Formen der Meditation, des Gebets, der Besinnung, der Auseinandersetzung mit den eigenen Wurzeln oder der biblischen Tradition.

Manche Menschen haben Schwierigkeiten, diesen Bereich aktiv zu gestalten. Oft sind diese Schwierigkeiten durch eine kirchlich-religiöse Sozialisation bedingt, die Menschen noch nicht „verziehen" haben. Der Widerstand gegen kirchliche einzwängende Erfahrungen macht es schwer, Formen einer Spiritualität zu entwickeln, die den Menschen nährt.

Die – möglicherweise künstliche – Aufteilung in diese vier Bereiche ist nur als Denk- und Arbeitshilfe gedacht. In verschiedenen Bereichen werden sich einzelne Sektoren überschneiden; zum Beispiel kann das Hören oder Musizieren einer bestimmten Musik sowohl ein emotionales wie ein spirituelles Erlebnis sein.

Hinweise zum Ablauf

1. Das Balancemodell (Seite 250) auf eine Wandzeitung bringen und erläutern.

2. Einzelarbeit: Daten in das Balancemodell eintragen mit der Fragestellung: Was tue ich im Lauf einer Woche, um meine Balance in diesen vier Bereichen zu unterstützen? Dabei sollte differenziert werden zwischen den vier Kreisen, die den intrapsychischen (ich mit mir selbst), den interaktionellen (ich mit anderen), den sozialen (ich mit meiner Umwelt) und den transzendenten (ich mit Gott, dem Universum) Bereich beschreiben.

3. In Trios sich austauschen mit folgenden Auswertungsfragen:
- ☐ Wie unterstütze ich mich in den vier Kreisen unterteilt in die vier Bereiche?
- ☐ Wie ausgeglichen ist mein Balancemodell? Bleiben Kreise, Bereiche oder Sektoren leer?
- ☐ Wo liegen Konflikte zwischen den Erwartungen, Wünschen und Bedürfnissen in den einzelnen Sektoren?
- ☐ Was scheint meine Stärke, meine Schwäche zu sein?
- ☐ Für welche Art von Streß bin ich am anfälligsten?
- ☐ Was, wenn überhaupt etwas, würde ich gerne an meinem Balancemodell ändern?
- ☐ Was für Konsequenzen hätte ein verändertes Balancemodell für meine berufliche und persönliche Lebensplanung?

4. Plenum: Austausch der Erfahrungen

3. Einzelthemen

Anwendungsbereiche

Das Balancemodell kann von Einzelnen verwendet werden, wenn das berufliche und das private Leben als sehr unausgeglichen erlebt werden und der Wunsch besteht, daran etwas zu ändern. Das Modell kann aber auch eingesetzt werden, wenn eine ganze Gruppe damit arbeiten will, z.B. um Sitzungen des Kirchenvorstandes, die Gestaltung von Gottesdiensten, Zusammenkünfte einer Gruppe, Synodaltagungen daraufhin anzusehen, was sie beitragen zur Balance ihrer Mitglieder. In diesem Fall werden die Daten von einzelnen auf kleine Zettel geschrieben, die dann auf ein großes gemeinsames Plakat gesteckt werden. Oder der Fußboden wird mit Hilfe von Tesakrepp in die vier Bereiche unterteilt, und die jeweiligen Zettel werden hineingelegt.

Oder die Fragestellung wird umgekehrt: Die Mitglieder schreiben ihre Wünsche und Vorschläge auf Zettel, die den vier Bereichen zugeordnet werden. Dann stellen sich alle Mitglieder in dasjenige Segment, das sie am stärksten integriert haben. Sie finden sich zu Paaren mit denjenigen, die in einem Segment stehen, von dem sie gerne mehr hätten.

Im Anschluß an die Paargespräche kann man Fallgruppen bilden, in denen mit Gestaltmethoden persönliche oder organisationsrelevante Themen bearbeitet werden.

Balance-Modell

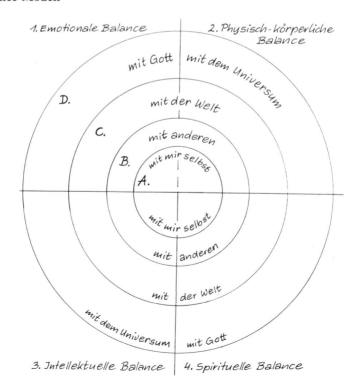

3.2.2.10 Selbsterfahrung mit der letzten Stunde

Phantasiereise: Grundsätzliches zu Phantasiereisen s. S. 398

Vorbemerkung: Diese Phantasiereise kann starke Emotionen auslösen, Schmerz, Trauer, Zorn oder auch eine tiefe Dankbarkeit und Freude. Für den Menschen, der diese Selbsterfahrung anleitet und begleitet, gilt deshalb besonders, was im Grunde für alle gruppendynamischen Erfahrungen unerläßlich ist: Mit Inhalten, die ich in einer Gruppe anspreche, habe ich mich selber schon auseinandergesetzt oder bin zumindest bereit, es zu tun. Das bedeutet für diese Phantasiereise die Bereitschaft, der Frage nach dem eigenen Tod und Sterben nachzugehen.

Niemand sollte mit dieser Phantasiereise „überrumpelt" werden. Eine vorherige kurze Beschreibung dessen, was in dieser Übung vorgesehen ist, sollte jeder Person die Möglichkeit geben, sich zu entscheiden, ob sie sich dieser Erfahrung aussetzen will.

Nach der Phantasiereise muß genügend Zeit da sein für Gespräche und Arbeit an Unerledigtem. Diese Übung sollte nicht am Abend oder am Ende eines Kurses angeboten werden.

Ziel: Lebensplanung und Lebensziele vom Ende her bedenken. Erfahrungen, die mit Aufhören und Anfangen verbunden sind, z.B in den Lebensphasen oder in Beziehungen, beinhalten immer auch die Frage nach unseren Lebenszielen. Eine Möglichkeit, mit dieser Frage in Kontakt zu kommen, ist die folgende Phantasiereise. Sie denkt gleichsam vom Ende her: Was ist mir in meiner letzten Lebensstunde wichtig? Wieviel Gewicht haben meine Beziehungen zu Menschen? Was soll noch getan, gesagt und gehört werden? Wie möchte ich jetzt meine Prioritäten setzen?

Zeitbedarf: mindestens zwei Stunden.

Ablauf

1. Alle legen sich mit dem Rücken auf den Boden – Abstand so halten, daß sich niemand gegenseitig stört, warm liegen, tief atmen – den eigenen Körper durchdenken, durchfühlen – spannen und entspannen. Bei den folgenden Worten, die langsam und mit großen Pausen gesprochen werden, bleiben alle mit geschlossenen Augen auf dem Boden liegen.

„Sie liegen in einem Bett – in einem Zimmer, in welchem Sie allein sind. Sie wachen in diesem Bett auf und wissen, Sie haben noch eine Stunde zu leben. Sie haben keine Schmerzen. Sie hören Geräusche von draußen, aber sind allein in diesem Raum. Einige Menschen möchten mit Ihnen sprechen. Sie sind bereit dazu.

Die Türe öffnet sich – ein Mensch kommt näher an Ihr Bett. Sie erkennen einen Ihrer *Eltern*, Vater oder Mutter. Sie sehen diesen Menschen an. Nach einer Weile fangen Sie an, miteinander zu sprechen. Sie hören zu ... und sagen etwas, das Sie noch sagen möchten.

Zu dem Abschnitt in der Phantasiereise, der mit Bewegung verbunden ist, kann der 1. Satz der Sinfonie in E-Dur von A. Dvorák 'Neue Welt' gespielt werden.

3. Einzelthemen

Es wird Zeit, sich zu verabschieden. Eine Geste noch, der andere Mensch geht. Sie bleiben allein zurück und sinnen dem nach, was Sie eben gesehen, gesagt und gehört haben.

Die Türe geht wieder auf. Als nächster Mensch kommt ein *Kind* an ihr Bett. Es kommt, sieht Sie an, sagt etwas. Sie fangen an, mit dem Kind zu sprechen. Sie sagen ihm, was Ihnen jetzt einfällt. Das Kind antwortet Ihnen.

Es wird Zeit zum Abschiednehmen. Sie geben dem Kind eine Geste und verabschieden sich. Das Kind geht zur Türe, sieht von dort zurück, und die Türe schließt sich hinter ihm. Sie sind allein mit Ihren Empfindungen und Gedanken.

Nach einer Weile öffnet sich die Türe wieder, es will ein Mensch mit Ihnen sprechen, den Sie *lieben*. Sie lassen die Gestalt näherkommen und sehen Sie sich an. Sie sagen lange nichts. Sie fangen an, miteinander zu sprechen und sehen sich dabei an.

Sie nehmen Abschied. Sie geben sich eine Geste, die für Sie beide vertraut ist. Der Mensch verläßt Sie und den Raum. Sie sind allein.

Als letzter kommt ein Mensch, dem Sie *vertrauen*. Sie haben sich gewünscht, daß er zu Ihnen kommt. Diese Person tritt nun an Ihr Bett, und Sie sprechen sie an. Sie sagen diesem Menschen, was Ihnen jetzt wichtig ist. Er hört Ihnen zu, und Sie sprechen miteinander.

Sie nehmen Abschied, die andere Person geht. Die Türe schließt sich. Sie sind allein und sinnen dem nach, bleiben bei sich, lassen Ihre Gedanken kommen und gehen.

Allmählich erreicht Sie das Gefühl, daß Sie leben. Sie beginnen Ihre Zehen zu bewegen – Ihre Finger – Ihren Kopf. Sie fangen an, die Füße, die Arme zu bewegen. Sie lassen die Augen geschlossen.

Nach einer Weile fangen Sie langsam an, sich mit geschlossenen Augen aufzurichten und aufzustehen. Sie bewegen sich mit geschlossenen Augen in diesem Raum. Sie bleiben bei sich und erfahren sich als jemand, der allein in dieser Welt umhergeht. Sie machen Ihre eigenen Schritte.

Wenn Sie Kontakt aufnehmen wollen mit Menschen oder Gegenständen, strecken Sie die Arme aus. Wenn Sie bei sich bleiben wollen, halten Sie die Arme gekreuzt.

Allmählich öffnen Sie die Augen und sehen sich um in diesem Raum und sehen sich die anderen Menschen an."

2. Alle werden aufgefordert, den Raum und nach Möglichkeit auch das Haus zu verlassen, nach draußen zu gehen, allein zu bleiben, sich umzuschauen, zu sehen, zu hören, zu riechen, zu betasten. Sich von einem Symbol *finden zu lassen*, das Leben ausdrückt, und dieses Lebenssymbol mitzubringen oder danach zu beschreiben. Nicht ein Symbol suchen, sondern sich davon finden lassen.

3. Nach ca. 30 Minuten versammeln sich wieder alle im Plenum. Nach Möglichkeit sollten alle etwas sagen von ihrem Erleben. Alle hören zu, nehmen teil. Der Respekt vor der Unverwechselbarkeit der einzelnen Erfahrungen verbietet Kommentierungen.

3.2.2.11 Metapher-Meditation zu Psalm 31
Psalm 31, 7–16

Die hier vorgelegte Metapher-Meditation eignet sich in der Mitte oder zum Abschluß eines Seminars, das sich mit Fragen des Umgangs mit der Zeit beschäftigt. Der Vers Psalm 31, 16 „Meine Zeit steht in deinen Händen" wird auf vier Plakaten variiert:

1. Meine Zeit steht in deinen Händen
2. Deine Zeit steht in deinen Händen
3. Meine Zeit steht in meinen Händen
4. Deine Zeit steht in meinen Händen

Nach einer kurzen Pause gehen alle schweigend im Raum umher; das Nachdenken über die einzelnen Sätze stimuliert dazu, Reflexionen, Einfälle, Gedanken oder Symbole auf die einzelnen Plakate zu notieren.

Beispiele solcher Notizen sind unten als Faksimile aufgezeichnet. Diese Phase des Schreibens kann schweigend vor sich gehen oder auch durch eine entsprechende Musik begleitet werden. Danach ein Rundgespräch.

Zum Abschluß Lesen des Psalms.

3. Einzelthemen

zu 2. *Deine Zeit*
steht in deinen Händen
Ich fühle mich ausgeschlossen.
Ich will dir deine Freiheit darüber
nicht nehmen!
Ich bin erleichtert, daß du für
deine Zeit selbst verantwortlich bist.
Erinnere mich daran,
wenn ich's vergesse!
Ich möchte diese Freiheit
geben können.
Ich möchte dazu ermutigen können.
Ich möchte ein wenig mit darin sein
in deiner Zeit.

zu 3. *Meine Zeit*
steht in meinen Händen
Wie weit kann ich sie mir nehmen?
Ich kann in meiner freien Zeit
einen Freund besuchen,
statt vor dem Fernseher zu dösen.
Was ich für das Stimmen
der Instrumente gehalten hatte,
war schon das Konzert.
phantastisch – entsetzlich
wunderbar und doch angst-
machende Freiheit.
Das fange ich an zu begreifen.
Hoffentlich stelle ich dann nicht fest,
daß ich sie falsch genutzt habe!
Selbstvertrauen – Ich kam,
um mir selbst zu vertrauen.

Bereit zur Verantwortung, doch habe
ich oft ein schlechtes Gewissen.
Das bedingt auch die Existenz
der absoluten Freiheit.
Ich muß nicht vollkommen sein.
Ich möchte es jeden Tag neu lernen.

zu 4. *Deine Zeit*
steht in meinen Händen
Dieser Satz macht mir Angst:
Wie gehe ich um mit
„fremder" (deiner) Zeit?
Ich kann über andere herrschen.
Zeit ist das Kostbarste, das mir
jemand anvertraut.
Ich bin neidisch wegen deiner
Freizeit.
Ich muß arbeiten und du?
Könntest du jetzt nicht ...
Ich erschrecke: Wie gehe ich
mit deiner Zeit um?
Soweit das wahr ist, möchte ich,
daß sie auch zu deiner Zeit wird,
du sie bejahen kannst.
Ich will sie dir zurückgeben,
wenn's möglich ist.
Ich möchte aufnahmefähig sein,
wenn du sie mir anvertraust.
Die Verantwortung ist mir zu groß,
macht mir Angst.

Literaturliste für Teil 3.2 (Seite 222–254)

Dahrendorf, R., 1970[9]
Dahrendorf, R., 1972
Elias, N., 1984
Herzog-Dürck, J., 1969
Hörning, K. H. / Gerhardt, A. / u.a., 1990
Josuttis, M., 1982
Krappmann, L., 1972[2]
Mackenzie, R. A. / Waldo, K. L., 1984
Mackenzie, R. A., 1974
Negt, O., 1985
Nowotny, H., 1989
Riemann, F., 1987
Schraeder-Naef, R., 1984
Selye, H., 1974
Vester, F., 1976
Wendtorff, R., 1980

3.3 In Gruppen arbeiten und Teams entwickeln

3.3.1 Theorie und Informationen

3.3.1.1 Gruppen beobachten 255
3.3.1.2 Entscheidungen treffen 259
3.3.1.3 Instruktionen zum Konsens-Versuch 262
3.3.1.4 Heimliche Tagesordnung 263
3.3.1.5 Teamentwicklung 264

3.3.1.1 Gruppen beobachten
Phil Hanson

Alle menschlichen Interaktionen haben zwei Ebenen: Inhalt und Prozeß. Erstere bezieht sich auf den Gegenstand oder die Aufgabe, mit der die Gruppe beschäftigt ist. Bei den meisten Interaktionen ist die Aufmerksamkeit aller Beteiligten auf den Inhalt konzentriert. Die zweite Ebene, der Prozeß, bezieht sich auf Klima, Gefühlslage, Atmosphäre, Einfluß, Beteiligung, Einflußstile, Machtkämpfe, Konflikte, Wettbewerb, Kooperation etc. Bei den meisten Interaktionen wird dem Prozeß wenig Aufmerksamkeit geschenkt, selbst dann, wenn er der Hauptgrund für ineffektives Arbeiten der Gruppe ist. Gespür für Gruppenprozesse erleichtert es, Gruppenprobleme rechtzeitig zu erkennen und besser mit ihnen umzugehen. Solche Prozesse spielen sich in allen Gruppen ab. Wer sie wahrnimmt, ist ein wichtiges und hilfreiches Mitglied in einer Gruppe.
Hier einige Anregungen zur Beobachtung, die helfen können, das Verhalten einer Gruppe zu analysieren.

Beteiligung – Ein Anzeichen für Engagement ist die Beteiligung am Gespräch. Achten Sie auf Unterschiede im Ausmaß der Beteiligung unter den Gruppenmitgliedern.

1. Wer beteiligt sich häufig?
2. Wer beteiligt sich kaum?
3. Sehen Sie Veränderungen in der Beteiligung (sehr Beteiligte werden still,

3. Einzelthemen

Schweigsame werden plötzlich gesprächig)? Sehen Sie dafür irgendwelche Gründe im Zusammenhang mit dem Gruppengeschehen?
4. Wie werden die Stillen behandelt? Wie wird ihr Schweigen interpretiert? Als Zustimmung? Als Ablehnung? Desinteresse? Angst?
5. Wer spricht zu wem? Sehen Sie dafür Gründe in Zusammenhang mit dem Gruppengeschehen?

Einfluß – Einfluß und Beteiligung sind nicht dasselbe: Manche Menschen sprechen sehr wenig, aber sie haben die Aufmerksamkeit der ganzen Gruppe. Andere reden viel, aber die anderen hören ihnen gar nicht zu.
6. Wer hat viel Einfluß (wenn er / sie spricht, hören die anderen zu)?
7. Wer hat wenig Einfluß (andere hören nicht zu oder folgen seinen / ihren Ausführungen nicht)? Gibt es Schwankungen im Einfluß? Bei wem?
8. Sehen Sie Rivalitäten im Einfluß? Gibt es Kämpfe um die Führung? Was bewirkt das bei den anderen Gruppenmitgliedern?

Entscheidungsprozesse – Viele Entscheidungen werden in Gruppen gefällt, ohne daß die Auswirkungen dieser Entscheidungen auf andere Mitglieder bedacht werden. Einige versuchen, ihre eigenen Entscheidungen der Gruppe aufzuzwingen, während andere alle Mitglieder an den nötigen Entscheidungen beteiligen wollen.
9. Fällt jemand eine Entscheidung und führt sie aus, ohne die anderen nach ihrer Meinung zu fragen („selbstautorisierte Entscheidung")? (Er / sie nennt z.B. ein Thema, das besprochen werden müßte, und fängt gleich an, darüber zu sprechen.) Was bewirkt das bei den anderen?
10. Springt die Gruppe von einem Thema zum anderen? Welches Thema „springt"? Sehen Sie dafür einen Grund im Zusammenhang mit dem Gruppengeschehen?
11. Wer unterstützt die Vorschläge oder Entscheidungen eines / einer andern? Bewirkt diese Unterstützung, daß die beiden gemeinsam über den anstehenden Punkt oder das Thema für die ganze Gruppe entscheiden („Verbrüderung")? Was bewirkt das bei den anderen?
12. Gibt es Anzeichen dafür, daß eine Mehrheit Entscheidungen durchsetzt gegen die Einwände weniger („Mehrheitsbeschluß")? Beantragen sie eine Abstimmung?
13. Gibt es Versuche, alle Mitglieder an der Entscheidung zu beteiligen („Konsensus")? Welche Auswirkungen hat das auf die Gruppe?
14. Macht jemand Vorschläge, die überhaupt nicht beachtet werden („plop", „Übergehen")? Welche Auswirkungen hat das auf sie / ihn?

3.3 In Gruppen arbeiten ...

Aufgabenorientierte Funktionen – Diese Funktionen beschreiben Verhaltensweisen, die nötig sind, damit die Arbeit vorangeht, die die Gruppe übernommen hat.

15. Fragt jemand nach Vorschlägen oder macht selber welche für die beste Art, vorzugehen oder das Problem anzupacken?
16. Versucht jemand, das bisher Besprochene oder die Vorgänge in der Gruppe zusammenzufassen?
17. Fragt jemand nach Fakten, Ideen, Meinungen, Gefühlen, Feedback? Sucht jemand nach Alternativen?
18. Wer trägt dazu bei, daß die Gruppe am Ball bleibt, verhindert das Abschweifen vom Thema?

Gruppenerhaltende Funktionen – Diese Funktionen sind wichtig für das Klima der Gruppe. Sie erhalten gute und harmonische Arbeitsbeziehungen zwischen den Mitgliedern aufrecht und schaffen eine Atmosphäre, in der jede/r das Beste beisteuern kann. Sie sichern eine reibungslose und effektive Zusammenarbeit.

19. Wer hilft anderen, zu Wort zu kommen („Tür öffnen")?
20. Wer schneidet anderen das Wort ab oder unterbricht („Tür schließen")?
21. Wie gut können die Mitglieder ihre Ideen deutlich machen? Sind einige in der Gruppe voreingenommen oder hören nicht zu? Versucht jemand, einem/einer anderen bei der Verdeutlichung seiner / ihrer Ideen zu helfen?
22. Wie werden Vorschläge abgelehnt? Wie reagieren die, deren Vorschläge nicht angenommen wurden? Versucht jemand, eine/n andere/n emotional zu unterstützen, auch wenn er dessen / deren Vorschlag abgelehnt hat?

Gruppenklima – Die Art, in der eine Gruppe arbeitet, schafft ein Klima, von dem man einen allgemeinen Eindruck bekommen kann. Die Menschen unterscheiden sich darin, welches Klima sie in einer Gruppe mögen. Einen Einblick in das für eine Gruppe charakteristische Klima kann man bekommen, wenn man Worte findet, die den Eindruck beschreiben, den die Mitglieder von ihrer Gruppe haben.

23. Wer scheint ein freundliches, von Sympathie getragenes Klima zu bevorzugen? Gibt es Versuche, Konflikte und unerfreuliche Gefühle zu unterdrücken?
24. Wer bevorzugt ein Klima, das von Konflikt und Uneinigkeit gekennzeichnet ist?
25. Erscheinen die Mitglieder engagiert und interessiert? Ist das Klima von Arbeit, Spiel, Befriedigung, Flucht, Trägheit bestimmt?

3. Einzelthemen

Zugehörigkeit – Ein wichtiges Faktum für Gruppenmitglieder ist der Grad der Akzeptierung und Geborgenheit durch die Gruppe. Verschiedene Interaktionsmuster können in der Gruppe entstehen, die Hinweise auf den Grad und die Art der Zugehörigkeit geben.

26. Gibt es Untergruppen? Manchmal gibt es zwei Mitglieder, die einander ständig zustimmen und unterstützen oder einander ständig widersprechen und opponieren.
27. Steht jemand außerhalb der Gruppe? Gibt es jemanden, der am meisten „drin" ist? Wie werden die Außenseiter behandelt?
28. Gibt es jemanden, der zu Zeiten mehr „drin" und zu anderen Zeiten mehr „draußen" ist? Unter welchen Umständen kommt er / sie hinein oder hinaus?

Gefühle – Während jeder Gruppendiskussion entstehen ständig Gefühle aufgrund der Interaktionen zwischen den Mitgliedern. Über diese Gefühle wird selten gesprochen. BeobachterInnen können Schlüsse ziehen aus der Stimme, dem Gesichtsausdruck, Gesten und vielen anderen nonverbalen Zeichen.

29. Welche Anzeichen für Gefühle nehmen Sie wahr? Ärger, Verwirrung, Frustration, Wärme, Geziertheit, Aufregung, Langeweile, Verteidigung, Wettbewerb usw.?
30. Beobachten Sie bei jemandem den Versuch, den Ausdruck von Gefühlen zu blockieren, besonders bei negativen Gefühlen? Wie geschieht das? Macht es jemand dauernd?

Normen – Standards oder Gruppenregeln können entstehen, die das Verhalten der Mitglieder kontrollieren. Normen drücken gewöhnlich die Meinung der Mehrheit darüber aus, wie das Verhalten sein sollte oder nicht sein sollte. Diese Normen können allen Mitgliedern klar sein, dann gelten sie explizit. Sie können nur einigen bekannt sein, dann wirken sie implizit, oder sie können für alle unmerklich unter der Schwelle der Wahrnehmung wirksam sein. Einige Normen helfen der Gruppe, andere behindern sie.

31. Gibt es bestimmte Gebiete, die von der Gruppe ausgeklammert werden (z.B. Sexualität, Religion, das Aussprechen von Gefühlen, eine Diskussion über das Verhalten des Leiters / der Leiterin)? Wer überwacht diese Ausklammerung? Wie macht er / sie das?
32. Sind einige Mitglieder betont freundlich oder höflich zueinander? Werden nur positive Gefühle ausgedrückt? Stimmen einige bestimmten anderen besonders schnell zu? Was geschieht bei Meinungsverschiedenheiten?
33. Sehen Sie Normen, die die Beteiligung regeln oder die Art der Fragen, die erlaubt sind (z.B. „Wenn ich meine Probleme nenne, müssen Sie auch sprechen!")? Fühlen sich die Mitglieder frei genug, um gegenseitig Gefühle zu sondieren? Werden Fragen oft zu intellektuellen Problemen eingeengt oder als Probleme außerhalb der Gruppe behandelt?

Einflußstile – Einfluß kann viele Formen haben. Er kann positiv oder negativ sein, er kann die Unterstützung anderer und die Kooperation mit ihnen ein- oder ausschließen. Wie jemand versucht, einen anderen Menschen zu beeinflussen, entscheidet oft darüber, ob der andere Mensch offen ist für die Beeinflussung oder sich verschließt. Die Sätze 34 bis 38 stehen für Stile, die sich immer wieder in Gruppen entwickeln:

34. *Autokratisch:* Versucht jemand, seinen Willen oder seine Wertvorstellungen anderen aufzuzwingen? Drängt er sie, seine Entscheidungen zu unterstützen? Wer bewertet oder beurteilt andere Gruppenmitglieder? Blockiert jemand die Aktivitäten, wenn sie nicht nach seinen Vorstellungen gehen? Wer drängt darauf, daß die Gruppe sich organisiert?

35. *Beschwichtiger:* Wer unterstützt die Entscheidungen anderer eifrig? Versucht jemand ständig, Konflikte oder das Ausdrücken unangenehmer Gefühle zu verhindern, indem er Öl auf die Wogen gießt? Ist jemand typisch ehrerbietig gegenüber anderen, gibt ihnen Macht? Gibt es jemanden, der verhindert, daß negatives Feedback gegeben wird?

36. *Laissez Faire:* Gibt es Gruppenmitglieder, die durch ihr offensichtlich fehlendes Engagement die Aufmerksamkeit auf sich ziehen? Gibt es jemanden, der sich an den Entscheidungen der Gruppe nicht beteiligt? Wer erscheint zurückgezogen oder uninteressiert, regt keine Aktivitäten an, beteiligt sich mechanisch und nur auf die Fragen anderer hin?

37. *Demokratisch:* Versucht jemand, alle in eine Entscheidung oder Diskussion einzubeziehen? Wer äußert seine Gefühle und Meinungen offen und direkt, ohne andere zu bewerten oder zu beurteilen? Wer scheint offen zu sein für das Feedback und die Kritik anderer? Wenn die Gefühle toben und die Spannung wächst, wer versucht dann, mit dem Konflikt in einer Weise umzugehen, die das Problem einer Lösung zuführt?

Zu Einflußstilen vgl. auch Kriterien zur Gruppenbeobachtung (Kurzfassung 3.3.2.1 Seite 275)

3.3.1.2 Entscheidungen treffen

In einem *Entscheidungsvorgang* sind meistens folgende Schritte angezeigt:
1. Definition des Problems
 ☐ Austausch aller wichtigen Informationen
 ☐ Identifikation der für die Entscheidung relevanten Personen
2. Auflisten der verschiedenen Lösungsmöglichkeiten (solange wie möglich: ohne Wertung!)
3. Abwägen der Alternativen – positive / negative Folgen
4. Auswerten und Ankündigen der Entscheidung
5. Organisieren, wie die Entscheidung auszuführen ist
6. Für eine Auswertung der Ergebnisse / Folgen der Entscheidung vorsorgen.

3. Einzelthemen

Ein Entscheidungsgremium – der Kirchenvorstand beispielsweise – kann Entscheidungen auf verschiedene Weise erreichen. Er tut gut daran, sich über seine Entscheidungsprozesse Klarheit zu verschaffen. Im folgenden sind verkürzt *Grundtypen von Entscheidungsverfahren* skizziert. Jedes Verfahren hat sein Recht in bestimmten Situationen. Deshalb sollte der Kirchenvorstand (oder ein anderes Entscheidungsgremium) bei der Klärung der im Gremium üblichen Prozedur nicht moralisch werten, welches Verfahren gut oder schlecht sei, sondern sich besinnen, welche Wirkung das jeweilige übliche Verfahren auf Kooperation, Energie des Gremiums und auf die Ausführung der Entscheidung hat.

1. Entscheidung durch Ins-Leere-laufen-Lassen
Viele Entscheidungen kommen auf folgende Weise zustande: Jemand macht einen Vorschlag; noch ehe recht reagiert werden kann, kommt der nächste Vorschlag auf den Tisch, so reiht sich ein Vorschlag an den anderen, ohne daß die Gruppe sich mit einem von ihnen deutlich befaßt. Das geht so lange, bis ein Vorschlag „da" ist, auf den die Gruppe sich einläßt.
Schwierig bei diesem Verfahren: mit der möglichen Frustration derer umzugehen, deren Vorschlag einfach unter den Tisch fiel.

2. Entscheidung durch Autorität
Die Gruppe erwägt u.U. sehr ausführlich das Problem und die Lösungsmöglichkeiten, bis eine Person mit Autorität kurzerhand eine Entscheidung vorlegt und daraus beschlossene Sache macht. Wenn die Autorität auf der Höhe der Diskussion die Entscheidung formuliert und ihre Kompetenz erneut ausweisen kann, ist diese Methode effektiv und spart viel Zeit.
Schwierig: Das Verfahren kann das Potential einer Gruppe auf die Dauer unterminieren. Zusätzlich kommen häufig Probleme bei der Ausführung der Entscheidung auf, wenn die Gruppe die Entscheidung nicht wirklich zu der ihren hat machen können.

3. Entscheidung durch eine Minderheit
Taktisch versierte Mitglieder des Gremiums arrangieren den Entscheidungsprozeß derart, daß vorhandene Mehrheiten „überfahren" werden können. Zum Beispiel durch vorzeitige Abstimmung, noch ehe die Mehrheit das Problem voll erfaßt hat. Schweigen – aufgrund der Verblüffung beispielsweise – wird dann als Zustimmung genommen.
Schwierig: Die Genasführten sind verstimmt und sinnen vielleicht auf Destruktion während der Ausführung der Entscheidung.

4. Entscheidung durch eine Mehrheit
Mehrheitsentscheidungen sind das Alltagsbrot von Entscheidungsgremien. Mehrheitsentscheidungen können aufgrund einer entsprechend verlaufenden

Diskussion einfach konstatiert oder auch förmlicher im Sinne parlamentarischer Spielregeln durch klare Pro- und Kontraabstimmung erreicht werden.
Schwierig: In Gremien, die auf engen Zusammenhalt zählen müssen, wird der Umgang mit der „unterlegenen" Minderheit oft heikel.

5. Entscheidung durch Konsens
Die zeitaufwendigste und zugleich sowohl im Blick auf Gruppenzusammenhalt wie auf Ausführung der Entscheidung effektivste Form. Mit ihr genießt jedes Gruppenmitglied die faire Chance, sich an dem Entscheidungsprozeß zu beteiligen. Die Entscheidung kommt durch Einlenken der Einzelnen aufgrund von Überzeugungen zustande. Die Gewinner / Verlierer-Konstellation ist vermieden. Abstimmungen erübrigen sich meist. Wenn doch zu ihnen aufgerufen wird, haben sie eher den Charakter der förmlichen Feststellung des Konsens.
Schwierig: Wenn Konsenszwang oder -druck besteht, sehr Zeit- und Energieraubend.

6. Entscheidung durch Einmütigkeit
Die perfekte Form des Konsenses. Man ist sich einig. Überreden und Überzeugen erweisen sich als unnötig. Alle ziehen am selben Strang. In Entscheidungsgremien, die durch Wahl zustandekommen und dementsprechend von Vertretern unterschiedlicher Interessen besetzt sind, ein sehr seltenes Verfahren.

Personalentscheidungen haben sehr weitreichende Folgen. Daher wird das Entscheidungsgremium eine Prozedur im Sinne des Konsenses anstreben – oder eine Mehrheitsentscheidung. Kampfabstimmungen sind in kontroversen Gremien zwar die Regel, können jedoch das Gemeindeleben stark belasten, wenn die Loyalität im Gremium („Fraktionsdisziplin") gering ist. Im Falle einer Stellenbesetzung sind folgende Schritte bedächtig durchzugehen:
1. Welche Bedürfnisse hat unsere Gemeinde im Blick auf die vakante Stelle und welche Wünsche darüber hinaus? (u.U. genügen die Informationen, die im Gremium „versammelt" sind nicht, und die GemeindevertreterInnen müssen andere Gruppen der Gemeinde befragen).
2. Wie informieren wir die StellenbewerberInnen über Bedürfnisse und Wünsche? (Anforderungsprofil erstellen)
3. Wie erhalten wir möglichst genaue (authentische) Mitteilungen von den BewerberInnen über ihre Möglichkeiten und Erwartungen?
4. Wie werten wir die Informationen aus?
5. Wie verfahren wir im Fall unklarer Voraussetzungen für eine Entscheidung? (z.B. zweite Einladung an den Bewerber / die Bewerberin?)
6. Wie geben wir unsere (wie auch immer ausgefallene) Entscheidung bekannt?

3. Einzelthemen

3.3.1.3. Instruktionen zum Konsens-Versuch

Ihre Gruppe soll eine anstehende Entscheidung einstimmig (Konsensus) fällen. Konsens ist schwer zu erreichen. Das kann möglicherweise bedeuten, daß nicht alle dem einstimmigen Beschluß vollinhaltlich zustimmen. Deshalb soll auch nicht *Einmütigkeit* angestrebt, sondern der Versuch unternommen werden, die *bestmögliche Lösung* in dieser Gruppe zu erreichen.

Für die Erreichung des Konsens einige Hinweise:
1) Vermeiden Sie, über Ihre individuelle Entscheidung defensiv zu argumentieren. Stellen Sie Ihre eigene Position so klar und logisch wie möglich dar und bedenken Sie die Reaktionen der anderen auf Ihre Position genauso sorgfältig.

2) Vermeiden Sie „Sieger-Verlierer"-Patts in der Diskussion. Lassen Sie sich nicht gefangennehmen von der Vorstellung, daß in einer Diskussion die eine Seite gewinnen und die andere verlieren muß. Wenn Sie in eine Sackgasse geraten, suchen Sie nach der nächst-bestmöglichen Alternative für beide Seiten.

3) Vermeiden Sie, Ihre Ansicht nur zu ändern, um Konflikte zu verhindern und Harmonie und Übereinstimmung zu erreichen.

4) Geben Sie auf keinen Fall einem Druck nach, der keine vernünftige Grundlage hat. Bemühen Sie sich um eine deutliche Flexibilität, vermeiden Sie eine spektakuläre Kapitulation.

5) Vermeiden Sie konfliktvermindernde Techniken, wie Mehrheitsbeschluß, Feststellen des Mittelwertes, Handeln und Tausch, Losentscheid und Ähnliches. Behandeln Sie Meinungsunterschiede als Anzeichen dafür, daß sich einzelne Gruppenmitglieder noch nicht genügend haben mitteilen können, und versuchen Sie, zusätzliche Informationen in der Gruppe zu bekommen, entweder über die anstehende Aufgabe oder auch über das emotionale Klima in der Gruppe.

6) Betrachten Sie Meinungsunterschiede als natürlich, legitim und hilfreich, statt sie als Hinderung im Entscheidungsprozeß anzusehen. Im allgemeinen vergrößert eine Vielzahl von Ideen die Möglichkeit eines Konfliktes, aber zugleich wird die Möglichkeit, zu Lösungen zu kommen, dadurch größer.

7) Seien Sie mißtrauisch gegen anfängliche Übereinstimmung, gehen Sie den Gründen nach, die hinter solchen schnellen Vereinbarungen liegen.

3.3.1.4 Heimliche Tagesordnung

In der Beratung von Kirchenvorständen, Mitarbeitergruppen oder auch Ausschüssen einer Kirchengemeinde wird oft deutlich, daß neben der offiziell bekannten Tagesordnung so etwas wie eine verdeckte, heimliche Tagesordnung gilt. Damit sind jene Diskussionen gemeint, bei denen der / die BeobachterIn den Eindruck hat, es würde unter dem genannten Thema der Tagesordnung „etwas ganz anderes", schlecht Faßbares verhandelt. So kann sich hinter dem Thema „Haushaltsplan" ein geheimes Tauziehen um Macht verbergen. Da heimliche Tagesordnungen oft sehr viel Energie in einer Gruppe binden, ohne daß eine Gruppe feststellen kann, wohin die Energie fließt, hilft es, sich einige Gesichtspunkte zum Verstehen von heimlichen Tagesordnungen anzueignen und auf sie möglicherweise im Gruppenprozeß hinzuweisen.

Jede Gruppe arbeitet immer auf zwei Ebenen: die eine Ebene ist durch die Aufgabe bestimmt, die die Gruppe gerade bearbeitet, also z.B. die Verhandlung der Tagesordnungspunkte, die bekannt sind. Die andere Ebene ist die der heimlichen, verdeckten, unausgesprochenen Bedürfnisse und Motive, die Einzelne in dieser Arbeitsgruppe einbringen.

☐ *Persönliche Bedürfnisse:* Jedes Mitglied einer Gruppe – dabei ist es gleichgültig, ob es sich um ein Arbeitsgremium, eine Lerngruppe oder eine informelle Gruppe handelt – bringt bestimmte persönliche Bedürfnisse in diese Gruppe mit. Diese Bedürfnisse haben ganz wesentlich etwas mit der Motivation zu tun, in dieser Gruppe mitzuarbeiten oder teilzunehmen. Diese Bedürfnisse können bewußt oder unbewußt sein, kognitiv oder emotional, der Gruppe bekannt oder unbekannt. Wichtig ist es, mit diesen persönlichen Bedürfnissen der einzelnen Gruppenmitglieder zu rechnen.

☐ *Verdeckte Bedürfnisse:* Viele der Bedürfnisse, die ein Gruppenmitglied in eine Gruppe mitbringt, bleiben verdeckt, auch wenn das einzelne Gruppenmitglied mehr oder weniger deutlich eine Erwartung auf Erfüllung an die Gruppe richtet. Solche Erwartungen sind normal und natürlich, sie sollten aber von Zeit zu Zeit in einer Gruppe abgeklärt werden. Manchmal wirken Arbeitsgremien in der Kirche gerade deshalb etwas steril und unlebendig, weil niemand von dieser Gruppe etwas zu erwarten scheint, bzw. Jahre hindurch niemand nach den Erwartungen der einzelnen Mitglieder gefragt hat.

3. Einzelthemen

3.3.1.5 Teamentwicklung

Die postindustrielle Ära stellt Menschen in den meisten Arbeitsbereichen vor neue komplexe Anforderungen. Zum einen müssen sie damit zurechtkommen, daß ihre Berufsrolle offener definiert und kurzzeitigem Wandel unterworfen ist. Zum anderen sind sie gefordert, in einer sich weiter ausdifferenzierenden Welt, deren Wissen sich in geometrischer Reihe erweitert, immer mehr Aspekte ihres Berufsfeldes zu integrieren. Aushalten und bestmögliche Darstellung von Komplexität bei gleichzeitiger Rollenvielfalt und entsprechender Rollenunsicherheit nötigen auch in Bereichen, die vom „freischaffenden Künstler und Unternehmer" geprägt waren – wie im Pfarrberuf – zur *Teamarbeit*.

Nun ergibt sich Teamarbeit nicht automatisch, indem Menschen zusammengerufen und an eine Aufgabe „gesetzt" werden. Den „Teamgeist" zu beschwören, hat oft einen gegenteiligen Effekt. Vielmehr muß in *Teamentwicklung* investiert werden. Im Folgenden sind systematisch die wichtigsten Elemente der Entwicklung einer Mitarbeitergruppe zu einem Team dargestellt.

Was ist ein „Team"?

Team ist ein gängiger Begriff, der bei vielen ein Bündel von Erfahrungen und Kenntnissen abruft. Der Begriff bezeichnet also vielerlei. Wir beschreiben Team als eine Arbeitsgruppe von

- ☐ drei bis ca. zwölf Mitgliedern, die
- ☐ innerhalb ein- und derselben Organisation –
- ☐ damit unter gleichen Gesamtzielen –
- ☐ kontinuierlich,
- ☐ innerhalb definierter Grenzen sich selber steuernd
- ☐ kooperieren (müssen).

Die „Nötigung" zur Zusammenarbeit unterscheidet nach unserer Begriffsbestimmung Teams deutlich von ehrenamtlichen Arbeits-, Planungs- oder Projektgruppen, deren „Kooperationsvertrag" freiwillig zustandekommt und entsprechend auch frei aufgekündigt werden kann. Damit engt sich das Blickfeld der folgenden Erläuterungen auf Gruppen hauptamtlicher bzw. nebenamtlicher MitarbeiterInnen ein. (Dies schließt jedoch keineswegs die Brauchbarkeit der Erläuterungen für informelle Gruppen aus.)

Wieviel Kooperation ist notwendig?

Kooperation hat – gerade in normativen Organisationen wie der Kirche – einen hohen moralischen Kurswert. Deshalb wohl wird selten klar die Frage gestellt, welches *Maß an Kooperation* notwendig ist – im Blick auf die Unterstützung des einzelnen Teammitglieds, auf den Zusammenhalt des Teams als Gruppe und in Blick auf die jeweilige Aufgabe. Sowohl ein Zuviel wie ein Zuwenig an Kooperation schafft Konflikte.

Die Koordination von Arbeitsvorgängen stößt in der Regel auf zwei Schwierigkeiten:
1. MitarbeiterInnen *müssen* kooperieren – aber es gelingt ihnen nicht. Es entsteht eine Konfliktsituation, die in ihren Auswirkungen sichtbar ist und nach Intervention verlangt. Etwa in einer Beratung oder in einem Teamentwicklungsprogramm sind die Gründe für die Kooperationsschwierigkeiten zu identifizieren und zu bearbeiten.
2. MitarbeiterInnen *müssen nicht* miteinander kooperieren – sie tun es dennoch auf Grund ihrer Auffassung, daß Kooperation an und für sich ein hoher Wert und daher geboten sei. Die Folge ist eine verdeckte, d.h. den meisten unbewußte Konfliktsituation. Kraft und Zeit werden für Besprechungen, Informationsaustausch etc. eingesetzt, ohne daß die Aufgaben der Organisation dies verlangen. Hier hätte Beratung eine eher „entmythologisierende" Aufgabe: sie müßte dazu helfen, daß Teamarbeit als Funktion begriffen wird – und nicht als Selbstzweck.

Welche Vorteile hat Teamarbeit?

1. MitarbeiterInnen können ihr Teilwissen zusammentragen und erreichen gemeinsam einen höheren Wissensstand, der sie zur besseren Bewältigung einer komplexen Aufgabe befähigt. Teamarbeit hat einen *Synergieeffekt.*
2. MitarbeiterInnen *identifizieren* sich mit den Aufgaben einer Organisation eher, wenn sie die verschiedenen Teilaspekte der Aufgabe erkennen und über Art und Ausführung der Aufgabe mitentscheiden können. Sie werden auf diese Weise zu „Eigentümern" ihrer Arbeit.
3. MitarbeiterInnen erwerben einen vergleichbaren *Informationsstand* in Blick auf Probleme und Möglichkeiten der jeweiligen Organisation. Das Informationsgefälle, Ursache vieler Zerwürfnisse, wird auf diese Weise reduziert.
4. MitarbeiterInnen lernen, Status- und Kompetenzunterschiede untereinander und zu Leitungspersonen zu erkennen, anzusprechen und damit in ihrer dysfunktionalen Wirkung einzuschränken. *Kommunikation* wird freier und kreativer.
5. MitarbeiterInnen finden im Team einen ständigen Ort zur *Bearbeitung von Konflikten.*
6. Das Team bietet einen Raum für kontinuierliche persönliche *Weiterbildung.*
7. MitarbeiterInnen können die Wünsche nach *Anerkennung* (und Kontrolle ihrer Arbeit durch das Team) besser verwirklichen.

Grundfragen der Teamarbeit

In unterschiedlicher Form und zu wiederkehrenden Gelegenheiten stellen sich drei Grundfragen:
1. Was sollen wir tun? (Ziele)
2. Welche Aufgaben hat dabei das einzelne Teammitglied? (Rollen)
3. Wie sollen wir (miteinander) arbeiten, damit wir unsere Arbeitsziele erfüllen? (Verhalten)

3. Einzelthemen

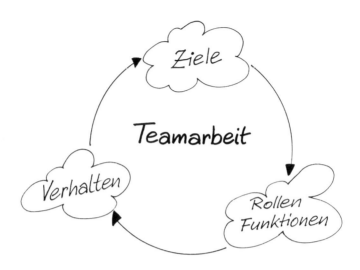

Methodische und kommunikative Probleme werden in Teams in der Regel intensiv und vorrangig erörtert. Sie stehen jedoch immer im Zusammenhang der Ziel- und Rollenabsprachen.

Im kirchlichen Milieu zeigt sich immer wieder, wie schwer Zieldefinitionen zu erreichen sind. Einerseits scheinen Ziele ja klar und verbürgt zu sein; sie sind in Kirchen- und Lebensordnungen als generelle Aufträge formuliert. Diese Konsensformulierungen reichen jedoch nicht aus, die Arbeitsorganisation eines Teams zu begründen. Die Allgemeinziele müssen in die je besondere Situation der Organisation (sie ist bestimmt durch die Herausforderungen der Umwelt, den „Zeitgeist", die Ressourcen der Organisation, die Kapazitäten und Kompetenzen der MitarbeiterInnen u.ä.) übersetzt werden. Zum anderen entsteht Zielunklarheit dadurch, daß kirchliche Organisationen auch häufig durch ein reaktives Verhaltensmuster gekennzeichnet sind: man „reagiert" auf Anfragen, Erfordernisse, Wünsche von Mitgliedern und der Gesellschaft. Dies führt zu einer Aufblähung der Aufgaben und Dienste, die nur durch die Ressourcen begrenzt wird, selten jedoch durch strategische Entscheidungen. (Ausführlicher dazu Kapitel 3.1 Seite 182)

Ein Team braucht daher immer wieder Zeit und Energie, um
☐ die *Ziele* ausführlich miteinander zu besprechen, so klar wie möglich zu *definieren* und die *Zustimmung zu den Zielen* abzusichern;
☐ die Aufgaben und *Rollen für die einzelnen Teammitglieder* bei einem gegebenen Ziel genau zu vereinbaren – und auch darüber Übereinstimmung herzustellen.

3.3 In Gruppen arbeiten ...

Ein Teamentwicklungsmodell

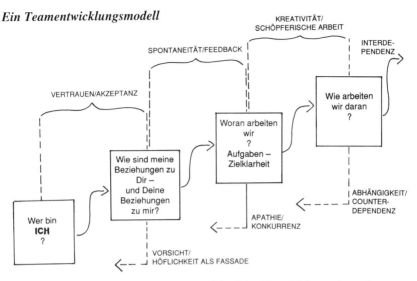

Das Modell macht den idealtypischen Ablauf der Entwicklung einer Gruppe zu einem arbeitsfähigen Team anschaulich.
Die Klärung der Beziehungen („Wer bin ich?" – „Wie sind meine Beziehungen zu dir – und deine Beziehungen zu mir?") verstärkt Akzeptanz und Vertrauen; auch Grenzen werden tolerierbar. Werden die Beziehungen im Team nicht angesprochen und erhellt, breitet sich Vorsicht aus, kühle Höflichkeit bestimmt die Atmosphäre; dabei bleibt Spontaneität, die sich und andere riskiert, gehemmt. Wenn die Beziehungsebene durchsichtiger ist, kann das Team leichter und genauer Aufgaben und Ziele definieren; damit werden Kreativität und Initiative freigesetzt. Gelingt dieser Schritt nicht, machen sich Apathie und Lustlosigkeit breit; Teammitglieder fechten Konkurrenzkämpfe miteinander aus.
Aufgrund der gemeinsamen Aufgabenstellung lassen sich die unterschiedlichen Funktionen und Rollen der Mitglieder verabreden und weitere eher arbeitsorganisatorische Fragen regeln. Nun besteht die Chance, daß das Teamgeflecht interdependenten Charakter annimmt – d.h. die Abhängigkeit voneinander besteht im fairen wechselseitigen Geben und Nehmen. In einem solchen Stadium entwickelt das Team dann auch ein Selbstverständnis als Team.
Unklarheit auf einer Stufe der Teamentwicklung führt meist dazu, daß Fragen einer früheren Stufe neu thematisiert werden (müssen).

Die konzentrischen Kreise der Teamentwicklung

- ■ Erster Kreis: *Selbstwahrnehmung*
Wer im Team arbeiten will, muß zu einer möglichst genauen Selbsteinschätzung kommen. Diese findet man weniger durch In-sich-Hineinhorchen als durch Wahrnehmung der verschiedenen Feedbacks anderer zur eignen Person. Die Kunst, Feedbacks zu geben und zu hören, ist eine Teamqualifikation!

3. Einzelthemen

*Die konzentrischen Kreise
der Teamentwicklung*

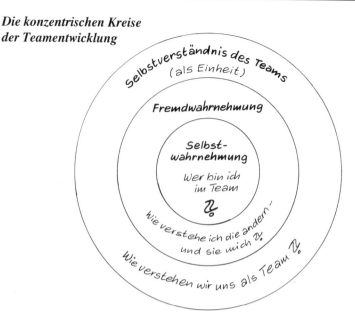

Folgende Fragen helfen, zu einer klareren Selbsteinschätzung zu kommen:
1. Wie schätze ich meine beruflichen Qualifikationen und Kompetenzen ein? Welche besonderen Kenntnisse und Erfahrungen bringe ich ins Team mit?
2. Wie beziehe ich mich meistens auf andere Menschen? (Wie beteilige ich mich? Bin ich initiativ? Oder warte ich auf Einladungen anderer? Wie beeinflusse ich andere? Wie drücke ich Wärme, Zuneigung bzw. Widerstand, Zorn anderen gegenüber aus?)
3. Wie wirke ich auf andere? (Mit welchen körperlichen und verbalen Signalen reagieren die anderen auf mich?)
4. Was sind meine Stärken (vgl. Auswertungsbogen)?
Fähigkeiten, die im Blick auf Teamarbeit wichtig sind:

- ☐ *Kommunikative Fähigkeiten* (miteinander reden können, bei der Sache bleiben, *Feedbacks* geben und nehmen usw.),
- ☐ *planerische Fähigkeiten*,
- ☐ *organisatorische Fähigkeiten* (z.B. im Blick auf Arbeitsabläufe),
- ☐ *unterstützende Fähigkeiten* (ein „Coach" für andere sein),
- ☐ *Überzeugungskraft* (andere zu gewinnen, zu inspirieren, zu ermutigen, „anzutreiben"),
- ☐ *Verhandlungsgeschick*,
- ☐ *Bilanzierungs- und Auswertungsfähigkeiten*.

5. Wie setze ich meine Stärken ein? (Denn: wer etwas gut kann, neigt auch dazu, es mit seiner Fähigkeit zu übertreiben.)
6. Was sind meine Schwächen? Und wie gehe ich mit meinen Schwächen um?

3.3 In Gruppen arbeiten ...

Wie schätze ich meine Teamfähigkeiten ein?

in Bezug auf:	1	2	3	4	5
1. Kommunikation					
2. Planung					
3. Organisation					
4. Hilfestellung („Coach")					
5. Überzeugungskraft					
6. Verhandlungsgeschick					
7. Auswertung					

1 = deutlich unter Durchschnitt
2 = etwas unter Durchschnitt
3 = durchschnittlich
4 = etwas über Durchschnitt
5 = deutlich über Durchschnitt

■ Zweiter Kreis: *Fremdwahrnehmung*
oder: Wie komme ich zu einem besseren Verständnis der Teammitglieder?

Jedes Teammitglied verfolgt bei der gemeinsamen Aufgabe auch persönliche Wünsche und Ziele. Die persönlichen Anteile an Zielverabredungen und Aufgabengestaltung machen erst die Farbe der Teamarbeit aus. Das andere Teammitglied in seinen individuellen Regungen und Bedürfnissen besser zu verstehen, ist für ein Team in einer kirchlichen Einrichtung, deren Arbeit ja weitgehend in Gestaltung kommunikativer Prozesse besteht, sehr wichtig; was hier nicht geleistet wird, wirkt sich anderweitig als Störung aus.

Auf dem Weg zu genauerer „Fremdwahrnehmung" sind folgende Bereiche anzusprechen:

1. Die *beruflichen Fähigkeiten*, Kenntnisse und Erfahrungen. Wer kann was?

2. Die *persönlichen Interessen*, Werte und Ziele (im Blick auf die Teamaufgabe): Was will das Teammitglied für sich persönlich im Team? Schutz, Anerkennung, Fortbildung, Freundschaft usw.? Was berührt sein persönliches Interesse im Blick auf die jeweilige Teamaufgabe? Welche „Theorie" in Bezug auf eine bestimmte Aufgabe verfolgt das Teammitglied? usw.

3. Die *motivationalen Bedingungen:*
Welche Ängste und Wünsche im Blick auf Arbeitsplatz und Aufgabenstellungen hegt der / die Einzelne? Was „begeistert", was „entmutigt"? usw.

3. Einzelthemen

4. Die *lebensgeschichtlichen Voraussetzungen:*
Welche Erfahrungen hat der / die einzelne gemacht mit Kooperation? Mit kirchlicher Arbeit? Wie kam er / sie zu diesem Beruf? usw.
5. Das *persönliche Lebenskonzept:*
Welche Glaubensvorstellungen hegt der / die Einzelne? Welche Glaubensgeschichte bewegt ihn / sie? Wie beschreibt er / sie sich als „Charakter"? Welche politischen und gesellschaftlichen Träume bzw. Alpträume hat er / sie sich zu eigen gemacht? usw.

■ Dritter Kreis: *Selbstverständnis des Teams* (als eines Teams)

Einander genauer wahrzunehmen und zu verstehen ist eine Teamfähigkeit, die zu unterscheiden ist von der Teamkompetenz, sich der Möglichkeiten und Grenzen des Teams als einer Einheit bewußt zu sein. Das Ganze ist „mehr", d.h. qualitativ ein anderes, als die Summe seiner Teile.

1. Wie sind Erfahrungen und Fähigkeiten „komponiert?"
2. Wie ist „Mitgliedschaft" verstanden und geregelt? (Was geschieht beispielsweise, wenn Teammitglieder gehen bzw. neue kommen?)
3. Welche zwischenmenschlichen Beziehungen gibt es unter den Teammitgliedern über die formellen des Teams hinaus? Welche Wirkungen haben sie auf die Teamaufgabe? Welche Teilgruppen haben sich konstelliert? Und wie leben sie miteinander?
4. Welche Hierarchien bestehen im Team?
5. Wie laufen die Kommunikations- und Informationslinien?
6. Wie verständigt sich das Team als Team mit der „Außenwelt"?
7. Wie stark ist der Teamzusammenhang? Durch welche „Geschichten", durch welchen „Mythos" wird er begründet und befestigt?
8. Wie gut ist – in schwierigen Situationen – die Moral?
9. Wie wird die Leitungsaufgabe wahrgenommen? Und mit welcher Akzeptanz kann die Leitungsperson rechnen?

Arbeitsweise eines Teams

Das Modell ist einleuchtend; es vermittelt sicher keine spezifischen Erkenntnisse. Und vielleicht liegt es gerade an seiner Selbstverständlichkeit, daß die Arbeitsweise eines Teams nicht konsequent danach ausgerichtet wird. Das Individuum kann sicher eher Teilschritte zusammenziehen und simultan bewältigen. Im Team ist dies nicht ohne weiteres möglich. Der Arbeitsablauf bedarf der Steuerung. Bei *Untersteuerung* entstehen Verwirrung, *Kompliziertheit* und letztendlich Frustration. (Nicht selten der auch gegenteilige Fall: *Übersteuerung*; die Folge: *Trivialität*)

3.3 In Gruppen arbeiten ...

Nicht nur die längerfristige Abwicklung einer Teamaufgabe, auch schon der Mikroprozeß *Teambesprechung* braucht Steuerung. Diese ist nicht allein durch eine Tagesordnung zu gewährleisten. Wesentlich ist die Prozeßsteuerung der einzelnen Verhandlungspunkte. M. Hirzel (S. 85) gibt der Moderation mit seinem Ablaufschema: „Problemlösungsphasen" wichtige Fingerzeige. Es sei hier vereinfacht wiedergegeben:

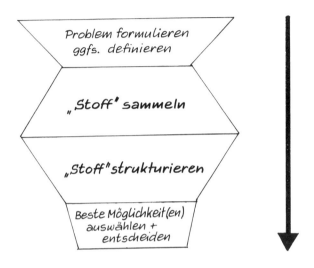

- □ *Formulierung des Problems* mit dem Ziel, ein *gemeinsames Verständnis* darüber zu erreichen, was das zu behandelnde Problem sei.
- □ *Sammlung des „Stoffs"*, der Informationen, der Einfälle, der Lösungsideen mit dem Ziel, das „Wissen" des Teams möglichst umfassend zu vergegenwärtigen. Dies ist aber nur möglich, wenn nicht sofort „geordnet" und d.h. im Zweifelsfall zensiert wird!
- □ *Strukturierung des „Stoffs"*, d.h. die Materialfülle ordnen mit dem Ziel, Übersicht über die Entscheidungsmöglichkeiten zu gewinnen.
- □ *Auswahl der besten Möglichkeit(en)* mit dem Ziel, darüber einen Konsens herzustellen.

Mangelhaft gesteuerte Besprechungen in Teams vermischen die verschiedenen Sequenzen. So kann man beispielsweise erleben, daß nach längerer heftiger Diskussion jemand ausruft: „Das Problem, das wir zu bearbeiten haben, ist doch eigentlich ..."

Teamarbeit braucht organisatorische Stützen; ohne sie funktioniert sie schlecht. Zu den organisatorischen Stützen gehören u.a.:
- □ *Formalisierte Rollen:*
  Wer leitet? Wer moderiert? Wer hält Arbeitsergebnisse fest?

3. Einzelthemen

☐ *Klar verabredete* (zeitlich begrenzte) *Besprechungen / Sitzungen*
☐ *Technische Hilfsmittel:* Zum Beispiel Flip-Chart, der jeweiligen Arbeit angemessene Besprechungszimmer, Ablaufrituale o.ä.
☐ *Ein effektives Informationssystem*

Teamgerechte Verhaltensweisen

Eine effektive Arbeitsweise gelingt dem Team nur, wenn die einzelnen Aspekte der Teamentwicklung nicht übersprungen werden. Jedes Teammitglied muß sich klar werden über seine Rolle, Funktion und Teilhabe am Geschehen. Deswegen ist im folgenden systematisch aufgeschlüsselt, welche Beiträge / Leistungen / Rollen der einzelnen sowohl für die Aufgabe wie für die Haltung des Teams angemessen sind und welche Verhaltensformen sich schädlich auswirken.

1. Angemessen auf Blick für die *Aufgabe und das Arbeitsziel* eines Teams:
☐ Initiative übernehmen (Aufgaben und Ziele vorschlagen, Gruppenprobleme definieren, Ideen äußern)
☐ Informationen / Meinungen / Stellungnahmen erfragen
☐ Informationen geben und eigene Meinungen äußern
☐ Beiträge klären und ihre Konsequenzen ausleuchten
☐ zusammenfassen (zusammengehörende Ideen usw. aufeinander beziehen; Vorschläge, die sich dann ergeben, präzise nennen; Entscheidungsvorlagen formulieren)
☐ Meinungsbilder versuchen (testen, wie nahe das Team der Entscheidung ist).

2. Angemessen im Blick auf die *Erhaltung eines Teams:*
☐ „verbinden" (das Zusammengehörige konkurrierender Ideen oder Argumente sehen und ausdrücken, um Spannungen zu reduzieren)
☐ Kommunikationskanäle offenhalten (das Gespräch auch zwischen feindlich gesinnten Personen in Gang halten)
☐ ermutigen
☐ Kompromisse anbieten
☐ an die Werte und Normen der Gruppe erinnern.

3. Verhaltensweisen, die *die Teamarbeit auf die Dauer unterminieren*:
☐ Attackieren (seinen eigenen Standpunkt durch Kritisieren oder „Schlechtmachen" anderer Teammitglieder aufwerten; Feindseligkeit gegenüber Teammitgliedern äußern; andere herabwürdigen)
☐ Abblocken (Teamverhandlung stören, indem man das Interesse ablenkt von der zur Debatte stehenden Sache und sich über eigene Erfahrungen und Geschichten ausläßt)
☐ Konkurrieren
☐ Plädieren (um jeden Preis die eigene Sache „unterbringen")
☐ den Clown spielen (Späßchen machen, Grimassen schneiden, die anderen ablenken)

- ☐ „Klammern" (eine Beziehung / Koalition mit einem Teammitglied suchen bzw. aufbauen auf Kosten / zu Lasten der Gruppe und ihrer Zeit und Energien)
- ☐ sich produzieren (versuchen, die Aufmerksamkeit aller zu gewinnen durch lautes, exzessives Reden, durch kuriose Ideen, exentrisches Verhalten)
- ☐ sich isolieren (sich heraushalten oder zwanghaft auf Formalien achten; in den Tag hineinträumen; Seitengespräche führen und ähnliches)
- ☐ „Flitterwochen spielen" (es so erscheinen lassen, als liebe man einander in der Gruppe innig, um für die eigene Person bedrohlichen Situationen entgehen zu können).

Teamleitung

Jedes Team – in der Kirche so gut wie anderswo – hat neben dem Kompetenz- auch ein hierarchisches Gefälle. Der allgemeinen Einschätzung nach stehen dabei die Hauswirtschafts- und Bürokräfte auf der unteren Ebene; ihnen vorgeordnet die „pädagogischen" MitarbeiterInnen – und darüber die „geistlichen" VertreterInnen. Diese Hierarchie drückt sich aus in unterschiedlicher Bezahlung und unterschiedlicher Verfügungsgewalt. Ob eine Kirche gut daran tut, sich als Organisation den gesellschaftlichen Normen derart anzupassen, kann durchaus angezweifelt werden; ein Team jedoch versetzt es in Konfusion, wenn auf der lokalen Ebene die allgemeinen hierarchischen Bedingungen verleugnet werden. Ein Team hat eher eine Entwicklungschance von der Hierarchie weg zu klarer funktionaler Ordnung aufgrund von Kompetenzen, wenn die realen Unterschiede und Grenzen der Teammitglieder identifiziert und namhaft gemacht werden.

Dementsprechend findet ein Team zu einem effektiven und zugleich menschlich erfreulichen Arbeitsstil, wenn die Leitungsfrage geklärt ist. Ein Pfarrer, eine Pfarrerin zumal als Vorsitzender / Vorsitzende des Kirchenvorstandes, ist zumeist die natürliche Leitung des Teams. Er / sie trägt damit vorrangig die *Verantwortung:*

- ☐ für die Arbeitsziele,
- ☐ die Arbeitsorganisation,
- ☐ die Kooperation und Kommunikation
- ☐ und für die Förderung, Anerkennung und Kontrolle der MitarbeiterInnen.

Wenn das Team eine „Feedbackkultur" aufgebaut hat, wird der Leiter / die Leiterin seinerseits / ihrerseits Kontrolle der Leitungstätigkeit durch das Team erfahren.

Komplizierter – weil sie einen länger währenden Lernprozeß voraussetzen – sind Leitungsmodelle, die Team- und Organisationsleitung voneinander trennen. Eine Vorstufe dazu könnte die wechselnde Gesprächsleitung bei den Zusammenkünften des Teams sein.

3. Einzelthemen

Lebensabschnitte eines Teams
Wie alles Lebendige durchläuft auch das Team einen Lebenszyklus – mit dem Unterschied allerdings, daß es als soziales Konstrukt ihm nicht zwangsläufig unterworfen ist. Aus den Untersuchungen in der Sozialen Gruppenarbeit (Bernstein / Lowy) bietet sich folgendes Phasenschema an:

1. Orientierungs- bzw. Testphase – Im Anfangsstadium nehmen die Teammitglieder vorsichtig miteinander Kontakt auf. Sie bedienen sich dabei konventioneller und persönlicher Routinen. Sie versuchen zu orten, wer wer ist, wer was kann, wem welche Position im Team zugetraut werden kann, um damit ihre eigene Stellung zu definieren. Verbleibt das Team in dieser Phase konventionellen Umgangs miteinander, kommt es nicht zu einem Zusammenspiel seiner Kräfte.

2. Nahkampf- bzw. Konfliktphase – Wenn die Teammitglieder sich etwas besser kennen, entwickeln sich Auseinandersetzungen um Ränge, Einflußzonen, Mittel, Anerkennung u.ä.; die Gruppe sucht dabei nach ihrer Struktur, den verpflichtenden Normen und Regeln, der angemessenen Kultur. Wenn die Teamleitung solche Auseinandersetzungen unterdrückt bzw. durch vorzeitige Organisationsangebote kanalisiert, bleibt das Team in seinem Wachstum stecken.

3. Organisierungsphase – In den Auseinandersetzungen schält sich eine lebbare effektive Gestalt des Teams heraus. Die Mitglieder ordnen sich ein, respektieren die Leistungen der anderen, achten auf die Einhaltung der „Spielregeln". Strukturen werden gewissenhaft befolgt, meist aber noch als „auswendig" erlebt.

4. Verschmelzungsphase – Nun kommen die Zugehörigkeitswünsche der einzelnen Mitglieder voll zum Tragen. Das Team trifft sich zum Beispiel auch außerhalb der Arbeitszeiten. Es bilden sich Wünsche nach gemeinsamem Leben aus. Die Synergie der einzelnen Leistungen wird als sehr beglückend erlebt. Strukturen sind verinnerlicht. Die Teammitglieder neigen zu einer Überschätzung der Qualitäten des Teams. Die symbiotischen Beziehungen überspielen die realen Differenzen. Insofern trägt diese Phase den Keim der nächsten schon in sich.

5. Differenzierungs- oder Ablösungsphase – Im günstigen Fall der Entwicklung lernen die Teammitglieder, Rolle und Person deutlich zu differenzieren, die unterschiedlichen Fähigkeiten der einzelnen wahrzunehmen und zu achten. Gerade die Unterschiedlichkeit wird nun als Pluspunkt der Teamarbeit erfahren. Die einzelnen Mitglieder fühlen sich freier, ihre Autonomiebedürfnisse kommen eher zur Geltung. Es ist allerdings durchaus auch möglich, daß die Vielfalt und die Unterschiedlichkeit für einzelne Teammitglieder nicht erträglich ist und eine Abwanderung von Teammitgliedern erfolgt. Entweder löst sich das Team dann auf, oder es entsteht durch den Eintritt neuer Mitglieder ein neues Team, das den Wachstumszyklus erneut durchlaufen muß.

3.3.2. Übungen zum Thema und Anleitungen für die Praxis

3.3.2.1 Kriterien zur Gruppenbeobachtung 275
3.3.2.2 Verhaltensstile in Gruppen 276
3.3.2.3 Verhaltensstile in Gruppen – Eine Feedback-Übung 279
  zur Selbst- und Fremdeinschätzung
3.3.2.4 Vier Auswertungsskalen für Arbeitsgruppen 288
3.3.2.5 Auswertung zum Gruppenverhalten 296
3.3.2.6 Auswertungsfragen am Ende einer Sitzung oder eines Kurses 297
3.3.2.7 Kurzauswertung einer Arbeitseinheit 299
3.3.2.8 Einstiegsübungen 300
3.3.2.9 Bewertungsskala zur Zusammenarbeit in einem Team 302
3.3.2.10 Wie schätze ich unser Team ein? 304
3.3.2.11 Entscheidung in mehreren Stufen – Abgestufter Konsens 305
3.3.2.12 Meinungsbild einer Gruppe bei Entscheidungsschwierigkeiten 306

3.3.2.1 Kriterien zur Gruppenbeobachtung
nach Phil Hanson (vgl. S. 255) – Kurzfassung

1. Beteiligung
Wer nimmt häufig / selten am Gespräch teil?
Findet ein Wechsel in der Beteiligung statt? Gründe?
Wie werden Schweigende behandelt?
Wer spricht zu wem? Gründe?

2. Einfluß
Wer übt großen / geringen Einfluß aus?
Gibt es Rivalität, Kampf um die Leitung?
Wie wirkt sich Rivalität in der Gruppe aus?

3. Einflußstile
Autoritärer Stil – Harmonisierender Stil
Laissez-Faire-Stil – Partizipativer Stil

4. Entscheidungsprozesse
Selbstautorisierte Entscheidungen – Aufschub durch Themawechsel
Cliquenbildung – Mehrheitsbeschluß – Konsensus – „Plop"

5. Atmosphäre
Aufgaben- oder Teilnehmer-orientiert?

Wer hilft / hindert, daß alle beteiligt sind?
Wie werden Vorschläge abgelehnt / angenommen?
Gibt es Versuche, Konflikte zu bearbeiten / zu unterdrücken?
Wie geht die Gruppe mit negativen Gefühlen um?
Welche Worte umschreiben am ehesten die (Arbeits-)Atmosphäre? Arbeit – Spiel – Kampf – Flucht – Befriedigung – Schwerfälligkeit?
Welche Gefühle sind wahrnehmbar, z.B. Ärger, Gereiztheit, Wärme, Zuneigung, Frustration, Begeisterung, Langeweile, Konkurrenz etc.?

6. Normen
Werden bestimmte Themen vermieden?
Sind alle besonders höflich und nett zueinander?
Werden nur angenehme Gefühle ausgedrückt?
Lassen sich bestimmte Grundregeln im Umgang miteinander, in der Thematik feststellen?

3. Einzelthemen

3.3.2.2 Verhaltensstile in Gruppen

Das Interesse, das menschlichem Verhalten in Gruppen und in der Zusammenarbeit mit anderen zugrundeliegt, scheint zwei Komponenten zu haben:
(1) Interesse an Menschen und
(2) Interesse an der Sache bzw. an einer Aufgabe. Diese beiden Komponenten sind bei jedem Menschen unterschiedlich stark vertreten, und die persönliche Gewichtung der beiden Komponenten schwankt wohl auch je nach der Situation.

Eine Möglichkeit, das menschliche Verhalten anhand dieser beiden Komponenten zu beschreiben, wurde von Robert R. Blake und J. Mouton entwickelt. Der Grundgedanke dabei ist, die beiden Komponenten als die beiden Schenkel eines rechtwinkligen Dreiecks aufzufassen und die Stärke der jeweiligen Komponente dort einzuzeichnen.

Menschliches Verhalten wird nun auf zwei Dimensionen beschreibbar, ohne daß es damit einer Schwarz-Weiß-Malerei im Sinne eines „Entweder – Oder" unterworfen würde, und findet seinen je eigenen Platz innerhalb dieses Schemas. Ein Gruppenmitglied z.B., das ein sehr hohes Interesse an den übrigen Mitgliedern, an dem Klima, den Beziehungen innerhalb der Gruppe zeigt, steht sehr weit rechts auf der waagerechten Linie des Gitters, vielleicht bei 8. Hat dieser Mensch relativ wenig Interesse an der Sache bzw. der Aufgabe, die sich die Gruppe gestellt hat, so steht er auf der senkrechten Linie relativ weit unten, vielleicht bei 2. Graphisch dargestellt sieht das so aus:

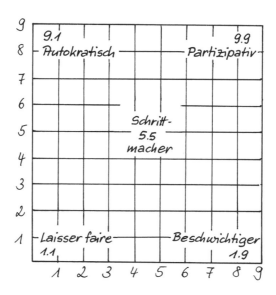

3.3 In Gruppen arbeiten ...

Theoretisch gibt es auf diesem Gitter unendlich viele Punkte, auf denen das menschliche Verhalten markiert werden kann. Blake und Mouton haben fünf markante Positionen ausgewählt und beinahe idealtypisch beschrieben: die Positionen 1.1, 1.9, 5.5, 9.1 und 9.9. Dabei steht die erste Ziffer jeweils für die senkrechte Linie (Interesse an der Sache) und die zweite Ziffer für die waagrechte Linie (Interesse an Menschen). Man kann diese Positionen benennen:

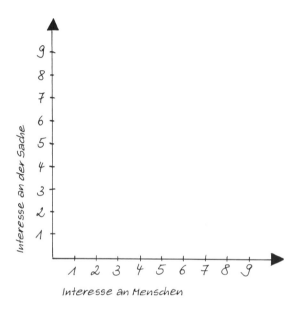

Die dort skizzierten Verhaltensstile beschreiben keine Persönlichkeitszüge. Sie enthalten vielmehr ein Bündel von einander zugeordneten Beobachtungen. Menschen scheinen zwar vorzugsweise dem einen oder anderen Stil zuzuneigen, sie sind jedoch damit niemals ganz beschrieben. Verhalten ist flexibler, als es solche idealtypischen Beschreibungen sein können. Die Feststellung eines dominierenden Stils reicht nicht aus, um die volle Breite des Verhaltens zu umfassen. Zusätzlich zu diesem dominierenden Verhaltensstil hat jeder Mensch noch einen sog. „Ersatzstil", den er dann anwendet, wenn sein dominierender Stil nicht zu dem gewünschten Erfolg führt. Grundsätzlich kann jeder beschriebene Stil als Ersatz für einen anderen Stil eingesetzt werden, es scheint jedoch, daß jeder Mensch nicht nur „seinen" dominierenden Verhaltensstil, sondern auch „seinen" Ersatzstil hat. So kann der eine Mensch z.B., wenn er mit dem partizipativen Stil (9.9) keinen Erfolg hat, den Laissez-faire-Stil (1.1) einsetzen, während ein anderer in derselben Situation auf den autokratischen Stil (9.1) „umsteigt". Der Ersatzstil wird häufig auch in Streß-Situationen angewendet. Das Dominieren eines Verhaltensstils bei einem Menschen resultiert aus der Verflochtenheit vieler Umstände: der Situation, seinen Wertvorstellungen, seiner Persönlichkeit und der mangelnden Gelegenheit, andere Stile kennenzulernen. Verhalten ist nicht fixiert; einige der Faktoren, die einen Verhaltensstil beeinflussen, können durch Lernen verändert werden. Ein Feedback in einer Gruppe kann einem Menschen u.U. zum erstenmal seinen eigenen Verhaltens- und Ersatzstil deutlich machen und Veränderungs- oder Korrekturwünsche hervorrufen.

Die hier etwas plakativ skizzierten Verhaltensstile lassen sich auf das Verhalten in unterschiedlichen Situationen anwenden und dort beobachten:

als Verhaltensstil in Gruppen
als Entscheidungsstil
als Führungsstil
als Erziehungsstil in der Familie
als „Lebensstil" einer Gemeinde.

Allen diesen nun differenzierten Stilen und den dazugehörigen Übungen liegt die eingangs erwähnte Annahme von den zwei Komponenten des menschlichen Verhaltens zugrunde: Interesse an Menschen und Interesse an der Sache. Bei allen Übungen in den verschiedenen Anwendungsbereichen bleibt die Dimension „Interesse an Menschen" gleich, „die Sache" jedoch trägt von Fall zu Fall einen anderen Namen: „das Thema" (bei Diskussionen), „die Tagesordnung" (bei Sitzungen), „die Produktion" (in Betrieben). Im Gemeindeleben steht dort „die Sache mit Gott", die Tradition, das Dogma oder die Verkündigung.

Dieses Denkmodell ist zweidimensional. Bei einem dreidimensionalen Modell spielen das Ich bzw. die eigenen Interessen eine zusätzliche Rolle. In unserem zweidimensionalen Modell schlagen – vom Verhalten her gesehen – die eigenen Interessen in der Dimension „die Sache" zu Buch, denn die andere Dimension beschreibt die Beziehungsebene, das Interesse an anderen, nicht an sich selbst. So ist es zu erklären, daß beim Erziehungsstil einer Familie die Kinder auf der horizontalen, die Eltern auf der vertikalen Linie auftauchen. (Das gilt für den Fall, daß man mit den Eltern arbeitet. Bei der Arbeit mit Kindern etwa über das Thema „Familienstil" müßte diese Anordung logischerweise umgekehrt werden.)

Zum Schluß noch einige Bemerkungen zur Bewertung der einzelnen Stile. Vor allem in Gruppen, die zum erstenmal mit diesen Stilen bekanntgemacht werden, ist zu beobachten, wie sofort ein eifriges Streben aller Teilnehmer einsetzt, ein „Neun – Neuner" zu werden; der partizipative Stil gilt als der optimale. Dazu ist zweierlei zu sagen: Zum ersten ist ein solches Denkmodell samt den dazugehörigen Übungen nicht dazu da, jemanden unter Druck zu setzen, sich auf ein angenommenes Optimum hin zu verändern. Es dient vielmehr den Einzelnen dazu, ihren eigenen, meist unbewußten Verhaltensstil durch eigenes Nachdenken und das Feedback der anderen *kennenzulernen*, um danach zu entscheiden, ob ihr Verhalten das ausdrückt, was sie möchten, oder ob Veränderungen am Platz sind. Zum anderen ist der 9.9-Stil nicht immer und in allen Situationen das Optimale, auch wenn es so aussieht. In Untersuchungen zum

3.3 In Gruppen arbeiten ...

Führungsstil z.B. hat man festgestellt, daß verschiedene Phasen eines Projekts in einer Gruppe verschiedene Führungsstile benötigen:

1. Phase = Gruppenfindung: personenorientiert (d.h. nach unserem Modell 1.9);

2. Phase = Planung und Ausführung des Projektes: aufgabenorientiert (d.h. 9.1 oder 9.9; die Entscheidung hängt hier von der Gruppe ab: manche Gruppen brauchen mehr „Führung" als andere);

3. Phase = Abschluß des Projektes und die Zeit danach: personenorientiert (1.9). In manchen Gruppen gibt es auch zwei „Führungspersonen": eine aufgabenorientierte und eine personenorientierte – die Funktion der letzteren wird oft von der Gruppe gar nicht bewußt registriert, aber trotzdem in Anspruch genommen.

3.3.2.3 Verhaltensstile in Gruppen
Eine Feedback-Übung zur Selbst- und Fremdeinschätzung

Diese Übung ermöglicht in einer relativ strukturierten Form, die unterschiedlichen Verhaltensstile in Gruppen wahrzunehmen und einen Feedbackprozeß dazu einzuleiten. Von den beiden Formularen A und B sollte dasjenige ausgewählt werden, das mehr Relevanz für die betreffende Gruppe hat. Geeignet ist diese Übung für Arbeitsgruppen, Teams, Vorstände oder Lern- und Seminargruppen.

Material Formular A oder B, C1 oder C2 und D, evtl. auch E für alle. Der Schlüssel mit den richtigen Antworten für die Gruppenleitung.

Zeitbedarf je nach Größe der Gruppe; bei 6 Personen etwa 120 Minuten.

Schlüssel für die Lösungen Auf den Formularen sind die Sätze in ihrer Reihenfolge vertauscht. Der Schlüssel für die richtigen Antworten steht nachfolgend:

Formulare A und B (Schlüssel)

A	Entscheidungen	Überzeugungen	Konflikt	Emotionen	Humor
B	Beteiligung	Mitglied in einer Gruppe	Kritik geben	Kritik annehmen	Beachtung in der Gruppe
1)	9.9	6) 9.1	11) 9.1	16) 9.9	21) 5.5
2)	9.1	7) 1.9	12) 9.9	17) 9.1	22) 9.9
3)	1.1	8) 9.9	13) 5.5	18) 1.9	23) 1.1
4)	1.9	9) 1.1	14) 1.1	19) 5.5	24) 1.9
5)	5.5	10) 5.5	15) 1.9	20) 1.1	25) 9.1

279

3. Einzelthemen

Ablauf

1. Alle erhalten je ein Exemplar der Formulare A und C1 oder B und C2 mit der Instruktion: „Setzen Sie diejenige Satznummer von A oder B in das Quadrat auf C1 oder C2 für jedes Mitglied Ihrer Gruppe ein, die am meisten sein Verhalten beschreibt. Tun Sie das für alle 5 Kategorien und beziehen Sie sich selbst in diese Bewertung ein". Zeitbedarf: Etwa 20 Minuten.

2. Nachdem alle ihr Formular ausgefüllt haben, teilen die Anwesenden die Satznummern einander zunächst ohne Kommentar mit. Das geht am übersichtlichsten, wenn erst alle reihum ihre Zahlen für Gruppenmitglied 1, dann 2 usw. nennen und die jeweils betroffene Person sich die Zahlen notiert, die sie „bekommen" hat. Zeitbedarf etwa 10 Minuten.

(Hier erweist es sich als praktisch, wenn die Gruppe sich vor dem Ausfüllen der Formulare darüber geeinigt hat, welches Mitglied welche Nummer auf dem Formular C1 oder C2 hat.) Zumindest sollte die Gruppenleitung sich sämtliche Daten notieren. Das geht, wenn man sich an die Reihenfolge hält, jedes Kästchen noch einmal unterteilt und die Eigennennung der betroffenen Person durch einen Kreis markiert.

Diese Phase der Übung ist etwas frustrierend, vor allem dann, wenn die Gruppenmitglieder nicht gewohnt sind, mit Listen und Zahlen umzugehen. Sie brauchen auch gelegentliche Hilfestellungen bei der Frage, was denn nun wohin zu schreiben sei.

3. Sind alle Daten notiert, wird eine mündliche Information zu Verhaltensstilen in Gruppen gegeben.

4. Alle bekommen Blatt D und E. Der Schlüssel (s. oben) wird von ihnen auf Blatt A oder B eingetragen. Dann haben alle Zeit, sich ihre Zahlen anzusehen und die Sätze, die sich hinter den Ziffern verbergen, noch einmal durchzulesen. Sie überprüfen, wer sie bei welcher Kategorie wie eingeschätzt hat und überlegen, wie diese Einschätzung zustande gekommen sein könnte und welche Rückfragen sie dazu stellen möchten. Zeitbedarf etwa 30 Minuten.

5. Bei dem nun folgenden Gespräch empfiehlt es sich, jedem Gruppenmitglied den gleichen Zeitraum, etwa 10 Minuten, zur Verfügung zu stellen. Es kann Rückfragen stellen oder weiteres Feedback einholen (hier gelten die üblichen Feedback-Regeln). Am Ende der zur Verfügung stehenden Zeit haben alle Personen Gelegenheit, zu den Einschätzungen, die sie von der Gruppe erhielten, kurz Stellung zu nehmen (Wo habe ich mich wiedergefunden? Was hat mich positiv / negativ erstaunt? Worüber möchte ich noch nachdenken? Was will ich rückfragen? usw.)

Um eine größere Übersicht über ihre Daten zu erhalten, kann sie jede Person in das Schema E einzeichnen: Sie macht jeweils in das Quadrat ein Kreuz, dessen Ziffer genannt wurde. An der Häufung von Kreuzen in einem Feld kann sie sehen, welchen Verhaltensstil die übrigen Gruppenmitglieder bei ihr am stärk-

3.3 In Gruppen arbeiten ...

sten wahrnehmen. Wenn sie für die 5 Kategorien verschiedene Farben verwendet, kann sie sehen, ob ihr Verhaltensstil in verschiedenen Verhaltensbereichen unterschiedlich ist. So könnte sie z.B. erkennen, daß sie bei Konflikten beschwichtigt (1.9), sich weder für Personen noch für die Sache engagiert, ihre Überzeugungen jedoch „autokratisch" (9.1) vertritt usw.

Ein ausgefülltes Schema könnte so aussehen	9.1 xx xxxxx		9.9 x
		5.5 xx	
	1.1 x		1.9 x xx xxxx

281

3. Einzelthemen

Materialien: Formulare

FORMULAR A

■ Entscheidungen

1) Die Person legt großen Wert darauf, gesunde schöpferische Entscheidungen zu erhalten, die sowohl Verständnis wie auch Einverständnis herbeiführen.

2) Sie legt großen Wert darauf, Entscheidungen zu treffen, die durchgesetzt werden.

3) Sie akzeptiert Entscheidungen anderer.

4) Sie legt großen Wert darauf, gute Beziehungen aufrechtzuerhalten.

5) Sie sucht nach Entscheidungen, die durchführbar, wenn auch nicht immer perfekt sind.

■ Überzeugungen

6) Die Person tritt für ihre Ideen, Meinungen und Verhaltensweisen ein, selbst wenn sie dadurch jemandem auf die Zehen treten muß.

7) Sie zieht es vor, Meinungen, Verhaltensweisen und Vorstellungen anderer zu übernehmen, anstatt ihre eigenen durchzusetzen.

8) Sie hört zu und sucht nach Ideen, Meinungen und Verhaltensweisen, die sich von den eigenen unterscheiden. Sie hat klare Überzeugungen, reagiert aber auf gute Ideen, indem sie ihre Meinung ändert.

9) Sie schließt sich den Meinungen, Verhaltensweisen und Vorstellungen anderer an oder versucht, nicht Partei zu ergreifen.

10) Wenn Ideen, Meinungen oder Verhaltensweisen auftauchen, die sich von ihren eigenen unterscheiden, nimmt sie eine mittlere Position ein.

■ Konflikte

11) Wenn Konflikte auftauchen, beseitigt die Person sie oder setzt sich durch.

12) Wenn Konflikte auftauchen, versucht sie, Gründe dafür herauszufinden und die Folgen zu beseitigen.

13) Wenn Konflikte auftauchen, versucht sie, gerecht, aber fest zu bleiben und eine faire Lösung zu erreichen.

3.3 In Gruppen arbeiten ...

14) Wenn Konflikte auftauchen, versucht sie, neutral zu bleiben oder sich herauszuhalten.

15) Sie versucht, die Entscheidung von Konflikten zu verhindern. Wenn aber Konflikte auftauchen, versucht sie, die Wunden zu heilen und ein gutes Zusammenarbeiten sicherzustellen.

■ Emotionen

16) Wenn die Person erregt ist, beherrscht sie sich, obwohl ihre Ungeduld sichtbar ist.

17) Wenn Dinge nicht richtig laufen, verteidigt sie sich, leistet Widerstand oder kontert mit Gegenargumenten.

18) Sie weiß, daß Spannungen Störungen verursachen, deshalb reagiert sie auf eine warme und freundliche Art.

19) Unter Spannungen fühlt sie sich unsicher, welche Richtung sie einschlagen soll oder ob sie ihre Meinung ändern muß, um weiteren Druck zu vermeiden.

20) Sie regt sich selten auf, da sie neutral bleibt.

■ Humor

21) Ihr Humor dient ihr oder ihrer Stellung.

22) Ihr Humor paßt genau auf die Situation und ist richtungsweisend; selbst unter Druck behält sie ihren Sinn für Humor.

23) Ihr Humor wird von anderen als ziemlich verfehlt angesehen.

24) Ihr Humor dient dazu, freundliche Beziehungen aufrechtzuerhalten oder, wenn Spannungen auftreten, die Aufmerksamkeit von der Bedeutung des Konflikts abzulenken.

25) Ihr Humor trifft hart.

FORMULAR B

■ Beteiligung

1) Die Person äußert ihre Meinung offen und ermutigt andere, dasselbe zu tun.

2) Die Person besteht so auf ihrer Meinung, so daß andere es schwer haben, sich an der Diskussion zu beteiligen.

3. Einzelthemen

3) Die Person hält sich aus dem Gespräch heraus, auch wenn Sie versuchen, sie einzubeziehen.

4) Die Person spricht niemals, wenn jemand anderes spricht oder sprechen möchte.

5) Die Person ist höflich, wenn andere sprechen, aber sie scheint darauf zu warten, bis sich eine Gelegenheit ergibt, ihre Gedanken äußern zu können.

■ Mitglied in einer Gruppe

6) Wenn die Person die Gruppe nicht leiten kann, ist sie dagegen.

7) Sie paßt sich allem an, was die Gruppe sagt, tut oder verlangt.

8) Sie achtet auf ihre eigenen Rechte und ebenso auf die Rechte anderer.

9) Sie ist bei der Gruppe, aber scheint nicht zu ihr zu gehören.

10) Sie folgt den Gruppenregeln und erwartet von allen anderen dasselbe.

■ Kritik geben

11) Die Kritik der Person verletzt und macht Sie defensiv.

12) Ihre Kritik ist gut gemeint und gut anzunehmen.

13) Sie gibt in gleichem Maße Kritik und Lob.

14) Sie sagt Ihnen nicht, was sie denkt, auch wenn Sie danach fragen.

15) Sie macht Komplimente und verteilt Lob, wenn Sie nach ehrlicher Kritik fragen.

■ Kritik annehmen

16) Die Person lädt zur Offenheit ein und kann Kritik annehmen, ohne defensiv oder ärgerlich zu werden.

17) Sie wird defensiv, ärgerlich und fängt an zu argumentieren und versucht zu beweisen, daß sie im Recht ist und Sie im Unrecht sind, wenn sie kritisiert wird.

18) Sie reagiert entschuldigend und stimmt jeder einzelnen Kritik an ihr zu.

19) Sie wirkt verspannt, aber nimmt Kritik an, obwohl es den Anschein hat, daß sie nicht wirklich damit arbeitet.

20) Sie wirkt beunruhigt durch Kritik, aber es ist schwierig zu wissen, was ihre Reaktionen und Gefühle sind, weil sie sie nicht mitteilt.

3.3 In Gruppen arbeiten ...

■ Beachtung in der Gruppe

21) Wenn die Person den Eindruck hat, daß sie ihren Anteil an Beachtung durch die Gruppe hat, läßt sie ihr die Möglichkeit, ihren Anteil zu bekommen.

22) Sie ist gerne im Mittelpunkt, aber kann ebenso ein guter Zuhörer sein.

23) Sie vermeidet, Beachtung auf sich zu ziehen, und schafft es für lange Zeit, außerhalb des Rampenlichtes zu stehen.

24) Sie wird beachtet wegen der vielen Aufmerksamkeiten, die sie anderen entgegenbringt.

25) Sie sucht oft das Rampenlicht auf Kosten der anderen.

Verhaltensstile in Gruppen

FORMULAR C 1

■ Instruktion
Setzen Sie diejenigen Satznummern aus Formular A in das Quadrat für jedes Mitglied Ihrer Gruppe ein, die am besten sein Verhalten beschreibt. Tun Sie das für alle 5 Kategorien aus Formular A und beziehen Sie sich selbst in diese Bewertung ein.

Gruppenmitglieder	1	2	3	4	5	6	7	8	9	10
Entscheidungen										
Überzeugungen										
Konflikte										
Emotionen										
Humor										

3. Einzelthemen

FORMULAR D

Hier eine kurze Beschreibung des Verhaltens, das für die jeweilige Position charakteristisch ist:

1.1 Laissez-faire
Die Person akzeptiert die Entscheidungen anderer. Sie schließt sich Meinungen, Verhaltensweisen und Vorstellungen anderer an oder vermeidet, Partei zu nehmen. Wenn Konflikte auftauchen, versucht sie, neutral zu bleiben oder sich herauszuhalten. Da sie sich neutral verhält, regt sie sich selten auf. Andere finden in ihrem Humor keine Pointen. Sie strengt sich nur soweit wie unbedingt nötig an.

1.9 Beschwichtigen
Die Person legt großen Wert darauf, ihre guten Beziehungen aufrechtzuerhalten. Anstatt ihre eigene Meinung durchzusetzen, zieht sie es vor, die Meinungen, Verhaltensweisen und Vorstellungen anderer zu akzeptieren. Sie bemüht sich, keinen Konflikt entstehen zu lassen, wenn er aber auftaucht, versucht sie, die Wunden zu heilen und die Menschen wieder zusammenzubringen. Da Spannungen Störungen verursachen können, verhält sie sich immer warm und freundlich. Ihr Humor zielt darauf ab, freundliche Beziehungen aufrechtzuerhalten oder, wenn Spannungen auftreten, die Aufmerksamkeit abzulenken. Sie führt selten, hilft aber, wo sie kann.

9.1 Autokratischer Stil
Die Person legt großen Wert darauf, Entscheidungen zu treffen, die auch durchgeführt werden. Sie tritt für ihre Ideen, Meinungen und ihr Verhalten ein, auch wenn sie manchmal jemanden auf die Zehen treten muß. Wenn Konflikte auftauchen, beseitigt sie sie oder setzt sich durch. Wenn etwas schiefläuft, verteidigt sie sich, leistet Widerstand oder kommt mit Gegenargumenten. Ihr Humor trifft scharf. Sie treibt sich und andere.

5.5 Schrittmachen
Die Person bemüht sich, durchführbare Entscheidungen zu erreichen, auch wenn sie nicht immer perfekt sind. Wenn Ideen, Meinungen oder Verhaltensweisen auftauchen, die sich von ihren eigenen unterscheiden, nimmt sie eine mittlere Position ein. Wenn Konflikte entstehen, versucht sie, gerecht, aber fest zu bleiben und eine faire Lösung zu erreichen. Unter Spannung fühlt sie sich unsicher, welchen Weg sie einschlagen soll oder wie sie ihre Meinung ändern soll, um weiteren Druck zu vermeiden. Ihr Humor dient dazu, ihr und ihrer Stellung zu helfen. Sie versucht, ein gutes gleichmäßiges Tempo aufrechtzuerhalten.

9.9 Partizipativer Stil
Die Person legt großen Wert darauf, gesunde und schöpferische Entscheidungen zu erreichen, die sowohl Verständnis wie auch Einverständnis herbeiführen. Sie hört gut zu und sucht nach Ideen, Meinungen und Verhaltensweisen, die sich

3.3 In Gruppen arbeiten ...

von ihren eigenen unterscheiden. Sie hat klare Überzeugungen, reagiert aber auf gute Ideen dadurch, daß sie ihre eigene Meinung ändert. Wenn Konflikte auftauchen, versucht sie, die Gründe dafür herauszufinden und die Folgen zu beseitigen. Wenn sie erregt ist, beherrscht sie sich, obwohl ihre Ungeduld sichtbar wird. Ihr Humor paßt zur Situation und ist richtungsweisend. Selbst unter Spannung bewahrt sie sich ihren Witz. Sie legt ihre ganze Kraft in die Arbeit, andere folgen ihr.

FORMULAR C 2

■ Instruktion
Setzen Sie diejenigen Satznummern aus Formular B in das Quadrat für jedes Mitglied Ihrer Gruppe ein, die am besten sein Verhalten beschreibt. Tun Sie das für alle 5 Kategorien aus Formular B und beziehen Sie sich selbst in diese Bewertung ein.

Gruppenmitglieder	1	2	3	4	5	6	7	8	9	10
Beteiligung										
Mitglied in einer Gruppe										
Kritik geben										
Kritik annehmen										
Beachtung in der Gruppe										

3. Einzelthemen

FORMULAR E	
9.1 Autokratisch	9.9 Partizipativ
	5.5 Schrittmacher/in
1.1 Laissez-faire	1.9 Friedensmacher/in

3.3.2.4 Vier Auswertungsskalen für Arbeitsgruppen

■ *Auswertungsskala für Mitarbeitergruppen (A)*
(Kreuzen Sie Ihre Bewertung auf der Skala an.)

1. Mit der Art und Weise, wie unsere Gruppe arbeitet, bin ich
sehr unzufrieden   sehr zufrieden

1	2	3	4	5	6	7

2. Wie klar waren die Ziele der Gruppe in dieser Arbeitseinheit? – Ziele waren
nicht sichtbar   sehr klar

1	2	3	4	5	6	7

3. Ich fühle mich an die Entscheidung
völlig ungebunden   völlig gebunden

1	2	3	4	5	6	7

3.3 In Gruppen arbeiten ...

4. Wieviel Einfluß – finden Sie – hatten Sie auf die Entscheidung?
sehr wenig   sehr viel

   1   2   3   4   5   6   7

5. Wie oft hatten Sie den Eindruck, daß die anderen Gruppenmitglieder auf Sie hörten?
sehr selten   sehr oft

   1   2   3   4   5   6   7

6. Wie oft hatten Sie den Eindruck, daß die anderen verstanden, was Sie sagten?
sehr selten   sehr oft

   1   2   3   4   5   6   7

7. Wieviel Zusammenarbeit – finden Sie – wurde in der Gruppe sichtbar?
sehr wenig   sehr viel

   1   2   3   4   5   6   7

8. In welchem Ausmaß waren die Mitglieder dieser Gruppe offen miteinander im Hinblick auf ihre Gedanken, Gefühle und ihr Verhalten?
überhaupt nicht   sehr offen

   1   2   3   4   5   6   7

9. In welchem Ausmaß haben Sie den Mitgliedern Ihrer Gruppe vertraut?
überhaupt nicht   sehr stark

   1   2   3   4   5   6   7

10. Wählen Sie ein Wort, welches das Klima Ihrer Gruppe am besten beschreibt:

11. Wie stark wurde Ihre Mitarbeit von den anderen Gruppenmitgliedern erwartet und gefördert?
Überhaupt nicht   sehr stark

   1   2   3   4   5   6   7

3. Einzelthemen

■ *Auswertungsskala für Mitarbeitergruppen (B)*

1. Ziele

Unklar, verwirrt, wenig Interesse							Allen wichtig und klar, alle engagiert		
1	2	3	4	5	6	7	8	9	10

2. Beteiligung

Einige dominieren, einige sind passiv, einige hören nicht zu							Alle sind dabei, allen wird zugehört		
1	2	3	4	5	6	7	8	9	10

3. Gefühle

Gefühle werden ignoriert, Gefühlsäußerungen kritisiert							Gefühle werden frei ausgedrückt, andere reagieren einfühlend		
1	2	3	4	5	6	7	8	9	10

4. Diagnose von Gruppenproblemen

Rezepte werden verteilt, Symptome werden behandelt statt der Ursachen							Bei Problemen wird die Situation sorgfältig untersucht, bevor eine Aktion vorgeschlagen wird.		
1	2	3	4	5	6	7	8	9	10

5. Leitungsstil

Die Bedürfnisse nach Leitung werden nicht aufgenommen. Gruppe ist zu abhängig							Partizipative Leitung. Alle fühlen sich frei, als LeiterIn zu fungieren.		
1	2	3	4	5	6	7	8	9	10

6. Entscheidungen

Nötige Entscheidungen werden nicht getroffen. Entscheidungen werden von einzelnen getroffen, die anderen sind unbeteiligt.							Konsens wird gesucht und getestet. AbweichlerInnen werden anerkannt und für die Verbesserung der Entscheidung in Anspruch genommen. Gefällte Entscheidungen werden voll unterstützt.		
1	2	3	4	5	6	7	8	9	10

7. Vertrauen

Mitglieder mißtrauen einander, sind höflich, vorsichtig, verschlossen. Hören oberflächlich zu, aber verachten innerlich, was andere sagen. Fürchten sich, zu kritisieren oder kritisiert zu werden.	Mitglieder vertrauen einander. Sie achten die Reaktionen, die sie bekommen. Sie können frei negative Reaktionen ausdrücken, ohne Vergeltung zu fürchten.

1 2 3 4 5 6 7 8 9 10

8. Kreativität und Wachstum

Einzelne und die ganze Gruppe im selben Trott. Agieren routinemäßig. Einzelne sind rigide und stereotyp in ihren Rollen. Keine Entwicklung.	Gruppe ist flexibel. Sucht neue und bessere Wege. Einzelne verändern und entwickeln sich. Sind kreativ, werden unterstützt.

1 2 3 4 5 6 7 8 9 10

■ *Auswertungsskala für Mitarbeitergruppen (C)*

I. Aufgabenorientiertes Verhalten in dieser Gruppe

1. Wie klar sind die Ziele in dieser Gruppe?

Völlig unklar	Verborgene Tagesordnung	Einigermaßen klar	Klare Ziele, die alle teilen
0 1	2 3	4 5	6 7

2. Wie stark sind wir engagiert als Gruppe?

Uninteressiert	Nicht viel Interesse	Interessiert	Sehr engagiert
0 1	2 3	4 5	6 7

3. Wie gut diagnostizieren wir unsere Gruppenprobleme?

Vermeiden, sie anzusprechen	Geringe Aufmerksamkeit	Viel Aufmerksamkeit	Offen und sorgfältig
0 1	2 3	4 5	6 7

3. Einzelthemen

4. Was leisten unsere Gruppennormen und -verfahrensweisen für unsere Ziele?

Widersprechen – unseren Absichten		Helfen nicht viel		Helfen oft		Bestmögliche Hilfen	
0	1	2	3	4	5	6	7

5. Wie gut nehmen wir Anregungen von verschiedenen Mitgliedern auf?

Jede/r sieht auf sich. Keine Bezugnahme aufandere		Geringe Aufmerksamkeit für andere		Viel Aufmerksamkeit, indem Ideen anderer aufgenommen werden		Wir beziehen uns auf Beiträge anderer, verbinden sie	
0	1	2	3	4	5	6	7

6. Wie treffen wir gewöhnlich Entscheidungen?

Wir treffen sie nicht	Selbstautorisiert	Zwei verbrüdern sich	Minderheitenbeschluß	Mehrheitsbeschluß	Falscher Konsens (Schweigen)	Erzwungener Konsens	Echter Konsens
0	1	2	3	4	5	6	7

7. Wie stark nehmen wir die Möglichkeiten und Erfindungsgabe aller Mitglieder in Anspruch, um unsere Ziele zu verwirklichen?

Möglichkeiten bleiben ungenützt		Nur einige tragen bei		Viele tragen bei		Alle tragen bei, was sie haben	
0	1	2	3	4	5	6	7

II. Personenorientierte Funktionen in der Gruppe

1. Wie sehr freuen sich die Mitglieder dieser Gruppe über die Zusammenarbeit mit den anderen?

Alle haben die Nase voll		Ein bißchen Freude		Ziemlich zufrieden		Alle freuen sich auf Zusammenarbeit	
0	1	2	3	4	5	6	7

2. Wieviel Ermutigung, Unterstützung und Anerkennung geben wir einander bei der Arbeit?

keine		Einige bekommen Anerkennung, andere werden ignoriert		Oft wird Unterstützung gegeben		Genug Anerkennung für jede/n, selbst bei unterschiedlicher Meinung	
0	1	2	3	4	5	6	7

3.3 In Gruppen arbeiten ...

3. Wie offen werden unsere persönlichen und Gruppengefühle (freundliche und feindselige) ausgedrückt?

Gefühle werden nicht ausgesprochen, alle sind nur an der Aufgabe interessiert	Selten Ausdruck von Gefühlen, nur negative oder positive	Gefühle werden nur ausgedrückt, wenn sie ungewöhnlich stark sind	Persönliche und Gruppengefühle werden oft und offen ausgedrückt
0 1	2 3	4 5	6 7

4. Wie konstruktiv benützen wir Meinungsverschiedenheiten und Konflikte in dieser Gruppe?

Werden vermieden oder unterdrückt	Werden harmonisiert. Themawechsel	Konflikte werden oft besprochen	Beides wird willkommen geheißen, besprochen
0 1	2 3	4 5	6 7

5. Wie sensibel und aufnahmebereit sind wir für Gefühle anderer, die nicht offen ausgedrückt werden?

Blind, gefühllos, uninteressiert	Nur gelegentliche Reaktionen auf solche Gefühle	Oft wird darauf reagiert, bewußt und sensibel	Voll bewußt, sehr sensibel und aufnahmebereit
0 1	2 3	4 5	6 7

6. Wie oft geben wir Feedback, das andere Mitglieder direkt mit ihrem Verhalten in Verbindung bringen können?

Nie gibt jemand Feedback. Nur: „richtig" oder „falsch"	Ziemlich selten	Ziemlich oft	Sehr oft gegeben und genommen
0 1	2 3	4 5	6 7

7. Wieviele Mitglieder erfahren hier ein neues Selbstverständnis, verstehen andere besser, erfahren Veränderungen in ihren Ansichten und haben das Gefühl, sich besser verwirklichen zu können?

Niemand	Einige	Viele	Sehr viele
0 1	2 3	4 5	6 7

3. Einzelthemen

■ *Auswertungsskala für Mitarbeitergruppen / Kirchenvorstände (D)*

1. Mit welchen Gefühlen bin ich heute zur Kirchenvorstandssitzung gegangen?

stöhnend   freudig

0	1	2	3	4	5	6

2. a) Was hat mich am meisten gefreut?

   b) Was hat mich am meisten geärgert?

3. Wie befriedigt bin ich nach dieser Sitzung?

völlig unbefriedigt   völlig befriedigt

0	1	2	3	4	5	6

4. Welche Rolle nahm ich überwiegend in der Sitzung ein?
SchrittmacherIn, ZuschauerIn, FührerIn, OpponentIn der Unterdrückten, BremserIn, KoalitionspartnerIn, ...

5. Welche Rolle nahm der / die PfarrerIn in der Sitzung ein?
SchrittmacherIn, ZuschauerIn, FührerIn, OpponentIn der Unterdrückten, BremserIn, KoalitionspartnerIn, ...

6. Welche Rolle nahm der / die Vorsitzende in der Sitzung ein?
SchrittmacherIn, ZuschauerIn, FührerIn, OpponentIn der Unterdrückten, BremserIn, KoalitionspartnerIn, ...

7. Wieviele Mitglieder / KirchenvorsteherInnen würden Sie jeweils den Rollenbeschreibungen zuordnen?
SchrittmacherInnen ... ZuschauerInnen ... FührerInnen ...
OpponentInnen... Unterdrückte ... BremserInnen ...
KoalitionspartnerInnen ...

8. Wie klar waren die Arbeitsziele der Sitzung?

unklar   klar

0	1	2	3	4	5	6

3.3 In Gruppen arbeiten ...

9. Wurden die Arbeitsziele erreicht?

gar nicht						völlig
0	1	2	3	4	5	6

10. Wie konnte ich meine Vorstellungen einbringen?

gar nicht						völlig
0	1	2	3	4	5	6

11. War die Sitzung relevant für
    a) meinen Glauben

nein						ja
0	1	2	3	4	5	6

    b) für die Kirche?

nein						ja
0	1	2	3	4	5	6

3. Einzelthemen

3.3.2.5 Auswertung zum Gruppenverhalten

Anleitung: Sie finden hier zwei Reihen von möglichen Stellungnahmen zu dieser Sitzung. Bewerten Sie jede der 10 Stellungnahmen zu dieser Sitzung mit jeweils einer Ziffer der Zahlenreihe von 1–10 so, wie sie mit Ihrem eigenen Empfinden übereinstimmen: 1 = stimmt am wenigsten mit meinem eigenen Empfinden überein, 10 = stimmt am meisten überein. Es ist am besten, wenn Sie zuerst die 10 vergeben, dann die 1, dann die 9, dann die 2 etc. (Jede Zahl darf nur einmal in jedem Abschnitt vergeben werden.)

A. Die Sitzung
a) Es gab viel Wärme und Freundlichkeit ☐
b) Es gab viel aggressives Verhalten ☐
c) Die TeilnehmerInnen waren uninteressiert und unbeteiligt ☐
d) Manche versuchten zu dominieren und die Sache in die Hand zu nehmen ☐
e) Wir hätten Hilfe nötig gehabt ☐
f) Viele Gesprächsbeiträge waren irrelevant ☐
g) Wir waren zu ausschließlich auf die Aufgabe konzentriert ☐
h) Die TeilnehmerInnen waren sehr höflich ☐
i) Es gab eine Menge unausgesprochener Irritiertheit ☐
k) Wir haben an unserem Verhalten im Gruppenprozeß gearbeitet ☐

B. Mein eigenes Verhalten:
a) Ich war herzlich und freundlich ☐
b) Ich war sehr interessiert und aggressiv ☐
c) Ich beteiligte mich nicht ☐
d) Ich übernahm die Führung ☐
e) Ich war MitläuferIn ☐
f) Meine Vorschläge waren oft abwegig oder irrelevant ☐
g) Ich konzentrierte mich auf die Aufgabe ☐
h) Ich war höflich zu allen Teilnehmenden ☐
i) Ich war irritiert ☐
k) Ich versuchte, alle zu beteiligen ☐

3.3.2.6 Auswertungsfragen am Ende einer Sitzung oder eines Kurses

Es gibt mehrere Möglichkeiten, mit diesen beiden und ähnlichen Auswertungsinstrumenten umzugehen: man kann
- allen eigene Bögen zum Ausfüllen geben; die Sätze auf ein Plakat schreiben;
- jeden Satz auf ein eigenes Plakat schreiben, die TeilnehmerInnen bitten, im Raum umherzugehen und auf die Plakate zu schreiben;
- jede/n die eigenen Sätze vorlesen lassen, wenn sie auf den Bögen notiert (am besten erst alle Ergänzungen reihum zu Satz 1, dann alle zu Satz 2 usw.) sind;
- die Gruppe bitten, die Blätter untereinander auszutauschen und die Sätze anonym vorzulesen;
- die Bogen verteilen und sie sich durch die TeilnehmerInnen später zuschicken lassen (das gilt für die Auswertung von Kursen).

Der Bogen „Auswertung einer Sitzung" ist besonders zur häufigeren Anwendung bei derselben Gruppe geeignet, um Entwicklungen festzustellen.

■ *Auswertungsfragen am Ende einer Sitzung*

1. Meine zusammenfassende Reaktion auf die Sitzung heute ist ...

2. Ich glaube, die Sitzung hätte besser sein können, wenn ...

3. Einige meiner Lernergebnisse aus der Sitzung heute, die ich in meine Arbeit umsetzen will, sind ...

4. Der / die GruppenleiterIn(nen) war(en)
a) förderlich, wenn er / sie ...

b) hinderlich, wenn er / sie ...

5. Weitere Kommentare:

3. Einzelthemen

■ *Auswertungsfragen am Ende eines Kurses*

1. Was nehme ich nach Hause?

2. Was hat mich befriedigt?

3. Was hat mich enttäuscht?

4. Mit welchen Worten kann ich meine Gefühle jetzt am besten beschreiben?

5. Die Teammitglieder waren förderlich, wenn sie ...

   hinderlich, wenn sie ...

6. Ich möchte noch vorschlagen:

7. Ich möchte noch hinzufügen:

3.3.2.7 Kurzauswertung einer Arbeitseinheit

Material: Wandzeitung, Filzstift

Zeitbedarf: 5–15 Minuten

Verlauf – Ein relativ leicht und schnell zu handhabendes Auswertungsinstrument, besonders für Gruppen, deren Mitglieder einander wenig kennen und wenig im Aussprechen von Gefühlen und Bedürfnissen geübt sind, ist die folgende Methode: BeraterIn / BeobachterIn / GruppenleiterIn stellt eine Frage, z.B.: „Wie zufrieden bin ich mit dem Ergebnis der Sitzung?" und bittet die Anwesenden, sich im Hinblick auf diese Frage auf einer Skala zwischen 0 und 100 einzustufen, wobei 0 den niedrigsten und 100 den höchsten Wert bedeutet. Die TeilnehmerInnen notieren ihren Wert (das ist wichtig, um eine spätere gegenseitige Beeinflussung auszuschließen) und nennen ihn reihum, zunächst ohne Kommentar.

Sammeln der Daten – Der Leiter / die Leiterin notiert die Daten zu mehreren Fragen, am übersichtlichsten nach der folgenden Methode: er / sie zeichnet mehrere Skalen von 0–100 und markiert jeden genannten Wert mit einem Kreuz:

						X			
						X			
		X	X			X			
		X	X			X			
	X	X	X			X			X
0-10	20	30	40	50	60	70	80	90	100

Das nachfolgende Gespräch entzündet sich meist an der Neugier darüber, wie die besonders hohen oder besonders niedrigen Werte zustandegekommen seien.

Hinweis für die LeiterInnen – Es gibt nach der Instruktion an die Gruppe häufig Kritik einzelner Mitglieder, das Verfahren sei zu primitiv oder zu „festlegend". Es empfiehlt sich, dann keine langen Erklärungen abzugeben, sondern Mut zur subjektiven Beurteilung zu machen.

3. Einzelthemen

Mögliche Fragen für dieses Verfahren sind u.a.:
Wie zufrieden bin ich mit dem Ergebnis der Sitzung?
Wie wohl habe ich mich gefühlt?
Wie weit wurden meine Interessen aufgenommen?
Wie stark wurde ich gehört?
Wie weit waren wir auf die Aufgabe konzentriert?
Wie nahe waren wir am Thema (Tagesordnung)?
Wie befriedigend empfand ich die BeraterInnen? (Weiterbringend, weiterführend?)
Wie stark habe ich die Spannung in der Gruppe erlebt?

Variationen – Die Auswertung und das nachfolgende Gespräch werden intensiver und brisanter, wenn man mehrere Fragen stellt und zueinander in Beziehung setzt; eine nach der Befriedigung und ein nach den Erwartungen hinsichtlich des Geplanten (z.B.: „Wie weit wurden meine Interessen aufgenommen?" und „Wieviel erwarte ich von der geplanten Veranstaltung?").

3.3.2.8 Einstiegsübungen

In jeder Beratung sind die Anfänge wichtig. Wenn BeraterInnen sich mit dem Team oder einer Gruppe zum erstenmal treffen, hat dies zwar schon immer einen Vorlauf; es wurden Informationen eingeholt, (Vor-) Absprachen getroffen, eventuell nur mit einzelnen des Teams etc. Aber dieser gemeinsame Anfang bestimmt oft den cantus firmus, der sich durch die ganze Beratung zieht. Wir bevorzugen Einstiegsübungen, die das Klima setzen, Vertrautheit und Grenzen deutlich machen und – wenn möglich – schon erste Daten zum Beratungsvorgang bereitstellen.

Einige Vorschläge

1. Unser Team als *Landschaft*
Mit ein paar Strichen wird eine Landschaft auf einem Plakat angedeutet; mit Bergen, See, Weg, Wiese, Haus, unterschiedlichem Wetter (Sonne, Regen und Nebel etc.). Alle schreiben ihren eigenen Namen in diese Landschaft mit einer kurzen Erläuterung, warum sie gerade diesen Ort in der Landschaft wählen.

2. Meine *Befindlichkeiten* in diesem Team
Glanzpapier in verschiedenen Farben, Scheren und Klebstoff liegen bereit. Durch Reißen, Schneiden, Kleben, Auswahl der Farben bringen alle zum Ausdruck, wie es ihnen zur Zeit in diesem Team ergeht. Alle Kreationen werden auf einem Flip-Chart befestigt mit dem jeweiligen Namen.

3. Mein *Symbol* in diesem Team
Mit welchem Symbol (Farbe, Landschaft, Melodie, Musikstück, Gedicht, Speise, Alltagsgegenstand etc.) lassen sich mein Standort, mein Lebensgefühl, meine Erfahrungen etc. in diesem Team beschreiben? Kurze Nachdenk-Pause, dann verbale Mitteilung im Plenum oder Beschriftung eines Kärtchens, das alle im Plenum zur Kenntnis nehmen.

4. Unser Team als *Artefakt*
Im Raum verteilt liegen alle möglichen Materialien: Kartons, Papier von unterschiedlicher Qualität, Malkreide, Filzstifte, Fingerfarben, Kohle, Scheren, Klebstoff, Ton, Musikinstrumente etc. Alle werden aufgefordert, ihr Team oder ihre Organisation, ihre Abteilung oder ihre Gruppe mit Hilfe dieser Materialien darzustellen.

5. Metapher-Assoziation
Einige Plakate liegen auf dem Fußboden mit den Anfangsworten beschriftet; „Unser Team ist wie ... ." Schweigend gehen alle umher und setzen ihre Worte und Bilder ein, die das Team beschreiben; oder sie ergänzen, kontrastieren die Worte und Bilder anderer.

6. *Differenzierungen* in unserem Team
Gemäß dem Grundsatz in der Beratung: „Erst differenzieren, dann integrieren" ermitteln die BeraterInnen gemeinsam mit dem Team, welche Differenzierungen bestehen. Dabei kann es sich um Unterschiede handeln, die direkt mit dem Beratungsgegenstand zu tun haben. Beispiele: Lebensalter bzw. Lebensjahrzehnt, berufliche Vorbildung, Dauer der Zugehörigkeit zum Team, Gehaltsunterschiede, wer kriegt wenig / viel in den gemeinsamen Sitzungen; Männer und Frauen.
   Alle diese Differenzierungen sollen nicht nur benannt, sondern auch im Raum physisch gestellt werden. Die verschiedenen Gruppierungen oder Parteien sollten Gelegenheit haben, sich bei der jeweiligen Differenzierung schon auszutauschen.

Schlußbemerkung: Alle diese Einstiegsübungen brauchen ein Gespräch im Plenum, in dem die einzelnen ihre Darstellung erläutern und spezifizieren können. Da es Anfangsdaten sind, empfiehlt es sich, diese Mitteilungen im Laufe der Beratung wieder aufzunehmen und sie gegebenenfalls zu verifizieren, zu korrigieren oder zu verdichten.

3. Einzelthemen

3.3.2.9 Bewertungsskala zur Zusammenarbeit in einem Team

1. Ziele des Teams

nicht verstanden   klar verstanden

1   2   3   4   5   6   7   8   9   10

2. Gegenseitiges Vertrauen

großes Mißtrauen   großes Vertrauen

1   2   3   4   5   6   7   8   9   10

3. Kommunikation

Kontakt wird vermieden   Kontakt ist offen,
                                                    authentisch

1   2   3   4   5   6   7   8   9   10

4. Gegenseitige Unterstützung

alle arbeiten für sich   wechselseitige Anteil-
oder gegeneinander   nahme und Betroffenheit

1   2   3   4   5   6   7   8   9   10

5. Gebrauch der Ressourcen der Team-Mitglieder

Fähigkeiten der Mit-   Fähigkeiten der Mitglieder werden nicht genutzt   glieder werden genutzt

1   2   3   4   5   6   7   8   9   10

6. Diagnose von Gruppenproblemen

vorzeitige Lösungs-   die Situation wird sorg-
vorschläge   fältig diagnostiziert, bevor
                                                    eine Aktion geplant wird

1   2   3   4   5   6   7   8   9   10

7. Entscheidungen

Entscheidungen werden von   Entscheidungen werden von
einem Teil gefällt und den   der ganzen Gruppe gefällt
anderen übergestülpt   und von allen unterstützt

1   2   3   4   5   6   7   8   9   10

3.3 In Gruppen arbeiten ...

Anmerkung: Dieses Auswertungsformular kann prinzipiell auf zwei verschiedene Arten verwendet werden:

1. Die Mitglieder der zu beratenden Organisation füllen das Formular in Anwesenheit der BeraterInnen aus. Die Daten werden sogleich gemeinsam in einem Auswertungsgespräch bearbeitet.
2. Die BeraterInnen lassen die Bögen von den Betroffenen außerhalb der Sitzung ausfüllen, werten sie selber aus und bereiten damit eine Datenfeedbacksitzung vor.

Die Bewertungsskala für die Zusammenarbeit im Team eignet sich auch zur Auswertung der Zusammenarbeit der BeraterInnen im Beratungsteam.

3. Einzelthemen

3.3.2.10 Wie schätze ich unser Team ein?

Unser Team:	1	2	3	4	5
1. hat eine angemessene Leitung und vertraut auf sie					
2. hat ein klares und von allen geteiltes Bild von seiner Aufgabe					
3. hat hohe, aber erreichbare Ziele					
4. hat eine seinen Aufgaben angemessene Organisation					
5. zeigt Interesse am Wohlergehen und persönlichen Wachstum seiner Mitglieder					
6. nutzt die Fähigkeiten aller Teammitglieder					
7. hat Teammitglieder mit den notwendigen Fähigkeiten					
8. hat angemessene Entscheidungsverfahren, und Entscheidungen haben Autorität					
9. hat angemessene Problemlösungsverfahren					
10. verhandelt Konflikte offen					
11. hat einen Sinn für Prioritäten					
12. erlebt offene, freie und ehrliche Kommunikation					
13. hat Teammitglieder, die für den Einfluß der anderen offen sind					
14. arbeitet nach klarem Zeitplan					
15. wertet seine Arbeit und die Teamprozesse regelmäßig aus					

1 = niedrigste Bewertung, 5 = höchste Bewertung

3.3.2.11 Entscheidung in mehreren Stufen
Abgestufter Konsens

Vorbemerkung
Willensbildungs- und Entscheidungsprozesse in Gremien, Synoden, Parlamenten werden in der Regel per Abstimmung beendet. Dieses Verfahren – sozusagen das Herzstück der Demokratie – ist bewährt; evident sind auch seine Kehrseiten: Fraktionszwänge jeder Art schnüren die individuelle Urteilsbildung ein; Vorurteil siegt über Sachkenntnis; es gibt zufällige Mehrheiten, (durch momentane An- bzw. Abwesenheit von Mitgliedern des Gremiums). Und: es entsteht gewöhnlich eine Gewinner-Verlierer-Situation. Gerade dieses Problem von Abstimmungsvorgängen wirkt sich besonders ungünstig in Gremien mit exekutiver Verantwortung aus; hier wird daher um der gemeinsamen Linie in der Ausführung von Beschlüssen willen in der Regel ein Konsens angestrebt. Dies gelingt jedoch bei strittigen Themen nur mit Mühe – und wenn: um den Preis einer unbefriedigenden Verwässerung der Entscheidung. Um Gewinner-Verlierer-Konstellationen zu vermeiden und zugleich die Entscheidung möglichst präzise zu halten, empfiehlt sich das hier beschriebene Verfahren.

Die Abstimmung erfolgt in mehreren Stufen:

Erste Stufe – Eine generelle Linie (Wert, Ziel, Horizont des strittigen Themas), über die laut Debatte wohl Konsens besteht, wird zur Abstimmung gestellt.

Zweite Stufe – Eine „engere" Entscheidungsvorlage kommt zur Abstimmung.

Letzte Stufe – Es wird über den strittigen Antrag abgestimmt.

■ **Beispiel** – Ein Kirchenvorstand hat über die Abmahnung eines Mitarbeiters zu befinden. Die Debatte ist kontrovers. Dem klageführenden Pfarrer werden Versäumnisse in der Mitarbeiterleitung vorgehalten; den negativen werden die positiven Seiten des Mitarbeiters gegenübergestellt; dazu kommt das Argument, daß die Kirche doch nicht so hart mit MitarbeiterInnen umspringen dürfe.

Eine Entscheidung im Sinne des abgestuften Konsensmodells könnte so aussehen:
1. Abstimmung: „Wir mißbilligen das Verhalten des Mitarbeiters ... in dieser Sache"
2. Abstimmung: „Wir befürworten geeignete Maßnahmen (intensive Gespräche, neue Dienstanweisungen u.ä.), die dem Mitarbeiter eine Veränderung seines Verhaltens ermöglichen."
3. Abstimmung: „Wir sprechen eine Abmahnung aus."

Die Vorteile eines solchen Vorgehens: Diejenigen Mitglieder des Kirchenvorstandes, die eine Abmahnung scheuen oder für ungeeignet halten, geraten nicht auf die Seite von BefürworterInnen des inkriminierten Verhaltens des Mitarbeiters. Ihre Meinungsdifferenz zu anderen Mitgliedern des Kirchenvorstandes bleibt auf das reduziert, was sie ist: eine unterschiedliche Auffassung darüber, welche Maßnahmen im debattierten Fall angemessen sind. Rechtfertigungsdebatten – innen wie außen – sind nicht mehr nötig.

3. Einzelthemen

3.3.2.12 Meinungsbild einer Gruppe bei Entscheidungsschwierigkeiten

Material: Wandzeitung, Filzstift

Zeitbedarf: 15–20 Minuten

Anwendungsbereich: Es gibt Situationen, in denen eine Gruppe unfähig zu einer Entscheidung ist, weil jedes Gruppenmitglied in sich selber Argumente für und gegen den zur Entscheidung stehenden Punkt hat. Für eine Abstimmung ist eine solche Situation nicht geeignet, die weitere Diskussion jedoch läßt immer unklarer werden, nach welcher Seite hin die Meinung der Gruppe als ganzer tendiert. Hier ein Vorschlag, wie man die Tendenz der Gruppenmeinung sichtbar machen kann, wobei jedes Mitglied die Möglichkeit hat, seine Argumente für und gegen den zur Entscheidung anstehenden Vorschlag zu gewichten:

Verlauf: Alle dürfen bis zu zehn Punkte vergeben und diese Punkte so verteilen, wie sie zu dem Vorschlag stehen, also z.B. zwei Punkte dafür und acht Punkte dagegen (es können auch weniger als zehn Punkte dabei vergeben werden, jedoch nicht mehr).

Umgang mit den Daten: Nachdem sich alle ihre Gewichtung überlegt und notiert haben, zeichnet man sie auf einem zweidimensionalen Raster ein, bei dem die senkrechte Achse die Punkte für und die waagerechte Achse die Punkte gegen den Vorschlag aufnimmt.

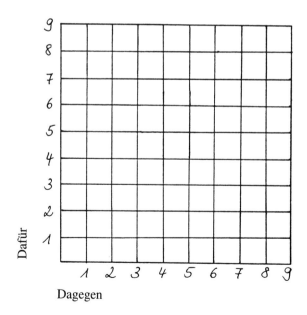

3.3 In Gruppen arbeiten ...

Wenn jemand z.B. 8 Punkte dafür und 2 Punkte dagegen sagt, geht man auf der Skala bis zur 8 nach oben und dann um 2 Punkte nach rechts und zeichnet dort ein Kreuz ein.

Es gibt mehrere Möglichkeiten, wie das so zustandegekommene Meinungsbild aussehen kann. Um die Tendenz deutlich zu machen, empfiehlt es sich, die Diagonale zusätzlich einzuzeichnen. Einige Beispiele:

(1) Die Meinung der gesamten Gruppe tendiert zu einem „Ja" hin, es gibt aber (noch) Vorbehalte. Graphisch sieht das etwa so aus:

(2) Die Meinung der gesamten Gruppe tendiert zu einem „Nein" hin.

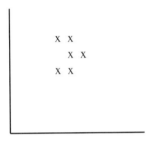
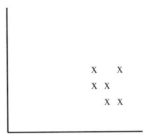

(3) Die Gruppenmeinung ist sehr divergent.

(4) Die Entscheidungsfreudigkeit der Gruppe ist gering (die meisten Meinungen kreisen um 5.5).

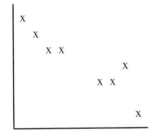
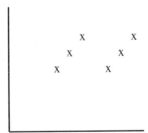

(5) Das Interesse der Gruppe an dem Thema / Vorschlag und die Investitionsbereitschaft sind gering (viele Mitglieder haben weniger als zehn Punkte verteilt).

zu „nein" tendierend

zu „ja" tendierend

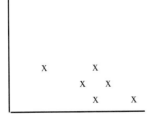
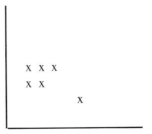

3. Einzelthemen

(6) Ein einzelner, von der Gruppentendenz abweichender Standpunkt wird erkennbar.

(7) Die Gruppe zerfällt in zwei Untergruppen (Interessengruppen)

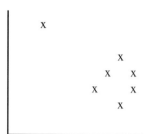

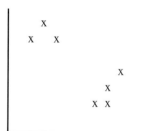

Die graphische Darstellung macht zunächst einmal die Meinungstendenz sichtbar, und diese wird häufig anders aussehen, als es während der Diskussion klang. Schon diese Beobachtung kann hilfreich und aufschlußreich sein und eine Fortführung der Diskussion erleichtern.
Folgendes weiterreichende Vorgehen ist denkbar, – die Gruppe kann:

- ☐ bei dem Ergebnis (1) sich noch einmal mit den Vorbehalten auseinandersetzen und zu klären versuchen, wie sie mit ihnen umgehen will;
- ☐ bei dem Ergebnis (2) überprüfen, ob die Argumente für den zur Entscheidung anstehenden Vorschlag stark genug sind, um eine weitere Beschäftigung damit zu rechtfertigen;
- ☐ bei dem Ergebnis (3) überlegen, wie sie zu weiteren Sachinformationen zum Thema kommen kann, sie kann aber auch überprüfen, ob die Schwierigkeiten vielleicht nicht auf der Sach-, sondern auf der emotionalen Ebene liegen;
- ☐ bei dem Ergebnis (4) zunächst einmal an der Frage arbeiten, was die Entscheidungsfreude lähmt;
- ☐ bei dem Ergebnis (5) überprüfen, ob der Vorschlag überhaupt noch aktuell ist;
- ☐ bei dem Ergebnis (6) die Vertreter und Vertreterinnen der stark abweichenden Meinung noch einmal anhören, evtl. mit einer Vorbereitungszeit für diese;
- ☐ bei dem Ergebnis (7) sich in die beiden Interessengruppen aufteilen und dort den Vorschlag noch einmal diskutieren oder das Problem auf eine andere Weise bearbeiten.

3.3.3. Dynamik in Großgruppen

3.3.3.1 Prozesse und Merkmale von Großgruppen   309
3.3.3.2 Was bei der Planung und Steuerung einer Großgruppe zu beachten ist
         Folgerungen für die Großgruppe „Landessynode"   312
         Die Eule, die Gott war   313
3.3.3.3 Phantasiereise zur Moderation einer Großgruppe   314

3.3.3.1 Prozesse und Merkmale von Großgruppen
nach einem Referat von W. Zbinden

Die Gestaltung von Großgruppen ist ein Krisenthema. Auch in der Wirtschaft wird die Frage verhandelt, wie Großgruppen in naher Zukunft zu gestalten sind. Innovationsspielräume in einer Großgruppe hängen davon ab, wie kreativ sich die äußere Kultur in einer Großgruppe zeigt. Großgruppenprozesse gehören sicher zu den Organisationsformen, die noch am wenigsten bearbeitet sind. Es gibt kaum Literatur darüber, während es über Kleingruppen Tausende von Veröffentlichungen gibt.

1. Zur Größe
Gruppen springen in eine neue Dynamik mit der Zahl 7 – 14 – 21 – 28 etc. Untersuchungen in den USA und der Sowjetunion belegen dies. Als Großgruppe gilt eine Gruppe zwischen 28 und 300 Personen. Dabei ist die Unterscheidung wichtig, ob die Großgruppe *eine* Organisation widerspiegelt oder mehrere, z.B. wenn 300 Bischöfe die **eine** Organisation Kirche repräsentieren.

2. Zum Unterschied zwischen Kleingruppe und Großgruppe
Kleingruppen spiegeln die Beziehungen der Mitglieder wieder. Die Mitglieder bringen ihre eigenen Beziehungen mit, etablieren und aktivieren sie in der Kleingruppe (als Paar, in Eltern-, Kinder-, Geschwisterbeziehungen).

Großgruppen transportieren das *ganze* System, nicht nur das Beziehungsgeflecht wie die Kleingruppe. Deshalb ist der Kontext, das Milieu, der Rahmen, das ganze Dort und Dann in der Großgruppe wichtig, denn die Großgruppe verliert alle Merkmale der Intimität und Nähe, aber reproduziert Merkmale der Organisation, die sie repräsentiert.

Bei der Kleingruppe steht die Psychodynamik der Beziehungen und die der Gefühle wie Nähe, Distanz, Haß, Neid, Erotik etc. im Mittelpunkt.

Die Großgruppe transportiert die politischen Rahmenbedingungen, wie Ökonomie, Machtkämpfe. Strategisches, geplantes Handeln tritt an die Stelle von Spontaneität. Es entsteht eine Polarität zwischen Ordnung und Chaos; dabei blüht der Mythos, es könne die Ordnung das Chaos verdrängen. Großgruppen produzieren Untergruppen. Sie berufen sich schnell auf Traditionen. Großgruppen transportieren oder produzieren keine Visionen, dafür aber vor allem die Grenzen des Systems: Deshalb geht es in der Großgruppe vor allem um die Themen, die an den Grenz- und Berührungspunkten entstehen. Nötig wäre für die Großgruppe ein Projektmanagement, das Projekte an den Überschneidungen aufnimmt.

3. Die Großgruppe muß das Denken leisten.
Falls sie das nicht tut, wird sie „bewußtlos". Großgruppen haben das Denken zu bewältigen, das Planen, Organisieren, Analysieren etc. Dem Fühlen oder die Flucht in die Intimität viel Raum zu geben, wäre Ausweichen. In der Kleingruppe dagegen ist das Denken die Abwehr von Fühlen. In der Großgruppe ist es genau umgekehrt. Auf eine kurze Formel gebracht: Die Großgruppe denkt, die Kleingruppe fühlt.

Wie denken Großgruppen? Dabei sind verschiedene Phasen zu unterscheiden:
a. Die Phase der Orientierung: Es wird die Meinung in der Großgruppe ermittelt, gibt es z.B. so etwas wie einen common sense?
b. Phase der Verzerrung. Sie entsteht beim Zuhören, Hineininterpretieren der Positionen anderer; es wird zu den widersprüchlichsten Positionen genickt. Dies ist zugleich die Phase der Vereinzelung. Vielleicht sprechen deshalb in dieser Phase nur so wenige.
c. Die Phase der Auseinandersetzung. In dieser Phase geht es um die Entscheidung.

Diesen 3 Phasen entsprechen auch die Abläufe der drei Lesungen von Gesetzestexten. Solange die Großgruppe nur in der Betroffenheit und im Gefühl bleibt, sich also nicht mit den Denkprozessen auseinandersetzt, ist sie falsch angelegt.

4. Das Informationspotential von Großgruppen ist immens.
Es kann genutzt werden durch Miteinander-Sprechen. Die vertikale Steuerung verhindert Kollisionen und verhindert zugleich laterale Kommunikation. Großgruppen zeigen in ihrer Entwicklung immer Frustrationen, Aggressionen und Machtkämpfe; deshalb sind Struktur, Geschäftsordnung, Regelungen etc. in der Großgruppe so wichtig. Eine übersteuerte Großgruppe gibt ihre mentalen Funktionen ab und erhält als Ersatz dafür Steuerung durch Geschäftsordnung und Regelungen. Die Großgruppe wirkt dann wie am Tropf in der Intensivstation, d.h. die übersteuerte Großgruppe ist bewußtlos.

5. Zwischen Großgruppe und Kleingruppe besteht ein energetisches Verhältnis.
Großgruppen produzieren Kleingruppen, Kleingruppen machen Großgruppen erst erträglich. Wenn Kleingruppen ein zu großes Gewicht an Zeit etc. einneh-

men, dann entleert sich die Energie der Großgruppe. Kleingruppen dürfen also nur sparsam aufgenommen werden. Sonst wird in die Großgruppe keine Energie mehr gegeben, sie wird nur noch ritualisiert eingesetzt.

6. Pathologien von Großgruppen

Eine ist die *Überkomplizierung*. Wenn Inhalte in einer Großgruppe so komplex abgehandelt werden, daß niemand mehr versteht, worum es geht, wird die Herrschaft der Experten gefördert. Aber die Wahrnehmungsfähigkeit in der Großgruppe muß komplexer sein als der Gegenstand, der zur Verhandlung ansteht. Jeder Inhalt kann zum Spielball der Prozesse werden.

Eine andere Pathologie ist die *Übersteuerung*. Sie versucht, Komplexität zu vereinfachen, was dazu führt, daß sie ständig durch Verfahrensfragen überlagert wird. Ständig werden neue Lücken in der Geschäftsordnung entdeckt. Es entsteht ein Verwaltungssystem statt eines Führungssystems. Folge davon sind simplifizierte inhaltliche Ergebnisse.

Faustregel: In der Großgruppe spricht die Hälfte für zwei Drittel, d.h., wenn 50% ihre Meinung äußern, vertreten sie in der Regel die Meinung von 2/3 des Plenums. Je mehr informelle Gespräche stattfinden, desto weniger Gesprächsbeiträge werden in der Großgruppe abgegeben.

7. Chaosmanagement in der Großgruppe

Großgruppen besitzen ein hohes Chaospotential, das frei werden kann, wenn die laterale Kommunikation die Vertikale überwiegt. Dieses Potential wird verhindert durch Harmonisierungsversuche oder durch Reglementierungen von oben.

Großgruppen verändern sich bei intakter vertikaler Steuerung meist nur in Richtung vermehrter Steuerung bis Übersteuerung. Grundsätzliche Veränderung im Sinne von mehr Lateralität bedingt in der Regel eine chaotische Zwischenphase. Sofern diese Chaosphasen nicht vertikal gesteuert werden durch zunehmende Verrechtlichung, mehr Geschäftsordnung etc., werden in diesen Phasen starke, bisher verdrängte Eigenkräfte, unterdrücktes Wissen und unterdrückte Erfahrungen freigesetzt.

3. Einzelthemen

3.3.3.2 Was bei der Planung und Steuerung einer Großgruppe zu beachten ist – z.b. für die Großgruppe „Landessynode"

1. Großgruppen *spiegeln* nicht nur die Institution, die sie repräsentieren, sondern *sind* sie auch. D.h. die Kirche, die eine Synode abbildet, ist Realität. Insofern ist die Landessynode ein Analysator für Kirche.
2. Obwohl die Landessynode Machtkämpfe aktiviert, werden sie von ihr nicht positiv gewertet. Aufgabe der Leitung ist es, solche Machtkämpfe zuzulassen und sie durch entsprechende Methoden zu unterstützen; z.b. Streitgespräche als Methode zu wählen; Raum für Minderheitsvoten zu schaffen.
3. Die Großgruppe benötigt eine kluge vertikale Steuerung, die mit einer gewissen „Chaostoleranz" zwischen Überkomplizierung und Übersteuerung lavieren kann. Die Steuerung muß ein bestimmtes Maß an Chaos und Kollisionen zulassen, um „Denken", zu ermöglichen.
Pathologische Erscheinungen in der Landessynode können nur durch die Leitung verändert bzw. angegangen werden. Übersteuerung durch die Leitung wird durch die Synodalen lateral angegangen und verändert.
4. Die Großgruppe benötigt zur „Erholung" ihrer Mitglieder Arbeit und Kommunikation in Kleingruppen. Ohne Leben in Kleingruppen wird die Großgruppe unerträglich. – Während die vertikale Kommunikation stark ausgebildet ist, ist die laterale unterentwickelt. Da eine Großgruppe erfahrungsgemäß aber 20% der zur Verfügung stehenden Zeit für laterale Kommunikation braucht, sollte diese intensiviert werden.
5. Für die Zusammensetzung von Untergruppen sollte eine Siebenerzahl (14, 21 etc.) gewählt werden. Je komplexer die Aufgabe, desto heterogener sollte eine Gruppe zusammengesetzt sein. Denn übergreifende Themen müssen übergreifend angegangen werden.
6. Eine Landessynode sollte moderne Techniken für Großgruppen nutzen. Je größer die Großgruppe, desto besser sollte die Technik sein.
7. Großgruppen steuern sich selbst sehr schlecht im Unterschied zur Kleingruppe, die man nur lange genug sich selbst überlassen muß, damit sie sich selbst steuert. Deshalb sollten Landessynoden
a. eine Sitzordnung haben, die erlaubt, daß alle oder wenigstens die meisten einander sehen können;
b. regelmäßig über sich selbst nachdenken, denn Feedback- und Auswertungsprozesse stellen das Bewußtsein wieder her;
c. einen Zeitrahmen schaffen, der die Zeit für Plenum und Untergruppen im Verhältnis 1:5 regelt.
8. Autoritätsprobleme und -konflikte in der Großgruppe können dazu führen, weniger qualifizierte Leitungspersonen zu wählen; es besteht so etwas wie die Gefahr der Identifikation mit dem blinden Führer. (vgl. die Fabel „Die Eule, die Gott war", aus: L. Kreeger (Hg.), Die Großgruppe, Stuttgart 1977, S. 23f)

3.3 In Gruppen arbeiten ...

Die Eule, die Gott war von James Thurber

„Es war einmal in einer sternlosen Nacht eine Eule, die auf dem Zweig einer Eiche saß. Zwei Maulwürfe versuchten, leise und heimlich vorbeizuschlüpfen. 'Ihr da!' sagte die Eule. 'Wer ist da?' sagten sie mit zitternder Stimme voller Furcht und Staunen, denn sie konnten nicht glauben, daß irgend jemand sie in der dichten Finsternis sehen konnte. 'Ihr zwei da!' sagte die Eule. Die Maulwürfe liefen eilig davon und erzählten den anderen Tieren in Feld und Wald, daß die Eule das größte und weiseste aller Tiere sei, da sie im Dunkeln sehen und jede Frage beantworten könne. 'Das will ich sehen', sagte ein Sekretär*, und er suchte die Eule eines Nachts auf, als es wieder sehr dunkel war. 'Wie viele Krallen halte ich hoch?' sagte der Sekretär. 'Zwei', sagte die Eule, und das stimmte. 'Kannst du mir einen anderen Ausdruck nennen für 'das heißt'?, fragte der Sekretär. 'Nämlich' sagte die Eule. 'Warum besucht ein Liebhaber seine Geliebte?' fragte der Sekretär. 'Er wirbt um sie', sagte die Eule.

Der Sekretär flog eilig zu den anderen Tieren zurück und berichtete, daß die Eule tatsächlich das größte und weiseste Tier in der Welt sei, da sie im Dunkeln sehen und jede Frage beantworten könne. 'Kann sie auch bei Tag sehen?' fragte ein roter Fuchs. 'Ja', echoten eine hagere Maus und ein französischer Pudel, 'kann sie auch bei Tag sehen?' Alle anderen Tiere lachten laut über diese dumme Frage, und sie machten sich über den roten Fuchs und seine Freunde her und vertrieben sie aus ihrem Gebiet. Dann schickten sie einen Boten zu der Eule und baten sie, ihr Führer zu werden.

Als die Eule bei den Tieren erschien, war es gerade Mittagszeit, und die Sonne schien hell. Die Eule ging sehr langsam, was ihr den Anschein großer Würde gab, und sie blickte mit großen, starren Augen um sich, was ihr den Ausdruck ungeheurer Wichtigkeit verlieh. 'Sie ist Gott!' kreischte eine Henne. Und die anderen fielen in den Schrei 'Sie ist Gott!' ein. So folgten sie der Eule, wo immer sie hinging, und als sie anfing, gegen alle möglichen Gegenstände zu stoßen, fingen sie an, sich ebenfalls an allen möglichen Dingen zu stoßen. Schließlich trat sie auf eine betonierte Straße und marschierte geradewegs in der Mitte der Straße weiter, und alle anderen Tiere folgten ihr. Bald darauf machte ein Habicht, der vorausgeflogen war, einen Lastwagen aus, der mit fünfzig Meilen Stundengeschwindigkeit auf sie zukam; er machte dem Sekretär Meldung, und der Sekretär machte der Eule Meldung. 'Gefahr im Verzug', sagte der Sekretär. 'Nämlich?' sagte die Eule. Der Sekretär sagte es ihr. 'Hast du keine Angst?' fragte er. 'Wer' sagte die Eule ruhig, denn sie konnte den Lastwagen nicht sehen. 'Sie ist Gott!' schrien wiederum alle Tiere, und sie schrien immer noch 'Sie ist Gott!', als der Lastwagen sie ergriff und überfuhr. Einige der Tiere wurden nur verletzt, aber die meisten, einschließlich der Eule, wurden getötet.

Moral: Man kann viele Leute viel zu oft hereinlegen."

* ein „Sekretär" ist ein afrikanischer Laufvogel

3. Einzelthemen

3.3.3.3 Phantasiereise zur Moderation einer Großgruppe
(Grundsätzliches zu Phantasiereisen s. S. 398)

Ziel: Erfahrungen mit Moderation bewußt machen und bearbeiten.

☐ Ich gehe in Gedanken in den Raum, in dem sich die Großgruppe trifft, die ich zu leiten habe. Ich gehe auf den Raum zu – öffne die Tür – trete ein – schaue mich um. Noch ist niemand da.

☐ Ich betrachte Tische, Stühle, schaue mich um. Gehe an meinen Platz. Ich sehe meine Unterlagen durch, ordne sie und denke über die Tagesordnung für diese Versammlung nach.

☐ Ich überlege mir, wie ich die Veranstaltung einleiten werde. Dabei lasse ich die Gesichter derer, die kommen werden, vor meinem inneren Auge auftauchen. Ich schaue sie an – spüre dabei, welche Gedanken und Gefühle in mir aufsteigen.

☐ Ich wende mich wieder der Tagesordnung zu und nehme den Tagesordnungspunkt heraus, der mir zur Zeit am wichtigsten ist. In Gedanken bereite ich meine Rede und Argumente vor, mit denen ich die Anwesenden überzeugen möchte.

☐ Inzwischen kommen die Personen in den Raum. Ich schaue sie an, begrüße sie einzeln, rede mit ihnen.

☐ Zu Beginn der Sitzung lege ich alle Tagesordnungspunkte und alle Papiere zur Seite. Ich schaue alle Anwesenden an und sage zwei bis drei Sätze, die mir *jetzt* wichtig sind.

Daten (Erfahrungen, Gefühle, Fragen, Probleme und Rollenkonflikte) benennen und bearbeiten.

Literaturliste für Teil 3.3 (Seite 255–314)
Bernstein, S. / Lowy, L., 1982[7]
Blake, R. / Mouton, J. / Allen, R. L., 1987
Blake, R. / Mouton, J., 1968
Böning, U., 1991
Kreeger, L., 1977
Langmaack, B. / Braune-Krickau, M., 1987[2]
Rabenstein, R. / Reichel, R., 1988[4]
Schulz von Thun, F., 1990

3.4 Konflikte verstehen und regeln

3.4.1 Theorie und Information

3.4.1.0 Konfliktmanagement 315
3.4.1.1 Gewaltfreier Aufstand 331
3.4.1.2 Virginia Satir's Konfliktverhaltens-Modell 333
3.4.1.3 Rivalität unter Frauen 334

3.4.1.0 Konfliktmanagement

1. Zum Begriff und zur Entstehung von Konflikten

Der Gebrauch des Wortes Konflikt ist inflationär. Im folgenden wird es lediglich für Zustände in Organisationen verwendet, wo „unvereinbare Aktivitäten gleichzeitig antreten" (Wunderer / Grunwald, II, S. 235). Unterschiedliche *Perzeptionen* (Wahrnehmungen, Vorstellungen, Gedanken) oder *Gefühle* (Stimmungen, Einstellungen, Neigungen, Haltungen) oder *Intentionen* (Wille, Motive, Antriebe, Zielvorstellungen) allein stellen also nach dieser Definition noch keinen Konflikt dar. Vielmehr müssen diese – allein oder in Kombinationen – in ein *Verhalten* mit für die Organisation relevanten *Effekten* münden, wenn von einem Konflikt die Rede sein soll.

In Organisationen sind eine Fülle von Spannungszuständen eingelagert; sie werden vor allem an den Systemgrenzen offenkundig:
Organisation – Umwelt,
Gruppe(n) – Organisation,
Gruppe – Gruppe,
Gruppe – Individuum.

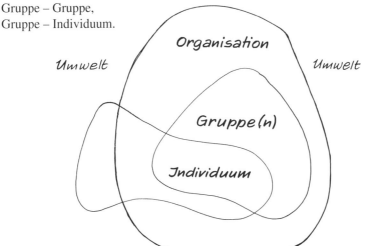

3. Einzelthemen

Schon die ambivalente Grundverfassung der Organisation, *Leistungsgemeinschaft* auf der einen und *Personengemeinschaft* auf der anderen Seite zu sein, bietet schier unerschöpfliches Konfliktpotential.

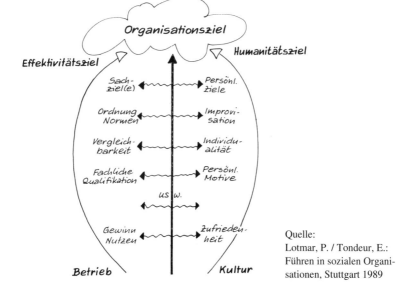

Quelle:
Lotmar, P. / Tondeur, E.:
Führen in sozialen Organisationen, Stuttgart 1989

Mintzberg betont, daß die Gesamtverfassung der Organisation ein Machtspiel sei, in dem Personen mit unterschiedlichen Machtquellen (1. Verfügung über Ressourcen, 2. Verfügung über technische Fertigkeit und Fähigkeiten, 3. Verfügung über Wissen, 4. Verfügung über Rechte / Privilegien und 5. Zugang zu Menschen mit Verfügung über die Machtquellen 1–4) um Einfluß ringen. Konflikte gehören also zu den Wesensmerkmalen von Organisationen.

Ich empfehle für unseren Zusammenhang die oben skizzierte enge Begriffsdefinition (vgl. dazu Naase, S. 5); denn Konfliktmanagement (auch in Form von Beratung) muß sich begrenzen; „widerspruchsfreie", d.h. konfliktfreie Organisationen sind nicht machbar – und wohl auch nicht wünschenswert.

Lange Zeit wurden Konflikte fast ausschließlich unter dem Aspekt „Störung des Arbeitsablaufs" gesehen. Viele Leitungskonzepte waren vom Ideal der Harmonie geprägt. Die Konfliktursachen wurden vor allem bei den Schwächen von Organisationsmitgliedern gesucht. (Wie stark diese Auffassung noch verbreitet ist, läßt sich an den üblichen Versuchen ablesen, Konflikte durch Personalisierung zu regeln.) Eine differenzierte Sicht des Konfliktphänomens brach sich erst in den 50er Jahren Bahn. Danach bedarf es in Gruppen und Organisationen des Wechsels von Harmonie- und Konfliktphasen, wenn eine produktive Entwicklung in Gang bleiben soll. (Nach Dahrendorf ist der Konflikt die treibende Kraft für positive gesellschaftliche Veränderungen.)

3.4 Konflikte verstehen und regeln

Es hat den Anschein, als tue sich die Kirche – faktisch, nicht ideologisch! – besonders schwer mit Konflikten. Dafür ließe sich ein Bündel von theologischen, geschichtlichen und psychosozialen Gründen namhaft machen. (Z.B.: Die Versöhnungsbotschaft wird im Sinne eines Harmonieideals aufgefaßt; Kirche geriert sich als Vorbild für die „Welt"; angesichts des gesellschaftlichen Konkurrenzkampfes suchen viele MitarbeiterInnen Nähe und Ausgleich in der Kirche. Die Konflikttradition der Kirche – vgl. Altes und Neues Testament – wird in Symbolen und Riten gebändigt, aber nicht als „Streit um die Wahrheit" gelebt.)

Konflikte haben *positive* wie *negative Wirkungen:*

Positive Wirkungen:	*Negative Wirkungen:*
Konflikte *mobilisieren Kräfte,*	Konflikte stabilisieren die Verhältnisse in *Organisationen,*
erhöhen die Leistung (gerade in Wettbewerbssituationen),	*verwirren* die Mitglieder,
tragen zur Bildung von Organisationsidentitäten bei,	*ziehen Kräfte* von der Leistungserbringung ab,
erhöhen die *Gruppenkohäsion,*	*vergeuden* wichtige Ressourcen,
schaffen persönliche / Gruppen-*Profile,*	*engen die Rationalität* einer Organisation ein,
befördern eine *genauere Selbstwahrnehmung,*	*führen* zu Stagnation und Verhärtungen,
bilden die Voraussetzung für *Wandel,*	bringen den Individuen *Streß.*
stimulieren *Ideen.*	

3. Einzelthemen

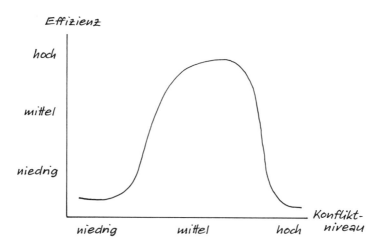

Ein „mittleres" Konfliktniveau verbürgt für höchste Leistung; zu wenige Konflikte zeigen an, daß die Organisation stagniert und wenig leistet, daß sie sozusagen schläft; zu hohes Konfliktniveau anderseits absorbiert Energien, die für die Leistungserbringung notwendig wären; die Organisation ist nur mit sich beschäftigt. Fazit: Wenn eine Organisation keine Konflikte hätte, müßten welche erfunden werden!

Ein effektives Leitungssystem wird sein Konfliktmanagement sowohl als *Regelung* (vgl. folgende Abschnitte) wie als *Prävention* und als *Stimulierung* von Konflikten auffassen.

☐ *Prävention*, z.B. durch sinnvolle Anreiz- und gerechte Entlohnungssysteme, durch attraktive Gestaltung der Arbeitsplätze, durch Förderung der Kommunikation und Stärkung der Feedback-Kultur etc.
☐ *Regelung*, z.B. durch effektive Strategien, durch vorbildliches Verhalten, durch Einschaltung von Dritt-Parteien usw.;
☐ *Stimulierung*, z.B. durch Verschärfung der internen Wettbewerbssituation, durch Veränderungen, durch intensive Debatten, durch Spezialisierung usw.

Die zahlreichen Versuche, Konflikte zu klassifizieren (z.B. Naase; Schwarz) liefern einen nur beschränkten Beitrag zur Konfliktdiagnose und -handhabung. Im Einzelfall finden sich – vor allem bei fortgeschrittener Entwicklung des Konflikts – immer Mischformen, für die sich Typologien als untauglich erweisen. Generell läßt sich sagen, daß
1. *erhöhte Ansprüche der Umwelt* (dazu zählt auch Ressourcenknappheit),
2. *gesteigerte Komplexität*,
3. *zunehmende Differenzierung* und
4. *wachsende Größe der Organisation* wesentlich zu Konflikthäufigkeit und -intensität beitragen.

3.4 Konflikte verstehen und regeln

2. Konfliktwahrnehmung und -diagnose

Das Leitungssystem einer Organisation ist per definitionem mit Konfliktwahrnehmung, -diagnose und -handhabung befaßt. Darin ist es um so wirksamer, je mehr ihm die Früherkennung von Konflikten, d.h. das Empfangen „schwacher Signale" gelingt. Es kann sich dabei unterschiedlicher Instrumente und Verfahrensweisen bedienen: Berichte, Visitationen, Management-Audits, informelle Gespräche usw.. „Schwache Signale" unterliegen leicht der Fehldeutung. Insofern vollzieht die Leitung in der Frühphase von Konflikten immer eine Gratwanderung zwischen Über- und Unterschätzung eines Konfliktes.

In der Kirche als Organisation – sie ist ja relativ lose arrangiert und koordiniert, nicht zuletzt aufgrund der geographischen Dezentralisierung – hapert es mit der Früherkennung und der rechtzeitigen und konsequenten Bearbeitung von Konflikten. Oft werden gerade Personalkonflikte über viele Jahre „geschleppt", bis sie geregelt sind; „dabei haben wir von Anfang an gewußt, was zu machen gewesen wäre." Die Gründe für diese Komplikationen sind vielfältig und bedürfen noch genauerer Analyse, damit ein effektives Konfliktmanagement installiert werden kann. Hier eine Auswahl ohne Anspruch auf Vollständigkeit:

- Der „Output" der Organisation ist schwer zu beschreiben und noch schwerer zu qualifizieren; was ist eine gute Leistung und was nicht?
- Die „Kontrollmechanismen" sind weich – im wesentlichen bestehen sie in den Selbstregulierungsmechanismen der einzelnen Professionellen.
- Zuständigkeits- und Verantwortlichkeitsbereiche sind vielfach unklar und überschneiden einander.
- Wohlwollende Nachsicht dominiert das Leitungsverhalten; Entschiedenheit gilt als verpönt.
- Das vorherrschende Harmonieideal beschönigt Konfliktlagen; statt Maßnahmen erfolgen persönliche Vermahnungen.
- Konflikthandhabung als Managementqualifikation wird nicht oder zu wenig trainiert.
- Das Grundelement „Seelsorge" wird vorschnell auf Leitungsinterventionen übertragen.

Die *Diagnose* der Konflikte begründet die konfliktregulierenden Maßnahmen. „Mach langsam, Bub, wenn du's eilig hast." Diese Bemerkung eines oberhessischen Bauern liefert das Motto für den wichtigen Schritt zwischen Konfliktwahrnehmung und -handhabung. Es gehört in den Bereich der Organisationsmythen, daß in Organisationen häufig Bedarf nach schnellen Entscheidungen und sofortigem Handeln bestehe. Was zählt, sind wirkungsvolle Interventionen – auf Grund einer gründlichen Konfliktdiagnose. Die Diagnose befaßt sich mit Folgendem:

3. Einzelthemen

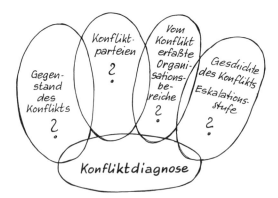

1. Was ist Gegenstand *des Konflikts*? Worum geht die Auseinandersetzung? Was ist das „Thema"? (Welches Thema wird vorgegeben? Um welches Thema handelt es sich wirklich? Ist eine *Verschiebung der Konfliktinhalte im Gange*?)

2. Wer sind die in den Konflikt *involvierten Personen*? Und welche Auffassung von Konflikt haben sie jeweils? (Geht es wirklich um die offenkundigen Konfliktpartner? Oder soll mit dem Sack der Esel getroffen werden? Handelt es sich unter Umständen um eine *Verschiebung der Konfliktadressaten*?)

3. Welche *Organisationsbereiche bzw. -ebenen* berührt der Konflikt?

Die verschiedenen Ebenen bilden einen Zusammenhang. Je „tiefer", um so schwieriger und langwieriger die Intervention.

4. Welche Geschichte hat der Konflikt? Wie lange währt er? Auf welcher „*Eskalationsstufe*" befindet er sich?
Mit Dauer und Eskalation eines Konflikts nehmen in der Regel die Zahl der Konfliktthemen, der involvierten Personen und die Reichweite des Konflikts in

3.4 Konflikte verstehen und regeln

der Organisation zu. Der Konfliktgeschichte ist in der Diagnose besondere Aufmerksamkeit zu widmen. Glasl liefert für diesen Analyseaspekt ein überzeugendes Modell: Wenn Konflikte „heiß" geworden sind, „dehnen" sie sich aus. Folgende „Basismechanismen" lassen sich ausmachen (Glasl, S. 191f):

☐ *„Zunehmende Projektion bei wachsender Selbstfrustration"*
Die gegnerischen Parteien weisen im wachsenden Maß der jeweils anderen die Schuld an dem Problem zu. Verdächtigungen, ja Verteufelungen greifen Platz. Dieser Projektionsvorgang führt bei den Akteuren gleichzeitig zu Gefühlen von Peinlichkeit, Unzufriedenheit mit dem eigenen Bild usw.

☐ *„Ausweitung der strittigen Themen bei gleichzeitiger kognitiver Komplexitätsreduktion"*
Im Konfliktverlauf wächst die Zahl der Streitpunkte; zugleich vereinfachen die Konfliktparteien die Streitmaterie.

☐ *„Wechselseitige Verflechtung von Ursachen und Wirkungen bei gleichzeitiger Simplifizierung der Kausalitätsbeziehungen"*
Dieser Mechanismus greift einen weiteren Aspekt des bisher Beschriebenen auf: die Fülle von Streitthemen und der Projektionsvorgang führen zu einer Vermischung von sowohl sachlichen und persönlichen Motiven wie von Ursache-Wirkungs-Zusammenhängen. Oft ist im einzelnen nicht mehr auszumachen, was Bedingung für welchen Zustand ist. Zugleich bedienen sich die Konfliktparteien verschiedener Reduktionsmuster, die ihrerseits den Konflikt verschärfen.

☐ *„Ausweitung der sozialen Dimension bei gleichzeitiger Tendenz zum Personifizieren des Konflikts"*
Nicht nur eine größere Zahl von Themen, auch immer mehr Personen werden in den Konflikt hineingezogen. Dies trägt zur Personifizierung in der Gemengelage bei; Schuldzuweisungen bekommen den Charakter: „Wenn diese Person ausgeschaltet ist, geht alles wieder besser".

☐ *„Beschleunigen durch Bremsen"*
Im Zuge des Konfliktaustragens häufen sich die „Gewaltandrohungen"; ihr Motiv ist, den Gegner zum Nachgeben zu zwingen. Oft tritt jedoch das Gegenteil ein: Die Drohungen provozieren den Gegner und verleiten ihn seinerseits, zu schärferen Mitteln des Konfliktaustrags zu greifen. „Was als Abschreckung und 'Bremse' beabsichtigt ist, wirkt als Provokation und Beschleunigung".

Diese Grundtendenzen „heizen" den Konflikt an; die daraus folgende Konflikt-Eskalation läßt sich idealtypisch mit folgendem Modell erläutern:

3. Einzelthemen

Glasls Eskalationsmodell

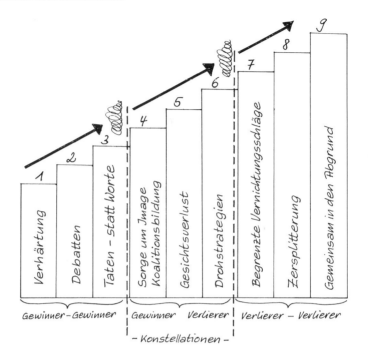

- **Erste Stufe:** *Verhärtung*
Der Konflikt ist noch relativ still. Die Kommunikation scheint sich wie bisher in alltäglichen, auskömmlichen Bahnen zu bewegen. Allerdings braucht die Verständigung schon deutlich mehr Zeit und Energie. Gewisse positionelle Erstarrungen sind zu beobachten. Gelegentlich wird eine Kurzattacke geritten. Aber insgesamt sind die Konfliktparteien noch davon überzeugt, daß ein „gutes Gespräch" alle Differenzen beilegen könne.

- **Zweite Stufe:** *Debatten*
Die spürbare Gereiztheit kann dazu führen, daß die Parteien nun schärfer miteinander debattieren. Das Klima wird frostiger. Polarisierungen finden statt. Man demonstriert vor Nichtbeteiligten, wie die gegnerische Partei sich verhalte, schafft also Öffentlichkeiten, sinnt auf taktische Manöver.

- **Dritte Stufe:** *Taten statt Worte!*
„Der Worte sind genug gewechselt, laßt Taten folgen." Die Konkurrenz wird heftiger. Man beweist einander Selbstsicherheit und Entschlossenheit, versucht, in dominante Positionen zu gelangen; Parteien formieren sich. Gesten und Haltungen, also die nonverbale Kommunikation in Wahrnehmung und Handeln, gewinnen an Bedeutung.

3.4 Konflikte verstehen und regeln

Zusammenfassung: Die Stufen eins bis drei sind – mit schwindender Tendenz – von einer Gewinner-Gewinner-Mentalität gekennzeichnet; noch sind die Konfliktparteien von der Auffassung bestimmt, daß der Streit durch intensiven Austausch, gründliche Diskussion der Streitpunkte beigelegt werden könne. Man will einander nicht ausschließen oder verdrängen; noch wird das Gemeinsame betont.

■ Vierte Stufe: *Sorge um Image / Koalitionen*
Rigorosität im Konfliktaustrag wird spürbar. Die Konfliktparteien setzen auf Stereotype, malen schwarz-weiß. Vor Opfern wird nicht mehr zurückgeschreckt. Unterstellungen sind an der Tagesordnung. Jede Konfliktpartei versucht, sich selber im besten Licht darzustellen und für potentielle Bündnispartner attraktiv zu machen. Mehr noch: Unbeteiligte werden hereingezogen und zu Stellungnahmen gepreßt. Wechselseitige Provokationen bleiben nicht mehr aus.

■ Fünfte Stufe: *Gesichtsverlust*
Die Konfliktparteien versuchen, einander zu demaskieren; sie attackieren gezielt das Ansehen des Gegners und fürchten gleichzeitig um eigenen Gesichtsverlust. „Gelungene" Angriffe verfestigen das Bild vom Gegner. Das Klima wird giftig und gefährlich – auch für Konfliktindifferente. Die eigene Handlungsweise wird selbstmitleidig als Folge der Schlechtigkeit des Gegners ausgegeben. Die Beteiligten äußern: „Wir können nicht mehr zurück." Kennzeichnend für diese Phase: die Bedrohung (auch schon der teilweise Verlust) der Identität.

■ Sechste Stufe: *Drohstrategien*
Der Übergang von der fünften auf die sechste Stufe ergibt sich sozusagen automatisch; die Konfliktparteien haben nur noch geringe Hemmungen, Drohstrategien anzuwenden. Ultimaten werden ausgesprochen mit der Folge von „Selbstbindungsaktivitäten" (Glasl, S. 219); der eigene Handlungsspielraum wird dramatisch eingeschränkt. „Overperception", „overreaction" und „overdesign" (Glasl, S. 270) sind die Kennzeichen der Drohungen. Die Gegner erscheinen in der beschriebenen Wahrnehmungsverzerrung zunehmend als „Kategorien" – und nicht länger als Personen. Noch bleibt es bei Drohstrategien – in der vagen Hoffnung, sie könnten die Eröffnung von unkalkulierbaren Gewalthandlungen verhindern helfen.

Zusammenfassung: Die Phasen vier bis sechs sind von einer Gewinner-Verlierer-Konstellation geprägt; d.h. die Konfliktparteien rechnen nicht mehr mit einer gütlichen Einigung, sondern setzen auf Machtgewinn zu Lasten der anderen Partei.

3. Einzelthemen

Konfliktlösungsstrategien werden nun komplizierter und aufwendiger. Während in den Phasen eins bis drei noch auf die Selbstheilungskräfte gesetzt werden konnte – in der Regel mobilisieren weniger vom Konflikt betroffene Teile der Konfliktsysteme Strategien gegen eine Eskalation der Auseinandersetzung – wird für die Phasen vier bis sechs externe Hilfe im Sinne von Dritt-Partei-Interventionen notwendig.

Mit der Haltung „Vorwärts um jeden Preis!" läßt sich die Wende zu den Phasen sieben bis neun kennzeichnen.

■ Siebte Stufe: *Begrenzte Vernichtungsschläge*
Der Gegner wird entseelt, entmenscht, verdinglicht. Die vorherrschenden „pessimistischen Antizipationen" (Glasl, S. 273) lassen das gegnerische Drohpotential größer erscheinen, als es faktisch ist. Die Konfliktparteien konzentrieren ihre Kräfte, um der Gegenpartei einen empfindlichen Schaden zufügen zu können. Dabei ist es wichtiger, dem Gegner einen Nachteil, als sich einen Vorteil zu verschaffen (vgl. das Phänomen der Schadenfreude); d.h. die Konfliktparteien sind von einem zunehmend irrationalen Kalkül beherrscht. In staatlichen und zwischenstaatlichen Konflikten wird ein neues „Recht", das Kriegsrecht, proklamiert. Die Konfliktparteien wissen insgeheim, daß es nichts mehr zu gewinnen gibt. „Was zählt, ist ein gegenseitiges Aufrechnen des Schadens." (Glasl, S. 273).

■ Achte Stufe: *Zersplitterung*
Die destruktiven Einstellungen und Attacken nehmen überhand. Das „zentrale Nervensystem des Feindes" (H. Kahn, zit. bei Glasl, S. 276) wird angegriffen und soll zerstört werden. Fromm spricht in seinen Untersuchungen von der nekrophilen Lust an Vernichtung und Tötung. Die Konfliktparteien sind zwar zu großen Opfern bereit, noch aber setzen sie auf das eigene Überleben.

■ Neunte Stufe: *Gemeinsam in den Abgrund*
Jetzt wird die Grenze zum Selbstopfer eingerissen. Gewalt ist so total geworden, daß ein Schritt zurück unmöglich erscheint. Die Konfliktparteien schlagen besinnungslos aufeinander ein; ihr einziger „Gewinn" besteht im Wissen, den Feind mit in den Abgrund gerissen zu haben.

Zusammenfassung: Die Stufen sieben bis neun sind von einer Verlierer-Verlierer-Konstellation gekennzeichnet. Es gibt keine Realität mehr außerhalb des Konflikts; bzw. alle Realität verschwindet im „schwarzen Loch" der Krise. Mit dem Realitätsverlust haben die Parteien die Fähigkeiten, Alternativen zu ihrem Konflikt zu denken, verloren. Der Zugang zu Konfliktlösungsressourcen ist daher verschüttet. Dies bedeutet, daß eine Konfliktregelung nur mehr mit Hilfe einer Machtintervention in Gang kommt.

3.4 Konflikte verstehen und regeln

Konflikthandhabung

Konflikte können – sehr grob formuliert – auf dreierlei Weise reguliert werden: Mit Hilfe von *Macht* – d.h. der mächtigere Konfliktpartner oder eine Dritt-Partei erzwingt eine Lösung; zu deren Durchsetzung stehen entsprechende Machtmittel zur Verfügung (Gewalt, Geld, Beziehungen); mit Hilfe des Rechts – es wird entschieden, wer im Recht ist; diese Verfahrensweise setzt Rechtssatzung, -mittel und -instanzen voraus; und unter der Berücksichtigung von *Interessen* – d.h. die Konfliktpartner eruieren ihre tieferliegenden Wünsche, Ansprüche, Bedürfnisse und erarbeiten einen Interessenausgleich. In der Mehrzahl der Fälle entscheidet „Macht", gefolgt von „Recht" und – mit einigem Abstand – „Interessen"; wünschenswert wäre jedoch – im Sinne einer Konfliktregelung, die niedrige Kosten, hohe Zufriedenheit mit den Ergebnissen, Entwicklung der Beziehung und eine dauerhafte Lösung bringt – das umgekehrte Verhältnis.

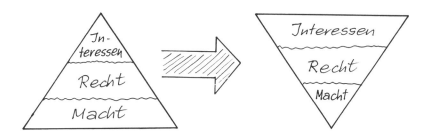

Schwarz unterscheidet vier Grundvarianten der Konflikthandhabung, die sowohl als Stadien eines geschichtlichen Entwicklungsprozesses wie eines Reifeprozesses von Individuen, Gruppen und Organisationen im Verlauf einer Konfliktregulation aufgefaßt werden können. Die Varianten haben den Charakter einer Typologie, nützlich als Systematisierungshilfe.

3. Einzelthemen

Konflikthand-habung	Menschheitsgeschichte	In Organisationen / in der Kirche
Flucht	Die übliche Reaktion des „Fluchtwesens" Mensch, solange es an Körperkraft unterlegen ist. Effektive Verhaltensweise dann, wenn genügend Ressourcen, z. B. Jagd- und Weideland, zur Verfügung stehen.	Konflikte werden – ignoriert – ausgeklammert – auf die lange Bank geschoben – personalisiert – in Ausschüsse verwiesen – mit Beschwichtigungsformeln zugedeckt – erduldet
Kampf mit dem Ziel: Vernichtung des Gegners	Urgeschichtliche Funde belegen, daß Menschengruppen durch andere ausgerottet wurden.	Konflikte werden „reguliert" durch – Kündigung d. Schwächeren – Zwangspensionierung – Zerstörung des Rufs – Abschieben aufs tote Gleis – die Erklärung zum Ketzer – Exkommunikation
Kampf mit dem Ziel: Unterordnung des Gegners	Der Sieger läßt den Besiegten leben und als Sklaven für sich arbeiten.	Konflikte werden „reguliert" durch – Einordnung in das hierarchische Gefüge – Verschärfung der Dienstanweisungen – Degradierung
Delegation	Die Gesellschaft differenziert sich. Es entstehen spezielle Funktionen, Amtsträger. Neue Funktionen lösen Konflikte aufgrund zugeschriebener Macht in der Exekutive oder Legislative.	Konflikte werden „geregelt" durch – Einschalten von höheren Autoritäten – juristische Gutachten und Entscheidungen
Kompromiß und Konsens Der Kompromiß visiert eine Regelung nach dem Motto an: der Konsens strebt eine Lösung des Konfliktes an, indem er die tieferen Interessen des Konflikts berücksichtigt und u. U. eine „dritte Möglichkeit" erarbeitet.	Macht und Gewaltpotential sind gleichmäßig verteilt, bzw. die Einschätzung der Machtverhältnisse ist schwierig; Kampfhandlungen sind/erweisen sich als zu riskant. Übergeordnete Instanzen, an die sich Konfliktparteien wenden könnten, existieren nicht, bzw. Delegation der Konfliktregelung bedeutet Gesichtsverlust für die Konfliktpartei. *Beispiel:* Konflikt(e) zwischen den Supermächten, Auseinandersetzungen zwischen Tarifparteien, Koalitionspartnern ...	Konflikte werden bewältigt durch – Feilschen (Bargaining): jeder gibt etwas ab, jeder erhält etwas – Verhandeln im Sinne des Harvard Negotiation Projects (vgl. S. 462)

3.4 Konflikte verstehen und regeln

Dritt-Partei-Rollen und -Interventionen

Konfliktgegenstände, Art der Konfliktparteien, Reichweite und Geschichte des Konflikts bestimmen die Rollen und Interventionen von Drittparteien. Auf Grund der Vielfalt der Determinanten wird faktisch jeder Konflikt zu einem Sonderfall; dies bedeutet, daß die Vorgehensweisen von Drittparteien sich nur mit einiger Gewalt systematisieren lassen. Der folgende Versuch bezieht sich auf Glasls Arbeiten.

Auf den **Stufen 1-3** haben Drittparteien in erster Linie die Rollen von *Moderatoren*. Sie unterstützen die Konfliktpartner darin, ihre Selbstheilungskräfte zu mobilisieren. Motto: „*Hilfe zur Selbsthilfe*". Das Gespräch zwischen den Konfliktparteien muß wieder in Gang gebracht und intensiviert werden. Dazu müssen die unterschiedlichen Standpunkte möglichst präzise herausgearbeitet, veröffentlicht und die Differenzen angesprochen werden. Dabei erweisen sich die klassischen *Visualisierungstechniken* als hilfreich; die Konfliktgegenstände treten auf diese Weise „schwarz auf weiß" den Konfliktparteien gegenüber. Oft wird allein die Identifikation der Konfliktpunkte in der „Öffentlichkeit" der Konfliktparteien heilsam; Lösungen ergeben sich dann wie von selbst. Weitere nützliche Methoden: *Kärtchenabfrage* (u.U. anonym, wenn die gegenseitigen Blockaden schon massiver geworden sind); Interviews einzelner wichtiger Personen durch den / die ModeratorIn im Angesicht der Konfliktparteien; *kontrollierter Dialog* (wenn bewußtes oder unbewußtes Mißverstehen sich häuft) u.ä. Immer wieder wird der / die ModeratorIn situativ Feedbacks („*Blitzlichter*") inszenieren, um die momentanen Gefühlslagen zu erheben und gesprächsfähig zu machen.

Der / die ModeratorIn achtet darauf, daß sein / ihr Vorgehen in allen Situationen für die Konfliktparteien transparent, verständlich und nachvollziehbar bleibt; Interventionen werden erläutert und mit den Konfliktparteien abgestimmt; sie dürfen sich nur auf Informationen beziehen, die in den Gesprächen öffentlich geworden sind. Das heißt auch: der / die ModeratorIn muß – nicht zuletzt um der Integrität der eigenen Rolle willen – Widerstand gegen die Versuche der Konfliktparteien aufbieten, ihn / sie mit Nebeninformationen zu bedienen. Wer außerhalb der Beratungsgespräche Informationen liefern will, sollte nachgerade stereotyp mit der Frage konfrontiert werden: „Können Sie, was Sie mir jetzt sagen wollen, nachher dem Plenum mitteilen?"

In der Regel sind Konfliktinterventionen im Sinne der Moderation nach kurzer Zeit erfolgreich.

Wenn Interventionen im skizzierten Sinn wirksam sein sollen, müssen die Rollen der Dritt-Parteien klar definiert und die Definitionen von den Konfliktpartnern geteilt werden. Einseitige Festlegung von Rollen verfängt nicht. So können z.B. *Vorgesetzte* das Konfliktausgleichgespräch kaum mit Aussicht auf Erfolg moderieren – auch dann nicht, wenn sie ihre Weisungsbefugnisse „wegdefinieren". Oft zeigt sich, daß Formulierungen der Art „Ich rede mit Ihnen nicht als Vorgesetzter" die Phantasien in Richtung Vorgesetztenrolle nachgerade verstärken.

Auf den *Stufen 4–6* – die Konfliktparteien antizipieren jetzt zunehmend Sieg oder Niederlage im Konflikt – genügen Interventionen in der Stilrichtung der Moderation nicht mehr; jetzt bedarf es einer intensiven *Prozeßbegleitung,* die *therapeutische* Interventionen bei Schlüsselfiguren des Konflikts und tiefere *Eingriffe in Organisationsprozesse und -strukturen* einschließt. Denn nun muß stärker am Konfliktpotential, den tieferen Motiven und Bedingungen des aktuellen Streitfalls gearbeitet werden. Damit begibt sich die Drittpartei in Räume des kaum noch Bewußten bzw. sogar des Unbewußten; pathologische Konfliktmuster müssen aufgespürt und bearbeitet werden – sowohl bei den Individuen wie in der Organisationsverfassung. Die Drittpartei muß sich also auf einen längeren Prozeß einrichten, der analog den Regressionen der Parteien immer wieder Rückschläge erleidet.

Damit es überhaupt zu Verhandlungen zwischen den Konfliktparteien kommt, muß *Vertrauen* aufgebaut werden. Dazu ist vorab eine Stärkung und Konsolidierung der einzelnen Konfliktparteien nötig, die ja in ihrer Identität und ihrem Selbstvertrauen schon empfindlich getroffen sind. Eine zu früh inszenierte Konfrontation der Konfliktparteien kann sich u.U. als schädlich auswirken. Die Arbeit mit den Konfliktparteien einzeln bringt die Beratung in eine gefährliche Position; damit sie Akzeptanz und Vertrauen in ihre Integrität nicht verspielt, müssen ihre Aktionen abgesprochen und bekannt sein; die Kontakte müssen symmetrisch erfolgen, damit keine Partei den Eindruck erhält, die andere werde vorgezogen. Die Drittpartei muß sich von den Macht- und Entscheidungszentren der jeweiligen Organisation unabhängig halten, Kontakte zu ihnen sind der Drittpartei nachgerade verboten; kritisch ist auch zu beurteilen, wenn die Drittpartei im Auftrag des Leitungssystems mit den Konfliktparteien arbeitet, ohne mit ihnen einen eigenen Vertrag zu entwickeln.

Die Drittpartei eruiert Vorgeschichte und tiefere Motive des Konflikts; sie stärkt die *Identität* der Konfliktparteien, indem sie präzise den Konfliktgegenstand herausarbeitet, die eigenen Werte, Ängste abbaut und sich zugleich um eine Relativierung der jeweiligen *Wirklichkeitssicht* bemüht. Dies kann unter anderem durch Übungen geschehen, in denen man sich in die Position der anderen versetzt. Für ein *Konfrontationstreffen* ist ein Minimum an wechselseitiger *Empathie* Voraussetzung. Die direkten Begegnungen müssen sorgfältig vorbereitet und gewissenhaft strukturiert werden; dazu sind u.U. spezielle Kommunikationsregeln zu verschreiben und durchzuhalten. Oft ist es nötig, eine wechselseitig gültige *Begrifflichkeit* zu finden und festzulegen.

3.4 Konflikte verstehen und regeln

In Fällen der *Konfliktstufen 5 und 6* zeigt sich immer wieder, daß existentiell verunsicherte Hauptakteure separat von den Konfliktgruppen ein *Coaching* (u.U. auch ein Training ihrer professionellen Kompetenz) brauchen.

Die intensive Arbeit mit Individuen und Gruppen darf den Blick auf neurotisierende Organisationsprozesse und -strukturen nicht verstellen. Die entscheidende Leistung der Drittpartei besteht gerade darin, zwischen Konfliktstrukturen zu differenzieren, die durch bestimmte Persönlichkeitsmerkmale oder durch dysfunktional eingesetzte Personen oder durch defiziente Organisationsprozesse und -strukturen begründet sind. Bei u.U. notwendigen organisatorischen Veränderungen können nach Bedarf Entscheidungsträger in den Beratungsprozeß einbezogen werden.

Eine Konfliktberatung dieser Art bezieht sich auf Methoden aus dem *Psychodrama*, setzt *Phantasiereisen* ein, nutzt die *Institutionsanalyse*, praktiziert die Verhandlungsstrategien nach dem Harvard Negotiation Modell u.a.

So beschriebene Prozeßbegleitungen verlangen erheblichen Einsatz und deutlich mehr Zeit. BeraterInnen brauchen hohe Frustrationstoleranz, da die Interventionen oft weder die erwünschte noch überhaupt Wirkungen zu zeitigen scheinen. Wichtig sind flankierende Maßnahmen (z.B. die Verabredung, daß „business as usual" gilt; daß Maßnahmen seitens der Leitung der Organisation ausgesetzt werden u.ä.) und eine behutsame „Nachsorge", damit verabredete und geplante Veränderungen sich einleben.

Schon gelegentlich bei Stufe 6, ganz deutlich jedoch auf den *Stufen 7–9* zeigt sich, daß Beratung als Drittparteifunktion keine Konflikthandhabungsstrategie mehr darstellt. Denn in diesen Phasen sehen die Konfliktparteien ja keine Möglichkeit mehr für eine kooperative Konfliktbewältigung. Eine Gemeinsamkeit besteht allenfalls noch darin, den schon entstandenen und noch zu erwartenden *Schaden zu begrenzen*.

In minder gravierenden Fällen hat die Drittpartei die Möglichkeit der *Vermittlung*. Dabei werden die gegnerischen Positionen präzisiert, die Streitpunkte nach ihrer Regelbarkeit gewichtet und mit dem Ziel eines Kompromisses verhandelt. Der / die VermittlerIn achtet auf folgende Verhandlungsdilemmata (nach Mastenbroek, 1978, zit. bei Glasl, S. 382):

- das *Abhängigkeitsdilemma* (Abhängigkeit der Konfliktparteien voneinander versus Interesse, die eigene Position durchzusetzen);
- das *Informationsdilemma* (Informationen offen austauschen versus Informationen vorenthalten)
- das *Druckdilemma* (Starr bleiben versus konzessionsbereit sein; die Möglichkeiten des Konfliktpartners realistisch einschätzen versus Loyalität gegenüber der eigenen „Hintermannschaft" beachten)
- das *Machtdilemma* (Machtüberlegenheit anstreben versus Machtsymmetrie beachten, damit Konfliktgegner noch Interesse an der Verhandlung behält).

3. Einzelthemen

Eher bescheidene Ziele liefert die Orientierung für die Vermittlungsaufgabe: z.B. Begrenzung der Einflußgebiete, schiedlich-friedliche Trennung, Einigung auf wechselseitige Duldung und Koexistenz.

In gravierenden Fällen sind Interventionen im Sinne des *Schiedsverfahrens* bzw. des *richterlichen Entscheids* angezeigt. Sie funktionieren in dem Maße, wie die „*Legitimität durch Verfahren*" und d.h. für die Rollenträger: *Neutralität, Unparteilichkeit und Unbefangenheit* sichergestellt sind. Die Rollenträger benötigen sozial anerkannte und durch Rechtssätze gebundene Macht zur Durchsetzung ihrer Entscheidungen. Sie definieren – u.U. weitestgehend unabhängig von den Konfliktparteien – den Konfliktgegenstand, kommen zu einer eigenen Anschauung des Konfliktprozesses und fällen ein Urteil, das in der Regel nur die aktuelle Konfliktlage berücksichtigen kann.

Eine Beeinflussung des Konfliktverhaltens der Konfliktparteien, eine Einwirkung auf Konfliktmotive und -ursachen bleiben dem Schiedsrichter versagt; die Feindschaft zwischen den Konfliktparteien wird somit nicht überwunden.

Im Extremfall ist der *Machteingriff* geboten. Er setzt voraus, daß die intervenierende Instanz über ausreichend Einfluß verfügt, die Konfliktparteien auf längere Sicht von Konflikthandlungen abzuhalten. Vor einer Intervention müssen daher die Machtsysteme sich dem Kalkül unterziehen:

☐ Hat unsere Intervention Durchsetzungschancen?
☐ Können wir uns die Kosten der Intervention leisten? Oder ist es billiger, den Konflikt zu dulden?
☐ Welche Wirkungen hat ein Machteingriff auf benachbarte Systeme?

3.4.1.1 Gewaltfreier Aufstand
Lothar Helm

Im Umgang mit Konflikten gibt es auch eine lange politische Tradition des gewaltfreien Widerstands. Theodor Ebert hat eine Theorie der gewaltfreien Aktion entwickelt, die sich vor allem an den Erfahrungen aus dem Unabhängigkeitskampf in Indien (1919–1948) und der Rassenintegrationskampagne in den USA orientiert. Ebert will aufzeigen, daß es in einer Konfliktsituation, bei der einer Gruppe von Beherrschten oder Unterprivilegierten die Mitwirkung am institutionellen Entscheidungsprozeß verwehrt wird, nicht nur die Alternative „Resignation oder gewaltsame Aktion" gibt (die beide letztlich den Herrschenden / Reformunwilligen in die Hände arbeiten), sondern daß sich aus den Erfahrungen gewaltfreier Aktionen (non-violent actions) Strategien entwickeln lassen, die aus dem Teufelskreis von Resignation und Gewalt hinausführen.

Grundgedanke der Strategie des gewaltlosen Aufstands ist (so formuliert es Ebert unter Berufung auf M. Gandhi), daß auf jeder Eskalationsstufe neben die Widerstandshandlungen die „konstruktive Aktion" treten müsse, andernfalls gleite der Widerstand in ein „bloßes Abenteuertum" ab und sei „schlimmer als nutzlos" (Gandhi bei Ebert S. 36). Die folgende tabellarische Darstellung versucht, die drei Eskalationsstufen des gewaltfreien Aufstandes (Ebert, S. 36ff.) tabellarisch und notwendigerweise verkürzt darzustellen.

Gewaltfreier Aufstand ist eine von drei Alternativen. Die beiden anderen:

- *Passivität* (nicht immer identisch mit Aufgabe der Ansprüche!)
- *Institutsimmanente Aktivität* (Spielräume ausnutzen!) Die gewaltsame Aktion wird abgelehnt, doch es gibt eine Fülle von Zwischenformen.

3. Einzelthemen

Eskalationsstufe	Subversive Aktion	Konstruktive Aktion
1	*Protest* Dokumentation und Publizierung von Mißständen in Flugblättern, Broschüren, Ausstellungen, Versammlungen, Mahnwache, Protestmarsch, Autokorso, Sitzprotest. Mobilisierung bisher Passiver	*Funktionale Demonstration* Teach-In (Erörterung funktionaler Alternativen, vorwiegend an Unis) Soziodrama (neue Rollen im Spiel einüben) Wissenschaftliche Gutachten (Einzelne, Kollektive)
2	*Legale Nicht-Zusammenarbeit* Gemeinsames Unterlassen eines „normalen" polit. Verhaltens Ablehnung der Ämter, welche die Herrschenden anbieten (müssen), Boykott von Scheinwahlen, Verzicht auf Titel und Ehrenämter Boykott populärer Veranstaltungen Hungerstreik, Auswanderung evtl. Selbsttötung Boykott bestimmter Produkte Streik, Dienst nach Vorschrift	*Legale Rolleninnovation* („konstruktive Notstandsmaßnahme") Sorge für die Angehörigen von Gefangenen Einrichtung eigener Bildungsstätten Herausgabe eigener Zeitungen und Zeitschriften Gründung eigener Wirtschaftsunternehmen Schaffung neuer Möglichkeiten der Freizeitgestaltung Bildung von Studienkreisen etc.
3	*Ziviler Ungehorsam* (Offene und gewaltlose Mißachtung von Gesetzen und Anordnungen der Herrschenden) ☐ Revolutionärer ziviler Ungehorsam, gegen das gesamte Herrschaftssystem ☐ Reformbedachter ziviler Ungehorsam gegen einzelne Gesetze. Steuerverweigerung Generalstreik, Sitzstreiks, Aufforderung zur Meuterei	*Zivile Usurpation* (Handeln, als ob das neue soziale System schon bestehen würde, Übernahme neuer Rollen) *reformbedacht* ☐ Sit-in ☐ Besetzung v. Raketenbasen *Revolutionär* ☐ Symbolische Handlungen (Gandhis Gewinnung einiger Salzkörner aus dem Meer) Bildung von Selbstverwaltungsorganen Eigene Gerichte etc.

3.4.1.2 Virginia Satir's Konfliktverhaltens-Modell

Ausgehend von der Themenzentrierten Interaktion unterscheidet die Familientherapeutin V. Satir zwischen drei Komponenten:

☐ Ich (I), – der oder die Andere (A), –
die Sache, um die es im Konflikt geht (S).

Die Hypothese hinter diesem Modell heißt: Nur wenn die beiden Konfliktparteien und die Sache selbst im Konfliktgespräch berücksichtigt werden, kann es zu tragfähigen Lösungen kommen, die nicht von einem Gewinner – Verlierer – Verhalten ausgehen.

Zeichnung 1 Alles für *dich*, nichts für mich. Es geht um dich. Ich weiß, was gut ist für dich.

Zeichnung 2 Es geht um *mich*. Ich muß an mich denken, für mich selbst sorgen. Auf meinen Standpunkt kommt es an. Dein Teil ist dein Problem. Du verstehst mich nicht.

Zeichnung 3 Es geht um die *Sache*, das Prinzip. Die Sache allein ist wichtig. Die persönlichen Fragen müssen hinter der Sache zurücktreten.

Zeichnung 4 Es geht um unsere Beziehung. Im Grunde ist es gleichgültig, wie wir in der Sache entscheiden. Hauptsache, wir verstehen uns, bleiben zusammen.

Zeichnung 5 Alle reden aneinander vorbei. Niemand hört auf die anderen. Am Schluß weiß niemand mehr, um was es eigentlich geht. Hier wird haarscharf am Problem vorbeigearbeitet.

Zeichnung 6 Wir reden über unsere Interessen. Was willst du, was will ich? Welche Alternativen gibt es?

3. Einzelthemen

3.4.1.3 Rivalität unter Frauen

Warum der „Schwesternstreit" so schwierig ist

1. Die Solidaritätseuphorie unter Frauen verdrängt das Wahrnehmen von Unterschieden und führt zu Überhöhungen des Weiblichen (Weiblich ist per se besser; das Heil kommt von dort).
2. Die in der Frauenbewegung neu gewonnene Sensibilisierung für Diskriminierung von Frauen hindert ein offenes Austragen von Konflikten und Meinungsverschiedenheiten. Gemeinsam erlebte und wahrgenommene Diskriminierung von Frauen löst Schutz- und Verteidigungsbedürfnisse für andere Frauen aus, die – soweit sie undifferenziert vertreten werden – das Austragen eines offenen Konflikts behindern. Aber gerade Solidarisierungsprozesse benötigen einen hohen Grad von Differenzierung, sollen sie wirkungsvoll und glaubwürdig sein.
3. Es gibt einen „subkutanen Haß" zwischen Frauen, der auf der sozialisierten Rivalität um den Mann basiert.
4. Geschwister-Neid mit Schwestern und Brüdern gehört zu vielen Biographien.
5. Möglicherweise liefert das Verhalten von Müttern, die sich für alles verantwortlich und dann auch entsprechend schuldig fühlten, wenn etwas schief lief in der Familie, das Verhaltensmodell, das Streiten mit anderen Frauen verhindert. Mit anderen Worten: solche Töchter lernen aufgrund ihrer Erziehung und ihrer gesellschaftlichen Situation, ihre Aggressionen zu unterdrücken bzw. gegen sich selbst oder gegen Schwächere (z.B. Kinder) zu richten. Das führt leicht zu einer sado-masochistischen Opferhaltung oder zu Schuldgefühlen.
6. Frauensolidarität löst bei Männern in der Regel Angst oder Vorbehalte aus, ebenso bei Frauen, die sich komplementär auf den Mann bezogen verhalten.
7. Die Themen Nähe und Distanz sind ein besonderes Problem vieler Frauen. Nähe gerät schnell zu Symbiose, Distanz leicht zu Ablehnung. Deshalb können Frauen besser mit solchen Frauen streiten, die sich deutlich abgrenzen. Je deutlicher die eigene Identität und Unverwechselbarkeit gewonnen wird, desto deutlicher wird weibliche Vielfalt, nicht weibliche Gleichheit als Potenz erkannt.
8. Es gibt so etwas wie einen weiblichen Überlebenskampf auf dem Liebes- und Arbeitsmarkt. In beiden Situationen geht es auch um materielle Existenzsicherung für Frau und Kinder. Auf dem Arbeitsmarkt werden Frauen – um mit einem Bild von Hannah Arendt zu sprechen – aus „Parias" (jahrhundertelang Ausgeschlossenen) zu „Parvenues" (Aufsteigerinnen). Frauen verhalten sich im Kampf um den Aufstieg oft wie Parvenues, indem sie Ab- und Ausgrenzung anderer Frauen betreiben.

Anmerkungen

Vergleiche Frauen- und Männerstammtische, ihre Kultur und die Art der Veränderung, die eintritt, wenn eine gegengeschlechtliche Person in diese Gruppe kommt.
„Verstehen" und „Vertrauen" müssen in diesen Zusammenhängen als methodische und nicht als „moralische" Kategorien begriffen werden.

3.4.2 Übungen zum Thema und Anleitungen für die Praxis

3.4.2.1   Konfliktdaten sortieren   335
3.4.2.2   Direkte Konfrontationssitzung   336
3.4.2.3   Fairer Streit   337
3.4.2.4   Konfliktgespräch in 8 Schritten   339
3.4.2.5   Rivalitätsvorbilder (für Frauen)   340
3.4.2.6   Ich suche mir meine/n KonkurrenzpartnerIn   340
3.4.2.7   „Ich bin schöner ..." (Körperübung)   341

3.4.2.1 Konfliktdaten sortieren

Situation – In einem Team gibt es Unmut und Resignation über die Zusammenarbeit. Der Unmut kanalisiert sich in Feindseligkeiten gegen einzelne Personen. Der Zusammenhang zwischen „schwierigen Personen" und systemischen – zu verändernden – Bedingungen ist noch unklar. Hier kann es hilfreich sein, ein Feedback auf dem Hintergrund des Schichtenmodells (s.S. 145) einzuleiten.

Vorgehen – Das Schichtenmodell wird vorgestellt, die Feedbackübung Tue mehr, tue weniger erläutert.

Alle Personen werden gebeten, für sich ein Plakat anzufertigen, auf das die anderen ihre Daten sortiert nach dem jeweiligen Bezug eintragen.

Name			
	Tue mehr	Tue weniger	Behalte bei
Arbeitsorganisation			
Rollen			
Verhalten			
Werte, Normen			
Persönlichkeitsprofil			

Dabei werden Konfliktfelder, die unterschiedlichen Ebenen, Spannungen zwischen Personen und das, was veränderbar ist und was nicht, deutlich.

3. Einzelthemen

3.4.2.2 Direkte Konfrontationssitzung

Stichworte: Konflikte, Polarisierungen, Beziehungsklärung

Ziel: Durch eine direkte Konfrontation verschiedener Meinungen und Einstellungen zu einer Entscheidung über Verhaltensänderung in einer Gruppe zu kommen.

Zeitbedarf: 4–5 Stunden

Gruppengröße: Bis zu 8 Personen

Verlauf:

1. Der / die BeraterIn erläutert das Verfahren. Nur wenn alle damit einverstanden sind, kann die direkte Konfrontationssitzung stattfinden.
2. Jedes Mitglied der Organisation (Gruppe) wird im Beisein aller anderen 5–10 Minuten lang interviewt, und zwar im Hinblick auf

- ☐ den Konflikt selbst,
- ☐ seinen Anteil am Konflikt,
- ☐ seine Sicht des Konfliktstoffes,
- ☐ seinen Leidensdruck, seine Hoffnungen,
- ☐ die Unterstützung, die es bei der Bearbeitung des Konflikts erwartet.

3. Nachdem alle Beteiligten interviewt sind, findet ein Plenumsgespräch statt, in dem die verschiedenen Anteile am Konflikt diskutiert werden. Erst wenn die Einstellung eines / einer jeden zum Konflikt klar ist, werden
4. für alle Beteiligten Wandzeitungen geschrieben. Jede Wandzeitung enthält den Namen des / der Betroffenen und ist in folgende Sparten aufgeteilt:

An: Gerold M.

Tue mehr	Tue weniger	Behalte bei	Von:
			Regina X

- ☐ Tue mehr, d.h., ich würde gerne mehr bei Ihnen sehen von folgendem Verhalten …
- ☐ Tue weniger, d.h., ich würde gerne bei Ihnen weniger sehen von folgendem Verhalten …
- ☐ Behalte bei, d.h., ich würde gerne folgendes Verhalten bei Ihnen verstärken …
- ☐ Alle schreiben ihre Erwartungen an die anderen auf deren Wandzeitung und notieren ihren Namen dazu, damit Rückfragen möglich sind.
- ☐ Die Wandzeitungen werden gelesen und in der Gruppe diskutiert mit dem Ziel, zu Absprachen über Veränderungen im Verhalten in der Organisation zu kommen.

3.4 Konflikte verstehen und regeln

Hinweise für BeraterInnen:

Bei den Interviews sollten BeraterIn und Interviewter einander gegenüber und außerhalb der Gruppe sitzen, so daß die Gruppe beide im Profil sieht.

Bei dem Gespräch über Interviews und Wandzeitungen sind die Feedback-Regeln zu beachten.

Vorsicht vor der Anhäufung von zu vielen Daten und Konfliktstoffen! Hier kann eine Zeitbegrenzung bei den Interviews und den Wandzeitungen helfen, aber auch entsprechende Hinweise bzw. Deutungsangebote, wenn der Eindruck entsteht, die Gruppe vermeide eine Bearbeitung des Konflikts durch Nennung immer weiterer Probleme.

3.4.2.3 Fairer Streit

Ziel: Es gibt verschiedene Möglichkeiten, mit Konflikten umzugehen; wir können uns destruktiv, aber auch konstruktiv in Konfliktsituationen verhalten. Eine Möglichkeit konstruktiven Konfliktverhaltens bietet die Übung „Fairer Streit". Sie will die Kommunikationsschwierigkeit in Konflikten erkennbar und bearbeitbar machen und so Möglichkeiten zur Lösung Raum geben, die von den Konfliktpartnern selbst gefunden werden.

Wenn es hier „Übung" heißt, so ist das nicht ganz zutreffend. Faires Streiten muß zwar geübt werden, damit es immer besser gelingt, aber diese Übung ist kein Spiel. Sie bietet vielmehr eine *Strukturierungshilfe* in Konfliktsituationen, in denen die Kommunikation der Partner schwierig geworden ist. Faires Streiten hat zum Ziel, diese Situation zu verändern, und fordert deshalb von den Partnern, daß bestimmte Bedingungen eingehalten werden.

Voraussetzungen für faires Streiten: Eine wesentliche Voraussetzung für faires Streiten ist die *Ernsthaftigkeit des Konflikts* und der Auseinandersetzung der Konfliktpartner. Eine weitere unabdingbare Voraussetzung für das Gelingen ist die *Freiwilligkeit der Beteiligten*. Erfahrungen aus der Gemeinde – wie auch aus der Eheberatungspraxis, dem ursprünglichen Ort dieser Übung – haben gezeigt, daß faires Streiten nur dann als Konfliktbewältigungsmechanismus gewählt wird, wenn das Bedürfnis nach Lösung des Konflikts, also ein wirklicher Leidensdruck, vorhanden ist.

3. Einzelthemen

Anwendungsbereiche: Die Übung „Fairer Streit" als Strukturierungshilfe für die Kommunikation kann von einem Dritten in Konfliktsituationen zwischen zwei Personen z.b. im Kirchenvorstand, aber auch bei Jugendlichen (Konfirmanden- und Religionsunterricht, Jugendgruppe) eingeführt werden.

Hinweise für LeiterInnen: Der Konflikt soll persönlich, in Ich-Form, formuliert werden und sich nicht hinter „Man"-Formulierungen verstecken können. Der Bericht über den Konflikt soll sich auf einen aktuellen Konfliktpunkt beschränken und nicht mehrere und längst vergangene Dinge aufzählen. Der Konfliktpartner muß die Möglichkeit haben, diesen Konfliktpunkt ändern zu können: unveränderliche Situationen (z.B. körperliche Merkmale) können nicht zum Gegenstand eines auf Veränderung bezogenen fairen Streitens werden.

Ablauf der Übung: (Um der Lesbarkeit des Textes willen verzichten wir im Folgenden auf die inklusive Sprache.)

Beide Konfliktpartner, „Ankläger" und „Beklagter", wählen sich je einen oder auch gemeinsam einen Berater, dessen Aufgabe es ist, einerseits auf das Einhalten der Bedingungen für faires Streiten zu achten, andererseits seinen Klienten im Hinblick auf Formulierungen zu beraten.

1. Der Kläger bespricht nun mit dem Berater seine *Anklage*. Der Beklagte kann dieses Gespräch mit anhören, das muß aber nicht sein. Der Kläger trägt dann seine Klage dem Beklagten vor, der nicht sofort darauf reagiert, sondern sie so wörtlich wie möglich wiederholt. Der Kläger bedankt sich dafür, daß er angehört wurde.
2. Im nächsten Teil bespricht der Kläger zunächst mit dem Berater seinen *Wunsch*, wie sich der Partner in der benannten Situation ändern könne und er trägt dies dann dem Beklagten vor. Wie zuvor wiederholt dieser so genau wie möglich den Wunsch des Klägers, der sich für das Zuhören wiederum bedankt.
3. In der dritten Phase der Übung kommt der Beklagte zu Wort. Er bespricht zunächst mit dem Berater seine *Antwort* auf den Wunsch des Klägers, ob er sich ändern kann und will oder nicht. Diese Antwort trägt er dem Kläger vor, der nun die Antwort auf den Wunsch so genau wie möglich wiedergeben muß. Der Beklagte bedankt sich, daß er angehört wurde.

In diesen drei Phasen verläuft das faire Streiten. Es kann dabei immer nur ein Konfliktpunkt benannt werden, erst nach dessen Bearbeitung kann auf die beschriebene Weise zum nächsten Punkt ein neuer Durchgang des fairen Streits eröffnet werden. Die Strukturierungshilfe der Übung ist eine Anregung, an deren genanntem Ablauf man sich nicht immer sklavisch halten kann und muß. So ist es z.B. denkbar, daß einer der beiden Partner seinen Kontrahenten nicht richtig verstanden hat und deshalb die Worte nicht exakt wiedergeben kann, dann sollte man Rückfragen ermöglichen und nicht stur darauf bestehen, daß nun der nächste Schritt, das Bedanken für das Zuhören, folgen muß.

3.4.2.4 Konfliktgespräch in 8 Schritten

Vorbemerkung: Entwickelt wurde diese Übung für ein Konfliktgespräch zwischen 2 Personen, die sich über konflizierende Interessen verständigen möchten. Insofern vertreten beide Personen unterschiedliche Seiten oder Parteien.

Die Übung ist aber auch denkbar für die Bearbeitung eines Konfliktes zwischen zwei Gruppen. Dann müßte das Setting so gestaltet werden, daß das Gespräch zwischen Innen- und Außenkreis oder zwischen zwei VertreterInnen jeder Gruppe stattfindet, die durch andere Personen der jeweiligen Gruppe abgelöst oder durch ein Alter-Ego verstärkt werden können.

1. Anmeldung der Störung
Jede Person sagt, was sie stört oder beunruhigt, was sie befürchtet oder welches unbefriedigte Bedürfnis sie hat.
Sie drückt dabei ihre Gefühle direkt (in der Ich-Form) und ohne Vorwurf aus.
Sie sagt nur einen Punkt aufs Mal.
Sie sagt, daß sie gerne mit der anderen darüber sprechen möchte.

2. Herausfinden der Hintergrundbedürfnisse
Zuerst redet nur die eine und die andere hört ihr aktiv zu.
Dann redet nur die andere und die eine hört ihr aktiv zu.

3. Umformulierung der Störung in Wünsche
Beide versuchen zu sagen, was sie eigentlich möchten.

4. Sammeln von möglichen Lösungen
Gemeinsam sammeln sie Vorschläge, wie man es machen könnte, daß beide auf ihre Rechnung kämen, auch unsinnige und phantasievolle. Wichtig dabei ist, daß sie noch nicht darüber diskutieren, sondern nur sammeln.

5. Prüfen der Vorschläge
Jetzt erst wird das Für und Wider erwogen, werden alle Einwände gebracht, werden die Vorschläge kritisch bewertet.

6. Einigung auf die beste Lösung
Es sollte eine sein, zu der beide Personen wirklich ja sagen können, die also den Interessen beider Seiten optimal entspricht.

7. Ausarbeiten der Einzelheiten
Man trifft genaue Abmachungen, wie die beschlossene Lösung praktisch durchgeführt werden kann.

8. Später überprüfen
Nach einiger Zeit wird nachgeschaut, ob sich die Lösung bewährt, ob sie immer noch die beste ist, sonst werden die Abmachungen geändert.

3. Einzelthemen

3.4.2.5 Rivalitätsvorbilder

Ziel: Diese Übung dient dem Aufmerksamwerden für eigene Rivalitäts-Muster, die durch Erfahrungen in der Familie erworben wurden.
Zeit: 90 Minuten

Ablauf
1. Zunächst werden in Einzelarbeit folgende Fragen beantwortet:
☐ Gibt es Frauen in deiner Familie (Mutter, Tanten, Schwestern, Cousinen, Großmütter etc.), mit denen du konkurriert hast?
☐ Erinnere konkret einzelne Situationen: Um was wurde konkurriert? Wie spielte sich der Konkurrenzkampf ab? Was wurde gesagt, getan, nicht gesagt, nonverbal ausgedrückt?
☐ Wie hat sich deine Mutter dazu verhalten? Was hat sie gesagt, getan, nonverbal ausgedrückt?
☐ Welche Gefühle hattest du nach dem Austragen dieser Rivalitätskämpfe?
Notiere deine Gefühle und deine eigenen Verhaltensweisen (30 Minuten).

2. Austausch zu zweit:
Welche dieser Verhaltensweisen sind mir noch heute geläufig? Welche empfinde ich als hilfreich, welche als hinderlich? (30 Minuten)

3. Plenum
Auf Flip-chart Verhaltensmuster notieren, die Frauen als besonders signifikant erleben. Kurzinformation (s. 3.4.2.3, S. 334) geben. (30 Minuten)
Ein Abschluß dieses Arbeitsprozesses könnte die folgende Übung: „Ich suche mir meine Konkurrenz-Partnerin" sein.

Anmerkung: Diese Übung kann – entsprechend modifiziert – auch mit Männern und in gemischten Gruppen durchgeführt werden.

3.4.2.6 Ich suche mir meine Konkurrenzpartnerin

Alle stehen im Kreis, in dem jede Frau – ohne zu sprechen – auf eine andere Frau zugeht, mit der sie rivalisiert. Zunächst eine Weile schweigend voreinander stehen bleiben, sich anschauen, dann ohne zu sprechen weitergehen. Danach auf eine oder mehrere andere rivalisierende Frauen zugehen; dasselbe Verfahren. Danach eine Frau wählen, Paare bilden, die Erfahrungen austauschen.
   In einem zweiten Durchgang könnte diejenige Frau gewählt werden, von der ich gerne etwas hätte, auf die ich neidisch bin, und mit der ich mich messen möchte. Diese Übung eignet sich gut als Einleitung zur Übung „Konkurrieren lernen".

Anmerkung: Diese Übung kann natürlich auch mit Männern durchgeführt werden – und auch in gemischten Gruppen.

3.4 Konflikte verstehen und regeln

3.4.2.7 „Ich bin schöner ..." – Körperübung

Zwei Frauen stehen sich gegenüber. Die eine umfaßt mit den Armen die Partnerin unter den Schultern, um sie zu sich herzuziehen. Die andere legt ihre Hände gegen die Schultern der Partnerin, um sie wegzudrücken. Dabei sagen beide Sätze wie:
Ich bin schöner ...
... klüger ... stärker ... reifer, etc.

Die körperliche Spannung muß wirklich spürbar sein. Wenn beide genug haben, sich zu zweit austauschen, dann im Plenum: Haben sich die Sätze verwandelt, gesteigert? Ist aus dem Ich ein Du geworden? Welches waren die Empfindungen, Gedanken, Phantasien, Erinnerungen?

Diese Übung wird meist als sehr lustvoll empfunden. Wenn sie körperlich zu nahe ist, kann eine andere Form gewählt werden: indem beide Frauen beide Hände gegeneinander legen und dagegen drücken und dabei die Sätze sprechen.

Anmerkung Diese Übung kann auch mit Männern durchgeführt werden, auch mit gemischten Gruppen.

Literaturliste für Teil 3.4 (Seite 315–341)
Dahrendorf, R., 1970[9]
Dahrendorf, R., 1972
Ebert, Th., 1983[3]
Glasl, F., 1990[2]
Lotmar, P. / Tondeur, E., 1989
Lumma, K., 1988
Miner, V. / Longino, H. E., 1990
Mintzberg, H., 1991
Naase, C., 1979
Satir, V., 1979[4]
Schwarz, G., 1990
Schwarz, P., 1992

3. Einzelthemen

3.5 Macht und Geld einsetzen

3.5.1 Theorie und Informationen

3.5.1.1   Einführung   342
3.5.1.2   Macht als Asymmetrie von Einfluß   343
3.5.1.3   Was bedeutet Macht in der Organisation Kirche?   344
3.5.1.4   Gedanken zum Machtprofil von Frauen   347
3.5.1.5   Verzerrungen von Macht   352
3.5.1.6   Verhaltenshinweise für Frauen, die mehr Einfluß haben wollen   353
3.5.1.7   Killerphrasen   354
3.5.1.8   Geld   355
3.5.1.9   Honorare aushandeln   357

3.5.1.1   Einführung

Das Leitmotiv der Organisationsentwicklung, Organisationsmitglieder am Wandel bzw. an der geplanten Umgestaltung von Organisationen zu beteiligen, nimmt auch die Gemeindeberatung auf. Mit diesem Konzept setzt sich die Organisationsentwicklung Mißdeutungen aus: sie fröne einer Egalitätsideologie und sei von Harmonievorstellungen geleitet. In Wahrheit führt diese Maxime jedoch zu einer Auseinandersetzung mit Machtfragen und – im Falle konkreter Beratung – mit den Machtzentren einer Organisation.

Allein schon die Forderung, Organisationsmitglieder möglichst breit an geplanten Organisationsveränderungen mitwirken zu lassen, bringt etablierte Machtstrukturen in Schwingungen; die Folge ist oft Abwehr von OE als Veränderungsweg oder zumindest deren Funktionalisierung durch die Machteliten.

In ihrer Frühphase – bei Kurt Lewin beispielsweise – war Organisationsentwicklung betont eine Anti-Strategie gegen Macht- und Zwangsstrategien – nicht zuletzt auf Grund von Erfahrungen der OE-Väter mit totalitären Regimen.

Es ist sicher nicht von ungefähr, daß viele Unternehmensberatungsfirmen den OE-Ansatz folgerichtig ablehnen und sich ganz auf Expertisen für die Unternehmensführung beschränken – nicht selten allerdings um den Preis der sozialen Akzeptanz ihrer strategischen Vorgaben.

Gemeindeberatung als Organisationsentwicklung in kirchlichen und sozialen Einrichtungen hat es da nur scheinbar leichter. Sie trifft zwar auf grundsätzlich positive Einstellungen ihren Vorgehensweisen gegenüber, denn diese entsprechen dem Selbstverständnis der Einrichtungen als kollegiale bzw. „geschwisterliche" Organisationen mit flachen (und eher schwachen) Hierarchien, weiten Ermessensspielräumen der Professionellen und geringen Kontrollmöglichkeiten; aber mit diesen Grundmerkmalen ist zugleich die Neigung verbunden, Machtdifferenzen herunterzuspielen, ungleichgewichtige Einflußmöglichkeiten zu verschleiern und sogar schon den Begriff „Macht" zu perhorreszieren. Angesichts der diffusen Dynamik braucht Gemeindeberatung klare Begrifflichkeiten und wirkungsvolle diagnostische Schlüssel und Interventionsformen.

3.5.1.2 Macht als Asymmetrie von Einfluß

In kirchlichen Debatten wird die Machtfrage häufig generalisiert. Dazu tragen vor allem die theologischen Professionellen bei. Die gängige Überhöhung, ja Mystifizierung des Machtbegriffs macht ihn paradoxerweise nichtssagend; das „Geraune" um Macht klärt nicht die organisationellen Verhältnisse und bewirkt keine Veränderung der Machtstrukturen – falls notwendig. Insofern ist mit Glasl für einen „engeren Begriff der Macht" in Organisationen zu plädieren. Er definiert **Macht** als:
„Möglichkeit eines Actors (des Machtausübenden) in einer gegebenen sozialen Beziehung, um Einflußmittel so einzusetzen,
daß seine Zumutung das Handeln eines anderen Actors (des Machtunterworfenen) derart bestimmt,
daß der machtunterworfene Actor eine geringere Möglichkeit sieht, sich der Zumutung zu entziehen." (ZOE, S. 45)

Macht ist eine Asymmetrie der Einflußbeziehungen Einzelner oder einzelner Subsysteme in Organisationen. Es gibt auf *einer* Seite mehr und auf einer *anderen* Seite weniger Macht – aber nicht: alle Macht auf der einen und keine Macht auf der anderen Seite; das heißt, es stehen sich nicht Ohn- und Allmächtige gegenüber, sondern Mächtige und Mindermächtige. Auch die „schwächere" Seite hat Einwirkungsmöglichkeiten – nicht nur im hypothetischen Sinn; Machtverhältnisse als Einflußbeziehungen sind grundsätzlich reziprok und können vom „Machtausübenden" wie vom „Machtunterworfenen" her verändert werden.

Macht ist eine Beziehungsgröße und nicht eine Eigenschaft eines „Actors". Macht spiegelt sich in strukturellen, objektiven (z.B. Organigrammen, Definition von Berichtswegen etc.) wie in prozeßhaften, subjektiven Gegebenheiten (Haltungen, persönlichen Werten und Verhaltensweisen, Erfahrungen mit „Macht" etc.) wieder. „Ungleichheit der Chancen, der Einsetzbarkeit von Machtmitteln, der subjektiven Einschätzung der Durchsetzungs- und Widerstandschancen sind wesentliche Elemente der Machtbeziehungen." (Glasl, S. 46)

3. Einzelthemen

Faßt man, wie Glasl es tut, Organisationen als dreidimensionale Gebilde auf, dann lassen sich die unterschiedlichen Aspekte der Macht in Organisationen noch genauer beleuchten. In der *kulturellen Dimension* der Organisation – das heißt auf der Symbol und Mythenebene, die den Organisationsmitgliedern Sinn, Zusammenhänge, tiefere Spielregeln der Organisation erschließt – entstehen *Legitimationen* für den Besitz und die Ausübung von Macht. Solche Traditionen prägen das Verständnis und erleichtern die Akzeptanz von Macht – unter der Voraussetzung, daß sich die Praxis innerhalb der überkommenen Werte und Normen bewegt.

Betrachtet man die Organisation unter dem Gesichtspunkt ihrer politisch-sozialen *Dimension*, dann erscheint sie als Kampfplatz, wo Organisationsmitglieder, einzeln oder in Gruppen, um Güter, Einfluß, Ansehen, Informationen etc. streiten. „*Machtspiele*" werden aufgeführt, für die die Organisation sowohl den Rahmen als auch die Mittel bereitstellt. Allerdings bedarf es besonderer Fähigkeiten von „Actoren", die Ressourcen auch zu mobilisieren. Die politisch-soziale Dimension der Organisation beschreibt also die *Prozeßseite* der Macht.

In der *synergetischen Dimension* der Organisation, mit der die Zweckorientierung der Organisation umschrieben wird, zeigt sich Macht in den unterschiedlichen Interdependenzen arbeitsteiliger Produktion bzw. Leistungserbringung. Solange die Interdependenzen als Funktion der Organisation erfahren werden, entstehen an den „Schnittstellen von Actorsystemen" (S. 51) keine Auseinandersetzungen. Erst wenn subjektive Faktoren hinzukommen – wenn also beispielsweise ein Kirchenvorstand befürchtet, aus welchen Gründen auch immer, daß die über das Pfarramt laufende Post an den Kirchenvorstand vom Pfarrer selektiert wird – dann werden „natürliche" Interdependenzen als *Machtkonstellationen* mit entsprechendem Konfliktpotential erlebt. Die „Sachzwänge" liefern der synergetischen Dimension die Rechtfertigungen für die „Machtspiele".

Gemeindeberatungsdiagnosen und -interventionen beziehen sich auf alle drei Dimensionen und deren Wechselbeziehung, wobei es fallweise zu unterschiedlichen Focussierungen kommt. Deutlich muß dabei sein, daß Machtkonflikte sich nicht in einer Dimension isoliert regeln lassen.

3.5.1.3 Was bedeutet Macht in der Organisation Kirche?

Als Großorganisation mit einer Vielzahl von Subsystemen entwickelt die Kirche in Bezug auf Macht unterschiedliche Bewußtseins- und Verhaltensformen. So bedeutet Macht in den stärker hierarchisch ausgeformten Kirchenverwaltungen, die an Organisationsgestalten der öffentlichen Verwaltung angelehnt sind, sicher etwas anderes als in kollegial organisierten Pfarrkonventen, in professionellen Projektteams oder im Zusammenspiel von ehrenamtlichen und

3.5 Macht und Geld einsetzen

hauptamtlichen Mitarbeitern in der Parochialgemeinde; und so unterscheiden sich auch die vielfältigen in der Kirche angestellten Berufsgruppen, z.B. Theologen, Juristen, Pädagogen, Musiker, Betriebswirtschaftler, erheblich in der Wahrnehmung und Ausübung von Macht. Gleichwohl gibt es kirchenspezifische Merkmale, die sich vor allem in der organisationskulturellen Dimension manifestieren und auf diese Weise Umgang, Konfliktverhalten und Arbeitsabläufe prägen.

Die Besonderheiten in Bezug auf Machtverständnis und -ausübung ergeben sich aus der Schlüsselrolle, die der Pfarrer in der Kirche einnimmt. Die Kirche als Organisation räumt dieser Profession eine herausragende Position ein: erleichterte Zugangsbedingungen, Beamtenstatus, Privilegien in Fort- und Weiterbildung und bei den Wohnmöglichkeiten, rechtliche Sonderstellung, Zugeständnis weiter Ermessensspielräume im beruflichen Handeln und ähnliche Vergünstigungen, die zwar Anlaß für viele Auseinandersetzungen geben, aber im wesentlichen bislang unangetastet bleiben. Die protestantische Kirche ist faktisch „Priesterkirche" mit allen Möglichkeiten des Einsatzes der „Pfarrfrau und -familie" geblieben; für diesen Zustand liefert die neuzeitliche Entwicklung zu mehr Ausdifferenzierung und Professionalisierung eine funktionale Rechtfertigung. Daß der Pfarrer diese Privilegien mit hoher Abhängigkeit von der Organisation Kirche „bezahlt", sei hier nur am Rande vermerkt.

Der Pfarrer läßt sich also als Indikator für konstitutive Merkmale der kirchlichen Machtdynamik auffassen. Was bedeutet nun Macht für ihn? Etwas höchst Ambivalentes:

a) Die ihm zugeschriebene (und nicht selten willig angenommene) Funktion des Mittlers zwischen dem Göttlichen und dem Menschlichen nähren seine Phantasien, an der Allmacht Gottes zu partizipieren. Er ist „Religionsexperte"; aber da Glaube dem gilt, „was uns unbedingt angeht" beschränkt sich sein faktisches Deutungsmonopol nicht auf „Religionssachen", sondern umgreift das ganze Leben und die gesamte Welt. Das heißt, er hat zu allem und jedem etwas zu sagen, die Absolutheit des Glaubens kennt kein adiaphoron. Allerdings entfaltet sich die Deutungsmacht des Pfarrers im Bild gesprochen nicht „von oben her", sondern sie ereignet sich in tiefster Demut entsprechend dem Symbol des Kreuzes, dem Ort äußerster Machtlosigkeit, wo die Allmacht Gottes neu definiert wird. Matthäus 20,25 ff und andere Texte machen die Dialektik von Erhöhung und Erniedrigung, von Herrschaft und Dienst, von Schwäche und Stärke, wie sie für das neue Zeitalter bezeichnend sein soll, anschaulich. So gesehen, „besitzt" der Pfarrer keine Macht; vielmehr ist er „mächtig" in dem Maße, wie er die Anweisung zum demütigen Dienst verwirklicht. Wie ist diese zugespitzte Dialektik im beruflichen Alltagshandeln zu transformieren?

b) An seiner Person erfährt der Pfarrer, daß er diesem „Soll" nicht genügt. Wie andere Menschen auch, so erlebt er, treibt es ihn, sich eine Position mit Einfluß zu sichern, sein Image zu pflegen, andere in Konkurrenzsituationen auszustechen usw. Je nach psychischer Robustheit leidet er mehr oder minder an seiner

3. Einzelthemen

Ohnmacht, diesen inneren Zwiespalt zu lösen. Zwar könnte ihm der Glaubenssatz „simul iustus et peccator" helfen, seinen Konflikt offen und produktiv zu leben, das heißt, für Mitmenschen befreiend, zu nutzen. Aber oft genug verführt ihn das berufsalltägliche Dickicht von Routinehandlungen, Rollenerwartungen, -zuschreibungen und -übernahmen zu einer Praxis der Machtausübung, die – mit dem Gestus der Demut auftretend – sich um so unangreifbarer macht.

c) Die Ambivalenz von Allmachtsphantasien und Ohnmachtserfahrungen erhält durch den sich beschleunigenden Relevanzverlust der Theologie und durch die Abnahme des kirchlichen Einflusses auf die Gesellschaft einen weiteren Akzent. Der Pfarrer erfährt sich im gesellschaftlichen Leben als marginal; er trägt nichts zur Produktion bei – und im reproduktiven Bereich ist ihm vielfältige Konkurrenz erwachsen: Friedhofsredner, neue Religionsstifter, Freizeitanimateure, Unterhaltungsmedien, Bildungsinstitute und nicht zuletzt Museen für die Traditionspflege. Seine „persuasive" Macht hat an Wirkung verloren. Es hat den Anschein, daß derzeit nur eine geringere Zahl der Pfarrer Kräfte mobilisiert, um in einer pluralistischen Konkurrenzgesellschaft Einfluß zu behaupten bzw. zurückzugewinnen. Verbreiteter scheint die Tendenz des Rückzugs in die kleiner gewordenen kirchlichen Räume zu sein (in denen nun eine stärkere Konkurrenz mit den Ehrenamtlichen vorprogrammiert ist); man verarbeitet die neue gesellschaftliche Herausforderung „innerpsychisch" – nicht selten mit einer Ideologisierung der „Anstößigkeit des Kreuzes".

d) Die pfarrerlichen Tätigkeiten verschieben sich zunehmend in den Bereich Seelsorge und Beratung (entsprechend wächst der Bedarf an Qualifizierung für diese neuen Berufsfelder). Wie selbstkritische Texte (unter anderem von Schmidbauer) über die „Helferberufe" zeigen, kann die Therapeuten-Patienten-, Berater-Klienten-Beziehung ebenfalls ein ambivalentes Machtverhältnis darstellen. Der Pfarrer als Berater will helfen; als Helfer suggeriert er Kompetenz, das Klientenproblem zu bewältigen, also Macht. Der Klient begibt sich entsprechend willig in Abhängigkeit, die zugleich zur Quelle für die Erfahrung von Macht des Beraters wird. Der Berater steht in der Gefahr, seine Schwäche mit der des Klienten zu kompensieren. „Wer eine soziale Tätigkeit wählt, sucht Kommunikation und eine Vervollständigung seiner selbst." (Richter, S. 140). Oder „Helfen heißt Herrschen".

Mit der Skizze des ambivalenten Verhältnisses des Pfarrers zur Macht geht es nicht um Diskreditierung eines Berufsstandes, sondern um Erhellung der Prozesse, damit ein *bewußterer* Umgang mit Macht möglich wird. Der weithin *unbewußte* Umgang mit Macht bedeutet eine Verschleierung, die Energien in einem unproduktiven Maß bindet.

3.5 Macht und Geld einsetzen

Auf der Ebene der Organisation müßte die Kirche daher
a) wahrnehmen und konstatieren, daß mit der Entwicklung der urchristlichen Gemeinschaft zur Kirche, das heißt zur organisierten Religion, sich Machtstrukturen herausbildeten und herausbilden mußten; das heißt, daß diese nicht als „Betriebsunfall"- bzw. „Sündenfall" zu gelten haben, sondern logische Konsequenz des Versuchs sind, ein Ordnungssystem zu schaffen;

b) ihre Terminologie einer Ideologiekritik unterziehen; Wörter wie „Dienstgemeinschaft", „Beratung" (für den Fall von Anweisungen durch Vorgesetzte), „Kirchlicher Besuchsdienst" (als kirchliches Kontrollsystem) kaschieren notwendige bzw. gewollte Einflußasymmetrien und regen auf diese Weise destruktive Phantasien an;

c) die Möglichkeiten und Grenzen ihrer Leitungstätigkeit präzisieren; das „seelsorgerliche Gespräch" des Bischofs mit dem nachgeordneten Pfarrer in einem Personalkonflikt ist ein Euphemismus, der den Begriff „Seelsorge" beschädigt und das Verhältnis Vorgesetzter – Nachgeordneter trübt;

d) die scheinbar wildwüchsig entstandenen faktischen Machtstrukturen und Privilegien untersuchen und verändern, wo sie zu Ungerechtigkeit und Intransparenz beitragen (z.B. die Akkumulation von Macht in einzelnen Rollen; die unzureichende gegenseitige Kontrolle; die mangelnde Öffentlichkeit);

e) dafür Sorge tragen, daß die Theologen in Rechts- und Organisationsfragen kundiger werden.

3.5.1.4 Gedanken zum Machtprofil von Frauen

Vorbemerkungen – Macht ist die Fähigkeit, das zu erreichen, was ich will, d.h. Macht ist die Kapazität der Durchsetzung. Dazu muß ich meine Interessen kennen, wissen, was ich will.

Macht an sich ist nicht schlecht oder gut, dies entscheidet sich an den Zielen, für die sie eingesetzt wird. Grundfrage aller Auseinandersetzungen mit Macht ist: Dient sie der *Er*mächtigung oder *Ent*mächtigung?

Deshalb ist es wichtigstes Lernziel:
☐ die eigene Macht zu kennen und zu akzeptieren; sie nicht unbewußt auszuüben, zu verteufeln oder zu verschleiern. Denn ein besonders gefährlicher Umgang mit Macht ist der „bewußtlose".
☐ Macht ist zum Teilen da. Deshalb geht es darum, Macht so auszuüben, daß sie zur Ermächtigung anderer führt. Es geht um die Aufgabe, *Ent*mächtigungs-Macht in *Er*mächtigungs-Macht zu verwandeln.

3. Einzelthemen

Quellen der Macht

Es gibt zwei hauptsächliche Quellen von Macht:
☐ Die eine Quelle ist die *Person*, als die ich erschaffen und die ich geworden bin, mit meiner Lebens- und Glaubensgeschichte, meinen Erfahrungen und meiner Betroffenheit. Dazu gehört meine ganze Unverwechselbarkeit und Berufung, die mir in der Taufe zugesprochen wurde.
☐ Die zweite Quelle meiner Macht beziehe ich aus der *Position*, die mir gegeben wurde oder die ich mir erworben habe. Dazu gehören mein Stand und Lebensentwurf: als Mutter, Ehefrau, Alleinlebende, mit anderen Frauen Lebende, oder als Berufstätige. Dazu gehören die Funktionen, die mir in Kirche und Gesellschaft übertragen wurden.

Das Machtprofil eines Menschen speist sich also grundsätzlich aus diesen beiden Quellen: Person und Position. Daraus entstehen sogenannte Machtbasen, die im Folgenden dargestellt werden sollten.

Im Hinblick auf Frauen geht es freilich zunächst um ein Umdeuten der geläufigen Definitionen von Macht in der Organisationsentwicklung. Denn viele Frauen sind sich ihrer Macht nicht bewußt. Ich werde deshalb bei den jeweiligen Machtbasen in zwei Schritten vorgehen und:

1. die *geläufigen* Definitionen dieser Machtbasis vorstellen und dann
2. die *spezifischen* Stärken und Defizite von Frauen im Umgang mit dieser Machtbasis darstellen.

Machtbasen

1. Macht der Information

Informationen zu haben oder den Zugang zu ihnen zu kennen oder zu wissen, wie ich sie bekomme, bedeutet Macht. Ich kann sie für mich behalten, gezielt weitergeben, anderen vorenthalten oder teilen.

Information zu besitzen genügt nicht, sie muß genutzt werden. Wo dies nicht geschieht, erodiert die institutionelle Machtbasis; d.h. die Organisation, die ich vertrete oder in der ich arbeite, wird durch diese Nichtnutzung geschwächt. Zur Information gehören neben den harten Daten auch die weichen wie: Gerüchte, Stimmungen, atmosphärische Schwingungen.

Frauen besitzen oft mehr Informationen, als sie wissen oder gebrauchen. Soweit sie in Sitzungen z.B. schweigsamer sind als Männer, steht ihnen ihre Wahrnehmung im Hören, Beobachten, Sehen etc. im größeren Maße zur Verfügung. Soweit sie im Bereich der Schatten- und Zuarbeit tätig sind, erfahren sie mehr als die „sichtbaren Offiziellen". So verfügt z.B. die Pfarramtssekretärin oft über mehr Daten aus der Gemeinde als der Gemeindepfarrer oder die Gemeindepfarrerin.

3.5 Macht und Geld einsetzen

2. Macht der Beziehungen
Hier geht es nicht nur um den Draht zu anderen Stellen, Abteilungen und Personen in der Organisation. Sondern auch um den Draht zu Presse, Rundfunk, Fernsehen und Verlagen, um z.b. die Macht der Veröffentlichung einzusetzen.

Zu dieser Machtbasis zählen auch Frauen-Netzwerke, in denen sich Frauen gegenseitig stärken, kritisieren, konfrontieren und miteinander kooperieren können. Hierher gehören auch Koalitionen mit Männern, um eine Aufgabe, ein Projekt zu verwirklichen. Natürlich spielen in dieser Machtbasis Sympathie, Antipathie, eine gemeinsame Geschichte, Erfahrungen mit Solidarisierungen eine wichtige Rolle.

3. Macht der Expertise
Im allgemeinen versteht man darunter berufliche Qualifikation und professionelle Fachkenntnis.

Im Hinblick auf Frauen denke ich aber auch an Lebenserfahrungen als Frau. Die im Management hoch geachtete Fähigkeit, kreativ mit Chaos umgehen zu können, haben viele Frauen in der Koordination von Familien-, Berufsarbeit und Ehrenamt gelernt. Gerade für Chaosmanagement bringen Frauen eine besondere Expertise aus diesem weiblichen Alltag mit.

Eine weitere Expertise von Frauen ist ihre Betroffenheit. Soweit Frauen vor allem Abhängigkeit oder auch Unterdrückung und Diskriminierung erfahren haben, können sie Expertinnen für Befreiungs- und Ermächtigungsprozesse sein.

Soweit Frauen als Erste oder als Minderheit in Männerorganisationen arbeiten, bringen sie die Expertise als Analysatorinnen des Systems ein.

Defizite bei Frauen liegen vor allem auf den Gebieten, die sie traditionellerweise den Männern überlassen oder wenig lustbesetzt finden: Kenntnisse von Geschäftsordnungen, Verwaltungsvorgängen, Gesetzen, Finanzen, Haushaltsplänen etc.

4. Macht der Anerkennung
Die klassische Form der Anerkennung sind die Beförderung, der Orden, die Gehaltserhöhung, besondere Geschenke und Komplimente durch Vorgesetzte und Fortbildung.

Frauen erleben Anerkennung außerdem durch positives Feedback von Frauen und Männern: Zum Beispiel dadurch, daß andere Frauen, von denen sie gelernt oder etwas empfangen haben, mit Namen genannt werden. Anerkennung drückt sich in einer frauengerechten Sprache aus oder auch darin, daß Frauenförderung unterstützt und in Anspruch genommen wird.

Frauen neigen oft dazu, zuerst das Negative an sich selbst und an anderen zu sehen, oder sich – z.B. als Mütter – selbst zu bezichtigen, wenn etwas schief läuft. Dies wirkt sich geradezu fatal aus, wenn Frauen gegeneinander ausgespielt werden sollen. Deshalb sollten Frauen sehr bewußt und vorsichtig im Sich-

3. Einzelthemen

Äußern über eine andere Frau sein. Das bedeutet nicht einen kritiklosen Umgang mit anderen Frauen. Aber Frauen sollten lernen, mehr ihre Stärke zu zelebrieren, und „einander schön und groß machen" (Elisabeth Moltmann-Wendel, 1989).

5. Macht der Sanktionen

Im Allgemeinen bedeutet Sanktion die Macht „to hire and to fire", d.h. zu streiken und auszusperren.

Für die Frau heißt das: Sie kann sich entziehen, verweigern, Grenzen ziehen, Nein sagen, Bedingungen stellen, statt sich anzupassen oder sich durch widerspruchsloses Wohlverhalten in eine Männerorganisation zu integrieren. D.h. Frauen müssen auch die systemischen Bedingungen schaffen oder einklagen, die dem Lebensentwurf einer Frau gerecht werden. Zugleich sollten Frauen das, was sie als ihre Stärke erkannt haben, auch zum Bestandteil eines Anforderungsprofils für Männer machen; z.B. Erfahrungen als Hausmann, Kinderbetreuer oder Altenpfleger als Voraussetzung für Männer in Leitungsfunktionen formulieren.

Für Frauen ist es wichtig, statt zu lamentieren, sich zu beklagen oder sich in den Schmollwinkel oder in eine (vermeintlich) „heilere Welt" zurückzuziehen, deutlich die eigenen Forderungen zu konstatieren und in Anträge, Postulate und Praxis umzusetzen.

6. Macht des Körpers

Der Körper wird in der offiziellen Literatur der Organisationsentwicklung als Machtbasis gar nicht genannt. (Abgesehen von Statistiken, die ausweisen, daß der Anteil besonders großgewachsener Männer in Führungspositionen weit über dem üblichen Bevölkerungsdurchschnitt liegt.)

Aber für jeden Menschen – ob Frau oder Mann – ist der eigene Körper das beste Unterstützungssystem, wenn es um Macht geht. Wie wir uns stellen, bewegen, aufrichten, einen Raum betreten, unsere Stimme benützen, dies alles kann dem, was wir sagen und tun, viel Nachdruck und Gestalt verleihen.

In diesen Zusammenhang gehört auch die *Erotik* als tiefverwurzeltes Machtpotential. „Die eigentliche Ernährerin und Amme unseres Wissens ist die Erotik" (A. Lorde). In vielen männerdominierten Gremien erleben Frauen Arbeit als unerotisch; es spielt sich z.B. während der Arbeitssitzungen nichts Erotisches ab, dafür wird in den Pausen geflirtet. D.h., es findet eine Spaltung zwischen unerotischer Arbeit und lebendigem Gefühl statt. Für viele Frauen erhöht sich dagegen die Kreativität, das Lustvolle, der Einfallsreichtum, wenn Erotik auch in Arbeitsbeziehungen zugelassen wird. „Ein unerotisches System reduziert Arbeit auf eine Karikatur von Notwendigkeiten, auf Pflicht". (A. Lorde, S. 189).

Dies könnte gerade die Stärke von Frauen sein, auch in Arbeitssituationen Gefühle und Empfindungen zu äußern und nicht nur Gedanken und Wissen.

3.5 Macht und Geld einsetzen

7. Definitions- und Deutungsmacht

Eine besonders wichtige Basis für Frauen ist die Macht und Fähigkeit, Situationen in einer Organisation frauenspezifisch zu deuten. Es geht angesichts der von Männern entwickelten Strukturen, Interpretationen und Verhaltensweisen um nichts weniger als eine „frauenspezifische Umdeutung". – Einige Beispiele dazu:

☐ Das Verständnis von *Arbeit* ist an den Lebensbedingungen des Mannes ausgerichtet. Um Arbeitsbedingungen frauengerecht zu gestalten, müssen die Lebensentwürfe von Frauen, die Familie und Beruf miteinander verbinden wollen, aufgewertet werden.

☐ *Sprache*, die exklusiv und männerzentriert etabliert ist, braucht nicht einfach eine Korrektur und additive Ergänzung, sondern erst im Entwicklungsprozeß einer inklusiven Sprache wird deutlich, wie sich inhaltliche Konzepte verändern, Verdrängtes und Vergessenes oder auch Ganzheitliches sichtbar wird.

☐ Die *Auslegung von Texten*, die vorwiegend von Männern interpretiert und rezipiert wurden, erweist sich als Fundgrube für neue Erkenntnisse, wenn feministisch-hermeneutische Kriterien angewandt werden (z.B. bei biblischen Texten).

☐ Die *Bewertung* und *Einschätzung* von *Lebensphasen und -kurven* für Frauen und Männer bedürfen einer gründlichen Revision; z.B. das Klimakterium der Frau als eine Phase des *„Jenseits von Gut und Böse"* für eine Frau zu betrachten, ist ein Kulturgespenst, das Frauen daran gehindert hat, gerade die durch das Klimakterium freigesetzten Energien und Lebensmöglichkeiten zu sehen. Die unterschiedlichen Alterungsmuster für Frauen und Männer sind hier ebenfalls zu differenzieren.

☐ Die besondere Erfahrungen von Frauen mit *Chaosmanagement*, die sie sich durch die Verbindung von Familien- und Berufsarbeit erwerben, sind Ausdruck von Kompetenzmerkmalen, die auch als Voraussetzungen für Anforderungsprofile von Männern gelten sollten.

Zusammenfassung – Frauen sollten sich nicht als „Trümmerfrauen des Patriarchats" (Thürmer-Rohr) betätigen, sondern systemisch umdenken und umdeuten. Denn sie haben keinen Grund, sich defensiv zu verhalten, wenn es um „den Einbruch in den Herrenklub" (Cornelia Edding) geht. Sie sollten gerade die frauenspezifischen Anteile und Gestaltungsmöglichkeiten aller Machtbasen verdeutlichen und in Anspruch nehmen. In dem Maße, wie Frauen diese Machtbasen frauenspezifisch definieren, wird – oft überraschenderweise – deutlich, wie sehr diese Umdeutung auch dem Arbeiten und Leben der Männer zugute kommt.

3. Einzelthemen

3.5.1.5 Verzerrungen von Macht

Das Thema Macht wird gerade von vielen Menschen, die *Positionsmacht* in der Kirche haben, tabuisiert, vermieden oder verschleiert. Viele Menschen, die *persönliche* Macht haben, sind sich ihrer Macht oft nicht bewußt. Deshalb sollten wir uns die gängigen Verzerrungen von Macht vergegenwärtigen.

1. Der verschleierte Umgang mit Macht
Ich verkleide meine tatsächliche Macht in Schwäche und übe dadurch Macht aus. Dies ist eine Falle für viele Frauen, die sich eher zum Opfer machen, was sie davon entbindet, selbst Verantwortung zu übernehmen, zu kämpfen, sich zu wehren, etwas zu verändern.

2. Der bewußtlose Umgang mit Macht
Ich mache mir nicht klar, wieviel Macht ich habe, beschreibe sie eher als Dienst, Fürsorge oder Seelsorge etc. und vermeide, mich meiner Positionsmacht zu stellen. Dieser Mißbrauch von Macht findet sich vor allem bei kirchenleitenden Menschen, die ein gestörtes Verhältnis zur eigenen Positionsmacht haben.

3. Die „Heroisierung" von Macht
Ich gebe meine Macht ab an einen Helden, eine Heldin, einen Guru, einen Liebhaber, an eine andere Person oder auch an Gott. Ich entmachte mich selbst, indem ich so Macht auf andere übertrage.

4. Der „Narzißmus"
Die eigenen Interessen als Person, Gruppe oder Volk werden auf Kosten anderer Personen, Gruppen oder Völker durchgesetzt. Hier liegen die Wurzeln für alle emotional oder physische Gewaltanwendung, insbesondere die Wurzeln für Rassismus und Sexismus.

5. Unterdrückung von Wissen
Es gibt in jeder Organisation unterdrücktes Wissen. Wenn man z. B. etwas über Machtverhältnisse in einer Organisation erfahren will, muß man diejenigen fragen, die in einer Organisation „unten" angesiedelt sind und deren Wissen nicht zur Sprache kommt: „Willst du etwas über die Machtverteilung im Gefängnis wissen, mußt du nicht den Gefängnisdirektor, sondern die Gefangenen fragen. Willst du etwas über die Psychiatrie wissen, frag die psychisch Kranken." (M. Foucault) Willst du etwas über die Macht in der Kirche erfahren, achte sorgfältig auf die Personengruppen, die Träger unterdrückten Wissens sind. Zu ihnen zählen in der Kirche vor allem die Frauen, die Kinder und all diejenigen, deren Erfahrungen bei uns nicht zur Sprache kommen. Unterdrücktes Wissen meint alle jene Erfahrungen, die ignoriert, marginalisiert, trivialisiert, begraben oder verkleidet werden. Vieles davon wird als nicht-wichtig und als nicht-wertvoll abqualifiziert. – Das Teilen von Macht ist ein wichtiges Kapitel der Nachfolgegemeinschaft, in die Jesus Männer und Frauen berufen hat. Das Neue Testament selbst liefert einige Rollenmodelle für geteilte Macht:

3.5 Macht und Geld einsetzen

☐ Wenn Jesus einen Heilungssuchenden fragt: „Was willst du, daß ich dir tun soll?" (Lk 18, 41), dann drückt er die Bereitschaft aus, Macht zu teilen; Jesus sagt gerade nicht: „Ich weiß, was gut ist für dich".

☐ Oder wenn Jesus bei der Berührung durch die blutflüssige Frau spürt, daß „eine Macht von ihm ausgegangen ist" (Mk 5,25,27), dann wird hier ein Umgang mit Macht beschrieben, der gibt und nimmt, bewegt wird und bewegend ist; denn es ist nicht deine oder meine Macht, sondern unsere. Das wird noch deutlicher in dem Satz Jesu: „Dein Glaube hat dich gesund gemacht." (Mk 5,34).

☐ Oder wenn Jesus von der Syrophönizierin lernt, sich an seinen Auftrag erinnern läßt und dann zu ihr sagt: „Dein Glaube ist groß, dir geschehe, wie du willst" (Mt 15,28), dann wird auch in dieser Beziehung deutlich: hier wird Macht geteilt; denn er sagt nicht: „Ich habe dich geheilt".

Die Kenosis des Vaters, die Selbstentäußerung von Macht und Patriarchat ist Grundaussage aller Christologie; sie spiegelt sich in der Ermahnung Jesu an seine Jünger wieder: „Ihr sollt keinen Menschen Vater oder Rabbi nennen". Wie ein roter Faden zieht sich diese Linie des Umgangs mit Macht durch die jesuanischen Geschichten. Sie beschreiben so etwas wie eine Magna Charta für den kirchlichen Machtgebrauch. Denn alle Macht in der Kirche ist da zum Ermächtigen anderer. Wo Macht zur Entmächtigung benutzt wird, ist sie böse.

3.5.1.6 Verhaltenshinweise für Frauen, die mehr Einfluß haben wollen

Merke: Es geht um Neuverteilung von Macht, nicht um Anerkennung für Wohlverhalten.

1. Mache dich namhaft. Mache auf dich aufmerksam, auf verschiedene Weise und auf verschiedenen Ebenen.
2. Plane deine Zeit sorgfältig. Prüfe vor Auseinandersetzungen, ob sie sich lohnen. Es gibt „Holzköpfe", für die jede halbe Stunde zu schade ist. Das heißt u.U. geizig zu sein. Denn deine Zeit als Minderheit ist besonders kostbar.
3. Riskiere Ablehnung. Suche nicht nur Zustimmung. Oft sind abgelehnte Anträge wirksamer als nicht gestellte.
4. Sei sichtbar. Vermeide Schattenarbeit, bzw. prüfe – wenn sie denn schon sein muß – wie sie geteilt werden kann, was sie bringt, oder welche andere Arbeit dadurch vermieden oder verhindert werden soll.
5. Bei konfliktträchtigen Verhandlungen wähle als Konfliktort entweder dein eigenes Territorium (Wohnung, Büro etc.) oder einen neutralen Ort.
6. Sei wählerisch in der Sprache. Vermeide Mißverständnisse. Sprich inklusiv. Thematisiere die Unterdrückung von Wissen und Erfahrung.
7. Verschaffe dir Unterstützung durch Basiskontakte, Außenkontakte, durch Klärungskontakte mit anderen Mitgliedern.

8. Suche dir eine Begleitgruppe, Mentorin oder Supervisorin.
9. Verhalte dich nicht defensiv, und gib nicht vorzeitig auf.
10. Beachte deinen Körper: Mache dich nicht kleiner, als du bist, richte dich auf, nimm dir soviel Platz, wie du brauchst, atme tief auf, laß deinen Kopf nicht hängen. Sorge für Pausen und Entmüdung. So, wie du sie brauchst, ist es in der Regel auch für andere gut.
11. Sprich über deine Fremdheitserfahrungen mit anderen und teile sie gelegentlich der Organisation mit. Frauen sind Analysatoren eines von Männern geprägten Systems.
12. Gib den Beiträgen von Frauen mehr Gewicht, indem du sie aufnimmst oder dich darauf beziehst. Also sich nicht auf die Kosten einer anderen Frau profilieren, sondern ihre Beiträge aufnehmen, auch wenn du anderer Meinung bist.
13. Bereite Wahlen, Kandidaturen, Berufungen etc. mit anderen Frauen vor. Es geht um Gleichheit ohne Angleichung; d.h. das Frauenspezifische für diese Wahl muß gemeinsam erarbeitet werden.
14. Als Präsidentin oder Vorsitzende gehe schwesterlich mit den Ängstlichen, Neuen und Gehemmten um! Es ist für Frauen leichterer, ans Mikrofon zu gehen, wenn sie wissen, da vorne sitzt eine Frau, die mich unterstützt. Ich werde nicht belächelt, gemaßregelt oder bekomme eine bissige Bemerkung.
15. Bilde eine Gruppe (von Männern und Frauen), die Tagesordnung, Sitzungsmodalitäten, Zeitplanungen im Blick auf ihre Frauenfreundlichkeit prüft.
16. „Erst differenzieren, dann integrieren!" Paß dich nicht an Männer-Kultur an. Halte Integration und Harmonie nicht für höhere ethische Werte als Differenzierung.

3.5.1.7 Killerphrasen, um die Beteiligung von Frauen zu verhindern

1. Die Zeit ist noch nicht reif.
2. Ihnen fehlt der Gesamtüberblick.
3. Es ist nichts Neues – andere haben das auch schon vergeblich versucht.
4. Wir haben Ihnen aufmerksam zugehört und werden es bedenken.
5. Wir werden das an die zuständige Stelle verweisen.
6. Sie sind nicht zuständig, mit welchem Recht mischen Sie sich ein?
7. Wir brauchen erst noch mehr Informationen, dann werden wir weitersehen.
8. Überlassen Sie das uns, wir werden das für Sie in die Hand nehmen.
9. Für alle kann das nicht geregelt werden, aber für Sie finden wir eine Lösung.
10. Lassen Sie uns die Dinge nicht zu kompliziert machen, das verwirrt nur.
11. Das kann man einer Frau nicht zumuten.

Zusammengetragen von einer Frauengruppe während eines Fortbildungsseminars zum Thema: Frauen leiten.

3.5.1.8 Geld

Einige Bemerkungen

1. „Pecunia" lat. Geld, Derivat von „pecus" meinte ursprünglich das zum Opfer bestimmte Vieh, an dessen Stelle Ersatzmittel, eben Geld, treten konnte. Zwar gibt es viele solcher Hinweise, die die Herleitung des Geldes aus der sakralen Sphäre plausibel machen (Tempel im Mittelmeerraum unterhielten Prägeanstalten, Wechselstuben, Banken), aber die Entstehungsgeschichte des Geldes ist wahrscheinlich verwickelter.

2. Im Anfang wurden Waren gegen Waren getauscht. Komplexere gesellschaftliche Systeme mit größerer Arbeitsteilung bedurften eines Mediums für den Warenaustausch. Das Aufkommen dieses Mediums beförderte wiederum die Ausdifferenzierung der Gesellschaften. Die Tauschmittlerfunktion des Geldes (Ware – Geld – Ware) setzte ursprünglich seine substantielle Fähigkeit voraus, Wertdarstellungs-, Wertaufbewahrungsmittel und Wertmesser zu sein. D.h.: Es begann mit schätzenswerten Dingen des Privateigentums, die als Tempelabgaben taugten, die prestigefördernde Hortung provozierten und deswegen auch zum Austausch von Geschenken dienen konnten.

3. Die Tauschmittelfunktion durchlief einen säkularen Abstraktionsprozeß von ungezeichnetem über gezeichnetes Waren-Geld zum Buch- und Giralgeld. Offensichtlich bedarf die Tauschmittlerfunktion keiner Verkörperung. Der geldtheoretische Realismus, Geld müsse einen Substanzwert haben, spukt zwar noch immer in den meisten Köpfen; faktisch ist er jedoch von einem geldtheoretischen Nominalismus, Geld sei „ein Geschöpf der Rechtsordnung" (bis hin: Geld als eine „Schöpfung aus dem Nichts"), abgelöst worden.
Im Übrigen ist Aristoteles wohl einer der ersten Vertreter des geldtheoretischen Nominalismus: Von „nomisma", griech. Geld, leitet er ab, daß Geld seinen Wert nicht von Natur: „physei", sondern durch den geltenden Gebrauch „nomo" habe, „weil es in unserer Macht steht, dasselbe zu verändern und unbrauchbar zu machen."

4. Immer gab es die Neigung, das „manageable thing", Geld, zu manipulieren. Daher ist das Geld von früh an ein Thema der Ethik. Thomas von Aquin: „Moneta heißt das Geld, weil es uns 'moniert', daß kein Betrug unter den Menschen vorkomme, da es das geschuldete Wertmaß ist." (Auf römischen Münzen erschien oft das Bildnis der 'Moneta', der Münzgöttin, mit der Waage in der Hand, die sonst nur die 'Aequitas', Schwester der 'Iustitia', trug; Moneta und Aequitas stehen also für Verteilungsgerechtigkeit.)

3. Einzelthemen

5. Geld ist der Ausdruck allgemeiner wirtschaftlicher Verfügungsmacht, eine Maßgröße. Es gilt als eine „allgemeine adresselose Anweisung auf die Entnahme wirtschaftlicher Güter aus dem Sozialprodukt". Es ist sowohl Zahlungsmittel, das dauerhafte wirtschaftliche Beziehungen ermöglicht, als auch Recheneinheit, mit deren Hilfe Wirtschaftsrechnung, Preisbildung als für alle Menschen verbindlicher Ausdruck wirtschaftlicher Erwägungen möglich wird. Geld, das Liquidationsmittel der Teilung der Arbeit.

6. Während früher die im Wirtschaftskreislauf befindlichen Geldmengen durch die Rückbindung an die Reserven geldlich vertretbarer Edelmetalle sachlich begrenzt wurden, wird heute eher die Geldmenge über die Reserven an Arbeitskraft und die für die einheimische Produktion erforderlichen Rohstoffe definiert. Die Geldschöpfung gilt als die schwierigste Aufgabe der Wirtschaftspolitik. Sie schifft zwischen den Klippen Inflation (= Vermehrung der Geldmenge über die Möglichkeiten hinaus, damit die Leistungsfähigkeit der Volkswirtschaft zu steigern) und Deflation (oder besser Kontraktion = Verknappung der wirtschaftlich wirksamen Geldmengen).

7. Geld kann als Hauptinstrument der Vergesellschaftung der einzelnen Wirtschaftssubjekte bei gleichzeitiger Ausweitung ihrer individuellen Spielräume angesehen werden. Sozial befördert Geld die Funktionalisierung und Rationalisierung; es wird zum „absoluten Mittel", das alle Güter zu vergleichbaren Waren macht. Im Tauschakt verlieren sie an Qualität und Besonderheit. Ja, die Wirtschaftssubjekte selber werden formal gleichgeschaltet. Im Unterschied zu Sachbesitz ist Geld ein ungebundenes Herrschaftsinstrument, überall einsetzbar, ohne soziale Einbindung.

8. „Wie in der modernen Gesellschaft die persönliche Freiheit durch den allgemeinen Konsensus hinsichtlich der Einhaltung formaler sozialer 'Spielregeln' gewährleistet ist, so wird das Machtverhalten der Wirtschaftssubjekte durch das Medium des Geldes auch bei Diskrepanz der individuellen Zielsetzungen in Richtung auf den Nutzenausgleich formal integriert." (Fürstenberg, Religion in Geschichte und Gegenwart, S. 1318)

3.5.1.9 Honorare aushandeln

Vorbemerkung – Für viele Klienten und BeraterInnen ist dieses Thema heikel, bzw. wird oft vermieden oder aufgeschoben. Aber selbst wenn eine Beratung „kostenlos" sein sollte, muß Geld, bzw. das, was an Engagement von Seiten der Beratung eingebracht wird (Zeit, Energie etc.) benannt werden.

Hier einige Kriterien für die Festsetzung eines Honorars, einer Dienstaufwandsentschädigung oder anderer Vergütungen und Gratifikationen:

1. Was ist der „marktübliche" Preis?
2. Wieviel Geld hat der Klient? Handelt es sich um eine Profit- oder eine Non-Profit-Organisation?
3. Wieviel brauche ich?
4. Wie gut bin ich auf diesem Gebiet? Wie schätze ich meinen „Marktwert" ein?
5. Wie groß ist meine Lust, diesen Auftrag zu übernehmen (ausgelöst durch die Leute, die Aufgabe, das Setting etc)?
6. Was muß ich dafür einsetzen an Zeit, Vorarbeit, Reisen, Material etc.? Wie komplex ist die Aufgabe?
7. Welchen inneren Gewinn bringt mir der Auftrag (z.B. lerne ich etwas, werde ich inspiriert, liegt der Auftrag auf meiner politischen Linie etc.)?
8. Auf was muß ich verzichten, wenn ich den Auftrag übernehme?
9. Wie nötig ist die Sache?
10. Bin ich an den Zielen und Inhalten des Auftrags persönlich so engagiert, d.h. ich will selber auf dieser Schiene etwas erreichen, sodaß die finanzielle Gratifikation nebensächlich ist?
11. Was gebe ich für meine Fortbildung aus, z.B. für Supervision?

3.5.2 Übungen zum Thema und Anleitungen für die Praxis

3.5.2.1 Ich-Sätze mit Gebärde   358
3.5.2.2 Das Machtprofil einer Frau   358
3.5.2.3 Mein Weg mit Geld   360
3.5.2.4 Vorbilder im Umgang mit Geld   361
3.5.3.5 Feedback mit Geldmünzen   362

3.5.2.1 Ich-Sätze mit Gebärde

Am Ende eines Diskussions- bzw. Arbeitsprozesses zum Thema Macht und eigenem Machtprofil stellt sich die Gruppe im Kreis auf. Jede Person formuliert einen Ich-Satz, der ihr am wichtigsten ist. Dieser Satz wird von einer Gebärde begleitet. Alle wiederholen den Satz und die Gebärde.

3.5.2.2 Das Machtprofil einer Frau

Anleitung: Tragen Sie mit einem Kreuz Ihre Wertung für die jeweilige Machtbasis in das Formular „Mein Machtprofil" ein. Verbinden Sie diese Kreuze durch eine Linie. Zeichnen Sie mit zwei unterschiedlichen Farben die eigene Einschätzung Ihres gegenwärtigen Machtprofils und des Machtprofils früherer Jahrzehnte, z.B. während verschiedener beruflicher Positionen.

Differenzieren Sie dabei zwischen der Macht, die Ihnen Ihre Organisation anbietet, und der Macht, die Sie als Frau selbst wahrnehmen.

Holen Sie sich von Kollegen und Kolleginnen Feedback zu Ihrer Selbsteinschätzung und diskutieren Sie folgende Fragen:
1. Welche Zustimmung und / oder Unmutsäußerungen erhalte ich auf mein Machtprofil?
2. Wie (wann, bei wem) benutze ich meine Macht zum Ermächtigen, wie zum Entmächtigen?
3. Bei welcher Machtbasis erlebe ich Ohnmacht?

3.5 Macht und Geld einsetzen

Alternativ dazu in einer Lerngruppe: Diskutieren Sie mit einer Partnerin in dieser Gruppe Ihre Feststellungen und Veränderungswünsche mit folgenden Fragen:
1. Was habe ich über mein Machtprofil gelernt?
2. Wo nütze ich die Quellen und Basen meiner Macht nicht?
3. Was will ich gerne an meinem Machtprofil ändern?
4. Wie gewinne ich Macht in meiner Organisation?

Ein analoger Prozeß für Ihren Vorgesetzten, Mitarbeiter oder Konfliktpartner mit Fremd- und Selbsteinschätzung ermöglicht den Vergleich zwischen einem männlichen und weiblichen Machtprofil in derselben Organisation.

Mein Machtprofil

Machtbasen	1	2	3	4	5
Information					
Beziehungen					
Expertise					
Anerkennung					
Sanktionen					
Körper + Erotik					
Definitions- und Deutungsmacht					

1 = sehr schwach, 5 = sehr stark

3. Einzelthemen

3.5.2.3 Mein Weg mit Geld
Nach einer Idee von Sylvia Frey-Werlen

In verschiedenen Lebensjahrzehnten haben wir aus unterschiedlichen Geldquellen gelebt. Zeitweise von selbstverdientem Geld; es gab aber auch Phasen, in denen wir von nicht selbstverdientem Geld lebten. Z.B. vom Geld anderer (Eltern), von geliehenen Geld (Darlehen), von Sozialleistungen (Arbeitslosengeld, Rente, Sozialhilfe) u.a. Zu manchen Zeiten hatten wir zu wenig Geld, in anderen genug oder sogar viel Geld. Solche Erfahrungen haben unsere Einstellung zu Geld geprägt.

Diese Übung erlaubt einen Rückblick auf Lebenserfahrungen mit Geld. (Alles nicht direkt selbstverdientes Geld wird hier, der Einfachheit halber, mit „Geld von anderen" bezeichnet.)

Ablauf – In Einzelarbeit wird zunächst in das abgedruckte Schema eingeschrieben, wieviel Geld der/die Einzelnen in den verschiedenen Lebensjahrzehnten hatten.

Alter	Selbstverdientes Geld	Geld von anderen
70 Jahre		
60 Jahre		
50 Jahre		
40 Jahre		
30 Jahre		
20 Jahre		
10 Jahre		

Dann beantwortet jede/r für sich die folgenden Fragen (30 Minuten):

- ☐ Wie bin ich in den verschiedenen Jahrzehnten mit eigenem und fremdem Geld umgegangen?
- ☐ In welcher Phase habe ich mich besonders frei – unabhängig – sorglos – souverän – sparsam etc. gefühlt?

☐ Was gab mir das Gefühl, genug / nicht genügend Geld zu haben?
☐ Welche Bedeutung hatten Taschengeld und das erste selbstverdiente Geld für mich?

2. Austausch in Trios (60 Minuten)
3. Welche Funktion hat das Geld auf diesem Lebensweg übernommen?

3.5.2.4 Vorbilder im Umgang mit Geld

Unser Umgang mit Geld ist – wie viele andere Lebensbereiche auch – von Vorbildern, vor allem in Kindheit und Jugend, geprägt. Verhaltensweisen, wie Geiz, Sparsamkeit, Verschwendung, Großzügigkeit, Nachlässigkeit etc., haben oft ihren Ursprung in diesen Vorbild-Figuren.

Ablauf

1. Einzelarbeit:
Welche Personen fallen mir ein, wenn ich an Umgang mit Geld denke?
Wie wurde in meiner Familie mit Geld umgegangen?
Welche Sprüche zum Geld erinnere ich?
Wurde über Geld gesprochen und wie?
Wer kontrollierte das Ausgeben von Geld?
Was waren erlaubte (besonders sinnvolle, ethisch besonders qualifizierte) Geldausgaben?
Wofür wurde gespart?

Ich vergleiche meine heutige Einstellung zum Geld mit der meiner Vorbild-Figuren: Gibt es Parallelen, Gegensätze, Widersprüche?

2. Paargespräche: Austausch über die obigen Fragen und
Mit wem spreche ich über Geld, mit wem nicht?
Wie ist mir bei Verhandlungen über Gehalt, Honorar, Vergütungen etc. zumute?

3. Erweiterung des Themas im Hinblick auf die Frage: Welche Rolle spielt Geld beim Berater, bei der Beraterin selbst? Welche Rolle spielt Geld in der Organisation, die beraten wird? Wie wird mit dem Thema Geld in der Beratung umgegangen?
Wird z.B das Honorar der BeraterInnen veröffentlicht?
Werden Unterschiede in Lohn und Gehalt bei den MitarbeiterInnen des Klienten angesprochen?
Wird Zeit in Geld umgerechnet (z.B. wieviel die Sitzungsstunden pro TeilnehmerIn an Stundenlohn / Gehalt kosten.)

3. Einzelthemen

3.5.2.5 Feedback mit Geld-Münzen

Ziel: Daten über den Umgang mit Geld und die eigene Wertung von Geld gewinnen und eine Diskussion darüber in Gang bringen.

Zeitbedarf: 90–120 Minuten

Ablauf: Alle TeilnehmerInnen schütten alle Münzen, die sie zufälligerweise in ihrem Geldbeutel haben, vor sich auf den Tisch.

1. Runde: Alle werden aufgefordert, einer oder mehreren Personen in der Gruppe Feedback zu geben und dieses Feedback mit einer entsprechenden Zahl der eigenen Münzen über den Tisch zu dieser Person zu schieben. Das Feedback muß verbalisiert werden und kann durch eine entsprechende Zahl von Münzen, evtl. auch alles Geld, das die Feedback gebende Person vor sich hat, begleitet werden. Feedback und Münzen werden von den empfangenden Personen noch nicht kommentiert. Nachdem alle ihr Feedback gegeben haben, beginnt die

2. Runde: Alle haben jetzt die Möglichkeit, sich Feedback und Münzen von einer oder mehreren Personen aus der Gruppe zu holen und dabei anzusprechen, was sie sich damit nehmen oder von der anderen Person brauchen.

3. Runde: Erst jetzt sollten empfangende, gebende und nehmende Personen ihre Rückmeldung zum Feedback geben.

Obwohl es sich fast immer bei dieser Übung um minimale Geldbeträge handelt, entsteht in der Verbindung von Worten und Geld eine eigenartige Dynamik. Durch das Geld bekommen die Worte des Feedbacks plötzlich eine zusätzliche Dimension und Realität. Zugleich werden Erfahrungen mit der sehr unterschiedlichen Bedeutung von Geben und Nehmen gemacht. Außerdem werden Daten gewonnen über den eigenen Umgang mit Geld. Manche TeilnehmerInnen haben Schwierigkeiten, Geld zu geben oder zu nehmen oder überhaupt darüber zu sprechen. „Wenn es Blumen statt Geld wären ...", – als ob es ein schmutziges, schnödes Thema wäre.

Literaturliste für Teil 3.5 (Seite 342–362)

Archiv der deutschen Frauenbewegung, 1991
Beck, U., 1986
Boff, L., 1983
Bornemann, E., 1977
Burkdter-Trachsel, V., 1981
Claessens, D., 1970
Crozier, M. / Friedberg, E., 1979
Edding, C., 1983
Glasl, F., 1983
Herrmann, W., 1991
Heyward, D., 1989[3]
Josefowitz, N., 1991
Josuttis, M., 1982
Kurnitzky, H., 1974
Lorde, A., 1991[3]
McClelland, D., 1978
Mies, M., 1989[2]
Miller, J. B., 1976
Moltmann-Wendel, E., 1985
Moltmann-Wendel, E., 1989
Reber, G., 1980
Richter, H. E., 1976
Schmidbauer, W., 1977
Schottroff, L., 1988
Schottroff, L., 1990
Staub-Bernasconi, S., 1989
Thürmer-Rohr, C., 1987
Wagner, F., 1984
Weber, H. R., 1989
Wex, M., 1983
Wimmer, R., 1991

3.6 Wechselfälle verarbeiten

3.6.1 Theorie und Informationen

3.6.1.1 Vom Aufhören und Anfangen 363
3.6.1.2 Die Stelle wechseln 365

3.6.1.1 Vom Aufhören und Anfangen

Eine apokryphe Geschichte, die abwechselnd Bach, Händel oder Haydn zugeschrieben wird, berichtet, wie der hochbetagte Meister gerade zu Bett gehen will, als er unten einen Freund Klavierspielen hört. Der Freund spielt wunderbar, die Musik erreicht einen Höhepunkt, endet abrupt mit einem dominanten Akkord, obwohl in jenen Tagen ein Dominantakkord unausweichlich in den Grund- und den Schlußakkord überleiten mußte. Ruhelos wirft sich der Meister in seinem Bett herum und findet so lange keinen Schlaf, bis er schließlich die Treppe hinunterstapft und die Melodie zu einem richtigen Schluß bringt. (E. und M. Polster, S. 46)

Lebensprozesse, die nicht einen Abschluß finden können bzw. nicht deutlich abgeschlossen werden, irritieren, beunruhigen uns und binden Kräfte, die wir für Neuanfänge benötigen. Aufhören ist eine Kunst, die erlernt sein will. Das erfahren alle tagtäglich, wenn es ums Aufhören geht beim Essen, Arbeiten, Fernsehen, den Tag oder die Nacht beenden, um Loslassen von Beziehungen, von Aufgaben beim Älterwerden und anderem, was beendet sein will.

Wir haben dies in der Beratung von Gemeinden erlebt, gerade bei Neuanfängen. Immer, wenn ein Neubeginn nicht gelingen wollte, stießen wir auf einen nicht geglückten oder nicht vollzogenen Abschied. Es fehlte an einem vorangegangenen Aufhören, an einem Ende, das diesen Neubeginn, das Anfangen erst ermöglicht hätte.

Drei Beispiele aus der Praxis stehen für viele andere:

■ *1. Situation:* Ein Kirchenvorstand möchte zusammen mit den Haupt- und Ehrenamtlichen die Gemeindearbeit neu planen. Es werden einige neue Aufgaben genannt: ausländische Familien leben isoliert und zum Teil unter schlechten Bedingungen in der Gemeinde; ein Besuchsdienst für alle Menschen müßte eingerichtet werden; der Kindergottesdienst liegt im Argen. Die Dringlichkeit wird nicht bestritten, aber niemand hat Zeit und Kräfte frei, weil alle eingespannt sind in andere Aufgaben der Gemeinde. Eigentlich müßten die Prioritäten neu gesetzt

3. Einzelthemen

und alte Aufgaben „aufgegeben" beendet werden. Dazu ist niemand bereit. So kommt es nicht zu dem erhofften Neubeginn.

Gemeindliche Aktivitäten haben selten einen genau bestimmbaren Anfang. Und noch seltener finden sie einen deutlichen Abschluß. Sie beginnen „irgendwie", überdauern meist die Entstehungsmotivationen – dementsprechend muß ihnen immer wieder neues Leben eingehaucht werden – und versickern „irgendwann". „Loslassen", „aufhören", „abgeben", „aufgeben" – dies macht offenkundig Schwierigkeiten. Wenn jedoch Arbeiten nicht richtig beendet werden, bleiben Energien, physische wie psychische, gebunden und fehlen für neue Aufgaben. Der Abschluß eines Projekts ist nicht leicht. Persönliche Beziehungen lassen sich nicht in Verträge zwängen. Ende heißt immer auch Abschied. Und der kostet.

■ *2. Situation:* Eine junge Pfarrerin erlebt in ihrer neuen Gemeinde unverständliche und zum Teil unbegründete Ablehnung. Sie bekommt über ihre beiden Vorgänger viel Lobenswertes *und* Kritisches zu hören. Sie wird mit den beiden verglichen, was unterschiedliche Folgen hat: Einige Kirchenvorsteher und Kirchenvorsteherinnen fangen an, sie zu „bemuttern", weil sie nicht so viel Erfahrung habe wie Pfarrer X. Jugendliche verhalten sich ihr gegenüber lustlos und bockig, bis herauskommt, daß sie über den Vorgänger enttäuscht sind, er habe sie „sitzenlassen". Auf ihre Predigten erhält sie kein Echo, höchstens werden ihre (zu leise) Stimme und ihre (zu lockere) Gangart bemängelt. Viele Kontakte und Energien in der Gemeinde scheinen blockiert. Die Pfarrerin bekommt den Eindruck, als hingen überall in der Gemeinde unsichtbar die Portraits ihrer Vorgänger und von ihr selber sehe man nicht ihre wirkliche Gestalt, sondern nur Abweichungen von den Portraits.

Wenn die Gefühle im Zusammenhang eines Abschieds – ihre Skala reicht von Erleichterung über Schmerz bis Ärger – verleugnet, verdrängt und nicht bearbeitet werden, bleiben die Betroffenen dem Vergangenen seelisch verhaftet: auch gegen ihr besseres Wollen kommen dann vergangene Konfliktlagen bei Nachfolger oder Nachfolgerin immer wieder hoch.

■ Eine *3. Situation* ist komplexer und schwieriger zu beschreiben: Es ist der Aufbruch der Frauen aus jahrhundertealten Traditionen, Rollen, Gewohnheiten und Sicherheiten. So vollzieht sich zur Zeit ein Umbruch, dessen Anfang wir gerade erst erleben: Frauen entwickeln neue Lebensentwürfe. Sie verhalten sich aktiver im Kirchenvorstand. Sie fangen an, aufmerksam zu werden für die männerzentrierte Sprache in Predigt und Liturgie, für die Abwesenheit von Frauen in den Leitungsfunktionen der Kirche, für die ungleiche Verteilung von „Amt und Ehre". Frauen suchen nach Möglichkeiten der Identifikation mit Frauen in der biblischen Tradition und forschen nach einem verschütteten Frauenerbe unter der von alters her patriarchalen Exegese. Alle diese Anfänge sind verknüpft mit einem Aufhören; Altes muß verlassen werden, was schmerzlich ist und sich gleichsam nur in Schüben vollziehen kann.

Tod und Auferstehung sind die *Grundgedanken des christlichen Glaubens*. Menschliches Leben muß durch den „Tod" hindurch, wenn es neu und wahr werden soll. Billiger ist es nicht zu haben. Alles andere hat nur die Qualität von „Überleben" und bedeutet in Wahrheit nur Wiederholung des Alten und Abgelebten. Was die Gemeinde bei Aufhören und Anfangen erfährt, ist Abbild jener Bewegung des Glaubens. Ihre Auferstehungshoffnung wird gerade darin sinnenfällig, wie sehr sie Aufhören und Abschied zuläßt und feiert als Möglichkeit des Neuen. Und darum geht es uns, daß sie auch in ihren alltäglichen Unternehmungen Tod und Auferstehung als Aufhören und Anfangen verleiblichen lernt.

3.6.1.2 Die Stelle wechseln

1. Das ist die Szenerie

Tagelang Kisten in der Wohnung. Selbst der Schreibtisch ist verstellt. Handwerker, die über Kartons stapfen und mit ihrer Ruhe alle aufregen. Kinder quengeln über verlegte Spielsachen. Hastige Gänge zu Austattungsgeschäften und Behörden. Nervöse Telefonate mit der Verwaltung. Dazwischen Konzentrationsversuche auf die Abschiedspredigt. Dabei wird schon geschielt auf den Text des nächsten Sonntags, des Tages der Einführung. Unterwegs Gemeindemitglieder („Ach, Herr Pfarrer, daß Sie gehen...") freundlich abschütteln. Ein langes Gespräch mit einer Kirchenvorsteherin, die ihrer Enttäuschung („Das Gemeindehaus ist gerade fertig. Und jetzt gehen Sie.") Luft macht. Das Büro ist noch nicht übergabefertig. Wo sind nur die restlichen Schlüssel vom Gemeindehaus? Und da der Anruf des stellvertretenden Vorsitzenden aus der neuen Gemeinde: „Wann können wir uns denn zusammensetzen, um Pläne für das Winterhalbjahr zu machen?"

Stellenwechselszenen. Aufregende und komische. Manche auch ergreifend, daß man / frau am „liebsten losheulen" möchte. Doch Abschied, Umzug, Einführung in die neue Stelle sind nur Kulminationspunkte eines sehr viel längeren Prozesses, der mit seinen Umwälzungen Leib und Seele aller Beteiligten heftig erfaßt.

2. Thesen zum Stellenwechsel

a) Der Stellenwechsel wird als *Krisenperiode mit Langzeitfolgen* erfahren – und zwar sowohl von den Personen, die die Arbeitsstelle wechseln, als auch von den jeweils betroffenen Gemeinden. Für den einzelnen stehen persönliche („Als ich mich aus der Gemeinde zu lösen begann, merkten meine Frau und ich, daß uns zuletzt nur noch die Gemeindesituation zusammengehalten hatte – und wir trennten uns") und die beruflichen Beziehungen auf dem Spiel („Mein Weggang verletzte den Kollegen tief; wir hatten ja so gut zusammen gearbeitet; ich entwickelte Schuldgefühle"). Überkommene und bewährte Verhaltensmuster werden instabil. Berufliche Identität wird erschüttert. Der Lebensentwurf muß neu geschrieben werden. Gerade der Neuanfang strapaziert in hohem Maß Planungs- und Integrationskraft. Ängste drohen einen zu überwältigen. Besonders dann, wenn die Umstellung von heut auf morgen gefordert ist. Und wer mit seinen Wünschen und Befürchtungen nicht in Kontakt bleibt und an ihnen arbeitet, bekommt die Nachwirkungen solcher Verdrängungsarbeit Monate später noch zu spüren.

Aber auch die Gemeinde ist vom Stellenwechsel stärker in Mitleidenschaft gezogen, als angesichts ihres unklaren Gesamtbildes („Wer ist die Gemeinde?") zu vermuten wäre. Sie reagiert verletzlich wie ein Organismus – und eben nicht wie eine „Organisation", bei der wie in einer Maschine Teile ausgewechselt werden. Nicht nur die einzelnen und die Gruppen in ihr müssen Trennung verschmerzen und die Anforderungen einer neuen Orientierung verkraften, sondern auch „sie" selbst, ihre ganze Gestalt, wird vom Stellenwechselgeschehen in Schwingungen versetzt. Dabei spielen natürlich Dauer und Intensität des Arbeitsverhältnisses eine erhebliche Rolle. Von geringerer Bedeutung ist die Qualität des Arbeitsverhältnisses. Eine Gemeinde hat mit einem ungeliebten Mitarbeiter, den sie im Grunde erleichtert ziehen läßt, keineswegs weniger zu schaffen.

b) Der Stellenwechsel wird von der Gemeinde vor allem dann als Krisenzeit erlebt, wenn die *Pfarrstelle neu besetzt* wird. Damit sind erneut nun schon ältere Untersuchungen bestätigt (z.B. Bormann / Bormann-Heischkiel, S. 71), denen zufolge der Pfarrer, die Pfarrerin den entscheidenden „Artikulationspunkt" (a.a.O. S. 53) darstellt, der die Einheit des Gemeindegeflechts wesentlich garantiert. Das prophetische Bild in den protestantischen Kirchen vom Priestertum aller Gläubigen ist in der bestehenden Volkskirche nur in Ansätzen wahr geworden.

c) Der Stellenwechsel ist keine ausschließlich dornenreiche Phase im Leben des einzelnen und der Gemeinde. Was er an Umwälzungen mit sich bringt, kann auch zur besonderen Gelegenheit eines *geplanten und zielgerichteten Wandels* werden.

Wo alte Beziehungen aufbrechen, erstarrte Verhaltensmuster beweglich werden und somit das enge Verhältnis von Rollenerwartungen und -entsprechung sich auflöst, da ist Neues möglich: bessere Übereinkünfte, wie Beruf und Privatleben aufeinander bezogen sein sollen; klare Arbeits- und Kooperationsabsprachen zwischen Kirchenvorstand und MitarbeiterInnen; Erprobung von alternativen Gemeindekonzepten usw. Es zeigt sich, daß zwar viele „Stellenwechsler" solche Veränderungen (im Sinne der Verbesserungen) bei ihrem „Neuanfang" im Sinn hatten, bei der Realisierung jedoch scheiterten. *Chancen der Innovation* legen sich einem also nicht in den Schoß. Gründe für das Scheitern gibt es viele. Einen entscheidenden sehen wir auf Seiten der „Stellenwechsler": man / frau läßt sich nämlich selten Zeit, die „neue" Gemeinde wirklich als neue wahrzunehmen, sondern stürzt sich in die Arbeit und ist so schnell im alten Trott. Dem entspricht durchaus eine gemeindliche Erwartung: daß der / die Neue möglichst rasch den „Betrieb" wieder auf das frühere Tempo bringt. Klare und offene Absprachen zwischen Kirchenvorstand und MitarbeiterInnen, die beiden für die ersten „hundert Tage" Freiraum zur gegenseitigen Erkundung lassen, empfehlen sich als Mittel gegen vorschnelle Festlegungen.

d) Die Aussicht auf Veränderung mag noch so sehr verlocken, zugleich mit der Herausforderung meldet sich jedoch auch die *Angst vor Verlust des Bewährten* und die Furcht vor dem Unbekannten, Neuen. Von daher ist in der Zeit des Stellenwechsels mit viel Abwehr und Widerstand bei allen Beteiligten zu rechnen.

e) Die inneren Kämpfe wären weniger heftig, wenn jedem „Stellenwechsler" ausreichend freie Zeit zwischen dem alten und dem neuen Dienstverhältnis vergönnt wäre. Sozusagen eine *Sabbatzeit,* in welcher der Abschied von der alten Gemeinde verklingen und die Bereitschaft, die neue Gemeinde aufzunehmen, wachsen kann. Wenn der Übergang so organisch, ja körpergerecht vollzogen werden könnte, dann – so fast einmütig alle „Stellenwechsler" – profitierte auch die Gemeinde davon und könnte die dabei entstehende ein- bis zweimonatige (zusätzliche) Vakanz leicht verschmerzen.

f) *„Weichere", sorgsam gestaltete Übergänge* stellten überdies eine Hilfe für all jene dar, die vor dem (vielleicht längst überfälligen) Stellenwechsel zurückschrecken. Im Sinne der persönlichen (und damit auch familiären), beruflichen und gemeindlichen Entwicklung meinen wir, daß der Stellenwechsel für selbstverständlich gehalten und bereitwillig unternommen werden sollte. Denn die Innovationskraft in einer Arbeitsbeziehung erschöpft sich nun einmal nach einigen Jahren. Danach leben Mitarbeiter und Gemeinden von Wiederholungen. Welche Zeitdauer für ein Arbeitsverhältnis günstig ist, hängt von vielen individuellen Gegebenheiten ab. Erweist der Stellenwechsel sich als unmöglich oder ungünstig, dann ist auf jeden Fall eine gründliche Bilanz von Kirchenvorstand und MitarbeiterIn anzuraten, vielleicht kann das Arbeitsverhältnis auch so in neue Bahnen gelenkt werden.

Auf dem kirchlichen Arbeitsmarkt gibt es kaum noch offene Stellen. Dies hat zur Folge, daß Stellenbewegungen, soweit sie durch die Angebot- und Nachfragesituation entstehen, selten sind; ja, es tritt sogar eine gewisse Stagnation ein („Ich bleibe auf meiner Stelle, wer weiß, was kommt"). Dieser Gefahr könnte nur begegnet werden, wenn viele sich bereit fänden, auf „Tauschbasis" zu verhandeln. Dies setzt natürlich voraus, daß Gemeinde und MitarbeiterInnen ein entsprechendes Verständnis für den Gewinn durch einen Stellenwechsel, für die mit ihm verbundenen Innovationschancen, entwickeln.

3. Einzelthemen

3. Epochen des Stellenwechsels

Wir unterscheiden drei „Epochen" des Stellenwechselprozesses: Abschied, Übergang, Neubeginn. Die Veränderung auf dem kirchlichen Arbeitsmarkt wird möglicherweise zu einer Verkürzung der Übergangszeit (Vakanz) für Gemeinden beitragen. Diese an sich begrüßenswerte Entwicklung hat allerdings auch die Kehrseite, daß dann eine Gemeinde gar nicht mehr genügend Zeit hat, sich ihrer Eigenkräfte bewußt zu werden.

Für den „Stellenwechsler" beginnt die *Abschiedsperiode* mit seiner Entscheidung, zu wechseln, für die Gemeinde, wenn der Mitarbeiter seinen Wechsel ankündigt. Übergang (Interim) wird der Zeitraum genannt, den der Mitarbeiter zwischen Auszug und Einzug zur Verfügung hat bzw. den die Gemeinde als Vakanz erlebt. Der Neuanfang umfaßt nach unseren Erfahrungen eine längere Zeitperiode, als gemeinhin angesetzt wird.

Die Phasen entsprechen in ihren zeitlichen Grenzen zum Teil nicht den psychischen und sozialen Bedürfnissen:

☐ Vor allem die Abschiedsperiode ist für die Gemeinde zu kurz bemessen. Gemeinsame Arbeit bilanzieren und „einander gehen lassen" das braucht offensichtlich mehr Zeit und Raum.

☐ Wenn das Interim für die Gemeinde sehr kurz bleibt, sind die Erfahrungen mit dem / der VorgängerIn noch nicht abgelegt, und der / die „Neue" wird am Bild des Vorgängers gemessen. Ist dagegen die Übergangszeit lang, entwickelt die Gemeinde eine Selbständigkeit und Eigenverantwortlichkeit, die von dem / der NachfolgerIn sorgfältig beachtet werden muß. (Denn die Initiative und Eigenverantwortung sind in einer Organisation, die wesentlich von der Tätigkeit ehrenamtlicher MitarbeiterInnen getragen wird, schnell verspielt.)

☐ In der herkömmlichen Praxis erweist sich der Übergang für den Stellenwechsel selbst als eindeutig zu kurzatmig. Oft genug gibt es obendrein eine Überlappung: Arbeiten in der alten Gemeinde sind noch nicht abgeschlossen, während in der neuen schon angefangen wird. Eine „Sabbatzeit" wäre wünschenswert.

☐ Nach dem Neuanfang schreibt die Gemeinde ihre Vorstellung von der Arbeit, den Rollen, den Funktionen des „Stellenwechslers" meist schon fest, noch ehe dieser sich in der neuen Arbeitssituation heimisch fühlt.

Amerikanischen Untersuchungen zufolge ist der Vorschuß an Vertrauen und Erwartung, den die Gemeinde dem neuen Mitarbeiter gewährt, nach ca. 12 Monaten aufgebraucht; d.h. mit den danach erfolgenden Festschreibungen verkleinert sich der Innovationsspielraum erheblich.

3.6.2 Übungen zum Thema und Anleitungen für die Praxis

3.6.2.1 Lebenslinie, Glaubenslinie, Berufslinie 369
         Übung zum Vergewissern des eigenen Standpunktes
3.6.2.2 Entscheidungsbaum 371
3.6.2.3 Das Vorstellungsgespräch 372
3.6.2.4 Abschiedsinterview 373
3.6.2.5 Abschiedsgottesdienst 374
3.6.2.6 Ritual zur Wegzehrung 376
3.6.2.7 Abschiedsfest 377
3.6.2.8 Nachgeholter Abschied 379
3.6.2.9 Gemeinde-Geschichte(n) 380
3.6.2.10 Gemeindeerkundung 381
3.6.2.11 Vorvertrag 383
3.6.2.12 Meine grauen Eminenzen 384

3.6.2.1 Lebenslinie, Glaubenslinie, Berufslinie
Übung zum Vergewissern des eigenen Standpunktes

Ziel: Lebendige Erinnerungen des eigenen Werdegangs.

Die Überlegungen, die Sie mit Hilfe dieser Übung anstellen können, sollten dazu dienen, den eigenen Standort besser herauszufinden. Wo stehe ich in meiner persönlichen Überzeugung, meiner beruflichen Praxis, meiner gelebten Frömmigkeit? Wie sehr bin ich mit mir selbst, mit meiner familiären Situation und meinem Berufsfeld einig oder liege im Streit? Wie stehe ich zur Gemeinde und der Lebenswelt, die ich verlassen will? Belastet es mich, Abschied zu nehmen, oder ist es befreiend? Bleibt ein schales Gefühl zurück, oder spüre ich jetzt schon dankbare Erinnerung?

Abschiednehmen heißt zurückblicken und sich noch einmal den Weg vor Augen führen, den man gegangen ist. Wie lebte ich, glaubte oder arbeitete ich in dieser Gemeinde?

Ziel dieser Übung ist es, sich den Prozeß des Werdens noch einmal bewußt zu machen. Ein klares Bewußtsein von mir selbst, von meinem beruflichen Werdegang und dem persönlichen sowie familiären Leben zeigt Perspektiven des Abschieds auf und auch Horizonte des neuen Anfangs (erinnerte Zukunft).

Material: Papier (DIN A 3 oder Plakatkarton), Farbstifte

Zeitaufwand: ca. 90–120 Minuten

Anleitungen: Nehmen Sie ein Blatt Papier (DIN A 3 oder größer), legen Sie es in Querformat vor sich hin und versuchen Sie, so weit wie möglich in Ihrem Le-

3. Einzelthemen

ben zurückzudenken. An was erinnern Sie sich, als Sie noch Kind waren? Welches Ereignis gibt Ihr Gedächtnis nur andeutungsweise, verschwommen wieder; welches steht ganz lebendig, plastisch und farbig vor Ihren Augen?

Zeichnen Sie eine Linie Ihres Lebens so, wie Ihre Erinnerung es dartut – das Auf und Ab, das es da gab, die Höhepunkte und die Krisen, das glückliche Zusammensein und das Scheitern von Freundschaften, die erfüllte Zeit und die Stunden, die leer geblieben sind. Nehmen Sie sich so viel Zeit, wie Sie brauchen, um einen Gang durch Ihre eigene Geschichte bis heue zu machen, und zeichnen Sie diese Linie Ihres Lebens in das unterste Drittel des Blattes ein. Achten Sie darauf, wo Sie länger verweilen, was Sie besonders angespannt erinnern oder was Sie besonders bewegt. Notieren Sie das als Kommentar zu Ihrer Linie, die Sie auch evtl. über mehrere Blätter je nach Lebensalter und Intensität des Erlebens auszeichnen können.

Tun Sie dann dasselbe für die Entwicklung Ihres persönlichen Glaubens bzw. Ihrer Frömmigkeitspraxis. Wo liegen da die Höhe- oder Tiefpunkte, wie festes Vertrauen oder die Zeit des Zweifels, der Gewißheit oder die Identitätsverluste, der Konsens mit Gleichgesinnten oder der Dissens und die Einsamkeit? Zeichen Sie die Glaubenslinie mit einer anderen Farbe als die Lebenslinie darüber. Beziehen Sie diese beiden Linien dann aufeinander. Schließlich zeichnen Sie als 3. Linie die Ihrer eigenen Berufspraxis als PfarrerIn in der Kirche auf. Wie ist Kirche in Ihr Leben eingegangen? Wie haben Sie Kirche kennengelernt? Wie hat sich Ihr Leben durch die Kirche und die Berufspraxis in ihr verändert? Was bedeutet heute die Kirche für Sie?

Auswertung: Achten Sie darauf, inwiefern sich diese drei Linien annähern und überschneiden, wie sie sich entsprechen oder widersprechen. Laufen die drei Linien beziehungslos nebeneinanderher oder beeinflussen sie sich gegenseitig? Sehen Sie sich die Höhen und Tiefen Ihrer Linien an. Wie erleben Sie diese besonderen Punkte? Sind die Ereignisse von früher zu Ende gelebt, oder hängt Ihnen noch etwas davon nach? Kostet das eine oder das andere Sie bis heute noch Kraft, oder ist alles abgeschlossen, zu einem guten Ende gebracht?

Wie wirken sich Lebenseinschnitte und berufliche Veränderung auf Ihren persönlichen Glauben aus und wie bestimmten biographische Daten Ihre berufliche Praxis? Achten Sie besonders auf die Punkte, an denen Biographie, persönliche Glaubensüberzeugung und kirchliche Praxis auseinanderfielen oder gegenläufig geworden sind. Wo stehen Sie jetzt? Nehmen Sie Abschied von einer Gemeinde im Bewußtsein einer mehr gelungenen oder mehr abgebrochenen Praxis, im Anschein des Abwanderns aus einer für Sie diffusen oder klar geordneten Lebenssituation? Enden die Lebens-, die Glaubens- und die Kirchenlinien heute miteinander versöhnt oder im Streit?

Sie können diesen Prozeß der lebendigen Erinnerung und Bewußtmachung jemanden erzählen. Im Erzählen werden Sie freier; und der / die andere kann Ihnen vielleicht helfen, Zukunftsperspektiven zu vermitteln, indem er / sie die von Ihnen gehörte Geschichte mit seinen / ihren Worten noch einmal erzählt.

Anwendungsbereich: Die vorliegende Übung ist auf eine/n PfarrerIn zum Zeitpunkt des Stellenwechsels bezogen. Sie kann ebenso für andere Personen angewandt werden, die haupt- oder ehrenamtlich in der Kirche tätig sind.

3.6.2.2 Entscheidungsbaum

Thema: Meine Biographie als Geschichte von Entscheidungen

Ziele: Genauer in Kontakt kommen mit den „Schaltstationen" der eigenen Lebensgeschichte. Meinen Entwicklungsweg nachzeichnen. Beiseite gelassene Lebensmöglichkeiten wahrnehmen und ihrer Bedeutung für meine gegenwärtige Situation nachgehen.

Über Zukunft nachdenken, heißt auch nachdenken über meine Geschichte, wie ich geworden bin, was ich heute bin. Ich gehe davon aus, daß Menschen höchstens 20% ihres Potentials nutzen. Deshalb hilft ein Rückblick, vor allem aber die Frage, welche Möglichkeiten stecken denn heute in mir? Vielleicht gibt es auch liegengelassene, ausgeschlagene Möglichkeiten.

Zeitbedarf: Für die schriftliche Einzelreflexion ca. 40 Minuten; Paar- und Gruppengespräche anschließend nach Bedarf variieren.

Anwendungsbereich: Die Übung ist gedacht für PfarrerInnen, für MitarbeiterInnen (u.a), die aufgrund eines persönlichen, beruflichen oder kirchlichen „Wechselfalls" sich ihrer Lebensgeschichte und deren Kontinuität vergewissern wollen.

Verfahren: Ich verwende das Bild eines Baumes. Und notiere auf dem Stamm – von unten beginnend – die mir erinnerlichen „Schaltstationen" meines Lebens. Als Äste zeichne ich an den jeweiligen Knotenpunkten die mir im Rückblick gegenwärtigen anderen Lebensmöglichkeiten ein, die ich gehabt hätte und die von mir beiseite gelassen wurden. Wie stark der Auswahl- bzw. Entscheidungsprozeß von mir selbst gesteuert war, ist bei diesem Erinnerungsversuch nicht entscheidend; wer will, kann die eigene aktive bewußte Beteiligung an den Entscheidungsvorgängen durch die Stärke der Äste andeuten.

Beim Entwurf des „Entscheidungsbaumes" wäre zu fragen:
1. Welche wichtigen „Schaltstationen", die meinem Leben die jetzige Gestalt gaben, sind mir erinnerlich?
2. Welche anderen Lebensmöglichkeiten wurden durch „meine" Entscheidungen „ausgeschlagen"?
3. Wer war an diesen Entscheidungen beteiligt?

Im Bild des Baumes vergegenwärtige ich mir die Wurzeln und Quellen meiner Energie und Lebenskraft: Welche Menschen und Ereignisse haben mir viel gegeben, sind wichtig für mich gewesen? Welche haben mich gespeist, genährt mit

Energie? Ich trage in die Wurzeln ein prägende Personen, Ereignisse, die auftauchen, wenn ich über meine Lebensquellen nachdenke.

Der *Stamm* des Baumes setzt sich zusammen und bekommt seine Höhe von meinen eigenen Entscheidungen. In ihm zeichnen sich die Schaltstationen meines Lebens ab, die die *Äste* hervorbringen: Ausbildung, Beruf, Ehe, Partnerschaft, Lebensentwürfe, Ortswahl- und wechsel, Kinder, Verbindung von Beruf und Familie, Beziehungen, Entwicklung eines Hobbys, das mir viel bedeutet. Ich schreibe dies in die Äste auf der *einen* Seite des Baums.

Dabei mache ich mir klar, daß mein Lebensbaum auch viel beiseite gelassene Lebensmöglichkeiten enthält. Jede Entscheidung *für* etwas war auch eine Entscheidung *gegen* etwas. Aber: Jede beiseite gelassene Möglichkeit ist immer noch in mir als Idee, als Wunsch, als Traum etc. Auch Entscheidungen, die andere für mich getroffen haben, deren Entscheidungen mein Leben verändert haben, haben etwas in mir freigesetzt, in Bewegung gebracht. Ich zeichne dies ein in die Äste der *Gegenseite* des Baums oder die einzelnen Verästelungen.

Der Baum hat eine *Krone*. Sie bildet etwas ab von den Fragen in mir: Wie geht es weiter für mich? Wie möchte ich mein Leben in Zukunft gestalten? Wie will ich alt oder älter werden? Wie will ich im Alter leben?

Fragen zur Auswertung und „Besinnung" über den Entscheidungsbaum:
a) Was gewann ich – was verlor ich mit „meinen" Entscheidungen?
b) Welche Entscheidungen schmerzen mich noch heute? Und warum?
c) Um welche liegengelassenen Lebensalternativen ist es mir leid?
d) Welche auf meinem Lebensweg verschütteten Alternativen will / kann ich in mein gegenwärtiges / zukünftiges Leben re-integrieren? Und wie?
e) Welche Perspektiven eröffnet der Rückblick für die gegenwärtig anstehende Entscheidung (des Stellenwechsels)?

3.6.2.3 Das Vorstellungsgespräch

Vorstellungsgespräche anläßlich einer Bewerbung mit einem Kirchenvorstand sind schwierig und mancherlei Zufälligkeiten unterworfen, wenn sie nicht von *beiden* Seiten vorbereitet sind. Eine einzelne Person sitzt einem vielfältig zusammengesetzten Gremium gegenüber, das entsprechend vielfältige Vorstellungen von Gemeindearbeit hat; sie weiß nicht, wer von den Leuten, die sie alle nicht kennt, welche Frage vor welchem Hintergrund stellt, wie repräsentativ eine Frage für das Interesse des gesamten Kirchenvorstands ist, welche Vorurteile, Projektionen, Ängste und Erwartungen dabei mitspielen. Verwirrung und Peinlichkeiten auf beiden Seiten sind oft die Folge: Man will der Bewerberin / dem Bewerber ja nichts Böses antun, aber irgendwie muß man doch ihr / sein Profil „herauskitzeln". Man will sich als BewerberIn ja nicht selbst rühmen, aber irgendwie muß man doch die Chance bekommen, von seinen Fähigkeiten zu sprechen, auch seine Schwächen einzugestehen – wenn man aber nicht danach gefragt wird?

Das Verfahren, das wir zur Vorbereitung eines solchen Vorstellungsgesprächs vorschlagen, beruht auf dem Prinzip, daß beide Seiten sich vorher überlegen, worüber gesprochen werden sollte. Sie überlegen sich aber nicht die Fragen, die sie *stellen möchten*, sondern das, worüber sie *befragt werden* möchten, damit der betreffende Punkt zur Sprache kommt.

Ablauf

1. Für die Sitzung bereiten beide Seiten eine Liste mit 10 Interview-Fragen vor, die die jeweils andere Seite später stellen soll. Ist z.B. Jugendarbeit ein Thema, über das gesprochen werden soll, weil es konfliktbeladen und kontrovers ist, so könnte die entsprechende Frage auf der Liste des Kirchenvorstands lauten: „Wie läuft es hier mit der Jugendarbeit?"

Möchte der Bewerber / die Bewerberin über die Probleme, die mit dem Stellenwechsel für seine / ihre Familie verbunden sind, sprechen, so könnte die Frage lauten: „Wie denkt Ihre Familie über den Wechsel?".

2. Die beiden Listen werden vor der Sitzung ausgetauscht und dann in der Sitzung gestellt und beantwortet, wobei man sich an die Regel halten sollte, daß jede Seite etwa 30 Minuten bei der Liste bleibt und sie nicht weggelegt wird, bevor alle Fragen gestellt und beantwortet sind.

3. In den letzten 30 Minuten sollten die Fragen, die auf beiden Seiten vermißt wurden, genannt, aber nicht unbedingt diskutiert werden. Es entspräche dem Stil des Interviews, offengebliebene Fragen zu notieren und zu verabreden, wie sie geklärt werden, statt die andere Seite sofort damit unter Druck zu setzen.

4. Ein abschließendes Auswertungsgespräch präzisiert den Standort beider Seiten. Dabei können folgende Fragen leiten:

- ☐ Wissen wir genug voneinander?
- ☐ Wie haben wir uns bei dem Interview gefühlt?
 (In welcher Rolle fühlte ich mich wohler, als Fragende/r oder Befragte/r?)
- ☐ Welche Fragen waren informativ, ergiebig, aufschlußreich?
- ☐ Welche Fragen haben wir vermieden? Was war die wichtigste Frage, die gestellt wurde?
- ☐ Welche Fragen hätten wir erwartet?

3.6.2.4 Abschiedsinterview

Wenn die Entscheidung zum Weggehen gefallen ist, kann ein solches Interview zwischen Pfarrer oder kirchlichem Mitarbeiter und Kirchenvorstand u.U. schon geführt werden, *bevor* der Kirchenvorstand nach einem / einer NachfolgerIn Ausschau hält. Wir denken für dieses Interview besonders an Fragen wie

3. Einzelthemen

- Was hat Sie damals bewogen, zu uns zu kommen? Was war für Sie attraktiv an dieser Gemeinde?
- Haben Sie in der Gemeinde (oder in der entsprechenden Dienststelle) bei uns das gefunden, was Sie suchten?
- Was hat Sie traurig gemacht? Worüber waren Sie am meisten enttäuscht?
- Wann haben Sie zum ersten Mal an einen Wechsel gedacht? Und warum?
- Was zieht Sie an in der neuen Gemeinde oder in der neuen Arbeit?
- Was betrachten Sie als unsere Stärken / Schwächen – jetzt, wo Sie gehen?
- Was für eine/n PfarrerIn, MitarbeiterIn wünschen Sie uns?
- Welche Bereiche der Gemeindearbeit sollten wir beibehalten und ausbauen?
- Was wollen Sie uns als Laien sagen, wie wir Ihre/n NachfolgerIn, unterstützen und stärken können?
- Was sind Ihre Ziele, Hoffnungen, Wünsche für diese Gemeinde für die nächsten 5, 10 Jahre? Und welche Hindernisse sehen Sie bei uns, diese Ziele zu erreichen?
- Was können wir tun, um Ihnen und Ihrer Familie beim Weggehen zu helfen?

3.6.2.5 Abschiedsgottesdienst

Auch der Abschied von PfarrerIn oder MitarbeiterIn verlangt im Grunde nach einem eigenen gottesdienstlichen Ritual. Wenn sie ihr Amt antreten, begleiten sie Personen aus dem Kollegium, Kirchenvorstand, Dekanat und LGA in einem Einführungsgottesdienst mit mehr oder minder verbindlicher Liturgie. (Für andere kirchliche MitarbeiterInnen fehlen solche „Ordinationen" leider gänzlich.) Eine entsprechende Veranstaltung für den *Abschied* (oder für den Fall des Ausscheidens aus dem Amt) gibt es in den meisten Kirchen nicht. Nun lassen sich Rituale nicht einfach „erfinden", konstruieren und verordnen. Da sie Lebensvorgänge symbolisieren sollen, sind ihrer Machbarkeit Grenzen gesetzt. Man kann sie wohl nur „pflanzen" und ihren Wachstums- und Reifeprozeß begleiten und fördern.

Die folgenden Hinweise haben daher nur den Charakter von Anregungen und „Ausrufezeichen"; vielleicht führen sie dazu, daß sich in der Kirche auch „offizielle" Abschiedsliturgien entwickeln.

1. „Ausrufezeichen"

- Der Abschiedsgottesdienst findet nicht „zu Ehren" der scheidenden MitarbeiterInnen statt! Vielmehr gilt er der Gemeinde. Sie bedenkt das Abschiedsgeschehen in seinen Wirkungen auf Gemeinde und MitarbeiterInnen. Formen der Klage und des Dankes stehen ihr dabei zu Gebote. Der Gottesdienst hat sein Ziel im Lob Gottes, der als der Beständige in den Wechselfällen gefeiert wird.
- Daher: weder „Lobeshymnen" noch falsche Bescheidenheitsgesten! Dank sagen und dabei wahrhaftig bleiben, will ebenso gelernt sein wie Dank entgegen-

nehmen. Falsche Demutsgebärden können ja ein Akt besonderen Hochmuts sein.
☐ Der Abschiedsgottesdienst ist kein Ort gegenseitiger Abrechnung! Dies ist kein Plädoyer für Unaufrichtigkeit bzw. konventionelle Schönfärberei, vielmehr eher ein Hinweis darauf, daß eine gemeinsame Bilanz zwischen Kirchenvorstand und MitarbeiterInnen, die auch harte Kritik aneinander einschließen kann, vorweg stattfinden muß. Das gottesdienstliche Geschehen eignet sich nicht als Austragungsstätte für noch unentschiedene Scharmützel.
☐ Arbeitsende und Abschiedsgottesdienst – wenn möglich – auf einen Termin! Ungleichzeitigkeit schafft Konfusion. Das Ritual wird in seiner Wirkung geschwächt, wenn mit der gottesdienstlichen Verabschiedung nicht auch der wirkliche Abschied erfolgt. (Mit vorausschauender Planung ist den möglichen Organisationsschwierigkeiten meist beizukommen.)

2. Gestaltungsvorschläge
a) Kirchenvorsteher- und MitarbeiterInnen einer Gemeinde treffen sich vor dem Abschiedsgottesdienst. (Für Gruppen, denen der „Auftritt" in einem Gottesdienst nicht fremd ist, genügen 1 bis 2 Stunden vorher; Gruppen, denen eine so knappe Frist zu riskant ist, kommen am Vortag zusammen.) Sie bilden Teilgruppen, deren jede sich die folgenden Fragen vornimmt:

☐ Im Blick auf NN's Tätigkeit in unserer Gemeinde bin ich dankbar ...
(15 Sätze – nicht weniger).
☐ Im Blick auf NN's Tätigkeit in unserer Gemeinde bedauere ich ...
(10 Sätze – nicht weniger).
☐ Von den besonderen Dingen, die NN mit uns angefangen hat, wird uns bleiben bzw. werden wir fortführen: ... (5 Sätze – nicht weniger).
☐ Wir wünschen NN, daß er / sie von uns „mitnimmt,": ... (5 Sätze – nicht weniger).

Formulieren Sie kurze, prägnante Sätze, die sich – wenn irgend möglich – auf konkrete Situationen beziehen. Je persönlicher, desto besser. Lassen Sie auch „Minderheitenvoten" zu.
Die Teilgruppen kommen zusammen, vergleichen ihre Listen, streichen Doubletten, arrangieren die Einfälle auf eine Liste für jede Frage (allgemeine und lange Sätze sollten zugunsten knapper und konkreter Einfälle gestrichen werden) und wählen einen „Sprecher" oder eine „Sprecherin" für jede Liste, die den erarbeiteten Text dann im Gottesdienst vortragen.
b) Gemeindemitglieder formulieren ein Abschiedsgebet, mit dessen Hilfe sie das Doppelgesicht des Abschieds: Trauer und Erleichterung, auszudrücken versuchen.
c) Das Abendmahl drückt ja sinnenhaft Gemeinschaft und deren Gefährdung aus. Es ist ein notwendiger Teil eines Abschiedsgottesdienstes. Kirchenvorstand/ Gemeindemitglieder sollten der scheidenden Person Brot und Wein reichen als „Wegzehrung".

3. Einzelthemen

d) MitarbeiterIn und Gemeinde suchen jeweils ein symbolisches Abschiedsgeschenk, das sie einander übergeben – mit entsprechender Abschiedsrede.
e) Der Kirchenvorstand begleitet nach Abschiedsworten die scheidende Person nach draußen, die Gemeinde bildet eine „Gasse". Sie bleibt zurück und feiert den Gottesdienst zu Ende.
f) Oder: Die scheidende Person wird von Vertretern der neuen Gemeinde (Arbeitsstelle) aus dem Gottesdienst „weggeholt". Vorher übergibt sie öffentlich Schlüssel und andere „Insignien" ihres Amtes.

3. Hinweise für Abschiednehmende, wenn sie an ihrer Predigt sitzen

Der Abschiedsgottesdienst gehört zu den letzten Veranstaltungen, die in der „alten" Gemeinde geplant werden. Die Abschiedspredigt nun kann zum Ort werden, wo die ausscheidende Person öffentlich ihren Schritt bedenkt und erläutert. Auf ihre Sprache wird sie dabei besonders achten müssen. In der Vorarbeit für die Abschiedspredigt wären zudem folgende Überlegungen anzustellen:

☐ Welche Höhepunkte habe ich in der Gemeinde erlebt? Welche Folgen hatten sie für mich?
☐ An welche Tiefpunkte kann ich mich erinnern? Was habe ich dabei gelernt?
☐ Was bindet mich an die Gemeinde? Was treibt mich fort?
☐ Wie klar sind mir meine Gründe zum Stellenwechsel? Und wie plausibel sind sie der Gemeinde?

(*Anmerkung:* Auch sehr persönliche Gründe zum Stellenwechsel sind für Gemeindemitglieder verständlich, wenn sie vom Pfarrer direkt und persönlich formuliert werden.)

☐ Beschreibe ich in der Predigt eine gemeinsame Geschichte mit der Gemeinde, oder rechne ich insgeheim mit ihr ab?
☐ Lasse ich der Gemeinde frei, den Fortgang ihrer Geschichte selber zu schreiben? Oder hinterlasse ich ihr ein Vermächtnis mit Bestimmungen für ihre Zukunft?

Es empfiehlt sich, diese und andere Fragen mit einem vertrauten Menschen anhand der vorbereiteten Reden zu klären.

3.6.2.6 Ritual zur Wegzehrung

Konkreter Anlaß, dieses Ritual zu entwickeln, war der Wunsch eines Brautpaares, die Trauung zum Thema „Weg" zu gestalten. Gegen Ende des Traugottesdienstes gingen 4 Frauen (die beiden Mütter und 2 Schwestern) nach vorne. Das Ritual ist modifizier- und anwendbar für andere Situationen, in denen es um einen Abschied, eine Ausreise, eine besondere Beauftragung oder den Beginn eines gemeinsamen Weges als Paar geht.

Eine erläutert das Vorhaben: Wir möchten euch stärken für euren Weg mit sinnlichen und symbolischen Gaben.

Eine: Ich gebe euch Salbe für eure Hände, wenn ihr euch oder andere in Liebe berührt (dabei wird ein großer sichtbar gefüllter Salbentopf überreicht).
Eine: Ich gebe euch Puder für eure Füße, damit ihr weit gehen könnt und euch eure Füße auch wieder heimbringen (dabei wird eine Schale mit weißem Puder überreicht).
Eine: Ich gebe euch Seife, damit ihr euch nicht scheut, euch die Hände schmutzig zu machen, wo immer ihr zupackt (Überreichung eines großen Stücks Seife).
Eine: Ich salbe euch mit Öl, damit ihr nicht vergeßt, daß ihr von Gott geliebt seid (das Brautpaar wird durch ein Kreuz auf der Stirn mit duftendem Rosenöl gezeichnet).
Eine: Wir geben euch Brot mit auf euren Weg, damit ihr es teilen könnt mit denen, die euch begegnen: wir geben euch ungesäuertes Brot für Menschen, die heimatlos oder auf der Flucht sind.
Eine: Wir geben euch Fladenbrot – es ist das Brot der Armen.
Eine: Wir geben euch Nußbrot für Menschen, die euch etwas zu knacken geben, für Außenseiter und Menschen, die sich anders verhalten als ihr.
Eine: Wir geben euch Schüttelbrot. Es hält lange, damit ihr immer Vorrat habt.
Eine: Unterwegssein heißt, das Leben mit anderen zu teilen; deren Brot essen heißt Anteilnehmen an ihrem Schicksal; Herzen und Hände für sie zu öffnen.

Nach dem Segen, der den Traugottesdienst beendet, dreht sich das Brautpaar zur Gemeinde um. Die Braut sagt, während beide einen Brotkorb hochhalten: Ihr alle braucht auch Wegzehrung. Wir möchten euch von dem weitergeben, was wir bekommen haben. Nehmt euch, wenn ihr geht, das Brot, das ihr braucht.

Das Brautpaar zieht aus der Kirche aus, stellt sich mit den Brotkörben am Ausgang auf und verteilt an alle die Brotstücke aus den Körben.

3.6.2.7 Abschiedsfest

Zweck: In der Regel veranstaltet die Gemeinde für die Abschiednehmenden ein Fest. Die üblichen Inhalte – Rede der Vorsitzenden, Überreichen eines Geschenks, Essen – reichen oft nicht aus, das Fest als eine gefüllte Zeit erleben zu lassen. Vielleicht regen die folgenden Empfehlungen die Festphantasien etwas an. Was auch immer die Gemeinde unternimmt, zu bedenken wäre:

- ☐ wie „innere" und „äußere" Beteiligung für alle Gäste möglich wird;
- ☐ wie das Fest (bei aller Schwere des Abschieds) Leichtigkeit behält;
- ☐ ob auch alle Festelemente dem Abschied gelten (und nicht Trennung verschleiern);
- ☐ wie Nähe zu den gemeinsamen Erlebnissen und Gefühlen gewahrt wird;
- ☐ daß das Fest Teil des „Trauerprozesses" ist.

3. Einzelthemen

Dazu folgende Ideen:

a) Erinnerungscollage

Die Festteilnehmer – abschiednehmende und zurückbleibende – bringen Fotos, Zeitungsausrisse, besondere Gemeindebriefe, Mitteilungsblätter, Zeichnungen o.ä. aus der gemeinsamen Zeit in der Gemeinde mit. Alle stellen ihre „Fundstücke" mit einem kurzen Kommentar vor.

Soweit möglich, werden die Materialien auf eine vorbereitete Wandzeitung geklebt. Es wäre gut, wenn das Anordnen der Bilder, Texte usw. von einer Person übernommen würde, die der Collage eine „künstlerische" Note zu geben vermag.

Die Collage eignet sich sowohl als Abschiedsgeschenk für scheidende Personen, als auch als Erinnerungsstück für die ganze Gemeinde (im Sitzungssaal des Kirchenvorstands oder im Gang der Kirche aufzuhängen).

b) Gemeinsame Geschichtsschreibung

Ein kleines Vorbereitungsteam sorgt dafür, daß lange Papierbahnen an die Wand geheftet werden – für jedes Jahr der Tätigkeit eine Bahn; in chronologischer Folge erhält jede Wandzeitung eine Jahreszahl. Überschrift der linken Seite jeder Wandzeitung: *Höhepunkte*.

Überschrift der rechten Seite jeder Wandzeitung: *Tiefpunkte*.

Alle „kramen" in ihren Erinnerungen und schreiben knapp und konkret auf, was sie an Höhe- und Tiefpunkten aus den verschiedenen Jahren noch im Sinn haben. Je deutlicher die Notizen sind, umso leichter können andere die Stichwörter aufnehmen und ihre Beobachtungen und Ansichten dazufügen. (Keine Zensur!)

Je nach Größe der Festgesellschaft werden „Knotenpunkte" (Verdichtungen in den gemeinsamen Jahren) in Teilgruppen oder plenar miteinander besprochen. Dabei sollte es nicht um späte (verspätete) Rechtfertigungen gehen, sondern allenfalls um Klärungen: „So habe ich es gesehen – und du so " (vgl. auch „Gemeinde-Geschichte(n)").

c) Erinnerungsbaum

Das Fest-Komitee malt auf einer großen Papierbahn (mind. 1,10 x 2,00 m) einen weitausladenden Baum – mit noch kahlen Ästen. Außerdem werden handtellergroße, rote Papiere in Apfelform und grüne Papiere als Blätter ausgeschnitten. Die TeilnehmerInnen des Abschiedsfestes schreiben auf die „fruchtförmigen" Papiere ihre positiven Erinnerungen an die gemeinsame Zeit mit der scheidenden Person und auf die „blattähnlichen" Papiere ihre negativen Erlebnisse. Sie kleben dann „Blätter" und „Äpfel" an den Baum. Auch darüber sollte in Teilgruppen oder plenar (je nach Größe der Festgesellschaft) gesprochen werden.

Es lohnt sich, den „Erinnerungsbaum" noch etliche Wochen im Gemeindehaus hängen zu lassen. Die scheidenden Personen können ja ein Erinnerungsfoto mitbekommen.

3.6 Wechselfälle verarbeiten

d) Gedächtnisbaum

Nach dem Abschiedsgottesdienst begibt sich die Gemeinde in den Pfarrhausgarten, auf den Kirchvorplatz oder auf ein anderes freies Gemeindegelände. Dort wird ein Bäumchen zur Erinnerung an die gemeinsame Zeit gepflanzt. Alle FestteilnehmerInnen werfen ein paar Handvoll Erde in die Grube, in die das Bäumchen gesetzt worden ist. Wer will, kann dazu ein Abschiedswort sprechen.

In die Erde neben das Bäumchen kann auch eine Kassette gelegt werden, die Schriftstücke mit wichtigen gemeinsamen Daten enthält.

Wichtig bei dieser Unternehmung ist: Der Baum wird nicht zur Erinnerung an die scheidende *Person* gepflanzt, sondern als Ausdruck der Erinnerung an die *gemeinsam erlebte Zeit* und als Symbol der Hoffnung für die Zukunft der Gemeinde.

3.6.2.8 Nachgeholter Abschied

Situation: Zwei Pfarrer sind erst kurze Zeit in der Gemeinde tätig. In der noch offenen Anfangssituation halten sie es für sinnvoll, mit Hilfe von Beratung ihre Arbeit und die Gemeindesituation zu bedenken. Im Verlauf der Beratung gewinnen die Berater den Eindruck, daß beide Pfarrer nicht richtig „da" sind: daß beide noch nicht wissen, ob sie überhaupt bleiben sollen, und daß im Kirchenvorstand immer noch drei ehemalige Pfarrer der Gemeinde „herumspuken". Ihre Diagnose: Der Kirchenvorstand hat noch nicht richtig von den ehemaligen Pfarrern Abschied genommen und daher die beiden neuen auch noch nicht in seine Mitte aufnehmen können. Mit der im folgenden beschriebenen „Zeichenhandlung" versuchen die Berater, den Kirchenvorstand zu einem deutlichen Abschied und zu einer bewußten Begrüßung der neuen Pfarrer zu verhelfen.

Ihre Beschreibung der *Übung:*

Wir hängen drei Gestalten-Skizzen in Lebensgröße an die Wand. Jede Gestalt trägt den Namen eines der drei vorangegangenen Pfarrer, und in jeder haben wir dieselben drei Sätze (s.u.) mit viel Platz dazwischen hineingeschrieben. Alle KirchenvorsteherInnen bekommen einen Stift und werden gebeten, jeweils zu einem unserer Sätze etwas in die Pfarrer-Gestalten hineinzuschreiben.

☐ Unser erster Satz: *„Das war ein Pfarrer!"*
Voten der KirchenvorsteherInnen (Auszug): Der predigte mit Herz und Kopf; der hatte Ausstrahlung; er war angriffslustig und angreifbar; – Der wußte, was er wollte, der hatte alles im Griff; war ein guter Organisator und Chef ... den ich nicht unbedingt haben wollte.

☐ Zweiter Satz: *„Ich bin froh, daß du weg bist!"*
Voten (Auszug): Zu abgehoben war er; zu viel des Guten macht unselbständig; – zu streng, war mir zu autoritär; – Er war sowieso die ganze Zeit unterwegs; kaum ein Unterschied; ich hatte immer das Gefühl, ich müßte mich entschuldigen, wenn ich etwas wollte.

☐ Dritter Satz: *„Ach, wärst du doch noch hier!"*
Voten (Auszug): Dann könnte ich mich öfter so richtig austoben, es würde mehr getanzt ... na ja! – Dann wäre die Sache mit der Rutsche nicht passiert! – Als Kontrastprogramm, dann hätten wir jemanden, über den wir uns täglich mokieren könnten.

Nach Durchgang dieser drei Sätze sagen die KirchenvorsteherInnen zu den drei Pfarrer-Gestalten: „Es war schön, daß Sie hier waren – aber nun ist Ihre Zeit um." Die Skizzen werden abgehängt, kleingefaltet und in einen Koffer gepackt, den die Berater mitnehmen.

☐ Vierter Satz: *„Wir begrüßen unsere neuen Pfarrer."*
Die beiden anwesenden Pfarrer und die KirchenvorsteherInnen begrüßen sich mit Handschlag und wechselseitigen Wünschen.

Wir haben etwa dreimal zehn Minuten für die ersten drei Sätze und dann noch etwa fünfzehn Minuten für den vierten gebraucht.

3.6.2.9 Gemeinde-Geschichte(n)

Ziel: Die Gemeinde schreibt ihre eigene Geschichte. Das heißt, sie sammelt und gewichtet Ereignisse, Daten, Erfahrungen und Erinnerungen, die sowohl als Informationen für die Nachfolgenden als auch für das eigene Selbstverständnis von Bedeutung sein können. Zugleich hilft dieser Prozeß bei der Personalplanung und beim Abschiednehmen, indem Gemeinsames benannt wird.

Und: Es können Vorgänge, die unter den Teppich gekehrt worden waren, angesprochen werden. – *„Was der Mensch nicht mehr erinnert, muß er im Leben wiederholen."* (Christa Wolf).

Anwendungsbereiche: Die Übung kann auch als Einstieg zu Bilanzierungen, zur Standortbestimmung, zu Planungsgesprächen oder zur Bearbeitung eines konkreten Konflikts in Arbeitsgruppen, Pfarrkonventen, Mitarbeitergruppen etc. dienen.

Zeitbedarf: 60 bis 90 Minuten

Ablauf: Folgende Skala auf Wandzeitung aufzeichnen:

Zeitspanne	1975–79	1980–85	1986	1987	1988	1989	1990	1991	1992	1993	1994

Je nach der Dauer der Mitarbeit der anwesenden Gruppe wird die Zeitskala in Einjahres-, Zweijahres-, Dreijahres- oder Fünfjahres-Abschnitte eingeteilt. Der Beginn der Skala richtet sich nach der Mitarbeit derjenigen, die am längsten dabei sind.

Alle notieren zunächst für sich Erinnerungen zur Geschichte der Gemeinde. Dabei kann es sich um Freuden, Sorgen, kritische Vorfälle, Veränderungen in der Gemeinde, Personen etc. handeln. Dies sollte ohne Protokoll und Kirchenbücher geschehen. Als Erinnerungsstütze können folgende Fragen auf eine Wandzeitung notiert werden:

1. Welche Erinnerungen (Menschen, Ereignisse) haben Sie an jede Phase?
2. Was waren Höhe- und Tiefpunkte?
3. Wie fing alles an (im Kirchenvorstand, in der Gemeinde, im Pfarramt, im Konvent)?
4. Was waren die wichtigsten Veränderungen?
5. Wer waren wichtige Schlüsselpersonen und warum?
6. Welche Aktivitäten, Kämpfe erinnern Sie?
7. Gab es Konflikte und wurden sie gelöst?

Nachdem alle ihre Eindrücke notiert haben, werden diese durch Zuruf in die jeweilige Skala auf der Wandzeitung eingetragen. Falls die Gruppe sehr groß und heterogen ist, kann man die einzelnen Einfälle auch zunächst in Trios austauschen und ergänzen lassen.

Das Ganze kann noch dadurch illustriert und farbiger gemacht werden, daß Gemeindemitglieder gebeten werden, Fotos oder Zeitungsausschnitte mitzubringen und diese dem Text der Gemeindegeschichte beizufügen.

Nach dem Zusammenstellen der Daten wird gemeinsam daran gearbeitet, ob es Wiederholungen gibt in der Geschichte der Gemeinde oder Erfahrungen, die sich durchgehalten haben. Man kann auch durch Symbole oder Farben kenntlich machen, was z.B. dankbare, ärgerliche, unerledigte oder auch konfliktreiche Erinnerungen in der Geschichte der Gemeinde sind.

3.6.2.10 Gemeindeerkundung

Ziel: In der Einstiegssituation besteht besonderer Bedarf an verläßlichen Informationen über Geschichte, Gestalt, Pläne der Gemeinde einerseits und über Erfahrungen, Ideen, Arbeitsstil, die die neuen MitarbeiterInnen mitbringen, andersseits. Gemeinde hat, auch wenn ihr das undeutlich bleibt, eine unverwechselbare Gestalt, die die neuen MitarbeiterInnen sehen lernen müssen. Und umgekehrt brauchen Gemeindemitglieder Zeit und geschärfte Sinne, um die neue Person in ihrer Besonderheit wahrzunehmen. Die folgenden Empfehlungen unterstützen den Prozeß des Kennenlernens auch darin, daß mit den notwendigen Informationen zugleich neue Aspekte möglicher Veränderungen der gemeinsamen Arbeit in den Blick kommen. Dabei wollen sie vermeiden helfen, daß Mitarbeitende / Gemeinde sich mit einer Fülle „toter" Daten herumplagen.

Zielgruppe: PfarrerIn, MitarbeiterIn, diverse Gemeindegremien und Gruppen.

Empfohlene Verfahren

1. Begehung der Gemeinde – KirchenvorsteherInnen gehen mit der neuen Person durch den Gemeindebezirk. Sie zeigen ihr:

3. Einzelthemen

☐ wo die Gemeinde sich am deutlichsten repräsentiert,
☐ wo die Gemeinde wurzelt;
☐ die „Problemzone" der Gemeinde;
☐ den sichtbaren Gemeindeerfolg;
☐ die „heiligen" bzw. „sündigen" Stätten;
☐ den schönsten / häßlichsten Blick
☐ u.a.m.

Die neue Person stellt Fragen, konfrontiert mit ihren Beobachtungen. Ein Mitglied des Kirchenvorstandes protokolliert Ideen, Phantasien, Wünsche.

2. *Gemeindegeschichte* (siehe S. 399)

3. *Gemeindebilder* – TeilnehmerInnen einer Gruppe zum Beispiel malen Bilder der Ortsgemeinde: „Unsere Gemeinde im Bezirk ...". Gemeinsame Besprechung der Bilder. Später: Ausstellung im Foyer oder in der Kirche.

4. *Besuche in Gruppen* – Voraussetzung: Die neue Person informiert vorweg die Leitung der Gruppe über die Besuchsabsicht und vereinbart einen passenden Termin. Mit einer solchen Verabredung achtet er / sie die Leitungsstruktur und Leitungskompetenz und vermeidet das überraschenden Besuchen innewohnende Moment der Kontrolle. Sie bereitet sich auf den Besuch vor und überlegt sich:
☐ Welches Interesse habe ich an der Gruppe?
☐ Was weiß ich schon von ihr?
☐ Und was will ich fragen?
☐ Was bringe ich mit als „Geschenk"?
☐ Wie verabschiede ich mich wieder von der Gruppe?

5. *Fotos* – Sie geht die Straßen des Gemeindebezirks ab. Sie fotografiert, was ihr erfreulich – befremdlich – abstoßend erscheint und veranstaltet eine Gemeindeausstellung über ihre Fotos und deren Fundstellen.

6. *Interviews im Bezirk* – Sie besucht Geschäfte – Banken – Arztpraxen – Schulen und andere wichtige Einrichtungen und verwickelt Schlüssel-Personen in Kurzgespräche über die Gemeinde.

7. *Nachbarschaftsfest* – Sie organisiert in der Nachbarschaft, in der Wohnung ein (Straßen-)Fest. Dabei werden bewußt die konventionellen Grenzen der Gemeinde überschritten.

Weitere Verfahren sind denkbar. Beachtet werden sollte jedoch bei Entwicklung und Durchführung:
a) Wie „lebendig" sind die Daten, die wir durch die Unternehmung erhalten?
b) Wie organisieren wir einen Austausch über die Erfahrungen, der uns verbindet und uns neue Ideen gibt (z.B. durch eine Ausstellung oder Zeitung)?

3.6.2.11 Vorvertrag

Die Anfangszeit nach der Übernahme einer neuen Stelle ist turbulent, und zwar für alle Beteiligten in vergleichbarer Weise. Erwartungen und Ängste, Mißtrauen und Hoffnungen liegen dicht beieinander in dieser Umbruchsituation. Forcierte Verhaltensweisen und ihr entsprechendes Gegenstück, große Rollenunsicherheiten, prägen den Anfang.

Ein „Vorvertrag", den die neue Person und Kirchenvorstand bzw. Mitarbeitergruppe miteinander abschließen, hilft:
- den Neuanfang nicht zu überhasten;
- gegenseitige Erwartungen abzuklären;
- die schrittweise Übernahme von Arbeitsbereichen zu regeln; einander Zeit zu lassen / zu geben, sich zu „beriechen", „abzutasten" und kennenzulernen;
- den zeitlichen Bedarf und notwendige Investitionen der Anfangszeiten abzustecken.

Der „Vorvertrag", gilt für die Anfangsperiode. Je nach Situation: zwei bis vier Monate. Eine schriftliche Abfassung stößt gelegentlich auf Befremden; um der Klarheit und Eindeutigkeit willen ist sie jedoch einer mündlichen Verabredung vorzuziehen. Alle „Vertragspartner" erhalten eine Kopie.

Zielgruppe: Kirchenvorstand, Mitarbeitergruppe, die neue Person.

Zum Verfahren ...

1. Die neue Person und das Gemeindegremium notieren vorweg ihre Erwartungen aneinander, ihre Forderungen und ihre Angebote. Dazu folgende Hilfsfragen für das *Gemeindegremium:*
a) Was sind die notwendigen Funktionen / Bereiche unserer Gemeinde, die die neue Person mit dem Dienstantritt übernehmen muß?
b) Um welche Bereiche / Funktionen sollte sie sich kümmern, wenn es nach unseren Wünschen, Erwartungen ginge? Was sollte sie gleich verändern?
c) Was von unserer Gemeinde *muß / sollte* die neue Person sich genau ansehen?
d) Welches Angebot im Blick auf Hilfe und Unterstützung in den ersten Monaten können wir ihr machen?

... und für die Person:

a) Welche Aufgaben gehören gleich zu Beginn zu meinen Dienstpflichten?
b) Welche Funktionen / Bereiche, die meinen Neigungen entgegenkommen, will ich gleich zu Anfang übernehmen?
c) Welche Informationen / Erfahrungen / „Geschichten" brauche ich, um mit der Gemeinde in Kontakt zu kommen? Und: wieviel Zeit muß ich dafür reservieren?

2. Die Antworten werden veröffentlicht (Wandzeitungen) und diskutiert. Längere Gespräche entwickeln sich an den Punkten, wo die „Vertragspartner" in ihren Ansprüchen und Wünschen divergieren. Die „Übereinkunft" sollte in geeigneter Form festgehalten werden – so daß jedenfalls alle wissen, was man in den nächsten Wochen voneinander erwarten kann.

3. Die „Vertragspartner" legen ein Datum für eine Auswertungsrunde fest (zwei bis vier Monate später), in der die erste Zeit gemeinsamer Arbeit bilanziert wird.

3.6.2.12. Meine grauen Eminenzen

Wer nimmt Einfluß auf meine Entscheidung?

Ziel: Die Personen oder „Kräfte" benennen können, die mit ihren Botschaften auf meine Entscheidung einwirken. Meine übliche Reaktion auf ihre Botschaften erkunden. Meine gewünschte Antwort / Reaktion auf ihre Botschaften erkunden. Freier und selbständiger mit den mich steuernden oder normierenden Botschaften anderer umgehen lernen.

Anwendungsbereich: Die Übung ist gedacht für Personen, die in „Wechselfällen" Entscheidungsschwierigkeiten bei sich entdecken und ihnen genauer auf den Grund kommen wollen.

Zeitbedarf: Für die Einzelreflexion ca. 40 Minuten.
Paar- oder Gruppengespräche anschließend nach Bedarf variierbar.

Verfahren: In der Mitte eines nicht zu kleinen Blattes Papier zeichne ich mich als einen Kreis. Durch Kreise – in einigem Abstand vom Ich-Kreis entfernt – halte ich alle Personen fest, die ich auf mich – wie auch immer – einwirken sehe (Namen in die Kreise schreiben). Mit dem variierbaren Abstand kann ich die Intensität ihres Einflusses andeuten. Ich ziehe Verbindungslinien zwischen den „grauen Eminenzen". Möglichst knapp und direkt. Als Du-Botschaften. (Z.B „Du sollst was werden!", „Wenn Du Dich nicht anstrengst, liebe ich Dich nicht!", „Was immer Du tust, es genügt noch nicht!", „Ich finde Dich gut.", „Du kannst das, wenn Du nur willst.", u.ä.) Unterhalb der Verbindungslinien notiere ich, was ich auf diese Botschaften antworten will. Die Antworten ebenfalls direkt und knapp; ich achte auf meine Gefühle und gebe ihnen Worte. Es mag sein, daß ich hinter einem „Hintermann" noch eine „Hinterfrau" entdecke, deren Botschaften, weil von früher kommend, bei mir schon zu allgemeinen Normen geworden sind. Ich zeichne auch den „Hintermann" oder die „Hinterfrau" des „Hintermannes" und schreibe deren Botschaft und meine Antwort auf.
Das Gespräch danach kann sich an folgenden Fragen orientieren:
1. Welche Entdeckungen habe ich mit Hilfe der Übung gemacht?
2. Welche grauen Eminenzen haben Einfluß auf mich?
3. Wie gehe ich mit ihren Botschaften üblicherweise um?
4. Welche meiner „Antworten" muß ich auch ausführen, damit ich meiner eigenen Position gewisser werde? (Wie kann ich notwendige Reaktionen planen?)
5. Wie sieht nach diesem Durchgang meine Entscheidungssituation aus?

Literaturliste für Teil 3.6 (Seite 363–384)

Böhm, W. / Justen, R., 1990[4]
Bolles, R. N., 1990
Bormann, G. / Bormann-Heischkeil, S., 1971
Brocher, T., 1977
Kelemen, S., 1977
Kelemen, S., 1982
Polster, E. und M., 1975[2]
Sauer, M., 1991
Schulz, D. / Fritz, W. /
Schuppert, D. / Seiwert, L.
J. / Walsh, I., 1989
Sheehy, G., 1982
Sheehy, H., 1976[3]
Spencer, S. / Adams, J., 1990
Yate, M. J., 1990[2]

3.7 Organisationskulturen verstehen

3.7.1 Theorie und Informationen

3.7.1.1 Organisationskultur – eine Begriffsklärung   385
3.7.1.2 Die „Kultur" einer Gemeinde   388
3.7.1.3 Symbole und Rituale   390
3.7.1.4 Das Irrationale in Organisationen   395

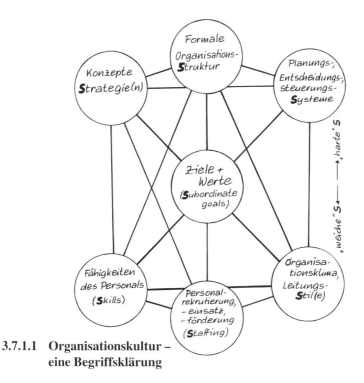

3.7.1.1 Organisationskultur – eine Begriffsklärung

1. Seit den 80er Jahren wird der Begriff „Kultur", bis dato reserviert für Systeme gemeinsam geteilter Werte, Einstellungen, Ideale, Wahrnehmungs-, Denk- und Verhaltensweisen in Völkern bzw. Volksgruppen, zunehmend auf Organisationen angewandt. Populär wurde vor allem die These von Peters / Waterman, daß der Erfolg von Unternehmen entscheidend von der Gestaltung der 4 „weichen S" (Stil, Stammpersonal, Spezialkenntnisse, Selbstverständnis) abhängig sei (vgl. das 7-S-Modell der Beratungsfirma McKinsey).

Damit begeben sich BeraterInnen bzw. ManagerInnen in Bereiche, die weder exakt quantifizierbar, noch technisch machbar, noch rational gänzlich aufklärbar sind. Während die 3 „harten S" auf Eindeutigkeit angelegt sind, bleiben die „weichen S" vieldeutig.

3. Einzelthemen

Die Diskussion um den Begriff Organisations- bzw. Unternehmenskultur zeigt, daß er außerordentlich schwammig ist, „saugfähig" für die unterschiedlichsten Interpretationen und Verwendungsinteressen. Daher ein Klärungsversuch im Folgenden.

2. Organisationen existieren in einer bestimmten Kultur ihrer Umwelt, von der sie beeinflußt sind. Sie sind selber Kultur, d.h sie stellen für ihre Mitglieder eine spezifische Lebenswelt dar mit einer je eigenen „sozialen Konstruktion der Wirklichkeit". Und sie haben und machen Kultur in Form von bewußten und sichtbaren Artefakten. Ein an Arbeiten von Schein und Sackmann angelehntes Modell soll die unterschiedlichen Erklärungsmuster zusammenfassen.

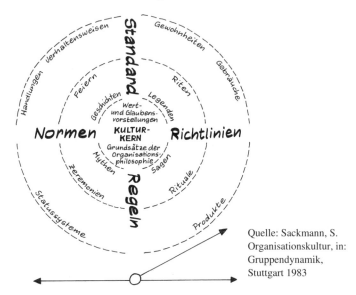

Quelle: Sackmann, S. Organisationskultur, in: Gruppendynamik, Stuttgart 1983

3. Die Organisationskultur hat folgende Grundfunktionen:

Integrationsfunktion: D.h. die Organisationskultur ermöglicht den Organisationsmitgliedern, sich in die Organisation einzuleben und in ihr heimisch zu werden. Sie stellt eine soziale Übereinkunft her, mit deren Hilfe die Individuen sich zu Gemeinschaften zusammenschließen können.

Koordinationsfunktion: Die Organisationskultur „wirkt handlungskoordinierend über gemeinsam geteilte Werte" (Stähle, S. 480), Normen und Überzeugungen; die Grundmuster ersetzen damit detaillierte Handlungsanleitungen (die vor der Komplexität der Anforderungen ohnehin versagen müßten); das Wissen, „wie man hier so arbeitet", erübrigt ständige Leitungseingriffe.

Motivationsfunktion: Die Kultur vermag Mitarbeitende im Blick auf ihre Aufgaben zu stimulieren und zu verpflichten, indem sie z.B. den Zusammenhang der Einzeltätigkeit mit der Gesamtleistung der Organisation symbolisiert; die Organisationskultur enthält immer sinnvermittelnde Elemente.

3.7 Organisationskulturen verstehen

Identifikationsfunktion: Die Organisationskultur bewirkt die Identifikation des Einzelnen mit der Organisation („ich und meine Firma"); die Organisation wird zu einem Bestandteil des eigenen Lebens; man lacht und leidet mit ihr; auf eine solche Weise trägt sie zur Erweiterung des individuellen Selbstbewußtseins bei. Die Organisation symbolisiert Dauer, die den Lebenszyklus der einzelnen Organisationsmitglieder transzendiert, ja so etwas wie Unsterblichkeit darstellt.

4. Organisationskultur wird in *Artefakten* sichtbar; sie manifestieren sich in Form von

Objekten: Architektonische Gestaltung, Symbole, Logo, Uniformen, Kleidung, Bilder etc.

Sprache: Von Organisationsmitgliedern verwendete Schlüsselbegriffe, Redewendungen, Sprachgesten, Metaphern, Anekdoten, Geschichten, Witze etc.

Verhalten: Art und Weise des Umgangs miteinander, Feste, Zeremonien, Riten und Rituale etc.

Gefühlen: Von vielen geteilte Empfindungen z.B der Trauer über Entwicklungen der Organisation, der Freude über Erfolge, des Stolzes auf Grund eines guten Images der Organisation etc.

5. Organisationskulturen sind nicht ein-, sondern wie gesagt vieldeutig; in ihnen sind die Widersprüche und Grundambivalenzen der Organisation eingelagert. So differenzieren Neuberger / Kompa 14 Werte aus:

Zivilcourage, Rückgrat	*Selbstbestimmung, Handlungsspielraum*
Ordnung, Struktur	*Nüchternheit, Bescheidenheit*
Menschlichkeit, Nähe	*Gelassenheit, Geduld, Ausdauer*
Kooperation, Zusammenhalt	*Theorie, Expertentum, Analyse*
Erfolgsorientierung,	*Puritanismus, Askese, Selbstbeherrschung*
* persönliche Auszeichnung*	*Qualität, Perfektion, Profil, Qualifikation*
Wandel, Risiko	*Macht, Größe, Potenz, Expansion*
Hierarchie, Macht, Privilegien	

6. Organisationskulturen entziehen sich exakten diagnostischen Beschreibungen. Wie die vier weichen S eingeschätzt werden, hängt von den Grundeinstellungen und dem Wahrnehmungsgefüge des Betrachters, der BeraterInnen ab. Mehr als in anderen organisatorischen Belangen ist hier die Sensibilität des Ethnologen gefordert. Erkenntnis entsteht nur auf der Gratwanderung zwischen Nähe und Distanz zum jeweiligen System. Das empfindlichste „Anzeige-Instrument" für organisationskulturelle Zustände und -zusammenhänge ist der eigene Körper. Seine Reaktionen auf bestimmte Vorgänge in Organisationen gilt es wahrzunehmen, zu entschlüsseln und zu Interventionen zu nutzen. D.h. der / die BeraterIn stellt sich, seinen / ihren Körper, seine / ihre Gefühle und Wahrnehmungen der zu beratenden Organisation zur Verfügung. Er / sie wird selber zur Intervention.

3. Einzelthemen

7. Wozu Organisationskulturen erkennen? Änderungsvorhaben gelingen in dem Maße, wie sie von Organisationskulturen gestützt und getragen werden. Neue Projekte, Verfahren, Regeln, Konfliktregelungs-Mechanismen etc. brauchen eine „tiefere" Verankerung; wenn die Kultur sie „abstößt" – gleichsam in Form einer Immunreaktion – haben sie keine Chance. Vielmehr müssen sie mit der herrschenden Kultur „vermittelt" werden (im Sinne eines zweiseitigen Anpassungsprozesses).

Kompa / Neuberger, S. 21, bilden das Merkwort *ELITE*, um den Begriff Organisationskultur zusammenfassend zu beschreiben. Danach dient Organisationskultur Folgendem:

☐ ver-*E*inigen   Gemeinschaft, Einheit, Wir-Gefühl schaffen

☐ ver-*L*ebendigen   revitalisieren, aktivieren, entkalken, erneuern, begeistern

☐ ver-*I*nnerlichen   Außensteuerung durch Innensteuerung ersetzen, mentale Programmierung, Vor-Wertung

☐ ver-*T*iefen   hinter die Kulissen sehen, die „objektive" Wirklichkeit dechiffrieren und deuten, Sinn suchen und geben

☐ ver-*E*wigen   den Bezug zu Tradition und Geschichte herstellen und in Routine oder Ritualen verfestigen, verdinglichen, automatisieren.

3.7.1.2 Die „Kultur" einer Gemeinde

1. Die Gemeindeberatung konzentriert sich zunächst auf die vorfindlichen Lebensformen, Veranstaltungen, Tätigkeiten einer Gemeinde. Sie wird nach Gestaltung und Besuch des Gottesdienstes fragen, die Art und Weise des kirchlichen Unterrichtes erörtern, die Interessen und Fähigkeiten der hauptamtlichen wie ehrenamtlichen MitarbeiterInnen erkunden, sie wird Wünsche der Gemeindemitglieder hören wollen usw. Ihre Beschäftigung gilt also zuerst der offenkundigen Gestalt der Gemeinde als Organisation und als *Lebenszusammenhang*.

Um sich Informationen im *„formellen Bereich"* (vgl. Bild) zu verschaffen, nützt die Gemeindeberatung unterschiedliche Instrumente: Gespräche mit relevanten Personen, Diskussionen in Kreisen, Interviews, teilnehmende Beobachtungen, Lektüre von gemeindlichen Veröffentlichungen. Sammlung und Verarbeitung solcher Daten allein sind zeit- und energieaufwendig.

3.7 Organisationskulturen verstehen

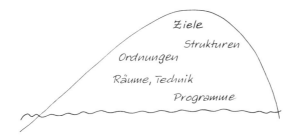

2. Gemeinde existiert jedoch nicht nur in den Handlungen und Arbeiten ihrer Aktiven. Sie hat auch ein eher verborgenes Leben – hier einmal nicht theologisch gemeint, das den Aktiven oft wenig bewußt, gleichwohl für die Gesamtveranstaltung Gemeinde von Belang ist. Wir wollen dieses wenig oder gar nicht sichtbare Leben der Gemeinde ihre *Kultur* nennen – in Anlehnung an eine Begriffsbildung in der organisationssoziologischen und -psychologischen Literatur. Diese tieferliegende *Kultur* wird anschaulich z.B. in den der Gemeinde eigenen Riten, in besonderen Geschichten, Erinnerungen an „große" Frauen und Männer, in Bildern, in der Architektur, in Gerüchen, in Haltungen u.ä.

3. Wie läßt sich dieser Bereich genauer erkunden?
Zunächst ist jede/r BeraterIn als Person mit ihrer Sensorik und ihren Gefühlen selber ein Instrument. Wer einen neuen, noch unbekannten Raum betritt, orientiert sich unwillkürlich an bestimmten Dingen (Wo sind die Fenster? Wo kann ich einen guten Platz finden? Sprechen mich die Möbel an, die Wände, die Bilder etc.), hat Augen, Ohren, Nase offen und formt blitzschnell ein Bild. Dieser unbewußt entstehende Gesamteindruck ist – wenn wir ehrlich sind – oft stärker als alles, was etwa über den Raum erzählt oder in dem Raum gesprochen wird.
Die Zusammenhänge von „subkutaner" Wahrnehmung und stärker intellektuell gesteuerter Beobachtung, mehr noch die Unterschiede zwischen beiden Erlebnisweisen, geben wichtige Hinweise für die verborgene Kultur einer Gemeinde. Vorausgesetzt: man traut seinen ersten Eindrücken.

3. Einzelthemen

Der Erkundungsprozeß bleibt allerdings nicht auf die freischwebende Aufmerksamkeit beschränkt, er läßt sich durch spezifische Fragerichtungen noch präziser steuern. Hier beispielhaft ein paar Hinweise:

- ☐ Welche Geschichten von früher erzählt man in der Gemeinde gern und häufig?
- ☐ Welche „Mütter" und „Väter" werden in der Gemeinde erwähnt?
- ☐ Woran erinnert man sich nicht gern? Welche Tabus gibt es?
- ☐ Wo sind Lieblingsplätze im Gemeindehaus, in der Kirche?
- ☐ Welche „Hexen" und welche „Zauberer" gab es?
- ☐ Welche Rituale sind bei Festen, Jubiläen o.ä. üblich?
- ☐ Wie behandelt man „schwierige" Personen?
- ☐ Wie wird gute Leistung wahrgenommen und honoriert?
- ☐ Wie begrüßt man neue MitarbeiterInnen? Wie verabschiedet man sich von Menschen oder von Aktivitäten?
- ☐ Welche Gegenstände dürfen nicht ersetzt, welche Räume nicht verändert werden?

4. Ein Trugschluß wäre, die Informationen auf der Ebene der Gemeindekultur für triftiger, für die „eigentlichen" zu halten. Sie werden vielmehr erst wichtig, wenn man sie in Beziehung zu den Daten aus dem formellen Bereich setzt und prüft, wo die eine Wirklichkeit mit der anderen nicht übereinstimmt.

■ *Ein paar Beispiele:*

Eine Gemeinde will im Sinne des Konzepts „Einladende Kirche" offen wirken und hat doch die Gemeinderäume die meiste Zeit geschlossen und die Rolläden heruntergelassen.

Oder sie will spirituelle Akzente setzen, vermag es aber nicht, einen Raum meditativ zu gestalten.

Oder sie spricht viel von der Stärkung der ehrenamtlichen Mitarbeiterschaft, läßt aber MitarbeiterInnen sang- und klanglos gehen.

Oder sie spricht viel von ihrer großen Vergangenheit, verschweigt aber unrühmliche Vorgänge während des 3. Reiches usw.

3.7.1.3 Symbole und Rituale

Symbole und Rituale zu kennen, hilft beim Verstehen der Organisation, beim Aufdecken und Bearbeiten von Konflikten. Es ist Aufgabe der BeraterInnen und der religiösen Funktionäre, Symbole neu zu interpretieren, nicht nur zu wiederholen, sondern auch Rituale zu entwickeln, die bei der Bearbeitung von Konflikten helfen können. Viele der nachfolgenden Gedanken sind den Veröffentlichungen von Scharfenberg / Kämpfer, Tillich, Moltmann, van Gennep entnommen.

3.7 Organisationskulturen verstehen

1. Symbole: Alles kann zum Symbol werden: Urerfahrungen wie Licht und Dunkel, Wärme und Kälte, Tag und Nacht, pflanzliche Welt, geschichtliche Personen und Ereignisse; Menschen und deren Körper; Zeichen, Handlungen und Gesten.

Symbole leben davon, daß sie verehrt werden. Ohne Verehrung verlieren sie ihre Kraft, sterben ab. Sie leben von emotionaler Besetzung.

1a) – Tillich, Scharfenberg u.a. unterscheiden zwischen dem *diskursiven* oder *konventionellen* und dem *repräsentativen* Symbol.

Das diskursive Symbol beruht auf Übereinkunft, es ist absolut eindeutig, d.h. es besteht Eindeutigkeit zwischen dem Zeichen und dem Bezeichneten, z.B. bei Verkehrsampeln.

Hier interessiert uns vor allem das *repräsentative* Symbol. Es vertritt etwas, was es selbst nicht ist, aber an dessen Mächtigkeit und Bedeutung es Anteil hat. Es weist über sich selbst hinaus und darf nicht literalistisch verstanden werden. Lorenzer spricht von „Bedeutungsträgern". Jedes repräsentative Symbol muß gedeutet, daraufhin befragt werden, welche Beziehung es zum Unbedingten hat, denn alles am Symbol ist sinnlos, wenn wir es wortwörtlich auffassen. Repräsentative Symbole sind uneindeutig, denn sie repräsentieren immer auch Ambivalenzen, beinhalten Bewußtes und Unbewußtes, Psychisches und Kognitives. Sie können Gegensätze vereinigen.

Das *Klischee* entsteht dann, wenn die im repräsentativen Symbol ausgedrückten Ambivalenzen auf eine Seite reduziert werden, wenn repräsentative Symbole literalistisch verstanden werden. Die Wirklichkeit wird gespalten, desintegriert.

Im repräsentativen Symbol wird Positives *und* Negatives ausgedrückt – im Klischee nur eine Seite. Es geht darum, Klischees zu befreien, damit sie wieder zu repräsentativen Symbolen werden.

■ *Beispiele aus dem kirchlichen Bereich:*

Im Sakrament der Taufe wird die Grundambivalenz von Tod und Leben ausgedrückt. Wenn nur das süße Baby und das Glück der Eltern und nicht auch die Angst vor der Zukunft angesprochen wird, entartet die Taufe zum Klischee.

Bei Konfirmation und Firmung geht es um die Grundambivalenz von Regression und Progression (Salbung und Backenstreich).

Im Abendmahl wird beides erlebt: durch das Einverleiben von Brot und Wein wird eine Vereinigung ausgedrückt. Zugleich ist das Abendmahl Abschieds- und Trennungsfeier. Es wird eine Distanz zum Gegenüber erfahren, die dem Heraustreten aus der Mutter-Kind-Symbiose vergleichbar ist. Die Grunderfahrung des Urvertrauens und der Geborgenheit gerät in Spannung zu dieser Trennungserfahrung, die uns eine lebenslange Trauerarbeit über diesen Verlust auferlegt.

In der Beerdigung drückt der Erdwurf ebenfalls die Gefühlsambivalenzen von Erleichterung, Zorn und Trauer aus.

3. Einzelthemen

Bei der Trauung geht es nicht nur um den neuen Weg und die Bindung, sondern gleichzeitig auch um den Verlust von Freiheit und Autonomie. Es geht um einen Anfang und ein Ende.

Symbole spielen für Einzelne und Gemeinschaften eine große Rolle. Sie sind so etwas wie Bilder und Geschichten, die den bewußten und unbewußten Teil des Erlebens ausdrücken und neues Erleben strukturieren. Sie drücken sowohl das aus, was wir kennen und wissen, als auch das, was wir nicht kennen, nicht wahrnehmen. Symbole helfen uns, die unbekannte Seite zu integrieren.

So schützen uns Symbole davor, Erfahrungen, die uns nicht zugänglich sind, zu verlieren. Symbole ermöglichen uns, Erfahrungen bewußtseinsfähig zu erhalten.

Klischees hingegen können neurotisieren oder sind Symptome von Neurosen. Das erstreckt sich sowohl auf die private Erfahrungswelt Einzelner als auch auf Gruppen und Organisationen. Es ist von daher sinnvoll, Organisationen, Gruppen und Einzelne auf ihren Symbolgebrauch hin zu betrachten.

1b) Funktionen des repräsentativen Symbols

Das repräsentative Symbol antwortet auf einen Sinn-Konstitutions-Wunsch des Menschen.

a) Das Symbol hebt *Ambivalenzen* auf; wobei das Wort „aufheben" hier im Hegelschen Sinn zu verstehen ist: Die Spannung bleibt erhalten, damit aus ihr neue

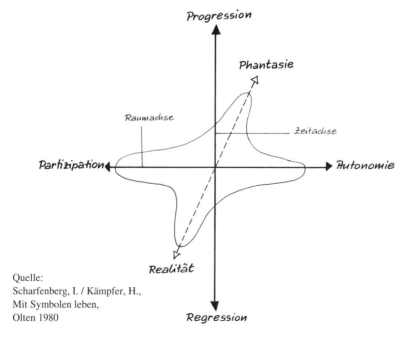

Quelle:
Scharfenberg, I. / Kämpfer, H.,
Mit Symbolen leben,
Olten 1980

3.7 Organisationskulturen verstehen

geschichtliche Möglichkeiten entwickelt werden können. Der Mensch würde seine Humanität verlieren, wenn er auf Eindeutigkeiten festgelegt würde. Weil er Fragen, Zweifel, die innere Unruhe nie absolut stillen kann, deshalb bildet er Symbole und nicht nur eindeutige Zeichen und Klischees. Daß wir über eine Sache zwei Meinungen in unserem Inneren haben, unser Gefühlsleben als schwankend erleben und nie zur absoluten Eindeutigkeit bringen können, ist die stärkste Gewißheit im Blick auf unsere innere Erfahrung.

Auf der Zeitachse sind Regression und Progression angesprochen, d.h. unser Wunsch, sich zurückzuziehen, und der gleichzeitige Wunsch, vorwärtszugehen. Alte Symbole dafür sind Umkehr und Auszug.

Auf der Raumachse werden Autonomie und Partizipation angesprochen, d.h. unser Wunsch, räumlich eingebettet zu sein, irgendwohin zu gehören, und gleichzeitig frei, losgelöst, für sich allein zu sein. Alte Symbole dafür sind Worte wie: Bleibet in mir – geht hin in alle Welt.

In der Achse Realität und Phantasie wird unser Wunsch beschrieben, die Wirklichkeit zu erkennen, wie sie ist und uns ihr anzupassen – und der gleichzeitige Wunsch, sie uns anders vorzustellen.

b) Symbole antworten auf den Sinn-Konstitutions-Wunsch, indem sie *Strukturen abbilden*. Nach Riemann unterscheidet Scharfenberg hier vier menschliche Grundtypen:

Der Schizoide: Ich bin ein Fremdling; unverstanden, entfremdet, ohne Vertrauen auf eine Heimat oder Erfüllung. Unstet und voll Neugier.

Der Depressive: Ich leide, bin preisgegeben, muß mein Kreuz schleppen, auch wenn ich zusammenbreche. Im Leiden liegt Sinn und im Opfer.

Der Zwanghafte: Ich gehorche. Wie man Menschen zum Gehorsam, zur Anpassung bringen kann, ist das einzige wirkliche Problem. Alles muß klar sein: Geschäftsordnungen, Gesetze werden wichtig, Handbücher, absolute Forderungen, klare Anweisungen.

Der Hysteriker: Ich hoffe. Es geht um rastlose Pflichterfüllung. Protest als Grundhaltung. Immer wieder verändern, ein neues Herz, eine neue Beziehung, ein neues Produkt, eine neue Organisation. Nichts darf sich verfestigen, institutionalisieren.

Alle diese Grundstrukturen können auch auf Organisationen angewandt werden.

c) Symbole antworten auf den Sinn-Konstitutions-Wunsch, indem sie *Konflikte bearbeiten helfen*.

Hier seien einige Konflikte genannt, innerpsychische wie: Trennung, Gehen oder Bleiben, Beziehungsaufnahme, Identifizierung und Integration, eine neue Identität gewinnen. Außenkonflikte wie: Umgang mit der Natur; Machtkonflikte; Konflikte mit der Familie und mit der Gruppe.

3. Einzelthemen

2. Rituale

Rituale sind in Prozesse umgesetzte, verflüssigte Symbole als Symbolhandlungen. (vgl. Moltmann S. 289 ff) Allgemein menschliche und religiöse kirchliche Rituale haben vier fundamentale Zwecke:

a) Das Ritual stellt *Kontinuität* her. Es reguliert den Jahres-, Lebensablauf des Einzelnen und der Gesellschaft: Geburtstage, Gedenktage, Jubiläen, Jahresfeste etc. Es ordnet Zukunft durch Vermittlung tradierter Werte. Ohne Rituale gibt es keine Tradition. Sie halten Erfahrungen bewußtseinsfähig.

b) Jedes Ritual hat *Hinweis-Charakter*. Es verbindet die getrennten Ebenen, das Zeichen mit dem Bezeichneten. Dadurch wird das Ritual zum Symbol, das über sich hinaus weist und zur Erinnerung, zur Hoffnung oder zu einem neuen Lebensabschnitt einlädt. Dadurch wird das Repräsentierte präsent.

c) Jedes Ritual steht in sozialen Zusammenhängen und *stellt soziale Zusammenhänge* her. Durch Rituale versichert eine Gruppe sich ihrer selbst, integriert sich und stellt sich dar. Rituale sozialisieren, sie sind deshalb auch oft mit Sanktionen gegen Abweichler verbunden.

d) Rituale üben primär *Ordnungsfunktionen* aus. Sie ordnen die Zeit gegen das Chaos der Zufälle. Sie stellen stabile Denk- und Verhaltensmuster für den konstitutionell labilen Menschen her. Sie sind notwendig für den Aufbau individueller und kollektiver Identität.

Wenn es in Organisationen zu hochritualisierten Vorgängen kommt, die nicht mehr dem ursprünglichen Zweck dienen, sondern magische Zwangshandlungen geworden sind, wird viel verdrängt. Dann kann Entartung zum Klischee erfolgen.

Für die Entdeckung von Ritualen in Organisationen kann Arnold van Gennep's Buch zu Übergangsriten hilfreich sein. Er unterscheidet drei Kategorien von Übergangsriten:

a) *Trennungsriten* – Hier geht es um Trennung von der alten Welt, die räumliche Abgrenzung von Ländern, Dörfern, Stadt, Tempel, Haus, Grenzen, Religionsgrenzen. Dazu gehören Reinigungsriten wie Absonderung bei Schwangerschaft und Menstruation und Bußrituale wie Abschwören, Selbstbezichtigung, Askese, sowie Kleidungswechsel, die Frisur auflösen, den Schmuck ablegen.

b) *Schwellenriten* (bei Raumwechsel) und *Umwandlungsriten* (bei Zustandswechsel): Tore und Portale durchschreiten; Überqueren eines Gebirgspasses oder eines Flusses; an Bord gehen, auf eine Reise gehen, sowie Exorzismen.

c) *Angliederungs- und Binderiten* – Dazu gehören Trankopfer, das Teilen von Brot, Salz, Getränk, und Mahlzeiten; Gabentausch; Grußformen (Kuß, Handschlag, Nasenreiben); Eid; Patenschaft und Verbrüderung, Adoptionsrituale, Frauentausch. Auch Initiationsriten (Taufen, Schlagen, Bemalung, neue Kleidung, Beschneidung) gehören dazu. Tauf-, Trauer- und Meßrituale bestehen aus einer Abfolge von Trennungs-, Umwandlungs- und Angliederungsriten.

Alle diese Rituale können – in abgewandelter Form – auch in Organisationen beobachtet werden.

3.7.1.4 Das Irrationale in Organisationen
Entstanden aus der Zusammenarbeit mit W. Zbinden

Jede Organisation hat eine Tag- und eine Nachtseite. Die Nachtseite verkörpert all das, was im Tagesgeschehen der Organisation verdrängt, verschwiegen, verleugnet, unterdrückt wird. Es taucht auf in Pausen- und Abendgesprächen, in den Träumen der Beteiligten, als „Unerledigtes", das der Tagesarbeit Energie entzieht. Wie Einzeluntersuchungen bei großen Firmen zeigen, gründen sich Entscheidungen des Managements zu 60% auf irrationale Anteile. Bei einem hohen Anteil von Irrationalem gehen nicht nur viel Energie, sondern auch Motivation und Lust zur Arbeit verloren. Dadurch verringert sich die Innovations- und Lernfähigkeit der Organisation. Wenn Mitglieder einer Organisation müde werden, ohne zu wissen, warum, spätestens dann ist es angezeigt, auf die irrationalen Anteile aufmerksam zu werden. Denn sowohl für die Diagnose einer Organisation als auch zum Verständnis ihrer Kultur ist die Kenntnis solcher Phänomene, in denen sich Irrationales anzeigen kann, unerläßlich.

■ Anzeichen für Irrationales:

1. *Non-Dits* – Bestimmte Ereignisse, Verhaltensweisen, Prozeduren einer Organisation werden nur hintenherum, nicht in Anwesenheit der Betroffenen oder innerhalb einer offiziellen Tagesordnung verhandelt.
Beispiele: Überstunden, Privilegien irritieren das Verhalten von MitarbeiterInnen und Vorgesetzten, Zugehörigkeiten zu Parteien, Vereinen, Clubs werden nicht angesprochen.

2. *Tabus* – Hier geht es um stillschweigende Vereinbarungen, etwas nicht anzusprechen. Dabei besteht ein größerer Bewußtheitsgrad als bei Non-Dits, daß es dieses Tabu gibt.
Beispiele: Gehälter, Paarbeziehungen, Geschenke, Alkoholismus, etc.

3. *Rituale* – Abläufe in der Organisation sind von Ritualen bestimmt, deren Sinn nicht (mehr) einsehbar ist. Sie werden trotzdem zelebriert, weil sie in der Regel eine angstbindende Funktion haben. Vor allem Großgruppen entwickeln eine Ritualisierung, die ein befürchtetes oder reales Chaos steuern soll.
Beispiele: Geschäftsordnungen, die immer weiter verfeinert werden, das heißt zu einer zunehmenden Verrechtlichung führen, verhindern Spontaneität; Formulare, Amtssprache, abgehobene Liturgien, formalisierte Sitzordnungen und Sitzungsrituale.

4. *Mythen* – Organisationsmythen sind nicht hinterfragbare Wahrheiten, die ausgesprochen oder unausgesprochen Entscheidungen in der Organisation beeinflussen oder Konfrontationen und Realitätsnähe verhindern.
Beispiele: Brüderlichkeit und Schwesterlichkeit als Beschwörungsformel; Sätze wie: „Je mehr Kooperation, desto besser"; „Männer sind sachlich, Frauen emotional".

5. *Gründer- und Schöpfergestalten* – In vielen Organisationen gibt es VorgängerInnen oder andere Personen, die die Organisation gegründet, entscheidend gestaltet oder stark beeinflußt haben. Wenn sie noch anwesend sind, werden sie leicht – positiv oder negativ – überhöht und werden zu nicht hinterfragbaren Personen. Sind sie nicht mehr anwesend, prägen sie die Ansprüche und Erwartungen an die NachfolgerInnen, sind Ursache für Anekdoten, nostalgische Erinnerungen, an denen die Gegenwart gemessen wird.

6. *Sakralräume* – sind Räume oder Etagen in der Organisation, die mit dem Nimbus des Besonderen ausgestattet sind. Es gibt eine Hemmschwelle, diese Räume zu betreten, sie sind mit Phantasien besetzt. MitarbeiterInnen, die in solchen Räumen arbeiten, werden oft isoliert vom Organisationsgeschehen.

7. *Das Buch* – In vielen Organisationen gibt es Handbücher, die wie eine Bibel behandelt werden. Dies kann ein Fachbuch, ein Organisationshandbuch, eine Geschäftsordnung, eine Satzung, eine Lebensordnung oder eine Liturgie etc. sein. Erfahrungsgemäß ist dieses „Buch" zwar vorhanden, wird aber wenig gelesen.

8. *Der Glaube an die Wirkung* – Viele Organisationen mit einem hohen irrationalen Anteil überschätzen die Wirkung, die sie auf ihre Klientel oder Umwelt haben. Dies drückt sich aus in einer Überschätzung von Methoden, Handlungen, Veröffentlichungen.

Um diesen Phänomenen auf die Spur zu kommen, braucht es *Analysatoren*. Als Analysator kann all das bezeichnet werden, was in einer Organisation eine verborgene Wahrheit hervortreten läßt. Analysator ist alles, „was Material für die Analyse produziert" (Lapassade, S. 24 ff.).

Als Analysatoren kommen vor allem Menschen in Betracht, die von außen in die Organisation kommen: z.B. neue MitarbeiterInnen, die in der Organisation beginnen. Oder BeraterInnen, die als Außenstehende fungieren. Besonders Frauen, die in eine Männerorganisation eintreten, liefern durch ihre Fragen, Irritationen, Verwunderungen, unbeabsichtigten Verhaltensweisen oder eine Art Gegenkultur aufschlußreiche Daten über die Organisation. Ähnliches gilt natürlich auch für Männer, die in eine von Frauen geprägte Organisation eintreten.

Die beigefügte Checkliste kann bei einer Datensammlung zum Irrationalen in einer Organisation helfen.

3.7.2 Übungen zum Thema und Anleitungen für die Praxis

3.7.2.1 Checkliste zum Irrationalen in einer Organisation 397
3.7.2.2 Die Phantasiereise 398
3.7.2.3 Phantasiereise durch die eigene Organisation 400
         bzw. den eigenen Arbeitsplatz
3.7.2.4 Körper- und Bewegungsmeditation 401

3.7.2.1 Checkliste zum Irrationalen in einer Organisation

Irrationale Phänomene	äußern sich bei uns durch / gibt es bei uns als / werden sichtbar in
Non-dits	
Tabus	
Rituale	
Mythen	
Gründer- und Schöpfergestalten	
Sakralräume	
Das Buch	
Der Glaube an die Wirkung	

3. Einzelthemen

3.7.2.2 Die Phantasiereise

Phantasiereisen gehören zu den Interventionen im Bereich der nonverbalen Tiefungen. Sie sind zunächst in den Seminaren für Persönlichkeitsentwicklung und im therapeutischen Bereich entstanden und bekannt geworden. Sie ermöglichen einen sehr persönlichen, eigenen und unverwechselbaren Zugang zu einer bestimmten Erfahrung, Fragestellung oder Zukunftsphantasie. Sie helfen dabei, einen unmittelbaren Kontakt zu Erinnerungen, inneren Bildern, Hoffnungen und Wünschen, auch zu Verdrängtem, herzustellen.

Aber sie sind gerade auch bei der Beratung von Organisationen eine wirksame Intervention. Denn Interventionen werden aus der Fragestellung entwickelt: Wie lernen Organisationen? Im Hinblick auf die Phantasiereise ergeben sich dafür folgende *Möglichkeiten:*

1. Phantasiereisen bieten die Möglichkeit einer Vernetzung von persönlichem Erleben und organisationsrelevanten Daten, von Innen und Außen, von Person und Organisation.
2. Sie stellen eine Abständigkeit her, die sonst durch die Rolle der von außen kommenden BeraterInnen erzeugt wird.
3. Sie erlauben der „Figur" bzw. den Figuren, aus dem Hintergrund hervorzutreten. Figur und Hintergrund geraten dadurch in ein Wechselspiel, man kann das Ganze und die einzelnen Teile sehen. Es geht dabei um eine freischwebende Aufmerksamkeit wie beim „Management by wandering around". Man nimmt sich Zeit für eine ungerichtete, freischwebende, nicht-fokussierte Aufmerksamkeit.
4. Sie setzen, wie andere nonverbale Tiefungen, Wahrnehmungsfähigkeiten, kreatives Potential frei und intensivieren die Kontaktfunktionen, die die Nachtseite der Organisation, das Verdrängte, das Phantasmatische zu sehen erlaubt. Insofern arbeiten Phantasiereisen an der Unfähigkeit von Menschen und Organisationen, „sich selbst Ausdruck zu verleihen" (F. Perls).

Anwendungsbereiche

Phantasiereisen sind angezeigt, wenn es darum geht,

1. zu fokussieren, d.h. in einer diffusen Situation ins Hier und Jetzt zu kommen. Z.B. in Anfangs-Situationen, bei einer Überladung von Daten im Klientensystem; bei konfligierenden oder unklaren Interessen;
2. neue, frische oder andere Daten durch Verfremdung zu gewinnen. Z.B. die eigene Organisation wie von außen oder oben zu betrachten beim Gang durch die Gemeinde, den Stadtteil, die Firma, die Organisation.
3. Sich einer Diagnose anzunähern durch Abstand, durch Botschaften, die sich während der Phantasiereise einstellen. Beispiel: Moderation einer Großgruppe; im phantasierten Rollenwechsel von Frauen und Männern.

4. Visionen zu entwickeln, sich zu erlauben, Wünschen, Hoffnungen und Ängsten Ausdruck zu geben. Think big! Beispiel: Für die Lebensplanung ein Szenario für einen Tag in der Zukunft zu entwerfen; Träume und Alpträume für die Zukunft der Gemeinde oder der eigenen Organisation entwickeln zu lassen.

Methodische Hinweise

Bei einer Phantasiereise sollte es keinerlei Druck geben, etwas Bestimmtes oder Besonderes erleben zu müssen. Was immer in diesem Prozeß aufsteigt, zählt – auch die Abwesenheit von Bildern oder erhofften Gedanken.

Um die Einzelnen nicht dabei zu stören, eine wirklich eigene Reise zu machen, sollte die Moderation mit sparsamen und sorgfältig ausgewählten Worten geschehen, die langsam und mit Pausen gesprochen werden. Schon bei der Vorbereitung (nichts aus dem Ärmel schütteln!) muß auf die Bilder und Assoziationen geachtet werden, welche die gewählten Worte auslösen könnten. Es sollte keine Verneinung gebraucht werden. Falls Störungen von außen auftreten, muß man sie ansprechen oder in die Phantasiereise einbeziehen.

Phantasiereisen können verbunden sein mit Bewegungen, s. dazu die Körper- und Bewegungsmeditation.

Hinweise zum Verfahren

Phantasiereisen können im Liegen oder Sitzen mit geschlossenen Augen gemacht werden. Immer sollten sie durch zentrierendes Atmen, Bewegen, Entspannen und Zur-Ruhe-Kommen eingeleitet werden. Falls diese Arbeitsform der Gruppe fremd ist, muß sie (in dem oben beschriebenen Sinn) erläutert werden.

Im *Sitzen:* Alle setzen sich konzentriert und zugleich entspannt in ihren Stühlen zurecht. Die Füße sind in gutem Kontakt mit dem Boden. Ich ruhe auch im Sitzen gleichsam in mir selbst. Die aufrechte Haltung beim Sitzen – wie ein König oder eine Königin – hilft dabei. Augen schließen, sich einlassen aufs Zuhören oder auch die eigenen Wege gehen.

Im *Liegen:* Alle suchen sich einen Ort im Raum, legen sich mit dem Rücken auf den Boden, am besten auf eine Wolldecke. Entspannen, atmen, eventuell den Körper „durchdenken", den Atem kommen und gehen lassen, die Augen schließen, sich zentrieren.

Bei Beendigung der Phantasiereise darauf achten, daß alle wieder in den Raum zurückkommen; z.B. durch Instruktionen wie: Fäuste ballen, Augen öffnen etc.

Danach Zeit zum Verarbeiten durch Mitteilen, Schreiben oder Sprechen im Plenum oder kleinen Gruppen lassen. Hier wird es vor allem darauf ankommen, auch die organisationsrelevanten Daten zu erheben.

3. Einzelthemen

Beispiele von Phantasiereisen finden sich in diesem Buch mehrfach:
Moderation einer Großgruppe   Seite 314
Unsere Gemeinde   Seite 205
Mit Mose auf dem Berg Nebo   Seite 206

3.7.2.3 Phantasiereise durch die eigene Organisation bzw. den eigenen Arbeitsplatz

Ziel: Die eigene Organisation und den eigenen Arbeitsplatz von außen bzw. oben betrachten, das Wahrnehmungsvermögen verbessern und dadurch neue Daten gewinnen.

„Ich nähere mich langsam dem Gebäude, in dem ich arbeite. Ich bleibe draußen stehen und betrachte mir das Ganze von außen. Wie geht es mir dabei? Welche Gedanken, Gefühle, Körperwahrnehmungen nehme ich wahr bei mir selbst? Welche Bilder, Geräusche, Eindrücke kommen zu mir von außen?

Ich betrete das Gebäude und wandere langsam umher. Ich betrachte die Räume, die Türen – sind sie offen, geschlossen? Während ich den Flur entlang gehe, achte ich darauf, was ich sehe. Ich achte auch auf mich: Wo stockt mein Fuß? Wo zieht es mich hin? Wo möchte ich verweilen?

Ich sehe, schmecke, rieche, und ich achte auf meinen Schritt, welche Geräusche höre ich?

Jetzt beginne ich, auf die Menschen zu achten, die mir begegnen oder die ich sehe. Wie gehen sie – welche Gesichter sehe ich, was für einen Gesichtsausdruck nehme ich bei den anderen wahr? Welche Körperhaltung fällt mir auf?

Ich lasse die Gesichter näher kommen, bis ich eines besonders deutlich sehe. Mit diesem Menschen beginne ich zu sprechen. Was sage ich, was sagt der andere Mensch zu mir? Nach einer Weile verabschiede ich mich.

Ich stelle mir vor, ich könnte mich mit Flügeln über das Gebäude, in dem ich arbeite, erheben. Ich steige hoch und schwebe über dem Gebäude. Ich sehe es jetzt deutlicher in seiner Umgebung. Ich stelle mir vor, wie die Fäden aus diesem Haus laufen, per Telefon, durch Briefe, Kontakte, Aufträge, Kunden oder Klienten, die in dieses Haus kommen, auch zu Sitzungen.

Ich denke darüber nach, wie andere meine Organisation sehen. Was denken sie über uns? Welches Bild haben andere von dieser Organisation?

Ich bin ein Teil dieser Organisation, und zugleich habe ich im Augenblick Abstand davon. Ich kann sie von außen betrachten fast wie ein Fremder oder eine Fremde, aus einer gewissen Entfernung.

Ich genieße diesen Abstand noch für einen Augenblick und komme dann zurück in den Seminarraum, in dem ich mit anderen Menschen sitze. Ich öffne meine Augen, wende mich einem anderen Menschen in diesem Raum zu und spreche darüber: Was ist mir an meiner Organisation aufgefallen? Gab es Wichtiges, Absonderliches, Verwunderliches über mich selbst und meine Organisation?"

3.7 Organisationskulturen verstehen

3.7.2.4 Körper- und Bewegungsmeditation

Die Körpermeditation verbindet Gedanken mit Bewegungen. Es entsteht so eine Wechselwirkung zwischen den Ausdrucksformen und Botschaften des Körpers und denen unserer Gedanken und innerer Bilder. Beide bedingen und verstärken sich gegenseitig. In dieser Wechselbeziehung von Geist und Körper entstehen Bilder, Gedanken, Gebete und Empfindungen, die den Kontakt des Menschen mit sich selbst unterstützen.

Je nach Anlage und Ziel der jeweiligen Körpermeditation wird die Bewegung durch das Wort oder die Musik, oder der Gedanke durch die Gebärde gesteuert. Unser Körper ist so etwas wie die materialisierte Organisation. Erfahrungen, die wir in der Arbeits- und Alltagswelt machen, wirken sich bei uns somatisch aus; wir können sie sogar an unserer Körperhaltung ablesen. Zugleich hat unser Körper die Möglichkeit, Ambivalenzen auszudrücken und aufzuheben. Insofern liefert uns der Körper außerordentlich zuverlässige Daten. Da er zugleich unser bestes Unterstützungssystem ist, erhalten wir über Körper- und Bewegungsmeditationen nicht nur wichtige Daten zur Diagnose, sondern auch Hinweise auf mögliche Interventionen.

Hinweise zum Verfahren

Alle Körper- und Bewegungsmeditationen werden – wie Phantasiereisen – durch Zentrieren, Atmen, Zur-Ruhe-Kommen eingeleitet. Sie können je nach Gestaltung mit offenen oder geschlossenen Augen durchgeführt werden. In beiden Fällen braucht jedes Mitglied Zeit und Ruhe, die eigene Gebärde zu finden.

Auch hier ist im Anschluß an die Körpererfahrung Zeit nötig zum Nachsinnen, eventuell auch für Notizen zu den aufgestiegenen Gedanken und Bildern, und für Gespräche zu zweit und / oder im Plenum. Vor allem im Plenum kann dann die Verbindung zu organisationsrelevanten Themen hergestellt werden.

Beispiele
- *Bewegungsmeditationen zu Ambivalenzen*

  Grundambivalenzen können in „Urgebärden" ausgedrückt werden. Zu den folgenden Übungen steht die Gruppe im Kreis oder paarweise. Sie vollzieht Bewegungsgebärden zu folgenden Themen:

  ☐ Gehen – Bleiben
  Ein Fuß wird nach vorne gestellt. Das Körpergewicht abwechselnd auf diesen Fuß (ich gehe) und das Standbein (ich bleibe) verlagern.

  ☐ Ich bin bei mir – ich öffne mich
  Arme vor dem Oberkörper kreuzen (ich bin bei mir) und wie in einer Segensgebärde öffnen (ich öffne mich).

3. Einzelthemen

☐ Ich bin auf mich gestellt – ich brauche Schutz
Paare bilden, die sich mit dem Rücken gegeneinander lehnen (ich brauche Schutz) und sich dann voneinander lösen (ich bin auf mich gestellt).

☐ Ich lasse mich ein – ich nehme mich zurück
Paare stehen sich gegenüber. Die eine Person legt ihre Hand in eine Hand der anderen Person (beide Handflächen sind nach oben gekehrt), versucht dabei die eigene Hand wirklich loszulassen (dies kann man bis in den Oberarm spüren). Dann zurücknehmen und Rollenwechsel.

■ *Segenstanz*

Aus verschiedenen Urgebärden hat sich diese Bewegungsmeditation entwickelt.
Alle stehen im Kreis. Die nachfolgenden Gebärden werden zunächst erläutert und erprobt, dann ohne Worte zu Musik in langsam fließenden Bewegungen vollzogen. Als Musik eignet sich ein Lied oder ein langsamer Satz, der in 8 Strophen oder Abschnitte zu unterteilen ist.

Es geht um folgende Gebärden:

☐ Ich bin bei mir – ich öffne mich (Arme vor dem Oberkörper kreuzen und wie in einer Segensgebärde öffnen)

☐ Ich schöpfe den Segen aus der Erde und umfange damit die Welt (die Gebärde ergibt sich aus dem Text)

☐ Ich empfange den Segen von oben und gebe ihn an die Erde zurück (Gebärden ergeben sich aus dem Text)

☐ Ich hole den Segen für mich (Arme nach oben öffnen, zusammenführen und sich mit den Händen über das Gesicht streichen) und gebe ihn weiter (Hände nach links und rechts öffnen)

☐ Ich segne dich (sich erst der einen Nachbarin, dann dem anderen Nachbarn mit einer segnenden Gebärde zuwenden)

☐ Wir bringen den Segen in die Mitte (alle gehen mit nach oben geöffneten Händen zur Mitte in einen kleinen Kreis)

☐ Dann muß auch dieser Kreis wieder geteilt werden (alle gehen mit den so geöffneten Händen an ihren Platz zurück)

☐ Ich bin wieder bei mir (kreuze die Arme)

■ *Das Weizenkorn*

Manchmal ist es schwierig, für ein Gebet in der Gruppe die Worte zu finden, die alle erreichen. Es kann deshalb sehr verbindend sein, durch Bewegungen und Ausdrucksformen mit dem eigenen Körper Inhalte und Worte eines Gebets von innen her wachsen zu lassen. Ein Beispiel dafür ist das Bild vom wachsenden und sterbenden Samenkorn (Johannes 12,24).

Ablauf: – Die Gruppe stellt sich im Kreis auf. Gut stehen, sich zentrieren, mit Hilfe des Atems sich sammeln, ganz bei sich sein. Die folgenden Gebärden zeigen und kurz erläutern.

3.7 Organisationskulturen verstehen

Mit den Händen in Brusthöhe die Form eines Samenkorns bilden und dies langsam in die Höhe wachsen lassen, bis die Arme, so weit es geht, oben über dem Kopf angekommen sind. Die Arme auseinandernehmen und damit die Fülle verdeutlichen, die aus dem Wachsen dieses Samenkorns entsteht.

Mit den Armen einen großen Kreis beschreiben, der sich nach unten zur Erde hin öffnet, bis mit beiden Händen – wieder in der Form des Samenkorns – der Boden berührt wird. Dort verweilen und das Samenkorn begraben. Danach das Samenkorn wieder wachsen lassen. Dies – ohne dabei zu sprechen – dreimal wiederholen. Dabei Bilder, Gedanken, Gebete, Erfahrungen aufsteigen lassen. Jede/r für sich und nach eigenem Rhythmus. Alle Bewegungen sehr langsam im Zeitlupentempo ausführen.

Wenn alle ihre Gebärden vollendet haben, den Vers Johannes 12,24 lesen. Sitzend und schweigend meditieren oder Gespräche zu zweit.

■ *Bewegungsmeditation zu den beiden Gottesbildern: Adler und Henne.*

Alle Bilder von Gott sind Metaphern, eine Art Sprachfigur, die zwei ungleiche Sachverhalte miteinander in Verbindung bringt. Es wird ein Vergleich versucht, der niemals eine Gleichsetzung sein kann. Wir müßten also z.B. korrekterweise sagen: Gott ist *wie* ein Vater oder *wie* eine Mutter. In diesem Zusammenhang sind auch die beiden Vogelbilder zu sehen: eine Gotteserfahrung wird mit dem Verhalten eines Adlers und einer Henne verglichen.

In diesen Bildern werden zwei Ambivalenzen dargestellt, die in der Spannung zwischen Regression und Progression entstehen. Zugleich wird in diesen Bildern eine Paradoxie angesprochen, mit der jede Beratung konfrontiert wird. Es geht um die Gleichzeitigkeit von „joining und kicking", einem Begriffspaar, das aus der Familientherapie stammt. Das bedeutet für jeden Berater und jede Beraterin, in der Lage zu sein, den Personen im Klientensystem auf der einen Seite das Gefühl zu vermitteln: ich halte zu euch, wende mich euch zu, akzeptiere das, was ihr seid, arbeite mit euch gemeinsam, ohne mit dem Klienten eine Symbiose einzugehen oder sich ins selbe Boot zu setzen. Auf der anderen Seite sind Berater und Beraterin ein striktes Gegenüber, das herausfordert, konfrontiert, zur Rede stellt – ohne zu Gericht zu sitzen. Diese Gleichzeitigkeit von „joining und kicking" verlangt auch von den beratenden Personen die Bereitschaft, von sich selbst beides zu akzeptieren.

Die beiden Flügelbilder nehmen diese Grunderfahrung auf. Im Bild der Henne wird der Wunsch des Menschen symbolisiert, sich *unter* die schützenden Flügel Gottes zu begeben (Psalm 57,2 und viele andere biblischen Stellen). Im Bild des Adlers wird der Emanzipationsprozeß, das Flüggewerden beschrieben. Der Adler nimmt die noch nicht flüggen Jungen *auf* seine Flügel, läßt sie fallen und fliegt unter den jungen Vögeln weiter, um sie notfalls aufzufangen (Jesaja 40,29–31; Exodus 19,4). In Deuteronomium 32,10–11 sind beide Bilder zusammengefaßt.

Auch diese Meditation läßt sich nach den Erläuterungen durch den Körper erfahrbar machen, vgl. dazu Bewegungsmeditationen zu Ambivalenzen. (S. 401)

3. Einzelthemen

■ *Mein Leben als Baum*

Ziel: Den Baum als Bild für das eigene Leben mit seinen Jahresringen, Altersstufen und Phasen, im Zyklus von Tag und Nacht, meditieren.

Zeitbedarf: 30–60 Minuten

Ablauf: Alle TeilnehmerInnen suchen sich im Raum einen Ort, an dem sie gut stehen und sich konzentrieren können. Konzentrations- und Atemübungen helfen dabei. Während der / die ModeratorIn mit großen Pausen spricht, drücken die TeilnehmerInnen mit geschlossenen Augen die Bilder des Baumes durch entsprechende Körperhaltungen und -bewegungen aus. Entsprechende Hinweise sind im Text in Klammern angegeben.

„Ich bin ein Baum am Ende des Winters. (stehen, sich krümmen, zusammenziehen und sich so klein machen wie möglich)

Der Schnee ist geschmolzen, ich stehe naß in einem Meer von Wasser und Feuchtigkeit. Ich fühle mich unansehnlich, kalt, entblößt. (sich umarmen)

Die ersten Sonnenstrahlen erreichen mich. Durch meine Starre dringt ein bißchen Wärme. Ich beginne mich (meine Zehen) zu bewegen, langsam erst, und fühle, wie das Leben in dieser Starre in Bewegung kommt. Ich fange an, meine äußersten Zweige (meine Finger) zu bewegen. Ich kann spielen, greifen, gestalten. Ich spüre, wie das Leben, das in mir ist, nach außen dringt. Ich fange an mich zu öffnen, mich (meine Arme) zu bewegen, auszustrecken, nach oben zu blicken.

Der Sommer kommt: Ich breite mich aus in der Wärme. Meine Blätter entfalten sich und spielen in der Sonne. Vögel und Insekten machen es sich heimisch bei mir. Ich spüre, wie die Frucht in mir wächst. Ich stehe voll, prächtig und schwer. Es ist nicht mehr zu übersehen, daß ich fruchtbar bin. Ich bin einladend und zeige, wer ich bin.

Der Herbst kommt: Allmählich werde ich schwer, ich fühle mich belastet. Ich bin froh, daß ich anfangen kann, meine Früchte abzugeben. Ich schüttle sie ab. Mit jeder Frucht, die ich abgebe, fühle ich mich leichter. Ich werde wieder beweglich, habe mehr Spielraum, ähnlich wie im Frühjahr. Zugleich bin ich traurig, daß ich alle meine Früchte verliere. Es ist auch schade, daß ich alle meine Blätter abgeben muß. Es sind meine liebsten Instrumente, um mit dem Wind zu sprechen. Es wird einsam um mich. Ich fange an, meine Kraft nach innen zu nehmen. Ich halte mich fest und umarme mich. Meine Kraft und die vielen Erinnerungen sind bei mir. Ich fühle, wie stark ich bin.

Der Winter kommt. Es ist kalt. Ich bin kahl, entblättert, schutzbedürftig. Vieles zaust an mir, ich werde geschüttelt. Ich schwanke und versuche dabei, mich selbst festzuhalten. (Ich umarme mich, nehme mich zusammen und schütze mich.)

Der Schnee fällt auf mich und wärmt mich. Er gibt mir Licht und ein schönes Kleid. Ich kann mich darin einhüllen. Es ist wie ein Geheimnis. Ich falle in tiefen Schlaf. – – Ich weiß, wenn ich erwache, werde ich verwandelt sein."

(Gespräche zu zweit und Austausch im Plenum.)

■ *Lebensschritte*

Ziel: In Kontakt kommen mit gegenwärtigen Lebenssituationen und der eigenen Lebensgeschichte.

Zeitbedarf: 30–60 Minuten

Ablauf: Alle TeilnehmerInnen suchen sich im Raum einen Ort, an dem sie gut stehen und sich konzentrieren können. Konzentrations- und Atemübungen helfen dabei. Während der / die ModeratorIn mit großen Pausen spricht, bewegen sich die TeilnehmerInnen mit geschlossenen Augen und drücken die ihnen entsprechende Bewegung körperlich aus.

„Ich gehe auf einem Weg – er hat viele Spuren, die ich unter meinen Füßen fühlen kann. Viele sind hier vor mir gegangen. Ich komme an eine Kreuzung und muß mich entscheiden, in welche Richtung ich weitergehe.

Auf meinem Weg liegen große Steine, sie versperren mir den Weg – ich betaste sie und finde heraus, wie ich meinen Weg fortsetzen kann.

Ich komme in den Wald, es liegt viel Laub – meine Füße rascheln hindurch. Es gibt viel Gebüsch, Dickicht, ich krieche unten durch.

Ich gehe weiter und merke, wie müde ich bin, ich suche mir einen schönen starken Baum und ruhe mich daran aus.

Ich gehe weiter und komme an ein Stoppelfeld. Ich stelze über die Stoppeln.

Ich komme an einen Bach und wate durchs Wasser.

Ich krabble am Ufer hoch und laufe durch eine Wiese. Die Wiese führt mich auf ein Tor zu. Ich bleibe stehen und sehe mir das Tor an – ich schreite durch dieses Tor – ich halte an und schaue zurück.

Hier ist mein Weg im Augenblick zu Ende. Ich kehre zurück in diesen Raum und in diese Gruppe und öffne meine Augen."

Auswertungsgespräch im Plenum: Erfahrungen, Begegnungen, Bilder werden mitgeteilt und gegebenenfalls von der Gruppe nachvollzogen und bearbeitet.

■ *Körpermeditation zum Tagesanfang*

Im Stehen zunächst einige Atem- und Lockerungsübungen machen. Platz auf dem Boden suchen – sich legen oder kauern. Augen schließen.

„Ich gehe zurück in meine Schlafhaltung. Ich bin bei mir – für mich – mit mir allein. Ich erlebe, wie mich mein Atem trägt. Er kommt und geht. Er verschafft mir Atempausen. Ich spüre den Kontakt zur Erde, die mich hält. Mein Atem und die Erde tragen mich.

Der Tag ruft mich. Ich beginne mich zu bewegen, und löse mich allmählich von der Erde. Ich richte mich auf, langsam, ich nehme mir Zeit. Ich erlebe, wie ich allmählich auf meinen eigenen Füßen stehen kann. Ich stehe und fühle, immer noch tragen mich die Erde und mein Atem.

3. Einzelthemen

Allmählich setze ich mich in Bewegung. Mit geschlossenen Augen beginne ich mich auf meinen Füßen zu bewegen. Ich nehme die anderen Menschen im Raum wahr, aber gehe meinen eigenen Weg. Ich versuche die Schritte in den Tag so zu machen, wie ich sie brauche: große – kleine – vorsichtige – feste Schritte. Immer spüre ich die Erde unter meinen Füßen und weiß, daß andere vor mir hier gegangen sind.

Der Tag beginnt – die Arbeit beginnt. Andere Menschen sind mit mir im Raum. Ich höre und sehe sie vor meinem inneren Auge. Ohne meine Augen zu öffnen, wende ich mich ihnen zu und höre dabei in mich hinein. Vielleicht kommt mir ein Satz, eine Botschaft in den Sinn, die ich am Anfang dieses Tages, zu Beginn meiner Arbeit sagen möchte."

Augen öffnen, sich umschauen. Partner oder Partnerin suchen, sich austauschen.

■ *Den Körper durchdenken*

Ziel: Den eigenen Körper durchdenken, wahrnehmen, sprechen lassen. Gut als Vorbereitung für eine Meditation biblischer Texte oder eine Arbeit mit Bibliodrama.

Ablauf: Gut stehen, zentrieren, atmen, zu sich selber kommen, Augen schließen. Die in knappen Worten beschriebenen Funktionen des Körpers durch Bewegungen nachvollziehen:

„Meine Füße geben mir Kontakt zu dem Boden, auf dem ich stehe (auf Zehenspitzen, Fersenaußen- und -innenkanten wippen, dann wieder auf der ganzen Sohle stehen).

Mit meinen Fußknöcheln kann ich balancieren … mit meinen Füßen kann ich mich vertreten.

Meine Knie: ich kann mit ihnen nachgeben, wippen, knien, mich auffangen.

Meine Hüften: ich kann mich biegen, bücken und aufrichten.

Mein Rückgrat ist mein Kreuz, das ich trage und das mich trägt.

Meine Schultern: ich kann mit ihnen Lasten aufnehmen und abschütteln.

Mein Nacken: der Ort meiner Ausdauer. Ich kann meinen Kopf hängen lassen und aufrichten; ihn schütteln und wenden, meinen Horizont erweitern, neue Perspektiven gewinnen.

Meine Arme: ich kann mit ihnen Abstand oder Verbindung herstellen; andere und mich selbst umarmen.

Meine Hände: ich kann mit ihnen zupacken, sie öffnen, zur Faust schließen, mit ihnen segnen, streicheln, etwas abschütteln.

Mein Kopf ist der Sammelplatz aller meiner Sinne: ich kann hören, schmecken, reden, riechen, sehen.

Weil ich einen Körper habe, bin ich."

Allmählich die Augen wieder öffnen, sich umsehen und die anderen wahrnehmen. Eventuell Austausch zu zweit oder im Plenum.

3.7 Organisationskulturen verstehen

■ *Anrufung der vier Himmelsrichtungen*

Angeregt durch eine indianische Tradition, Gottes Segen über die vier Himmelsrichtungen zu erbitten, läßt sich mit einer Gruppe eine Meditation oder Fürbitte gestalten als Morgen- oder Abschlußmeditation bei Seminaren.

Eine im Kreis sitzende Gruppe wendet sich der jeweiligen Himmelsrichtung zu und überlegt zunächst in vier Untergruppen, was sie im Norden, Osten, Süden oder Westen bewegt. Was kennzeichnet diesen Teil der Welt politisch, ökonomisch, klimatisch? Was haben wir von dort empfangen? Was sind wir diesem Teil der Welt schuldig geblieben? Gibt es dort aktuelle Ereignisse oder auch persönliche Beziehungen und Erfahrungen, die wir benennen möchten?

Stichworte zum Norden: Frischer Wind, Kühle kommen von dort, der reicheren Nordhälfte dieser Erde. Zum Osten: Die Sonne geht dort auf, Symbol für Hoffnung und Auferstehung. Zum Süden: Wärme und Hitze, der ausgebeutete Teil der Erde. Zum Westen: Sonne geht dort unter; seit alters ist es die Todesrichtung und ein Bild für die Zukunft.

Austausch darüber in den vier Untergruppen, dann Formulierung (schriftlich oder spontan mündlich geäußert) der jeweiligen (kurzen) Gebetssätze in Klage, Dank, Schuldbekenntnis, Fürbitte.

Die Gruppe steht dazu auf, wendet sich nach außen oder der jeweiligen Himmelsrichtung zu. Die Gebetssätze der Untergruppe für den Norden werden eingeleitet und beendet mit dem Bekenntnis: Gott ist über uns. Für den Osten: Gott ist hinter uns. Für den Süden: Gott ist unter uns. Für den Westen: Gott ist vor uns.

Ein Segensgebet beschließt die Meditation:

Gott ist über uns – in dem, was mich von oben bedroht, seien es die Menschen über mir, die mir Angst machen. Sei es der saure Regen oder die schlechte Luft.
Gott ist über uns.

Gott ist unter uns – unter meinen Füßen, in den Spuren des Weges, den ich gehe. In der Erde, die mich eines Tages am Ende meines Lebens wieder aufnehmen wird.
Gott ist unter uns.

Gott ist vor uns – auch in der unbekannten Zukunft, am Ziel des Weges, das ich vielleicht noch nicht genau erkennen kann.
Gott ist vor uns.

Gott ist hinter uns – er stärkt mir den Rücken, hält mich aufrecht, wenn andere oder ich selbst mich krümmen will.
Gott ist hinter uns.

Gott ist neben uns – mein Stecken und Stab, der mich begleitet, mir beisteht.
Gott ist neben uns.

3. Einzelthemen

Gott ist in uns – er will meine Stimme, mein Hören, meine Hände, meine Füße und meinen Kopf gebrauchen und durch mich sprechen und handeln.
Gott ist in uns.

Gott ist zwischen uns – in unseren Beziehungen, wenn sie kalt, versteinert sind, er kann sie zum Leben erwecken, zum Tanzen bringen. Wenn wir uns im Meinungsstreit aus den Augen und aus dem Sinn verlieren, steht er dennoch zwischen uns als Tür, die geöffnet werden kann.
Gott ist zwischen uns.

Körpermeditation „Ich stehe auf einem hohen Berg" (Marliese Platzöder)
E = Einatmen, A = Ausatmen

1. (E) Ich stehe auf einem hohen Berg ...
   (Arme nach vorne hoch bis Schulterhöhe)

2. (A) und schaue über das weite Land.
   (Arme zur Seite)

3. (E) Über mir ist der Himmel ...
   (Arme über dem Kopf)

4. (A) und ich wachse in den Himmel.

5. (E) Ich liebe die Erde, auf der ich lebe,
   (Arme auseinander)

6. (A) ich umarme sie.
   (Arme nach vorne runden)

7. (E) Ich hole sie nahe an mich heran ...
   (Arme zum Bauch ziehen)

8. (A) und lasse mich tief in sie ein.
   (Arme nach unten)

Literaturliste für Teil 3.7 (Seite 385–408)

Betz, O., 1991
Delakova, K., 1984
Dennison, P. E., 1990[5]
Höhler, G., 1985
Juchli, Sr. L., 1988[3]
Jung, C. G. / Franz, M.-L. von / Henderson, J. L. / Jakobi, J. / Jaffey, A., 1985[8]
Kast, V., 1986[5]
Kern, H., 1982
Lorenzer, A., 1981

Masters, R. / Houston, J., 1984
Masters, R. / Houston, J., 1986[2]
Maturana, H. R. / Varela, F. J., 1987[2]
Moltmann, J., 1975
Neuberger, O. / Kompa, A., 1987
Peters, T. J. / Waterman jun., R. H., 1984

Sackmann, S., 1983
Scharfenberg, J. / Kämpfer H., 1980
Stähle, W. H., 1989[4]
Stevens, J. O., 1975
Tillich, P.
Westerlund, G. / Sjöstrand, S.-E., 1981
Wood, L., 1983
Zöller, J., 1991

3.8 Frauen und Männer in der Organisation Kirche

3.8.1 Theorie und Informationen

3.8.1.1　Gleichheit ohne Angleichung　409
3.8.1.2　Männer-Identitäten in der Kirche　413
　　　　　Organisationspsychologische Beobachtungen und Thesen
3.8.1.3　Abwehrverhalten von Männern bei Machtverlust　419
3.8.1.4　Frauen als Analysatoren des Systems　420
3.8.1.5　Kriterien einer feministisch-befreiungstheologischen Hermeneutik　421
3.8.1.6　Vier Phasen der Identität von Frauen　421

3.8.1.1　Gleichheit ohne Angleichung

Obwohl Personen in einer Organisation relativ schnell als Frauen oder Männer wahrzunehmen sind, wird eine notwendige Differenzierung meist nicht vorgenommen. Aber geschlechtsspezifische Daten werden erst dann organisationsrelevant, wenn sie different behandelt werden. Jahrzehntelang haben die Diskussionen um Gleichberechtigung und der Kampf um gleiche Rechte für Frauen diese Differenzierung verdeckt. Nach wie vor sind die alten Postulate: gleicher Lohn für gleiche Arbeit, gleiche Aufstiegs- und Bildungschancen, Gleichbehandlung vor dem Gesetz, gültig. Das Gleichheitsgebot im Grundgesetz, Artikel 3 wäre jedoch ohne Sinn, wenn es nicht als Verhältnisbegriff verstanden würde. Es spricht eine Beziehung zwischen Frauen und Männern an, die davon ausgeht, daß das zu Vergleichende verschieden ist. Frauen und Männer sind verschieden und bleiben es auch. Deshalb geht alle Gleichmacherei, auch das Reden von der Gleichwertigkeit, an der Sache vorbei. Deshalb darf sich die Gleichberechtigung niemals nur nach dem Mann und dessen Rechte richten, sondern es müssen übergeordnete Gesichtspunkte gefunden werden, die Kriterien für die Gleichheit ohne Angleichung liefern können. Es geht nicht um Nachahmung, Anpassung der Frau an männliche Biographien, männliche Arbeitsmethoden und männlichen Lebensstil. Wir sind verschieden – und doch gleichberechtigt. Es geht auch nicht um eine Frauenförderung, die Frauen in die Lage versetzt, Aufgaben „so gut wie ein Mann" zu machen, sondern es müssen organisatorische Bedingungen geschaffen werden, die es Frauen ermöglichen, ihre geschlechtsspezifischen Erfahrungen einzubringen.

3. Einzelthemen

1. Erst differenzieren, dann integrieren

Es wird keine erneuerte Gemeinschaft für Frauen und Männer geben, wenn wir es nicht lernen, zuerst zwischen uns zu differenzieren. D.h. daß wir Unterschiede nicht nur zulassen, sondern Unterschiede entwickeln, gestalten, fördern und darin das Gemeinsame finden sollten. Erst aus der Gestaltung der Unterschiede zwischen Frauen und Männern kann sich eine tragfähige Gemeinschaft entwickeln. Der Gleichheitsgrundsatz in unseren Verfassungen verpflichtet Staat und Gesellschaft und damit auch die Kirche, diese Gleichheit herzustellen. Aber davon sind wir auch in der Kirche noch weit entfernt. Es gab in den letzten Jahrzehnten verschiedene theologische Entwürfe, die eine Formel zu finden versuchten, wie die Beziehung zwischen Frauen und Männern definiert werden könne: die Frau sei untergeordnet, die Frau sei nachgeordnet, die Frau sei zugeordnet; alle diese Entwürfe, auf eine kurze Formel gebracht, setzen den Mann als Beziehungsfigur. Diese Diskussion hat für viele Frauen dazu geführt, sich komplementär zum Mann zu verstehen oder sich wie ein Mann zu verhalten. Aber es geht in unserem Thema um eine eigene Identität, die nicht vom Mann abgeleitet, vom Mann geliehen oder von außen aufoktroyiert wird, es geht für Frauen um eine selbsterworbene, selbstdurchblutete Identität.

2. Wir leben und arbeiten in der Kirche in einem Liebespatriarchat

Der Ausdruck „Liebespatriarchat" ist von Gerd Theißen in die neutestamentliche Diskussion eingeführt worden bei Untersuchungen über die soziale Schichtung in den korinthischen Gemeinden. Um Statusungleichheiten abzumildern und bei deren Internalisierung zu helfen, brauchte es Liebe und Gemeinschaftsgeist. Er beschreibt dies als „Integrationskraft des Liebespatriachalismus". Elisabeth Schüssler-Fiorenza hat diesen Gedanken kritisch aufgegriffen, und Luise Schottroff hat nachgewiesen, daß das liebespatriarchale Konzept von Kirche, das vor allem von Augustin entfaltet wurde und unsere Kirchen bis heute prägt, sich stärker an Ciceros Staatsverständnis als am Neuen Testament orientiert.

Liebespatriarchat in der Kirche heißt heute: bestehende Ungerechtigkeiten zwischen Frauen und Männern, unterschiedlich verteilte Privilegien mit dem Mantel der Liebe zu umkleiden; so zu tun, als gäbe es in unseren Kirchen keine Herrschaftsstrukturen mit ihrer ungerechten Machtverteilung wie in der übrigen Gesellschaft auch. D.h. das realexistierende Patriarchat in unseren Kirchen wird mit Liebe verkleidet, indem die vorhandenen Ordnungen als naturgegeben, besonders harmonisch, notwendig und gegebenenfalls gottgewollt erklärt werden. Dadurch können Strukturen legitimiert werden, in denen es eine Hierarchie von Männern zu Frauen, von Hauptamtlichen zu Ehrenamtlichen, von Predigern zu Dienern gibt. Zugleich aber wird die Verbundenheit, das Einssein, das viel mißbrauchte paulinische Bild vom Leib, an dem wir alle Glieder sind, beschworen. Wir haben uns an das Liebespatriarchat in der Kirche schon so gewöhnt, daß wir es oft nicht mehr bemerken, wenn wir in seine Fallen tappen.

3. Unser Verständnis von „Dienen" bedarf dringend einer theologischen Revision

Dienen ist in unseren Kirchen ein hochgeachteter Wert, aber Predigen wird besser bezahlt. Bis heute wird für Frauen und Männer Dienen unterschiedlich ausgelegt. Luise Schottroff hat darauf hingewiesen, daß selbst im Theologischen Wörterbuch zum Neuen Testament von W. Bauer „dienen" für Frauen anders als für Männer interpretiert wird. Den Frauen wird nach Bauer der Tischdienst, den Männern der Dienst im Amt der Propheten und Apostel zugewiesen. Zwar wird auch im Neuen Testament zwischen dem Dienst am Wort und dem Dienst am Tisch unterschieden. Aber in Apostelgeschichte 6, 1–4 wurde der Tischdienst den Männern und nicht den Frauen zugewiesen, obwohl Frauen da gewesen wären. Das bedeutet, daß im Neuen Testament die Versorgungs- und die Verkündigungsarbeit nicht geschlechtsspezifisch aufgeteilt wird.

Noch deutlicher wird dieser Gedanke in der Geschichte von der Fußwaschung Joh. 13. Hier geschieht etwas Revolutionäres: Jesus, ein freier Mann, Lehrer und Herr, wäscht seinen Schülern und Schülerinnen die Füße und ruft damit eine neue Praxis ins Leben, die die Hierarchie umstürzt.

4. Arbeit in der Kirche ist, wie in Politik und Wirtschaft, an den Lebensbedingungen eines Mannes ausgerichtet

Viele Arbeitsplätze in der Kirche sind für einen Mann konzipiert, der eine Frau hat, die ihm den Rücken frei hält, oder eben für Frauen, die Familienpflichten nicht mehr oder noch nicht haben. Solange wir nicht zu einer gerechteren Arbeitsverteilung zwischen Frauen und Männern kommen, bleibt es für Frauen bei der Doppel- oder Dreifachbelastung, wenn sie Familie, Beruf oder Amt und ehrenamtliche Arbeit miteinander verbinden wollen. Es ist unbestritten, daß es in unseren Ländern ein verändertes Erwerbsverhalten bei Frauen gibt; in der Bundesrepublik Deutschland ist jede zweite erwerbstätige Frau verheiratet, mit Kindern unter 15 Jahren. Das heißt, die Alleinzuständigkeit der Frau für Haus und Kinder wird zunehmend problematischer. Daß Frauen erwerbstätig sein wollen, hat nicht nur finanzielle Gründe, es handelt sich auch nicht bloß um feministische Allüren, sondern die Erziehungszeiten sind kürzer geworden, und für viele Frauen ist Arbeit das stärkste Band zur Realität.

Das gilt übrigens auch für Frauen, die im Ehrenamt oder in der freiwilligen Arbeit tätig sind. Auch im Ehrenamt müssen sich viele Frauen den männlichen Bedingungen anpassen. So bleibt es in den bezahlten wie in den unbezahlten Arbeitsbereichen der Kirche bei einem Frauenanteil von 80–85% für die schlecht bezahlten, eher abhängigen und einflußarmen Positionen.

Aus diesen finanziellen Gründen hat sich in den Kirchen die Praxis entwickelt, ehrenamtliche Frauen in den Bevölkerungsschichten zu suchen, die ökonomisch in der Lage sind, ehrenamtliche Tätigkeit selbst zu finanzieren, z.B.

3. Einzelthemen

Beamtinnen im öffentlichen Dienst, die für gesamtgesellschaftliche und karitative Aufgaben freigestellt werden unter Fortzahlung ihrer Bezüge; oder es werden Ehefrauen gut verdienender Männer zur ehrenamtlichen Mitarbeit herangezogen. Solange die Kirchen nicht die finanzielle Basis dafür schaffen, können andere Frauen solche Aufgaben nicht übernehmen. Das bewirkt einen starken Verlust an kirchlicher Einflußnahme für die Personengruppen aus anderen Bevölkerungsschichten.

Hier entsteht die Frage: Wann wird Hausfrauen- und Erziehungsarbeit gesamtgesellschaftlich anerkannt, so daß die Erfahrung und Leistung von Frauen auch in den Anforderungsprofilen der Kirchen berücksichtigt werden? Wir sollten nicht die Frauen trainieren, leitende Männerpositionen zu übernehmen (um sie auszufüllen „wie ein Mann"), sondern wir sollten verlangen, daß es keinen Mann in kirchenleitender Position geben soll, also keinen Kirchenpräsidenten, keinen Pfarrer, keinen Oberkirchenrat, der nicht Hausmannerfahrung oder Erfahrungen im Pflegebereich nachweisen kann.

Frauen, die Familie und Beruf miteinander verbinden, bringen eine besonders intensive Erfahrung in „Chaosmanagement" mit. In der Industrie wird viel Geld bezahlt für Trainings in „Chaosmanagement", damit ist gemeint, mit unvorhersehbaren Situationen kreativ und rasch umgehen zu können. Aber es gibt in unserer Gesellschaft kaum eine Gruppe, die so im Chaosmanagement trainiert ist wie die der Frauen. Solche – bisher ausschließlich Frauen zugeschriebenen Erfahrungen – sollten deshalb zu allen Anforderungsprofilen unserer Kirche gehören.

5. Die Unterdrückung von Wissen und Erfahrung in der Kirche verhindert Gleichheit ohne Angleichung

Es gibt in jeder Organisation unterdrücktes Wissen. Michel Foucault, der französische Philosoph und Psychiater, hat darauf aufmerksam gemacht, daß wir am ehesten etwas über die Machtverhältnisse in einer Organisation erfahren, wenn wir diejenigen fragen, die unten angesiedelt sind und deren Wissen nicht zur Sprache kommt. Er sagt: Willst du etwas über die Machtverhältnisse im Gefängnis erfahren, mußt du nicht den Gefängnisdirektor fragen, sondern die Gefangenen; willst du etwas über die Psychiatrie wissen, frage nicht die Therapeuten, sondern die psychisch Kranken. In der Kirche heißt das, achte auf die Personengruppen besonders, die Träger unterdrückten Wissens sind. Zu diesen zählen in der Kirche vor allem Frauen, Kinder und alle diejenigen, deren Erfahrungen bei uns nicht zur Sprache kommen. Unterdrücktes Wissen meint alle jene Erfahrungen, die ignoriert, marginalisiert, trivialisiert, begraben oder verkleidet werden. Vieles von diesem Wissen wird als wertlos abqualifiziert. Wir erleben die Unterdrückung von Wissen in der Kirche vor allem als Unsichtbarmachung von Frauen bei der Auswahl, Übersetzung und Auslegung biblischer Texte. Gerade deshalb ist feministische Theologie ein unverzichtbarer Bestandteil biblischer Hermeneutik.

6. Die christliche Rezeption von Kreuz und Opfer ist verhängnisvoll.

Frauen haben sich über Jahrhunderte mit dem gekreuzigten und geopferten Jesus identifiziert. Er wurde vielen Frauen zum Vorbild des Sich-Opferns. Mehr noch: dieser Jesus gibt sich hin an die Verwerfung durch den Vater. „Hingabe an Verwerfung" ist ein Thema, das in der Beratung von mißhandelten Frauen immer wieder auftaucht, und „erklärt", warum Frauen sich oft so lange nicht zur Wehr setzen. Frauen haben aus diesem Opfertod Stärke bezogen, ihr eigenes Elend auszuhalten oder sogar sinnvoll zu finden.

Aber: Die Aufforderung Jesu in Mk. 10, „das Kreuz auf sich zu nehmen", meint Herrschaftsverzicht und ist an die Mächtigen und Privilegierten gerichtet und nicht an die Ohnmächtigen. Es ist ein Aufruf zum Teilen von Macht, zum Ermächtigen und zum Widerstand gegen alle Entmächtigung. Wir finden denselben Gedanken auch in dem Christuspsalm Phil. 2 von der Kenosis des Vaters. Diese Entäußerung von Vater- und Herrschaftsmacht ist als radikale Kritik am Patriarchat und an allen Versuchen zu verstehen, ein bestimmtes Gottesbild zur Rechtfertigung hierarchischer Strukturen zu mißbrauchen.

Insofern markiert das Kreuz einen Neuanfang, eine Umkehr der alten patriarchalen Verhältnisse, und erlaubt vor allem Frauen nicht, sich selbst zum Opfer der Verhältnisse zu machen, sondern fordert sie auf, sich aktiv für Neuanfänge und Gerechtigkeitsarbeit einzusetzen.

3.8.1.2 Männer-Identitäten in der Kirche
Organisationspsychologische Beobachtungen und Thesen

Vorbemerkung: Der folgende Beitrag wurde von Werner Zbinden bei einer Konsultation der Kirchensynode der EKHN im Juni 1989 zum Thema: „Die neue Gemeinschaft von Frauen und Männern", vorgestellt. Er wurde ergänzt durch ein Interview, das Gesine Hefft mit Eva Renate Schmidt und Werner Zbinden im Juni 1990 führten. Beides wurde abgedruckt in: Nachrichtendienst der DEAE Nr.3 / 4, 1990, S. 1–6.

I. Einige Ausgangspunkte

1. Die Gemeinschaft von Männern und Frauen in der Kirche ist nicht nur eine Frage des guten Willens einzelner, sondern vor allem eine Frage der Organisation und Strukturen: des *Systems.* Männer und Frauen bilden Teilsysteme im Gesamtsystem Kirche. Sie bringen sowohl ihre eigene Identität in die Systeme ein, wie sie Identität (mehr oder weniger) aus ihnen beziehen.

2. *Identität* hat etwas zu tun mit Systemgrenzen. Ein identitätsloser Zustand schließt jegliche Eigendefinition aus, ist grenzen-los, bedeutet totale Manipulierbarkeit. Das Gegenteil sind zu enge, starre Grenzen.

3. Einzelthemen

3. *Angst* gehört zum Menschsein, zur Identität: Angst vor Chaos, Angst vor Gefühlen, Angst vor Nicht-Geplantem, Angst vor Spirituellem usw., aber auch als Reaktion auf Grenzen, Ordnungen, Hierarchien und in ihnen zu erbringende Anpassungsleistungen.

4. Ungebundene Angst ist schwer zu ertragen und kann sich gefährlich auswirken. Das *Binden von Ängsten* ist legitim. Bedenklich wird es, wenn die Bindungen nicht mehr lösbar sind.

5. *Institutionen* eignen sich, Ängste zu binden, indem sie durch Strukturen und Organisationsrituale Sicherheit, Vertrautheit schaffen. Emotionales hat in ihnen wenig Platz und wird ins Unbewußte verdrängt, auch die Ambivalenz, die mit dieser Einbindung in die Institution einhergeht (Sicherheit, Vertrautheit, Macht vs. Abhängigkeit, Bevormundung, Vereinnahmung).

6. *Kirche* ist eine Institution, die ein besonders hohes Angstbindungspotential hat: In ihren Strukturen und Organisationsritualen (weniger in ihren Dienstleistungen) ist sie besonders rigide und hierarchisch. Ein Merkmal von Hierarchie ist die Beständigkeit von Platzhaltern, ein anderes die langsame Wandelbarkeit von Ritualen. Hinzu kommt, daß Kirche sich selber Produkt ist: je größer, desto besser. Das unterscheidet sie von den meisten anderen Organisationen, in denen es Ziel ist, mit möglichst wenig (Menschen, Abläufen, Kosten) möglichst viel zu produzieren. Das macht, im Verbund mit den hierarchischen Strukturen, Kirche fast unangreifbar: Alles ist gut, wenn du nur dabei bist, am besten in der Mitte, wo das Zentrum der Macht ist.

7. Die Institution Kirche bindet zuverlässiger *Männerängste* als *Frauenängste*. Frauen äußern eher Unvertrautheit, Unsicherheit, Unbehagen in kirchlichen Organisationsritualen (Sprache, Sitzungsabläufe, Entscheidungsstrukturen usw.). Männer funktionieren in ihnen.

☐ *Exkurs:* Wo binden Frauen in der Kirche ihre Ängste? Könnte es sein, daß Frauengruppen den – notwendigen – Angstbindungseffekt haben, ohne zugleich so stark zu domestizieren wie die Institution Kirche in der Mitte?

II. Männer-Identitäten in der Institution Kirche

a) Männer definieren ihre Identität sehr stark über Beruf und Institutionen. Außerberufliche, private Identität ist bei Männern eher sekundär. Oft tragen Männer zudem Muster ihres beruflich-institutionellen Selbstverständnisses in ihren privaten Bereich hinein.

b) Männer geben häufig ihre ganze Existenz in Institutionen hinein, einschließlich aller Ängste: Alles, was das Leben schwierig machen könnte, ist durch In-

stitutionen geregelt, kann an sie delegiert werden. Fallen sie aus einer Institution heraus, werden die Ängste nicht frei, sondern sofort an eine nächste Institution gebunden. So werden die Träger ausgetauscht, aber es sind immer ähnliche, nämlich Institutionen. Das macht Männer so schwerfällig im Wandel. Wenn Identität etwas mit gleichbleibendem, durchgängigem Verhalten zu tun hat, dann haben wir Männer zu viel Identität. (vgl. dazu auch These 19)
c) Bezogen auf den Ort zwischen Mitte und Grenze, an dem sich Männer in der Institution Kirche ansiedeln, lassen sich fünf Identitätstypen unterscheiden:

TYP (1): Wächter der Harmonie

☐ Männer, die sich in der Mitte des Systems befinden, also im Zentrum der Macht und daraus ihre Identität beziehen; die den Kontakt zu den Grenzen des Systems verloren haben und nicht realisieren, was an den Grenzen oder gar außerhalb im Umfeld von Kirche vor sich geht; unternehmensbezogen gesprochen: die den Kontakt zum Markt verloren haben, die frei drauflosproduzieren, ob jemand es braucht oder nicht.
☐ Sie fallen auf durch ihre Überzeugung, daß die Institution im Grunde gut ist. Sie schützen die Institution wie ihre Frühgestalten, verteidigen sie, wie sie Mutter oder Vater verteidigen würden, personalisieren sie, als wäre sie Mutter oder Vater: „Meine Kirche, auf die lasse ich nichts kommen!"
☐ Sie lieben die Rituale der Organisation. Was sie nicht mögen, sind irgendwelche Untersuchungen, Analysen, Deutungen. Sie sind aber empfänglich für technische Verbesserungsvorschläge, sind z.B. bereit zu glauben, daß durch eine Verfahrensänderung im Ablauf von Sitzungen fundamentale Schwächen ihrer Institution behoben werden können.
☐ Frauen gegenüber entwickeln sie eine ausgeprägte Beißhemmung. Frauen können sie bis aufs Äußerste reizen, angreifen – und sie verstehen nicht, warum sie angegriffen werden. Sie haben klare Vorstellungen, wie man Frauen zu begegnen hat, sind ritterlich und zuvorkommend – und ganz hilflos, wenn Frauen aus der ihnen in diesem Kodex zufallenden Rolle fallen.
☐ Müssen sie mit Frauen zusammenarbeiten, nehmen sie sie nicht ernst als Vermittlerinnen von Informationen („Da stimmt offenbar etwas nicht!?"). Sie gehen ihren Hinweisen nicht nach, sondern beschwichtigen sie: „Wenn Sie ein paar Jahre dabei sind, werden Sie es schon verstehen."
☐ Sie haben nichts gegen Frauen nach dem Muster: Wir sind doch alle Menschen, so wie ich einer bin. Wer an der Macht teilhaben will, muß nur einfach zu mir in die Mitte kommen.
☐ Sie sind diejenigen, die sich am stärksten mit dem Verdrängten identifizieren. Da es in Institutionen zumeist die Konfliktangst ist, die verdrängt wird, unternehmen sie alles, daß keine Konflikte hochkommen. Sie sind die Wächter der Harmonie und bekämpfen Konflikte. Ihre Hauptaktivität ist der Prozeß der Angstbindung. Allem, was sie dabei stört, begegnen sie mit Kurzinterventionen.

3. Einzelthemen

TYP (2): Grenzgänger

☐ Männer, die an die Grenzen ihres jeweiligen Teil- und Gesamtsystems herangehen; die realisieren, daß Männer und Frauen zwei Systeme sind, die nicht gleich sind, aber miteinander zu tun haben.

☐ Sie sehen die Dinge komplexer als Männer vom Identitätstyp (1), sie denken vernetzter. Sie können Frauen, je nachdem, als Gegnerin oder Partnerin sehen, ohne zu meinen, sie müßte doch dieselben Interessen haben wie sie. Sie verschmelzen nicht.

☐ Sie sind neugierig. Sie versuchen Kontakt aufzunehmen, gehen ein Stück weit hinaus aus ihrer Männerkultur und sind fasziniert von der Frauenkultur.

☐ Sie neigen dazu, das andere Geschlecht zu idealisieren und mit ihren Erwartungen zu überfordern: „Wenn die Frauen es tun, wird es viel besser werden."

☐ Sie neigen dazu, sich für Frauen einzusetzen, etwas für sie zu tun: „Ihr habt da ein Problem. Aber wir helfen euch." Sie machen sich die Frauenfrage zu eigen, statt sie zu ihrer eigenen, also zu einer Männerfrage zu machen. Sie vereinnahmen tendenziell die Frauen. Das macht die Zusammenarbeit mit ihnen auch wieder schwierig. Es wäre besser, sie blieben bei ihren Interessen als Männer und würden sie deklarieren, so daß sie diskutierbar, angreifbar und aushandelbar würden.

☐ Sie haben wenig Einfluß, wenig institutionelle Macht, denn wer immer wieder an die Grenzen geht, sich an den Grenzen ansiedelt, entfernt sich vom Zentrum der Macht. Sie beziehen Macht allenfalls aus der freien Wahl der Grenze. Sie sind die einzigen, die wählen können, auf welcher Seite sie jeweils sind.

TYP (3): Überläufer

☐ Männer, die von Männern nichts mehr erwarten und ihre Orientierung ganz auf das Nachbarsystem der Frauengruppe richten; die ihre eigenen Verhaltensweisen aus Männerrollen ablehnen, ablegen und meist auch entwerten; die die Werte, Kultur und Konturen der Frauengruppe übernehmen; die manchmal ein schlechtes Gewissen haben, ein Mann zu sein (z.B. in der Vorgesetztenrolle).

☐ Sie sind häufig militante Vertreter von Frauenthemen, was als ein Stück Überidentifikation mit der Kultur des Neuen verstanden werden kann; sie sind Konvertiten.

☐ Sie verlieren zwar die institutionelle Macht, kompensieren diesen Verlust aber durch die Militanz, in der sie jetzt für die neue Gruppe, die Frauen, aktiv werden. Es findet ein Machtwechsel statt.

☐ Indem sie ihre eigenen Geschlechtsgenossen entwerten, fallen sie als Gesprächspartner aus. Sie verschmelzen mit den Frauen, geben die Rolle des Fremden, Andersartigen auf und verhindern dadurch Auseinandersetzung und wechselseitige Bereicherung.

☐ Sie haben oft Erfahrungen mit ungewöhnlichen Lebensformen und -wegen und können in dieser Kirche nichts werden.

TYP (4): Wächter der Riten

☐ Männer, die im Zentrum angesiedelt sind und sich vor allem der Kultur, den Werten und den Ritualen der Organisation verschrieben haben; deren Identität am deutlichsten von der Macht abgeleitet ist.
☐ Für sie ist bis zur Tagesordnung alles heilig. Sie sehen die Kirche in Gefahr, wenn Organisationsrituale nicht eingehalten werden. Sie haben ständig einen Missionsauftrag zu erfüllen, verlieren dabei aber die Realität um sich herum aus dem Blick.
☐ Analysen und kritische Fragen können sie nicht erschüttern. Sie überschätzen die Stärke der eigenen Institution, ihre Krisenwahrnehmung ist schwach. Sie scheuen Konflikte nicht, greifen auch an. Unangenehme Meinungen werden als Äußerungen von Außenseitern abgetan.
☐ Frauen sind für sie zu wenig über die geltenden Rituale informiert. Sie werden als notwendiges Übel bis rotes Tuch eingestuft.

TYP (5): Überflieger

☐ Männer, die ihre Identität außerhalb der Institution auf der Metaebene ansiedeln; die das System analysieren; die ihre Identität aus dem Nachdenken und Deuten beziehen; die aus der Institution vor allem Nutzen ziehen, indem sie ihnen zum Objekt wird.
☐ Sie sind gute Kritiker, gute Gesprächspartner, aber schlechte Bündnispartner. Sie setzen sich nicht für ihre Erkenntnisse ein, weil sie dafür keine Zeit haben. Sie verändern nichts in der Institution, weil sie meinen, wenn sie etwas analysiert haben, sei es bereits geschehen.
☐ Sie haben im System keine Macht, keinen Einfluß.

Bei den meisten Männern finden sich Anteile aller fünf Identitätstypen. Oft dominiert aber einer deutlich. Systemisch betrachtet, sind alle fünf Identitätstypen zu ihrer Zeit wichtig, aber sie dürfen nicht einseitig und starr ausgeprägt sein.

IV. Männerentwicklung – Kirchenerneuerung

1. Noch zu viele Männer haben Interesse am Frauenthema unter der Motivation: „Ich möchte doch um Gotteswillen überleben!" und nicht: „Ich möchte mitarbeiten an einer neuen Form des Zusammenseins von Männern und Frauen in der Kirche."
2. Männer neigen dazu, in intersystemischen Konflikten immer wieder dieselbe Position einzunehmen, ob in der Mitte, an der Grenze oder außerhalb. In einer sich wandelnden Welt ist das Festhalten an Identität aber etwas Fragwürdiges. Gefordert ist Identität, die sich nicht an Stabilität, sondern an Mobilität orientiert. Identitätswandel ohne Identitätsverlust ist möglich, wenn es gelingt, die Identität auf einige feste Teile zu stützen und gleichzeitig andere freizugeben für eine Neuorientierung.

3. Einzelthemen

3. Männer der Typen 2 und 3 haben die wichtige Aufgabe, Bewegung in das Feld von Konfliktbalance und Ritenbewahrung zu bringen. Darin können sie gute Genossen für bewegende Frauen sein. Männer und Frauen können hier gut zusammenarbeiten, ohne ihre Identität aufgeben zu müssen.
4. Für die Verbesserung der Zusammenarbeit zwischen Frauen und Männern sind die „Grenzgänger" besonders wichtig, wenn es ihnen gelingt, an der Grenze zu bleiben und die Spannung dort auszuhalten. Das sind Männer, die sich mit sich und dem anderen Geschlecht auseinandersetzen und dabei ihre Identität als Männer behalten.
5. Männer von den Identitätstypen 1 und 4 haben die größte Macht und sind schwer zu erschüttern, besonders wenn sie Koalitionen eingehen, und die gibt es vermutlich in der Kirche in großer Zahl. Wenn ein Großteil der Männeridentität in einem kirchlichen System vom Typ 1 und 4 ist, kann man am System fast nichts ändern.
6. Darauf zu setzen, daß Männer freiwillig ihre Macht, ihre Privilegien abgeben, ist vermutlich kein Weg. Wer dies tut, behauptet immer noch ein ganz schönes Stück Macht, nämlich die, es freiwillig getan zu haben. Macht, die abgegeben, auf die verzichtet wird, kann nicht mehr in Frage gestellt werden.
7. Entscheidend geht es darum, den Männern die „Gnade" des Unbewußten zu ersparen. Sie müssen Dissonanzen, Bedrohungen und Einbrüche erleben, die ihre Angst wieder freisetzt, sie ihnen als Änderungsenergie wieder verfügbar macht.
8. Aus systemischer Sicht hat dies vor allem zu geschehen durch Veränderung der Rahmenbedingungen, aus denen sich Identität herleitet und erhält. Kirchliche Rituale müssen überprüft und erschüttert, Gegenrituale aufgebaut werden (z.B. in Sitzungsabläufen).
9. Einbrüche werden auch erlebt durch Benachteiligungen, die augenblicklich eine ganze Generation von Männern u.a. im Beförderungsbereich hinnehmen muß. Dies ist eine systemische Veränderung, durch die etwas mit diesen Männern geschieht, was hoffen läßt.
10. Einbrüche finden auch im Wertebereich statt durch Erfahrungen, denen sich Männer oft nicht freiwillig ausgesetzt haben: Verlust der Partnerin, Drogenkarriere eines Kindes, Konfrontation mit Modellen alternativer Lebens-, Arbeits-, Zeit- usw. -Gestaltung.
11. Lernen in der Erwachsenenbildung kann solche Einbrüche begleiten und unterstützen, hat aber auch die Aufgabe, darauf hinzuwirken, daß Einbrüche zu Aufbrüchen werden, d.h. daß die in freigesetzter Angst liegende Energie für Veränderung fruchtbar wird und nicht in destruktive Aggression oder depressivdefensiven Rückzug fließt.
12. Erwachsenenbildung müßte Formen für kirchliches Handeln entwickeln, in denen erfahren werden kann, daß Männer und Frauen unterschiedliche Interessen haben; sie müßte Methoden entwickeln, die die daraus resultierende Spannung reduziert, aber nicht beseitigt. Sie muß dabei helfen zu lernen, wie unterschiedliche Interessen aushaltbar stehengelassen werden können und ein vor-

schnelles Zusammengehen vermieden wird. (Dies ist vor allem eine Neigung bei Frauen, schnell die Hand zu reichen, wenn Spannungen auftreten!)
13. Erwachsenenbildung hätte neue Formen lustvollen Lernens zu entwickeln. Parallel zum Dissonanzerleben und -aushalten muß erfahrbar werden, daß das Neue auszuprobieren auch Lust machen kann.

3.8.1.3 Abwehrverhalten von Männern bei Machtverlust
Nach einem Kurzreferat von Werner Zbinden bei den Laboratorien zur Ausbildung in Gemeindeberatung 1988

Verlust von Macht – aus welchen Gründen auch immer – erzeugt Konflikte. Dies hat vor allem Auswirkungen auf die Zusammenarbeit von Frauen und Männern in einer Organisation, in der mehrheitlich Männer die Leitung vertreten. Typisch sind fünf Reaktionsmuster bei Machtverlust. Sie treten dann auf, wenn Männer als die Mächtigeren in einer Organisation sich durch Frauen mit einer defizitären Macht bedroht fühlen.

Typ 1: Der Mann schätzt seine Position als der Mächtigere und fühlt sich zugleich angezogen von der Infragestellung seiner Macht durch Frauen.

Typ 2: Der Mann möchte seine Macht und die damit verbundenen Privilegien und gleichzeitig die Akzeptanz seiner Position durch Frauen erhalten. Das kann dazu führen, daß der Mann seine Macht in Gesprächen mit Frauen verniedlicht, weicher, harmloser darstellt oder sich selbst zum Opfer dieser Macht macht. Damit wird es für Frauen schwieriger, seine Machtposition anzugreifen. Ein anderes Reaktionsmuster: Der Mann erhöht die Akzeptanz seiner Rolle: Wenn du mich liebst, wirst du mir doch nicht meine Macht streitig machen!

Typ 3: Der Mann versucht, seine Machtposition zu halten und weiter auszubauen und nimmt die Aversion der Frau in Kauf. Er zeigt seine Macht, verzichtet auf die Akzeptanz der Frauen. Er entwickelt eine Aversion gegen Frauen. Das Ganze wird zu einer sehr spannungsgeladenen Beziehung, die sich mit zunehmender Bedrohung verschärft, indem der Mann seine Macht gegen einen Machtanspruch der Frau verteidigt.

Typ 4: Macht interessiert den Mann nicht mehr, er gibt seinen Einfluß ab. Es ist ihm wichtiger, von Frauen gemocht zu werden. Dies kann zu übersteigerten Erwartungen führen, die sich in Idealisierungen von Frauen äußern. Damit beginnt eine Aggressionshemmung, die dazu führt, daß sich der Mann selbst nicht mehr einsetzt für Ziele, die er gut findet. „Das Heil kommt nur noch von den Frauen". Solche Männer werden oft nach einiger Zeit zu Sexisten.

Typ 5: Den Mann interessiert weder die Macht, noch die Akzeptanz der Frauen. Er sucht sein Heil jenseits, quasi außerhalb gesellschaftlicher Auseinandersetzungen. Ausflippen, Gärtnern, Meditieren, Reisen ins Innere oder Jenseits führen zum „Vergessen" von Macht und Frauen.

3.8.1.4 Frauen als Analysatoren des Systems

Es gibt nicht einen typisch männlichen oder typisch weiblichen Arbeits- oder Leitungsstil. Die Grenzen und Unterschiede sind, wie die Praxis zeigt, fließend. Aber: Es gibt unterschiedliche Erfahrungen von Frauen und Männern, die sich in den Strukturen von Organisationen auswirken. Da wir es in Kirche und Gesellschaft mit Organisationsformen zu tun haben, die vorwiegend von Männererfahrungen geprägt sind, ist die Frage von hohem Interesse, welches Innovationspotential Frauen in einer Organisation erwecken können. Notwendige Innovationen werden oft durch sogenannte Analysatoren ausgelöst.

Was ist ein Analysator?

Ein Analysator ist all das, was eine verborgene Wahrheit hervortreten läßt. D.h. alles, was Material für die Analyse produziert. Jede Analyse beruht auf der Vermittlung von Daten, die durch bestimmte Analysatoren generiert werden. Man kann also zum Zweck einer Analyse in einer Organisation besonders auf vorfindliche Analysatoren achten oder sie konstruieren, um dadurch auch Daten für Interventionsmöglichkeiten zu gewinnen (Lapassade, S. 24 ff).

Frauen als Analysatoren eines Systems

„Anstatt die Frauenfrage zu lösen, hat die männliche Gesellschaft ihr eigenes Prinzip so ausgedehnt, daß die Opfer die Frage gar nicht mehr zu fragen vermögen" (Adorno).

So wie jeder neue Mitarbeiter in einer Organisation unbewußt und ungewollt Reaktionen erzeugt, die Verborgenes der Organisation hervortreten lassen, so geschehen solche Prozesse durch Frauen. Mit der verstärkten Beteiligung von Frauen können andere Lebenserfahrungen Einfluß auf die Organisation nehmen. Deshalb sind Aufmerksamkeit und Wahrnehmung geboten für die Anfangs-, Eintrittsprozesse und die Fremdheitserfahrungen von Frauen.

Frauenerfahrungen sollten deshalb nicht unterdrückt oder ignoriert, sondern zur Kenntnis genommen, abgerufen und mit den Frauen diskutiert und gedeutet werden. Was fällt Frauen in einer Organisation auf? Was verwundert, ärgert, frustriert, freut oder belastet sie? Diese Daten zum hermeneutischen Schlüssel von Diagnose und Intervention zu machen, kann Innovationspotential in einer Organisation freisetzen.

3.8.1.5 Kriterien einer feministisch-befreiungstheologischen Hermeneutik

Das Grundprinzip:

Alle Texte (biblische u. juristische, Verwaltungs- und Kirchenordnungen etc.) und deren Auslegung sind mit dem Verdacht der *patriarchalischen Verfälschung* zu lesen („Verdachtsprinzip", entwickelt von Elisabeth Schüssler-Fiorenza).

Konkret heißt dies:
1. Werden die Erfahrungen von Frauen geleugnet, verringert oder verzerrt? Die Testfrage für jeden Text und seine kirchliche Rezeption sollte deshalb heißen: Trägt dieser Text dazu bei, Unrechts- und Unterdrückungsstrukturen des Patriarchats aufzudecken und zu beenden?
Ziel: Frauen nicht namenlos machen, sondern Frauenerfahrungen benennen.

2. Werden Frauenerfahrungen als weniger wichtig und weniger wertvoll abqualifiziert?
Ziel: Frauenerfahrungen müssen gesellschaftlich aufgewertet und anerkannt werden.

3. Werden Frauen in der Sprache ignoriert?
Ziel: Inklusive Sprache benützen.

4. Werden Frauen-Geschichten vergessen?
Ziel: An die Leiden und Kämpfe der Mütter, Schwestern und Töchter und an ihre Vollmacht erinnern und ihre Spuren sichern.

5. Sind Texte und Geschichten androzentrisch, also männerzentriert konzipiert und mittelschichtsorientiert?
Ziel: Texte aus der Perspektive der Unterdrückten lesen.

6. Sind Gottesvorstellungen und Leitbilder mit männlichen Idolen besetzt?
Ziel: Die Vergötzung des Männlichen aufdecken.

Vergleiche dazu: 2.4.3.1 Hermeneutik des Verdachts (Seite 127)

3.8.1.6 Vier Phasen der Identität von Frauen

Vorbemerkungen: Dieses Modell beschreibt in Anlehnung an das Exodus-Paradigma die Prozesse, die Frauen und Männer durchlaufen, wenn sie sich unter den Bedingungen einer patriarchalen Struktur auf den Weg zu einer eigenen, befreiten Identität machen, die ihnen eine neue Form von Gemeinschaft und Zusammenarbeit in der Organisation Kirche ermöglicht.
Die Grundlinien des Modells entstammen Untersuchungen zur Entwicklung der Identität von ethnischen Minderheiten. Als Frau expliziere ich hier die vier Phasen mit den

3. Einzelthemen

Erfahrungen von Frauen, obwohl dasselbe Modell auch für die Erfahrungen von Männern anwendbar ist.

Es bleibt ein Denkmodell, das zwar aus Erfahrungen erwachsen ist, aber trotzdem zwangsläufig (wie alle Denkmodelle) etwas Generalisierendes an sich hat. Diese Phasen sind zwar typisch, aber verlaufen individuell sehr unterschiedlich, können mehr oder weniger dramatisch, abrupt oder weich und fast unmerklich in ihren Übergängen sein.

Phase 1: Internalisierung

In dieser Phase ist die Identität von Frauen abgeleitet von den Werten und Normen, die von den Erwartungen einer Männergesellschaft geprägt sind. Diese Identität ist gleichsam geliehen, nicht selbsterworben und durchblutet. Sie ist geprägt von Abhängigkeiten. Die Frau ist abhängig von der Anerkennung durch Männer, der Zustimmung der Kinder und der Vorgesetzten, von den Verschreibungen der Ärzte. Sie ist abhängig im Zeit- und Lebensplan und im Finanziellen. Diesen Abhängigkeiten entspricht das Verhalten der Frau, die sich anpaßt, sich möglichst unauffällig im Hintergrund hält, viel „Schattenarbeit" übernimmt. Attribute des Helfens, der Mütterlichkeit, des Sichverfügbarmachens werden als besonders weiblich, natürlich, gottgegeben und selbstverständlich angesehen (vergleiche dazu die Ausführungen über Liebespatriarchat).

Frauen haben in dieser Phase eine komplizierte Doppelidentität, sie sind Opfer und Täterin des Patriarchats zugleich. Der Gebrauch der Herrschaftssprache ist selbstverständlich, Rivalität mit Frauen häufig. Theologische Entwürfe, die dieser Phase zugeordnet werden können, definieren die Frau als „untergeordnet", „nachgeordnet" oder „zugeordnet".

Die psychosomatische Befindlichkeit der Frau ist gekennzeichnet durch depressive Verstimmungen und Phänomene. Frustrationen, Unzufriedenheit, mangelnde Zielperspektiven werden nicht wahrgenommen, nicht geäußert oder verleugnet.

■ *Exodus-Themen: Gestalten und Bilder* für die Phase der Internalisierung:
Sie sind viele, es wird ihnen viel auferlegt, sie werden gedrückt mit viel Arbeit und Frondienst. Ihr Leben ist sauer (Exodus 1,10 ff.) sie werden mit List niedergehalten. Die Unterdrückten streiten miteinander (Exodus 2,13).

„Die Sehnsucht nach den Fleischtöpfen Ägyptens" (Exodus 16,3) weckt das Bild vom Goldenen Käfig. Gefangenschaft und Unterdrückung werden verklärt und vergoldet. Die Macht- und Geltungssymbole der Herrschenden sind von den Unterdrückten internalisiert.

Phase 2: Differenzierung

Die Identität der Frau ist diffus. Der Protest und die Frustration durch die vorige Identität und Rollenzuweisung wird verbalisiert. Gelegentlich kommt es zu traumatischen Ausbrüchen, denn die Gefühle der Unzufriedenheit werden angenommen und geäußert.

Diese Phase ist vorwiegend von einer Anti-Haltung bestimmt. Es besteht in dieser Phase auch oft für Frauen so etwas wie ein Off-Limits für Männer. Frauen treffen sich eher in Frauengruppen und suchen in erster Linie Anerkennung und die Unterstützung von anderen Frauen, nicht mehr von Männern.

Sie beginnen, besser für sich zu sorgen, z.b durch eine alternative Medizin, durch alternative Ernährung, eine andere Art von Kleidung. Manche Frauen fangen in dieser Phase an, sich literarisch auszudrücken, schreiben Tagebücher, Gedichte oder Essays.

Der Aufbruch aus der ersten Phase ist oft außerordentlich schmerzhaft und kostet die Frauen und die Personen, die mit ihnen leben, in der Regel einen hohen Preis. Es brechen Konflikte auf und Störungen, manchmal kommt es zum Abbruch von Beziehungen. Aber es entsteht in dieser Phase eine hohe Sensibilität und zugleich Verletzbarkeit durch die erhöhte Wahrnehmung von Defiziten und Ungerechtigkeiten. Von daher erklärt sich auch die gelegentlich unberechenbare Aggressivität von Frauen. Bei vielen Frauen besteht die Sehnsucht nach Rückkehr. Dieses „Brücken hinter sich Abbrechen", sich selbst auch den Rückweg Abschneiden, braucht einen liebevollen Raum. Es müßte so etwas wie ein Moratorium in unseren Kirchen und Gemeinden geben für Frauen, die diesen Auszug wagen. Denn der Protest der Frauen richtet sich gerade auch gegen eine Männerkirche, gegen die Herrschaftssprache und eine Theologie, die Frauenerfahrungen ignoriert.

Es beginnt eine Vernetzung mit anderen Frauen. Deshalb werden Frauengruppen, Frauenzentren und Frauenbuchläden wichtig für die Neugestaltung von Beziehungen.

■ *Exodus-Themen: Gestalten und Bilder* für diese Phase:

Im biblischen Exodus wird die Befreiung durch den zivilen Ungehorsam der Hebammen Pua und Shiphra und deren List eingeleitet (Exodus 1,15-2). Das Elend und der Protest werden verbalisiert (Exodus 2,23 ff.). Gott erhörte, gedachte, sah, nahm sich ihrer an (Exodus 2,24).

Es gibt eine Berufung und eine Verheißung: Der mitziehende Gott, der im Exodus auch als der Gott mit dem Mutterschoß beschrieben wird, der Gott des Erbarmens (das hebräische Wort rchm, aus dessen Wurzel sowohl der Mutterschoß wie das Erbarmen abgeleitet wird).

Der Aufbruch ist schwer, konfliktreich, voller Krisen und – der Spieß wird umgedreht: Der Pharao wird geplagt. Der Unterdrücker wird so gestraft, behandelt wie die Unterdrückten zuvor. Die Kinder der Unterdrücker werden getötet. Werden jetzt die Verhältnisse umgedreht? Werden die Unterdrückten jetzt zu den Unterdrückern? Das ist eine der kritischsten Fragen in diesem Modell.

Es gibt die Angst vor dem Aus- und Durchzug, der Rückblick wird beschrieben, es wird überlegt, ob der Preis sich gelohnt habe.

3. Einzelthemen

Phase 3: Neuorientierung

Die Identität der Frau ist in dieser Phase bestimmt vom Experiment, von Probierhandlungen. Es ist noch nicht klar, wer sie sein wird, aber viel Energie wird gewonnen durch Einsicht in Vergangenes, wie es nicht mehr sein soll. Der vorangegangene Frust setzt Energien frei. Die neue Identität wird gesucht in der Auseinandersetzung mit denen, die dieselben Ziele verfolgen. Es ist eine suchende Identität, die sich nicht nur an Gleichberechtigung orientiert (diese wird vorausgesetzt) oder durch „Anderssein" legitimiert. Frauen gehen in dieser Phase Bündnisse mit Frauen *und* Männern ein, um gesellschaftlich etwas zu verändern, soweit dieselben Ziele verfolgt werden.

Das Selbstwertgefühl der Frau wächst, trotzdem bleibt sie abhängig von der Anerkennung von Frauen und Männern. Es kommt zu wechselnden Koalitionen. Es werden neue Organisationsformen und Strategien entwickelt. Frauen-Vorbilder werden wichtig, die Spurensuche nach der eigenen Geschichte und den eigenen Wurzeln. In dieser Phase werden oft Energien freigesetzt für Frauenaktivitäten, Frauenzentren, Frauenhäuser, Unterstützungssysteme von Frauen, die sowohl in der ersten wie in der zweiten Phase diese Einrichtungen dringend brauchen.

Der Gesundheitszustand der Frau ist stabiler und ausgeglichener.

■ *Exodus-Themen: Gestalten und Bilder* für diese Phase:

Im Exodus wird diese Phase beschrieben als das Leben in der Wüste (Exodus 15–18). Es gibt Fehlschläge, das Ziel und vor allem der Weg werden immer wieder unklar. Die Frage: „Ist Jahwe wirklich noch in unserer Mitte?" ist ein wiederkehrendes Thema (Exodus 17,7). Das Volk lernt in dieser Zeit, mit Vertrauen leben zu können. Beispiel dafür ist die Manna-Geschichte (Exodus 16). Es geht in dieser Phase um einen sehr subtilen, langsamen und gründlichen Umdenkungsprozeß. Neue Organisationsformen und Leitungsmodelle werden entwickelt, denken wir an Mirjam, Aaron und Jethro. Auch der Protest Mirjam's gegen die Autorität des Mose (sollte Gott nur durch Mose zu uns reden?) kann als eine Bewegung hin zu einer egalitäreren Struktur gedeutet werden.

Phase 4: Komplexität: Differenzierung und Integration verbinden sich.

In dieser Phase, die wir vielleicht erst im Himmel erleben werden, findet so etwas wie die Versöhnung mit dem Abgespaltenen, mit dem Fremden, mit dem Andersartigen statt. Die eigene Identität wird als integriert erlebt. Die Vielfalt von Gegensätzen wird nicht mehr als Bedrohung, sondern als Reichtum gesehen. Viele verschiedene Frauenrollen sind möglich: Freundin, Tochter, Schwester, Mutter, etc. Sexualität ist in vielen Formen möglich. „In sich ruhend" wäre die Beschreibung für eine Frau in dieser Phase. Sie besitzt größere Unabhängigkeit von Anerkennung, sie ist auch im Selbstwertgefühl unabhängiger. Das Selbstwertgefühl entsteht eher aus Fürsorge für sich und für andere. Konflikte und Unterschiede in Rasse, Geschlecht, Religion und Hautfarbe werden eher als Lernmöglichkeit begriffen, nicht als Störung, sondern als Reichtum.

Hier beginnt nun auch das Einwirken auf etablierte Normensysteme. Strukturen werden in Richtung auf egalitäre verändert. Kompetenz ist mit Demut verbunden. Es ist auch nicht mehr so wichtig, ob es Männer oder Frauen sind, die etwas tun. Ganzheitlichkeit zählt.

Aber bis jetzt haben wir nur Bilder und Visionen, bestenfalls Ansätze von Erfahrungen mit dieser vierten Phase, denn sie ist auch in unserer gesellschaftlichen und kirchlichen Wirklichkeit nur in Ansätzen vorhanden.

- *Exodus-Themen: Gestalten und Bilder* für diese Phase:

Es gibt immer wieder Neuanfänge, Untreue und Wiederanfang (Exodus 19–24, 32–34). Es gibt neue Erfahrungen mit Gottes Gegenwart – das Zelt der Begegnung. Ein neuer Bund, ein wechselseitiger Bund wird zwischen Jahwe und dem Volk geschlossen gegenüber dem einseitigen Bund mit Noah und Abraham.

Es gibt die Verheißung: „das Land, wo Milch und Honig fließt" – ein interessantes Bild. Denn eigentlich ist es eine eher bescheidene Vision, Milch und Honig, also keine Fleischtöpfe; es ist ein sehr frugales Bild. In diesem Land wird nicht getötet. Es erinnert daran, daß im Schöpfungsbericht Genesis 1 der Mensch noch nicht über die Tiere gesetzt ist, sie zu töten, sondern daß die Erde und Gott gemeinsam den Menschen hervorbringen. Und es erinnert daran, daß in der Antike die vegetarische Lebensweise als eigentlicher Ausdruck des Protestes gegen die Hierarchie galt. So bringt dieses Bild vom Land, wo Milch und Honig fließen, Protest und Selbstbegrenzung des Menschen zum Ausdruck. In jedem Fall wird kein herkömmliches Paradies verheißen.

Auch in der Exodusgeschichte erleben viele die Realisierung dieser Vision nicht. Mose auf dem Berg Nebo sieht das Land, aber er kommt nicht hinein. Doch der Weg und die Verheißung sind immer wichtig geblieben. Es bleibt beim Unterwegs- sein, und die inhaltliche Verheißung, die die jüdische Tradition dieser Vision gegeben hat, ist gekennzeichnet durch den Dekalog, den Sabbat und den Shalom. Der Sabbat ist das Fest der Freigelassenen, die Schuldner werden freigesprochen.

Dieses Modell ist ein Schema. Kein Mensch lebt immer nur in einer dieser Phasen. Es wird eher die Regel sein, daß wir in verschiedenen Lebensbereichen verschiedene dieser Phasen zugleich ausleben. Es kann zum Beispiel sein, daß jemand im beruflichen Alltag in der Phase 3 ist, in der Beziehung zum Partner oder der Partnerin die Phase 1 lebt, und der Umgang mit der Kirche ist gekennzeichnet durch den Protest der Phase 2. Oder: In neuen Situationen beginnen wir wieder mit der Phase eins. Diese Gleichzeitigkeit des Ungleichzeitigen macht das Leben oft sehr spannungsvoll und diesen Weg zugleich komplex und hoffnungsvoll.

3.8.2 Übungen zum Thema und Anleitungen für die Praxis

3.8.2.1   Das Vier-Phasen-Modell
  in Bezug auf die Entwicklung der Frauen-Identität   426
3.8.2.2   ... in Bezug auf die Entwicklung der Männer-Identität   427
3.8.2.3   ... in Bezug auf Frauen und Leitung   429
3.8.2.4   ... in Bezug auf Frauen und Macht   430
3.8.2.5   ... in Bezug auf Frauen und Zeit   431
3.8.2.6   Frauen und Konfrontation (Schwesternstreit)   432
3.8.2.7   Beraterische Interventionen bezogen auf das Vier-Phasen-Modell   433

3.8.2.1   Das Vier-Phasen-Modell in Bezug auf die Entwicklung der Frauen-Identität (Kurzfassung)

Phase 1: Internalisierung

Identität ist abgeleitet, geliehen, nicht selbst erworben und durchblutet. Werte und *Normen* sind von den Erwartungen einer Männer-Gesellschaft geprägt: Abhängigkeiten von Anerkennung durch Männer, Zustimmung der Kinder, Verschreibungen der Ärzte, abhängig im Zeit- und Lebensplan. Attribute des Helfens, der Mütterlichkeit etc. sind natürlich oder gottgegeben.
  Psychosomatische Verstimmungen. Depressive Phänomene. Unzufriedenheit und Frustration werden nicht wahrgenommen oder verleugnet.

Phase 2: Differenzierung

Identität ist diffus, unklar, bestimmt von Protest. Unzufriedenheit mit der vorigen Identität und Rollenzuweisung. Gefühle der Unzufriedenheit werden geäußert. Gelegentlich traumatische Ausbrüche, die zum Abbrechen von Beziehungen führen können. Hohe Sensibilität und Verletzbarkeit durch Wahrnehmung von Defiziten. Aggressivität.
  Aus der Antihaltung wird viel Energie freigesetzt für Alternatives: alternative Ernährung, Kleidung, Medizin. Off-limits für Männer; Frauengruppen, -Buchläden, -Zentren. Frau fängt an, besser für sich zu sorgen. Anerkennung von Frauen gesucht, von Männern oft abgelehnt. Es beginnt eine Vernetzung mit anderen Frauen.
  Diese Phase kostet hohen Preis, auch für die Umgebung.

Phase 3: Neuorientierung

Identität ist bestimmt von Experiment, von Probierhandlungen. Es ist noch nicht klar, was sein wird, aber viel Energie wird gewonnen durch Einsicht in Vergangenes, wie es nicht mehr sein soll. Es ist die Suche nach einer eigenen Identität, nicht einfach nur Gleichberechtigung. Die neue Identität wird gewonnen in der Auseinandersetzung mit denen, die die gleichen Ziele verfolgen. Es werden Bündnisse mit Frauen und Männern eingegangen, um gesellschaftlich etwas zu verändern.

Das Persönliche ist politisch und umgekehrt. Selbstwertgefühl wächst, trotzdem sehr abhängig von Anerkennung von Frauen und Männern. Frauen-Vorbilder werden wichtig. Neue Organisationsformen und Strategien werden entwickelt. Gesundheit ist ausgeglichener und stabiler. Vernetzung von Gruppen.

Phase 4: Komplexität

Eigene Identität wird als stimmig und integriert erlebt. Es findet so etwas wie Versöhnung mit dem Abgespaltenen, Fremden, Andersartigen statt. Vielfalt von Gegensätzen wird als Reichtum erlebt. Sexualität in vielen Formen möglich. Unterschiede in Rasse, Geschlecht, Religion werden mit Toleranz aufgenommen und als Bereicherung erlebt.

Selbstwert unabhängiger von Anerkennung, entsteht eher aus der Fürsorge für andere. In sich ruhend. Gesundheit zentriert, fürsorglich für sich. Konflikte sind Lernmöglichkeit. Einwirken auf etablierte Normensysteme, Veränderung von Strukturen in Richtung auf egalitäre. Kompetenz mit Demut verbunden.

3.8.2.2 Das Vier-Phasen-Modell in Bezug auf die Entwicklung der Männer-Identität
(Entwickelt von mehreren Männer-Gruppen)

Phase 1: Internalisierung

Der Mann hat sich die Erwartung der Männergesellschaft zu eigen gemacht und lebt sie aus, indem er hohes Verantwortungsbewußtsein zeigt, das sich vor allem auf Sicherheit, materielles Wohlergehen und sexuelle Leistung bezieht. Die Karriere ist wichtig, die Arbeitsteilung zwischen Männern (draußen) und Frauen (drinnen und Schattenarbeit) ist akzeptiert. Eine möglichst klare Rollenteilung wird genossen, die Frau sorgt für Geborgenheit, bereitet ein warmes Nest. Der Beruf geht vor Familie, denn dafür ist die Frau zuständig. Es herrscht eine strenge Trennung zwischen Privat und Beruflich, Persönlich und Politisch, das führt zum Verlust von Ganzheitlichem. Der Mann ist überkompetent, „unabhängig", „rational". Höchstes Kompliment: „emotionsfrei". Er hat wenig Kontakt zu Körper und Gefühl; es herrscht ein Primat des Verstandes. Zuschreibungen und Erwartungen von Müttern und Frauen, die ihrerseits vom Patriarchat geprägt sind: starker Mann, weint nicht, zeigt öffentlich keine Gefühle, hat Gewehr im Schrank, guter Soldat; er legitimiert durch sein Verhalten die patriarchale Rolle.

Das fraglose Akzeptieren von Vorgaben ist für viele Männer gleichzeitig Normalzustand und geistige Stagnation, trotz des Leidens daran. „Mann gibt sich" eher ritualisiert und konventionell im Gegensatz zu einer offenen, spontanen Verhaltensweise. Eingeschliffene Verhaltensweisen bestimmen das Handeln. Männerbünde sind von militärischen Erfahrungen, Ritualen und einer entsprechenden Kohäsion geprägt.

Phase 2: Differenzierung

Der Verlust der „klassischen" Männeridentität führt zu Verunsicherung, Handlungsunfähigkeit, reaktiven Verhaltensmustern wie Trotz und Rache. Oder zur Latzhosenphase mit Protest, Softi-Verhalten, Sponti, Aussteiger. Alternatives Denken, Ökologisch, Politisch, Privat. Viele Energien richten sich gegen die Leistungsgesellschaft.

Männerfreundschaften und -gruppen werden wichtig, Männermodelle, die von einer Antikultur geprägt sind, werden probiert. Selbstbezichtigung und Selbstkastration sind gelegentlich gekoppelt mit Desorientierung: Der Feminismus wird zugleich abgelehnt und akzeptiert. Beziehungen werden zum Hauptthema. Erfahrungen von Einsamkeit führen oft wieder zu Beziehungen mit traditionell geprägten Frauen. Die Anstöße zur Differenzierung kommen von außen, nicht von innen. Solidarität unter Männern ist schwierig. Hingegen nimmt die Bereitschaft ab, sich in das ganze „Hahnenkampfschema" der männlichen Leistungsgesellschaft hineinpressen zu lassen. Denn viele können sich Schritte, die aus der Internalisierungphase herausführen, nicht leisten.

Phase 3: Neuorientierung

Experimente mit Beziehungen werden gestartet. Suche nach neuer sexueller Orientierung, Kontakt zu Männern, homosexuelle Erfahrungen. Entdeckung des Körpers und der Gefühle.

Vorsichtige Wiederannäherung an die Frau: Freundschaften mit „bewußten Frauen", die ebenfalls in der Phase der Neuorientierung sind. Neue Formen der Rollen- und Arbeitsteilung mit Frauen werden erprobt, Teilzeitarbeit, Hausmann, partnerschaftliche Kooperationsformen. Im allgemeinen gilt die Formel: „Weniger Mann, mehr Mensch." Es gibt Angst vor zuviel Neuem. Darum wird Neues sofort mit Inhalten gefüllt. (Es ist für Männer sehr schwierig, Neues unbestimmt zu lassen.). Bücher zum Thema sind wichtig. Es gibt kaum oder keine Vorbilder.

Das Bewußtsein für den Verlust von Privilegien wächst, wird als schmerzlich erlebt. Eine neuer Lebensstil – unabhängig von Frauen – wird gesucht.

Phase 4: Komplexität

In der Verbindung von Differenzierung und Integration des Abgespaltenen erfährt der Mann eine neue reiche Komplexität. Das Bedürfnis nach Anerkennung durch Machtspiele, Hahnenkämpfe, Unterwerfungsrituale hat abgenommen. Es geschieht Integration von Abgespaltenem. Das bedeutet Zulassen von verschiedenen Lebensformen, auch in der Sexualität. Die Trennung zwischen Beruf und Familie und vor allem der Primat von Beruf ist abgebaut. Die Entwicklung von Frauen und Männern gleicht sich an, trotz bleibender Unterschiede gibt es auf einer tieferen Ebene Annäherungen. Der Mann wird mit sich identisch.

3.8.2.3 Das Vier-Phasen-Modell in Bezug auf Frauen und Leitung

Phase 1: Internalisierung

In dieser Phase sind verschiedene Typen denkbar:
a. Frau lehnt eine Leitungsposition mit den Argumenten „Ist nichts für mich", „Ist Sache der Männer", „Möchte lieber andere Aufgaben", ab. Sie bevorzugt Schattenarbeit, im Hintergrund und Unsichtbarbleiben. Diese Frau hat oft Schwierigkeiten mit anderen leitenden oder vorgesetzten Frauen.
b. Frau übernimmt eine Leitungsfunktion und versucht, es so gut wie oder besser als ein Mann zu machen. Übernimmt bzw. kopiert die in Männergremien üblichen Verhaltensweisen und Rituale.
c. Frau übernimmt die Leitungsaufgabe und verhält sich komplementär zur Männerrolle, d.h. sie lebt die Erwartungen einer Männergesellschaft an Frauen aus. Sie paßt sich an, macht sich verfügbar, versteht alles, ist auf Harmonie bedacht, bemüht sich um Anerkennung für ihr Wohlverhalten.

Phase 2: Differenzierung

Frau lehnt Leitung ab, vor allem, wenn es sich um eine männerdominierte Organisation handelt. Negativ besetzte Leitungserfahrungen von Männern, Vätern, Müttern oder anderen Frauen stempeln Leitung zu etwas Bösem, nicht Erstrebenswertem ab. Diese Frauen gehen eher in Opposition zu Leitungspersonen, qualifizieren sie ab oder karikieren sie. In frauendominierten Organisationen übernimmt frau die Leitung mit der Absicht, sie in Teamarbeit oder andere Kollektive aufzulösen, was mit dieser Einstellung oft zum Scheitern verurteilt ist. Frauen in dieser Phase schwanken oft zwischen autoritärem und laissez-faire Leitungsstil.

3. Einzelthemen

Phase 3: Neuorientierung

Frau übernimmt Leitungsfunktion mit der Unsicherheit und Frage: Ich möchte es nicht so machen wie ein Mann, aber wie dann?

Sie beginnt zu experimentieren, nach Verhaltensweisen und -modellen der Kooperation zu suchen, die ihrem Stil entsprechen. Fragen nach Unterstützungssystemen, Vernetzungen, Feedback, Begrenzung der Amtszeiten werden wichtig. Das bedeutet oft starke Verunsicherung aller beteiligten Personen, Basiskontakte sind wichtig.

Phase 4: Komplexität

Leitung wird geteilt zwischen verschiedenen Personen und verschiedenen Ebenen in der Organisation. Aufteilung der Aufgaben nicht mehr in erster Linie an Geschlechterrollen gebunden. Es gibt insgesamt einen flexiblen Umgang mit Leitungspersonen. Partizipative und transparente Führungsstile, die zum Ermächtigen und Befähigen anderer führen, werden bevorzugt. Aber unterschiedliche Leitungsstile sind möglich und zugelassen. Quotierungen sind dann nicht mehr so wichtig.

3.8.2.4 Das Vier-Phasen-Modell in Bezug auf Frauen und Macht

Phase 1: Internalisierung

Macht wird bewußtlos oder verschleiert ausgeübt. Oder wird heroisiert: Macht wird anderen Menschen oder Gott zugeschrieben, dem Vaterland, dem Geld. Durch diese Heroisierung findet so etwas wie eine Selbstentmächtigung statt.

Der narzistische Umgang mit Macht: Meine Bedürfnisse sind wichtiger als deine. Die Bedürfnisse der Frau sind von außen gesteuert, sozusagen kolonialisiert; ihr Lebensstandard wird vom Konsum bestimmt. In dieser Phase gibt es keinen Kontakt zur eigenen Macht.

Phase 2: Differenzierung

Im Angriff gegen bestehende Machtbasen und -personen wächst der Kontakt zur eigenen Macht. Wut über die eigene Ohnmacht und erfahrene Entmächtigung führt zur Freisetzung von neuer Energie. Der Protest gegen bestehende Machtstrukturen führt zu Solidarisierungen, dem Aufbau von Netzwerken, Unterstützungssystemen, auch international.

Phase 3: Neuorientierung

Es wird begriffen, daß Macht zum Teilen da ist. Koalitionen für einen anderen Umgang mit Macht werden gesucht. Dabei sind Beziehungen zu Männern und Frauen wichtig. Offenlegung von Machtverhältnissen wird gesucht.

Phase 4: Komplexität

Es wächst das Bewußtsein, daß Macht teilbar ist und durch Teilen nicht weniger wird. Macht wird zum Ermächtigen benutzt, Entmächtigungsmacht wird in Ermächtigungsmacht verwandelt. Die komplexe Interdependenz zwischen verschiedenen Machtstrukturen wird dabei fruchtbar gemacht.

3.8.2.5 Das Vier-Phasen-Modell in Bezug auf Frauen und Zeit

Phase 1: Internalisierung

Zeit ist fremdbestimmt. Frau macht sich verfügbar, verhält sich komplementär, indem sie ihre Zeit für die von der Männergesellschaft definierten Rollen und Erwartungen verplant.

Das Leben wird hauptsächlich bestimmt durch die Sorge für andere und dem Wunsch, eben dieses Bild zu erfüllen. Die Bedürfnisse der Frau sind von außen gesteuert. Unterdrückung von Wissen wird akzeptiert. Einsprüche werden nicht verbalisiert. Frau in dieser Phase hat es schwer, alleine zu sein. Läßt sich in Besitz nehmen, auch für gesellschaftliche Verpflichtungen, selbst wenn sie langweilig sind. Für die Frau im Beruf ist die Karriere wichtig. Hoher Leistungsdruck, alles so gut zu machen wie ein Mann oder besser. Überstunden sind selbstverständlich bzw. werden nicht hinterfragt.

Phase 2: Differenzierung

Unzufriedenheit über fremdbestimmte Zeit äußert sich in Protest. Frau lamentiert viel, ohne Neues zu sehen. Der bisherige Zeitablauf wird hinterfragt. Frau gerät in dieser Phase oft in Hektik, denn frau will alles. Frau investiert viel Zeit in Aktivitäten mit anderen Frauen (Frauenfeste, -freundschaften).

Zeit mit Männern wird eher selektiv bis geizig vergeben. Frau entwickelt Bildungshunger, will mehr Zeit für Aus- und Fortbildung. Die Anerkennung für Zeit, die für ehrenamtliche Tätigkeiten gegeben wird, wird wichtig. Frau tut etwas für sich, ohne es vom Mann absegnen zu lassen.

Die Frau im Beruf äußert oft Wut über verlorene Berufs- und Lebenschancen. Es gibt Proteste am Arbeitsplatz im Hinblick auf Überstunden oder Zeitvergeudung. Beziehungspausen zu Männern häufen sich.

3. Einzelthemen

Phase 3: Neuorientierung

Neue Zeitmodelle werden ausprobiert. Systemische und persönliche Veränderungen werden durch Koalition angestrebt. Frau lernt neues soziales Verhalten, z.b. alleinsein zu können (im Urlaub, an Abenden, Wochenenden) und dabei das Alleinsein zu gestalten und positiv zu erleben. Es entwickelt sich ein souveräner Umgang mit „Anforderungen", d. h. die eigene Verantwortung wächst. Die politische Arbeit wird wichtig.

Phase 4: Komplexität

Es wird weniger Zeit für Beziehungsarbeit nötig. Es wächst das Interesse für Zusammenhänge in der ganzen Welt, für das globale Verständnis von Zeit, Geld und Arbeit. Frau ruht in sich. „Ich kann leben, und ich kann sterben". Die vielen „kleinen Tode" werden als Wandlungsprozesse erfahren. Es gelingt, vieles, was als Begrenzung oder Behinderung erlebt wurde, umzudeuten. Es werden Träume und Visionen für eine erfüllte Zeit entwickelt.

3.8.2.6 Frauen und Konfrontation
(„Schwesternstreit") nach dem Vier-Phasen-Modell

Phase 1: Internalisierung

Frau rivalisiert mit anderen Frauen, z.T. erbittert oder heimlich. Eine win – loose – Situation. Die Meßbarkeit des „Gewinns" ist an Männerwerten bzw. an der Anerkennung durch den Mann orientiert. Eine geheime Frauen- und Selbstverachtung speist diese Rivalität. Den Hintergrund dieser Auseinandersetzung bilden oft Kämpfe um die Anerkennung des Mannes, um den Mann selbst, mit den Fragen: Wer ist die Schönste, die Beste, die Tüchtigste etc.?

Phase 2: Differenzierung

Konfrontationen mit Frauen werden auf alle Fälle vermieden bzw. unterdrückt, oft zu einem hohen Preis. Soweit sie zum Ausbruch oder ins Bewußtsein kommen, werden sie als bedrohlich, verletzend und jegliche Solidarität gefährdend erlebt. Diese Phase ist bestimmt von überhöhtem Selbstanspruch und Erwartungen an andere Frauen. Frau-Sein allein ist schon ein Gütezeichen; „weiblich ist besser", „Frauen haben die männerüblichen Hahnenkämpfe überwunden". Vor allem öffentliche Auseinandersetzungen werden vermieden.

Phase 3: Neuorientierung

Frau gibt den Anspruch auf, alles besser können zu müssen. Sie sieht die Notwendigkeit und Produktivität von konkurrierenden Auseinandersetzungen mit anderen Frauen. Erste noch schwierige Versuche, sich mit anderen Frauen oder Frauengruppen zu streiten über Zielkonflikte, persönliche Wertvorstellungen, unterschiedliche Methoden etc. werden unternommen, öffentliche Auseinandersetzungen noch vermieden. Es fehlt an Übung, Know-how und einem soliden Boden für diesen Streit.

Phase 4: Komplexität

Konkurrenz unter Frauen wird erlebt als ein „Miteinanderlaufen" und -streiten im Ringen um ein bestimmtes Ziel. Die Auseinandersetzungen sind getragen von wechselseitiger Achtung, von Respekt und einem tiefverwurzelten eigenen Selbstwertgefühl. Die Konfrontationen sind getragen von dem Wunsch, an fremdem Widerstand zu lernen und zu wachsen.

Dazu kann folgende *Übung* gemacht werden:
Auf eine Linie lassen sich Höhe- und Tiefpunkte eintragen, die die eigene Beziehung zu anderen Frauen beschreiben. Sie lassen sich mit Namen, Daten, Stichworten markieren.
Im anschließenden Dreier-Gespräch werden die Erfahrungen den 4 Phasen zugeordnet.

3.8.2.7 Beraterische Interventionen bezogen auf das Vier-Phasen-Modell

In Organisationen, in denen vor allem die Dynamik der Zusammenarbeit von Frauen und Männern zur Diskussion steht, empfiehlt sich die Anwendung des Vier-Phasen-Modells mit entsprechenden Interventionen. In den meisten Organisationen werden Integration und Harmonie für ethisch wertvoller gehalten als die Differenzierung; dies erschwert, der Dynmik der Zusammenarbeit von Frauen und Männern gerecht zu werden und das interaktive Potential zur Entfaltung kommen zu lassen. Deshalb sollten Interventionen, die Differenzierung ermöglichen, bevorzugt werden. Dazu einige Vorschläge.

Phase 1: Internalisierung

Differenzierungen sichtbar machen wie: Frauen und Männer, Vollzeit- und Teilzeitarbeit, Familienstand bzw. Lebensentwurf (z.B. wer verbindet Beruf und Fürsorgepflichten, wer hat einen Mann / eine Frau, der / die den Rücken für Beruf und Karriere freihält?).

Verdrängte, vergessene, marginalisierte Erfahrungen zur Sprache bringen, unterworfenes Wissen aufdecken, anschauen, wertvoll machen. (Wer in der Organisation sind TrägerInnen unterdrückten Wissens?)

Bewußtsein für die eigene Rolle und ihre Veränderbarkeit stärken.

Schattenarbeit benennen. (Wer macht sie, wie ist sie verteilt?)

Selbstwertgefühl und Vertrauen unterstützen.

Abhängigkeiten bewußt machen.

Selbstverständlichkeiten identifizieren, die die Selbstbestimmung behindern, die nicht mehr hinterfragt, statt dessen geschluckt werden.

Beratungsteam sollte aus Männern *und* Frauen bestehen, auch deren Differenzierung benennen und nutzen.

Auf inklusive Sprache achten.

Rollentausch praktizieren.

Wahrnehmungsfähigkeit und Empfindsamkeit für Diskriminierungen entwickeln.

Vor allem: statt Probleme zu personalisieren, die Herrschaftsinstrumente des „Liebespatriacharts" deuten.

Phase 2: Differenzierung

Konfrontationen und Differenzierungen fördern und aushalten.

Vertrauensklima aufbauen, in dem Erfahrungen, Verletzungen und Befürchtungen ausgesprochen werden können.

Schutzräume, Moratorien für Proteste schaffen; Klagemauern und Demonstrationen inszenieren.

Hermeneutik des Verdachts bei der Diagnose anwenden.

Systemische Zusammenhänge aufzeigen, um Druck von kollektiven und personalisierten Zuschreibungen zu nehmen, zwischen persönlichen und systemischen Problemen unterscheiden.

Larmoyanz in Handlungen verwandeln, Selbstmitleid bekämpfen und aktiv werden.

Wechselnde Koalitionen mit dem anderen Geschlecht herstellen.

Kritisch mit undifferenzierter, vorschneller oder plakativer Frauen- oder Männersolidarität umgehen.

Frauenerfahrungen und Frauenarbeit aufwerten.

Verletzlichkeit schützen.

Vor allem: *Mit* dem Widerstand arbeiten.

Phase 3: Neuorientierung

Dynamik der persönlichen Geschichte und der Lebenszyklen von Organisationen thematisieren.

Das Denken in Optionen verstärkt initiieren.

Visionen, Szenarien mit den Betroffenen entwickeln.

Experimente unterstützen und Erzählungen von Experimenten Raum geben.

Die Angst vor Neuem und vor Experimenten ansprechen.

Befristungen der neuen Versuche betonen; Laufzeiten von Projekten, Innovationen, Übernahme neuer Rollen und von Arbeitsaufträgen etc. begrenzen und Fristen verabreden.

Unterstützungssysteme und Vernetzungen herstellen; Supervision, Coaching, Feedbackprozesse institutionalisieren.

Phase 4: Komplexität

Persönliche Erfahrungen und Einsichten in politisches Handeln umsetzen.

Bewußtsein für Gleichzeitigkeit von Differenzierung und Integration wachhalten.

Selbstreflexion als organisatorische Qualität entwickeln.

Rückmeldungsprozesse initiieren oder verstärken.

Toleranz einklagen und praktizieren.

Visionen offenhalten.

Widersprüche und Paradoxien aushalten und deuten.

Ermächtigungsprozesse in Gang setzen.

Prozeß- und Zielorientierung zusammenbringen.

Literaturliste für Teil 3.8 (Seite 409–435)

Adorno, Th. W., 1966
Barz, H., 1984
Beck-Gernsheim, E., 1987
Bernard, C. / Schlaffer, E., 1981
Brooten, B. / Greinacher, N., 1982
Cramon-Daiber, B. / u.a., 1983
Demmer, C., 1988
Gössmann, E. / u.a., 1991
Helgesen, S., 1991
Kruse, L., 1987
Lapassade, G., 1976
Lerner, G., 1991

Mitscherlich, M., 1985
Mitscherlich, M., 1990[2]
Moltmann-Wendel, E., 1985
Moltmann-Wendel, E., 1989
Rieger, R., 1988[2]
Schmid, E. R. / Korenhof, M., / Jost, R., 1988 / 89
Schüssler-Fiorenza, E., 1988
Schüssler-Fiorenza, E., 1988
Schwarz, G., 1985
Theißen, G., 1979
Thürmer-Rohr, C., 1987

3.9 Leiten lernen

3.9.1 Theorie und Informationen

3.9.1.1 Wie Leitung zu verstehen ist 436
3.9.1.2 Leitungsstile – zwei Modelle 446
3.9.1.3 „Führung ist männlich" 453
3.9.1.4 Besprechungen und Sitzungen leiten 456
3.9.1.5 Den Ablauf einer Verhandlung planen 460
3.9.1.6 Sachgerecht verhandeln 462

3.9.1.1 Wie Leitung zu verstehen ist

Begriffsbestimmung

Führen – Bewirkungszeitwort zu „fahren": „fahren machen" bzw. „in Bewegung setzen". Genauer: „Führen" ist die Steuerung von Bewegung – sowohl in ihrer Richtung wie bezüglich ihrer Geschwindigkeit; d.h. auch das Bremsen, das Zügeln von Bewegung ist mitzudenken. Viele Autoren definieren Führung als „soziale Einflußnahme", wobei „die *gegenseitige Bedingtheit* von 'Führerschaft' und 'Gefolgschaft'" (Seidel / Jung / Redel, 1988, S. 5) deutlich herausgestellt werden muß. Auch wenn FührerInnen und Geführte im Verhältnis wechselseitiger Interaktion stehen, sollte, um einen aussagekräftigen Begriff von Führung zu gewährleisten, an der Asymetrie der Einflußbeziehung in der Definition festgehalten werden.

Führung oder Leitung?

„Leitung" und „Führung" sind alltagssprachliche Synonyma. Die Kontexte, in denen sie jeweils verwendet werden, geben ihnen jedoch unterschiedliche Bedeutungen. Führung findet sich hauptsächlich im Sprachgebrauch von Industrie und Politik und ist in der Regel für Spitzenpositionen reserviert. Im Unterschied dazu gehört „Leitung" eher zum Begriffsarsenal von behördlichen, sozialen und kirchlichen Einrichtungen. Der Begriff Leitung wird überwiegend funktional gebraucht; dem Begriff Führung hingegen scheint ein emphatischer Sinn anzuhaften; mit ihm wird in gewisser Weise die Steuerungsfunktion von Organisationen mystifiziert. Im folgenden wird dem Begriff Leitung der Vorzug gegeben – auch um problematische historische Konnotationen zu vermeiden.

3.9 Leiten lernen

Was ist Leitung?

Unter Leitung verstehen wir das Steuerungssystem einer Organisation. Mit zunehmender Arbeitsteilung wird in Organisationen, ab einer bestimmten Größe, die Ausdifferenzierung eines Leitungssystems zur Aufrechterhaltung der Funktionalität einer Organisation unvermeidlich. (*Selbststeuerung* funktioniert nur in Ausnahmefällen und in der Regel ausschließlich bei kleinen, überschaubaren Organisationen, deren Mitarbeiter / innen mit großen Ermessensspielräumen ausgestattet selbständig arbeiten können – ohne besonderen Bedarf an Koordinationsleistungen.)

Als Steuerungssystem übernimmt Leitung eine Doppelaufgabe – nach außen die der Sicherung der Organisation in einer gegebenen bzw. in einer zu schaffenden Umwelt und nach innen die der Koordination der zur Realisierung des Organisationsziels nötigen Arbeiten.

Die *außenpolitische* Dimension beinhaltet:
☐ die Organisation „offenzuhalten"; d.h. den „osmotischen" Austausch mit der Umwelt zu ermöglichen,
☐ die Grenzen der Organisation zu schützen,
☐ die Ressourcen für das „Leben" der Organisation sicherzustellen.

In diesen Dimensionen fungiert das Leitungssystem oft als symbolischer Repräsentant der Gesamtorganisation.

Die Koordinationsleistung des Leitungssystems, seine *innenpolitische* Aufgabe, erstreckt sich darauf, sowohl das *Effektivitätsziel* der Organisation wie ihr *Humanitätsziel* im Auge zu behalten und im Falle von Dysfunktion einzugreifen.

Sozialpsychologisch bedeutet die Ausdifferenzierung eines Leitungssystems für die Organisationsmitglieder einesteils Entlastung: ihre Energie kann ungeschmälert der jeweiligen Aufgabe zufließen. Andernteils wird die Ausdifferenzierung als Verlust erlebt: Organisationsmitglieder delegieren einen Teil ihrer Kompetenz und ihrer Macht an das Leitungssystem; es entsteht ein Machtgefälle von Leitenden, die mit mehr Einfluß ausgestattet sind, zu Geleiteten mit geringerem Einfluß – je nach Ausmaß der Delegation und Differenziertheit der Organisation.

Der Prozeß der Ausdifferenzierung ist konfliktbeladen und bleibt aufgrund der faktisch notwendigen Machtasymmetrie konfliktträchtig. Manche Organisationen, normative vor allem, haben die Neigung, die Unterschiede in den Einflußmöglichkeiten zu leugnen (z.B. mit Hilfe von Egalitätsideologien) oder als einen Konflikt zwischen „Mächtigen" und „Ohnmächtigen" zu stilisieren. Der letztere Fall ist in Organisationen jedoch nur in Extremsituationen gegeben. Ansonsten schließen die üblichen Machtasymmetrien immer Reziprozität ein; d.h. auch die Geleiteten haben Einflußmöglichkeiten (im Sinne aktualisierbarer Potentialität).

3. Einzelthemen

Leitungskonzepte

Leitungskonzepte (hier: die grundlegenden anthropologischen, organisationssoziologischen Voraussetzungen, wie ein System sich ausformt) stehen in engem Wirkungszusammenhang von technisch-ökonomischen und gesellschaftlichen Entwicklungen. Sie wandeln sich im Lauf der Geschichte. Diesem Wandel ist das Individuum weitgehend unterworfen. Nach Kälin / Müri, 1988, lassen sich modellhaft 3 Führungskonzepte unterscheiden: (ein Modell bildet bekanntlich nicht Wirklichkeit ab, sondern liefert ein Konstrukt zur Erklärung der Wirklichkeit!): das *feudale, kooperative* und das *ökologische* oder *systemische* Leitungskonzept.

■ Das *feudale* Leitungskonzept dominierte in den westlichen Gesellschaften bis in die Nachkriegszeit hinein. Mit drei Stichwörtern läßt es sich – etwas salopp – charakterisieren.

Kommandieren – Kontrollieren – Korrigieren. („3–K–alt")

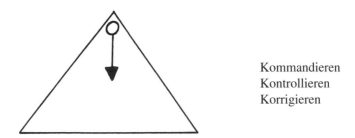

Kommandieren
Kontrollieren
Korrigieren

Diesem Konzept liegt ein heute eher als problematisch empfundenes Menschenbild zugrunde:

Die meisten Menschen seien eher dumpf, triebhaft, unwillig zur Arbeit. Das kleine Heer der Elite, zur „Führung" berufen, muß der Menge der Schwachen Ziel und Anleitung geben.

Einer solchen „Anthropologie" zufolge wurden in Organisationen Hierarchien ausgebildet – mit deutlichem Gefälle von Befehlsausgabe zu Befehlsempfang. Die Leitungsperson hat damit eine klare Vorgabe für ihre Praxis: präzise Anweisungen geben, deren Ausführung überwachen; gelingt die Ausführung nicht im gewünschten Sinne, muß die Leitungsperson Korrekturmaßnahmen einleiten. Je nach Größe und Differenziertheit einer Organisation kann dieses Konzept verschiedene Formen annehmen: der Patriarch im Handwerksbetrieb (oder in der Gemeinde), der autokratische Führer (auch in seiner Zerrgestalt) – oder die Apparatemacht, die die dahinterstehenden Personen anonymisiert.

3.9 Leiten lernen

In seinen extremen Ausprägungen hat das Konzept nur eine begrenzte Lebensfähigkeit. Die jüngeren gesellschaftlichen Entwicklungen (Wertewandel) haben es weitestgehend überflüssig gemacht – vielleicht bis auf zwei Ausnahmesituationen: eine Organisation gerät in eine existenzbedrohende Krise – oder – sie steckt noch in einer Pionierphase.

■ Das *kooperative* Leitungskonzept entwickelte sich in den 50er Jahren – zunächst in Nordamerika – und setzte sich allmählich in den 60ern durch; es gilt heute als so selbstverständlich, daß seine Voraussetzungen kaum mehr befragt werden.

Es basiert auf positiveren Grundannahmen vom Menschen. Persönliche Zielsetzungen und Organisationsziele widersprechen einander nicht notwendig. Menschen wollen einen Beitrag zum Organisationsganzen leisten; dabei erleben sie auch persönliche Erfüllung. Die Organisation und das Organisationssystem müßten so gestaltet werden, daß Menschen sich in ihrer Arbeit wiederfinden können; Arbeitszufriedenheit muß erhöht werden. Partizipation ist ein Mittel.

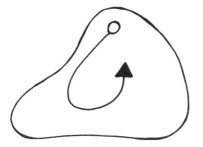

Fordern
Fördern
„Feedbacken"

Leitung wird in diesem Zusammenhang zu einer eher funktionalen Größe, sie ist kein Quasi-Naturzustand wie im vorigen Modell.

Fordern – Fördern – „Feedbacken" („3-F") heißen – vereinfacht – die Leitungsaufgaben. Die Leitungsperson stellt den Mitarbeiter/innen Herausforderungen, Ziele, die sinnvoll, überzeugend, erreichbar sind; dabei entsteht die nötige Motivation. Immer wichtiger wird dann, daß Leitungsperson und Mitarbeiter zu einer Zielübereinstimmung kommen. Da nicht alle Mitarbeiter/innen den Forderungen genügen (können), muß gefördert werden. So entstehen Weiterbildungssysteme, Supervision, Beratung, detaillierte Informationsnetze und dergleichen. Die Leitungsperson rückt immer stärker in eine begleitende, beratende, anregende Rolle. Da und dort entwickelt sich eine Feedback-Kultur, die in einem differenzierten Beziehungsnetz den Mitarbeiter/innen Standortrückmeldungen erlauben. Feedbacks werden in einer solchen Kultur nicht nur „top-down", sondern auch „bottom-up" gegeben.

3. Einzelthemen

Ein solches Verständnis der Leitungsaufgabe hat zur Folge, daß die Leitungsperson über die notwendige Sachkenntnis hinaus immer stärker soziale, kommunikative Kompetenz entwickeln muß.

Kritisch zum kooperativen Leitungskonzept: „Kooperation" zwischen Mitarbeitern/innen und Leitungsperson stellt sich als Euphemismus heraus; nach wie vor gibt es ein steiles Gefälle von Leitung zu Mitarbeitenden, das statt autokratisch (wie im Modell 3-K-alt) eher paternalistisch gestaltet ist.

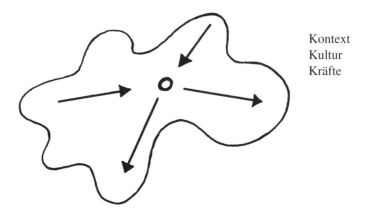

Kontext
Kultur
Kräfte

■ Während das „drei-F-Modell" noch in voller Blüte steht, scheint sich in der jüngsten Gegenwart ein neues Leitungskonzept herauszubilden. Es entzieht sich noch griffigen Beschreibungen. Versuchsweise sei es ebenfalls mit drei Stichwörtern bezeichnet: *Kontext – Kultur – Kräfte*. („3-K-neu")

Die Systemtheorie macht den Versuch, Wirklichkeit in ihrer Vernetztheit zu beschreiben. Jede Wirklichkeitserfassung stellt bekanntlich einen Reduktionsversuch dar. Ich isoliere sozusagen einen Teil aus einem Ganzem, das wiederum Teil eines Ganzen ist. Wenn ich der Wirklichkeit entsprechen will, muß ich mir gegenwärtig halten, daß jeder Erkenntnisvorgang und Handlungsvollzug andere Wahrnehmungen und andere Handlungsschritte ausschließt, die sozusagen parallel „existieren".

Dies gilt selbstverständlich auch für das Leben von Organisationen. Menschen, Maschinen und Strukturen bilden ein vielfältig verschlungenes System, ein „Gewebe", einen *Kontext,* der keinem jemals voll anschaulich wird. Bedeutsam wird diese Sichtweise, wenn es beispielsweise um Bewältigung von Störungen geht. Die Störung läßt sich bei einem solchen Konzept nicht mehr kausal-logisch verfolgen und beseitigen – sondern sie wird sozusagen als Symptom eines „Leidens" der Organisation betrachtet, das mehrfach determiniert sein kann. Der problematische Mitarbeiter beispielsweise ist dann nicht mehr der Konflikt der Organisation, sondern er gilt als Indikator einer Störung im „Gewebe".

Diese Komplexität verlangt von der Leitungsperson eine eher tastende Vorgehensweise: Sie prüft, wägt ab, probiert eine Intervention, beobachtet ihre Wirkung und versucht gegebenenfalls, an anderer Stelle einzuwirken.

Damit ist zugleich deutlich, daß die Leitungsperson ihren Sinn für Werte, für die Geschichte(n), für die *Kultur* der Organisation stärken muß. Unter dem Aspekt der Organisationskultur gibt es kein „richtig" oder „falsch" mehr, sondern nur das jeweils Vorhandene. Richtig oder Falsch sind Ergebnisse sozialer Übereinkünfte. Die WIE-Fragen werden immer wichtiger: WIE wird entschieden? WIE wird geredet? WIE wird gewertet? WIE wird gehandelt? WIE in der Organisation gelebt? Die Art und Weise, wie eine Unternehmung sich gestaltet, bleibt nicht Attribut, sondern wird zu ihrer Substanz.

Das Verständnis von Organisation verschiebt sich von Vorstellungen wie „Apparat", „Maschine", „Räderwerk" zu „Organismus", „Energiegeflecht". Die Organisation wird als komplexes *Kräftefeld* gesehen, in dem den Organisationsmitgliedern eine Fülle von Selbstentwicklungsmöglichkeiten gelassen werden.

Die Leitungsperson kann sich nur noch begrenzt auf definierte formelle Kommunikationsabläufe und ein hierarchisch gegliedertes Organigramm stützen. Vielmehr verändert sich die Leitungsarbeit zur differenzierten, ja „delikaten" Einflußnahme, die auf die Selbstentwicklungskräfte und Selbstorganisation der Mitarbeitenden setzt.

Was bedeutet Leitung in der Kirche?

Das Leitungssystem ist in der Kirche, zumindest der protestantischen im Nachkriegsdeutschland, hinsichtlich seines strategischen und kontrollierenden Einflusses eher schwach ausgeprägt. Die Weisungsbefugnisse sind – wie in Bürokratien üblich – durch eine Fülle von Regularien eingegrenzt und überprüfbar gemacht worden. Zudem sind analog zu den politischen Systemen Exekutive, Legislative und Judikative weitgehend getrennt.

Diese Entwicklung entspricht dem neuzeitlichen Selbstverständnis der kirchlichen Schlüsselprofession: Theologe / Theologin im Pfarramt. Die Berufsgruppe der Theologen bezieht ihr Selbstbewußtsein aus der Erfahrung: daß der Beruf Pfarrer / Pfarrerin sinnvoll nur in hoher Selbstverantwortung, d.h. selbständig, mit eigenen Ermessensspielräumen ausgeübt werden kann. Der Prozeß der Verselbständigung ergibt sich schon aus dem Faktum, daß Kirche als Organisation fast ausschließlich in „Außenstellen" – Gemeinden, kirchliche Einrichtungen (Werke, Verbände, Institutionen gehören dazu) – also dezentral existiert.

Die theologischen Professionellen sind darauf bedacht, daß Leitungspersonen möglichst aus den eigenen Reihen stammen und das freie „Spiel" der Professionellen garantieren. Einflußmöglichkeiten bezüglich der eigenen Berufsaufgaben werden den Leitungspersonen nur sehr begrenzt zugestanden. So existieren faktisch kaum Kontrollsysteme, die die Qualität der Arbeit von Professionellen überprüfen und im negativen Fall sanktionieren könnten. (Die verschiedenen Visitationsordnungen sind dementsprechend „weiche" Systeme, deren Aufforderungscharakter, wie z.B schon der Name „geschwisterlicher Besuchsdienst" nahelegt, Konsens der Visitierten und Visitierenden voraussetzt.) Die deutlichste Kontrolle erleben die Professionellen durch ihr jeweiliges „Klientel".

Wirksame Möglichkeiten der Kontrolle ergeben sich für Kirchenleitungen allenfalls im Zusammenhang der Personalrekrutierung (aber auch diese ist, wie die Praxis lehrt, durch caritative Überlegungen und Verbandsinteressen vielfach gebrochen). Desgleichen haben Kirchenleitungen in der Organisation Kirche qua „professionelle Bürokratie" (Mintzberg) nur minimale Möglichkeiten der Zieldefinition und -durchsetzung. Eine Kirchenleitung ist keine strategische Leitungsspitze, von der Innovationen, d.h. umfassende Organisationsveränderungen, ausgehen könnten. Die spezifische Organisationsgestalt der Kirche erlaubt dem Leitungssystem allenfalls allgemeine Zielverlautbarungen, die einen Konsens faktisch höchst unterschiedlicher Handlungsformen, Wertsetzungen und Visionen formulieren. Innovationen – so müßte die These lauten – werden in der Kirche nicht „gemacht", vielmehr „sickern" sie in die Organisation über die allmählichen Veränderungen im Berufsverständnis der Professionellen ein.

Paradoxerweise wird in dem Maße „Führung", d.h. Definition der handlungsleitenden Maximen, eingeklagt, wie der Prozeß der Ausdifferenzierung und Verselbständigung voranschreitet. Mit anderen Worten: man wünscht, was abgeschafft ist: ein stärker „bischöfliches" Modell von Leitung. Kirchenleitende Systeme befinden sich also in einem ständigen Dilemma zwischen den Erwartungen nach mehr „Weisung" und weniger „Dirigismus".

Macht wächst den kirchlichen Leitungssystemen in erster Linie durch zwei Phänomene zu: a. Kirchenleitungen verfügen über wachsende Informationsressourcen – nicht zuletzt durch die „außenpolitische" Dimension ihrer Leitungsaufgabe. b. Kirchenleitungen sind mit der Regelung zahlreicher Konflikte beschäftigt: der Professionellen untereinander, der Professionellen mit dem – der Ideologie nach vorrangigen – System der Ehrenamtlichen und der politisch-theologischen Gruppierungen untereinander. Informations- und Konfliktmanagement sind die eigentlichen Machtquellen kirchenleitender Systeme.

(Was hier mit Blick auf die Gesamtverfassung der Organisation Kirche beschrieben worden ist, gilt m.E. – mit entsprechenden Veränderungen – auch für ihre Teilsysteme, parochiale Gemeinden, kirchliche Institutionen, kirchliche Werke u.ä.).

3.9 Leiten lernen

Was hat eine Leitungskraft zu tun?

Als Kernfunktion der Leitung werden üblicherweise definiert:

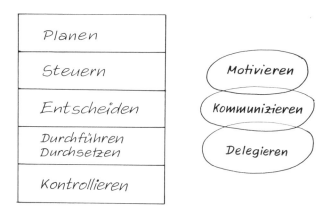

Planen – Das Leitungssystem analysiert die Situation der Organisation, die Wirkung ihres Produkts / ihrer Leistung, die Umfeldbedingungen etc., gibt Prognosen und leitet entsprechende Maßnahmen ab, erarbeitet und definiert Ziele (im Sinne erreichbarer und überprüfbarer Satzungen) und achtet darauf, daß die Ziele von den Organisationsmitgliedern verstanden und geteilt werden.

Steuern – Das Leitungssystem sorgt für die zur Zielerreichung notwendigen organisatorischen Bedingungen: Personal, Finanzen, andere Ressourcen.

Entscheiden – Das Leitungssystem bereitet Entscheidungen vor und trifft sie. Es entwickelt Entscheidungsalternativen und bewertet sie aufgrund von für die Organisation relevanten Kriterien.

Durchsetzen / Durchführen – Das Leitungssystem sorgt für die Durchsetzung der Ziele. Je nach Leitungsebene trägt es mehr oder minder selber zur Durchführung der definierten Aufgaben bei.

Kontrollieren – Das Leitungssystem überprüft Ablauf und Resultat des Arbeitsprozesses. Dabei entwickelt sich in jüngster Zeit die Kontrollfunktion zunehmend von der „Endkontrolle" weg zu einer Einwirkung auf den gesamten Arbeitsprozeß (wofür unterschiedliche Instrumente, z.B. das Projektmanagement, genutzt werden können). So betrachtet fallen die Funktionen „steuern" und „kontrollieren" zusammen.

Motivieren – Kommunizieren – Delegieren – Die schon genannten fünf Kernfunktionen der Leitung lassen sich im Sinne des „Scientific Management" (Taylor) entfalten. Die ihm zugrunde liegende Auffassung von Organisation als eines mehr oder minder komplizierten Apparates, in dem der Mensch als „Faktor" möglichst „berechenbar" eingesetzt werden muß, erweist sich jedoch als unzulänglich; Organisationen ähneln eher komplexen „Organismen" mit entsprechend chaotischen Anteilen. Demgemäß lassen sich die Leitungsaufgaben nicht nur mit den „harten S" (system, strategy, structure), wie sie in den Kernfunktionen formuliert sind, beschreiben; statt dessen werden die „weichen S" (skills, style, staffing) (Peters und Waterman) bedeutungsvoller. (Mit den drei weichen S sind gemeint: Welche Fähigkeiten und Kompetenzen sind in einer Organisation nötig? Wie läßt sich die Organisationskultur beeinflussen? Wie kommen die richtigen Leute für eine gegebene Aufgabe zusammen?) „Motivieren, Kommunizieren, Delegieren" – damit betritt die Leitungsperson einen diffusen Bereich der Einflußnahme, sie interveniert nicht mehr auf Grund monokausaler Herleitungen, sondern sie „tastet" sich vorwärts, greift ein – nach dem Prinzip „Versuch und Irrtum" – im Bewußtsein, daß jede Intervention eine Reihe nicht berechenbarer, u.U. unerwünschter Nebenwirkungen hat.

Was qualifiziert zur Übernahme einer Leitungsaufgabe?

Gerade die zuletzt benannten Leitungsaufgaben haben für die notwendigen Qualifikationen, die zur Übernahme einer Leitungsposition befähigen, weitreichende Folgen. Während über lange Zeit das *fachliche Wissen* (die Wissenschaft, die Technik bzw. in unserem Fall die Theologie) gepaart mit *administrativen* Kenntnissen und Fertigkeiten zu genügen schien, zeigt sich, daß Leitungspersonen immer stärker in ihrer *sozialen* bzw. *kommunikativen Kompetenz* gefordert sind. Die neuere Literatur zum Thema macht augenfällig, wie sehr sich die Auffassung der Leitungsaufgabe von einem Managementkonzept weg – zu einem Persönlichkeitskonzept hinbewegt hat. („Managers do the things right, leaders do the right thing" (Bennis, Nanus) Es wird – oft ohne jede Ideologiekritik – zunehmend wieder von der „Führungspersönlichkeit" geredet.

Beispielhaft sei die Untersuchung von Bennis / Nanus zitiert. Ihr zufolge benötigen Leitungspersonen, um erfolgreich zu sein, 4 Fähigkeiten, d.h. 4 Formen sozialer Kompetenz:
a. Die Leitungsperson muß eine *Vision*, ein Bild der zukünftigen Gestalt der Organisation entwickeln. Ein Zukunftsbild schafft die nötige Aufmerksamkeit unter den Organisationsmitgliedern, lenkt die zum Teil widerstrebenden Interessen auf einen Brennpunkt, bündelt die Energien. Die Vision ist üblicherweise nicht das alleinige Werk der Leitungsperson, vielmehr wird sie in einem verschlungenen Kommunikationsprozeß erarbeitet – die Leitungsperson freilich muß sie vertreten, für sie einstehen, sie „verkünden".
b. Die Leitungsperson muß zur *Kommunikation* ermächtigen. Ihre eigene Kommunikationsfähigkeit (top-down, bottom-up) ist dabei Vorbild. Kommunikation initiert einen Sinndeutungs- und Sinnstiftungsprozeß.
c. Die Leitungsperson muß in den Wechselfällen der Organisation Position halten. Sich und der Sache treu sein. Nur so entwickelt sich *Vertrauen*.
d. Die Leitungsperson wirkt durch ihre *Persönlichkeit*. Sie braucht eine positive Selbsteinschätzung, die aus einer kritischen Bestandsaufnahme der persönlichen

Schwächen erwachsen ist. Schwächen abbauen, Stärken leben – muß ihre Devise sein. So nur kann sie sich den Organisationsmitgliedern dienstbar machen.

Die Autoren gehen davon aus, daß eine Mehrheit der Menschen das Zeug zur Ausbildung solcher Qualitäten besitzt, eine Minderheit jedoch nur diese Qualitäten einsetzt. Leitungskompetenz ist erlernbar – wenn Lernen als Reifeprozeß der Person begriffen wird.

Die Studie von Wimmer, 1991, kommt zu vergleichbaren Konsequenzen. Leitungspersonen müssen, wenn sie „in einem grundsätzlich nicht beherrschbaren Feld kalkulierbare Wirkungen erzielen" wollen, folgende „fachlichen" Aspekte beherrschen:

- ☐ Strategisches Management
- ☐ Marketing
- ☐ Controlling
- ☐ Personalmanagement

Stärkeres Gewicht legt auch Wimmer auf den Erwerb von Fähigkeiten der „Metaebene", wie sie mit dem Begriff der sozialen Kompetenz beschrieben werden können:

- ☐ *Beobachtung, Wahrnehmung, Selbstreflexion*

Dabei ist ihm wichtig, daß die Leitungsperson zu einer komplexen Wahrnehmung der Wirklichkeit findet, die Selektivität der eigenen Wahrnehmung kennt und – salopp formuliert – zwischen sich und anderen unterscheiden lernt. „Wir müssen erkennen, daß *die* Welt, die jedermann sieht, nicht die Welt ist, sondern eine Welt, die wir miteinander hervorbringen." (Maturana / Varela, 1987, S. 31) (Fundort: Wimmer, S. 47)

3. Einzelthemen

☐ *Kommunikation*

Im Sinne dieses komplexen Wirklichkeitsverständnisses kann die Leitungsperson nicht vom relativ problemlosen Gelingen kommunikativer Verständigung ausgehen. Die asymmetrische Situation tut ihr Übriges zur Erschwerung der Verständigung. Es ist für eine Leitungsperson unumgänglich, Kommunikationsprozesse zu reflektieren, deren Wirkung zu kennen und immer wieder Feedbackprozesse zu initiieren, die den Grad der Verständigung erhöhen.

☐ *Konfliktbearbeitung*

Die Leitungsperson muß der Versuchung eines problematischen Selbstbildes und einer organisationellen Projektion widerstehen, nämlich: sie allein verfüge in allen Fällen über einfache und schnell wirksame Problemlösungen. Hemdsärmlige Konfliktbearbeitungen, die die Schwierigkeiten auf einfache Kausalketten reduzieren, erhöhen das Konfliktpotential. Systemisches Denken und Herangehen an Konflikte wird von der Leitungsperson gefordert.

☐ *„Pflege der Organisation"*

Die Frage, wie eine Organisation am besten aufzu„bauen" sei, wird zunehmend an Relevanz verlieren; denn Wandlungsfähigkeit wird wichtiger als die Festlegung von Zuständen. Ordnungsstrukturen sind daran zu messen, wie sie die Balance von gewünschter Stabilität und notwendiger Flexibilität zu halten vermögen. Die Leitungsperson muß also viel Energie für Beobachtung, Analyse und Sorge für die Organisation und ihre Abläufe aufwenden.

☐ *Management von Entscheidungen*

Die Leitungsperson wird in Zukunft immer weniger (einsam) „entscheiden", vielmehr muß sie angesichts des Differenzierungsniveaus der Organisationsmitglieder kompetenter in der Gestaltung von Entscheidungsprozessen werden, so daß die Organisationsmitglieder sich adäquat beteiligen können. Nur so wird die soziale Akzeptanz von Entscheidungen verstärkt.

3.9.1.2 Leitungsstile – zwei Modelle

Die Leitungsstil-Debatte wird zwar immer noch geführt, sie scheint aber abzuebben. Mit gutem Grund: denn vielfach wird in ihr von einem personenorientierten Leitungsverständnis ausgegangen, das den komplexen Organisationswelten immer weniger entspricht. Daß die Debatte mit Hilfe der Skizzierung von zwei Modellen dennoch vorgeführt wird, hat seinen Grund in den brauchbaren Kategorien und Typologien.

Situativer Leitungsstil (nach Robert Tannenbaum)

In der Leitungsstildebatte wurden gern drei Begriffe verwendet: *autoritär, laissez-faire, demokratisch.* Als allgemeine Bilder besitzen sie einen heuristischen Wert. In der konkreten Situation nützen sie wenig; obendrein werden sie in den Auseinandersetzungen zwischen Mitarbeitenden und Leitungskraft nicht selten zur wertenden Etikettierung eingesetzt.

Der Leitungsstil ist im hohen Maß abhängig von der Persönlichkeit der Leitungsperson (Charakter, Biographie, Berufssozialisation) und von der Situation der Geführten (= Aufgabe, Erwartungs- und Fähigkeitsprofil der Mitarbeitenden, Kultur der Firma / der Organisation / der Abteilung). Graphisch läßt sich der Zusammenhang folgendermaßen erläutern:

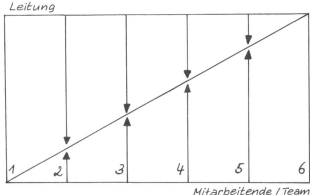

1. Die Leitungskraft entscheidet alles.
2. Die Leitungskraft entscheidet mit Begründungen.
3. Die Leitungskraft entscheidet und läßt Fragen zu.
4. Die Leitungskraft präzisiert das Problem, nimmt Vorschläge entgegen und entscheidet selbst.
5. Die Leitungskraft bestimmt Grenzen / Rahmen des Problems / der Aufgabe / des Entscheidungsspielraums und bittet die MitarbeiterInnen zu entscheiden.
6. Die Leitungskraft entscheidet nichts, die MitarbeiterInnen entscheiden alles.

Jedes Leitungsverhalten (1–6 und alle Zwischenstufen) ist angemessen, sofern die Situation der Geleiteten und die Persönlichkeit der Leitungskraft sich „treffen". Das „Verhältnis" 1 kann so sinnvoll sein wie 6, obwohl dieses den Anschein von „laissez-faire" trägt und jenes den Verdacht des Autoritären wecken könnte. Wenn die Leitungskraft sich „authentisch" verhält, d.h. sich klar und fair äußert und auf Taktiken verzichtet – und wenn sie zugleich die Situation der Mitarbeitenden berücksichtigt, wird sie den „richtigen" Stil finden. Das Schema verdeutlicht, daß die Leitungskraft lernen muß, ihr Verhaltensrepertoire zu erweitern; d.h. eine gute Leitungsperson sollte so flexibel werden, daß sie im Idealfall 1–6 praktizieren kann.

Nicht immer ist es leicht – vor allem, wenn das Verhältnis von Leitungskraft und Mitarbeitenden noch nicht eingelebt ist – die Situation der Mitarbeitenden treffend zu analysieren und das Leitungsverhalten entsprechend auszurichten. Prinzipiell lassen sich zwei Dysfunktionen unterscheiden:

3. Einzelthemen

1. Das Macht- oder Entscheidungsvakuum

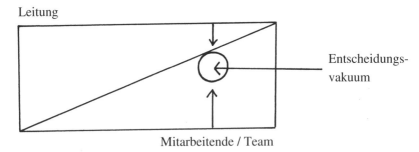

Die Leitungskraft hat – sagen wir – einen Leitungsstil, der eher bei 5 liegt. Die Mitarbeitenden sind jedoch gewöhnt oder erwarten ein Leitungsverhalten à la 2. Die Folge ist ein „Vakuum". Entscheidungen werden verzögert. Vorsicht breitet sich aus. Verdächtigungen kommen auf. Die Leitungskraft ist enttäuscht, daß die Mitarbeitenden das Partizipationsangebot nicht aufnehmen können („Sie sind zu dumm, unerwachsen ..."). Die Mitarbeitenden ihrerseits sind frustriert und beklagen die mangelnde Durchsetzungsfähigkeit oder den fehlenden Einsatzwillen der Leitungskraft. Ein „Machtvakuum" auszusprechen, ist kompliziert. Es verbreitet in der Regel viel Konfusion.

2. Der Macht- oder Entscheidungskonflikt

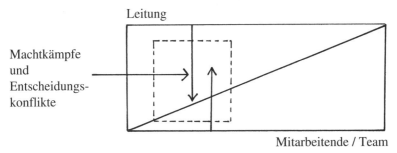

Die Leitungskraft ist – nehmen wir an – darum bemüht, Entscheidungsprozesse an sich zu ziehen und dann auch selber zu entscheiden (Fall 5). Die MitarbeiterInnen jedoch kennen oder wollen es anders: mehr Beteiligung. Die Folge ist ein Konflikt. Bisweilen, je nach Organisationskultur, läßt sich diese Differenz leichter klären als der Fall „Machtvakuum". Denn in der Regel kommt es hier zu deutlicher artikulierten Protesten.

3.9 Leiten lernen

■ *Zusammenfassend*
Es gibt keinen prinzipiell guten oder schlechten Leitungsstil, sondern dasjenige Leitungsverhalten ist am angemessensten, das die Bedürfnisse, die aus der Aufgabe und den Erwartungen der Mitarbeitenden erwachsen, mit dem persönlichen Stil verbindet.

■ *Dreidimensionaler Leitungsstil (nach Hersey and Blanchard, 1977)*
Leitungskräfte müssen sich sowohl um die persönliche Beziehung zu Mitarbeitenden als auch um die Aufgabe und Leistung im Unternehmen kümmern. Eine Binsenweisheit. Viele jedoch beachten sie nicht und betonen je nach Neigung den Faktor „*Aufgaben*" oder den Faktor „*menschliche Beziehung*". So bevorzugt der „kühle" distanzierte Leitungstyp eher den Aufgaben-, der kontaktfreudige, „warmherzige" eher den Beziehungsaspekt der Leitungsaufgabe. Bestimmte Organisationen begünstigen zusätzlich die eine oder andere Neigung.

Mit *aufgabenorientiertem Faktor* ist gemeint: In welchem Umfang nimmt die Leitungsperson Einfluß auf die Aufgabe der Mitarbeitenden? Wie werden die Rollen der Mitarbeitenden definiert und organisiert? Wie werden Aktivitäten (was, wann, wo und wie) erläutert und festgelegt? Wie werden Organisationsstrukturen (Informationskanäle, Entscheidungswege etc.) etabliert?

Mit *beziehungsorientiertem Faktor* ist gemeint: In welchem Umfang nimmt die Leitungsperson Einfluß auf die Beziehungen zu Mitarbeitenden? Wie persönlich gestaltet sie die Beziehungen zu den Mitarbeitenden und der Mitarbeitenden untereinander? Wieviel „sozioemotionale" Zuwendung gewährt sie?

Das „Mischungsverhältnis" beider Faktoren läßt sich nicht idealtypisch – wie etwa bei Blake / Mouton, 1968 bestimmen, derart: Wenn eine Leitungsperson ein Maximum an Aufgaben- und Beziehungsorientierung im gleichen Verhältnis verwirklicht, erreicht sie ein Optimum für die Organisation. In bestimmten Situationen, etwa im Falle eines kompetenten Teams, kann gerade dieses Mix durch die Leitungsperson als zu starkes Bevormunden erlebt werden, als Patronisieren sozusagen; das Team wird dann in seiner Eigenständigkeit gestört und in seinem Leistungswillen blockiert – zum Schaden der Organisation.

Welcher Leitungsstil für eine bestimmte Mitarbeitergruppe angemessen ist, kann nicht durch Rezepturen bestimmt werden. Die Leitungsperson muß vielmehr die jeweilige Situation analysieren und von daher das richtige „Mischungsverhältnis" beider Faktoren finden. Leitungsverhalten, das sich aufgrund der Diagnose der Situation formt, heißt zu Recht *situatives Leitungsverhalten*; „situativ" meint nicht: „von Fall zu Fall", „je nach Lust und Laune", sondern: „der Situation angemessen".

Die Situation wird wesentlich durch den „Reifegrad" der Mitarbeitenden oder des Teams definiert. Der Zusammenhang von *Motivation und Sachkompetenz* macht „Reife" aus und ergibt die dritte Dimension im Sinne der Autoren.

3. Einzelthemen

Vereinfachend kann man vier Reifegrade unterscheiden – von niedrig bis hoch.

hohe Reife	mäßig bis hohe Reife	niedrige bis mäßige Reife	niedrige Reife
R4	R3	R2	R1

R 1 = Der / die Mitarbeitende ist weder fähig noch motiviert, eine Aufgabe verantwortungsvoll zu übernehmen.
R 2 = Der / die Mitarbeitende ist allenfalls mäßig befähigt, allerdings motiviert.
R 3 = Der / die Mitarbeitende ist zwar fähig, aber wenig oder gar nicht motiviert.
R 4 = Der / die Mitarbeitende ist fähig und motiviert.

Jedem Reifegrad entspricht ein bestimmtes Leitungsverhalten, d.h. ein angemessenes Mischungsverhältnis der Variablen „Aufgabenorientierung" und „Beziehungsorientierung". Wird der Reifegrad falsch eingeschätzt oder trotz „richtiger" Einschätzung ein unangemessenes Leitungsverhalten weiter praktiziert, dann wirkt sich dies auf die *Effektivität* des Teams, der Abteilung oder der Organisation aus. Welches Mischungsverhältnis entsprechend dem Entwicklungsstand (Reifegrad) der Mitarbeitenden oder des Teams angemessen und effektiv ist, zeigt das folgende Schema:

Das Zusammenspiel von aufgabenorientiertem und beziehungsorientiertem Verhalten ergibt vier Grundkombinationen.

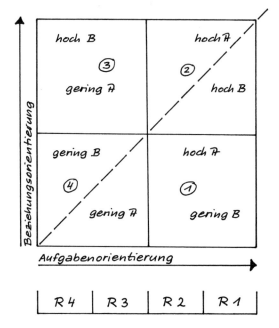

3.9 Leiten lernen

Quadrant 1 bezeichnet ein hohes aufgabenorientiertes (hoch A) und ein geringes beziehungsorientiertes (gering B) Verhalten. Dieser Leitungsstil ist effektiv und geeignet für Reifegrad 1.
☐ In der effektiven Form benutzt dieser Leitungsstil gut definierte Methoden, die den Mitarbeitenden weiterhelfen, Zielvereinbarungen zu erreichen.
☐ In der ineffektiven Form werden Methoden anderen übergestülpt, die als unangenehm empfunden werden können. Der / die Vorgesetzte ist überwiegend an kurzfristigen Erfolgen interessiert.

Quadrant 2 bezeichnet ein hohes beziehungsorientiertes (hoch B) und ein hohes aufgabenorientiertes (hoch A) Verhalten. Dieser Leitungsstil ist in seiner effektiven Form geeignet für Reifegrad 2.
☐ In der effektiven Form werden bei diesem Leitungsstil die Bedürfnisse der Mitarbeitenden, klare Ziele und eine gute Arbeitsorganisation zu haben, befriedigt. Sozioemotionale Unterstützung ist im hohen Maß verfügbar.
☐ In der ineffektiven Form wird mehr Struktur als für Mitarbeitende nötig eingeführt; der / die Vorgesetzte wird in der Beziehung zu den Mitarbeitenden dann als nicht authentisch erlebt.

Quadrant 3 bezeichnet ein hohes beziehungsorientiertes (hoch B) und ein geringes aufgabenorientiertes (gering A) Verhalten. In seiner effektiven Form ist dieser Leitungsstil geeignet für Reifegrad 3.
☐ In der effektiven Form wird die Leitungsperson erlebt als jemand, der Vertrauen in die Mitarbeitenden hat; sie ist lediglich daran interessiert, Ressourcen für die Verwirklichung der Zielvereinbarungen zur Verfügung zu stellen.
☐ In der ineffektiven Form wird die Leitungsperson erlebt als jemand, der vor allem an Harmonie interessiert ist; sie ist dann manchmal nicht willens, die Mitarbeitenden, wenn nötig, zu konfrontieren, sofern dabei ihre Beziehung zu ihnen oder ihr gutes Image riskiert werden sollte.

Quadrant 4 bezeichnet ein geringes aufgabenorientiertes (gering A) und ein geringes beziehungsorientiertes (gering B) Verhalten. Dieser Leitungsstil ist geeignet für Mitarbeitende des Reifegrades 4.
☐ In der effektiven Form brauchen die Mitarbeitenden wenig sozioemotionale Unterstützung und Strukturierung der Arbeitsvorgänge. Die Leitungsperson kann alle Entscheidungen an die Mitarbeitenden delegieren.
☐ In der ineffektiven Form gibt die Leitungsperson zu wenig Struktur vor und bietet zu geringe sozioemotionale Unterstützung, obwohl beides von den Mitarbeitenden gebraucht würde.

Die vier Grundkombinationen können auch noch so beschrieben werden:
☐ Bezogen auf den Quadranten 1 praktiziert die Leitungsperson einen Leitungsstil, der von der Einwegkommunikation bestimmt ist; die Leitungskraft informiert, unterweist, *ordnet an*.

3. Einzelthemen

☐ Bezogen auf den Quadranten 2 leistet die Leitungsperson sowohl sozioemotionale Unterstützung als auch fachliche Ausbildung; sie ist bestrebt, die Mitarbeitenden zu *überzeugen*.

☐ Bezogen auf den Quadranten 3 fordert die Leitungsperson die Mitarbeitenden heraus; sie ermöglicht Partizipation; sie fordert *Mitbestimmung*.

☐ Bezogen auf den Quadranten 4 überläßt die Leitungsperson den Mitarbeitenden die Gestaltung und Lösung der Aufgabe; sie *delegiert*.

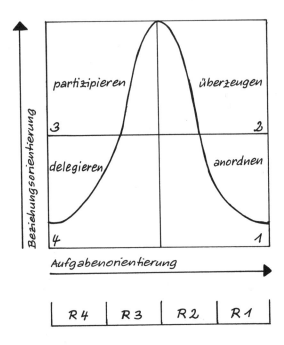

Die beiden hier exemplarisch vorgeführten Typologien liefern vorläufige Beschreibungskategorien mit gewissem heuristischen Wert für Theorie und Praxis. Sie eignen sich als Modelle, die komplexe Erfahrungen durchsichtiger machen bzw. stimulieren können. „Typologien sind charakteristisch für das Frühstadium einer Wissenschaft, denn sie erfüllen wichtige Orientierungs- und Ordnungsfunktionen, reduzieren Unsicherheit und sind Ausdruck des menschlichen Strebens nach kognitiver Konsistenz. Durch ihren normativen Anforderungscharakter üben Führungsstiltypologien häufig die Funktion verhaltenssteuernder Prinzipien aus." (Wunderer und Grunwald, S. 274)

3.9.1.3 „Führung ist männlich"

Der Satz stammt von Lenelis Kruse, 1983, die dazu einen Aufsatz geschrieben hat. Einige ihrer Gedanken sollen auf die Kirche übertragen werden. Fast alle Untersuchungen zum Führungsverhalten beziehen sich auf Männer. Nur wenig Aufmerksamkeit wurde bis jetzt dem Führungsverhalten von Frauen gewidmet.

1. Arbeit wird in der Kirche – wie auch in der übrigen Gesellschaft – durch den Mann, aus der Sicht des Mannes und im Hinblick auf männliche Lebensentwürfe definiert. Dies gilt vor allem für Leitungsarbeit, die bisher vorwiegend von Männern getan wird. Frauen haben dieses Verständnis von Arbeit weithin akzeptiert und damit eine Selbstbeschränkung hingenommen.

Dies bedeutet für fast alle Leitungsfunktionen in der Kirche, daß sie in der Regel nur von Frauen übernommen werden, die sich so verfügbar machen wie ein Mann; d.h. also ohne Familienpflichten sind oder die bekannte Doppelbelastung auf sich nehmen.

2. Führung ist ein soziales Phänomen, d.h. die Führungsperson ist abhängig von der Akzeptanz und Anerkennung durch die Geführten, MitarbeiterInnen, WählerInnen, Medien etc. Sie bestimmen darüber, ob eine Frau im Sinne der männlichen Vorbilder kompetent ist. Viele Bewerbungs- und Vorstellungs-Erfahrungen beschreiben solche Phänomene: Die Frau muß „mehr bringen" als der sich mitbewerbende Mann.

In der Kirche äußert sich dies unter anderem darin, daß Frauen im Unterschied zu Männern bei Vorstellungsgesprächen einer Art theologischer Prüfung unterzogen werden. Sie bekommen außerdem Fragen gestellt, die so an Männer nicht gerichtet werden wie: Versorgung von Kindern und Familie, Familienplanung etc. Für viele Frauen bedeutet dies, sich der Männerrolle anzupassen, sich in Männergremien durch Wohlverhalten zu integrieren, „nachzudunkeln".

3. Es entsteht für Frauen eine doppelte Devianz. Die Führungsfrau ist eine doppelte Abweichlerin. „Tagsüber muß ich meinen Mann stehen, abends soll ich meine Frau stehen; wehe mir, wenn ich das einmal verwechsle." Sie befindet sich also in einem ständigen Doublebind.

Die Frau in der Kirche hat es deshalb oft mit Schuldgefühlen, Selbstzweifeln, verletzenden Angriffen und einer unangemessenen Kritik zu tun.

4. Die meisten Führungsmänner haben noch nie eine Frau als Vorgesetzte erlebt. Ihnen fehlen Erfahrungen, die die meisten Frauen, die in Leitungspositionen kommen, mitbringen. Für Männer bedeutet dies, daß sie in der Zusammenarbeit mit Frauen dieses Feld mehr mit Erwartungen, Hoffnungen, Ängsten, gelegentlich irrealen Phantasien als mit Erfahrungen besetzen.

Dies macht in der Kirche die Zusammenarbeit von Frauen und Männern oft labil, ungeübt und bedrohlich. Manche Männer entwickeln deshalb Frauen gegenüber gelegentlich so etwas wie Tanzstunden- oder Partyverhalten, also altmodisch-chevalereske, onkelhafte oder paternalistische Umgangsformen.

5. Die Anforderungsprofile für Leitungsfunktionen sind durch Männer-Erfahrungen geprägt. D.h. daß typisch weibliche Lebenserfahrungen wie das Chaosmanagement in Haushaltsführung und Kindererziehung nicht als Qualifikationsmerkmal gelten.

3. Einzelthemen

In der Kirche kommt es deshalb vielen Frauen und Männern nicht in den Sinn, daß eben diese Frauenerfahrungen für die Leitung einer Organisation, deren aktive Mitglieder vorwiegend Frauen sind, herausragende Bedeutung haben.

6. Dieselben Leistungen von Frauen und Männern werden unterschiedlich gewertet. Je höher der Frauenanteil in bestimmten Funktionen und Berufen, desto geringer das Sozialprestige dieser Berufe.

In der Kirche werden Frauen in Leitungspositionen sehr viel kritischer und aufmerksamer im Hinblick auf Erfolg betrachtet.

7. Frauen werden als Begabungsreserve gesehen. Hochrechnungen haben ermittelt, daß die deutsche Wirtschaft im Jahre 2000 zusätzlich 550 000 Manager benötigt (Demmer, 1988, S. 143). Die demographische Entwicklung der BRD läßt erkennen, daß dieser zusätzliche Bedarf vor allem durch Frauen abgedeckt werden wird.

Auch in der Kirche sind Leitungspositionen schwieriger als früher zu besetzen. Die Gründe dafür sind vielfältiger Natur.

Für alle Bereiche gilt: Die Attraktivität und die Besetzbarkeit von Leitungspositionen werden abhängig sein von der Flexibilisierung der Arbeitszeiten, Teilbarkeit der Funktionen *und* Berücksichtigung besonderer Frauenerfahrungen.

8. Die Überalterung in vielen von Männern besetzten Leitungspositionen schafft neue Generationenkonflikte. – Die vielen kirchlichen Leitungsfunktionen, die nicht zeitlich befristet sind, werden heute noch in der Regel bis zur Ruhestandsgrenze ausgeübt. Für die Nachfolge werden deshalb mit Recht jüngere Personen gesucht. Der fällige Generationswechsel jedoch hat bei Männern und Frauen unterschiedliche Facetten.

Während bei den Männern alle Altersgruppen als potentielle Leitungskräfte zur Verfügung stehen, ist unter den jetzigen Arbeitsbedingungen die Zahl der zur Verfügung stehenden Frauen in der Altersgruppe zwischen 35 und 45 Jahren sehr gering. Denn diese ist normalerweise die Phase der Familiengründung und des Familienaufbaus, und alle diejenigen Frauen fallen aus, die nicht die Doppelbelastung von Familie und Haushalt auf sich nehmen wollen, keine Arbeitsteilung mit ihrem Partner (z.B. als Hausmann) verabreden oder keine Haushaltshilfe bezahlen können.

So stehen also bei den Frauen zwei unterschiedliche Gruppen zur Auswahl: die relativ jungen (um die 30), die „Töchter" also, einerseits, und die über 45 / 50 Jahre alten, die „Schwestern", andererseits. Dabei ist es auffällig, daß häufig die „Töchter" gewählt werden: sei es, um die Altersstruktur zu verjüngen; sei es, weil die Beziehung zwischen Großvater und Enkeltochter häufig besser gelingt als die zwischen den aufeinanderfolgenden Generationen; sei es, weil die jüngeren Frauen mit weniger Berufserfahrung weniger bedrohlich sind als die älteren. (Vielleicht auch reklamieren die jüngeren Frauen Leitungsfunktionen mit mehr Selbstverständlichkeit und Unbefangenheit für sich?)

Eine Konsequenz der Umverteilung von Chancen zugunsten von Frauen ist, daß jede Frauenkandidatur die Wahlchancen der sich mitbewerbenden Männer beengt. Bei der jüngeren männlichen Generation ist als Reaktion darauf ein Verdrängungskampf einerseits und ein Rückzug im Hinblick auf das Streben nach Leitungspositionen andererseits zu beobachten. Die Probleme des Generationswechsels in Leitungsämtern werden also nicht mehr von der ausscheidenden „Großväter"-Generation gelöst, sondern von den „Söhnen" und „Enkeln" untereinander ausgetragen.

9. Schattenarbeit muß geteilt werden. – In jeder Organisation fällt Schattenarbeit an. Es ist Arbeit, die im Hintergrund getan wird, damit „der Laden läuft". Meist ist sie unsichtbar, oft auch unbekannt und gelegentlich auch namenlos. In der Gestaltung eines partnerschaftlichen Leitungsmodells hat Schattenarbeit eine wichtige Funktion. Soweit eine Frau ihr gewohntes Rollenverhalten als Hausfrau und fürsorgliche Mutter auf die Leitungsarbeit überträgt, befindet sie sich unversehens in der Rolle der Schattenarbeiterin. Sie arbeitet dem Mann und der Organisation zu, arbeitet vielleicht sogar doppelt: Im öffentlichen Rampenlicht und hinter der Bühne.

Im Hinblick auf eine vernünftige und produktive Wechselseitigkeit in der Zusammenarbeit von Frauen und Männern ist es gut, wenn beide ihren Anteil an der Schattenarbeit übernehmen.

10. Es fehlt eine explizite und eigenständige Qualifizierung für Leitungsfunktionen in der Kirche. – Im Unterschied zu Industrie und freier Wirtschaft, wo Personen für Führungsaufgaben gezielt ausgebildet und gefördert werden und eine entsprechende Berufslaufbahn auch langfristig geplant wird, fehlt solche Personalförderung in der Kirche fast gänzlich. Die meisten Leitungspersonen in der Kirche erwerben sich die notwendigen Qualifikationen durch Erfahrungen nach der Übernahme einer entsprechenden Position – mit den entsprechenden Reibungsverlusten für sich selbst und den Bereich, den sie leiten. Für Pfarrer in Leitungsämtern zählen als Qualifikation vor allem Erfahrungen im Gemeindepfarramt (je länger desto besser) und eine Berufskarriere, die den Mann im Kirchenfeld sichtbar gemacht hat.

Frauen bringen auf Grund ihrer anders verlaufenden Berufs- und Lebensbiographie andere Qualifikationsmerkmale mit und fragen zur Zeit auch nachhaltiger nach spezieller Fortbildung und Supervision für Leitungsfunktionen. Soweit ich sehe, wird dieser Anspruch von Frauen auch eher erfüllt.

11. Übergänge im Leitungsamt. – Wenn ein Leitungsamt von einem Mann an eine Frau abgegeben wird, braucht dieser Übergang eine besondere Gestaltung. Eigentlich sollten alle Übergänge deutlich markiert sein durch Übergabeprotokolle und Übergaberituale. Denn bei jedem Personalwechsel hängt hinter dem Nachfolger oder der Nachfolgerin mehr oder weniger bewußt das Portrait des Vorgängers. Wenn also Abschied, Übergang und Neuanfang nicht sehr bewußt vollzogen und vorbereitet werden, haben es Nachfolger und besonders die Nachfolgerin schwer, sich von dem „Geist" des Vorgängers abzugrenzen und die eigene Prägung und Individualität einzubringen.

3. Einzelthemen

Frauen können davon besonders betroffen sein. Sie haben eine andere Stimme und Statur. Sie gehen oft bedächtiger, langsamer, allerdings auch differenzierter und reflektierender mit den Tagesgeschäften um, was Beteiligte ungeduldig machen kann. Gelegentlich wird dieses andersartige Verhalten den Frauen auch als Unfähigkeit ausgelegt.

3.9.1.4 Besprechungen und Sitzungen leiten

Verhandlungen haben vielfach ihren Ort in Besprechungen (= ad-hoc-Konferenzen) und Sitzungen (rhythmisch wiederkehrende Konferenzen von Gremien). Gutes Besprechungs- bzw. Sitzungsmanagement bringt bessere Verhandlungsergebnisse. Dazu einige praktische Hinweise:

1. Der Rahmen muß stimmen

a) Die Konferenzleitung muß für den passenden *Raum* sorgen. Dabei prüft sie:

☐ Größe des Raums
☐ Stühle, Tische (Optimal: Anordnung im Kreis)
☐ Beleuchtung
☐ Belüftung
☐ Visualisierungsmöglichkeiten
☐ Platz für Unterlagen etc.

b) Die Konferenzleitung achtet gegebenenfalls darauf, daß Erfrischungen u.ä. bereit stehen.

c) Die Konferenzleitung plant die *Eröffnung* der Konferenz (wie kommen wir untereinander bzw. mit der Aufgabe / den Tagesordnungspunkten in „Kontakt"?) und den *Abschluß* (Wie verabschieden wir uns vom Thema und den Teilnehmenden?). Gerade im Fall der regelmäßigen Sitzungen empfehlen sich *Rituale* (wenn sie nicht – wie z.B. für Kirchenvorstandssitzungen – ohnehin vorgeschrieben sind). Wichtig ist, daß die Konferenzleitung diese „weichen" Gestaltungsmöglichkeiten nicht unterschätzt. Sorgfalt und Kreativität wirken sich positiv aus.

2. Auf Pünktlichkeit achten

Unpünktlich begonnene Sitzungen dauern länger. Das ganze Programm schiebt sich nach hinten. Obendrein wirkt sich die Psychodynamik negativ aus: pünktliche Mitglieder – unpünktliche Mitglieder, unzufriedene, nervöse Leitung etc., Sitzungen sollten auch dann pünktlich begonnen werden, wenn noch nicht alle Mitglieder eingetroffen sind bzw. Beschlußfähigkeit noch nicht erreicht ist. (vgl. 5., Seite 457)

3. Die Tagesordnung nutzen

Regel 1: Machen Sie eine Tagesordnung
Regel 2: Folgen Sie ihr.
Regel 3: Sehen Sie zu, daß andere Besprechungspunkte vom Tisch bleiben, bis die Tagesordnung abgehandelt ist.

Die Tagesordnung ist ein *Kommunikations-* und *Organisationsinstrument*. Sie bestimmt den Ablauf der Sitzung. D.h. die Sitzungsleitung hat erhebliche Vorarbeit zu leisten, wenn sie die Reihenfolge der Tagesordnungspunkte abwägt und festlegt. In der Regel wird eine Tagesordnung schriftlich vorgelegt. Selten genügen dabei Stichwörter zur Benennung der Tagesordnungspunkte; meist bewährt sich, wenn die Tagesordnungspunkte in einem treffenden Satz erläutert werden und zugleich vermerkt wird, was bei der Verhandlung des Punktes erreicht werden soll: Ideensammlung, Meinungsbild, Entscheidung. Die Konferenzleitung muß sich bei der Erstellung der Tagesordnung darüber klar werden, wieviel Zeit auf die einzelnen Besprechungspunkte verwendet werden sollten. Gegebenenfalls gibt sie den Adressaten den geplanten Zeitrahmen vorweg bekannt.

4. Die Regel von der „Halbzeit" und die Regel von der „Dreiviertelzeit"

Die Konferenzleitung dringt darauf, daß ihr die Tagesordnungspunkte vor Ablauf der Halbzeit zwischen zwei Sitzungen übermittelt werden. Andernfalls bleibt sicher zu wenig Zeit, um die zur Bearbeitung des Themas nötigen Daten zu beschaffen. Wenn Sitzungsleitung und Sitzungsmitglieder schlecht informiert sind, wird Zeit für die Informationsweitergabe verbraucht; dies frustriert die Informierten, und sie lassen ihr Mißvergnügen die Nichtinformierten spüren. Wird die Regel von der Halbzeit eingehalten, lassen sich auch die Klippen des Punktes „Verschiedenes" leichter umschiffen.

Die Tagesordnung sollte den Sitzungsmitgliedern zugeschickt werden, wenn drei Viertel der Zeit zwischen zwei Sitzungen abgelaufen sind. Das bedeutet, daß zwischen der Halbzeit und diesem Zeitpunkt die Sitzungsleitung am geschäftigsten sein muß. Wenn sie den Informationsstand zu einzelnen Tagesordnungspunkten genau ermißt, stellt sich oft heraus, daß die ihr derzeit zur Verfügung stehenden Daten nicht ausreichen, um den Tagesordnungspunkt auf die Einladung zu setzen. Die Leitung hat also hier eine Entscheidung zu treffen, anstatt – wie oft üblich – die Sitzungsmitglieder den unzureichenden Informationsstand herausfinden zu lassen.

5. Die Besprechung bzw. Sitzung gliedern

Die Leitung sollte die Konferenz in etwa drei gleichlange Abschnitte unterteilen. Im Eingangsteil läßt sie gewissermaßen zum „Anwärmen" leichte, nicht kontroverse Tagesordnungspunkte abhandeln. Das zweite Drittel ist für 1–3 komplexere Tagesordnungspunkte reserviert. Danach gibt es eine kurze Pause.

3. Einzelthemen

Im letzten Drittel soll sich die Konferenz wieder entspannen können; hier ist der Ort für weniger komplizierte Tagesordnungspunkte, gegebenenfalls auch für ein Feedback.

Was unter Tagesordnungspunkt „Verschiedenes" verhandelt wird, sollte *eingangs der Sitzung* geklärt werden. Komplexe Fragen sollte man, wenn irgend möglich, nicht unter „Verschiedenes" einordnen, sondern auf die offizielle Tagesordnung einer Folgesitzung verschieben. Hier ein idealer Sitzungsverlauf:

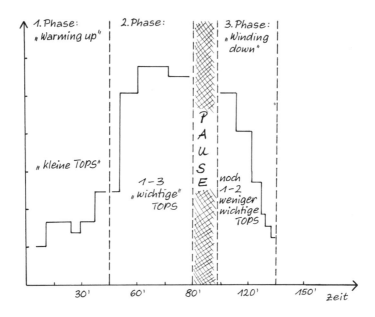

6. Wenn zu viele Themen, dann auf „Tagesordnung 2" ausweichen.

Kompliziert zusammengesetzte Gremien wie eine große Gesamtkonferenz zum Beispiel, die eine Fülle von administrativen Themen zu bewältigen hat, sollten ihre Konferenzarbeit dadurch erleichtern, daß sie neben der Tagesordnung 1 eine sogenannte Tagesordnung 2 mit *Routinepunkten* einführen, die en bloc verabschiedet werden können. In der Leitung muß bei der Erarbeitung der Tagesordnung Konsens über die Einzelpunkte der Tagesordnung 2 geherrscht haben. Erfahrungsgemäß gilt: Wenn in der mit mehreren Leuten besetzten Sitzungsleitung Einigkeit über die Gegenstände der Tagesordnung 2 erreicht worden ist, entstehen auch im Plenum keine Kontroversen mehr.

7. *Gespräche moderieren*

Die Gespräche und Auseinandersetzungen in der Sitzung bzw. der Besprechung bedürfen der Steuerung, der Moderation. Die Moderationsaufgabe beinhaltet:

- *Grenzen* des Tagesordnungspunktes *definieren* (Was soll in welcher Zeit erreicht werden?)
- GesprächspartnerInnen zur *Konzentration* auf den Gegenstand des Tagesordnungspunktes verhelfen (d.h. Abschweifungen nur in Ausnahmefällen erlauben)
- Auf *Fairneß* achten (z.B. durch Wortmeldelisten eine Gesprächsreihenfolge sicherstellen; die TeilnehmerInnen, die mit Beiträgen zurückhaltend sind, zur Mitarbeit ermuntern)
- Die *prozeduralen Vorschriften* einschärfen (Antragsrecht, Abstimmungsmodi u.ä.)
- *Gesprächsergebnisse* zusammenfassen (auch mit Rücksicht auf das Protokoll).

Die Moderationsaufgabe erfordert Geschick, Wendigkeit, Erfahrung – und eine gewisse Neutralität zur jeweils verhandelten Sache. Dies bedeutet, daß die Rollen „*Vorsitz*" und „*Moderation*" – um eines besseren Verhandlungsergebnisses willen und zur Entlastung der jeweiligen RollenträgerInnen – differenziert werden sollten.

8. *Gesprächsergebnisse festhalten*

Üblicherweise geschieht die Sicherung der Ergebnisse durch ein Protokoll. Grob lassen sich zwei Formen des Protokolls unterscheiden: das *Inhalts-* und das *Beschlußprotokoll*.

Aus ökonomischen Gründen sollte das Inhaltsprotokoll die Ausnahme bleiben; es verlangt von der protokollierenden Person hohe Aufmerksamkeit, Formulierungskunst – und die Fähigkeit, „sine ira et studio" die unterschiedlichen Meinungen zu Papier zu bringen; an die Rezipienten stellt es die Anforderung gründlicher (und d.h. in der Regel langer) Lektüre.

Für die Gremienarbeit ist meist das *Beschlußprotokoll* ausreichend. Bei Tagesordnungspunkten ohne Entscheidung wird eine zusammenfassende Bemerkung niedergeschrieben, die mit Gremium und ModeratorIn abgesprochen ist. Das Beschlußprotokoll entsteht *während der Sitzung*, d.h.: am Ende der Sitzung liegt es fertig vor und kann sogar zur Verabschiedung verlesen werden. Das Protokoll in dieser Weise zu schreiben, heißt auch, immer wieder die Sitzung zu unterbrechen mit: „Was soll jetzt protokolliert werden?" Solche Einwürfe unterstützen erfahrungsgemäß den / die ModeratorIn sehr. Der permanente Wechsel von ProtokollantInnen empfiehlt sich nicht. Die Aufgabe wird durch ein Reihumverfahren keineswegs verläßlicher. Obendrein verhindert diese Praxis, daß das Protokollschreiben Routine und damit immer leichter wird. Sinnvoll kann jedoch sein, eine kleine Gruppe von zwei bis drei Personen mit der Aufgabe des Protokollführens zu betrauen.

3. Einzelthemen

3.9.1.5 Den Ablauf einer Verhandlung planen

Das Thema, die „Sache", und die Beziehung der VerhandlungspartnerInnen wird den Ablauf einer Verhandlung wesentlich bestimmen. Die folgenden Hinweise wollen daher als grobe Orientierung für die Planung einer Verhandlung verstanden werden.

Phasen der Verhandlung

☐ *Kontaktphase:* Ihre Länge ist abhängig von kulturellen Gepflogenheiten. Hierzulande herrscht zwar die Maxime: Schnell zur Sache! Damit werden aber oft gute Möglichkeiten verspielt: „anzukommen", miteinander „warm" zu werden, sich den Raum zu erschließen, voneinander Persönliches zu erfahren (wichtig dafür die *H*arvard-*N*egotiation-*P*roject-Grundsätze 1 und 2, Seite 464), „Kontakt" zueinander herzustellen usw.

Dabei sind Höflichkeitsrituale, konventionelle Floskeln, „small-talk" in ihrer Bedeutung gar nicht zu unterschätzen.

☐ *Analysephase:* Der Gegenstand der Verhandlung ist zu definieren. Die u.U. divergierenden Auffassungen darüber, was denn zur Verhandlung stehe, müssen „abgeglichen" werden. Dann geht es darum, den Gegenstand zu explorieren, den Informationsstand und die damit verbundenen Interessen zu ermitteln. Dabei ist wichtig, daß die Informations- und Entwicklungsfragen ausführlich behandelt werden; schnell auf eine Lösung zusteuern, kann sowohl als bedrängend wie dem Verhandlungsgegenstand unangemessen erlebt werden.

☐ *Vorschlags- / Angebotsphase:* Wenn die Analysephase zu weit ausgedehnt wird, kann der Eindruck entstehen, daß die Verhandlungspartner sich wie „die Katzen um den heißen Brei drehen". Nicht zu spät, aber auch nicht zu früh müssen Lösungsvorschläge auf den Tisch (vgl. Grundsatz 3, Seite 465). Die Lösungsvorschläge sollten erläutert werden: worin besteht ihr Nutzen, welche Nebenwirkungen sind zu vermuten usw. Unter Umständen wird die Analysephase jetzt wiederbelebt.

☐ *Abschlußphase:* Die gemeinsam angestrebte Vereinbarung wird in Worte gefaßt und ggf. verschriftlicht. Die Formulierungen geben oft erneut Anlaß zur Auseinandersetzung. Semantische Probleme spielen eine nicht unerhebliche Rolle. Häufig empfiehlt sich, eine erste allgemeine Formulierung zu versuchen, ehe es in die Feinarbeit, für die in der Regel ein weiteres Verhandlungsgespräch von Nöten ist, geht.

3.9 Leiten lernen

Checkliste zur Planung einer Verhandlung

Was ist das Thema der Verhandlung?	
Welche Interessen verfolgen wir?	
Was sind unsere Ziele?	
Welche Interessen hat vermutlich der Verhandlungspartner?	
Welche Ziele verfolgt er?	
Welche Informationen über den Verhandlungspartner haben wir? ☐ Informationen über die Organisation ☐ Informationen über die Teilnehmer am Verhandlungsgespräch ☐ Informationen über Motive, mögliche Vorgehensweisen	
Was muß für die Verhandlung organisiert werden? ☐ Zeit festlegen ☐ Raum vorbereiten ☐ Teilnehmer vorbereiten ☐ Sitzordnung festlegen ☐ für Bewirtung sorgen	
Welche Unterlagen für die Verhandlung?	
Wie wollen wir vorgehen?	
Was könnte uns im schlechtesten Fall passieren? Und was tun wir dann?	

3. Einzelthemen

3.9.1.6 Sachgerecht verhandeln

Verhandlung als Grundform der Kommunikation, um Gewünschtes von anderen zu bekommen, ist Bestandteil unseres Lebens. In Beruf und Politik, im Privatleben. Zwei alltägliche Beispiele:

- Sie wollen mit Ihrer Frau am Wochenende ins Kino gehen. Sie haben sich zuvor überlegt, welchen Film Sie gerne sehen möchten. Ihre Frau meint jedoch, daß dieser Film sie wahrscheinlich zu sehr aufregen würde. Die Harmonie der Beziehung zu Ihrer Frau liegt Ihnen am Herzen. Sie gehen daher von Ihrem Filmwunsch ab, sehen sich einen anderen Film an. In diesem Fall ist Ihnen in der Verhandlungssituation die *Person* wichtig.
- Sie wollen bei einem Trödler eine Messingschale kaufen. Der Trödler ist Ihnen unbekannt, wahrscheinlich werden Sie ihn auch nach dem Handel nie mehr sehen. In diesem Fall werden Sie wohl feilschen, um ein möglichst günstigen Preis zu erzielen. Jetzt geht es Ihnen um die *Sache*, die Beziehung zur Person ist Ihnen gleichgültig.

Verhandlungssituationen bringen Sie immer wieder in Gefahr, entweder die Sache oder die Person zu fokussieren. Dadurch verlieren Sie aber entweder in der Beziehung (Beispiel: Trödler) oder in der Sache (Beispiel: Filmbesuch). Damit wird deutlich, daß jede Verhandlungssituation zwei Aspekte zu berücksichtigen hat, die Person und die Sache.

Man kann zwischen einem harten und einem weichen Verhandlungsstil unterscheiden. Wer weich verhandelt, will in der Regel persönliche Konflikte vermeiden, macht daher Zugeständnisse. Die Verhandlung endet dann oft mit einer verschwommenen Übereinkunft oder mit dem bitteren Gefühl, ausgenutzt worden zu sein (außerdem werden Sie leichte Beute für jeden, der hart verhandelt.) Nett sein ist also selten eine Lösung.

Wer hart verhandelt, nimmt extreme Positionen ein und hält in der Regel länger durch. Das kann dazu führen, daß er eine genauso harte Antwort erhält und die Beziehung zur anderen Seite in Mitleidenschaft gezogen wird – und zwar auch dann, wenn eine Übereinkunft erzielt worden ist. Denn so entstandene Verhandlungsergebnisse erweisen sich oft als nicht beständig; der „Unterlegene" sinnt auf Vergeltung.

Nun sind hart oder weich, sach- oder beziehungsorientiert Scheinalternativen. Man kann auch so verhandeln: Hart in der Sache und weich den Menschen gegenüber.

Das Harvard-Modell

Das Harvard Negotiation Project (HNP) beschreibt eine Verhandlungsstrategie, die beide Aspekte: Person und Sache, beide Stile: hart und weich, verbindet. Die Strategie verlangt vom Verhandelnden eine neue Haltung – nicht die

3.9 Leiten lernen

Kenntnis von taktischen Finessen. Taktische Manöver verraten sich ja meist schneller, als sie erfunden worden sind; und wenn ein gut kalkulierter Schachzug doch zum „Sieg" geführt hat, kann man sicher sein, daß er ein zweites Mal nicht verfängt.

Ein Verhandlungsergebnis sollte daran gemessen werden, ob es
a. *vernünftig* ist (= legitim, verständlich, die Interessen berücksichtigend);
b. *effizient* ist (= wirkungsvoll, umsetzbar, dauerhaft ...)
c. zur *Verbesserung der Beziehungen* der Verhandlungspartner beiträgt.

Legt man diese Kriterien zugrunde, dann lösen sich viele raffiniert eingefädelte Verhandlungsergebnisse oft als Scheinerfolge auf.

Die Vorschläge des HNP bewähren sich besonders, wenn alle an einer Verhandlung Beteiligten sie kennen und beherzigen. Dies gilt im Unterschied zu taktischen Ratschlägen, die nur verdeckt weitergegeben werden können.

Die Verhandlungskonzeption läßt sich in vier Sätzen zusammenfassen:
☐ Menschen und Probleme getrennt voneinander behandeln.
☐ Auf Interessen konzentrieren, nicht auf Positionen.
☐ Entscheidungsmöglichkeiten zum beiderseitigen Vorteil entwickeln.
☐ Auf Anwendung objektiver Kriterien bestehen.

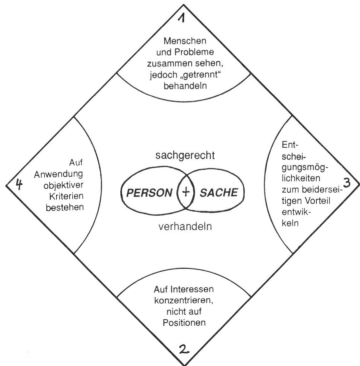

3. Einzelthemen

1. Menschen und Probleme getrennt voneinander behandeln

VerhandlungspartnerInnen sind keine abstrakten Repräsentanten (einer Position, einer Sache, einer Organisation), sondern Menschen, bewegt von Gefühlen, geleitet von unterschiedlichen Vorstellungen, Werten und Weltanschauungen. Die Materie einer Verhandlung, das „Objektive", ist immer mit Emotionen, dem „Subjektiven", verbunden – mehr oder minder stark. Appelle wie „Lassen Sie uns die Angelegenheit mal ganz sachlich angehen" erwachsen aus starker Emotion (meist Aggression) und ziehen heftige Gefühlsreaktionen nach sich; die Vermeidung oder Tabuisierung persönlicher Betroffenheit bewirkt meist nur ihr Gegenteil, mehr noch: sie nimmt der Verhandlung einen Gutteil ihrer auf ein Ergebnis drängenden Energie. Das heißt für die Verhandlungsstrategie: Fühlen Sie sich in die „menschliche Seite" Ihrer VerhandlungspartnerInnen ein; achten Sie auf ihre Wertigkeiten; versuchen Sie, die Angelegenheit mit ihrer Brille zu sehen. Seien Sie vorsichtig vor Projektionen; d.h. machen Sie die anderen nicht zum Träger und Urheber Ihrer persönlichen Befürchtungen und Wünsche. Seien Sie vorsichtig mit der Interpretation von Aussagen Ihrer VerhandlungspartnerInnen. Klären Sie im Sinne des „kontrollierten Dialogs" Mißverständnisse. Und vor allem: verwechseln Sie Ihre eigenen Ideen, Vorstellungen, Wahrnehmungen nicht mit der Realität.

Für eine gute Verhandlung ist also unabdingbar die Fähigkeit zur Empathie. Kommunizieren heißt noch nicht sich verständigen; es braucht unter Umständen viel Mühe, damit sich die unterschiedlichen Verstehenshorizonte einander annähern und man sozusagen die gleiche Sprache spricht. Achten Sie also auf eine gute Gesprächsatmosphäre, auf Höflichkeit, Freundlichkeit, auf die Andersheit der anderen; bauen Sie schon im Vorfeld der Verhandlung gute Beziehungen zu den VerhandlungspartnerInnen auf. Dann gelingt es eher, Problem und Person nicht miteinander zu identifizieren, sondern „getrennt" zu behandeln. Eine Leitvorstellung sollte sein: Die VerhandlungspartnerInnen gehen Seite an Seite das Problem an.

2. Auf Interessen konzentrieren, nicht auf Positionen

■ *Ein Beispiel:* Zwei Personen streiten in einem Saal. Eine will das Fenster öffnen, die andere es schließen. Die Argumente „Hier muß frische Luft rein" und „Es ist nicht gut, wenn es zieht" stehen gegeneinander. Mögliche Positionen sind „Fenster auf" und „Fenster zu". Es scheinen sich als Lösung des Dilemmas lediglich Zwischenpositionen (z.B. „Fenster halb offen") anzubieten. Das Feilschen um Positionen jedoch bringt meist keine Lösung. Eine effiziente Lösung stellt sich erst dann ein, wenn die Interessen, man könnte auch sagen: die tieferen Beweggründe deutlich werden. Hier des Beispiels wegen einfach: „Ohne Frischluft habe ich Atembeschwerden", einerseits und „Zugluft macht mich ganz steif", andererseits. Wenn die Interessen deutlich sind, vervielfältigen sich auf einmal die Lösungsmöglichkeiten. Eine Lösung könnte etwa sein: die Öffnung eines Fensters im Nebenraum.

Eine Position ist etwas, für das Sie sich bewußt entschieden haben. Ihre Entscheidung basiert auf Interessen, d.h. inneren Motiven, Notwendigkeiten, Bedürfnissen o.ä.

Hinter gegensätzlichen Positionen können gemeinsame oder verschiedene, aber vielleicht angleichbare Interessen liegen. Durch Feilschen um Positionen werden die Lösungsmöglichkeiten, die die Interessen berücksichtigen, jedoch beschnitten. Wie findet man die Interessen heraus? Fragen Sie: Warum sollte dies oder das so sein? Wenn Sie sich an die Stelle der anderen versetzen, gelingt es Ihnen, ihre Interessen aufzuspüren. Schon zur Vorbereitung einer Verhandlung kann es nützlich sein, eine Liste der verschiedenen Interessen aller Beteiligten aufzustellen. Dies ermöglicht eine bessere Einschätzung der Verhandlungssituation; aber bedenken Sie, daß Sie dabei Ihre *Sicht* der Dinge reproduzieren und Sie in der Verhandlungssituation Ihre Vorerwägungen überprüfen müssen.

Machen Sie Ihre eigenen Interessen so deutlich wie möglich. Rechnen Sie nicht damit, daß die anderen (nur weil Sie so freundlich sind) ihre Interessen ohne weiteres veröffentlichen (u.U. sind sie ihnen ja selber verborgen!). Wenn die anderen immer wieder nur auf ihren Positionen beharren, dann fragen Sie: Warum bestehen sie darauf? Was bewegt sie dazu? Was geschähe, wenn sie die Position verließen?

Wenn Sie über Interessen sprechen, ist Grundbedingung, daß Sie die menschliche Seite von der sachlichen unterscheiden (s. Grundsatz 1).

Fazit: Ein Kompromiß zwischen Positionen berücksichtigt selten die menschlichen Bedürfnisse, die zu eben diesen Positionen geführt haben; deswegen ist es unabdingbar, die Interessen zu eruieren.

3. Entwickeln Sie Entscheidungsmöglichkeiten zum beiderseitigen Vorteil

Bei Verhandlungen glauben alle, daß nur ihr Lösungsangebot vernünftig sei. Alle brauchbaren Lösungen scheinen auf einer – im Bild gesprochen – geraden Linie zwischen den Positionen der Gegenseite und der eigenen zu liegen. Die in der Verhandlung eingesetzte Kreativität beschränkt sich darauf, die Differenz zwischen den Positionen zu halbieren. In der Vorstellung vieler VerhandlungspartnerInnen gehört die Entwicklung von Alternativen zu den genannten Positionen überhaupt nicht zum Verhandlungsprozeß.

Oft gibt es jedoch Ermessensspielräume, die unterschiedliche Regelungen erlauben. Fragen Sie daher: Welche Möglichkeiten gibt es noch? Eine Methode dafür ist üblicherweise das Brainstorming. Ideal wäre, die VerhandlungspartnerInnen versuchten gemeinsam ein Brainstorming. Wichtig ist dabei, daß Sie nicht gleich auf eine „richtige" Lösung zusteuern. Verzichten Sie bei der Entwicklung von Optionen auf deren Beurteilung. Aber natürlich geht dies nur, wenn die menschliche Beziehung stimmt (s. Grundsatz 1) und wenn die Interessen für alle klar sind (vgl. Grundsatz 2).

4. Bestehen Sie auf der Anwendung objektiver Kriterien

Die Übereinkunft, die Sie erzielen, muß objektiven Kriterien entsprechen. Vielfach liegen solche Maßstäbe vor in Richtlinien, Handbüchern, Gesetzestexten, vergleichbaren Verfahren, in Preislisten usw.. Diese müssen identifiziert, kommuniziert und plausibel gemacht werden. Wenn solche Vorlagen fehlen, müssen sich die VerhandlungspartnerInnen an die Arbeit machen und stimmige, d.h. wechselseitig verständliche Kriterien entwickeln, sozusagen ihre eigenen, für alle Teile verbindlichen „Gesetze" erlassen.

Prüfen Sie, ob Streit in der Verhandlung sich nicht vielfach als ein Streit um Kriterien herausstellt und dann als solcher geführt werden muß: Welche Maßstäbe setzen wir voraus? Welche Maßstäbe sollen bei uns gelten? Welche Kriterien sind aus welchen Gründen inakzeptabel? Sagen Sie daher auch nicht: „Das geht nicht!", sondern erläutern Sie, warum – d.h. auf Grund welcher Kriterien – etwas nicht geht.

Die vier Grundsätze bedingen einander gegenseitig. Ihre konsequente Befolgung verbürgt bessere Verhandlungsergebnisse. Sie setzen keine besondere Raffinesse voraus, d.h. Geschick, Schläue, trickreiche Mittel, die nur Ihnen zu Gebote stehen. Sie „funktionieren" auch, ja sogar noch besser, wenn die VerhandlungspartnerInnen sie ebenfalls verstehen; natürlich auch, wenn sie sie nicht kennen, und meinen, mit fintenreicher Feilscherei zum Ziel zu kommen. Ihre transparente, auf Verständlichkeit zielende Strategie wird ein solches Vorgehen ad absurdum führen.

Die Grundsätze haben ihre Grenze bei großer Machtasymmetrie zwischen VerhandlungspartnerInnen; aber in einer Situation, die dem Schwächeren allenfalls die Chance der Vermeidung noch größeren Übels läßt, sollte man auch vielleicht nicht mehr von Verhandeln sprechen.

3.9.2 Übungen zum Thema und Anleitungen für die Praxis

3.9.2.1 Das eigene Leitungsverhalten 467
3.9.2.2 Helfendes und hinderndes Leitungsverhalten 473
3.9.2.3 Die ideale Leitungsperson 475

3.9.2.1 Das eigene Leitungsverhalten
Test nach Hersey und Blanchard

Hersey und Blanchard haben das Konzept des dreidimensionalen Leitungsstils in einem „Test" verarbeitet; dieser ist zwar für Unternehmen gedacht, läßt sich aber mit Einschränkung auch in kirchlichen und sozialen Einrichtungen verwenden. Der „Test" liefert keine absoluten verläßlichen Resultate; die Parameter sind dazu viel zu ungenau; aber er kann bei gewissenhafter Anwendung Hinweise für das jeweils bevorzugte Leitungsverhalten und dessen Effektivität geben. Die Autoren skizzieren relativ abstrakt *zwölf Leitungssituationen*, die in die je konkrete Wirklichkeit *übersetzt* werden müssen.

Ziel: Überprüfung des eigenen Verhaltens beim Leiten und Anleiten von MitarbeiterInnen.

Zielgruppe: Frauen und Männer, die Leitungs- und Anleitungsfunktionen haben.

Zeitbedarf: 60–90 Minuten

Für die Durchführung des „Testes" benötigt man eine Moderation durch kundige Externe.

3. Einzelthemen

Ablauf

1. Die Teilnehmenden erhalten das Übungsblatt 1: „Zwölf Situationen". Sie lesen es und wählen diejenigen der vier Antwortmöglichkeiten aus, die ihrem *tatsächlichen Verhalten* in der Leitung entspricht bzw. am nächsten kommt. Sie beziehen alle 12 Situationen auf *ein* Arbeitsfeld; der Wechsel des Arbeitsfeldes kann das Ergebnis verfälschen. Noch einmal: Wichtig ist, daß die Teilnehmenden nicht das ihrer Meinung nach richtige, sondern das tatsächliche Verhalten, das ihrem Stil entspräche, ankreuzen.

2. Auf dem Auswertungsbogen 1 ankreuzen, welche Handlungsweise (a, b, c, d) für die 12 Situationen gewählt wurde. Dann auf Auswertungsbogen 2 jeweils die Zahl einkringeln, die den Antworten auf Blatt 1 (a, b, c, d) entspricht.
Die Zahlen jeder Kolumne addieren, bei Subtotal eintragen und Gesamtsumme errechnen.

3. Mit Hilfe von Wandzeitungen stellt die Moderation die „Theorie", den Hintergrund des Testes dar. Der Auswertungsbogen 1 gibt einen Hinweis, welches Verhalten die Testteilnehmenden bevorzugen (in welchem Quadranten gibt es die meisten Nennungen: 1, 2, 3 oder 4). Der Auswertungsbogen 2 „berechnet" die Effektivität des jeweiligen Leitungsverhaltens. Die extremen Werte liegen bei – 24, absolut ineffektiv, bzw. + 24, absolut effektiv.

Normalerweise bereitet die Veröffentlichung der Ergebnisse des Auswertungsbogens 1 in der Gruppe keine Schwierigkeiten; denn sie bedeuten ja keine „Entblößung" der Teilnehmenden. Von einer Veröffentlichung des Auswertungsbogens 2 ist abzuraten.
U.U. entstehen Fragen bezüglich der Bewertung einzelner Antworten. Dann sollte die Moderation mit den Teilnehmenden die Situation analysieren und den vermutlichen Entwicklungsstand des Teams / der Abteilung (R1 / R2 / R3 / R4) in der jeweiligen Beispielssituation zu definieren versuchen.

Zwölf Situationen zum Führungsverhalten

Bitte kreuzen Sie die Alternative an, die Ihrer tatsächlichen Handlungsweise am nächsten kommt (Es kann jeweils nur eine Reaktion gewertet werden.):

3.9 Leiten lernen

■ Situation

1. Ihre MitarbeiterInnen reagieren nicht mehr auf Ihren freundlichen Umgangston und auf Ihr offenkundiges Interesse an ihrem Wohlergehen. Die Leistung Ihrer MitarbeiterInnen nimmt rapide ab.

■ Alternative Handlungsweisen:

A. Sie verhalten sich sachlich und legen Wert auf gute Leitung.
B. Sie stellen sich für Diskussionen zur Verfügung, aber drängen sich nicht auf.
C. Sie sprechen mit Ihren MitarbeiterInnen und setzen dann neue Ziele.
D. Sie intervenieren absichtlich nicht.

2. Die beobachtbare Leistung Ihrer MitarbeiterInnen steigt. Sie haben sichergestellt, daß sich alle Mitglieder dieser Gruppe ihrer Verantwortung und der erwarteten Leistungsstandards bewußt sind.

A. Sie verhalten sich freundlich, aber achten weiter darauf, daß sich alle Mitglieder Ihrer Gruppe über ihre Verantwortung und die erwarteten Leistungsstandards im klaren sind.
B. Sie unternehmen nichts Besonderes.
C. Sie tun, was Sie können, um der Gruppe das Wissen ihrer Bedeutung und Beteiligung zu geben.
D. Sie betonen die Wichtigkeit von Terminen und Aufgaben.

3. Mitglieder Ihrer Gruppe sind nicht in der Lage, ein Problem selber zu lösen. Bisher haben Sie sie damit alleingelassen. Leistungen und Beziehungen in der Gruppe waren gut.

A. Sie arbeiten mit der Gruppe und engagieren sich gemeinsam an der Lösung des Problems.
B. Sie lassen die Gruppe das Problem lösen.
C. Sie handeln schnell und bestimmt, um zu korrigieren und neue Direktiven zu geben.
D. Sie ermutigen die Gruppe, am Problem zu arbeiten, und unterstützten sie dabei.

4. Sie erwägen eine größere Veränderung. Ihre MitarbeiterInnen sind bekannt für gute Leistungen. Sie respektieren die Notwendigkeit einer Veränderung.

A. Sie geben der Gruppe Möglichkeit, sich an der Entwicklung der Veränderung zu beteiligen, ohne zu direktiv zu werden.
B. Sie teilen die Veränderung mit und kontrollieren dann die Durchführung.
C. Sie geben der Gruppe die Möglichkeit, ihren eigenen Plan zu entwickeln.
D. Sie nehmen die Gruppenvorschläge auf, aber bestimmen selbst über die Veränderung.

3. Einzelthemen

■ Situation

5. Die Leistungen Ihrer Gruppe haben in den vergangenen Monaten nachgelassen. Mitglieder Ihrer Gruppe haben sich um die Erreichung der Ziele nicht mehr gekümmert. Früher hat es dabei ausgereicht, Rollen und Verantwortungsbereiche neu zu definieren. MitarbeiterInnen müssen ständig daran erinnert werden, ihre Aufgaben zeitgerecht zu erfüllen.

■ Alternative Handlungsweisen:

A. Sie geben der Gruppe Gelegenheit, ihre eigene Richtung zu bestimmen.
B. Sie nehmen Empfehlungen der Gruppe auf und achten darauf, daß die Ziele erreicht werden.
C. Sie definieren Rollen und Verantwortungsbereiche neu und supervisieren sorgfältig.
D. Sie geben der Gruppe Gelegenheit, sich an der Neudefinition von Rollen und Verantwortungsbereichen zu beteiligen, aber sind nicht zu direktiv.

6. Sie kamen in eine effizient geleitete Organisation, die der Vorgänger genau kontrollierte. Sie wollen eine produktive Situation erhalten, aber möchten damit beginnen, Klima und Arbeitsbedingungen zu humanisieren.

A. Sie tun, was Sie können, um die Gruppe ihre Bedeutung und Beteiligung erfahren zu lassen.
B. Sie betonen die Wichtigkeit von Terminen und Aufgaben.
C. Sie intervenieren absichtlich nicht.
D. Sie beteiligen die Gruppe an den Entscheidungen, aber achten darauf, daß die Ziele erreicht werden.

7. Sie erwägen, eine Strukturveränderung vorzunehmen, die für Ihre Gruppe neu sein wird. Mitglieder dieser Gruppe haben Vorschläge für die benötigte Veränderung gemacht. Die Gruppe war produktiv und hat Flexibilität in ihrer Arbeit gezeigt.

A. Sie beschreiben die Veränderung und supervisieren sorgfältig.
B. Sie lassen die Gruppe mitbestimmen in der Entwicklung der Veränderung, aber überlassen die Ausführung der Gruppe.
C. Sie sind bereit, die Veränderungen wie empfohlen durchzuführen, aber behalten die Kontrolle über die Erfüllung.
D. Sie vermeiden Konfrontation und lassen die Dinge, wie sie sind.

8. Gruppenleistungen und -beziehungen sind gut. Sie selber sind sich etwas unsicher über Ihren Mangel an Direktiven für die Gruppe.

A. Sie lassen die Gruppe, wie sie ist.
B. Sie diskutieren die Situation mit der Gruppe und beginnen dann, notwendige Veränderungen zu initiieren.
C. Sie unternehmen Schritte, um die MitarbeiterInnen in eine Richtung zu bringen, wo alles klar definiert ist.
D. Sie unterstützen eine Diskussion dieser Situation mit der Gruppe, sind aber nicht direktiv.

3.9 Leiten lernen

■ Situation

9. Man hat Ihnen den Auftrag erteilt, eine längst fällige Arbeitsgruppe zu leiten, die Veränderungsvorschläge machen soll. Der Gruppe fehlen klare Ziele. Die Anwesenheit bei Sitzungen war schlecht. Es wurde mehr allgemein palavert. Grundsätzlich haben die MitarbeiterInnen die nötigen Fähigkeiten, Abhilfe zu schaffen.

10. Ihre MitarbeiterInnen, die gewöhnlich in der Lage sind, Verantwortung zu übernehmen, reagieren nicht auf eine von Ihnen kürzlich getroffene Veränderung der Standards.

11. Sie sind in eine neue Position befördert worden. Ihr Vorgänger war nicht beteiligt an den Angelegenheiten der Gruppe. Die Gruppe hat ihre Aufgaben und Ziele zuverlässig gehandhabt. Die Gruppenbeziehungen sind gut.

12. Sie werden darüber informiert, daß es interne Schwierigkeiten gibt unter Ihren MitarbeiterInnen. Die Mitarbeitergruppe hat einen bemerkenswerten Ruf für gute Leistungen. Die MitarbeiterInnen haben effektiv mit langfristigen Zielen gearbeitet. Sie haben gut zusammengearbeitet. Alle sind qualifiziert für ihre Aufgabe.

■ Alternative Handlungsweisen:

A. Sie lassen die Gruppe ihre Probleme selbst lösen.
B. Sie nehmen die Gruppenempfehlungen auf, aber achten darauf, daß die Ziele erreicht werden.
C. Sie definieren die Ziele neu und supervisieren sorgfältig.
D. Sie beteiligen die Gruppe beim Setzen der Ziele, aber drängen nicht.

A. Sie beteiligen die Gruppe an der Neudefinition von Standards, aber übernehmen keine Kontrolle.
B. Sie bestimmen die Standards neu und supervisieren sorgfältig.
C. Sie vermeiden Konfrontation, indem Sie keinen Druck ausüben, und lassen die Situation, wie sie ist.
D. Sie nehmen Empfehlungen der Gruppe auf, beachten aber, daß die neuen Standards erfüllt werden.

A. Sie unternehmen Schritte, Ihre MitarbeiterInnen dazu zu bringen, in klar definiertem Rahmen zu arbeiten.
B. Sie beteiligen Ihre MitarbeiterInnen am Entscheidungsprozeß und unterstützen gute Beiträge.
C. Sie diskutieren die bisherige Praxis mit den MitarbeiterInnen und prüfen, ob neue Verfahrensweisen nötig sind.
D. Sie setzen das Verhalten fort, die Gruppe allein zu lassen.

A. Sie probieren eine Lösung mit den MitarbeiterInnen aus und untersuchen das Bedürfnis für eine neue Praxis.
B. Sie überlassen es den MitarbeiterInnen, die Schwierigkeiten selbst zu lösen.
C. Sie handeln schnell und bestimmt, sie korrigieren und geben eine neue Richtung.
D. Sie nehmen an einer Diskussion des Problems teil, bei der Sie für Ihre MitarbeiterInnen Unterstützung geben.

3. Einzelthemen

12 Situationen zum Leitungsverhalten – Auswertungsbogen

	Alternative Handlungsweisen			
Situationen	(1)	(2)	(3)	(4)
1	A	C	B	D
2	D	A	C	B
3	C	A	D	B
4	B	D	A	C
5	C	B	D	A
6	B	D	A	C
7	A	C	B	D
8	C	B	D	A
9	C	B	D	A
10	B	D	A	C
11	A	C	B	D
12	C	A	D	B
	(1)	(2)	(3)	(4)

12 Situationen zum Leitungsverhalten – Auswertungsbogen

	Alternative Handlungsweisen			
Situationen	A	B	C	D
1	+2	-1	+1	-2
2	+2	-2	+1	-1
3	+1	-1	-2	+2
4	+1	-2	+2	-1
5	-2	+1	+2	-1
6	-1	+1	-2	+2
7	-2	+2	-1	+1
8	+2	-1	-2	+1
9	-2	+1	+2	-1
10	+1	-2	-1	+2
11	-2	+2	-1	+1
12	-1	+2	-2	+1
Subtotal		+	+	+	= Total

3.9.2.2 Helfendes und hinderndes Leitungsverhalten

Wie wird Leitung in einer Gemeinde praktiziert? Diese Frage stellt sich für jeden einzelnen Leiter / jede einzelne Leiterin, aber noch weit mehr für ein Leitungsgremium oder -kollektiv, wie es der Kirchenvorstand vorstellt. Hier kommen Menschen aus verschiedenen Alters-, Berufsgruppen, manchmal mit unterschiedlicher Glaubens-, Wert- und Zielvorstellung zusammen, um gemeinsam zu leiten. Alle bringen eine eigene Biographie und damit auch unterschiedliche Erfahrungen ein, die sie selbst mit leitenden Personen in ihrem Leben gemacht haben.

Ziel : Das eigene Leitungsprofil mit Hilfe eines biographischen Rückblicks zu klären.

Zeitbedarf: Zeitbedarf 120 bis 150 Minuten

Ablauf:
1. Alle notieren für sich Personen, von denen sie seit ihrer Kindheit geleitet worden sind: Eltern, Lehrer, Geschwister, Verwandte, Vorgesetzte, Pfarrer, Meister u.a.

Wie sind Sie durch das Leitungsverhalten dieser Person bei Ihrer Entwicklung unterstützt und gehindert worden? Was haben diese Personen getan, gesagt, wie haben sie sich verbal oder non-verbal verhalten als Vorgesetzte? Machen Sie eine Liste dieser helfenden und hindernden Verhaltensweisen.

2. Im Plenum werden durch Zurufe alle diese Verhaltensweisen auf einer Wandzeitung zusammengetragen; so entstehen zwei Listen:

Helfendes Verhalten	*Hinderndes Verhalten*

3. Austausch in Trios
a. Erfahrungen, Gedanken, Gefühle besprechen, die durch diese Erinnerungen geweckt worden sind,
b. Sie schätzen sich selbst ein, wie oft, manchmal oder selten Sie selbst diese helfenden / hindernden Verhaltensweisen sich zu eigen machen. Welche dieser helfenden bzw. hindernden Verhaltensweisen praktizieren Sie selbst? Mit welchen MitarbeiterInnen in welchen Situationen?
c. Sie holen sich von den anderen im Trio Feedback für Ihr Verhalten.

3. Einzelthemen

4. Erstellen Sie eine Liste der MitarbeiterInnen, auf die sich Ihr Leitungsstil auswirkt. Bei welcher dieser Personen setzen Sie welche helfenden oder hindernden Verhaltensweisen ein? Benützen Sie dazu Listen (s.u.), und notieren Sie bei jeder dieser Verhaltensweisen, welche davon Sie oft, manchmal oder selten einsetzen.

5. In Einzelarbeit und Dreiergruppen behandeln Sie die Fragen: Welches Verhalten möchten wir in unserer Leitungsgruppe (Kirchenvorstand etc.) verändern, verstärken? Unter welchen Bedingungen benutze ich eher helfende, wann eher hindernde Verhaltensweisen? (Situationen auflisten). Wie können wir uns gegenseitig besser unterstützen? Was muß in unserer Arbeitsorganisation verändert werden, damit durch unseren Leitungsstil mehr effektives Verhalten praktiziert wird?

6. *Plenum:* Austausch, Auswertung, Sicherung der Ergebnisse, evtl. Information über Leitungsstil-Fragen (Vgl. die anderen Abschnitte von 3.9).

Verhalten als Vorgesetzte/r

■ *Meine helfenden*
   Verhaltensweisen   Namen der MitarbeiterInnen

Tue ich oft = 0, manchmal = M, selten = S

■ *Meine hindernden*
   Verhaltensweisen   Namen der MitarbeiterInnen

Tue ich oft = 0, manchmal = M, selten = S

3.9.2.3 Die ideale Leitungsperson

Ziel: Personen / Teams in Kontakt mit ihren Idealbildern von Leitung bringen.
Zeitbedarf: mindestens 90 Minuten
Material: 2 x 1m große Blätter (Pack-) Papier, auf denen die Umrisse einer menschlichen Figur gemalt sind.

Ablauf

1. Sie erläutern Sinn und Ablauf der Übung. Jeder Mensch hegt Idealbilder von Leitung. Wie müßte im Idealfall eine Leitungsperson beschaffen sein, sich verhalten, aussehen? Welche Tugenden müßte sie verkörpern, wenn sie Leitung in unserer Organisation ausübte?
   Sie zeigen die Blätter und ermuntern die ÜbungsteilnehmerInnen, sich vom Symbolinventar des menschlichen Körpers leiten zu lassen und möglichst sprechende, bildhafte Ausdrücke und Bezeichnungen zu suchen. Diese sollten zu den jeweiligen Körperteilen der Figur auf der Wandzeitung geschrieben werden.
2. Sie bilden Untergruppen, z.B. eine Männer- eine Frauengruppe; junge und erfahrene MitarbeiterInnen, derzeitige Leitungspersonen und MitarbeiterInnen u.a.. Die Untergruppen arbeiten ca. 30 Minuten möglichst in unterschiedlichen Räumen an den Wandzeitungen.
3. Die fertigen Blätter werden ausgestellt und von allen betrachtet. Danach werden sie jeweils von einem Gruppenmitglied ausführlicher erläutert.
4. In der Regel liegt jetzt eine Fülle von Daten vor, jedenfalls genug Material für ein gründliches Gespräch miteinander:

☐ Worin unterscheiden sich die Entwürfe?
☐ Welche „Eigenschaften" gelten als besonders wichtig – und werden vermißt?
☐ Welche Eigenschaften, die Ihnen wichtig sind, fehlen – und was bedeutet dies für die Teilnehmenden? Wo ist der blinde Fleck der Organisation?
☐ Welche Ideale können sich als destruktiv erweisen, verlangten einen „Superman"? Wie kommt es, daß die Phantasie u.U. Zuflucht zum / zur „großen starken Mann / Frau" nimmt? usw.

Literaturliste für Teil 3.9 (Seite 436–475)

Bennis, W. / Nanus, B., 1985
Blake, R. / Mouton, J., 1968
Böning, U., 1991
Demmer, C., 1988
Fisher, R. / Ury, W., 1986[5]
Hersey, P. / Blanchard, K. H., 1977[3]
Kälin, K. / Müri, P., 1988
Lotmar, P. / Tondeur, E., 1989
Mintzberg, H., 1991
Müri, P., 1989
Perels, H.-U., 1990
Peters T. J. / Waterman, jun., R. H., 1984
Scholz, Ch., 1989
Schultz-Gambard, J. / u.a., 1991
Seidel, E. / Jung, R. H. / Redel, W., 1988
Stähle, W. H., 1989[4]
Stenzel, P., 1982
Wimmer, R., 1991
Winter, U., 1977
Wunderer, R. / Grunwald, W., 1990

Literaturliste

Adorno, Th. W.: Negative Dialektik, Frankfurt / M. 1966
Archiv der deutschen Frauenbewegung (Hg.): Zeitschrift „Ariadne",
Almanach des Archivs der deutschen Frauenbewegung, Heft 19, Mai 1991:
Seitenblicke. Das ambivalente Verhältnis zum Geld
Arendt, H.: Vita activa oder Vom tätigen Leben, München 1981[2]

Bäumler, Ch.: Kommunikative Gemeindepraxis, München 1984
Ballhausen, A. / u.a.: Zwischen traditionellem Engagement und neuem Selbstverständnis, Weibliche Präsenz in der Öffentlichkeit, Bielefeld 1986
Barz, H.: Männersache, Kritischer Beifall für den Feminismus, Zürich 1984
Bateson, G. / Bateson, M. C.: Wo Engel zögern, Frankfurt / M. 1993
Bateson, G.: Ökologie des Gesetzes, Frankfurt / M. 1985
Beck, U.: Risikogesellschaft, Auf dem Weg in eine andere Moderne, Frankfurt / M. 1986
Beck-Gernsheim, E.: Das halbierte Leben, Männerwelt – Beruf – Frauenwelt – Familie, Frankfurt / M. 1987
Beer, M.: The Critical Path To Corporate Renewal, Harvard 1990
Benard, C. / Schlaffer, E.: Liebesgeschichten aus dem Patriarchat, Von der übermäßigen Bereitschaft der Frauen, sich mit dem Vorhandenen zu arrangieren, Reinbek 1981
Bennis, W. / Nanus, B.: Führungskräfte, Die vier Schlüsselstrategien erfolgreichen Führens, Frankfurt / M. 1985
Bennis, W. G. / Benne, D. / Chin, R. (Hg): Änderung des Sozialverhaltens, Stuttgart 1975
Bergemann, N. / Sourisseaux, A. L. J.: Interkulturelles Management, Heidelberg 1992
Berger, P. L.: Zwang zur Häresie, Frankfurt 1980
Bernstein, S. / Lowy, L.: Untersuchungen zur Sozialen Gruppenarbeit, Freiburg 1982[7]
Betz, O.: Der Leib als sichtbare Seele, Stuttgart 1991
Blake, R. / Mouton, J. / Allen, R. L.: Superteamwork, Landsberg 1987
Blake, R. / Mouton, J.: Verhaltenspsychologie im Betrieb, Düsseldorf 1968
Boff, L.: Zärtlichkeit und Kraft, Franz von Assisi mit den Augen der Armen gesehen, Düsseldorf 1983
Böhm, W. / Justen, R.: Bewerberauswahl und Einstellungsgespräch, Ein Leitfaden für die Praxis aus arbeitsrechtlicher und psychologischer Sicht, Berlin 1990[4]
Bolles, R. N.: What Color Is Your Parachute, Berkeley 1993

Bolles, R. N.: Tausend geniale Bewerbungstips, Stellensuche richtig vorbereiten, München 1990
Böning, U.: Moderieren mit System, Wiesbaden 1991
Bormann, G. / Bormann-Heischkeil, S.: Theorie und Praxis kirchlicher Organisation, Ein Beitrag zum Problem der Rückständigkeit sozialer Gruppen, Opladen 1971
Born, G.: Steckt das Ehrenamt in einer Krise, Frankfurt / M. 1988
Bornemann, E.: Psychoanalyse des Geldes, Frankfurt / M. 1977
Bourdien, P.: Die feinen Unterschiede, Frankfurt 1984[3]
Brandau, H. (Hg.): Supervision aus systemischer Sicht, Salzburg 1991[2]
Brocher, T.: Stufen des Lebens, Stuttgart 1977
Brooten, B. / Greinacher, N. (Hg.): Frauen in der Männerkirche, München 1982
Brown, D. / Brooks, C. / et al.: Career Choice And Development, San Francisco 1990
Burkdter-Trachsel, V.: Zur Theorie sozialer Macht, Bern / Stuttgart 1981

Claessens, D.: Rolle und Macht, München 1970
Cramer, F.: Der Zeitbaum, Frankfurt / M. 1993
Cramon-Daiber, B. / u.a.: Schwesternstreit, Von den heimlichen und unheimlichen Auseinandersetzungen zwischen Frauen, Hamburg 1983
Czichos, R.: Change-Management, München / Basel 1993
Crozier, M. / Friedberg, E.: Macht und Organisation, Königstein 1979

Dahrendorf, R.: Homo sociologicus, Köln 1970[9]
Dahrendorf, R.: Konflikt und Freiheit, München 1972
Delakova, K.: Beweglichkeit, Wie wir durch Arbeit mit Körper und Stimme zu kreativer Gestaltung finden, München 1984
Demmer, C.: Frauen ins Management, Von der Reservearmee zur Begabungsreserve, Wiesbaden 1988
Dennison, P. E.: Befreite Bahnen, Freiburg 1990[5]
Dienel, P. C.: Die Planungszelle, Eine Alternative zur Establishment Demokratie, Opladen 1978

Ebert, Th.: Gewaltfreier Aufstand, Alternative zum Bürgerkrieg, Waldkirch 1983[3]
Edding, C.: Einbruch in den Herrenclub, Von den Erfahrungen, die Frauen auf Männerposten machen, Reinbek 1983
EKD: Fremde Heimat Kirche, Hannover 1993
Evangelische Kirche in Hessen und Nassau (Hg.): Person und Institution, Volkskirche auf dem Weg in die Zukunft, Frankfurt / M. 1993
Elias, N.: Über die Zeit, Frankfurt / M. 1984
Erikson, E. H.: Der junge Mann Luther, Reinbek 1970
Erikson, E. H.: Identität und Lebenszyklus, Frankfurt / M. 1974[2]

Fatzer, G. (Hg.): Supervision und Beratung, Köln 1991³
Fengler, J.: Helfen macht müde, Zur Analyse und Bewältigung von Burn out und beruflicher Deformation, München 1991
Fester, R. / König, M. E. P. / Jonas, D. F. / Jonas, A. D.: Weib und Macht, Fünf Millionen Jahre Urgeschichte der Frau, Frankfurt / M. 1980
Fisher, R. / Ury, W.: Das Harvardkonzept, Sachgerecht verhandeln – erfolgreich verhandeln, 1986⁵
Foitzir, K. / Gossmann, E.: Arbeitsplatz Gemeinde, Lerngemeinschaft zwischen Verwaltung und Verheißung, Gütersloh 1989
Foucault, M.: Mikrophysik der Macht, Über Strafjustiz, Psychiatrie und Medizin, Berlin 1976
French, W. L. / Bell, C. H.: Organisationsentwicklung, Bern 1977
French, M.: Jenseits der Macht, Frauen, Männer und Moral, Hamburg 1985
Fromm, E.: Haben oder Sein, Die seelischen Grundlagen einer neuen Gesellschaft, Stuttgart 1976

Garaudy, R.: Der letzte Ausweg, Feminisierung der Gesellschaft, Olten 1982
Geertz, C.: Dichte Beschreibung, Frankfurt / M. 1983
Geissler, K. A.: Zeit leben, Vom Hasten und Rasten, Arbeiten und Lernen, Leben und Sterben, Weinheim 1989³
„Geld regiert die Welt": Reader der Projektgruppenbeiträge zur feministisch-befreiungstheologischen Sommeruniversität, Kassel 1990
Gennep, A. van: Übergangsriten (Les rites de passage), Frankfurt / M. 1986
Gerhard, U. / u.a. (Hg.): Auf Kosten der Frauen, Frauenrechte im Sozialstaat, Weinheim 1988
Gerhard, U.: Gleichheit ohne Angleichung, Frauen im Recht, München 1990
Giese, C.: Gleichheit und Differenz, Vom dualistischen Denken des Mannes zur polaren Weltsicht der Frau, München 1990
Giovannelli-Blocher, J.: Eine gesellschaftspolitische Orts- und Verhältnisbestimmung von Laien und Experten, Referat im Symposium 1989: „Laien und Experten"
Glasl, F. / Lievegoed, B.: Dynamische Unternehmensentwicklung, Bern / Stuttgart 1993
Glasl, F.: Konfliktmanagement, Ein Handbuch für Führungskräfte und Berater, Bern 1990²
Glasl, F.: Wie geht Organisationsentwicklung mit Macht in Organisationen um, in: Organisationsentwicklung (Zeitschrift der Gesellschaft für Organisationsentwicklung) 2/1983
Gössmann, E. / u.a. (Hg.): Wörterbuch der Feministischen Theologie, Gütersloh 1991
Gruen, A.: Der Verrat am Selbst, München 1990⁶

Hanna, Th.: Beweglich sein, ein Leben lang, München 1980
Heintel, P. / Krainz, E. E.: Projektmanagement: eine Antwort auf die Hierarchiekrise?, Wiesbaden 1990²
Helgesen, S.: Frauen führen anders, Vorteile eines neuen Führungsstils, Frankfurt / M. 1991
Herbst, M.: Missionarischer Gemeindeaufbau in der Volkskirche, Stuttgart 1987
Herrmann, W.: Mammon, Schmutz und Sünde, Stuttgart 1991
Hersey, P. / Blanchard, K. H.: Management Of Organizational Behavior, Utilizing Human Resources, New Jersey 1977³
Herzog – Dürck, J.: Probleme menschlicher Reifung, Person und Identität in der Personalen Psychotherapie, Stuttgart 1969
Heyward, C.: Und sie rührte sein Kleid an, Eine feministische Theologie der Beziehung, Stuttgart 1989³
Hirschhorn, L.: The Workplace Within, Psychodynamics Of Organizational Life, London 1988
Hirzel, M.: Management Effizienz, Wiesbaden 1984/85
Höhler, G.: Die Bäume des Lebens, Baumsymbole in den Kulturen der Menschheit, Stuttgart 1985
Holland, J. L.: Making Vocational Choices, Englewood Cliffs 1985²
Hollenweger, W. J.: Erfahrungen der Leiblichkeit, Interkulturelle Theologie, München 1990²
Hörning, K. H. / Gerhardt, A. / u.a.: Zeitpioniere, Flexible Arbeitszeiten – neuer Lebensstil, Frankfurt / M. 1990
Horkheimer, M. / Adorno, Th. W.: Dialektik der Aufklärung, Amsterdam 1968
Huber, W.: Kirche, Stuttgart 1979

Josefowitz, N.: Wege zur Macht, Als Frau Karriere machen, Wiesbaden 1991
Josuttis, M.: Der Pfarrer ist anders, München 1982
Josuttis, M.: Petrus, die Kirche und die verdammte Macht, Stuttgart 1993
Josuttis, M.: Der Traum des Theologen, München 1988
Juchli, Sr. L.: Heilen durch Wiederentdecken der Ganzheit, Stuttgart 1988³
Jung, C. G. / Franz, M.-L. von / Henderson, J. L. / Jakobi, J. / Jaffey, A.: Der Mensch und seine Symbole, Olten 1985⁸
Jung, R. (Hg.): Katalog der Hoffnung, 51 Modelle für die Zukunft, Frankfurt / M. 1990

Kaefer, H.: Religion und Kirche als soziale Systeme, Freiburg 1977
Kälin, K. / Müri, P.: Führen mit Kopf und Herz, Psychologie für Führungskräfte und Mitarbeiter, Thun 1988
Kasper, H.: Organisationskultur, Wien 1987
Kast, V.: Freude, Inspiration, Hoffnung, Olten 1991
Kast, V.: Paare, Beziehungsphantasien oder Wie Götter sich in Menschen spiegeln, Stuttgart 1986⁵

Keleman, S.: Lebe dein Sterben, Hamburg 1977
Keleman, S.: Leibhaftes Leben, Wie wir uns über den Körper wahrnehmen und gestalten können, München 1982
Kern, H.: Labyrinthe, Erscheinungsformen und Deutungen, 5000 Jahre Gegenwart eines Urbildes, München 1982
Kirckhoff, M.: Mindmapping, Die Synthese von sprachlichem und bildhaftem Denken, Berlin 1988
Klüver, J. / Krüger, W.: Aktionsforschung und soziologische Theorie, in: Haack, F. (Hg), Aktionsforschung, München 1972, S. 76 ff.
Königswieser, R. / u.a.: Das systemisch evolutionäre Management, Wien 1992
Krappmann, L.: Soziologische Dimensionen der Identität, Stuttgart 1972[2]
Kreeger, L. (Hg.): Die Großgruppe, Stuttgart 1977
Kruse, L.: Führung ist männlich: Der Geschlechtsrollen-Bias in der psychologischen Forschung, in: Gruppendynamik 3/1987, Stuttgart
Kübel, R.: Ressource Mensch, München 1990
Kurnitzky, H.: Triebstruktur des Geldes, Ein Beitrag zur Theorie der Weiblichkeit, Berlin 1974

Laguens, Th.: Auf den Leib geschrieben, Frankfurt / New York 1992
Langmaack, B. / Braune-Krickau, M.: Wie die Gruppe laufen lernt, Anregung zum Planen und Leiten von Gruppen, Weinheim 1987[2]
Lapassade, G.: Der Landvermesser oder Die Universitätsreform findet nicht statt, Ein Soziodrama in 5 Akten, Stuttgart 1976
Lerner, G.: Die Entstehung des Patriarchats, Frankfurt / M. 1991
Lienemann, W. (Hg.): Die Finanzen der Kirchen, München 1989
Lippe, R.: Sinnenbewußtsein, Hamburg 1987
Lippitt, G. / Lippitt, R.: Beratung als Prozeß, Psychologie im Betrieb, Lund 1984
Lorde, A.: Vom Nutzen der Erotik, Erotik als Macht, in: D. Schultz (Hg.): Macht und Sinnlichkeit, Berlin 1991[3]
Lorenzer, A.: Das Konzil der Buchhalter, Die Zerstörung der Sinnlichkeit, Frankfurt / M. 1981
Lotmar, P. / Tondeur, E.: Führen in sozialen Organisationen, Ein Buch zum Nachdenken und Handeln, Stuttgart 1989
Luhmann, N.: Soziale Systeme, Frankfurt / M. 1985[2]
Lumma, K.: Strategien der Konfliktlösung, Hamburg 1988
Luther, H.: Religion und Alltag, Bausteine zu einer Praktischen Theologie des Subjekts, Stuttgart 1992

Mackenzie, R. A. / Waldo, K. C.: Die doppelte Zeitfalle, Sinnvolle Nutzung in Beruf und Haushalt, Heidelberg 1984
Mackenzie, R. A.: Die Zeitfalle, Heidelberg 1974
Marcus, E. H.: Weiße Indianer, Entwicklungen in der Gestalttherapie, Hamburg 1981

Marcuse, H.: Der eindimensionale Mensch, Studien zur Ideologie der fortgeschrittenen Industriegesellschaft, Berlin 1967
Masters, R. / Houston, J.: Bewußtseinserweiterung über Körper und Geist, Ein praktisches Übungsbuch, München 1986²
Masters, R. / Houston, J.: Phantasiereisen, Zu neuen Stufen des Bewußtseins, Ein Führer durch unsere inneren Räume, München 1984
Maturana, H. R. / Varela, F. J.: Der Baum der Erkenntnis, Die biologischen Wurzeln des menschlichen Erkennens, München 1987²
Maturana, H. R.: Erkennen: Die Organisation und Verkörperung der Wirklichkeit, Braunschweig / Wiesbaden 1982
McCleland, D.: Macht als Motiv, Stuttgart 1978
Mies, M.: Patriarchat und Kapital, Frauen in der Internationalen Arbeitsteilung, Zürich 1989²
Miller, J. B.: Toward a New Psychology for Women, Boston 1976
Miner, V. / Longino, H. E. (Hg.): Konkurrenz, Ein Tabu unter Frauen, München 1990
Mintzberg, H.: Structure In Fives, Designing Effective Organizations, Englewood Cliffs 1988
Mintzberg, H.: Mintzberg über Management, Wiesbaden 1991
Mitscherlich, M.: Die friedfertige Frau, Frankfurt / M. 1985
Mitscherlich, M.: Über die Mühsal der Emanzipation, Frankfurt 1990²
Möller, Ch.: Ortsgemeinde und übergemeindliche Dienste in Deutsches Pfarrerblatt 1, Speyer 1992
Mollenkott, V. R.: Gott eine Frau? Vergessene Gottesbilder der Bibel, München 1985
Moltmann – Wendel, E.: Das Land wo Milch und Honig fließt, Perspektiven einer Feministischen Theologie, Gütersloh 1985
Moltmann – Wendel, E.: Wenn Gott und Körper sich begegnen, Feministische Perspektiven zur Leiblichkeit, Gütersloh 1989
Moltmann, J.: Kirche in der Kraft des Geistes, Ein Beitrag zur messianischen Ekklesiologie, München 1975
Moser, H.: Aktionsforschung als kritische Theorie der Sozialwissenschaften, München 1978²
Müller, S. / Rauschenbach, T. (Hg): Das soziale Ehrenamt, Nützliche Arbeit zum Nulltarif, München 1988
Müri, P.: Chaos – Management, Die kreative Führungsphilosophie, München 1989

Naase, C.: Konflikte in der Organisation, Stuttgart 1979
Negt, O.: Lebendige Arbeit – enteignete Zeit, Politische und kulturelle Dimensionen des Kampfes um die Arbeitszeit, Frankfurt / M. 1985
Neuberger, O. / Kompa, A.: Wir die Firma, Der Kult um die Unternehmenskultur, Weinheim 1987
Neuberger, O.: Personalentwicklung, Stuttgart 1991

Nevis, E. C.: Organisationsberatung, Ein Gestalttherapeutischer Ansatz, Köln 1988
Notz, G.: Frauen im sozialen Ehrenamt, Ausgewählte Handlungsfelder: Rahmenbedingungen und Optionen, Freiburg 1989
Nowotny, H.: Eigenzeit, Entstehung und Strukturierung eines Zeitgefühls, Frankfurt / M. 1989

Oliva, H. / Oppl, H.: Forschungsvorhaben „Rolle und Stellenwert freier Wohlfahrtspflege" i.A. des Bayer. Staatsministeriums für Arbeit und Sozialordnung, durchgeführt durch die Forschungsgruppe Gesundheit und Soziales, Köln, und das Institut für soziale Planung und Trägerberatung, Benediktbeuren 1990
Ortmann, F.: Über die Erwartbarkeit von Hilfe, Zur Ökonomie des Helfens im Sozialstaat in: Müller, S. / Rauschenbach, T. (Hg.): Das soziale Ehrenamt, Nützliche Arbeit zum Nulltarif, München 1988

Pagès, M.: Das affektive Leben der Gruppe, Stuttgart 1975
Pearson, C. S.: The Hero Within, San Francisco 1989
Pechtl, W.: Zwischen Organismus und Organisation, Linz 1989
Perels, H. – U.: Wie führe ich eine Kirchengemeinde? Möglichkeiten des Managements, Gütersloh 1990
Perls, F. S. / Hefferline, R. F. / Goodman, P.: Gestalttherapie (Band 1+2), Stuttgart 1991
Perls, F. S.: Grundlagen der Gestalttherapie, Einführung und Sitzungsprotokolle, München 1979[3]
Peters, T. J. / Waterman jun., R. H.: Auf der Suche nach Spitzenleistungen, Was man von bestgeführten US-Unternehmen lernen kann, Landsberg / Lech 1984
Petzold, H. (Hg.): Leiblichkeit, Paderborn 1985
Polster, E. und M.: Gestalttherapie, Theorie und Praxis der integrativen Gestalttherapie, München 1975[2]
Probst, G. J. B. / Gomez, L. P. (Hg.): Vernetztes Denken, Wiesbaden 1989
Probst, G. J. B. / Ulrich, H.: Anleitung zum ganzheitlichen Denken und Handeln, Bern 1990[2]
Probst, G. J. B.: Selbstorganisation, Ordnungsprozesse in sozialen Systemen aus ganzheitlicher Sicht, Berlin 1987

Rabenstein, R. / Reichel, R.: Großgruppen, Animation, Ökotopie, Münster 1988[4]
Reber, G. (Hg.): Macht in Organisationen, Stuttgart 1980
Reibnitz, U. von: Szenario-Technik, Wiesbaden 1991
Richter, H. E.: Flüchten oder Standhalten, Reinbek 1976
Rieger, R.: Frauen-Arbeit und feministische Theologie, Weibliche Produktivität und geschlechtliche Arbeitsteilung, in: Schaumberger, Ch. / Maassen, M. (Hg): Handbuch Feministische Theologie, Münster 1988[2]
Riemann, F.: Grundformen der Angst, München 1987
Rorty, R.: Kontingenz, Ironie und Solidarität, Frankfurt 1989

Saarinen, M. F.: The Life Cycle Of A Congregation, Washington 1986
Sackmann, S.: Organisationskultur, Die unsichtbare Einflußgröße, in: Gruppendynamik, Stuttgart 1983
Satir, V.: Familienbehandlung, Kommunikation und Beziehung in Theorie, Erleben und Therapie, Freiburg 1979[4]
Sauer, M.: Outplacement, Beratung, Konzeption und organisatorische Gestaltung, Wiesbaden 1991
Scharfenberg, J. / Kämpfer, H.: Mit Symbolen leben – soziologische, psychologische und religiöse Konfliktbearbeitung, Olten 1980
Schmid, B.: Wo ist der Wind, wenn er nicht weht?, Paderborn 1994
Schmidbauer, W.: Die hilflosen Helfer, Über die seelische Problematik der helfenden Berufe, Reinbek 1977
Schmidt, E. R. / Korenhof, M. / Jost, R.: Feministisch gelesen, Band 1+2, Stuttgart 1988 / 89
Schmidt, E. R.: Ehrenamtliche Arbeit von Frauen, Den Männern die Ehre, den Frauen die Schattenarbeit?, in: Wege zum Menschen, Heft 1, Göttingen 1992
Schmidt, E. R.: Von der Schwierigkeit, kirchliche Leitungskompetenz zwischen Frauen und Männern zu teilen, in: Diakonie, Stuttgart 1989
Schmidt, E. R.: Lust und Frust im Chaos, Frauen und Männer gestalten Organisationen, in: Deutsches Pfarrerblatt, Speyer März 1994
Schmidt, E. R.: Mit der Hermeneutik des Verdachts kirchliche Organisationen entschlüsseln, in: Sölle, D. (Hg.): Für Gerechtigkeit streiten, Theologie im Alltag einer bedrohten Welt, Gütersloh 1994
Scholz, Ch.: Personalmanagement, Informationsorientierte und verhaltensorientierte Grundlagen, München 1989
Schottroff, L.: Patriarchatsanalyse als Aufgabe Feministischer Theologie, Reader der Sommeruniversität Kassel 1988
Schottroff, L.: Über Herrschaftsverzicht und den Dienst der Versöhnung, Referat vor der Kirchensynode der EKHN (abgedruckt in den Verhandlungen der Kirchensynode, 10. Tagung, 7. Synode, Dezember 1990)
Schraeder-Naef, R.: Keine Zeit?, Weinheim 1984
Schultz – Gambard, J. / u.a.: Frauen in Führungspositionen – eine kommentierte Bibliographie, Ludwigshafen 1991
Schulz von Thun, F.: Miteinander reden, Reinbek 1990
Schulz, D. / Fritz, W. / Schuppert, D. / Seiwert, L. J. / Walsh, I.: Outplacement, Personalfreisetzung und Karrierestrategie, Wiesbaden 1989
Schüssler-Fiorenza, E.: Brot statt Steine, Fribourg 1988
Schüssler-Fiorenza, E.: Zu ihrem Gedächtnis, Eine feministisch-theologische Rekonstruktion der christlichen Ursprünge, München 1988
Schwarz, G.: Die „Heilige Ordnung" der Männer, Patriarchalische Hierarchie und Gruppendynamik, Opladen 1985
Schwarz, G.: Konfliktmanagement, Sechs Grundmodelle der Konfliktlösung, Wiesbaden 1990
Schwarz, P.: Management in Nonprofitorganisationen, Bern 1992

Seidel, E. / Jung, R. H. / Redel, W.: Führungsstil und Führungsorganisation, Darmstadt 1988
Selye, H.: Streß, Bewältigung und Lebensgewinn, München 1974
Sheehy, G.: In der Mitte des Lebens, Die Bewältigung vorhersehbarer Krisen, München 1976³
Sheehy, G.: Neue Wege wagen, Ungewöhnliche Lösungen für gewöhnliche Krisen, München 1982
Sievers, B.: Organisationsentwicklung, Stuttgart 1977
Spencer, S. / Adams, J.: Life Changes, Growing Through Personal Transitions, San Louis 1990
Stähle, W. H.: Management, Eine verhaltenswissenschaftliche Perspektive, München 1989⁴
Staub – Bernasconi, S.: Macht: altes Thema der sozialen Arbeit – neues Thema der Frauenbewegung, in: Sozialarbeit 3/1989
Stenzel, P.: Kirchenvorsteher in der Volkskirche, Untersuchungen zum christlichen Bewußtsein und zum kirchlichen Engagement, Frankfurt / M. 1982
Stevens, J. O.: Die Kunst der Wahrnehmung, Übungen der Gestalttherapie, München 1975
Stierlin, H.: Delegation und Familie, Beiträge zum Heidelberger familiendynamischen Konzept, Frankfurt / M. 1982

Theißen, G.: Soziale Schichtungen in der korinthischen Gemeinde, Tübingen 1979
Theißen, G.: Studien zur Soziologie des Urchristentums, Tübingen 1979
Thompson, W. J.: Der Fall in die Zeit, Stuttgart 1985
Thürmer – Rohr, C.: Vagabundinnen, Feministische Essays, Berlin 1987
Tillich, P.: Gesammelte Werke, Stuttgart ab 1962

Vester, F.: Phänomen Streß, Stuttgart 1976

Wagner, F.: Geld oder Gott? Zur Geldbestimmtheit der kulturellen und religiösen Lebenswelt, Stuttgart 1984
Weber, H. R.: Power, Focus For A Biblical Theology, Genf 1989
Weick, K. E.: Der Prozeß des Organisierens, Frankfurt / M. 1985
Weisbord, M.: Organisationsdiagnose, Ein Handbuch mit Theorie und Praxis, Karlsruhe 1983
Weizenbaum, J.: Die Macht der Computer und die Ohnmacht der Vernunft, Frankfurt / M. 1982³
Wendtorff, R.: Zeit und Kultur, Geschichte des Zeitbewußtseins in Europa, Opladen 1980
Westerlund, G. / Sjöstrand, S.-E.: Organisationsmythen, Stuttgart 1981
Wex, M.: „Weibliche" und „männliche" Körpersprache als Folge patriarchalischer Machtverhältnisse, in: Pusch, L. F. (Hg.): Feminismus, Inspektion der Herrenkultur, Frankfurt / M. 1983

Wieland-Burston, J.: Chaotische Gefühle, Wenn die Seele Ordnung sucht, Zürich 1989

Willke, H.: Beobachtung, Beratung und Steuerung von Organisationen in Systemtheoretischer Sicht in: R. Wimmer (Hg.): Organisationsberatung, Wiesbaden 1992

Wimmer, R. (Hg.): Organisationsberatung, Wiesbaden 1992

Wimmer, R.: Zwischen Differenzierung und Integration, in: Gruppendynamik, Stuttgart 4/91

Winter, U.: Gemeindeleitung in der Volkskirche, Gelnhausen 1977

Wirtz, T. / Mehrmann, E.: Effizientes Projektmanagement, Düsseldorf / Wien 1992

Wood, L.: Labyrinthe, Mandalas, München 1983

Wunderer, R. / Grunwald, W.: Führungslehre, Berlin 1990

Yate, M. J.: Das erfolgreiche Bewerbungsgespräch, Überzeugende Antworten auf alle Fragen, Frankfurt / M. 1990[2]

Zöller, J.: Das Tao der Selbstheilung, Die chinesische Kunst der Meditation in der Bewegung, Frankfurt / M. 1991

Sachregister

Abschied 173 ff, 251 f, 363 ff, 368, 369 f, 373, 374, 377 ff, 390, 391 f, 394, 455
Abschluß der Beratung 54, 58, 65, 77 f, 86, 165 ff
Analysator 128, 139 f, 349, 354, 396
Anerkennung 112, 115, 122 ff, 129, 144, 179, 213 ff, 248 f, 293, 349, 353, 359, 422 ff, 426, 431, 432
Anfrage 39, 68 ff, 70, 79, 85 ff
Arbeitsorganisation, -struktur 119 ff, 145, 159 ff, 170, 273, 328, 335, 413, 420, 443, 449
Aufhören und Anfangen 25, 92, 207 f, 251 f, 363 ff, 456
Ausbildung der BeraterInnen 28, 29 ff, 34 f, 37, 40
Auswertung 33, 58, 80, 87, 97, 98, 106 ff, 165 ff, 175, 288–304, 312

BeraterInnen-Profil 29 ff, 128, 158, 403

Chaos, -toleranz, -management 30, 121, 136 ff, 141 ff, 309 ff, 349 ff, 394, 412, 414, 444, 453

Datenfeedback 64, 95 ff
Datensammlung 54, 56, 64, 77, 94 ff, 98 ff, 116 f, 147 ff, 150 f, 152, 153, 155, 166 ff, 169 ff, 178, 381 f, 398 f, 401
Definitions- und Deutungsmacht 130, 163, 351 ff, 359
Diagnose 54, 56, 60, 64 f, 76 f, 88, 96, 104, 118 ff, 125, 136, 147 ff, 155, 160 f, 187, 290 f, 318 ff, 401, 420, 460
Differenzierung 12 ff, 42, 63, 92, 121, 147, 154, 163 f, 178 f, 203, 220, 274, 301, 318, 354, 409 ff, 422 f, 426, 428, 429, 430, 431, 433 f, 437, 442, 446
Dokumentation 40, 79 f, 83 ff, 124, 165 ff

Ehrenamtliche Mitarbeit 23, 30, 41, 81, 99, 121, 128, 129, 159, 187, 192, 210 ff, 212 ff, 220 ff, 244 ff, 344, 390, 410 ff, 431, 442
Entscheidungsprozesse 25, 149, 151, 169, 196 ff, 200, 256 f, 259 ff, 262, 275, 279 f, 290, 305, 306 ff, 371 f, 443, 446, 448, 463 f
Erstkontakt 39, 55, 65 ff, 71, 73 ff
Experiment 54, 156, 163 ff, 424, 427, 428, 430, 432, 435

Feedback 40, 54, 64, 77, 96 f, 106 ff, 120, 123, 129, 156, 169, 177 ff, 200, 256 ff, 267 ff, 279 ff, 293, 312, 318, 335 f, 349, 358 f, 362, 430, 439 f, 473
Feministische Theologie 38, 41, 127 ff, 351 ff, 412 f, 421, 422 ff, 434
Figur und Hintergrund 64, 88 ff, 153 ff, 179, 398

Sachregister

Follow-up 63, 79 f, 86, 97, 150, 165 ff, 172 ff
Frauen und Männer in Organisation 38, 41, 127 ff, 135, 212 ff, 334, 347 ff, 396, 409–435, 453 ff

Gemeinde als Organisation 12 ff, 17, 42 ff, 48, 90 ff, 182 ff, 189
Gestaltberatung 51, 63, 88 ff, 116 ff, 153 ff, 163 ff, 165 ff, 175 ff
Grenzen 61, 63 ff, 88 ff, 136 f, 163 f, 350, 413 ff, 437
Großgruppe 41, 309–314, 398

Honorare 27, 56, 73 ff, 79, 81 ff, 122 f, 128, 151 f, 194, 215, 355 ff, 357, 360 f, 361

Identität 59 ff, 161 f, 189 ff, 248 f, 317, 328, 334, 393, 410, 413 ff, 421 ff, 426, 428
Institutionalisierung 15, 35, 54, 57, 63 ff
Interventionen 19, 23, 26, 54, 57, 64 f, 76 ff, 85, 92, 120, 138, 144, 147 ff, 150 f, 153, 162, 163, 172, 327, 387, 398, 401, 415, 420, 433 ff
Interviews 74, 98 ff, 138, 336 f, 372 f, 382

Körpererfahrung 41, 51, 90 f, 116 f, 154, 163, 248 ff, 341, 350, 354, 358, 359, 387, 399, 401–408, 428
Konflikt 16, 23, 38, 41, 70, 98, 100, 104, 110, 122, 125, 127, 130, 133 f, 136, 140 ff, 146, 149, 158 ff, 208, 220, 238 ff, 248 ff, 257, 262, 279 ff, 293, 315–341, 353, 381, 393, 415, 423, 437, 442, 446, 448
Konkurrenz 15, 41, 111, 173, 267, 272, 275, 322, 334, 340 f, 422, 432 f
Konsens 16, 255 ff, 261, 262, 275, 305, 326
Kontakt 31, 54 f, 63, 75, 88 ff, 117, 154, 155, 163 f, 176 ff, 248 ff, 398, 401, 415, 427, 430, 460

Lebensplanung 99, 128, 207 f, 251 f, 363 ff, 369 f, 371, 399, 422
Leitung 19, 41, 60, 78, 85, 99 f, 115, 120, 124 ff, 129 f, 133 ff, 138, 141 ff, 160, 162, 163, 194, 200, 259 ff, 273, 278 f, 290, 312, 318 ff, 347, 420, 424, 429 f, 436–475
Liebespatriarchat 218, 410 f, 422, 434

Macht 16, 41, 70, 100, 104, 129 f, 133 f, 136 f, 141 ff, 155, 158, 198 f, 219, 309 ff, 316, 325 ff, 342–362, 412, 415 ff, 419, 430 f, 448, 466

Non-Profit-Organisationen 12 ff, 21, 25, 38, 55
Normen und Werte 26, 44 ff, 94, 103, 126, 132, 149, 157, 159 ff, 178, 258, 272, 335, 386, 416, 422, 425, 426, 432, 439, 464

Organisationskultur 42 ff, 70, 83, 90 ff, 127, 128 ff, 131, 138, 140 ff, 146, 155, 160, 178 ff, 309 ff, 344 f, 385–397, 416, 440 f, 444, 448

487

Sachregister

Phantasiereisen 116 f, 154, 164, 205, 206, 329, 398 f, 400
Potential 12, 23, 28, 36 f, 100, 104, 116, 146, 148, 156, 187, 198 f, 292, 371, 433
Prioritäten 24, 36, 64, 91, 129, 153 f, 183, 191, 201 ff, 208, 221, 223, 230 233 ff, 244 ff, 363 f
Professionalität 18, 28, 29 ff, 42, 122, 131 ff, 215 f, 345 ff, 441 f
Projektmanagement 143, 192 ff, 247, 310, 443

Rolle 29, 32 f, 41, 46 f, 55, 70, 80, 91, 96 f, 115, 132 ff, 139, 149, 156, 159 ff, 238 ff, 264 ff, 294, 314, 327, 335, 345, 366 f, 422 f, 424, 428, 430, 431, 434, 435, 449, 470

Schichtenmodell 156, 158 ff, 179
Schwesternstreit 215, 334, 432 f
Schwierige Person 18 f, 41, 98, 119, 136 ff, 141 ff, 160, 179, 335
Selbstreferentialität 17, 18, 20, 22, 120
Sitzungen 124, 141 ff, 159, 164, 170, 223, 263, 350, 395, 456 ff
Stärken-Schwächen-Analyse 29, 31, 97, 187, 198 f, 233 f, 248 f, 268, 348 ff 374, 445
Supervision 29, 30, 40, 83 ff, 134, 455
Symbole und Rituale 47, 127, 128, 129, 137, 139, 143, 147, 187 f, 200, 207, 253 ff, 301, 317, 332, 344, 376 f, 379, 387 ff, 390–395, 414 ff, 428, 429, 456, 475
System 12 ff, 16 ff, 21, 28, 48, 51, 52, 89, 119 ff, 133, 136 ff, 140 ff, 157, 163, 309 f, 387, 415 ff

Team 24, 31, 41, 72, 80 ff, 98, 138, 142 ff, 193 ff, 264–274, 300 f, 429, 449

Verdachts, Hermeneutik des 127–130, 409 ff, 420, 421, 434
Verhandeln 326, 456, 460 f, 462
Vertrag 27, 39, 54, 56, 63, 71, 72 ff, 79 f, 84 ff, 97, 180, 383
Visionen 59, 145 ff, 157, 179, 182 ff, 200 f, 204 f, 206, 207, 209 f, 310, 398 f, 425, 432, 435, 442, 444

Wahrnehmung 47, 62, 64, 88 ff, 96, 116 ff, 128, 153 ff, 163 ff, 173, 389, 398, 423, 434, 445, 464
Widerstand 64 f, 89 ff, 97, 98, 118, 138, 175 ff, 433, 434

Zeit, -management 41, 62, 79, 83, 91, 126, 137 f, 149, 170, 176, 190, 198 f, 217 f, 222–254, 418, 428, 431 f, 433, 457 f
Ziele der Organisation, der Beratung 22, 24, 36 f, 42, 62, 85, 87, 96, 100, 102, 112, 119, 121 ff, 126, 128, 149, 156, 160, 166, 167, 179, 182 ff, 191, 195 ff, 198 f, 204 f, 209 f, 224, 265, 291, 294, 374, 422, 433, 435, 439, 469 ff